FOUCAULT, PROUDHON, MALATESTA:
ANARQUISMO E GOVERNAMENTALIDADE

Editora Appris Ltda.
1.ª Edição - Copyright© 2024 do autor
Direitos de Edição Reservados à Editora Appris Ltda.

Nenhuma parte desta obra poderá ser utilizada indevidamente, sem estar de acordo com a Lei nº 9.610/98. Se incorreções forem encontradas, serão de exclusiva responsabilidade de seus organizadores. Foi realizado o Depósito Legal na Fundação Biblioteca Nacional, de acordo com as Leis nºs 10.994, de 14/12/2004, e 12.192, de 14/01/2010.

Catalogação na Fonte
Elaborado por: Dayanne Leal Souza
Bibliotecária CRB 9/2162

A948f 2024	Avelino, Nildo Foucault, Proudhon, Malatesta: anarquismo e governamentalidade / Nildo Avelino. – 1. ed. – Curitiba: Appris, 2024. 473 p. ; 23 cm. – (Coleção Ciências Sociais). Inclui referências. ISBN 978-65-250-6929-6 1. Anarquismo. 2. Governo. 3. Poder. 4. Dominação. 5. Organização. 6. Anarcoterrorismo. 7. Movimento operário. 8. Sindicalismo. 9. Fascismo. I. Avelino, Nildo. II. Título. III. Série. CDD – 320.57

Livro de acordo com a normalização técnica da ABNT

Appris editora

Editora e Livraria Appris Ltda.
Av. Manoel Ribas, 2265 – Mercês
Curitiba/PR – CEP: 80810-002
Tel. (41) 3156 - 4731
www.editoraappris.com.br

Printed in Brazil
Impresso no Brasil

Nildo Avelino

FOUCAULT, PROUDHON, MALATESTA:
ANARQUISMO E GOVERNAMENTALIDADE

Appris
editora

Curitiba, PR
2024

FICHA TÉCNICA

EDITORIAL
Augusto Coelho
Sara C. de Andrade Coelho

COMITÊ EDITORIAL
Ana El Achkar (Universo/RJ)
Andréa Barbosa Gouveia (UFPR)
Antonio Evangelista de Souza Netto (PUC-SP)
Belinda Cunha (UFPB)
Délton Winter de Carvalho (FMP)
Edson da Silva (UFVJM)
Eliete Correia dos Santos (UEPB)
Erineu Foerste (Ufes)
Fabiano Santos (UERJ-IESP)
Francinete Fernandes de Sousa (UEPB)
Francisco Carlos Duarte (PUCPR)
Francisco de Assis (Fiam-Faam-SP-Brasil)
Gláucia Figueiredo (UNIPAMPA/ UDELAR)
Jacques de Lima Ferreira (UNOESC)
Jean Carlos Gonçalves (UFPR)
José Wálter Nunes (UnB)
Junia de Vilhena (PUC-RIO)

Lucas Mesquita (UNILA)
Márcia Gonçalves (Unitau)
Maria Aparecida Barbosa (USP)
Maria Margarida de Andrade (Umack)
Marilda A. Behrens (PUCPR)
Marília Andrade Torales Campos (UFPR)
Marli Caetano
Patrícia L. Torres (PUCPR)
Paula Costa Mosca Macedo (UNIFESP)
Ramon Blanco (UNILA)
Roberta Ecleide Kelly (NEPE)
Roque Ismael da Costa Güllich (UFFS)
Sergio Gomes (UFRJ)
Tiago Gagliano Pinto Alberto (PUCPR)
Toni Reis (UP)
Valdomiro de Oliveira (UFPR)

SUPERVISORA EDITORIAL
Renata C. Lopes

PRODUÇÃO EDITORIAL
Sabrina Costa

REVISÃO
Bruna Holmen

DIAGRAMAÇÃO
Kananda Ferreira

CAPA
Eneo Lage

REVISÃO DE PROVA
William Rodrigues

COMITÊ CIENTÍFICO DA COLEÇÃO CIÊNCIAS SOCIAIS

DIREÇÃO CIENTÍFICA
Fabiano Santos (UERJ-IESP)

CONSULTORES
Alícia Ferreira Gonçalves (UFPB)
Artur Perrusi (UFPB)
Carlos Xavier de Azevedo Netto (UFPB)
Charles Pessanha (UFRJ)
Flávio Munhoz Sofiati (UFG)
Elisandro Pires Frigo (UFPR-Palotina)
Gabriel Augusto Miranda Setti (UnB)
Helcimara de Souza Telles (UFMG)
Iraneide Soares da Silva (UFC-UFPI)
João Feres Junior (Uerj)

Jordão Horta Nunes (UFG)
José Henrique Artigas de Godoy (UFPB)
Josilene Pinheiro Mariz (UFCG)
Leticia Andrade (UEMS)
Luiz Gonzaga Teixeira (USP)
Marcelo Almeida Peloggio (UFC)
Maurício Novaes Souza (IF Sudeste-MG)
Michelle Sato Frigo (UFPR-Palotina)
Revalino Freitas (UFG)
Simone Wolff (UEL)

À memória do querido amigo, Robson Achiamé.

PREFÁCIO

Nildo Avelino apresenta uma reflexão vivaz e instigante sobre o tema anarquismo e governamentalidade ao colocar em diálogo os pensadores/ativistas anarquistas Pierre-Joseph Proudhon (1809-1865) e Errico Malatesta (1853-1932) com o filósofo francês Michel Foucault (1926-1984). Apesar de viverem em épocas distintas, com aproximações e distanciamentos na maneira de pensar as práticas de governo e as formas de resistências individuais e coletivas, há um fundo comum de ideias que possibilita estabelecer um diálogo inovador dos libertários com Foucault.

Ao analisar a trajetória intelectual e o ativismo da tríade de interlocutores, o autor transita pela história e por diferentes áreas do conhecimento. Coloca em conversação uma plêiade de autores clássicos consagrados do pensamento político, sociológico e filosófico, como Durkheim, Weber, Rousseau, Hobbes, Kant, Tocqueville, assim como dialoga com autores contemporâneos, como Deleuze, Guattari, Donzelot, Newman, Procacci, Colson, Berti, entre outros, para fundamentar sua análise. Num vai e vem entre eles, aproxima-os quando possível e distancia quando necessário, procurando apontar como o foco nas análises calcadas nas teorias marxistas e nas concepções jurídico-liberal impediam ver a capilarização do poder na sociedade, como mostrou Foucault nos seus escritos sobre as relações de poder e as formas de resistência.

Ao refletir sobre os posicionamentos críticos de Proudhon e de Malatesta frente ao exercício do poder que conferem à anarquia um princípio e inteligibilidade do político como campo relacional de forças, Nildo Avelino os aproxima da perspectiva de análise de Foucault, ao questionar as teorias explicativas jurídico-liberal e a marxista sobre o Estado como fonte de poder e deslocar sua interpretação para as práticas de governo, suas engrenagens e múltiplas relações de força instáveis e móveis. O poder é capilar, microfísico e se exercita em solo movediço, sem lugar fixo. Difícil de ser desmantelado por oprimir e cuidar, o poder suscita resistência e atos de rebelião.

A luta contra o governo rompe a atitude de obediência e de passividade frente à autoridade vista como opressiva e destruidora do potencial humano com sua variedade de sujeições, de subordinação. Como afirma Nildo Avelino a partir de Malatesta, a atitude antigovernamental provoca o desbloqueio do elemento ético que produz uma inquietação de si mesmo; ela aciona um princípio de agitação e de movimento que desassossega a vida do indivíduo. É o despertar da consciência da própria força, do agir por si mesmo. Na recusa anárquica ao princípio de autoridade, despontam formas de existências individuais e de organização coletiva. As pessoas resistem subjetivamente às objetivações e afirmam a liberdade individual e coletiva. Ser anarquista é agir contra as formas de opressão. A dimensão ética é a chave explicativa para as práticas anarquistas de resistência.

A arte de governar os outros e governar a si mesmo atravessa a escrita do livro. Nildo Avelino aproxima a atitude anárquica aos estudos da governamentalidade a partir da configuração esboçada por Proudhon, no século XIX, na qual reflete sobre o antagonismo das forças, a antinomia que rege seu pensamento em constante movimento. Ao se afastar da discussão sobre formas e origem do governo, Proudhon assevera ser a política um campo relacional de forças que se enfrentam. A antinomia autoridade *vs.* liberdade embasa suas reflexões sobre a ideia anárquica de viver sem autoridade, sem governo.

Anarquia é antigovernamental. É uma sociedade de homens livres organizada sem autoridade, afirma Malatesta. Ele destaca a importância da organização como práticas de liberdade, de cooperação e solidariedade indispensáveis para o bem viver social. Assim como Proudhon, ele se contrapõe às concepções liberal e marxista que conferem positividade ao Estado e reforçam o princípio de autoridade. A problemática da organização aparece indissociável da ideia de revolução. Acredita no potencial da luta dos trabalhadores para a conquista de melhores condições de vida e de trabalho. Aposta nas pequenas lutas parciais como práticas de liberdade que possibilitam, gradualmente, o devir revolucionário.

Um dos grandes feitos de Malatesta foi desafiar o fascismo e, por consequência, sofrer perseguição severa. Alertava para o fenômeno de difusão das práticas fascistas, a fascistização da vida que conquistou adeptos nos desiludidos pós-guerra e cooptou lideranças sindicais e militantes socialistas e anarquistas. Incentivava a rebelião contra a baixeza moral com a revalorização da liberdade e da dignidade humana.

Nildo Avelino é habilidoso na escrita. Usa o paradigma conjectural e convida o leitor a seguir as pistas que levanta e outras que desvenda. Sugere caminhos de leitura, e a escrita é fluente, cuidadosa e cativa o leitor.

Christina Roquette Lopreato

Professora aposentada do Instituto de História da UFU

LISTA DE ABREVIATURAS

ACS/CPC – Archivio Centrale dello Stato/Caselario Político Centrale
b. – busta
BFS – Biblioteca Franco Serantini
f. – fita
fasc. – fascículo
fl. – folha
QS – La Questione Sociale
RA – Rivista Anarchica
RSA – Rivista Storica dell'Anarchismo
SP – Schedario Politico
UN – Umanità Nova

LISTA DAS FONTES DA PESQUISA

Archivio Centrale dello Stato – Roma

Archivio Giuseppe Pinelli – Milão

Biblioteca Nazionale Centrale – Florença

Bibliothèque Nationale de France – Paris

Biblioteca Comunale dell'Archiginnasio – Bolonha

Biblioteca Franco Serantini – Pisa

Biblioteca Nadir Gouvêa Kfouri, PUC – São Paulo

Bibliothèque de Sciences Politiques – Paris

Bibliothèque des études italiennes et roumaines, Université de la Sorbonne Nouvelle – Paris

Bibliothèque Générale du Collège de France – Paris

Bibliothèque Sainte-Geneviève – Paris

Centre International de Recherches sur l'Anarchisme – Lausanne

Centro de Cultura Social – São Paulo

SUMÁRIO

INTRODUÇÃO 17

PARTE I.
FOUCAULT-PROUDHON: ANARQUISMO E GOVERNAMENTALIDADE

CAPÍTULO 1
GUERRA E POLÍTICA... 29
  1. Da governamentalidade ao Pós-Anarquismo e além 29
  2. Foucault, guerra e governo... 40
  3. Proudhon, guerra e política 81
  4. Uma epistemologia anárquica 88
  5. Direito da força vs. Força do direito 107
  6. O discurso jurídico-político 118

CAPÍTULO 2
GOVERNO E POLÍTICA... 129
  1. Serializar a política 133
  2. Verdade e governo...141
  3. O círculo governamental 155
  4. Governar pela economia 164

PARTE II.
ERRICO MALATESTA: POLÍTICA E ANARQUIA

CAPÍTULO 1
PODER, DOMINAÇÃO, ORGANIZAÇÃO.......................... 179
  1. Questões de sentido 179
  2. Anarquismo e organização 193
  3. A questão social 201
  4. Solidarismo e direito social... 206
  5. Contraorganização anarquista...211

CAPÍTULO 2
REVOLUÇÃO E GRADUALISMO REVOLUCIONÁRIO 225
   1. Das sedições à revolução 227
   2. Insurreição e evolução 236

CAPÍTULO 3
AGONISMO COMO *ETHOS* 251
   1. Governo e estratégia.. 252
   2. Anarquia e o agonismo da política 267

CAPÍTULO 4
ILEGALISMO, TERRORISMO, VIOLÊNCIA 283
   1. A propaganda pelo fato.. 283
   2. Ravacholizar.. 298
   3. A maré repressiva 309

CAPÍTULO 5
MOVIMENTO OPERÁRIO E SINDICALISMO 317
   1. Pauperismo e subversão 318
   2. O movimento operário 327
   3. O anarcossindicalismo 334

CAPÍTULO 6
FASCISMO 347
   1. O elã nacionalista.. 348
   2. O advento do fascismo 365

CONSIDERAÇÕES FINAIS.. 399

REFERÊNCIAS 409

INTRODUÇÃO

Este livro investiga as reflexões do anarquista francês Pierre-Joseph Proudhon (1809-1865) e do anarquista italiano Errico Malatesta (1853-1932) sobre o exercício do poder governamental, utilizando uma abordagem dos estudos da governamentalidade. Governamentalidade é uma noção elaborada por Michel Foucault para designar o campo estratégico das relações de poder que busca converter o que elas têm de móvel, transformável e reversível, em estados de dominação. As análises da governamentalidade buscam desinstitucionalizar as relações do poder governamental para apreendê-lo na sua formação, nas suas conexões, nos seus desenvolvimentos e nos modos como ele se multiplica e se transforma mediante a ação de inúmeros fatores.

Analisar o pensamento de Proudhon e Malatesta a partir dos estudos da governamentalidade implica compreender seu anarquismo imerso no interior de um conjunto constituído por instituições, dispositivos, mecanismos, saberes e estratégias, análises e cálculos, articulados nas e pelas relações de poder. Em outras palavras, compreendê-lo atuando, sob a forma da recusa e da dissidência, no interior de conflitos mais amplos e globais, não de maneira autônoma, mas como práticas de resistência que portam a dimensão e o prefixo "contra" e possuem uma positividade e uma produtividade de formas de existências individuais e de organização coletiva.

O anarquismo do século XIX e XX não somente esteve inserido nos jogos de poder, como também desempenhou neles um papel fundamental. A partir das inúmeras estratégias de governo colocadas em funcionamento e das diversas táticas empregadas nas resistências, certa constituição política emergiu. Em que medida a especificidade histórica do capitalismo, em determinada época, respondeu à singularidade da recusa e da resistência anárquica? Seria possível falar em uma correlação imediata e fundadora entre certa forma histórica do capitalismo e a recusa anarquista? O anarquismo não teria existido a não ser por esse jogo perpétuo de adaptações e conversões, relativas e operadas nos e entre os fluxos de poder e suas linhas de fuga? Então, qual foi a forma que essa recusa tomou: foi uma recusa de ordem econômica ou teria tomado a forma mais ampla de uma recusa ético-política?

Uma resposta a essas questões teria apenas um valor aproximativo e hipotético. Arriscando uma formulação, retomei as análises de Michel Foucault sobre o poder compreendido como multiplicidade de relações de forças que são imanentes ao domínio em que são exercidas; e suas análises sobre o governo compreendido sob a forma de jogos estratégicos que buscam transformar, reforçar e inverter essas relações de força. Foucault concebeu a política como a possibilidade de codificação das relações de poder, procurando integrar e condicionar seus múltiplos focos locais. Nesse sentido, o anarquismo será tomado integrando certa contingência histórica das relações de poder como aquilo que escapa, resiste e constitui a fragilidade intrínseca de sua formação e das suas configurações estratégicas.

Está em jogo nas estratégias do poder governamental sua própria contingência histórica, na medida em que representam esse momento em que um poder se constitui a partir daquilo que lhe resiste, deixando escapar a fragilidade da sua formação. Na contingência do poder, encontra-se um dos problemas maiores da política: o da insegurança. Nem sempre necessária e real, em todo caso, é sempre suposta. De que outro modo compreender o desenvolvimento, no Ocidente, de tantas relações de poder, de tantas formas de vigilância e de tantos sistemas de controle, senão a partir de uma insegurança mais ou menos consciente, mais ou menos conhecida, do lado do poder? Se na balança do seu exercício, pendeu a perseguição meticulosa, a desmedida das punições, a grandiloquência judiciária, a magnificência dos tribunais, é porque, no fundo desse excesso, reside algo que é da ordem da instabilidade em sua política. Em vez de definir o poder por seu exercício absoluto em um campo determinado, talvez fosse preciso levar em consideração essa correlação perpétua entre molar e molecular para perceber de que maneira os centros de poder definem-se por aquilo que lhes escapa, por sua impotência, muito mais do que por sua potência. A história do poder é a história das lutas contra sua própria impotência.

Por sua vez, a impotência do poder encontra sua espessura, sua *raison d'être*, nos diversos atos de resistências imanentes ao seu exercício. Tudo ocorre como se as relações de poder tivessem sido constituídas de tal modo por uma proliferação indefinida de técnicas e mecanismos governamentais, que fizeram seu exercício assumir formas sempre mais excessivas e intoleráveis. Em outros termos, existe no poder, e no próprio desenvolvimento da sua mecânica governamental, uma tendência para o excesso que engendra comportamentos de resistências e torna o poder governamental seu campo de imanência. Para apreender a insegurança do poder, é preciso ater-se à materialidade efetiva do seu desenvolvimento, livrar-se das teorias da soberania e das concepções jurídicas que tomam o poder em termos de direitos, contrato, legitimidade, representação etc. O campo empírico sobre o qual o poder se exerce não é a abstração da vontade geral; a superfície que atinge no seu exercício é, ao contrário, formada pela materialidade dos corpos. Do contato entre a materialidade dos corpos e do exercício empírico do poder sobre eles, resulta, na sociedade, as instituições, as relações, certa disposição e distribuição das coisas e das pessoas.

Daí a importância de se estudar essa prática complexa e singular que consiste em governar os indivíduos e que foi transformada pelas sociedades modernas em um dos seus mais essenciais atributos. Com efeito, embora o governo do homem pelo homem possa ser considerado uma prática imemorial, o fato é que ele ganhou, na história do Ocidente, um desenvolvimento sem precedentes a partir da formação dos Estados modernos. Nesse processo, as sociedades modernas foram capazes de articular, sub-repticiamente, o poder governamental à soberania do Estado, a tal ponto de torná-lo imune às mudanças: revoluções vão e vem, mas o poder governamental permanece o mesmo. Finda a tempestade, sua função histórica tem sido a de restaurar a ordem da soberania sob outras formas, mas sempre remetendo para a força de um poder soberano. Em outros termos, a soberania tomou emprestado do governo a perenidade do seu caráter natural e a permanência da sua natureza providencial: Estados nascem e morrem, no entanto, o governo é eterno. Da sua eternidade, o governo remeterá sempre para a violência de uma força dominadora que poderá assumir a forma tanto de um *demo-kratos*, quanto de um *auto-kratos*, isto é, tanto de uma democracia quanto de uma ditadura, pouco importa, o poder permanecerá sempre o mesmo.

Foi, portanto, o governo que permitiu à modernidade inscrever a prática política, qualquer que ela seja, sob o signo da soberania. Em outros termos, permitiu inscrever toda prática política nessa dimensão que é sempre, como notou Derrida, "o momento de uma ditadura, mesmo se não se viva em regime de ditadura; a ditadura é sempre a essência da soberania na medida em que está ligada ao poder de dizer sob a forma do ditado, da prescrição, da ordem ou do *diktat*".[1] Consequentemente, aquilo que o governo não cessou de fazer, desde a formação dos Estados modernos, foi reconduzir, sempre e a todo instante, para um "poder que se exerce incondicionalmente sob a forma do *diktat*, da palavra final ou do veredito performativo que dá ordens [...] essa ditadura, essa instância ditatorial se exerce em toda parte, por toda parte onde existe soberania".[2] Da ditadura romana até a ditadura totalitária, ditadura do proletariado, ditadura militar, mas também, ditadura da maioria das democracias liberais.

O governo se tornou, portanto, um dispositivo conversor da soberania, desse poder que, na Idade Média, foi chamado *plenitudo potestatis* pelos canonistas da Igreja Católica, para definir o poder do papa; mas que ganhará, em seguida, pela teoria política moderna, os atributos de Absoluto, Perpétuo e Ilimitado. O governo será aquilo por meio do qual esse poder, que, de outro modo, apareceria como absurdo revoltante por sua exorbitância, perca seu excesso sem perder sua eficácia, de maneira que sua força possa ser exercida de forma diferencial em diversos outros domínios que não o Estado.

O curioso é que, não obstante sua dimensão diabólica, o poder governamental se tornou o impensado de uma Teoria Política ocupada exclusivamente com o Estado: na sua vasta *História do governo*, a preocupação de Finner é, como ele mesmo admitiu, voltada para a estrutura estatal.[3] Contudo houve uma tradição política, talvez a única na história do Ocidente, que buscou direcionar, de modo específico contra o governo, a crítica implacável de um saber que sondou sua existência insidiosa. Embora as resistências a esse poder governamental sejam encontradas desde o início da formação do Estado moderno, foram os anarquistas que, jamais cessando de denunciá-lo, produziram, nas suas lutas em torno e contra ele, a enorme sistematização de um saber antigovernamental: "Quem quer que coloque as mãos sobre mim para me governar é um usurpador e um tirano; eu o declaro meu inimigo", dirá Proudhon.[4]

A primeira parte deste livro procura descrever o percurso do termo governamentalidade, seus usos e suas aproximações com o anarquismo.

---

[1] DERRIDA, J. *Séminaire. La bête et le souverain, 2001-2002*. Vol. I. Paris: Galilée, 2008. p. 102-103.

[2] *Ibid.*, 2008, p. 103.

[3] FINNER, S. F. *A história do governo: Monarquias e Impérios Antigos*. Vol. 1. Tradução: José Martins. Mem Martins: Publicações Europa-América, 2003. p. 14.

[4] PROUDHON, P. J. *Les confessions d'un révolutionnaire pour servir à l'histoire de la Révolution de Février*. 3. ed. Paris: Garnier, 1851. p. 31.

O Capítulo 1, descrevendo uma genealogia do termo no pensamento de Foucault, enfatiza a necessidade de pensar a governamentalidade não como o abandono das análises do poder em termos de guerra e dominação, mas como seu aprimoramento. A governamentalidade indica o lugar instável e móvel que a guerra ocupou na política, tornando-a o palco de agonismos incessantes e no qual as práticas de governo ganham um lugar fundamental. A esse propósito, a reflexão de Proudhon sobre a guerra e sua teoria do direito da força, permitem uma melhor apreensão do problema. Argumento que seria possível estabelecer uma analogia entre a governamentalidade e o que o anarquista francês chamou *governamentalismo*, que tornaria possível indicar na crítica anarquista o limiar para a elaboração do conceito foucaultiano. Se isso for plausível, seria admitido afirmar a existência de uma problemática "anarquismo e governamentalidade", que permitiria estabelecer alianças conceituais entre os estudos da governamentalidade e a anarquia pensada por Proudhon.

O Capítulo 2 é dedicado às reflexões de Proudhon, embora a força da imaginação foucaultiana seja constantemente chamada ao debate. Procuro mostrar toda riqueza da reflexão proudhoniana sobre o governo e do papel desempenhado por ele na política. Para isso, inicialmente, retomo o método serial, criado pelo anarquista francês, para perceber a posição dada ao governo, por Proudhon, na série política. Em seguida, mostro como Proudhon percebeu o poder governamental inscrevendo na prática política o que chamou "preconceito de soberania" ou "princípio de autoridade", ou aquilo que chamaríamos hoje de racionalidades governamentais, extraídas do velho poder das soberanias absolutistas. Foram essas racionalidades que permitiram ao poder soberano, isto é, permitiram à dominação política, entrar em uma espécie de círculo governamental, conferindo às verdades do seu poder a força de uma realidade. Finalmente, mostro como o tipo de questionamento colocado por Proudhon permitiu que ele percebesse o poder soberano inscrever-se nos domínios da economia política.

A segunda parte é dedicada à reflexão de Errico Malatesta. No Capítulo 1, discuto o problema do poder, da dominação e da organização, buscando afastar a compreensão de Malatesta sobre a dominação das concepções liberal e marxista, para em seguida perceber como o problema que se colocou para o anarquista italiano, no final do século XIX e começo do XX, foi o do princípio da organização e suas conexões com o poder governamental. A crise da governamentalidade nesse período provoca um deslocamento que leva da sua articulação em torno da noção de igualdade política, implícita na noção de contrato social, para tentativas de despolitização da questão social por meio de práticas de organização popular. A reflexão que Malatesta apresenta desse processo demonstra muita clareza ao pensar a organização anarquista como contraorganização.

Na sua crítica aos anarquistas antiorganizadores, Malatesta procurou mostrar a insuficiência do ato revolucionário, porque meramente negativo, para a realização das práticas anarquistas. Daí ter percebido na organização anárquica a dimensão positiva e produtiva do anarquismo. Assim, o Capítulo 2 retoma essa reflexão para mostrar a posição que ocupa a ideia de revolução no pensamento do anarquista italiano e propõe a necessidade de outra fisionomia da revolução no anarquismo, frequentemente pensada por meio do modelo da Revolução Francesa; procurei mostrar que nem a revolução tomada historicamente nem a reflexão de Malatesta acerca da revolução são redutíveis a esse modelo.

O Capítulo 3 aborda a dimensão que é, talvez, a mais importante da reflexão de Malatesta, na medida em que serve de princípio de inteligibilidade para compreender outras problemáticas, tais como o anarcoterrorismo, o sindicalismo e o fascismo: trata-se de uma dimensão agônica no anarquismo que torna a prática do governo sempre perigosa. Malatesta percebeu na luta contra o governo um mecanismo intensificador da dimensão ética nos indivíduos: é no agonismo, na tensão permanente entre governo e governados, que o indivíduo se dá conta do seu próprio poder. Nesse sentido, Malatesta dirá que o papel dos anarquistas é o de estimular, sempre e cada vez mais, a luta contra o poder governamental.

O Capítulo 4 aborda o surgimento da propaganda pelo fato e sua evolução para o anarcoterrorismo, procurando mostrar como, nessa passagem, a violência anarquista ganha uma dimensão bastante problemática, especialmente com a corrente do chamado *ravacholismo*. Foi contra ela que Malatesta esboçou sua reflexão sobre os usos da violência e se contrapôs ao princípio do terror.

Em seguida, mostro como a enorme maré repressiva, advinda em resposta ao anarcoterrorismo, fez redirecionar as energias anarquistas para o movimento operário e o sindicalismo, discutidos no Capítulo 5. Aqui, proponho tomar o pauperismo como realidade sobre a qual repousa a subversão anarquista da política. O pauperismo fez o movimento operário, que figurou como seu suporte ocasional, se tornar o alvo de uma multiplicidade de políticas sociais destinadas a prevenir sua politização. Nesse contexto, Malatesta pensa a ação anarquista atuando como elemento de tensão na recusa dessas políticas, buscando impulsionar o movimento operário para a revolução. Nesse processo, sua reflexão sobre o sindicalismo foi igualmente singular, na medida em que aponta os perigos de transformá-lo em programa, ou seja, em um fim em si mesmo.

Finalmente, o Capítulo 6 é dedicado ao fascismo. Na medida em que o problema do fascismo é indissociável da Primeira Guerra, abordo, inicialmente, a célebre polêmica em torno da guerra que colocou em campos opostos Kropotkin e Malatesta e provocou o nascimento de uma corrente no anarquismo pró-Aliados. Em seguida, abordo o problema do fascismo e a percepção singular de Malatesta sobre ele; foi em torno da guerra e do fascismo que o anarquista italiano elaborou uma crítica simultânea da democracia e da ditadura, por meio da qual rejeitou a estratégia liberal em conferir positividade ao Estado de direito. Para Malatesta, a ditadura é perigosa, não tanto pela violência da sua política, mas porque faz desejar democracia, isto é, porque produz a adesão irrefletida ao *Rule of Law*, tornando a utopia fisiocrata do *self-government* uma realidade. Na percepção do anarquista, a legitimidade governamental, produzida pelo consenso democrático, fazia a democracia ocupar uma posição tão liberticida quanto à pior das ditaduras, em razão da sua contínua capacidade de fazer renovar o princípio de autoridade.

A escrita deste livro se deu, em grande parte, durante meu doutoramento no Programa de Pós-Graduação em Ciências Sociais, da PUC-SP. Sua publicação estava prevista para ocorrer naquela ocasião; contudo, não se deu por algumas razões, entre elas, meu ingresso na Universidade Pública e todo deslocamento que isso implicou; mas, sobretudo, em razão da morte inesperada do meu amigo e editor Robson Achiamé, em 2014.

Em todo caso, naquele momento, uma bolsa do Programa de Doutorando no País com Estágio no Exterior, da Capes, possibilitou a pesquisa bibliográfica e documental realizada na Itália, durante o período de outubro de 2004 a novembro de 2005. Em razão da escassez de fontes bibliográficas sobre a reflexão de Errico Malatesta e da difícil sistematização de sua obra, espalhada pelo mundo sob a forma de centenas de artigos publicados em periódicos e pequenos ensaios, a bibliografia utilizada neste trabalho pode ser considerada incluindo grande parte do que existe disponível sobre o tema. A ausência quase completa de publicações em língua portuguesa dos escritos de Malatesta e a ausência de fato de estudos sistemáticos acerca do seu pensamento, torna difícil, até mesmo impossível, prosseguir um estudo restrito às publicações em língua portuguesa. Daí a necessidade de recorrer massivamente à literatura em língua italiana. A sistematização mais importante dos escritos de Malatesta é, sem dúvida, constituída pelos três volumes dos *Scritti* que condensam a maior parte dos seus artigos e da sua correspondência, de 1919 até sua morte, em 1932. Na bibliografia, eles foram apresentamos de maneira que tornasse possível localizar o contexto da publicação original (ano, local, periódico). No entanto, é preciso dizer que os três volumes são ainda uma fonte insuficiente,[5] de modo que foi preciso complementá-los pelos diversos artigos publicados anteriormente a esse período, sobretudo nos jornais dirigidos por Malatesta: *La Questione Sociale*, *L'Associazione* e *Volontà*. As obras de alguns estudiosos de Malatesta, indicadas na lista de referências, tais como Giampietro Berti, Maurizio Antonioli e Carl Levy, foram também de grande importância.

Além disso, este livro pôde ainda contar com uma bolsa do programa Colégio Doutoral Franco-Brasileiro, da Capes, no período de dezembro de 2006 a novembro de 2007, que possibilitou realizar as pesquisas, na França, sobre Proudhon e Foucault. Foi possível, com isso, traçar a procedência da noção de governamentalidade e estabelecer o percurso político-filosófico realizado por Foucault, procurando situar os desdobramentos que a governamentalidade efetuou no arco mais amplo de suas análises do poder. O levantamento bibliográfico e documental realizado na França, especialmente em Paris, possibilitou acesso às obras de Proudhon e Foucault, bem como aos cursos, até então inéditos, desse último, depositados na Biblioteca Geral do Collège de France. A audição dos cursos de 1979-1980, *Du gouvernement des vivants*, e de 1980-1981, *Subjectivité et Vérité*, foram importantes para uma melhor compreenção dos desdobramentos que tomou a problemática da governamentalidade na trajetória intelectual de Foucault. Valiosos, nesse sentido, foram o apoio e a calorosa acolhida do professor Daniel Colson durante esse período.

Muitos trabalhos importantes para os temas abordados aqui foram publicados no intervalo entre a escrita deste livro e sua publicação; infe-

---

[5] Encontra-se em andamento a edição das obras completas de Malatesta, prevista em 10 volumes, pelas editoras italianas La Fiaccola e Zero in Condotta, sob a direção de Davide Turcato, pesquisador canadense estudioso do pensamento do anarquista italiano. Uma iniciativa importante que vem, finalmente, preencher essa lacuna.

lizmente, não foi possível incorporá-los ao texto que se apresenta, mas quero remeter o leitor para a importância dos trabalhos de Daniel Colson[6], Davide Turcato[7] e Catherine Malabou[8]; especialmente em relação a esse último, este livro guarda algumas afinidades de propósito.

Muitas pessoas contribuíram para a realização deste livro. Quero agradecer, especialmente, a Daniel Colson (Lyon) e a Salvo Vaccaro (Palermo); ao professor Maurizio Antonioli (Milão); à Franco Bertolucci e Furio Lippi, da Biblioteca Franco Serantini (Pisa); à Paolo Finzi e Rossella di Leo, do Centro di Studi Libertari (Milão); aos amigos da Federação Anarquista Italiana, especialmente Francesco "Fricche", Gigi di Lembo, Massimo Varengo, Franco Schirone e Maria Matteo; à valiosa amizade de Sandra Profili, Marc Levecque e Paula Albouze (Paris). No Brasil, sou grato especialmente à Chirstina Lopreato, Silvana Tótora, Margareth Rago, Edson Passetti e Salete Oliveira.

Por fim, este livro não teria sido possível sem os carinhos e cuidados imprescindíveis do meu companheiro Francisco Ripó: sua presença afetuosa e plena de alegrias tem tornado o caminhar até aqui menos penoso.

---

[6] COLSON, D. *L'anarchisme de Malatesta*. Lyon: Atelier de création libertaire, 2010.

[7] TURCATO, D. *Making Sense of Anarchism*: Errico Malatesta's Experiments with Revolution, 1889-1900. Oakland: AK Press, 2015.

[8] MALABOU, C. *Au voleur!* Anarchisme et philosophie. Paris: PUF, 2022.

PARTE I.

FOUCAULT-PROUDHON: ANARQUISMO E GOVERNAMENTALIDADE

CAPÍTULO 1

GUERRA E POLÍTICA

1. Da governamentalidade ao Pós-Anarquismo e além

O neologismo governamentalidade foi, talvez, o que conheceu a mais surpreendente trajetória e posteridade na obra de Foucault. Sylvain Meyet[9] descreveu o singular percurso do conceito foucaultiano. "A governamentalidade", tendo sido inicialmente apresentada por Michel Foucault como a quarta aula do seu curso de 1978 no Collège de France, ganha sua primeira aparição em suporte de texto, ainda no mesmo ano, na revista da extrema esquerda italiana *Aut-Aut*, a partir da transcrição e tradução de Pasquale Pasquino. No ano seguinte, Rose Braidotti e Colin Gordon traduzem a versão italiana para a revista inglesa *Ideology & Consciousness* e, ainda em 1979, Roberto Machado e Ângela Loureiro de Souza são os tradutores da edição brasileira, publicada como último capítulo do livro *Microfísica do Poder*, sem precisar, no entanto, a origem (nas referências bibliográficas consta apenas: *A governamentalidade*, curso no Collège de France, 1º de fevereiro de 1978). Somente em 1986, dois anos após a morte de Foucault, aparece uma versão francesa de "A governamentalidade", publicada pela revista *Actes* e que traz uma curiosa advertência: "O texto publicado [*não é*] uma transcrição direta da fita original. [*Este texto foi traduzido do italiano e*], malgrado o esforço dispensado ao trabalho, tantas idas e vindas proíbem considerá-lo como sendo um 'texto' de M. Foucault".[10] Outras versões foram publicadas a partir da tradução italiana, porém apenas em 2004 é editado na França o curso completo, sob os cuidados de Michel Senellart, que daria "A governamentalidade" uma transcrição feita a partir dos manuscritos de aula utilizados por Foucault. O que é interessante é que, muito antes da aparição da versão francesa considerada "autêntica", um grupo de pesquisadores anglófonos fundou, em torno da revista inglesa

---

[9] MEYET, S. «Les trajectoires d'un texte: 'la gouvernementalité' de Michel Foucault». In: MEYET, S.; NAVES, M.-C.; RIBEMONT, T. (orgs.). *Travailler avec Foucault*. Retours sur le politique. Paris: L'Harmattan, 2005. p. 13-36.

[10] *Apud* MEYET, 2005, p. 15.

Economy and Society, um projeto intelectual e um programa de pesquisas conhecido como *governmentality school*. O "manifesto inaugural" do grupo pode ser considerado o número especial da revista, publicado em agosto de 1993, organizado por Nikolas Rose, Thomas Osborne e Andrew Barry, que subscrevem a introdução onde se lê:

> [...] os artigos neste número especial de *Economy and Society* compartilham um interesse no diagnóstico das formas de racionalidade política que governam nosso presente. Desse modo, é possível afirmar que os artigos compartilham de uma motivação comum relativa a uma reinterpretação que exige novos modos de pensar acerca dos laços entre o domínio da política, o exercício da autoridade e as normas de conduta em nossa sociedade.[11]

Segundo os organizadores, *governmentality school* marca menos uma relação doutrinal ou dogmática com os trabalhos de Foucault do que a partilha de certo *ethos* da análise marcado pelo desejo comum em

> [...] analisar as racionalidades políticas contemporâneas como técnicas concretas para o governo das condutas. [...] Liberalismo e neoliberalismo são analisados aqui não simplesmente como tradições político-filosóficas. São analisados, sobretudo, como uma série de práticas refletidas relativas a, e intervindo no, campo do governo.[12]

Foi a partir desse grupo de pesquisas organizado na Inglaterra, mais tarde incluindo pesquisadores australianos e americanos, que desde os anos 1990 uma série de publicações acerca dos estudos da governamentalidade deu nascimento a uma extensa literatura anglófona responsável por formar, nas palavras de Dean:

> Um novo ramo de saber no interior das ciências sociais e humanas relativo às maneiras pelas quais se governa, o "como" do governo: como nós governamos, como nós somos governados e a relação entre o governo de nós mesmos, o governo dos outros e o governo do Estado.[13]

---

[11] ROSE, N.; BARRY, A.; OSBORNE, T. Liberalism, neo-liberalism and governmentality: introduction. *Economy and Society* (Special issue: Liberalism, neo-liberalism and governmentality), Londres, v. 22, n. 3, p. 265-266, ago. 1993. p. 265.

[12] *Id.*

[13] DEAN, M. *Governmentality*: power and rule in modern society. Londres: Sage Publ, 1999. p. 2.

Contudo, embora fruto de uma intensa produção intelectual, a chamada *governmentality school* não constituiu nem um método, nem uma teoria comum de estudos. Dean, por exemplo, afirma ser tais estudos uma inspiração para seus trabalhos, nos quais busca "[...] reter alguma clareza nos estudos da governamentalidade e prover um instrumento e uma perspectiva para seu uso".[14] No mesmo sentido, Rose não toma a governamentalidade como teoria geral ou história do governo, da política ou do poder, aplicável a tudo.

> Existem aqueles que se empenham em ser estudiosos de Foucault. [...] Eu reclamo uma relação livre com seu trabalho, muito mais inventiva e empírica. Menos implicada com uma fonte de autoridade intelectual do que com um trabalho com certo *ethos* de análise.[15]

Aquilo que caracteriza os estudos da governamentalidade não é a busca de uma homogeneidade coerente com os trabalhos de Foucault, não é o "[...] interesse motivado por uma vontade de conhecimento exegético, mas a vontade de tirar dele uma inspiração utilizável para trabalhar sobre sua própria atualidade".[16] E isso de tal modo que, para a maioria dos utilizadores do termo, o conhecimento na íntegra do curso não foi indispensável, como parece ter sido para os franceses, já que "suas aquisições derivaram de textos publicados e de resumos propostos".[17]

O que busco fazer neste livro é, também, um uso específico dos estudos da governamentalidade. A procedência desse uso pode ser encontrada no início dos anos 1990, quando surgem alguns estudos que colocaram em evidência certo número de analogias entre o pensamento anarquista dos séculos XIX e XX e o que se convencionou chamar pensamento pós-estruturalista, categoria que contém o prejuízo da síntese, como observou Vaccaro[18], principalmente temporal, mas que foi utilizada para se referir às reflexões de Michel Foucault, Gilles Deleuze, Jacques Derrida e François Lyotard. Em relação a Foucault, a aproximação com o pensamento anarquista foi possível, sobretudo, pelo seu *retournement*

---

[14] *Id.*

[15] ROSE, Nikolas. *Powers of freedom:* reframing political thought. Cambridge: Cambridge University Press, 1999. p. 4-5.

[16] MEYET, 2005, p. 30.

[17] *Id.*

[18] VACCARO, S. Prefazione. *In:* MAY, T. *Anarchismo e post-strutturalismo.* Da Bakunin a Foucault. Milão: Elèuthera, 1998. p. 7-17. p. 7.

efetuado a partir do segundo volume da sua *História da Sexualidade*, no qual se ocupará do sujeito ético.

No Brasil, os efeitos iniciais dessas experimentações podem ser vistos pelo dossiê organizado por Edson Passetti, para a revista *Margem*, da Faculdade de Ciências Sociais da PUC-SP, em 1996, trazendo a tradução de estudos nessa perspectiva, notadamente os artigos de Todd May e Salvo Vaccaro[19]; o dossiê foi responsável pela introdução, no Brasil, da problemática anarquismo e pós-estruturalismo. A literatura que inaugura essa problemática, no âmbito internacional, compreende as obras de Todd May, Saul Newman, Lewis Call, Salvo Vaccaro, Daniel Colson[20]; no Brasil, destacam-se os trabalhos de Edson Passetti e Margareth Rago[21]. Trata-se de uma extensa literatura que, de algum modo, procura articular anarquismo e pós-estruturalismo; contudo, há nessa literatura algumas diferenças fundamentais.[22] Quero sugerir que é possível extrair da literatura sobre anarquismo e o pós-estruturalismo, *grosso modo*, dois tipos de procedimentos analíticos: um procedimento que seria próprio ao "pós-anarquismo" anglófono e outro que eu chamaria anarquista *tout court*. São movimentos teóricos distintos e que levam a conclusões completamente diferentes: enquanto nas análises anarquistas a inquietação repousa sobre o anarquismo em si mesmo, ou seja, o objeto da inquietação é a própria realidade histórica e intelectual do anarquismo; no pós-anarquismo o objeto da inquietação é constituído, como assinalou Viven Garcia[23], pela chamada French Theory, e a recorrência ao anarquismo histórico se dá apenas de maneira negativa. Disso resulta duas questões distintas. Para a perspectiva anarquista, a questão colocada é: estando dada a realidade

---

[19]   MAY, T. Pós-estruturalismo e anarquismo. *Margem*, São Paulo, n. 5, p. 171-185, 1996; VACCARO, S. Foucault e o anarquismo. *Margem*, São Paulo, n. 5, p. 158-170, 1996.

[20]   MAY, T. *The Political Philosophy of Poststructuralist Anarchism*. Pennsylvania: The Pennsylvania State University, 1994; NEWMAN, S. *From Bakunin to Lacan*. Anti-Authoritarianism and the Dislocation of Power. Boston: Lexington Books, 2001; NEWMAN, S. *Power and Politics in Poststructuralist Thought*. New theories of the political. Londres: Routledge, 2005; CALL, L. *Postmodern Anarchism*. Oxford: Lexington Books, 2002; VACCARO, S. *Anarchismo e modernità*. Pisa: BFS, 2004; COLSON, D. *Petit lexique philosophique de l'anarchisme*. De Proudhon à Deleuze. Paris: Librairie Générale Française, 2001; COLSON, D. *Trois essais de philosophie anarchiste*. Islam - Histoire - Monadologie. Paris: Léo Scheer, 2004.

[21]   PASSETTI, E. *Éticas dos amigos: invenções libertárias da vida*. São Paulo: Imaginário/CAPES, 2003a; PASSETTI, E. *Anarquismos e sociedade de controle*. São Paulo: Cortez, 2003b; PASSETTI, E. *Anarquismo urgente*. Rio de Janeiro: Achiamé, 2007; RAGO, M. *Foucault, história e anarquismo*. Rio de Janeiro: Achiamé, 2004.

[22]   Para uma discussão mais ampla, veja-se: EVREN, S. Introduction: How New Anarchism Changed the World (of Opposition) after Seattle and Gave Birth to Post-Anarchism. *In*: ROUSELLE, D.; EVREN, S. *Post-Anarchism: A reader*. Londres: Pluto Press, 2011. p. 1-19.

[23]   GARCIA, Vivien. *L'Anarchisme aujourd'hui*. Paris: L'Harmattan, 2007. p. 30.

histórica e intelectual do anarquismo, qual pertinência ela poderia ter no presente, a partir do momento em que se dá à análise instrumentos tais como aqueles encontrados no pensamento pós-estruturalista? Já na perspectiva pós-anarquista a questão é: estando dada essa analogia ambígua e problemática, mas em todo caso real, entre anarquismo e pós-estruturalismo, quais diferenças estabelecer, quais rupturas, quais rejeições ou quais similitudes se desenham? Em outras palavras, "[...] o pós-anarquismo não se posiciona em uma continuidade histórica com o anarquismo. [...] O prefixo 'pós' atribuído ao termo anarquismo sugere, de qualquer modo, que esse último, tal como foi pensado até então, está de alguma maneira obsoleto"[24]. Assim, para os pós-anarquistas, se existe qualquer possibilidade de sentido crítico que o anarquismo possa ter hoje, ele deve ser buscado entre os instrumentos legados pela French Theory. Está claro quando Todd May afirma que

> [...] o poder constitui para os anarquistas uma força repressiva. A imagem com a qual opera é aquela de uma força que comprime – e às vezes destrói – ações, eventos e desejos com os quais mantém contato. Essa imagem é comum não apenas a Proudhon, Bakunin, Kropotkin e em geral aos anarquistas do século XIX, mas também àqueles contemporâneos. É uma tese sobre o poder que o anarquismo compartilha com a teoria liberal da sociedade, que considera o poder como uma série de obstáculos à ação, principalmente prescritos pelo Estado, cuja justiça depende do estatuto democrático desse Estado.[25]

Já Saul Newman afirma, a partir de uma citação de Kropotkin, que a "[...] história, para os anarquistas, é a luta entre humanidade e poder", sendo essa dimensão que faz com que o anarquismo esteja "[...] baseado sobre uma noção específica de essência humana. Para os anarquistas, nessa noção existe uma natureza humana com características essenciais"[26], como a ideia bakuninista de justiça e de bem:

> Bakunin define essa essência, essa moralidade natural humana como "respeito humano", e a partir dessa definição ele é levado a admitir "direitos humanos e dignidade humana em todos os homens". Essa noção de direitos humanos é parte do vocabulário humanista do anarquismo e

---

[24] *Ibid.*, p. 44.

[25] MAY, 1994, p. 61.

[26] NEWMAN, 2001, p. 37.

fornece o ponto de partida em torno do qual a crítica do poder está baseada.[27]

Por supor a existência de uma natureza humana boa, Newman afirma que o anarquismo estaria "baseado, de maneira clara, na divisão maniqueísta entre autoridade artificial e autoridade natural, entre poder e subjetividade, entre Estado e sociedade. Além disso, a autoridade política é vista como fundamentalmente opressiva e destrutiva do potencial humano"[28]. Retomando essa discussão no seu livro posterior, Newman afirma sua intenção em dar ênfase ao ataque dirigido por Nietzsche contra o anarquismo, no qual este lançou o epíteto de "manada de animais moralistas". Para isso, pretende explorar a lógica do ressentimento nas políticas radicais e, particularmente, no anarquismo, procurando:

> [...] desmascarar os traços de ressentimento ocultos no pensamento político maniqueísta de anarquistas clássicos tais como Bakunin e Kropotkin. Mas não com a intenção de diminuir o anarquismo como teoria política. Ao contrário, vejo o anarquismo como um importante precursor teórico da política pós-estruturalista em razão da sua desconstrução da autoridade política e da sua crítica ao determinismo econômico marxista.[29]

Para o pós-anarquismo, portanto, o anarquismo não pode assumir outro valor, em relação à política pós-estruturalista, que o da crítica ao determinismo econômico e da desconstrução da autoridade. Assim,

> [...] a oposição entre anarquismo e pós-anarquismo não é, desse modo, um debate histórico entre o anarquismo "clássico" (entendido como anarquismo do século XIX) e o anarquismo "de hoje" (o pós-anarquismo). Mas marca uma verdadeira ruptura epistemológica.[30]

Não é o propósito desse trabalho investigar a validade das críticas do pós-anarquismo. Ao introduzir a discussão meu objetivo foi, de um lado, tornar clara a distância que separa o procedimento buscado aqui das análises do pós-anarquismo; e, de outro, para evidenciar a necessidade de dar outro sentido ao vocabulário anarquista, fora daquele empregado pelo pós-anarquismo, na análise do pensamento de Proudhon e, espe-

---

[27] *Ibid.*, p. 38.

[28] *Ibid.*, p. 39.

[29] NEWMAN, 2005, p. 31.

[30] GARCÍA, 2007, p. 80.

cialmente, de Malatesta. Em todo caso, a partir da perspectiva anarquista *tourt court*, a questão colocada sobre qual pertinência no presente pode ser extraída da realidade histórica do anarquismo, por meio de uma análise utilizando as reflexões de Foucault e Deleuze, a resposta assume um valor heurístico completamente diferente daquela do pós-anarquismo.

Para Vaccaro[31], por exemplo, o pensamento anarquista, ao buscar a abolição da autoridade, afirma uma procura interminável, e sempre em sentido móvel, de "vida que retraça livremente ligações sociais expressas experimentalmente, renováveis e revogáveis à vontade, constitutivamente fluídas, não cristalizadas em corpos institucionais e que, em última análise, caracteriza a relação singularidade/comunidade". A distância que separa a concepção anárquica do poder, decisivamente negativa porque afirmativa da liberdade como prática prioritária, daquela de Foucault é menor do que se apresenta à primeira vista. Para Vaccaro, algumas *liaisons dangereuses* confirmam confluências entre anarquismo e pós-estruturalismo, como a crítica à dialética, contra a qual ambos opuseram o arbitrário e o excedente, sublinhando a margem de manobra possibilitada pela vontade ao apostar no ato subversivo de liberação. Margareth Rago narra a força de atração existente entre os "operadores foucaultianos", com seus ataques "aos micropoderes, ao biopoder, ao dispositivo da sexualidade, ao controle social e individual, invisível e sofisticado, que passava despercebido pelo olhar orientado pelas teorias marxistas e liberais então hegemônicas",[32] e a crítica anarquista:

> [...] do poder nas relações cotidianas, exercido nas instituições disciplinarizantes; o questionamento dos códigos morais rígidos e autoritários, introduzidos na modernidade; a defesa do amor livre, da maternidade voluntária, do prazer sexual das mulheres, tal como desfilavam nas folhas amareladas e envelhecidas dos jornais libertários *A Plebe, Lanterna, Terra Livre, A Voz do Trabalhador.*[33]

Para Rago, não foi difícil "perceber o quanto essas duas vertentes – Foucault, de um lado, e o Anarquismo, de outro – se aproximavam, a despeito da distância cronológica e da própria independência de um em relação ao outro"[34]. Foi a partir dessa inquietação que Rago procurou mos-

---

[31] VACCARO, 2004, p. 8.

[32] RAGO, 2004, p. 9.

[33] *Id.*

[34] *Ibid.*, p. 10.

trar os vínculos existentes entre Foucault e o anarquismo, apontando "a forte presença anarquista em sua forma de pensamento", ampliando "as possibilidades de leitura da sua obra" e criando "outras condições para se revisitar a história do Anarquismo"[35]. Foram essas ligações perigosas que permitiram a Edson Passetti encontrar, de um modo particular, no pensamento de Max Stirner, uma referência para o estudo, no interior do anarquismo, da "[...] amizade da associação dos únicos como atualidade libertária, da mesma maneira que, hoje em dia, Nietzsche e Foucault são procedências imperdíveis não só para a amizade como tema menor, a amizade entre amigos, mas para o próprio anarquismo"[36]. Para Passetti, ao contrário dos pós-anarquistas, essa "nova faceta" resultante da aproximação do anarquismo com vertentes pós-modernas:

> [...] não exclui as anteriores e com elas convive, dialoga e debate. Apresenta-se como parte constitutiva que investe, preferencialmente, no campo das interdições políticas, culturais e sexuais. Ampliam-se os laços de amizade no interior do anarquismo com base na diferença na igualdade, considerando que, sempre liberto da soberania da teoria, o anarquismo é um saber que se faz pela análise da sociedade e que supõe a coexistência.[37]

Contudo, o que importa para Passetti não é vincular diretamente Foucault ao anarquismo, o que para ele seria se "[...] propor a andar em círculos tentando apanhar o próprio rabo".[38] O que aproxima Foucault dos anarquistas é a concepção do poder apresentada em ambos como relação de força, concepção que "[...] desloca e desassossega a herança liberal e socialista que entende o poder como decorrência dos efeitos de soberania e de seus desdobramentos jurídico-políticos".[39] Daniel Colson, por sua vez, afirma o surgimento de uma nova legibilidade do anarquismo, a partir da segunda metade do século XX, que ele atribui a "[...] um pensamento contemporâneo, aparentemente sem relação com o anarquismo histórico, referindo-se frequentemente mais a Nietzsche do que a Proudhon, mais a Espinosa do que a Bakunin ou a Stirner"[40]. Contudo, diz Colson, seria preciso ver:

---

[35] *Ibid.*, p. 16

[36] PASSETTI, 2003a, p. 37.

[37] *Id.*, 2003b, p. 69.

[38] *Id.*, 2007, p. 61.

[39] *Id.*

[40] COLSON, 2001, p. 9.

> [...] como o nietzschianismo de Foucault ou de Deleuze, a releitura de Espinosa ou de Leibniz que ele autoriza, mas também a redescoberta atual de Gabriel Tarde, de Gilbert Simondon ou ainda de Alfred North Whitehead, não somente dão sentido ao pensamento libertário propriamente dito, aos textos de Proudhon e de Bakunin por exemplo, mas também ganham eles mesmos sentido no interior desse pensamento que elucidam e renovam, contribuindo, talvez, com esse feliz encontro, em tornar possível o anarquismo do século XXI.[41]

Para melhor compreender a força irruptiva do pós-estruturalismo, considerado por Colson como o "terceiro período do anarquismo", é preciso levar em conta o ressurgimento surpreendente de um pensamento esquecido durante longo tempo nos arquivos e nas bibliotecas e em meio a um contexto que tinha o marxismo como força hegemônica, tanto na forma da ditadura do Estado socialista, quanto na forma do patrulhamento teórico exercido pelo marxismo estruturalista das elites eruditas da *rue d'Ulm*. Foi nesse contexto, e em meio a uma enorme explosão de vida e de revoltas, que surgiu, de maneira diversa e fragmentária, um grande número de filósofos e pensadores, entre os quais Deleuze e Foucault, que fizeram emergir, "[...] na situação emancipadora dos anos 1960 e 1970, uma concepção filosófica que não era nova, mas que, esquecida, revestia-se então com todos os traços de uma ruidosa novidade".[42] Foi um pensamento que, dando a si mesmo como referência Nietzsche, rompeu com as representações filosófico-políticas de Hegel, Marx e do marxismo. Foi essa invenção de um Nietzsche emancipador e de esquerda, malgrado seu antissocialismo e seu antianarquismo declarados, que conferiu a esse encontro improvável a possibilidade de

> [...] tornar explícita a força das suas razões, dar sentido a uma história operária reduzida por muito tempo a peripécias enigmáticas, insignificantes e derrisórias, tornar perceptível a radicalidade, a amplitude e a novidade passadas de suas práticas e de seus projetos.[43]

Essa renovação do pensamento libertário, no final do século XX, também recolocou a possibilidade de reler o pensamento de autores como Proudhon, Bakunin, Kropotkin e Malatesta, pensadores cuja prefixação

---

[41] *Ibid.*, p. 10.

[42] *Id.*, 2004, p. 28.

[43] *Ibid.*, p. 29-30.

utópica e as aspas da irrisão tinham excluído da monótona confraria do saber erudito. Com Foucault e Deleuze foi finalmente possível assimilar, em toda sua consequência, a ideia subjacente à história do movimento operário na Europa e na América.

> Para além de uma ideologia anarquista fechada durante muito tempo em sua inspiração, reduzida a uma bricolagem de substituição, no bom sentido utilitário de Jules Ferry, a um humanismo, um individualismo e um racionalismo estreito e científico, tornou-se enfim possível não apenas apreender a natureza das afinidades entre Nietzsche e os movimentos libertários, mas também retomar a analogia entre esses movimentos e um pensamento filosófico e político anterior e largamente esquecido [...]. A Ideia anarquista, pela desco- berta de seu duplo e sucessivo desdobramento – teórico e prático – podia, por sua vez, intensificar a expressão filosófica que a tornava visível, uma expressão filosófica nascida de outro modo e mais tarde, em outras circunstâncias, a partir de outros movimentos e de outras condições.[44]

O significativo na análise de Colson é que ela procura explicitar que, para além do estabelecimento de um mero laço de filiação, seria preciso perceber o movimento pelo qual a crítica anarquista é capaz de conferir sentido

> [...] a uma afirmação comum da *vida*, a uma crítica radical da ciência e da modernidade, a uma mesma percepção da transformação incessante e da subjetividade irredutível das forças e dos seres, a uma concepção do mundo, da opressão e da emancipação que arruínam radicalmente as velhas distinções entre indivíduo e sociedade, subjetividade e objetividade, unidade e multiplicidade, eternidade e devir, real e simbólico.[45]

Em outras palavras, seria preciso perceber antes, depois, ao lado, ou implicitamente ao anarquismo, a existência da anarquia. Evitar, portanto, dar à anarquia uma realidade programática, uma forma doutrinal, uma rigidez teórica. Perceber a anarquia como visão de mundo cuja história rompe certamente com os quadros da modernidade e do Iluminismo. Foi o que fez Deleplace quando, ao procurar traçar a história da palavra anarquia e de seus usos, desde o século XVIII, mostrou a existência da "[...] *elabora-*

---

[44] *Ibid.*, p. 30.

[45] *Id.* Grifos do autor.

ção de um conceito, ainda que negativo, [...] mas segundo um processo que é possível elevar à importância da conceitualização positiva da anarquia empreendida posteriormente"[46] com Proudhon. De tal maneira que, ao longo da história, "[...] a noção de anarquia foi sempre o objeto de uma elaboração realizada", sendo preciso apreender na riqueza desse discurso não somente uma designação sócio-política, mas também uma noção-conceito ou uma noção-prática a partir da qual "[...] a anarquia se mostra apta para cobrir todo o campo das categorias descritivas do discurso revolucionário".[47] Dar ao anarquismo a função de categoria meramente classificatória seria arriscar, como afirmou Colson, a negação da própria anarquia da qual ele pretende ser a expressão teórica e prática; seria igualá-lo a uma "[...] instituição fechada sobre sua própria identidade, dispondo de um interior e de um exterior, com seus rituais de entrada, seus dogmas, sua polícia e seus padres, suas exclusões, suas dissidências, seus anátemas e suas excomunhões".[48] Ao contrário disso, seria preciso declarar a disposição anárquica ao alcance de todos e extrair disso a "[...] possibilidade preciosa de fazer do anarquismo o projeto comum a uma multiplicidade de situações, a uma infinidade de funções de sentir, de perceber e de agir. É o melhor meio de perceber no anarquismo essa 'estranha unidade', da qual fala Deleuze, 'que se diz tão só do múltiplo'".[49]

Aquilo que procuro mostrar neste trabalho é, portanto, uma releitura do pensamento de Proudhon e Errico Malatesta a partir das implicações teóricas sobre a problemática da governamentalidade. Retomo a reflexão política de Michel Foucault, portanto, com um duplo propósito: de um lado, restituir a força crítica desses dois pensadores do anarquismo cujo pensamento será apresentado a partir da perspectiva dos estudos da governamentalidade, isto é, a partir da analítica das relações de poder fora das concepções liberal e marxista. Talvez retomar não seja a palavra certa para designar a intenção que busco efetuar; talvez fosse melhor falar em "vontade de apropriação", no sentido nietzschiano ou foucaultiano do termo, já que se trata menos de efeitos de harmonia e de filiação do que de uso. Mas, de outro lado, ao restituir a força da crítica dos dois autores do anarquismo, procuro igualmente, como efeito de retorno ou como o

---

[46] DELEPLACE, M. *L'Anarchie de Mably à Proudhon (1750-1850)*. Histoire d'une apropriation polémique. Lyon: ENS éditions, 2000. p. 13. Grifos do autor.

[47] *Ibid.*, p. 14.

[48] COLSON, 2001, p. 28.

[49] *Id.*

ritornelo deleuziano para composição de intensidades e potências, estabelecer uma relação de procedência entre a anarquia proudhoniana e a governamentalidade foucaultiana.

2. Foucault, guerra e governo

A análise em termos de relações de forças no domínio político é um dos aspectos fundamentais nos estudos da governamentalidade. Como sugeriu Rose, nesses estudos as investigações sobre o governo consideram as forças que atravessam os múltiplos conflitos por meio dos quais a conduta dos indivíduos está sujeita ao governo: prisões, clínicas, salas de aula e abrigos, empresas e escritórios, aeroportos e organizações militares, mercados e shopping centers, relações sexuais etc. O objetivo da análise é:

> [...] localizar as relações de força a um nível molecular, a maneira como circulam através de múltiplas tecnologias humanas, em todas as práticas, arenas e espaços nos quais programas para o governo dos outros imbricam-se com técnicas para o governo de si mesmo. Focaliza as várias manifestações disso que se poderia chamar "a vontade de governar" representada por uma multidão de programas, estratégias, táticas, dispositivos, cálculos, negociações, intrigas, persuasões e seduções objetivando conduzir a conduta dos indivíduos, grupos, populações – e até de si mesmo.[50]

Sob a perspectiva dos estudos da governamentalidade, as questões de Estado e soberania, tradicionalmente centrais para as investigações do poder político, são deslocadas.

> O Estado aparece agora como simples elemento – cuja funcionalidade é historicamente específica e contextualmente variável – em meio a muitos circuitos de poder, conectando uma diversidade de autoridades e forças, no interior de uma totalidade variada de conjuntos complexos.[51]

O neologismo foi elaborado por Foucault durante o curso *Sécurité, Territoire, Population*, proferido no Collège de France entre o inverno e a primavera de 1978. Malgrado o título, o curso vai lidar com outra problemática a partir da aula do dia 1º de fevereiro de 1978: se as aulas

---

[50] ROSE, 1999, p. 5.

[51] *Id.*

FOUCAULT, PROUDHON, MALATESTA: ANARQUISMO E GOVERNAMENTALIDADE

anteriores, como explica Foucault,[52] tinham sido dedicadas à série segurança-população-governo, agora se tratará de estudar o problema do governo. O deslocamento é de tal modo visível que, após ter introduzido a problemática da governamentalidade, Foucault dirá, no fim dessa aula:

> [...] no fundo, se eu quisesse ter dado ao curso que realizo esse ano um título mais exato, não seria certamente "segurança, território, população" que eu teria escolhido. O que gostaria de fazer agora [...] seria qualquer coisa que eu chamaria de uma história da "governamentalidade".[53]

Ou seja, a governamentalidade se torna a noção mais importante para o conjunto das reflexões de Foucault; seria preciso seguir alguns dos seus desenvolvimentos para melhor compreender essa importância. Logo após a aparição do primeiro volume da *História da sexualidade*, Foucault dizia, em entrevista de janeiro de 1977, que o essencial de seu trabalho foi "uma reelaboração da teoria do poder"[54] a partir da qual afirma ter abandonado uma concepção tradicional do poder como mecanismo essencialmente jurídico que dita a lei, do poder como interdição com seus efeitos negativos de exclusão, rejeição etc. A *Ordem do discurso*, de 1970, aparece como um momento de transição; segundo Foucault, ao fazer a articulação do discurso com os mecanismos de poder, ele teria proposto uma resposta inadequada ao retomar a mesma concepção de poder que havia utilizado na *História da loucura*, mas que no contexto daquele projeto lhe parecia suficiente, posto que:

> [...] durante o período clássico, o poder se exerceu sobre a loucura sem dúvida nenhuma, pelo menos sob a forma maior da exclusão; assiste-se, então, a uma grande reação de rejeição na qual a loucura encontrou-se implicada. De modo que, analisando esse fato, pude utilizar sem muito problema uma concepção puramente negativa do poder.[55]

Segundo Foucault, teria sido sua experiência concreta a propósito das prisões, em 1971-1972, que o convenceu de que "não era em termos de direito, mas em termos de tecnologia, em termos de tática e estraté-

---

[52] FOUCAULT, M. *Sécurité, territoire, population.* Cours au Collège de France, 1977-1978. Paris: Gallimard/ Seuil, 2004b. p. 91.

[53] *Ibid.*, p. 111.

[54] FOUCAULT, M. *Dits et écrits:* 1976-1988. Vol. II. Paris: Gallimard, 2001c. p. 231.

[55] *Ibid.*, p. 229.

gia"[56] que era preciso analisar o poder. Uma substituição que ele operou, inicialmente, em *Vigiar e Punir*, publicado em 1975. Em todo caso, foi no âmbito dessa reelaboração da teoria do poder que Foucault criou os neologismos biopolítica e governamentalidade, destinados a analisar as relações de poder sob diferentes aspectos: o primeiro nos processos ligados à população, o segundo no campo das tecnologias de governo. Essas duas noções constituem a contribuição mais importante de Foucault para o debate no interior da ciência política: sua força de inovação inaugurou um novo ramo de saber no domínio da política, sobretudo com os desenvolvimentos do grupo anglófono dos *governmentality studies*, que rompeu com as tradições liberal e marxista de análise do poder.

Com as contestações de 1968, o colapso do comunismo na Europa Oriental e na ex-URSS, assistiu-se também à crise dos modelos hegemônicos de pensamento representados pelo liberalismo e pelo marxismo; um novo horizonte se abre, permitindo uma "insurreição de saberes sujeitados" que provou a eficácia de críticas descontínuas, locais e particulares, críticas que, segundo Foucault, tinham sido até então suspensas pelos efeitos de teorias totais e globais.[57] A irrupção de uma imensa criticabilidade das coisas levantou problemas relacionados ao poder e ao seu funcionamento nos diversos campos do saber, desde a medicina até a pedagogia, passando pela psiquiatria, pela criminologia, pela psicanálise etc. A contestação atingia o poder no lugar mesmo onde se exercia, na imediatez do seu exercício e por meio dos próprios corpos que ele mesmo investia, nas lutas locais e particulares contra a autoridade de um poder que atuava a nível microfísico: poder do macho, do pai, do homem, do branco, do médico, do psicanalista etc., questionados por homossexuais, por filhos, por mulheres, por negros, por doentes, por loucos etc. A partir das contestações de 1968 o desejo começou a ser levado em conta, fazendo emergir certo sujeito revolucionário plural. Sujeito que não era somente proletário, mas proletário e homossexual, louco, drogado, feminista, estudante. O final dos anos 1960 foi um período caracterizado pela eficácia das ofensivas dispersas e descontínuas contra as redes de poder. E o tipo de saber que essas ofensivas fez circular foi o saber das pessoas, um saber que era particular, local, diferencial e imanente à luta; incapaz, portanto, de se tornar unânime e de exigir consenso, que retira sua força

---

[56] *Id.*

[57] FOUCAULT, M. *Em defesa da sociedade.* Curso no Collège de France (1975-1976). Tradução: Maria Ermantina Galvão. São Paulo: Martins Fontes, 1999a. p. 10.

unicamente da resistência que oferece a tudo que buscava aprisioná-lo. Foram saberes que se manifestaram lá onde materialmente e progressivamente o sujeito era constituído pelo poder a partir de uma multiplicidade de corpos, forças, energias, desejos e pensamentos. Ou seja, de um lado, desbloqueio de uma crítica não hierarquizada do poder e, de outro, lutas locais e horizontais contra o poder: trata-se de um cenário que tornou atual e urgente a tradição anárquica do pensamento político ocidental que tinha sido, desde a derrota da Revolução Espanhola e a ascensão totalitária na Europa e na América, se não desqualificada, ao menos desacreditada na força da sua crítica. Então, foi a partir desse cenário, diz Colson, que:

> [...] a ideia anarquista pode reafirmar uma concepção de mundo na qual todas as coisas estão reportadas a uma pluralidade infinita de forças e de pontos de vista em luta por sua afirmação, uma concepção na qual, como tinha afirmado Proudhon, todo grupo é um *indivíduo*, dotado de subjetividade, porque todo indivíduo é ele mesmo um grupo, uma resultante (portanto, um fluxo subjetivo), um composto de potências e de vontades.[58]

Foi no contexto das revoltas de 1968 e a partir da sua militância no GIP (Grupo de Informação sobre as Prisões), que Foucault constatou a insuficiência das análises do poder de que se dispunha até então. Dizia que, não obstante o interesse de muitos jovens pelo engajamento na luta contra a prisão, faltavam-lhes os instrumentos analíticos:

> [...] porque o PC, ou a tradição marxista francesa em geral, pouco ajudam naquilo que concerne aos marginais, naquilo que compreende seus problemas e o que apresenta suas reivindicações. A esquerda ela mesma tem a maior repugnância de fazer esse trabalho. Nós temos necessidade de análises a fim de poder dar um sentido a essa luta política que começa.[59]

Além disso, vivia-se igualmente o tempo de uma urgência política que se apresentou, segundo Foucault, desde o fim do nazismo e do stalinismo, como problema do funcionamento do poder no interior das sociedades capitalistas e socialistas. Mas não o funcionamento global do poder, tal como poderia aparecer em termos de Estado, classe ou castas hegemônicas:

---

[58] COLSON, 2004, p. 31. Grifos do autor.
[59] FOUCAULT, M. *Dits et écrits*: 1954-1975. Vol. I. Paris: Gallimard, 2001b. p. 1174.

> [...] mas toda essa série de poderes sempre mais tênues, microscópicos, que são exercidos sobre os indivíduos no seu comportamento cotidiano e até em seus corpos. Vivemos imersos no fio político do poder e é esse poder que está em questão. Penso que desde o fim do nazismo e do stalinismo todo mundo se coloca esse problema. É o grande problema contemporâneo.[60]

Contudo, diante dessa urgência, colocava-se a incapacidade analítica da época. Segundo Foucault, enquanto a direita questionava o poder em termos de constituição, de soberania, em termos jurídicos, o marxismo questionava-o em termos de aparelhos de Estado. Parecia-lhe insuficiente apreender o poder de uma maneira polêmica e global:

> [...] o poder no socialismo soviético era chamado pelos seus adversários de totalitarismo; e, no capitalismo ocidental, era denunciado pelos marxistas como dominação de classe, mas a mecânica do poder não era jamais analisada. Pôde-se começar a fazer esse trabalho apenas depois de 1968, quer dizer, a partir das lutas cotidianas e conduzidas na base, com aqueles que se debatiam nas malhas mais finas das redes do poder. É lá onde o concreto do poder apareceu e, ao mesmo tempo, a fecundidade visível dessas análises do poder para se dar conta dessas coisas que tinham ficado, até lá, fora do campo da análise política. Para dizer as coisas mais simplesmente, o internamento psiquiátrico, a normalização mental dos indivíduos, as instituições penais têm certamente uma importância muito limitada quando se busca apenas sua significação econômica. Ao contrário, no funcionamento geral das engrenagens do poder, elas são sem dúvida essenciais.[61]

Essa dificuldade provinha, segundo Foucault, do desconhecimento quase completo acerca do poder e do fato de que nem Marx, nem Freud eram suficientes para fazer "conhecer essa coisa enigmática, ao mesmo tempo visível e invisível, presente e oculta, investida por toda parte, que se chama o poder".[62] Nem a teoria do Estado, nem a tradicional análise dos aparelhos do Estado, davam conta do campo de exercício do poder.

> É o grande desconhecido: quem exerce o poder? Onde ele exerce? Atualmente, sabe-se suficientemente quem explora, para onde vai o lucro, nas mãos de quem ele passa e onde

---

[60] *Ibid.*, p. 1639.

[61] FOUCAULT, 2001c, p. 146.

[62] FOUCAULT, 2001b, p. 1180.

> ele será reinvestido, mas o poder... Sabe-se bem que não são os governos que detêm o poder. Mas a noção de "classe dirigente" não é nem muito clara, nem muito elaborada. "Dominar", "dirigir", "governar", "grupo no poder", "aparelho de Estado" etc., existe aqui todo um jogo de noções que exigem análises. Assim como seria preciso saber até onde se exerce o poder, por quais relés e até quais instâncias frequentemente ínfimas, de hierarquia, de controle, de vigilância, de interdições, de obrigações. Por toda parte, onde existe poder, o poder se exerce. Ninguém, propriamente falando, é seu titular; e, no entanto, ele se exerce sempre numa certa direção, com uns de um lado e os outros do outro; não se sabe precisamente quem o tem; mas sabe-se quem não o tem.[63]

Ou seja, para o filósofo, a insuficiência das análises do poder encontrava-se ligada, desde o começo dos anos 1970, aos impasses das teorias liberal e marxista. Segundo Daniel Defert, quando da publicação do *Anti-Édipo* de Gilles Deleuze, Foucault teria lhe dito que era "'preciso se desembaraçar do freud-marxismo'. Deleuze lhe responde: 'Eu me encarrego de Freud, você se ocupa de Marx?'".[64] Pouco depois, ao escrever o resumo do curso *Teorias e instituições penais*, proferido no Collège de France, entre 1971 e 1972, Foucault afirmava sua hipótese de trabalho segundo a qual "poder e saber não estavam ligados um ao outro somente pelo jogo dos interesses e das ideologias", de modo que o problema não é o de descobrir como o poder imprime ao saber conteúdos e limitações ideológicas, mas colocar no início de toda análise a implicação necessária entre saber-poder.[65] Assim, a partir de 1972, Foucault desloca o foco da sua análise que passa da "arqueologia do saber" à "dinastia do saber": após ter analisado as formações discursivas e os tipos de discurso nos livros *Arqueologia do Saber* e *As palavras e as coisas*, seu projeto é agora estudar como esses discursos puderam formar-se historicamente e sobre quais realidades históricas eles se articularam, ou seja, em quais condições históricas, econômicas e políticas eles emergiram. A questão do poder ganha cada vez mais relevo.

> Parece-me que fazer a história de certos discursos, portadores de saberes, não é possível sem ter em conta as relações de poder que existem na sociedade onde esse discurso funciona. [...] *As palavras e as coisas* situa-se no nível pura-

---

[63] *Ibid.*, p. 1180-1181.

[64] DEFERT, D. Cronologie. *In:* FOUCAULT, M. *Dits et écrits,* 1954-1975. Vol. I. Paris: Gallimard, 2001b. p. 55.

[65] FOUCAULT, 2001b, p. 1257.

mente descritivo e deixa inteiramente de lado toda análise das relações de poder que sustentam e tornam possível a aparição de um tipo de discurso.[66]

A análise proposta por Foucault provocará a inversão da tradição marxista, que consiste em explicar as coisas em termos de superestruturas, quando, ao contrário, o sistema penal ao qual Foucault se dedicou, "é um sistema de poder que penetra profundamente na vida dos indivíduos, relacionando-os ao aparelho de produção".[67] Nessa mesma época, segundo Daniel Defert, Foucault "empreende a análise das relações de poder a partir da 'mais indigna das guerras: nem Hobbes, nem Clausewitz, nem luta de classes, mas a guerra civil'".[68]

O curso de 1972-1973, no Collège de France, intitulado *A sociedade punitiva*, que deveria chamar-se, inicialmente, "A sociedade disciplinar",[69] marca, talvez, a primeira elaboração sistemática da concepção do poder de Foucault. Foi após esse curso, em abril de 1973, que Foucault terminou "a primeira redação do livro sobre as prisões (*Vigiar e punir*)".[70] Em todo caso, no curso Foucault menciona o hábito que se tinha, no século XIX, de classificar as sociedades conforme a maneira pela qual elas tratavam seus mortos. Existiam, diz ele, dois tipos de sociedade: as incineradoras e as inumatórias. Em analogia a esse tipo de classificação, Foucault pergunta se:

> [...] não seria possível classificar as sociedades segundo a sorte que elas reservam, não aos mortos, mas àqueles que, entre os vivos, ela pretende se desvencilhar; segundo a maneira pela qual as sociedades dominam esses que procuram escapar ao poder, o modo como as sociedades reagem a esses que transpõem, rompem ou contornam, de uma maneira ou de outra, as leis.[71]

Assim, existiram sociedades, como as gregas, que privilegiaram o exílio, o banimento para fora das fronteiras, a interdição a certos lugares; outras sociedades, como as germânicas, organizaram compensações, impuseram reembolsos, converteram o dano em dívida, o delito em obri-

---

[66] *Ibid.*, p. 1277.

[67] *Ibid.*, p. 1298.

[68] DEFERT, 2001b, p. 57.

[69] *Ibid.*, p. 58.

[70] *Id.*

[71] FOUCAULT, M. *La société punitive.* Cours au Collège de France (1972-1973). Paris: datilografado, Biblioteca Geral do Collège de France, 1973. fl. 1.

gação financeira; existiram ainda sociedades como as ocidentais que, até o fim da Idade Média, praticaram a exposição dos corpos e os marcaram por meio da ferida, de cicatrizes e amputações, impuseram suplícios, "em suma, apropriaram-se dos corpos e neles inscreveram as marcas do poder".[72] Finalmente, chegaria o tempo das sociedades disciplinares que, como as nossas, aprisionam. São sociedades que em suas justificativas para o aprisionamento sempre definem os criminosos ou aqueles que escapam ao poder como sendo o inimigo.

> Em suma, os reformadores, na sua grande maioria, buscaram, a partir de Beccaria, definir a noção de crime, o papel da parte pública e a necessidade de uma punição, a partir unicamente do interesse da sociedade ou da pura necessidade de protegê-la. O criminoso lesa, antes de tudo, a sociedade; rompendo o pacto social, ele se constitui nela como um inimigo interior.[73]

Foucault definirá essa prática de aprisionamento como uma técnica e a prisão como uma tecnologia de poder própria das nossas sociedades cujo funcionamento possui três características fundamentais: 1) é um tipo de poder que intervém na distribuição espacial dos indivíduos, promovendo vigilâncias, deslocamentos, separações, fixações e circulações com fins específicos – esse aspecto, Foucault o retomará mais detalhadamente no curso *O poder psiquiátrico*;[74] 2) é um poder que atua não por meio de uma grade jurídica que teria por finalidade o estabelecimento do interdito e do proibido; não atua unicamente mediante efeitos negativos; ao contrário, intervém menos em nome da lei e mais em nome da norma, da regularidade e da ordem – Foucault dedicará o curso *Os anormais* aos processos de normalização das condutas;[75] finalmente, 3) é um poder sem origem ou de difícil determinação daquilo que seria um ponto de partida ou de chegada, em virtude de seu funcionamento em rede; em outras palavras, trata-se de um poder que é menos o instrumento de uma soberania, de um absolutismo ou de uma classe, pois seu exercício é capilar, local, microfísico. O estudo que procura demonstrar de maneira detalhada o

---

[72] FOUCAULT, 2001b, p. 1325.

[73] *Ibid.*, p. 1329.

[74] FOUCAULT, M. *Le pouvoir psychiatrique*. Cours au Collège de France, 1973-1974. Paris: Gallimanrd/Seuil, 2003b. p. 42 et seq.

[75] FOUCAULT, M. *Os anormais*. Curso no Collège de France (1974-1975). São Paulo: Martins Fontes, 2002c. p. 52 et seq.

caráter microfísico do poder foi feito no livro *Vigiar e Punir*;[76] mas também nas investigações realizadas sobre as *lettres de cachet*, publicadas inicialmente no artigo "La vie des hommes infâmes", de 1977, depois reunidas no livro *Le Désordre des familles*, que será publicado mais tarde, em 1982, com Arlette Farge. Nesse trabalho, Foucault procurou mostrar "como o poder seria leve, fácil, sem dúvida, de desmantelar, se ele não fizesse senão vigiar, espreitar, surpreender, interditar e punir; mas ele incita, suscita, produz; ele não é simplesmente orelha e olho; ele faz agir e falar".[77] A *lettre de cachet*, em uma definição geral, era "uma carta escrita por ordem do Rei, assinada por um secretário de Estado e selada [*cachetée*] com o selo [*cachet*] do Rei".[78] Tratava-se de cartas régias que continham uma ordem real de prisão ou de internamento, organizada sob a forma de "serviço público" para suprimir uma espécie de vazio "judiciário" existente na época. Essas ordens eram habitualmente solicitadas contra alguém por seus próprios familiares: pai ou mãe, filho ou filha, vizinhos, algumas vezes pelo pároco da cidade ou algum outro personagem influente. É preciso tomar essas ordens não como o "bel prazer real servindo para aprisionar nobres infiéis ou grandes vassalos desobedientes [...], como ato público buscando eliminar, sem outra forma de processo, o inimigo do poder"[79], mas sobretudo como o hábito pelo qual as famílias recorriam

> [...] para resolver certas tensões, lá onde a autoridade, devido a sua hierarquia, era impotente e quando o recurso à justiça não era nem possível (porque o problema era demasiado insignificante), nem desejável (porque teria sido demasiado lento, demasiado custoso, infame, incerto).[80]

Graças a esse mecanismo singular, a prática das *lettres de cachet* pôde tomar tamanha amplitude e fez seu arbítrio ser considerado perfeitamente aceitável.

> Charles Bonnin, coveiro do cemitério dos Santos Inocentes, dirige-se muito humildemente a V.A. para lamentar que sua mulher afundou-se desde muito tempo num dis-

---

[76] FOUCAULT, M. *Vigiar e punir*. Nascimento da prisão. 22. ed. Tradução: Raquel Ramalhete. Petrópolis: Vozes, 2000a. p. 117 et seq.

[77] FOUCAULT, M. A vida dos homens infames. *In:* MOTTA, M. de B. (org.). *Ditos e Escritos:* Estratégia, Poder-Saber. Vol. IV. Tradução: Vera L. A. Ribeiro. Rio de Janeiro: Forense, 2003e. p. 219-220.

[78] FOUCAULT, M; FARGE, A. (org.). *Le désordre des familles*. Lettres de cachet des Archives de la Bastille. Paris: Gallimard, 1982. p. 364.

[79] *Ibid.*, p. 10.

[80] *Ibid.*, p. 346.

túrbio tão terrível que se tornou o escândalo público de todos seus vizinhos, causando diariamente a ruína total do suplicante, tendo vendido tudo o que existia no quarto, até mesmo minhas roupas, das crianças pequenas e as dela, para satisfazer seu alcoolismo, que atingiu de tal modo o suplicante que atualmente convalesce no leito, doente sob os cuidados de sua pobre mãe, que muito pena para subsistir, para onde foi em retiro forçado, pois sua dita mulher recusou-se abrir a porta onde se trancou já faz três dias para se embebedar, pelo que espera o suplicante que Meu Senhor queira ordenar que ela seja aprisionada no hospital pelo resto de seus dias, e ele será obrigado a pregar a Deus pela saúde e prosperidade de V.A.[81]

Jeanne Catry apresenta muito humildemente a V.A. que tendo esposado dito Antoine Chevalier, pedreiro, há 46 anos, ele tem dado sempre algum sinal de loucura que aumenta de ano em ano e que se atribuía somente a sua conduta má e devassa, porque ele não se comportou jamais como homem de nível, tendo sempre consumido no cabaré tudo o que ganhava sem ter nenhum cuidado com sua família, e tendo sempre vendido até mesmo os farrapos de sua esposa e os seus próprios para beber no cabaré; porém, Meu Senhor, assim como desde alguns anos, esta loucura, acompanhada dessa má conduta, aumentou a tal ponto que dito Antoine Chevalier retorna frequentemente para casa a qualquer hora da noite, inteiramente nu, sem chapéu, sem vestimentas, e mesmo sem sapatos, que ele deixa no cabaré para pagar as despesas que fez com o primeiro que vê, sem mesmo o conhecer, a suplicante, que é uma pobre mulher reduzida à mendicância pela conduta do seu marido, suplica muito respeitosamente a V.A. de querer bem a caridade de aprisionar dito Antonio Chevalier, seu marido. É a graça que ela ousa esperar de Vossa Bondade, Meu Senhor, e ela se obrigará de pedir a Deus por sua saúde e prosperidade.[82]

Suplicando muito humildemente Jean Jacques Cailly e Marie Madeleine du Poys, sua esposa, afirmam que Marc René Cailly, seu filho de 21 anos, esquecendo toda boa educação que lhe foi dada, frequenta tão só mulheres prostituídas e pessoas de má vida, com os quais ele se entregou a uma devassidão ultrajante [...]. Isso considerado, Meu Senhor,

---

[81] *Apud* FOUCAULT; FARGE, 1982, p. 49.

[82] *Ibid.*, p. 95.

> vos pedimos ordenar Marc René Cailly, filho dos suplicantes, a ser conduzido à casa R. Péres de Saint-Lazare para ali ser recluso para correção até que tenha dado sinais de arrependimento; oferecendo os suplicantes de pagar sua pensão, é a graça que eles esperam da Justiça de V.A.[83]

> Meu Senhor, Jean Rebours apresenta muito humildemente à V. Majestade que tem por filha Marie Rebours, de 18 anos, que há quatro a cinco anos está entregue à libertinagem, não frequenta a Igreja, está atualmente com um soldado da guarda francesa, malgrado a boa educação, perdeu todo respeito pelo pai, o suplicante recorre a V.A. para que conceda uma ordem do Rei para aprisioná-la na casa do hospital. É a graça que espera de Vossa Equidade e o suplicante continuará suas rezas para a conservação da saúde de V.A.[84]

Em todos esses minúsculos dramas familiares, manifestamente infames, o poder soberano foi chamado a intervir em nome da causa de um marido ou de uma esposa, de um pai ou mãe etc., e nessa intervenção não somente a autoridade soberana é perfeitamente aceita, mas intensamente desejada. E com isso, foi estabelecida "uma superfície de contato [...] entre a conduta dos indivíduos e as instâncias de controle, ou de castigo, do Estado. E, consequentemente, postula-se uma moral comum sobre a qual as duas partes – esses que a solicitam e a administração que deve responder – são estimulados a entrar em acordo".[85] E nesse momento, por meio dessa técnica um tanto rudimentar e arcaica, foi possível ao poder soberano do rei inscrever-se "no nível mais elementar das relações sociais; de sujeito a sujeito, entre os membros de uma mesma família, nas relações de vizinhança, de interesse, de profissão, nas relações de raiva, de amor ou de rivalidade".[86]

Assim, nas práticas da *lettre de cachet* Foucault viu claramente e de maneira muito concreta o poder se exercer:

> [...] não, seguramente, como a manifestação de um "Poder" anônimo, opressivo e misterioso; mas como um tecido complexo de relações entre parceiros múltiplos: uma instituição de controle e de sanção, que tem seus instrumentos, suas regras e sua tecnologia própria, investida por táticas diversas segundo os objetivos desses que se servem

---

[83] *Ibid.*, p. 222.

[84] *Ibid.*, p. 241.

[85] FOUCAULT; FARGE, 1982, p. 346.

[86] *Ibid.*, p. 347.

delas ou que as sofrem, e seus efeitos se transformam, os protagonistas se deslocam; ajustamentos se estabelecem; oposições se reforçam; certas posições são afirmadas, assim como outras são minadas.[87]

As *lettres de cachet* possibilitavam ver em que medida "as relações de poder não são a projeção pura e simples do grande poder soberano sobre os indivíduos", mas como essas relações "são muito mais o solo móvel e concreto sobre o qual o poder vai se ancorar, as condições de possibilidade para que ele possa funcionar".[88] Daí a insuficiência das afirmações, frequentemente repetidas, de "que o pai, o marido, o patrão, o adulto, o professor representam um poder de Estado que, ele mesmo, representa os interesses de uma classe". Esse modo de análise "não dá conta nem da complexidade dos mecanismos, nem da sua especificidade, nem dos apoios, complementaridades e, às vezes, bloqueios, que essa diversidade explica".[89] As *lettres de cachet* explicitam o fato de que "o poder não se constrói a partir das vontades (individuais ou coletivas), e que nem mesmo deriva dos interesses. O poder se constrói e funciona a partir de poderes, de multiplicidades de questões e de efeitos de poder".[90]

Foi para analisar essa mecânica disciplinar microfísica, que um mecanismo tal como as *lettres de cachet* fazia funcionar, que Foucault esboçou, no começo dos anos 1970, sua analítica do poder. Segundo ele, "seria necessário escrever uma *física* do poder e mostrar o quanto ela foi modificada em relação à suas formas anteriores, no início do século XIX, quando do desenvolvimento das estruturas do Estado".[91] Em todo caso, o funcionamento desse poder descrito por Foucault era evidentemente contrário às análises políticas muito em voga feitas em termos de ideologia e de repressão empreendidas pela psicanálise, pelo marxismo e pelo chamado freud-marxismo, sobretudo a partir de Reich e de Marcuse. Para Foucault, o uso que Marcuse deu à noção de repressão era exagerado porque:

> [...] se o poder tivesse por função tão só reprimir, se ele operasse tão só sob o modo da censura, da exclusão, do bloqueio, do recalque, como um grande superego, se ele se exercesse tão só de uma maneira negativa, ele seria dema-

---

[87] *Ibid.*, p. 347-348.

[88] FOUCAULT, 2001c, p. 232.

[89] *Id.*

[90] *Id.*

[91] FOUCAULT, 2001b, p. 1337.

> siadamente frágil. Se o poder é forte é porque ele produz efeitos positivos no plano do desejo – o que se começou a perceber – e no plano do saber.[92]

Chamar o poder de repressivo significava, portanto, privar a análise de uma compreensão possível dos efeitos positivos do poder por meio dos quais ele investe o desejo e o saber. Por isso Foucault insistiu que a análise não deveria se deter nessa noção de repressão, mas deveria continuar adiante para:

> [...] mostrar que o poder é ainda mais pérfido que isso. Que ele não consiste apenas em reprimir – a impedir, a opor obstáculos, a punir –, mas que ele penetra, ainda mais profundamente que isso, criando desejo, provocando prazer, produzindo saber. De modo que é bem difícil se livrar do poder, porque se o poder não tivesse por função a não ser excluir, impedir ou punir, como um superego freudiano, uma tomada de consciência seria suficiente para suprimir seus efeitos, ou ainda para o subverter. Penso que o poder não se contenta em funcionar como um superego freudiano. Não se limita a reprimir, a limitar o acesso à realidade, a impedir a formulação de um discurso: o poder trabalha o corpo, penetra o comportamento, permeia-se entre desejo e prazer, é nessa operação que é preciso surpreendê-lo e é essa análise difícil que é preciso fazê-la.[93]

Com relação a noção de ideologia, ao sugerir que o exercício do poder responde às exigências da sua recondução para uma ideologia dominante, se tornava incapaz de explicar todos os seus mecanismos reais e materiais pelos quais o poder efetivamente funciona; o poder, "[...] antes mesmo de agir sobre a ideologia, sobre a consciência das pessoas, exerce-se de um modo muito mais físico sobre seus corpos".[94] Essas duas noções, repressão e ideologia, segundo Foucault, provocaram uma lacuna nas análises históricas dos mecanismos de poder.

> Já se fez uma análise dos processos econômicos, uma história das instituições, das legislações e dos regimes políticos, mas a história do conjunto dos pequenos poderes que se impõem a nós, que domesticam nosso corpo, nossa linguagem e nossos hábitos, de todos os mecanismos de controle que se exercem sobre os indivíduos, essa história resta fazer.[95]

---

[92] *Ibid.*, p. 1625.

[93] *Ibid.*, p. 1640.

[94] *Ibid.*, p. 1391.

[95] *Ibid.*, p. 1530.

Como notou Dean,[96] a elaboração dos trabalhos de Foucault sobre as formas históricas do poder e do governo podem ser compreendidas também como respostas aos esquemas trans-históricos e teleológicos das análises da época, procurando operacionalizar, modificar, criticar e rejeitar essas formas teóricas globais. Os anos 1970 conheceram uma renovação da chamada "teoria do Estado", que até certo ponto foi também a retomada do marxismo. Na medida em que se procurou reinterpretar a ausência de uma teoria do Estado em Marx, procurou-se também acoplar essa teoria com base nos princípios e análises marxistas. Com isso, o foco da análise voltou-se para o problema da definição do Estado, da natureza do poder estatal, das formas de relações entre o Estado e as classes sociais, para as questões de hegemonia e, principalmente, para a funcionalidade do Estado em relação aos modos de produção. O objetivo era, portanto, estabelecer condições teóricas para compreender e estudar o Estado. Assim, foi uma teoria sociológica do Estado, retomada pelas formas de análise marxistas junto à tipologia weberiana do Estado como monopólio da violência física e fonte de dominação, que, *grosso modo*, tomava as seguintes características:

> Primeiro, os métodos eram vagamente comparativos, o objetivo essencial era utilizar diferentes casos e isolar suas causas históricas. Segundo, uma referência macrossociológica para estabelecer e verificar regularidades na formação e desenvolvimento dos Estados e oferecer uma investigação geral dos traços evidentes do Estado. Assim, a análise situava-se, ao supor a existência de regularidades, dentro de grandes teorias investigativas, seja marxista ou estrutural-funcionalista. Como resultado, não realizava quase nenhum esforço para indicar referências microssociológicas dos indivíduos e acontecimentos, assumindo uma "perspectiva geral" do próprio Estado. Terceiro, seguindo o esforço de Weber para fornecer uma sofisticada definição formal do Estado em termos de territorialidade, afirmação do monopólio do uso da violência, instituições e sua extensão e funções etc. Foi a partir disso, principalmente, que essa literatura sociológica tomou o Estado como um "fato social", como um dado que, adequadamente definido, pode ser investigado em termos de relações extrínsecas para outras forças sociais. Finalmente, a investigação que emerge nessa literatura não faz referência ao Estado ou à natureza do poder do Estado,

---

[96] DEAN, 1994, p. 141.

> mas ao desenvolvimento do Estado relacionado com a
> formação do capitalismo, os processos de burocratização
> e racionalização ou com o desenvolvimento das formas
> institucionais do constitucionalismo liberal-democrático.[97]

Foram teorias que construíam o Estado como um tipo de ator social estruturalmente localizado e dotado de intencionalidade específica, atribuível a uma conjuntura das forças sociais e às formas do seu aparato administrativo. Esse contexto é também ilustrado por Defert, quando descreve a reação da esquerda francesa à publicação de *Vigiar e Punir*. "A esquerda, presa ao lugar central dado ao Estado pela análise marxista, recebeu com reservas a noção de micropoderes; reprovou nela uma visão niilista na qual não existia lugar nem para a resistência nem para a liberdade".[98] Não seria exagerado apontar certo clima de tensão, por exemplo, quando durante uma manifestação em frente da embaixada da Espanha em Paris, um jovem estudante espanhol pede a Foucault uma conferência sobre Marx, ao que Foucault responde: "Que não me falem mais de Marx! Eu não quero jamais ouvir falar desse senhor. Peça aos que têm isso por profissão. Que são pagos para isso. Que são seus funcionários. Quanto a mim, eu terminei completamente com Marx".[99] E ainda nesse mesmo ano de 1975, após retornar de sua participação nas conferências sobre psiquiatria e antipsiquiatria na Universidade de São Paulo, Foucault lamentava o clima intelectual: "Freud e Marx ao infinito. O trabalho político vem dos antigos quadros sindicais e intelectuais".[100]

Em todo caso, para Foucault, tratava-se de partir não do Estado, mas do campo de relações microssociais e das intervenções reguladoras das práticas cotidianas, que no fundo constituíam o campo por excelência no qual o poder moderno era exercido. Além disso, a suposição de que o poder opera exclusivamente por meio da repressão introduzia um a priori na análise, fazendo supor a existência de uma subjetividade essencial, de uma natureza humana que, uma vez finalizada a repressão, faria emergir um sujeito autenticamente livre. Assim, quando, por ocasião da crise do petróleo de 1973, as análises marxistas descreviam o cenário mundial em termos de "crise estrutural do capitalismo" e as análises liberais, sobretudo com Huntington, nos termos de "crise da democracia", Fou-

---

[97] *Ibid.*, p. 143.
[98] DEFERT, 2001b, p. 62.
[99] *Ibid.*, p. 64-65.
[100] *Ibid.*, p. 65.

cault verá no fundo da palavra "crise" a incapacidade dos intelectuais em compreender seu presente. Em vez de apreender a efetiva transformação que se assistia nas relações de força, para Foucault, ao contrário, a noção de crise introduzia na análise:

> [...] um ponto de intensidade na história, o corte entre dois períodos radicalmente diferentes nessa história, o fracasso de um longo processo que acabou de irromper. A partir do momento em que se emprega a palavra crise, fala-se evidentemente de ruptura. Ocorre também a consciência de que tudo começa. Mas existe qualquer coisa de muito enraizado no velho milenarismo ocidental, é a segunda manhã. Existiu uma primeira manhã da religião, do pensamento; mas essa manhã não era a boa, a aurora era cinza, o dia era penoso e a noite era fria. Mas eis a segunda aurora, a manhã recomeça.[101]

Para Foucault, a noção de crise relançava o velho debate em torno da contradição como imagem de um processo que, tendo completado seu ciclo em certo ponto, recomeçaria. Contra essa imagem ele dirá que, quando "se tem no espírito que não é a guerra que é a continuação da política, mas a política que é a continuação da guerra por outros meios, é preciso abandonar essa ideia de contradição".[102] Abandonar a ideia de contradição significava o abandono do hegelianismo em todas as suas versões, porque, no fundo, não é por meio de Hegel "que a burguesia fala de maneira direta", mas é por meio de uma estratégia "absolutamente consciente, organizada, refletida"; perfeitamente visualizável "numa massa de documentos desconhecidos que constituem o discurso efetivo da ação política".[103] Era preciso, portanto, substituir a lógica do inconsciente por uma lógica da estratégia, substituir os privilégios do significante com suas funções ideológicas pela análise das táticas e seus dispositivos, para perceber como se encontram nas relações de poder acontecimentos complexos que escapam ao pensamento hegeliano. Quais acontecimentos? Para responder essa questão, diz Foucault, "[...] é preciso aceitar o indefinido da luta".[104]

---

[101] FOUCAULT, 2001b, p. 1571.

[102] *Ibid.*, p. 1572.

[103] *Ibid.*, p. 1587-1588.

[104] *Ibid.*, p. 1623

Aceitar o indefinido da luta seria perceber que a luta contra o poder não tem uma forma privilegiada, nem se encerra nas relações de produção; de tal modo que, segundo Foucault, era preciso ver 1968 como um acontecimento profundamente antimarxista, que procurou livrar-se de um "efeito-Marx".[105] A luta também não passa pelos aparelhos do Estado ou pelo próprio Estado, como fonte ou lugar onde o poder é localizado e exercido; sendo preciso livrar-se, consequentemente, do modelo do partido e das estratégias que procuram tomar o Estado. O indefinido da luta localiza as lutas contra o poder no plano dos seus próprios mecanismos, funcionando de modo microfísico, fora do aparelho do Estado e para além das relações de produção. Mas o indefinido da luta indica também outra coisa importante: exige outra compreensão da política a partir de uma perspectiva que é a da realidade das forças em luta com seu consequente e necessário aperfeiçoamento estratégico. Ao estudar o exercício do poder a partir das forças que constituem sua realidade, Foucault percebeu a ocorrência de um aperfeiçoamento, não uma ruptura, que leva do poder soberano às democracias modernas; um aperfeiçoamento que representa, em vez de substituição, uma democratização dos mecanismos do poder soberano.

> A partir do momento em que se teve necessidade de um poder infinitamente menos brutal e menos dispendioso, menos visível e menos pesado que o da grande administração monárquica, [...] colocou-se em funcionamento todo um sistema de adestramento [...]. Para que um certo liberalismo burguês fosse possível no plano das instituições, foi preciso, ao nível disso que chamo os micropoderes, um investimento muito mais circunscrito aos indivíduos, foi preciso organizar o quadrilátero dos corpos e dos comportamentos. A disciplina é o reverso da democracia.[106]

Assim, em um primeiro momento, foi preciso liberar-se de Marx e Freud, o que exigiu, segundo Foucault,[107] um trabalho que durou cerca de 15 anos: rejeitar o modelo do superego na análise política, seja na versão "para-marxista" de Marcuse e Reich, seja naquela marxista de Althusser. Para isso, ele demonstrou como as noções de repressão e ideologia eram inadequadas para a compreensão e crítica de um poder que se exerce no

---

[105] *Ibid.*, p. 1624.

[106] *Ibid.*, p. 1589-1590.

[107] *Ibid.*, p. 1648.

plano material, microfísico, e que comporta efeitos positivos no campo do saber e do desejo. Foucault, então, descreveu minuciosamente esse poder operando menos por meio da lei e mais por meio de técnicas de normalização entendidas como instrumentos que podem ser encontrados disseminados tanto na prisão como na escola, no exército, na fábrica, nas vilas operárias, hospitais, asilos etc. Na prática, portanto, o poder disciplinar, que teria substituído o antigo poder soberano, marcado pelo terror e pela descontinuidade, é um poder mais brando apenas na medida em que ninguém dele escapa e na medida em que é um poder muito mais eficiente e contínuo. A esse ponto, fica evidente que o poder da soberania, com todos seus rituais de suplício e espetáculos de terror, não desapareceu. O suplício não cessa, é apenas deslocado, e também seu terror, para o interior de certas instituições como a família, a polícia etc.

> Então a ordem foi: não mais quaisquer grandes suplícios surpreendentes, deixando escapar os outros criminosos, mas que todo mundo deve ser punido de maneira sistemática, que cada crime seja punido. A partir desse momento, foi preciso um duplo da justiça, uma instituição nova que foi a polícia. Agora, a polícia, para dizer a verdade, sabe-se disso perfeitamente, utiliza, cada vez mais, meios violentos. A polícia suplicia.[108]

Logo, nenhuma desaparição do suplício, mas deslocamento funcional. O que se deu com o surgimento das instituições do Estado liberal foi, como notou Dean,[109] a completa "democratização" do poder soberano que tinha emergido como teoria e prática dos regimes monárquicos. Contudo, democratização quer dizer conservação, utilização, reinscrição e recodificação das técnicas, racionalidades e instituições características do poder monárquico. E porque se trata de um poder que estabelecia com seus súditos uma relação de guerra, era ainda em termos de luta e de batalha que seria preciso analisá-lo nas democracias. Assim, após ter analisado como, "no início das sociedades industriais, entrou em funcionamento um aparelho punitivo, um dispositivo de classificação entre os normais e os anormais", era preciso agora "fazer a história do que se passou no século XIX e mostrar como, através de uma série de ofensivas e de contraofensivas, de efeitos e de contraefeitos, chegou-se ao estado atual e complexo das

---

[108] *Ibid.*, p. 1663.
[109] DEAN, 1999, p. 19.

forças".[110] Com isso, o tema com o qual Foucault se ocupará até o primeiro volume da *História da sexualidade*, será menos o de um sistema formal de regras do que um instrumento real e cotidiano de coerção.

> É a constrição que me interessa: como ela pesa sobre as consciências e se inscreve nos corpos; como ela revolta as pessoas e como ela as desencoraja. É precisamente nesse ponto de contato, de fricção, eventualmente de conflito, entre o sistema de regras e o jogo das irregularidades que coloco sempre meu questionamento.[111]

Para Foucault, era preciso "fazer um levantamento topográfico e geológico da batalha".[112] Então, se for verdade que nesse deslocamento, que levou das práticas do suplício para as práticas de internamento, foram conservadas as relações de força, de maneira que o poder continuou sendo, essencialmente, uma relação de força e "portanto, até certo ponto, uma relação de guerra", logo, "e por consequência, os esquemas que se deve utilizar não devem ser emprestados da psicologia ou da sociologia, mas da estratégia. E da arte da guerra".[113] Assim, ao "deslocar os acentos e fazer aparecer mecanismos positivos lá onde, ordinariamente, acentua-se muito mais mecanismos negativos"[114], tais como a noção de ideologia e repressão, Foucault insistiu que "não era somente em termos de direito mas em termos de tecnologia, em termos de tática e de estratégia" que era preciso conduzir a análise, e foi "essa substituição de um quadro jurídico e negativo por um quadro técnico e estratégico que procurei colocar em funcionamento em *Vigiar e punir* e depois utilizar na *História da sexualidade*".[115] Foucault descartou tanto a concepção jurídica e liberal, na qual o poder aparece na forma de um direito ou de um bem que, pelo fato de todos possuírem, seria preciso cedê-lo, transferi-lo no todo ou em parte sob a forma da troca contratual, para a constituição da soberania política; como descartou, também, a concepção marxista, na qual o poder obedece a uma funcionalidade econômica que tem por função essencial reproduzir relações de produção e reconduzir à dominação de classe.

---

[110] FOUCAULT, 2001b, p. 1627.

[111] *Ibid.*, p. 1591.

[112] *Ibid.*, p. 1627.

[113] FOUCAULT, 2001c, p. 87.

[114] *Ibid.*, p. 230.

[115] *Ibid.*, p. 229.

> Em linhas gerais, se preferirem, num caso, tem-se um poder político que encontraria, no procedimento da troca, na economia da circulação dos bens, seu modelo formal; e, no outro caso, o poder político teria na economia sua razão de ser histórica, e o princípio de sua forma concreta e de seu funcionamento atual.[116]

Em vez disso, propôs uma análise não econômica, em que o poder não aparece mais como uma coisa que se troca (teoria do contrato) ou que se retoma (teoria do partido), mas que se exerce: o poder é um exercício de relações de força que tem como finalidade reinserir nas instituições o desequilíbrio, manifestado na última batalha, nas desigualdades econômicas e nos corpos dos indivíduos; a política é sanção e a recondução desse desequilíbrio, portanto, uma forma silenciosa de continuação da guerra.

Foucault introduziu na sua analítica do poder o que ele chamou de hipótese Nietzsche, que consiste em ver na guerra, na luta e no enfrentamento, ao mesmo tempo, o princípio e o motor do poder político em nossas sociedades.

> O poder, pura e simplesmente, é uma guerra continuada por meios que não as armas ou as batalhas? [...] Deve-se ou não entender que a sociedade em sua estrutura política é organizada de maneira que alguns possam se defender contra os outros, ou defender sua dominação contra a revolta dos outros, ou simplesmente ainda, defender sua vitória e perenizá-la na sujeição?[117]

Com efeito, Foucault hesita em dar uma resposta afirmativa; em vez disso, propõe certo número de precauções de método. Uma delas é a de não tomar a dominação que o poder pretende perenizar como:

> [...] fato maciço de "uma" dominação global de uns sobre os outros, ou de um grupo sobre o outro, mas as múltiplas formas de dominação que podem se exercer no interior da sociedade: não, portanto, o rei em sua posição central, mas os súditos em suas relações recíprocas; não a soberania em seu edifício único, mas as múltiplas sujeições que ocorreram e funcionam no interior do corpo social.[118]

---

[116] FOUCAULT, 1999a, p. 20.

[117] *Ibid.*, p. 26.

[118] *Ibid.*, p. 31-32.

Além disso e em decorrência dessa primeira precaução de método, isto é, o fato de a dominação do poder jamais configurar uma situação maciça e global, mas um exercício; seria preciso igualmente perceber como os indivíduos:

> [...] estão sempre em posição de ser submetidos a esse poder e, também, de exercê-lo. Jamais eles são o alvo inerte ou consentidor do poder, são sempre seus intermediários. Em outras palavras, o poder transita pelos indivíduos, não se aplica a eles. Não se deve, acho eu, conceber o indivíduo como uma espécie de núcleo elementar, átomo primitivo, matéria múltipla e muda na qual viria aplicar-se, contra a qual viria bater o poder, que submeteria os indivíduos ou os quebrantaria. [...] o indivíduo não é o *vis-à-vis* do poder; é, acho eu, um de seus efeitos primeiros. [...] o poder transita pelo indivíduo que ele constituiu.[119]

Dessa maneira, Foucault vai propor uma análise ascendente do poder que, em vez de tomar o poder como uma espécie de "dominação global que se pluraliza e repercute até em baixo", examina "o modo como, nos níveis mais baixos, os fenômenos, as técnicas, os procedimentos de poder atuam".[120] Assim, ao responder à questão "quem são os sujeitos que se opõem?", Foucault afirmou: "todo mundo a todo mundo. Não há, imediatamente dados, sujeitos dos quais um seria o proletariado e o outro a burguesia. Quem luta contra quem? Nós lutamos todos contra todos. E existe sempre qualquer coisa em nós que luta contra outra coisa em nós".[121]

Em todo caso, as relações de força, colocadas em jogo pelo poder, podem, afinal, se configurar como uma relação de guerra e de dominação? Sim, contudo, diz Foucault, com a condição de tomar a guerra e a dominação como um caso extremo nas relações de força, ou tomá-las "por ponto e tensão máxima, pela nudez mesma das relações de força".[122] E com isso Foucault irá indicar uma distinção importante entre guerra e poder.

Inicialmente, para Foucault, o domínio da política é constituído por uma multiplicidade de relações de força que atravessam a sociedade, de modo que uma política propriamente dita seria definida como uma

---

[119] *Ibid.*, p. 35.

[120] *Ibid.*, p. 36.

[121] FOUCAULT, 2001c, p. 311.

[122] FOUCAULT, 1999a, p. 53.

estratégia mais ou menos global que procura estabelecer certa coordenação e uma finalização para essas relações de força. Assim, nesse sentido:

> [...] toda relação de força implica a cada momento uma relação de poder (que lhe é de qualquer modo o corte instantâneo), e cada relação de poder reenvia a relação de força, como seu efeito mas também como sua condição de possibilidade, a um campo político do qual ela faz parte. Dizer "tudo é político" é afirmar essa onipresença das relações de força e sua imanência a um campo político.[123]

Uma estratégia seria, portanto, a manipulação das relações de força procurando desenvolvê-las em dada direção para bloqueá-las, estabilizá-las ou simplesmente utilizá-las. Então, aquilo que se investiga em uma análise em termos de relações de força não é o poder entendido como "conjunto de instituições e aparelhos garantidores da sujeição dos cidadãos em um Estado"; não é o poder "como modo de sujeição que, por oposição à violência, tenha a forma da regra".[124] Não é tampouco o poder:

> [...] como um sistema geral de dominação exercida por um elemento ou grupo sobre outro e cujos efeitos, por derivações sucessivas, atravessam o corpo social inteiro. A análise em termos de poder não deve postular, como dados iniciais, a soberania do Estado, a forma da lei ou a unidade global de uma dominação; estas são apenas e, antes de mais nada, suas formas terminais.[125]

Segundo Foucault, não são os efeitos "periféricos" do poder que permitem tornar seu exercício inteligível; sua inteligibilidade não se encontra em seu ponto central, na fonte da sua soberania ou no lugar de onde se supõe que partam suas formas derivadas e descendentes. É muito mais seu suporte móvel, suas múltiplas formas ascendentes de "correlações de forças que, devido a sua desigualdade, induzem continuamente estados de poder, mas sempre localizados e instáveis".[126] Portanto, aquilo que, finalmente, seria o poder não passa de um "efeito de conjunto, esboçado a partir de todas essas mobilidades, encadeamento que se apoia em cada uma delas e, em troca, procura fixá-las".[127]

---

[123] *Ibid.*, p. 233.
[124] FOUCAULT, 1993, p. 88.
[125] *Id.*
[126] *Ibid.*, p. 89.
[127] *Id.*

Porque as relações de poder supõem uma relação de forças desigual e relativamente estabilizada que o poder político implicaria uma maior pressão de cima para baixo ou, como diz Foucault, uma diferença potencial. Contudo, "[...] para que exista movimento de cima para baixo, é preciso que exista, ao mesmo tempo, uma capilaridade de baixo para cima".[128] Por essa razão, seria preciso ser nominalista e dizer simplesmente que o poder é "o nome dado a uma situação estratégica complexa numa sociedade determinada".[129] E nesse momento, Foucault introduz uma distância entre poder e dominação ou entre poder e guerra. Ao questionar se "seria preciso inverter a fórmula [de Clausewitz] e dizer que a política é a guerra prolongada por outros meios?"[130] Sua resposta é que seria necessário distinguir guerra e política na medida em que são termos que remetem para dois tipos de estratégias, diferentes uma da outra, para a codificação das relações de força. Assimilar guerra e política colocaria o risco de tomar como simples os mecanismos complexos das relações de poder. Em todo caso, guerra e política, embora sejam duas estratégias distintas uma da outra, ambas atuando para "integrar essas correlações de força desequilibradas, heterogêneas, instáveis, tensas"; embora sejam específicas e diferentes, estão sempre "prontas a se transformarem uma na outra".[131]

Contudo, para Foucault, assimilar guerra e política introduzia um princípio de simplificação na análise que era preciso evitar, na medida em que reduz todas essas correlações de força às peripécias de uma guerra.

> Parece-me simplesmente que a pura afirmação de uma "luta" não pode servir de explicação primeira e última para a análise das relações de poder. Esse tema da luta não se torna operatório a não ser que se estabeleça concretamente, e a propósito de cada caso, quem está em luta, a propósito do que, como se desenrola a luta, em qual lugar, com quais instrumentos e segundo qual racionalidade. Em outros termos, caso se queira tomar seriamente a afirmação de que a luta está no coração das relações de poder, é necessário dar-se conta de que a boa e velha "lógica" da contradição não é suficiente, longe disso, para perceber os processos reais.[132]

---

[128] FOUCAULT, 2001c, p. 304.

[129] FOUCAULT, 1993, p. 89.

[130] *Id.*

[131] *Id.*

[132] FOUCAULT, 2001c, p. 206.

A velha lógica da contradição a ser evitada é, obviamente, a lógica do marxismo; daí a necessidade em distinguir guerra e política. Essa necessidade fica bastante evidente na descrição feita por um de seus colaboradores no Collège de France, Pasquale Pasquino, quando afirma que:

> [...] tornou-se claro durante nossas discussões na segunda metade dos anos 1970 que o discurso sobre as disciplinas chegou a um impasse que não poderia continuar no futuro. Sobretudo, conduzia a uma crítica extremista do poder – visto segundo um modelo *repressivo* – pela esquerda, e nos deixava insatisfeitos com aquele ponto de vista teórico. Uma análise fechada das disciplinas oposta às teses marxistas da exploração econômica como princípio para compreender os mecanismos do poder não era suficiente, e reclamou a investigação de problemas globais de regulação e ordem da sociedade, bem como as modalidades para a conceitualização desse problema. Daí a questão do *governo* – um termo que Foucault substituiu gradualmente ao que ele considerou como uma palavra muito ambígua, "poder".[133]

A narrativa de Pasquino, porém, causou a impressão em alguns estudiosos de que Foucault teria abandonado sua análise do poder em termos de guerra. Hindess, por exemplo, dirá que "um dos problemas em discutir o tratamento que Foucault deu ao poder é que parece ter havido uma mudança substancial no uso do termo no período imediatamente posterior ao seu exame das disciplinas em *Vigiar e punir*";[134] retoma, em seguida, a citação de Pasquino para demonstrar tal mudança. De maneira ainda mais explícita, Dean reafirma essa impressão em seu livro *Governmentality*, ao dizer que a analítica do governo em Foucault, buscando se desfazer das teorias sociológicas que davam ao Estado a imagem de uma realidade unificada, suplantou os problemas do fundamento da soberania e de sua obediência por uma análise das múltiplas operações dos mecanismos do poder e da dominação. Foucault teria se voltado primeiramente, então, para uma linguagem da guerra e da dominação como maneira de reconceitualização das relações de poder. Nessa operação, o inconveniente resultou do estabelecimento de uma aparente dicotomia entre "soberania", como a forma jurídica de um poder "pré-moderno", próprio das monarquias absolutistas, e um poder "moderno" de tipo disciplinar

---

[133] PASQUINO, P. Political theory of war and peace: Foucault and the history of modern political theory. *Economy and Society*, Londres, v. 22, n. 1, p. 77-88, fev. 1993. p. 79. Grifos do autor.

[134] HINDESS, B. *Discourses of power*: from Hobbes to Foucault. Oxford: Blackwell Publishers, 1996. p. 98.

e normalizador. A introdução dessa aparente dicotomia pela linguagem da guerra teria induzido às formas de denúncias extremistas do poder como repressivo, mencionadas por Pasquino. Assim, Foucault introduziu, segundo Dean,[135] uma segunda substituição que levou a análise para um novo contexto, aquele do governo a partir do curso de 1978, por meio do qual se procurou rediscutir os problemas do poder fora dos discursos da soberania e da guerra. A partir daí, tornou-se necessário deixar de pensar a lei em termos de uma sobrevivência arcaica da soberania e suas instituições jurídico-políticas atravessadas pelo modelo da guerra, tampouco pensar a disciplina como um tipo de herança longínqua da soberania na modernidade. O problema, bem mais complexo, era a necessidade de repensar o lugar da lei e da dominação disciplinar no interior das formas governamentais contemporâneas.

> Na realidade, tendo rejeitado a oposição entre soberania e poder disciplinar, Foucault empenhou-se em considerar a maneira pela qual a arte de governar transformou e reconstituiu os aparatos estatais jurídicos e administrativos do século XX. [...] Nem a imagem da soberania, nem a linguagem da dominação e da repressão, podem dar conta da emergência da autoridade governamental e do lugar da lei e das instituições legais no seu interior. Tais concepções aparecem presas numa espécie de a priori político: o da separação entre subjugação e liberação num caso, e do soberano e dos sujeitos, no outro. Ambos estão presos à identificação de quem detém e exerce o poder. As questões do como nós governamos e como somos governados são reduzidas ao problema de como o grupo dominante ou o Estado soberano asseguram sua posição mediante meios legítimos ou ilegítimos.[136]

Do mesmo modo, Michel Sennelart, na "Situation" dos cursos de 1977-1979, confirma a substituição e o abandono do discurso da guerra como operador analítico do poder, dizendo que, "rompendo com o discurso da 'batalha', utilizado desde o começo dos anos 1970, o conceito de 'governo' marcaria o primeiro deslocamento, acentuado à partir de 1980, da analítica do poder à ética do sujeito".[137] Para Senellart, o curso

---

[135] DEAN, 1999, p. 25.

[136] *Ibid.*, p. 26.

[137] SENNELART, M. Situation des cours. *In:* FOUCAULT, Michel. *Sécurité, territoire, population.* Cours au Collège de France, 1977-1978. Paris: Gallimanrd/Seuil, 2004b. p. 382.

Em defesa da sociedade, de 1976, teve por objetivo, se não o de dispensar a concepção do poder em termos de guerra, ao menos o "de interrogar os pressupostos e as consequências históricas do recurso ao modelo da guerra como analisador das relações de poder".[138]

Consequentemente, o que se percebeu foi o abandono, a substituição ou a ruptura com o discurso da guerra em proveito da arte de governar, quando, no fundo, Foucault apenas apontou uma distinção. Mas considerando tratar-se de uma distinção importante, quero propor outra leitura em termos menos descontínuos e que não implique uma pacificação do poder governamental, agora em questão. Porque, parece-me, o que está em jogo nesse deslocamento operado por Foucault, que leva da linguagem da guerra ou da dominação para as artes de governar, é precisamente a operacionalização da sua análise em termos da governamentalidade.

Os estudos da governamentalidade possuem uma perspectiva histórica de investigação que poderia ser resumida, *grosso modo*, da seguinte forma: existiram na história das sociedades ocidentais três grandes formas, três economias do poder político, por meio das quais o exercício da soberania política foi organizado. A primeira se localiza no final da Idade Média, quando o exercício do poder soberano foi organizado em torno do texto religioso. A Bíblia se torna uma espécie de manual político: dela deveriam ser extraídos os princípios, as máximas e os exemplos por meio dos quais o príncipe deveria conformar sua conduta e o exercício do seu poder. O príncipe, dizia-se, deveria ser como um espelho e refletir na sua própria pessoa, no seu próprio comportamento, as grandes virtudes cristãs de fé, esperança, caridade e amor contidas nas santas Escrituras. Essas virtudes deveriam reluzir, resplandecer na pessoa e na conduta do príncipe como se ele fosse um espelho. Esse modo de governar ficou conhecido como espelhos políticos (*les miroir politiques*), um gênero literário surgido no século XII, cujos trabalhos mais representativos são o *Policraticus* (1159), de João de Salisbury, e *De regno* (1271), de Tomás de Aquino.[139]

Em seguida, com o fim da tradição política dos espelhos, surge outra maneira de exercer a soberania política que consistia não mais em indexar a conduta do príncipe em torno do texto religioso, mas em torno de um objeto que estava apenas nascendo e cujo nascimento, como é sabido, transformou amplamente a vida dos homens: o Estado. Para ser

---

[138] *Id.*

[139] *Cf.* CANNING, J. *A History of Medieval Political Thought (300-1450)*. Londres: Routledge, 1996.

mais preciso, em seu nascimento o Estado não foi percebido como um objeto tal como hoje. Neste momento, o Estado, como o próprio nome diz, indica simplesmente uma dada condição: Estado indica a condição de prosperidade, paz, de ordem etc., do Reino. Assim, governar segundo o Estado indica que o exercício do poder tem por objetivo o de manter o Estado do Reino, isto é, conservar sua condição. Foi da necessidade de conservar as condições políticas do Reino, o seu status, que nasceu o que ficou conhecido na história pelo nome "razão de Estado". Se o príncipe pretende conservar o Estado do seu Reino, ele deverá governar segundo uma razão de Estado que é simplesmente o conjunto dos conhecimentos acerca dos meios necessários para sua conservação. Como indicou Meinecke, "[...] a razão de Estado consiste, portanto, no conhecimento que o Estado tem dele mesmo e do seu ambiente, e, consequentemente, na escolha das máximas para sua ação".[140] Foi a segunda grande forma que tomou o exercício do poder político no Ocidente.

Como se sabe, a razão de Estado assume rapidamente uma forma absolutista e centralizada; o príncipe se torna a grande figura em torno da qual gravita todo o encargo da conservação do Estado. Ele tem, portanto, uma tarefa enorme e vital na medida em que depende dele, da sua habilidade, força, fortuna, *virtù*, a vida ou a morte da República. Na razão de Estado, o príncipe é essa figura unitária, solitária, única, que deverá saber reinar para conservar seu Estado. Embora Maquiavel não possa ser considerado teórico da razão de Estado[141], foi a publicação de *O Príncipe* que provocou o surgimento de um tipo de literatura antiMaquiavel[142] que afirmará precisamente o contrário: se é verdade que o príncipe reina único e solitário do alto do seu trono, no entanto, é igualmente verdade que o príncipe não governa. Reinar, diz essa literatura, não é o mesmo que governar. Se apenas o príncipe reina, comanda, ordena, de maneira única, de outro lado o exercício do governo não é jamais unitário, mas é múltiplo. Muitos outros, além do príncipe, exercem esse tipo de poder governamental: o pai de família, o professor, o médico, o líder religioso etc. Portanto, se é verdade que existe unidade no comando real, existe pluralidade, multiplicidade no exercício do governo.

---

[140] MEINECKE, F. *L'idée de la raison d'Etat dans l'histoire des Temps modernes.* Tradução: Maurice Chevallier. Genebra: Droz, 1973. p. 11.

[141] *Cf.* SENNELART, M. La raison d'Etat antimachiavélienne. Essai de problématisation. *In:* LAZZERI, Ch.; REYNIÉ, D. *La raison d'Etat: politique et rationalité.* Paris: PUF, 1992. p. 15-42.

[142] *Cf.* THUAU, E. *Raison d'Etat et pensée politique à l'époque de Richelieu.* Paris: Albin Michel, 2000.

Essa literatura antiMaquiavel introduz, pela primeira vez na história, uma distinção entre reinar, comandar, exercer a soberania política, e governar. Quando um pai de família governa não está, evidentemente, exercendo um poder soberano, exerce, ao contrário um poder governamental: um poder que é morfologicamente distinto do poder soberano na medida em que não consiste simplesmente em comandar, em ordenar, em impor a lei. Aquilo que o governo faz é conduzir condutas, tarefa muito distinta de impor a lei: um professor conduz a conduta dos alunos, um pastor a conduta de seus fiéis, um pai conduz a família. A partir da literatura antiMaquiavel, a prática do governo começa a surgir como uma ação específica e que não encontra seu ponto de explicação nem na Bíblia, do lado de Deus, nem na razão de Estado, do lado do príncipe; ou seja, trata-se de uma ação que começa a ser percebida não somente como distinta e separada da soberania, mas, também, como sendo, ao mesmo tempo, importante e suplementar a ela.

Correlativo ao surgimento teórico dessa literatura, começa também uma intensificação e proliferação histórica dos problemas ligados à condução das condutas: condução das almas, das crianças, condução dos indivíduos de modo geral. Até aquele momento, o poder político jamais havia se ocupado do problema da condução das condutas dos indivíduos; mas eis que esse problema explode, e explode de tal maneira que, segundo Foucault, todo o século XVI pode ser visto como a "era das condutas, a era das direções, a era dos governos".[143] Foi nesse período que Norbert Elias mostrou o surgimento de uma vasta literatura preocupada precisamente com o "bom comportamento", o que evidenciava também o quanto o problema da conduta nas sociedades europeias da época do Renascimento estava assumindo uma importância extraordinária.

> Neste momento, a situação muda. Aumenta a coação exercida por uma pessoa sobre a outra e a exigência de "bom comportamento" é colocada mais enfaticamente. Todos os problemas ligados a comportamento assumem nova importância. [...] E é neste contexto que surgem os trabalhos de Erasmo, Castiglione, Della Casa e outros autores sobre as boas maneiras.[144]

---

[143] FOUCAULT, 2004b, p. 236.

[144] ELIAS, N. *O processo civilizador*: uma história dos costumes. Vol. 1. Tradução: Ruy Jungman. Rio de Janeiro: Zahar, 1996. p. 91.

Assim, de um lado, uma literatura antiMaquiavel enfatizando a importância do governo das condutas para a manutenção da Soberania e, de outro, uma literatura arduamente ocupada com o problema ordinário dos comportamentos, sua correta uniformização, integração, pacificação etc. É nessa junção que é possível localizar uma inflação das práticas de governo em relação à qual Foucault percebeu o processo histórico responsável pela expansão da racionalidade política governamental, que logo se tornou a racionalidade liberal. Foucault considerou o governo como sendo o motor do liberalismo: após promover uma ampla e inédita reconstituição conceitual, o liberalismo tornou o governo como sua regra interna.[145] Em todo caso, essa ampla reconstituição do conceito do governo assumiu a forma de um enorme processo que Foucault chamou de governamentalização do Estado: um processo por meio do qual o liberalismo fez o conceito de governo explodir em todos os âmbitos da prática política. E o resultado foi a transformação do Estado unitário e centralizado na figura do príncipe, em um Estado descentralizado, não mais indexado na figura do príncipe, mas agora indexado na conduta dos governados. Esse Estado, que ainda é o nosso, Foucault chamou de Estado de governo ou governamentalizado. Trata-se da terceira grande economia do exercício do poder na história das nossas sociedades.

Em resumo, na história política das sociedades ocidentais, encontram-se três grandes economias no exercício do poder soberano: a primeira é a tradição dos espelhos do príncipe, a segunda é razão de Estado, a terceira seria a nossa forma atual: um Estado governamentalizado no qual o poder do governo ganha proeminência sobre todos os demais. Foi esse processo de governamentalização do Estado o que teria permitido a expansão da racionalidade liberal; por meio dele, diz Foucault, o governo se torna a regra interna e o motor do liberalismo. E isso a tal ponto e com tanta intensidade que o liberalismo chegou a sonhar mesmo com a "debilitação do Estado até o limite de fazê-lo desaparecer por completo, porém sem jamais colocar em questão o conceito de governo que é por ele retomado e reconstituído".[146] É o que se verifica, por exemplo, quando Thomas Paine defende a abolição do "governo formal" para que em seu lugar a sociedade possa agir para o interesse e segurança comuns, visto não ser "o governo nada mais do que uma associação nacional agindo

---

[145] Cf. BONNAFOUS-BOUCHER, M. *Un libéralisme sans liberté*. Pour une introduction du terme libéralisme dans la pensée de Michel Foucault. Paris: L'Harmattan, 2001.

[146] BONNAFOUS-BOUCHER, 2001, p. 81.

com base nos princípios da sociedade".[147] É o marco de nascimento da sociedade civil, não como o outro do Estado, como se pensa frequentemente, mas como uma tecnologia de governo.

Os estudos da governamentalidade descrevem o desenvolvimento histórico desse Estado governamentalizado pela racionalidade liberal. Trata-se de investigar a maneira pela qual a governamentalidade, ou as diversas racionalidades governamentais, imprimiram essa tendência na nossa prática política que, até nossos dias, não cessou de conduzir para uma direção que coloca em proeminência o poder do governo entendido como condução das condutas, em detrimento do Estado entendido como instituição centralizada. Tendência que constitui, segundo Foucault, um dos traços mais fundamentais das nossas sociedades políticas, responsável por transferir o exercício do poder político da esfera exclusiva do monopólio da violência e inseri-lo também na ordem do governo, isto é, nas práticas de condução da conduta dos indivíduos. Portanto, não seria o Estado que exerce o poder político e administra com exclusividade a dominação política. Desde o velho liberalismo até nossos dias, uma série de saberes e técnicas jamais cessou de indexar o exercício da dominação política na própria conduta dos governados.

Em todo caso, o processo de governamentalização do Estado teve uma importância fundamental para a sobrevivência do Estado moderno: o antigo Estado unitário e centralizado inventado pela razão de Estado não teria sobrevivido aos novos e complexos desafios colocados pelo desenvolvimento da população e da economia. Foi graças à governamentalização que o Estado pode sobreviver e que a racionalidade governamental do liberalismo pode triunfar como prática política dominante. Mas a questão é: como e com quais instrumentos o liberalismo promoveu a governamentalização do Estado? Para retomar a expressão de Donzelot,[148] na formulação de uma resposta reside a inteligência do liberalismo descrita por Foucault com grande perspicácia. Encontra-se, no processo de governamentalização do Estado, uma superposição de três lógicas distintas: da razão de Estado; de um tipo de poder individualizante, o poder pastoral; e a de um poder totalizante que Foucault chamou de biopoder. Essas três lógicas encontram-se superpostas na prática política liberal e constituem propriamente sua 'economia de poder'.

---

[147] PAINE, T. *Os direitos do Homem*. Uma resposta ao ataque do sr. Burke à Revolução Francesa. Tradução: Jaime A. Clasen. Petrópolis: Vozes, 1989. p. 140, 143.

[148] DONZELOT, J. Michel Foucault et l'intelligence du libéralisme. *Sprit*, Paris, n. 319, p. 60-81, 2005.

Foucault mostrou que a emergência da economia política provocou uma duplicação do sujeito da prática política: ele cessa de ser meramente o súdito submisso ao poder Soberano para se tornar também parte de uma população submissa à gestão governamental. Trata-se de uma duplicação da submissão que, além de não excluir os elementos constitutivos do poder da razão de Estado do século XVII (a coerção das disciplinas), mas coloca também a economia do século XVIII como ponto de partida para a organização de uma biopolítica cujos elementos constitutivos não são incompatíveis com a razão de Estado (os mecanismos de controle). Ao contrário, essas duas lógicas de poder encontram-se articuladas no poder liberal como "dois polos de desenvolvimento interligados por todo um feixe intermediário de relações", diz Foucault[149]: de um lado, as disciplinas como uma anatomopolítica do corpo e, de outro, os controles reguladores ou mecanismos de segurança como uma biopolítica da população.

Em todo caso, o primeiro esboço das artes de governar, sua primeira forma de cristalização, se deu na razão de Estado. Não a razão de Estado entendida em sentido pejorativo e negativo: como a destruição dos princípios do direito, da equidade ou da humanidade pelos interesses do Estado, mas em um sentido positivo e pleno, por exemplo, aquele encontrado entre os contratualistas e no seu contrato fundador da sociedade que postula um tipo de engajamento recíproco entre soberano e súdito. Mas esse sentido positivo virá somente com o surgimento da população como problema político; quando o modelo da família foi substituído pelos problemas decorrentes do crescimento populacional e sua complexidade em relação ao governo. O aumento da população fez aumentar igualmente a preocupação com os problemas de comportamento sexual, de demografia, natalidade e consumo. Em termos políticos, isso significou um desenvolvimento das técnicas de governo que fez o núcleo familiar passar de modelo da política de Estado para instrumento dessa política. Ou seja, não é mais a família, mas a população que se tornará o objetivo último do governo: governar será, doravante, zelar pelo destino de uma população, sua saúde e sua duração de vida. A população foi, portanto, o meio de generalização das artes de governar, o elemento desbloqueador da governamentalização do Estado.

> A população aparece, portanto, menos como potência do soberano do que como fim e instrumento do governo: sujeito de necessidades, de aspirações, mas também objeto entre

---

[149] FOUCAULT, 1999, p. 131.

> as mãos do governo. [Ela aparece] como consciente, frente ao governo, disso que ela quer e inconsciente disso que o governo a faz fazer. O interesse como consciência de cada um dos indivíduos constituindo a população e o interesse como interesse de população, qualquer que sejam os interesses e as aspirações individuais daqueles que a compõem, é lá que reside, nesse equívoco, a fonte e o instrumento fundamental do governo das populações.[150]

Assim, houve, na história do Ocidente, um momento em que o saber do governo passou a afirmar que a lei era insuficiente para alcançar as finalidades do seu poder, sendo preciso lhe dar um conteúdo positivo que minimizasse suas funções de morte, substituindo o custoso direito soberano de matar e seu fundamento de fazer valer sua força. Mas isso não implica a passagem de uma sociedade de soberania para uma sociedade de disciplina. Certamente houve uma supervalorização da disciplina a partir do momento em que a população se coloca como campo de intervenção do governo: "jamais a disciplina foi mais importante e mais valorizada que a partir do momento em que se procura gerir uma população".[151] Contudo, não significa que a soberania tenha sido eliminada pela emergência dessas artes de governar; ao contrário,

> a ideia de um governo como governo da população torna mais agudo ainda o problema da fundação da soberania – e se tem Rousseau – e mais agudo ainda a necessidade de desenvolver as disciplinas – e se tem toda essa história das disciplinas que fiz em outro lugar.[152]

Então, nesse sentido, para compreender melhor esse processo, não conviria falar em substituição ou abandono de uma sociedade de soberania por uma sociedade disciplinar, mas de "um triângulo: soberania, disciplina e gestão governamental".[153] Portanto, em vez de ver na governamentalidade a eliminação da violência, o fim da guerra ou das relações de dominação, seria preciso ver como ela tornou possível a aplicação de todas essas relações de força de uma maneira meticulosa e em uma fineza de detalhes jamais vista. Consequentemente, em vez de substituição, continuidade. A governamentalidade é uma tendência que, no Ocidente, não cessou de conduzir a uma direção que colocou em proe-

---

[150] FOUCAULT, 2004, p. 109.

[151] *Ibid.*, p 111.

[152] *Id.*

[153] *Id.*

minência o poder do governo e uma "governamentalização" do Estado. Tendência que constitui, efetivamente, um dos traços fundamentais das nossas sociedades e que pode ser descrita ao longo da história como o fato das "correlações de força que, por muito tempo tinham encontrado sua principal forma de expressão na guerra, em todas as formas de guerra, terem-se investido, pouco a pouco, na ordem do poder político".[154]

Os estudos da governamentalidade indicam, portanto, a emergência de uma nova forma de exercício do poder no Ocidente, muito distinta, é verdade, daquele exercício do poder em termos de soberania. Contudo, nessa emergência, a soberania foi, teórica e praticamente, democratizada no interior do Estado liberal e suas instituições. Como pontuou Dean, a governamentalidade veio responder ao impasse teórico provocado pela análise genealógica do poder que, por meio da qual Foucault rejeitou a linguagem em termos de lei e soberania, própria ao discurso filosófico--jurídico, na investigação das relações de poder, e adotou como método a linguagem da guerra e da dominação. "Todavia, utilizando a linguagem da guerra, da batalha e da luta, a genealogia ficou em uma posição fechada, desconfortável, que tendia a identificar todas as formas de poder como dominação, muito semelhante a Adorno e Horkeimer".[155] Com sua análise da governamentalidade, Foucault buscou, portanto, evitar esse tipo de leitura simplificadora, ingênua e insatisfatória do exercício do poder a partir da "elaboração da noção de governo que marca a rejeição definitiva de certo tipo de declaração retórica do poder e dos projetos que pensam os problemas de regulação fora de qualquer modelo de poder".[156] Assim, a governamentalidade deve ser entendida como descrição de uma linha de modificação do Estado que não implica, a priori, a eliminação da guerra e da violência. Do contrário, de que maneira os estudos da governamentalidade poderiam ser úteis para a compreensão dos regimes não liberais e autoritários? Ou, como seria possível considerar, nos estudos da governamentalidade, práticas de governo não liberais conduzidas no interior e por meio de governos liberais, tais como as políticas coloniais do século XIX? E quais ferramentas esses estudos forneceriam para a análise de práticas de governo em si autoritárias tais, como o nazifascismo e as ditaduras socialistas? Uma resposta a partir dos estudos da governamentalidade indicaria que, segundo Dean,[157] tanto as "governamentalidades

---

[154] FOUCAULT, 1993, p. 97.

[155] DEAN, 1999, p. 46.

[156] *Ibid.*, p. 47.

[157] *Ibid.*, p. 132.

de tipo autoritário" quanto as "governamentalidades de tipo liberal" são produzidas "sobre os mesmos elementos retirados da biopolítica e da soberania". Em outras palavras, os elementos que constituem ambas governamentalidades são os elementos encontrados na população e na dominação. É bastante óbvio, por exemplo, como as racionalidades governamentais do liberalismo dividem e classificam as populações no seu interior, procurando "excluir certas categorias do estatuto de pessoa autônoma e racional".[158] Também é bastante evidente como no projeto político de Stuart Mill aquilo que ele chamou de *improvement* comporta "a justificativa de regimes autoritários" para as populações consideradas *unimproved*, tais como as da África, onde o liberalismo inglês inaugurou, no fim século XVIII, o que foi uma das primeiras experiências concentracionárias da história, aprisionando toda uma população de mulheres e crianças em campos feitos de tendas e barracas.[159]

A soberania foi democratizada e, no entanto, as guerras jamais foram tão sangrentas e os regimes de governo jamais praticaram tamanhos holocaustos.

> Mas esse formidável poder de morte – e talvez seja o que lhe empresta uma parte da força e do cinismo com que levou tão longe seus próprios limites – apresenta-se agora como o complemento de um poder que se exerce, positivamente, sobre a vida, que empreende sua gestão, sua majoração, sua multiplicação, o exercício, sobre ela, de controles precisos e regulações de conjunto.[160]

As guerras não desapareceram, elas apenas deixaram de ser travadas em nome do soberano, "travam-se em nome da existência de todos; populações inteiras são levadas à destruição mútua em nome da necessidade de viver".[161] Segundo Foucault, foi quando o poder político atribuiu a si mesmo a gestão da vida dos indivíduos que a morte exigiu cada vez mais homens e os massacres se tornaram cada vez mais vitais. "O princípio: poder matar para poder viver, que sustentava a tática dos combates, tornou-se princípio de estratégia entre Estados; mas a existência em questão já não é aquela – jurídica – da soberania, é outra – biológica – de

---

[158] *Id.*

[159] KAMINSKI, A. J. *I campi di concentramento dal 1896 a oggi.* Storia, funzioni, tipologia. Turim: Bollati Boringhieri, 1998. p. 38-39.

[160] FOUCAULT, 1993, p. 129.

[161] *Id.*

uma população".[162] O genocídio como política de Estado já não é o velho direito de matar das antigas soberanias, mas simplesmente o efeito de um "poder que se situa e se exerce no plano da vida, da espécie, da raça e dos fenômenos maciços da população".[163]

Mas essa guerra é travada também em outra escala que é, digamos, descendente. A guerra não existe somente como fato global do enfrentamento entre dois Estados, duas nações etc. É preciso vê-la também atuando em uma escala micro e elementar. Assim, seria preciso perguntar se as grandes batalhas, as lutas globais, os enfrentamentos maciços não seriam eles também apenas os efeitos terminais e os resultados descendentes de uma multiplicidade de pequenas guerras conduzidas a um nível elementar das relações de força, precisamente naquele em que se exerce os poderes governamentais? Considere-se, a esse propósito, a análise de Foucault da genealogia nietzschiana; nela, por exemplo, os fins em uma relação de dominação são últimos apenas na aparência, já que não passam do episódio atual de uma série de assujeitamentos anteriores. O presente, portanto, não deve ser compreendido como uma origem que asseguraria uma destinação, mas como um imprevisível jogo de dominações. Por isso, uma emergência se produz sempre a partir de certo estado de forças, responde a maneiras específicas pelas quais a luta é conduzida, nas quais o combate das forças é travado em circunstâncias as mais adversas, dentro de inúmeras tentativas empreendidas para escapar ao enfraquecimento e retomar o vigor. É, portanto, numa espécie de teatro de forças que a emergência de uma força entra em cena e irrompe com todo seu vigor. Nesse cenário, as forças são distribuídas, coloca-se uma abaixo das outras, outras ao lado, faz-se sua repartição, seu cruzamento. Numa palavra, a genealogia nietzschiana designa um lugar de afrontamento que, fundamentalmente:

> [...] é preciso evitar imaginar como um campo cercado onde se desenrolaria uma luta, um plano onde adversários estariam em pé de igualdade; é muito mais [...] um "não--lugar", uma pura distância, o fato que os adversários não pertençam ao mesmo espaço. Ninguém é, portanto, responsável por uma emergência, ninguém lhe pode cantar glória; ela se produz sempre no interstício.[164]

---

[162] *Id.*

[163] *Id.*

[164] FOUCAULT, 2001b, p. 1012.

Mas a guerra que é indefinidamente representada nesse teatro sem lugar é aquela entre dominadores e dominados.

> Que homens dominem outros, é assim que nasce a diferenciação dos valores; que classes dominem outras classes, é assim que nasce a ideia de liberdade; que homens se apropriem das coisas das quais têm necessidade para viver, que eles lhe imponham uma duração que elas não têm, ou que eles as assimilem pela força, é o nascimento da lógica. *A relação de dominação só é uma "relação" na medida em que o lugar onde ela se exerce não é um lugar*. E é precisamente por isso que em cada momento da história ela se fixa em um ritual; ela impõe obrigações e direitos; ela constitui procedimentos cuidadosos. Estabelece marcas, grava memória nas coisas e nos corpos; gera dívidas. Universo de regras que não é precisamente destinado ao abrandamento, mas, ao contrário, a satisfazer sua violência. É um erro acreditar, segundo o esquema tradicional, que a guerra geral, exaurindo-se nas suas próprias contradições, acaba por renunciar à violência e aceita suprimir a si mesma nas leis da paz civil. A regra é o prazer calculado da hostilidade, é o sangue prometido.[165]

Pensar as relações de poder em termos de afrontamento e batalha de forças, mesmo admitindo que o duelo, em alguns casos, leve até a morte de uma das partes, coloca em operação um tipo de análise que é capaz de perceber, no próprio interior das relações jurídicas, como o direito:

> [...] permite relançar incessantemente o jogo da dominação; e coloca em cena uma violência meticulosamente repetida. O desejo de paz, a brandura do compromisso, a aceitação tácita da lei, longe de ser a grande conversão moral ou o cálculo útil que deram nascimento à regra, não é mais do que o resultado, e a dizer a verdade, a perversão. [...] A humanidade não progride lentamente de combate em combate até uma reciprocidade universal na qual fosse substituída, e para sempre, a guerra; ela instala cada uma dessas violências em um sistema de regras, e segue de dominação em dominação.[166]

Assim, a meu ver, os estudos da governamentalidade permitem, precisamente, mostrar a maneira pela qual a violência foi reinvestida em um

---

[165] *Ibid.*, p. 1013. Grifos meus.

[166] *Id.*

sistema de regras, bem como por meio de quais instrumentos e técnicas. Foi nesse sentido que Foucault insistiu em distinguir as relações de poder entre dois níveis. Um nível que ele chamou de jogos estratégicos entre as liberdades: "jogos estratégicos que fazem que uns procurem determinar a conduta dos outros, ao que os outros respondem procurando não deixar que se determine sua conduta ou procurando determinar, em resposta, a conduta dos outros".[167] Outro nível que seria o dos estados de dominação, "que são isso que se chama ordinariamente de poder".[168] Porém, entre esses dois níveis das relações de poder, em seguida, Foucault introduziu as práticas de governo e as tecnologias governamentais. "Na minha análise do poder existem três níveis: as relações estratégicas, as tecnologias governamentais e os estados de dominação". [169] Assim, em uma análise das relações de poder o problema seria o de saber como evitar os estados de dominação; daí a importância em investigar as tecnologias de governo pelos estudos da governamentalidade: para colocar em evidência não o funcionamento interior do Estado ou sua funcionalidade institucional, mas a racionalidade pela qual opera, buscando perceber qual economia geral de poder lhe corresponde. Analisar o Estado de direito de nossos dias pelos estudos da governamentalidade seria, portanto, recusar o ponto de vista funcional, romper com os balanços funcionais que, de tempos em tempos, pretendem determinar fracassos e sucessos. Seria, ao contrário, reinserir o Estado em um projeto transversal que atravessa as relações sociais e funciona a partir das tecnologias do poder governamental.

É nessa direção que a análise da governamentalidade promove a desinstitucionalização e a desfuncionalização das relações de poder, possibilitando apreender sua genealogia ou "a maneira pela qual se formam, se conectam, se desenvolvem, se multiplicam, se transformam a partir de algo muito diverso dessas relações de poder: a partir de processos que vão muito além das relações de poder".[170] Com isso, coloca-se em evidência o aspecto móvel e flexível do poder.

> As tecnologias de poder não cessam de se modificar sob a ação de numerosos fatores. E quando uma instituição desmorona, isso não ocorre necessariamente pelo fato de o poder que a sustentava estar fora de circuito. Pode ser

---

[167] FOUCAULT, 2001c, p. 1547.

[168] *Id.*

[169] *Id.*

[170] FOUCAULT, 2004b, p. 123.

porque ela tenha se tornado incompatível com algumas mutações fundamentais das tecnologias.[171]

O processo de governamentalização teria sido para o Estado aquilo que as técnicas de segregação foram para a psiquiatria, o que as técnicas de disciplina foram para o sistema penal ou o que a biopolítica foi para as instituições médicas, ou seja, ele designou os caracteres específicos da tecnologia geral do poder que assegurou ao Estado suas mutações, seu desenvolvimento e seu funcionamento, com um nível de eficácia que a velha teoria da soberania era incapaz de oferecer. A governamentalização do Estado reinseriu o barulho e os gemidos da guerra em um teatro de relações de força muito mais sutil e insidioso.

Assim, buscando se afastar da concepção schmittiana, Foucault afirmou que o exercício do poder consiste menos no enfrentamento entre dois adversários e mais em uma ordem de governo. Deste modo, "em vez de falar de um 'antagonismo' essencial, seria melhor falar de um 'agonismo' – de uma relação que é ao mesmo tempo de incitação recíproca e de luta; menos uma oposição termo a termo que os bloqueia um frente ao outro do que uma provocação permanente".[172] A inspiração veio de Nietzsche e seu elogio da "cultura agônica" dos antigos por meio da qual os gregos souberam distinguir entre dois tipos de disputa: uma que, provindo de uma má Éris, dispõe para a guerra, para crueldade, para a luta aniquiladora; outra, a boa Éris, estimula para ação da disputa: "removamos da vida grega a disputa, e então veremos de imediato aquele abismo pré-homérico de uma cruel selvageria do ódio e do desejo de aniquilamento".[173] Consequentemente, em vez de pensar a guerra a partir da relação amigo-inimigo, isto é, como luta aniquiladora, seria preciso considerar as disputas na correlação agonística das forças em luta. Por essa razão, Foucault rejeitou a perspectiva schmittiana, segundo a qual "tudo é político" em um duplo sentido: tudo é político pela intervenção do Estado, ou seja, significa dizer que o Estado está em toda parte; ou pela onipresença da luta entre dois adversários.

> Tudo é político pela natureza das coisas; tudo é político pela existência de adversários. Seria melhor dizer: nada é político, tudo é politizável, tudo pode se tornar político. A

---

[171] *Ibid.*, p. 123-124.

[172] FOUCAULT, 2001c, p. 1057.

[173] NIEZTSCHE, F. *Cinco prefácios para cinco livros não escritos.* 4. ed. Tradução: Pedro Süssekind. Rio de Janeiro: 7 Letras, 2007. p. 74.

> política não é nem mais nem menos isso que nasce com a resistência à governamentalidade, a primeira sublevação, o primeiro enfrentamento.[174]

A ordem do governo provoca uma interação agonística na medida em que sua natureza estratégica, buscando estruturar o campo de ação do governado, encontrará um limite na resistência que ele sempre poderá opor: "toda estratégia de afrontamento sonha em se tornar relação de poder; e toda relação de poder tende, seja ao seguir sua linha de desenvolvimento ou ao se chocar frontalmente com resistências, a se tornar uma estratégia vitoriosa".[175] Em uma dinâmica que faz das relações de poder o palco de agonismos incessantes: "entre relação de poder e estratégia de luta existe apelo recíproco, encadeamento indefinido e inversão perpétua. A todo instante a relação de poder pode tornar-se, e em certos pontos se torna, um afrontamento entre adversários".[176] No entanto, o confronto não figura como substância das relações de poder, mas como resultante do seu agonismo permanente; até mesmo a dominação política resultaria de um longo processo de lutas a partir do qual emergiu "uma situação estratégica mais ou menos adquirida e solidificada em um afrontamento de longa duração histórica entre adversários".[177]

A análise foucaultiana do governo não apaga a violência da dominação do Estado, tampouco subtrai as marcas da guerra do exercício do seu poder; ao contrário, ela permite perceber como foi possível que a violência e a guerra tenham sido reinseridas na política por meio de tecnologias governamentais que possibilitaram à dominação estatal se exercer de forma descentralizada e indexada na própria conduta dos governados. Para tanto, Foucault estabeleceu na análise, não o corte, mas uma distinção: "Não serão nem os mesmos elementos significativos, nem os mesmos encadeamentos, nem os mesmos tipos de inteligibilidade que aparecerão".[178] E é justamente essa complexa relação entre guerra e política, não simplesmente como afrontamento material, mas sobretudo como emergência de forças, que se arrisca perder quando se compreende a introdução do tema do governo na analítica foucaultiana como abandono, substituição ou ruptura com o discurso da guerra.

---

[174] *Apud* SENELLART, 2004b, p. 409.

[175] FOUCAULT, 2001c, p. 1061.

[176] *Id.*

[177] *Ibid.*, p. 1062.

[178] *Id.*

Com efeito, não se encontra em Foucault uma definição positiva da guerra, embora tenha estudado minuciosamente sua disciplina, em *Vigiar e punir*, e analisado sua função como matriz de produção das relações de poder no discurso histórico-político, no curso *Em defesa da sociedade*. Talvez, em razão dessa ausência, alguns estudiosos tenham sido levados a pensarem o abandono do tema, em vez de buscar um desdobramento. Em todo caso, penso que uma maneira de dar ênfase ao tema da luta, da batalha e da guerra em Foucault, possa ser a de reaproximá-lo da definição proudhoniana da força. Com isso, creio ser possível perceber como, em vez de contradizer ou de se opor, o tema da guerra em Foucault constitui peça-chave para entender a noção de governo e os estudos da governamentalidade.

Quando se pensa o poder como relações de força agônicas e o governo como um tipo de estratégia que age intensificando essas relações a um ponto em que a luta se torna uma necessidade imposta, podendo recair sobre matérias de vida e de morte; então, é preciso admitir que a política, seja qual for a forma que revista, não é jamais a eliminação da guerra. E se isso ocorre, diz Proudhon, antecipando Foucault em mais de um século, é porque a guerra:

> [...] tende a se esquivar do LIBERALISMO que a persegue, refugiando-se no *governamentalismo*, em outras palavras, sistema de exploração, de administração, de comércio, de fabricação, de ensino etc., pelo Estado. Portanto, não mais se pilhará, é ignóbil; não mais se exigirá contribuições de guerra, não mais se confiscará as propriedades, se renunciará à disputa, se deixará a cada cidade seus monumentos e suas obras primas, se distribuirá até mesmo socorros, se fornecerá capitais, se acordará subvenções às províncias anexadas. Mas, se governará, se explorará, se administrará etc., militarmente. Todo o segredo está aqui.[179]

Segundo Proudhon, a guerra foi reinstalada pelo Estado no governamentalismo, um neologismo criado por ele para indicar a transformação da ordem do governo em um sistema ou teoria de ideias com alcance universal, ou seja, que recobre não apenas a política, mas o comércio, a produção, o ensino etc. A realidade maciça da guerra pôde ser transmutada sob diversas outras formas de poder, sem, entretanto, perder a eficácia

---

[179] PROUDHON, P. J. *La guerre et la paix*. Tomo II. Antony: éditions Tops/H. Trinquier, [1861] 1998b. p. 111. Grifos do autor.

da sua violência: pelo governamentalismo, diz Proudhon, "a sujeição, o descrédito, e a miséria, o salariado, o pauperismo, a mendicidade, as mais terríveis entre as vergonhas, aguardam os vencidos".[180] Ou seja, a guerra deixa de ser pilhagem, saque, assassinato de inimigos vencidos para se tornar o governo (armado) sobre cidadãos obedientes: as forças em guerra lutarão, daqui por diante, em outros campos de batalha.

O conceito de governamentalismo em Proudhon estabelece, como se vê, uma forte relação de similaridade com o conceito de governamentalidade em Foucault. Por meio de cada um desses conceitos, ambos quiseram exprimir que política e guerra são duas expressões que guardam as mesmas relações de equivalência: ambas se tornam, efetivamente, realidades reflexivas, simétricas e transitivas quando se tem presente que "O antagonismo não tem por finalidade uma destruição pura e simples, uma consumação improdutiva, o extermínio pelo extermínio; ele tem por objetivo a produção de uma ordem sempre superior, de um aperfeiçoamento sem fim".[181]

Pergunta Proudhon, "Sem a guerra, à que se reduziria a política?".[182] Quando se subtrai a observação dos governos do seu a priori, para se deter na observação dos governos *de fato*, nesse momento, diz Proudhon, eles aparecem simultaneamente como "obras de usurpação, de violência, de reação, de transição, de empirismo, onde todos os princípios são simultaneamente adotados, depois igualmente violados, mal conhecidos e confundidos".[183] E, cedo ou tarde, não será mais possível para a política a priori se distinguir da política *de fato*; quando isso ocorrer, ficará evidente que o arbítrio governamental não é um fato da natureza, nem do espírito, "não é nem a necessidade das coisas nem a dialética infalível das noções que o engendra"[184]: o arbítrio é filho da liberdade. "Coisa admirável! O único inimigo contra o qual a liberdade deve-se manter em guarda, no fundo, não é a autoridade [...]; é a própria liberdade, liberdade do príncipe, liberdade dos grandes, liberdade das multidões, disfarçada sob a máscara da autoridade".[185]

---

[180] *Ibid.*, p. 164.

[181] *Id.*

[182] *Ibid.*, p. 166.

[183] PROUDHON, P. J. *Do Princípio Federativo e da necessidade de reconstruir o partido da revolução.* Tradução: Francisco Trindade. Lisboa: Colibri, [1863] 1996b. p. 46.

[184] *Id.*

[185] *Id.*

3. Proudhon, guerra e política

Quero sugerir a existência de uma problemática anarquismo e governamentalidade por meio da qual seria possível colocar a crítica anarquista de Proudhon como limiar na elaboração desse conceito por Michel Foucault. Penso ser possível demonstrar essa problemática por meio da descrição da crítica anarquista ao poder e a maneira pela qual nela o governo dos indivíduos é analisado não por meio das formas e da origem do poder – o a priori da política –, mas a partir das práticas concretas de governo e do próprio exercício do poder governamental. Na crítica anarquista, como veremos, a inteligibilidade do poder é apreendida em termos de relações de força que compreendem as racionalidades políticas, ou princípio de autoridade, e o governo em termos de tecnologia que abrange um conjunto de técnicas governamentais, ou governamentalismo. Meu objetivo é afirmar que, por meio dessa problemática, seria possível não somente aproximar a crítica anarquista dos estudos da governamentalidade, como também apontar, a partir da configuração dada à anarquia por Proudhon, relações de aliança e comunicação: de que maneira e em que medida seria possível estabelecer alianças conceituais entre os estudos da governamentalidade e a anarquia esboçada por Proudhon no século XIX?[186]

Uma maneira de responder seria retomando uma dimensão da anarquia na qual a concepção proudhoniana da política é descrita em termos de guerra para extrair do antagonismo das forças o princípio explicativo do poder governamental. A noção de força ocupa um lugar fundamental no pensamento de Proudhon, é uma das *clé de voûte* de suas análises; por meio dela foi possível a Proudhon investigar o problema do governo dos indivíduos no plano cognitivo das ideias: "É por sua ideia que os governos vivem ou morrem. Que a ideia seja, portanto, verdadeira, o Estado [...] estará ao abrigo de todo atentado de fora, como de toda corrupção de dentro".[187] É como se estivessem previamente dadas no pensamento as

---

[186] Em um livro genial e ousado, a filósofa francesa Catherine Malabou afirma, no lugar da relação de aliança proposta aqui, um tipo de "roubo filosófico" feito ao anarquismo pelas filosofias contemporâneas de Schürmann, Levinas, Derrida, Foucault, Agamben e Rancière: "Seria exagerado falar de um roubo filosófico da anarquia dos anarquistas? Um roubo dissimulado, consciente ou não, por um aparente cuidado de distanciamento teórico e político? Algo de perigoso, inconfessável, explosivo, encerrado no subterrâneo da consciência, que passaria de mão em mão entre os filósofos? Como compreender de outra forma o seu silêncio? O conceito de anarquia não é um conceito qualquer. Não se pode pretender inventá-lo". (MALABOU, 2022, *e-book*, n.p.)

[187] PROUDHON, P. J. *De la justice dans la révolution et dans l'Église. Études de philosophie pratique.* Tomo II. Paris: Fayard, [1860] 1988b. p. 582.

condições de possibilidade da obediência ao governo; é como se o governo, o Estado, resultassem das próprias relações entre as categorias cognitivas no plano do pensamento que imprimem no espírito as condições para sua própria existência. Afinal, se resulta do antagonismo político essa relação de subordinação ao governo, não seria porque se tem previamente dado no plano do pensamento essa disposição de subordinação resultante de um antagonismo lógico entre as forças, e por meio do qual certas categorias submeteriam outras ao seu domínio?

Com efeito, assim como Proudhon, também Deleuze e Guattari afirmaram a existência de um modelo de pensamento emprestado do Estado que fixaria objetivos e caminhos; seria uma espécie de imagem que recobriria todo o pensamento "e que seria como a forma-Estado desenvolvida no pensamento".[188] Essa forma seria responsável por dar ao pensamento uma gravidade que ele jamais teria e, vice-versa, dar ao Estado a extensão consensual que lhe permite existir em sua universalidade. "O Estado proporciona ao pensamento uma forma de interioridade, mas o pensamento proporciona a essa interioridade uma forma de universalidade".[189] Nessa troca entre Estado e razão se produz, igualmente, uma posição analítica, "visto que a razão realizada se confunde com o Estado de direito, assim como o Estado de fato é o devir da razão".[190] Isso explicaria o fato de que, na filosofia moderna, tudo gira em torno do Estado e dos sujeitos, isto é, em torno da soberania.

> É preciso que o Estado realize a distinção entre o legislador e o sujeito em condições formais tais que o pensamento, de seu lado, possa pensar sua identidade. Obedece sempre, pois quanto mais obedeceres, mais serás senhor, visto que só obedecerás à razão pura, isto é, a ti mesmo... Desde que a filosofia se atribuiu o papel de fundamento, não parou de bendizer os poderes estabelecidos, e decalcar sua doutrina das faculdades dos órgãos de poder do Estado.[191]

Existe, portanto, uma forma-Estado que inspira uma imagem do pensamento que teria sido consagrada pelo *cogito* cartesiano e pela crítica kantiana, em seguida retomada e desenvolvida pelo hegelianismo. Essa

---

[188] DELEUZE, G.; GUATTARI, F. *Mil platôs – capitalismo e esquizofrenia*. Vol. 5. Tradução: Peter P. Pelbart e Janice Caiafa. São Paulo: Ed. 34, 2002. p. 43.

[189] *Ibid.*, p. 44.

[190] *Ibid.*, p. 45.

[191] *Id.*

imagem do pensamento, que cumpre o papel de soberano nessa república das letras, Proudhon chamou Absoluto: constituindo um centro no pensamento, fixa a imobilidade e estabiliza o movimento da série. Com isso, o *uno* foi confundido como *simples*, quando é uma unidade sintética, quer dizer, composta e atuando como combinações de movimentos variados e infinitamente complexos. Já o simples, "longe de indicar a mais alta potência do ser, indica, ao contrário, o grau mais baixo na escala dos seres".[192] Contudo, foi do simples que os filósofos edificaram sua ontologia, ou seja, tomaram todas as realidades compostas, dotadas de movimento e unidade sintética, como simples especulativos, como conceito:

> [...] a causa é simples, observou Leibniz, o produto dessa causa não é menos simples, daí a noção de *mônada*. O sujeito é simples, simples deve ser também o *objeto* que ele cria opondo-se a si mesmo, e a *matéria* é, portanto, igualmente simples, daí a ideia de *átomo*.[193]

Leibniz tinha definido a mônada como "os verdadeiros Átomos da Natureza, e, em uma palavra, os Elementos das coisas", e a considerou como "substância simples que entra nos compostos", definindo o composto como "reunião ou *aggregatum* dos simples".[194] Proudhon nega com veemência essa dimensão, porque ela autoriza afirmar que "nas substâncias simples, é meramente ideal a influência de uma mônada sobre a outra, influência que só pode exercer-se com a intervenção de Deus"[195] que aparece como "regulador" das mônadas, como função reguladora do todo. Para Proudhon, é preciso passar do simples para o múltiplo e afirmar o ser como grupo, ou seja, afirmar que quanto mais numerosos e variados são os elementos e as relações que concorrem para a formação do grupo, tanto mais real é o ser. Dessa maneira, o eu, "esse uno que chamo *alma*, não o considero como uma mônada que governa do alto da sua sublime natureza, indevidamente chamada *espiritual*, outras mônadas, injuriosamente chamadas *materiais*: essas distinções de escola para mim carecem de sentido".[196]

---

[192] PROUDHON, P. J. *Filosofía del Progreso*. Tradução: Francisco Pí y Margall. Madrid: Librería de Alfonso Duran, [1853] 1869. p. 54.

[193] *Ibid.*, p. 44. Grifos do autor.

[194] LEIBNIZ, G. W. *A Monadologia, Discursos de Metafísica e outras obras*. São Paulo: Victor Civita, 1974. (Os pensadores. Vol. XIX). p. 63.

[195] PROUDHON, 1869, p. 68-69.

[196] *Ibid.*, p. 46.

Como notou Colson,[197] Proudhon propõe uma *monadologia sem Deus* que consiste em eliminar o absoluto para fazer aparecer a relação entre as coisas. De que maneira? Pela oposição do absoluto ao absoluto: o homem é o absoluto livre, "aquele que diz *eu*", e nessa qualidade ele tende a subordinar tudo a seu redor, coisas e pessoas, os seres, as leis, as verdades teóricas e práticas etc. Proudhon chama essa tendência da razão individual ou particular de absolutismo. Mas além dessa razão individual absolutista existe outra razão que é coletiva ou pública e, segundo Proudhon, nasce das contradições com a primeira. Porém, visto que a natureza é incapaz de conter a tendência absolutista da razão individual, não resta outra maneira que opor indivíduo a indivíduo.

> Frente ao homem, seu semelhante, absoluto como ele, o absolutismo do homem se interrompe; melhor dizendo, ambos absolutismos se entre destroem, não deixando subsistir de suas razões respectivas mais do que a relação das coisas a propósito das quais lutam. Da mesma maneira que somente o diamante pode entalhar o diamante, o absoluto livre é o único capaz de equilibrar o absoluto livre, de neutralizá-lo, de eliminá-lo, de modo que, pelo fato de sua anulação recíproca, resta do debate apenas a realidade objetiva que cada um tendia a desnaturar em seu proveito, ou de fazer desaparecer. É do choque das ideias que irrompe a luz, diz o provérbio.[198]

Contudo, mesmo admitindo no plano social a existência de uma luta entre os interesses e a controvérsia das opiniões, o que resulta na sociedade subordinada ao Império da razão absoluta não é o que Proudhon chama "a relação entre as coisas" ou razão coletiva, mas um estado de subordinação.

> Tome-se por lei dominante da república a propriedade, como fizeram os romanos; ou o comunismo, como fez Licurgo; ou a centralização, como para Richelieu; ou o sufrágio universal, como em Rousseau. No momento em que o princípio é escolhido, qualquer que seja, ele se antepõe no pensamento a todos os demais, e o sistema não poderá dei-

---

[197] COLSON, D. Proudhon e Leibniz. Anarchie et monadologie. *In*: PESSIN, A.; PUCCIARELLI, M. *Lyon et l'esprit proudhonien*. Actes du colloque de Lyon 6 et 7 décembre 2002. Lyon: Atelier de Création Libertaire, Société P.-J. Proudhon, Université Solidaire, 2003. p. 101.

[198] PROUDHON, P. J. *De la justice dans la révolution et dans l'Église. Études de philosophie pratique*. Tomo III. Paris: Fayard, [1860] 1990. p. 1258.

xar de ser errôneo. Existirá uma tendência fatal à absorção, à eliminação, à exclusão, à imobilidade e, portanto, à ruína.[199]

Nessa condição, o que se dá é que a razão coletiva, que é a resultante, por sua própria natureza, das razões particulares, se confunde com a razão individual com a qual em nada se assemelha; com isso, a sociedade não seria mais do que a dedução de um eu individual, o atributo de um absolutismo. Em outras palavras, tudo o que se chamaria tradição, instituição, costume seria sempre uma tradução do arbítrio da razão particular transformada em regra geral, em leis deduzidas do absoluto: as homologias de opinião e os consentimentos tácitos seriam mero verniz recobrindo um antagonismo completo de interesses. Proudhon enumera alguns resultados cognitivos que foram produzidos por essa subordinação ao princípio do absoluto: teoria do capital, deduzida do absoluto que leva à usura geral; teoria da caridade, deduzida do absoluto que leva às práticas de *workhouses* (casas de trabalho forçado); teoria do valor, deduzida do absoluto que leva à prática da agiotagem; teoria do Estado ou do governo, deduzida do absoluto que levou ao Império pretoriano, às monarquias universais e à razão de Estado, "três coisas que teriam matado a humanidade caso tivessem se estabelecido definitivamente".[200] E os exemplos poderiam se multiplicar: teoria dos conceitos, da linguagem, da justiça. Para romper esse círculo do absoluto seria necessário, segundo Proudhon, colocar em oposição os absolutos, buscando anular suas categorias para considerar apenas a relação resultante do seu antagonismo. Disso resultariam ideias sintéticas que são muito diferentes das conclusões das razões absolutas particulares. Mas, diz Proudhon, é preciso ter em conta que:

> [...] essa conversão não implica, notem bem, a condenação da individualidade; ela a supõe. Homens, cidadãos, trabalhadores, nos diz essa razão coletiva verdadeiramente prática e jurídica, permaneçam aquilo que são; conservem, desenvolvam sua personalidade; defendam seu interesse; produzam seu pensamento; cultivem essa razão particular cuja exorbitância tirânica os faz hoje tanto mal; discutam uns com os outros [...]; corrijam-se, reprovem-se.[201]

Segundo Proudhon, o que faz o enorme paradoxo da ideia de verdade é precisamente essa tendência ao absolutismo da razão individual. Contra

---

[199]   PROUDHON, 1869, p. 27.

[200]   PROUDHON, 1990, p. 1260.

[201]   *Ibid.*, p. 1262.

esse paradoxo, porém, a tradição ocidental utilizou uma razão superior para corrigi-la e modelá-la. Contudo, não se percebeu que a oposição das faculdades e sua reação mútua no espírito humano é, na realidade, seu próprio princípio de equilíbrio. Ou seja, a vida mental, assim como a vida sensível, é composta de uma sequência de movimentos oscilatórios na qual o eu é percebido como um jogo incessante de potências que o constituem. A partir disso, diz Proudhon, suponham:

> [...] que uma faculdade tente usurpar o poder; a alma se turva e a agitação continua até que o movimento regular seja restabelecido. É da dignidade da alma não experimentar que uma de suas potências subalternize as outras, mas querer que todas estejam à serviço do conjunto; lá está sua moral, lá está sua virtude. O mesmo para a sociedade: a oposição das potências pelas quais é composto o grupo social, cidades, corporações, companhias, famílias, individualidades, é a primeira condição da sua estabilidade. Quem diz harmonia ou acordo, com efeito, supõe necessariamente termos em oposição. Deem-se uma hierarquia, uma prepotência: supõe-se fazer ordem, não se faz mais que absolutismo. A alma social, com efeito, não menos que a alma do homem — oh espiritualidade obstinada! — não é um príncipe suserano governando faculdades assujeitadas; é uma potência de coletividade, resultando da ação e da reação das faculdades opostas; e é do bem-estar dessa potência, é sua glória, é sua justiça que nenhuma de suas faculdades tenha primazia sobre as outras, mas que todas atuem à serviço do todo, em perfeito equilíbrio.[202]

Por esse motivo, é preciso supor sempre não o domínio, mas a luta: "a guerra civil das ideias" e o "antagonismo dos julgamentos", diz Proudhon. Porquê da luta, do confronto resulta uma potência coletiva diferente em *qualidade*, mas também *superior* em potência.

> No momento em que dois ou mais homens são chamados a se pronunciar contraditoriamente sobre uma questão, seja de ordem natural, seja, e com mais forte razão, de ordem humana, resulta da eliminação que eles são levados a realizar reciprocamente e respectivamente de suas subjetividades, quer dizer, do absoluto que o eu afirma e representa, uma maneira de ver comum e que não se assemelha

---

[202] *Ibid.*, p. 1266.

em nada, nem pelo fundo nem pela forma, a isso que teria sido, sem esse debate, sua maneira individual de pensar.[203]

Realidade e potência, razão e força são os atributos constitutivos da subjetividade e de suas associações. A partir disso, a precaução fundamental que se deve tomar em relação a elas é a de

> [...] assegurar que a coletividade [ela também uma subjetividade, entendida como agregado de potências] interrogue e não vote *como um homem*, em virtude de um sentimento particular tornado comum [...]. Combater contra um só homem, é a lei da batalha; votar como um só homem, é a ruína da razão.[204]

Assim, seria preciso evitar a todo custo a pacificação dessa luta incessante, porque é na paz das categorias que o reino do absoluto estabelece seu império no céu das inteligências.

> Onde o absoluto reina, onde a autoridade pesa sobre a opinião, onde a ideia de uma essência sobrenatural serve de base para a moral, onde a razão de Estado prima sobre todas as relações sociais, é inevitável que a devoção a essa essência, à autoridade que a representa, às exceções que cria no direito e no dever, aos interesses que faz nascer, são conduzidos aos corações sob o respeito da fé pública.[205]

Sabe-se o quanto essa problemática foi cara a Nietzsche ao escrever, quase 20 anos após Proudhon, que a força do conhecimento não se encontrava no seu grau de verdade, mas na sua longevidade, isto é, no seu grau de incorporação e no seu caráter de condição para a vida. Por isso, a paz só pode reinar nos domínios em que viver e conhecer aparecem contraditórios e independentes, nos domínios em que a razão aparece como atividade inteiramente livre e originada de si mesma. Mas quando os impulsos do conhecimento se afloraram, "quando duas proposições opostas pareceram *aplicáveis* à vida"[206] e, consequentemente, quando novas proposições parecerem não somente úteis, mas prejudiciais à vida, então:

> [...] gradualmente o cérebro humano foi preenchido por tais juízos e convicções, e nesse novelo produziu-se fermentação, luta e ânsia de poder. Não somente utilidade e prazer,

---

[203] *Ibid.*, p. 1272.

[204] *Ibid.*, p. 1284. Grifos do autor.

[205] *Ibid.*, p. 1288.

[206] NIEZTSCHE, F. *A gaia ciência*. Tradução: Paulo C. de Souza. São Paulo: Cia. das Letras, 2001. p. 137.

> mas todo gênero de impulsos tomou partido na luta pelas "verdades"; a luta intelectual tornou-se ocupação, atrativo, dever, profissão, dignidade –: o conhecimento e a busca do verdadeiro finalmente se incluíram, como necessidade entre as necessidades. A partir daí, não apenas a fé e a convicção, mas também o escrutínio, a negação, a desconfiança, a contradição tornaram-se um *poder*, todos os instintos "maus" foram subordinados ao conhecimento e posto à seu serviço e ganharam o brilho do que é permitido, útil, honrado e, enfim, o olhar e a inocência do que é *bom*. O conhecimento se tornou então parte da vida mesma e, enquanto vida, um poder em contínuo crescimento.[207]

Foi assim que os primeiros brilhos do conhecimento, que projetaram as sombras dos homens na terra, vieram com o clarão das batalhas. Paradoxo! Como uma atividade humana reputada desde sempre tão nobre pôde ter nascido de instintos tão baixos e de lutas tão encarniçadas que serviriam apenas para manchá-la com o sangue dos homens? Mas o paradoxo só existe porque se consolidou o hábito de ver na luta apenas a representação do sangue derramado e das piores baixezas; da mesma maneira como a paz foi elevada a um céu de contemplações. Mas, e se fosse o contrário? E se a guerra tivesse sido, como o parto, a geradora de todas as coisas: quem ousaria lançar injúrias contra o sangue, as dores e as lágrimas resultantes de um acontecimento pleno de vida? Essa positividade da guerra Proudhon a buscará tomando-a como realidade que atravessa todas as relações e domínios, desde o pensamento até a sexualidade. Para tanto, Proudhon retoma as relações antagônicas no âmbito da sua análise serial, que consiste em compreender o antagonismo como o movimento de uma lógica.

4. Uma epistemologia anárquica

Assim como a noção de força, a série é uma noção extremamente importante para compreender o anarquismo de Proudhon; está entre as noções do pensamento proudhoniano que conheceram um enorme alcance e uma posteridade sólida e duradoura por vários motivos. Essas duas noções, força e série, colocadas ao lado das noções de justiça e federalismo, formam uma espécie de quadrilátero intelectual da anarquia proudhoniana. A noção de federalismo tem por objetivo, por exemplo,

---

[207] *Ibid.*, p. 138. Grifos do autor.

designar uma forma anárquica de organização da política. O federalismo seria um tipo de prática por meio da qual certo número de indivíduos ou coletividades obrigar-se-ia um em relação aos outros de uma forma sinalagmática (isto é, mútua e bilateral) e comutativa (isto é, permutável e recíproca). Assim, pelo federalismo, indivíduos e coletividades estabeleceriam entre si obrigações mútuas e bilaterais, permutáveis e recíprocas, por meio das quais cada indivíduo ou coletivo, nas relações que estabelece com os outros, será capaz de reservar para si mesmo mais direitos, mais liberdades, mais autoridade, mais propriedade etc., do que despenderiam nas suas relações.[208] Ou seja, o federalismo designa um tipo de prática política que se constitui como o oposto da centralização administrativa ou governamental cujo procedimento elementar é constituído pela transferência da soberania individual por meio da renúncia da própria vontade e sua cessão ao governo. Na prática governamental, o indivíduo cessa de querer, cessa de exercer sua vontade, para transferi-la, no todo ou em parte, ao governo que passa a querer no seu lugar por representação. Assim, se na prática governamental é o poder que pretende querer no lugar do indivíduo, então, digamos, que o tipo de prática política que implica o federalismo tem como objetivo precisamente o de inverter os efeitos dessa transferência de soberania, de modo a restitui-la ao indivíduo.

Já a noção de força em Proudhon, como vimos, procura designar a realidade de um antagonismo existente entre os homens e que atravessa toda a sociedade. A força, segundo Proudhon, constitui uma faculdade tão real para os homens quanto o amor. E assim como o amor possui seu direito, estabelecendo entre os amantes certas obrigações recíprocas cuja violação implica a negação do próprio amor; do mesmo modo, a força também possui seu direito na medida em que engendra certas obrigações entre os homens: obrigação de preferir o forte em vez do fraco, de pagar melhor ao mais talentoso, ao mais industrioso, ao mais inventivo, enfim, de fazer valer a excelência.[209] De tal modo que, se, para Rousseau,[210] a força é unicamente um poder físico do qual não é possível resultar moralidade ou direito, para Proudhon, ao contrário, existe um direito da força que serve para designar uma realidade na qual o mais forte pode ser mais estimado e mais digno de consideração.

---

[208] PROUDHON, 1966, p. 66.

[209] PROUDHON, P. J. *La guerre et la paix*. Tomo I. Antony: éditions Tops/H. Trinquier, [1861] 1998a. p. 138.

[210] ROUSSEAU, J. J. *Do contrato social ou princípios do direito político*. Tradução: Lourdes S. Machado. São Paulo: Victor Civita, 1973. (Os pensadores. Vol. XXIV). p. 31-32.

Já a noção de justiça, funcionando no polo oposto do direito da força, é empregada por Proudhon para designar uma realidade imanente à vida social caracterizada pela existência de um princípio, de uma potência capaz de regular as relações entre os indivíduos e grupos, permitindo a coexistência e tornando possível, assim, uma sociedade. Para Proudhon, é demasiadamente estreito imaginar que a justiça intervenha unicamente por meio da "confecção dos códigos, e que ela não tenha outro lugar que nas assembleias das nações e nos tribunais".[211] Existe justiça, diz Proudhon, igualmente nas relações com nossos semelhantes, uma justiça que age "sobre a vontade como uma força, que a determina no sentido do direito ou da reciprocidade dos interesses e que é independente de toda consideração de egoísmo".[212] Essa justiça, que Hobbes pretendeu derivar do Leviatã ou do poder soberano, e Rousseau do contrato social, ambos por meio da mesma transferência jurídica da vontade individual, Proudhon a define como:

> [...] uma faculdade do eu que, sem sair de seu foro interior, sente sua dignidade na pessoa do próximo com a mesma vivacidade que ele a sente na sua própria pessoa, encontrando-se assim, porém sempre conservando sua individualidade, idêntico e adequado ao próprio ser coletivo.[213]

Essa justiça, Proudhon a declara "íntima ao indivíduo, homogênea à sua dignidade e igual a essa mesma dignidade multiplicada pela soma das relações que supõe a vida social".[214] A dignidade de um indivíduo é aquilo que, segundo Proudhon, faz "o sujeito, honrando a si mesmo e acima de tudo, afirmar, com mais ou menos energia, sua própria inviolabilidade entre seus pares, seu acordo com ele mesmo e sua supremacia sobre todo o resto. É isso que nós chamaremos, se vocês quiserem, a *dignidade*".[215] Se considerarmos que, para Proudhon, "todos os seres, indivíduos ou sociedades, tendem, pela própria espontaneidade de suas vidas, a fazerem prevalecer sua dignidade em todas as circunstâncias onde eles se encontram engajados",[216] então, é preciso compreender a noção de justiça não como simples princípio de equilíbrio, coisa que

---

[211] PROUDHON, 1988a, p. 43.
[212] *Ibid.*, p. 168.
[213] *Id.*
[214] *Ibid.*, p. 169.
[215] *Ibid.*, p. 140-141.
[216] *Ibid.*, p. 141.

exigiria apenas um cálculo dos interesses; pelo contrário, justiça é um *afeto*, um estado corporal do indivíduo.

Em resumo, a noção de federalismo designa uma prática política que elimina, ou que pelo menos busca neutralizar, os efeitos da centralização governamental; a noção de força serve para designar a realidade de um antagonismo existente entre os indivíduos impelidos cada um na procura de fazer prevalecer sua dignidade em detrimento do outro; finalmente, a noção de justiça quer designar a realidade de uma potência afetiva, portanto imanente, que é fundamental e constante no homem, responsável por estabelecer relações de reconhecimento no outro. Portanto, federalismo, direito da força, justiça imanente são noções que estão relacionadas, respectivamente, com o domínio da política, do direito e da ética.

Assim, para completar o quadrilátero proudhoniano, a noção de série estaria relacionada com o domínio do conhecimento e marca a possibilidade de estabelecer práticas antiautoritárias no plano do pensamento, isto é, uma epistemologia anárquica. Em outras palavras, a noção de série marca a possibilidade de um tipo de filosofia ou modalidade de exercício reflexivo que acionaria uma prática anárquica no âmbito do pensamento, do mesmo modo como o federalismo aciona uma prática anárquica no campo da política, a força no campo do direito, a justiça campo da ética. Significa, portanto, que a noção de série provoca no pensamento o que o federalismo provoca na política, a força no direito, a justiça na ética.

Mas de que maneira? A principal dificuldade para um estudo da dialética serial de Proudhon é que, ao contrário dos domínios da política, do direito e da ética, no pensamento os problemas a serem superados são incrivelmente maiores. Isso porque, ainda que de forma adulterada, a realidade do federalismo é facilmente verificável na nossa prática política, a do direito da força é facilmente demonstrável nos campeonatos e competições mais diversos, a realidade da justiça é sentida nas relações entre amigos ou em certa dimensão das relações familiares, entre amantes etc. Contudo, as coisas se complicam em relação a um estudo da série, na medida em que a realidade da dialética serial de Proudhon deve ser procurada no domínio do pensamento. Então, em que medida seria possível falar de uma prática anárquica no plano pensamento? Que consistência pode ter essa prática? Qual realidade poderia ter sua existência?

Será preciso seguir os passos dados por Proudhon no seu livro *De la création de l'ordre*, no qual desenvolve com clareza sua dialética serial.

O livro foi escrito em um momento de grandes dificuldades do seu autor: começa a ser concebido em 1841, mas foi interrompido para responder às críticas que Blanqui e Considérant fizeram ao livro *O que é a propriedade?*, publicado um ano antes. Então, Proudhon interrompe *De la création* para escrever sua resposta às críticas, o que ele faz pela publicação de uma segunda e terceira memória sobre a propriedade, em 1841 e 1842 respectivamente. Por essa razão, Proudhon termina a escritura *De la création* somente em 1843, em um período de grandes dificuldades financeiras, pois a Academia de Besançon lhe havia cancelado a bolsa de estudos em razão de suas polêmicas, e pesava sobre ele um processo judiciário por ter atacado a propriedade.

Em todo caso, ouvimos do próprio Proudhon, nas suas *Confessions*, que, após ter escrito seu livro sobre a propriedade, ele sentiu necessidade de "sair da contradição e criar um método de invenção revolucionária, uma filosofia que não fosse negativa, mas [...] *positiva*".[217] Daí o título do livro *De la création*, obra na qual, diz Proudhon, apresenta

> [...] uma série de estudos os mais obtusos aos quais pode se entregar a inteligência humana, porém, na situação em que me encontrava, foram absolutamente indispensáveis. [...] Esse livro, verdadeira máquina infernal, devia conter todos os instrumentos de criação e de destruição.[218]

Segundo o próprio autor da obra, sua parte mais importante são o "método serial, e, como deveria ser, a determinação dos conceitos fundamentais ou categorias".[219] Portanto, para compreender sua dialética serial será preciso passar através da "máquina infernal" proudhoniana.

De la création propõe uma reelaboração das categorias kantianas. Na sua *Crítica da Razão Pura*, Kant descreveu 12 categorias[220] existentes no pensamento, que são, segundo ele, subjetivas; ou seja, não provêm do dado nem da experiência, mas pertencem à própria razão. Para Kant, o mundo a nossa volta produz apenas a matéria da sensação; mas é o nosso

---

[217] PROUDHON, 1851, p. 159.

[218] *Ibid.*, p. 150.

[219] *Id.*

[220] A *tábua das categorias* tem a seguinte composição dos termos: "1. *Da quantidade*: unidade, pluralidade, totalidade; 2. *Da qualidade*: realidade, negação, limitação; 3. *Da relação*: inerência e subsistência (*substantia et accidens*), causalidade e dependência (causa e efeito), comunidade (ação recíproca entre agente e paciente); 4. *Da modalidade*: possibilidade–impossibilidade, existência-não-ser, necessidade-contingência". KANT, I. *Crítica da Razão Pura e outros textos filosóficos*. Tradução: Tania M. Bernkopf. São Paulo: Victor Civita, 1974. (Os pensadores. Vol. XXV). p. 71.

aparelho mental que ordena essa matéria no espaço e no tempo e cria os conceitos por meio dos quais compreendemos e descrevemos nossa experiência. Portanto, as coisas em si são incognoscíveis, são impensáveis e elas não estão nem no espaço nem no tempo: somos nós que, por meio dessas categorias, desses conceitos gerais pertencentes ao nosso aparelho cognitivo, que as colocamos no espaço e no tempo, descrevendo-as como dados da experiência.

Assim, retomando o exemplo citado por Russel,[221] uma criança que está aprendendo matemática pode ser ajudada por duas bolas de gude colocadas ao lado de outras duas bolas de gude que, uma vez aproximadas, somam quatro bolas de gude. Porém, uma vez que essa criança tenha aprendido a proposição geral "dois mais dois igual a quatro", proposição que pertence à categoria de quantidade, essa criança não necessitará mais das bolas de gude porque a experiência empírica, o dado da experiência não será mais necessário para confirmar a certeza da proposição, pois ela encontrará sua certeza garantida a priori pela categoria de quantidade.

Kant, portanto, pensou as 12 categorias da razão pura como conceitos a priori porque elas são dadas antes da experiência; no entanto, são elas que utilizamos para pensar o mundo empírico e para descrever nossa experiência sensível. Além disso, Kant agrupou essas 12 categorias em quatro grupos compostos de três termos cada um, de modo que cada um desses quatro grupos comporta uma tese, uma antítese e uma síntese. Por exemplo, a categoria de quantidade seria composta de unidade (tese), de pluralidade (antítese) e de totalidade (síntese). Foi, portanto, esse movimento dialético da razão que Hegel retomou de Kant, fazendo dele o ponto culminante da filosofia alemã. Contudo, como veremos, a síntese para Hegel é o Absoluto. Mas, como procedeu Proudhon em relação à dialética kantiana? Em primeiro lugar, Proudhon declara arbitrária toda tentativa de determinação do pensamento e estabelecimento da verdade pelas categorias, e afirma que:

> [...] qualquer que seja a exatidão das categorias, seria preciso admitir sempre que, para a investigação e a demonstração da verdade, essas categorias têm uma utilidade fraca. Com efeito, quando fosse admitido que nossos julgamentos são todos necessariamente, no fundo, singulares, plurais ou gerais; afirmativos, negativos ou limitativos; categóricos,

---

[221] RUSSELL, B. *História da Filosofia Ocidental:* a filosofia moderna. Vol. IV. 3. ed. Tradução: Brenno Silveira. São Paulo: Cia. Editora Nacional, 1968. p. 256.

> hipotéticos ou disjuntivos; problemáticos, assertivos ou apodíticos: quando os pontos de vista primordiais, aos quais nossas ideias podem se referir, fossem o espaço, o tempo, a quantidade, a qualidade, a relação, o modo, e não outros; quando, enfim, fosse acrescentado que, como resumiu o Sr. Cousin, o finito, o infinito, e a relação entre finito e infinito, envolvem a esfera inteira da inteligência, o que é que isso significaria para o método ele mesmo? Qual garantia nossos julgamentos receberiam? Qual certeza resultaria para a dialética e para a realidade objetiva das ideias? [222]

Portanto, Proudhon recusa, na sua dialética serial, a categorizar o pensamento, como feito por Kant; não se trata de "saber sobre o que o entendimento opera, mas como deve operar".[223] Nesse sentido, aos olhos do francês, o mérito da metafísica kantiana não está na determinação das categorias, mas no esforço em descobrir sua lógica compósita. Entretanto, Proudhon descarta toda pretensão determinista das categorias, retira delas sua vocação dominadora. As categorias não são a disciplina do entendimento; são, ao contrário, somente um meio de expressão daquilo que é por si mesmo ininteligível. Assim, Proudhon nem mesmo hesita em elevar seu número.

> [...] a esses dois conceitos [de espaço e de tempo], eu acrescentaria o de *número*, quer dizer, *divisão* ou *diversidade*, omitido por Kant na enumeração dos conceitos do entendimento, mas que pertence à estética transcendental tanto quanto aqueles de tempo e de espaço, porque sem esse conceito, nenhuma percepção, nenhum fenômeno são possíveis. [...] O número (divisão, multiplicação, diversidade), assim como o tempo e o espaço, é, entretanto, necessário para a formação de nossas ideias.[224]

Kant não teria percebido, segundo Proudhon, que

> [...] tão logo o tempo e o espaço sejam concebidos no entendimento, o número, ou a diversidade, se introduz com eles: façam abstração do universo inteiro, os conceitos de espaço e tempo permanecem, e com eles aqueles de agregado, de prolongamento, de diversidade, de número.[225]

---

[222] PROUDHON, P. J. *De la création de l'ordre dans l'humanité*. Tomo I. Antony: éditions Tops/H. Trinquier, [1843] 2000a. p. 163.

[223] *Ibid.*, 164.

[224] *Ibid.*, p. 215. Grifos do autor.

[225] *Ibid.*, p. 216.

Para Proudhon, a categoria do número, negligenciada por Kant, é o que precisamente dá forma à série composta porque é ela que representa a pluralidade e a disposição dos pontos de vista, das opiniões, das percepções.

> Ela pode ser observada na mais estreita das séries compostas. Com efeito, duas coisas devem ser consideradas no número, a *unidade* e a *pluralidade*: aproximem pelo pensamento esses dois pontos de vista e, com toda sua grandeza mesurável, vocês terão a ideia complexa de *totalidade*, que não é a exclusão da pluralidade pela unidade, nem da unidade pela pluralidade, mas simultaneamente uma e outra. Nessa série, o ponto de vista é duplo e presente nela mesma como uma oposição.[226]

Assim, ao introduzir na razão pura a categoria do número e sua síntese, a diversidade, Proudhon pretende rejeitar a soberania do Sujeito transcendental kantiano, e torná-lo penetrável à fissura do tempo histórico. Em vez de um Sujeito transcendental é preferível, para dizer com Foucault, os "mil pequenos sujeitos larvários, mil pequenos eus dissociados, mil passividades e pululações lá onde reinava o sujeito soberano".[227] Com isso, rejeitando a dominação das categorias, Proudhon fez rugir a insubmissão das diferenças no pensamento; fez jogar a diferença, a diversidade, no pensamento como única garantia contra a destruição, pela síntese, dos termos da série. Na sua percepção, o papel da diferença no pensamento não seria o de produzir um "justo meio", nem uma espécie de "ecletismo", mas uma "combinação *íntima*": "A série composta ou sistemática é suscetível de formas numerosas: *escalonadas* ou *graduadas*, como nos reinos animal e vegetal".[228]

Kant temia a radicalidade do método serial, por isso "abandonou a distribuição por dois e por quatro" para dar às categorias "uma distribuição por três".[229] No fundo, diz Proudhon, Kant ignorava até mesmo a razão da existência de quatro grupo de categorias.

> [...] perturbado pela regularidade inteiramente artificial do seu sistema, e sem suspeitar das transformações porvir da lei serial, ele atribuiu à ordem das suas categorias um caráter

---

[226] *Ibid.*, p. 223. Grifos do autor.

[227] FOUCAULT, M. Ariadne Enforcou-se. *In:* DA MOTTA, M. B (org.). *Ditos e escritos:* Arqueologia das Ciências e História dos Sistemas de Pensamento. Vol. II Tradução: Elisa Monteiro. Rio de Janeiro: Forense, 2000c. p. 144.

[228] PROUDHON, 2000a, p. 222.

[229] *Ibid.*, p. 233

de necessidade que não é encontrado nelas, tomando essa ordem mesma por uma demonstração. Trata-se, portanto, de retornar à distribuição quaternária das categorias.[230]

Somente o movimento da lógica quaternária, banido por Kant, é capaz de substituir o princípio de subordinação e de hierarquia, produzido pela dialética ternária das categorias, por uma "relação de *igualdade*, de *progressão* ou de *similitude*; não de influência ou de continuidade".[231] E a razão disso é que só na lógica quaternária funciona livremente aquilo que Kant mais temia: as antinomias da razão que impedem o absolutismo das categorias.

> Se a série está reduzida a dois termos que se acham em oposição essencial, em contradição necessária e recíproca, como ocorre, por exemplo, na formação dos conceitos, isso indica uma análise que toma o nome de *antinomia*. Por sua vez, o dualismo antinômico, reduzido pela locução ou fusão dos termos à unidade, produz a ideia sintética e verdadeira, a *síntese*.[232]

Henri de Lubac, cardeal francês assombrado pela destruição do absoluto promovida por Proudhon, percebeu bem que, não obstante ter retomado de Kant o termo antinomia, Proudhon lhe conferiu um uso completamente singular. Diferentemente de Kant, "o processo fundamental de seu pensamento era concreto e indutivo. Era uma reflexão sobre dados da experiência comum e da vida quotidiana, alimentada sem cessar pela realidade social".[233] Segundo Lubac, em uma correspondência a seu amigo François Huet, Proudhon teria escrito, em 1860, que, entre tantos outros autores, Kant também seguiu da filosofia especulativa para a filosofia prática, passando pela metafísica para chegar na moral, um modo de pensar que tem sido percorrido desde o Cristianismo.

> Eu, arruinando-o, compreendo antes de tudo a ideia moral, a justiça, o fato da consciência (não tomo esse termo aqui em sentido puramente psicológico) e uma vez de posse do direito, da ideia moral, sirvo-me deles como um critério para a própria metafísica. A minha filosofia prática precede

---

[230] *Ibid.*, p. 232.

[231] *Ibid.*, p. 243.

[232] PROUDHON, 1869, p. 65. Grifos do autor.

[233] LUBAC, H. de. *Proudhon e il cristianesimo*. Tradução: Carola Mattioli. Milão: Jaca Book, 1985. p. 161.

a minha filosofia especulativa, ou pelo menos lhe serve de base e de garantia.[234]

Assim, enquanto Kant fez a antinomia da razão, Proudhon pretendeu "fazer o sistema das antinomias sociais".[235] De acordo com Lubac, existem duas diferenças essenciais entre as antinomias de Kant e Proudhon:

> [...] as primeiras não estão no ser, mas na razão; as de Proudhon estão no ser e na razão ao mesmo tempo. As antinomias kantianas aparecem no final de um processo elaborado do pensamento, assinalam um resultado negativo [...]; para Proudhon as antinomias são as leis do pensamento em movimento; elas o acompanham durante todo seu percurso, modelam-no, fornecem-lhe um método.[236]

Diferentemente de Kant, Proudhon percebe as antinomias por toda parte, no ser ou na natureza, no mundo físico ou social; o filósofo alemão, ao contrário, concebeu as antinomias apenas como uma parte da sua teoria do conhecimento; Proudhon as retoma como visão de mundo, a partir de uma concepção do universo que é mais próxima da filosofia pré-socrática de um Heráclito.

> Nada é permanente, diziam os antigos sábios, tudo muda, tudo flui, tudo passa a ser; consequentemente, tudo está relacionado e encadeado; consequentemente, tudo é oposição, balanço, equilíbrio no universo. Não existe nada nem dentro nem fora dessa eterna dança; e o ritmo que a dirige, forma pura das existências, ideia suprema à qual não poderá corresponder realidade alguma, é a concepção mais elevada à qual pode chegar à razão. O único objeto da ciência é, portanto, saber *como* estão as coisas relacionadas e *como* se engendram; *como* se produzem e se desvanecem os seres; *como* se transformam as sociedades e a natureza.[237]

Para mensurar o alcance e a força de atualidade do "sistema conceitual antiautoritário"[238] de Proudhon, seria preciso correlacioná-lo com as filosofias contemporâneas de Deleuze e Foucault. Reservando para outra ocasião uma análise mais detalhada, gostaria apenas de mostrar como a

---

[234] PROUDHON *apud* LUBAC, 1985, p. 162.

[235] LUBAC, 1985, p. 164.

[236] *Id.*

[237] PROUDHON, 1869, p. 17. Grifos meu.

[238] Retomo esse termo de HEINTZ, P. *Problemática de la autoridad en Proudhon*. Ensayo de una crítica inmanente. Tradução: Pedro Scaron. Buenos Aires: editorial Proyección, 1963. p. 177.

ressonância da dialética serial proudhoniana entre esses dois pensadores é facilmente apreensível. Assim como Proudhon, mas separado dele por mais de um século, Deleuze, também com o propósito de fazer aparecer a diferença no pensamento, rejeitou o que ele chamou de "síntese do homogêneo" em proveito de uma "síntese do heterogêneo" que é, propriamente falando, a afirmação de que:

> [...] *a forma serial se realiza necessariamente na simultaneidade de duas séries pelo menos*. Toda série única [...] subsume necessariamente duas séries heterogêneas, cada série constituída por termos de mesmo tipo ou grau, mas que diferem em natureza dos da outra série [...]. A forma serial é, pois, essencialmente multisserial.[239]

Nesse sentido, diz Deleuze, não é possível falar em outra síntese que não seja de *coexistência* para assegurar "a conjunção de duas séries de proposições heterogêneas".[240] Além disso, essa síntese conjuntiva de coexistência não tem por função somente assegurar a coordenação de duas ou mais séries heterogêneas, ela também introduz disjunções "que operam uma ramificação infinita das séries coexistentes".[241] Ou seja, tanto para Proudhon quanto para Deleuze, o exercício do pensamento constitui uma atividade de serialização: *pensar é seriar*, diz Proudhon;[242] do mesmo que, para Deleuze, como observou Foucault, a "*Lógica do sentido* poderia ter como subtítulo: o que é pensar?"[243]

A série, diz Proudhon é um exercício do pensamento como:

> [...] arte de compor e de decompor toda espécie de ideias [...]. Assim como a substância e a causa, assim como a continuidade e o repouso, a unidade absoluta é indiferente nas coisas, a não-distinção, a identidade. [...] A série é a antítese da unidade: ela se forma da repetição, das posições e combinações diversas da unidade.[244]

---

[239] DELEUZE, G. *Lógica do sentido*. 4. ed. Tradução: Luiz R. S. Fortes. São Paulo: Perspectiva, 2000a. p. 39. Grifos do autor.

[240] *Ibid.*, p. 46.

[241] *Ibid.*, p. 50.

[242] PROUDHON, 2000a, p. 173.

[243] FOUCAULT, M. Teatrum Philosophicum. *In:* DA MOTTA, M. B (org.). *Ditos e escritos:* Arqueologia das Ciências e História dos Sistemas de Pensamento. Vol. II. Tradução: Elisa Monteiro. Rio de Janeiro: Forense, 2000d. p. 240.

[244] PROUDHON, 2000a, p. 175.

Kant, ao contrário, identificou nas categorias de tempo e de espaço "as condições únicas e supremas da percepção sensível"; não obstante, diz Proudhon, esses conceitos não tenham outro valor do que o de "hipóteses ou *postulata* da razão; porém, não são os únicos da sua espécie; é preciso acrescentar na razão uma multidão de outros".[245] Isso é necessário, na percepção do francês, pelo simples fato de que:

> [...] a menor série possível encerra pelo menos duas unidades: uma tese e uma antítese, uma alternância, um vai-e-
> -vem, os contrários, os extremos, a polaridade, o equilíbrio, o bem e o mal, o sim e o não, o eu e o não-eu, o pai e o filho, o mestre e o aprendiz, o esposo e a esposa, o cidadão e o Estado. [...] poder-se-ia explicar o mundo por um dualismo incessante.[246]

Foi essa eterna e infinita dança da diversidade no universo que a categorização kantiana do pensamento buscou eliminar. Mesmo supondo todo o rigor do "desmembramento e da determinação das categorias",[247] diz Proudhon, elas permaneceram cegas à diversidade e, com isso, promoveram uma das formas mais eficazes de submissão, porque imperceptível. Foi por meio da categorização kantiana do pensamento que se tornou possível:

> [...] preservar, no ápice mais alto, seu repouso sem diferença. As categorias regem o jogo de afirmações e negações, estabelecem a legitimidade das semelhanças da representação, garantem a objetividade do conceito e de seu trabalho; elas reprimem a *anárquica diferença*, a repartem em regiões, delimitam seus direitos e lhes prescrevem a tarefa de especificação que elas têm a cumprir entre os seres. Podem-se ler as categorias, por um lado, como as formas a priori do conhecimento; mas, por outro, elas aparecem como a moral arcaica, como o velho decálogo que o idêntico impôs à diferença. Para ultrapassá-la é preciso inventar um pensamento a-categórico.[248]

Um pensamento a-categórico – ou anárquico – consistiria em abrir as portas para a diferença, romper com as essências e com as profundidades; consistiria em espreitar o mínimo detalhe e "descer até esse cabelo, até essa sujeira debaixo da unha que não merecem de forma alguma a

---

[245] *Ibid.*, p. 290.

[246] *Ibid.*, p. 176.

[247] *Ibid.*, p. 163.

[248] FOUCAULT, 2000d, p. 246. Grifos meus.

honra de uma ideia",[249] fazendo agir as superfícies próximas. Foi precisamente o que fez Proudhon: em vez de buscar as possibilidades de um pensamento anárquico nas categorias kantianas que unificam a razão, buscou, ao contrário, entre as antinomias[250] que a dividem e a perturbam. As antinomias, esse jogo pleno e inesperado do conflito na razão, adverte um Kant alarmado, pode até alegrar "o cético, mas coloca o filósofo crítico em reflexão e intranquilidade".[251] Kant percebeu nas antinomias da razão um estranho fenômeno de ilusão dialética; Proudhon, por sua vez, dirá que "todo mistério consiste na necessidade para o espírito de seriar afim de compreender".[252] Assim, ele retoma a noção de antinomia que tinha servido para Kant descrever as perturbações da razão para aplicá-la, agora, na compreensão das perturbações da realidade social. Nas suas *Confessions*, cinco anos após publicar *De la création de l'ordre*, Proudhon admitiu que, "Com *La Création de l'ordre* eu compreendi que, para adquirir a inteligência das revoluções na sociedade, dever-se-ia, primeiramente, construir a série inteira das suas antinomias, ou o *Sistema das suas contradições*".[253] Portanto, Proudhon transforma a antinomia em um sistema conceitual que ele utiliza não somente como princípio constituinte da Razão Pura, como queria Kant, mas como um processo global imanente à vida; como princípio antagônico não apenas inerente ao domínio do pensamento, mas também ao domínio das sensações, da realidade do ser, da sociedade, do universo. A antinomia constitui uma visão anárquica do mundo:

> *Explicar a origem do mal pela lei das Antinomias*: quer dizer, explicar a priori por uma aplicação da lei serial a causa da *ordem* e da *desordem* na sociedade; da igualdade e da desigualdade, da Propriedade e da Comunidade, da Monarquia e da Democracia etc. Generalizar mais ainda a questão: a Propriedade e a Comunidade sendo dois elementos constituintes e necessários à ordem, explicar sua luta [...]. A causa

---

[249] *Ibid.*, p. 232.

[250] O sistema das antinomias da Razão Pura, descrito por Kant, consiste em quatro proposições, às quais correspondem outras quatro contraproposições, todas passíveis de serem "estabelecidas por provas igualmente evidentes, claras e irrefutáveis". São: Proposição 1: o mundo tem um princípio (limite) segundo o tempo e o espaço. Contraproposição: o mundo é infinito segundo o tempo e o espaço; Proposição 2: tudo no mundo é constituído do *simples*. Contraproposição: nada é simples, mas tudo é *composto*. Proposição 3: há no mundo causas dotadas de *liberdade*. Contraproposição: não há liberdade, mas tudo é *natureza*. Proposição 4: na série das causas do mundo, há *um ente necessário* qualquer. Contraproposição: nada nesta série é necessário, mas *tudo é contingente*. (*Cf.* KANT, 1974, p. 162).

[251] *Id.*

[252] PROUDHON, 2000a, p. 289.

[253] PROUDHON, 1851, p. 151.

> intelectual, a Razão metafísica da ordem e da desordem social, das revoluções como dos progressos políticos. [...] Em uma palavra, relacionar a uma causa única, a uma lei do espírito humano, à uma fórmula serial, todos os fatos sociais, de ordem e de desordem, de bem e de mal, de progresso e de ruína.[254]

Contudo, insiste Proudhon, antinomia não deve ser confundida com contradição. Sua origem remonta ao termo grego *antinomos* e significa oposição; já a contradição provém do termo antilogia, *antilogos*, do qual derivou a palavra latina *contradictus*, isto é, a ação de contradizer ou de dizer contra. Ou seja, são termos que pertencem a domínios diferentes e, por essa razão, produzirão cada qual efeitos específicos.

> *Antinomia*, literalmente contra-lei, quer dizer oposição no princípio ou antagonismo na relação, como a contradição ou a *antilogia* indica oposição ou contrariedade no discurso. A antinomia [...] é a concepção de uma lei de dupla-face, uma positiva, outra negativa [...] a contradição, propriamente dita, é um absurdo.[255]

Racionando como a matemática, que tem por regra que uma proposição demonstrada falsa implica que a proposição inversa seja verdadeira, a contradição se apresenta absurda para pensar a vida social. Seria um disparate, diz Proudhon, supor o comunismo como única alternativa à propriedade, como querem os socialistas, simplesmente por estar em contradição com ela.

> A antinomia, ao contrário, se compõe de dois termos, necessários um ao outro, mas sempre opostos e tendendo reciprocamente a se destruir. [...] o primeiro recebe o nome de tese, posição, e o segundo *antítese*, contraposição [...] da combinação desses dois nulos brota a unidade, ou a ideia, que faz desaparecer a antinomia.[256]

Assim, ao buscar descrever o *sistema das antinomias sociais* Proudhon pretendeu mostrar como as ideias – e as instituições que elas engendram – de propriedade, de divisão do trabalho, de competência, de Estado, de crédito, de comunidade etc., possuem cada qual um aspecto positivo e

---

[254] PROUDHON, P.-J. *Carnets*. Dijon: Les presses du réel, 2004. p. 63-64. Grifos do autor.

[255] PROUDHON, P. J. *Système des contradctions économiques ou philosophie de la misère*. Tomo I. Paris: Guillaumin et Cie, 1846. p. 43. Grifos do autor.

[256] *Ibid.*, p. 44. Grifos do autor.

outro negativo, dando lugar a resultados que são diametralmente opostos e exigem a "necessidade de um acordo, conciliação ou síntese".[257] A antinomia mostra que pretender:

> [...] suprimir os abusos da propriedade seria destruí-la [...]. Tudo o que é possível fazer contra os abusos e inconvenientes da propriedade é fundi-la, sintetizá-la, organizá-la ou equilibrá-la com um elemento contrário, que lhe faça frente como o credor faz frente ao devedor, o acionista ao comanditário etc.[258]

Todavia, a síntese não altera nem destrói os termos das antinomias, simplesmente faz com que "o bem recubra o mal do outro" e vice-versa. Mais de um século depois de Proudhon, será Deleuze que retomará a lógica antinômica para compreender como "duas séries, uma significante e outra significada, uma apresenta um excesso e a outra uma falta, pelos quais se relacionam uma a outra em eterno desequilíbrio, em perpétuo deslocamento".[259] O desequilíbrio, ou a antinomia, das séries, é o que torna possível, diz Deleuze, as revoluções, pelo abismo que as separa e as opõe; é também o que faz as séries se comunicarem sem que percam cada uma suas diferenças. A antinomia é o elemento paradoxal para o qual convergem duas séries heterogêneas e que constitui ao mesmo tempo seu elemento diferenciante. Para Deleuze, a antinomia figura como "princípio de emissão das singularidades", como "elemento que não pertence a nenhuma série, ou antes, pertence a ambas ao mesmo tempo e não para de circular através delas".[260] A antinomia "aparece em uma série como um excesso, mas com a condição de aparecer ao mesmo tempo na outra como uma falta",[261] e tem por função:

> [...] articular as duas séries uma à outra, refleti-las uma na outra, fazê-las comunicar, coexistir e ramificar; reunir as singularidades correspondendo às duas séries em uma "história embaralhada", assegurar a passagem de uma repartição de singularidades à outra, em suma, operar a redistribuição dos pontos singulares.[262]

---

[257] PROUDHON, 1851, p. 152.

[258] Id.

[259] DELEUZE, 2000a, p. 51.

[260] Ibid., p. 53-54.

[261] Ibid., p. 54.

[262] Id.

A antinomia produz uma diferença que é rítmica, um ritornelo, como "automovimento das qualidades expressivas".[263] A análise que Proudhon elaborou um século antes é extraordinariamente semelhante:

> [...] o lado negativo é útil porque ele é a destruição do efeito produzido pelo lado positivo, isso constitui a própria essência do movimento. [...] Todas nossas ideias elementares são antinômicas: desse princípio resulta a eternidade do mundo. A natureza se fazendo e se desfazendo sem cessar: a sociedade desfazendo sem cessar aquilo que faz a propriedade; o espírito desfazendo o que faz a matéria; o homem desfazendo a obra de Deus: o equilíbrio é eterno e, da oposição de todas essas forças que parecem se detestar, que são ao mesmo tempo distintas e idênticas, resulta a harmonia e a perenidade.[264]

Porém, é fundamental perceber, trata-se de uma harmonia que deve ser compreendida como equilíbrio tensional, na medida em que, opondo-se uma à outra, as forças antinômicas se equilibram "sem que os dois princípios se alterem ou se destruam mutuamente".[265] Portanto, Proudhon utiliza a noção de síntese de uma maneira completamente diferente de Hegel; do contrário, não poderia ser compatível com a ideia de antinomia. Assim, para Proudhon, da luta entre os dois termos antitéticos (tese e antítese) não resulta um termo dominante (síntese), mas o equilíbrio entre os dois primeiros termos. Vimos anteriormente como da oposição entre as razões individuais resulta o que Proudhon chamou razão coletiva e que, significativamente, não implica a eliminação da individualidade; ao contrário, supõe sua afirmação. Se isso ocorre é porque na dialética de Proudhon o equilíbrio resultante do combate não produz a pacificação ou a destruição das forças em luta, mas supõe um jogo perpétuo de tensão. Por essa razão, a dialética serial é irremediavelmente dualista: são dois termos que permanecem contrapostos do começo ao final; e não sucede, como na dialética hegeliana, que um terceiro termo, a síntese, superando a dualidade, viria finalmente introduzir um armistício temporário que duraria até a próxima batalha. Em Proudhon, o antagonismo é insolúvel e insuperável.

Foi nessa direção que, após analisar o pensamento filosófico, Proudhon percebeu que "a ideia nos vêm originariamente, concorrentemente e *ex æquo*, de duas fontes: uma subjetiva, que é o eu, sujeito ou espírito,

---

[263] DELEUZE; GUATTARI, 2005, p. 124.

[264] PROUDHON, 2004, p. 273-274.

[265] PROUDHON, 1851, p. 145.

outra objetiva, que designa os objetos, o não-eu ou as coisas";[266] em consequência dessa dupla proveniência da ideia, a filosofia sempre se referirá às relações entre as coisas, e jamais às coisas em si. Daí, conclui Proudhon,

> [...] toda relação, analisada em seus elementos, é, assim como a observação que a fornece, essencialmente dualista, como indica também a etimologia da palavra *relação* [*rapport*] ou *ligação* [*relation*][267], retorno de um ponto a um outro, de um fato, de uma ideia, de um grupo etc., a um outro.[268]

E aqui Proudhon introduz a distância intransponível que o separa de Hegel:

> [...] a fórmula hegeliana é uma tríade pelo bel-prazer ou pelo erro de seu autor, que contou três termos lá onde existe verdadeiramente apenas dois, e que não compreendeu que a antinomia não se resolve, mas que indica uma oscilação ou um antagonismo suscetível unicamente de equilíbrio. Sob esse ponto de vista, o sistema de Hegel deveria ser refeito inteiramente. [...] Tomar a tríade como fórmula da lógica, como lei da natureza e da razão, sobretudo como arquétipo do julgamento e o princípio orgânico da sociedade, é negar a análise, abandonar a filosofia ao misticismo e a democracia à imbecilidade.[269]

Para Proudhon, por ter pensado "que a antinomia devia se resolver em um termo superior, a síntese, distinto dos dois primeiros, a tese e a anti-tese", Hegel se precipitou em um "erro de lógica tanto quanto de experiência".[270] Hegel não percebeu que:

> [...] *a antinomia não se resolve*; e nisso está o vício fundamental de toda filosofia hegeliana. Os dois termos, pelos quais ela se compõe, *balanceiam-se*, seja entre eles, seja com outros termos antinômicos: o que conduz ao resultado procurado. Uma balança não é exatamente uma síntese tal como a entendia Hegel e tal como eu expus após ele.[271]

---

[266] PROUDHON, P. J. *De la justice dans la révolution et dans l'Église. Études de philosophie pratique*. Tomo I. Paris: Fayard, [1860] 1988a. p. 35.

[267] No francês, diz-se *par rapport* quando se quer designar *em relação* a alguma coisa, indicando referência. Já a palavra *relation* é usada, por exemplo, para designar *relation sexuelle*, o que indica possível ligação ou vinculação.

[268] *Id.*

[269] *Ibid.*, p. 35-36.

[270] *Ibid.*, p. 567.

[271] *Id.* Grifos do autor.

Dessa maneira, a forma triádica da sua dialética conduziu Hegel,

> [...] junto com Hobbes, ao absolutismo governamental, à onipotência do Estado, à subalternização do indivíduo. Eu ignoro se, devido a esse aspecto da sua filosofia, Hegel conservou na Alemanha um único discípulo; em todo caso, posso afirmar que falar assim [...] é desonrar a filosofia.[272]

Hegel é o filósofo do Absoluto. A exemplo de Hobbes, Hegel concebeu o Estado como uma superpessoa composta de pessoas, como o corpo é um composto de órgãos; o Estado tem uma existência diferenciada e superior ao indivíduo, como o corpo tem em relação ao olho. E é por isso que o Estado, o corpo, o todo, foram chamados por Hegel de Absoluto. Só o Absoluto é verdadeiro, só o Absoluto é superior, só o Absoluto é real. Só o Absoluto, portanto, constitui o terceiro movimento, conhecido como síntese, da sua análise dialética. "O Estado [...] é o racional em si e para si: esta unidade substancial é um próprio absoluto, imóvel, nele a liberdade obtém o seu valor supremo, e assim este último possui um direito soberano perante os indivíduos que em serem membros do Estado têm o seu mais elevado dever".[273]

Marx tinha razão, afinal, quando percebeu, na sua *Miséria da Filosofia*, que a dialética de Proudhon é uma dialética sem *síntese*; se enganou, entretanto, ao supor que tal fato dizia respeito ao pouco conhecimento do anarquista francês da filosofia hegeliana. Pelo contrário, a dialética de Proudhon é propositadamente dualista e ela não tomou absolutamente nada de Hegel, em vez disso, direcionou contra ele uma crítica impiedosa: "o sistema de Hegel recolou em voga na filosofia o dogma da Trindade: panteístas, idealistas, materialistas, tornaram-se todos trinitários; confirmando o que muitas pessoas já tinham imaginado: que o mistério cristão iria se tornar um axioma de metafísica".[274] A dialética hegeliana, incluindo a versão que Marx lhe deu, introduziu no plano do pensamento, nas relações entre as categorias, um princípio de subordinação que faz com que o governo e o Estado já se encontrem dados como forma. A dialética hegeliana desenha no pensamento uma relação de forças cujo conflito fará certas categorias submeterem outras ao seu domínio. Nessa subordinação das categorias, a forma-Estado que inspira a imagem do pensamento, e

---

[272] PROUDHON, 1998a, p. 116.

[273] HEGEL, G.W.F. *Princípios da filosofia do direito*. Tradução: Orlando Vitorino. São Paulo: 1997. p. 217.

[274] PROUDHON, 2000a, p. 165.

vice-versa, anteriormente consagrada pelo *cogito* cartesiano e pela crítica kantiana, será em seguida retomada e desenvolvida pelo hegelianismo. Toda iniquidade das leis, diz Proudhon, todos "os antagonismos dos poderes, os conflitos administrativos, o vício das instituições, vêm da nossa miserável lógica, de nossa lógica antisserial".[275] Miséria lógica que produz a imagem da forma-Estado projetada no pensamento, mas que terá seus efeitos no real.

> No momento em que o proletariado diz à classe abastada: como vocês conquistaram o poder e a propriedade, também nós queremos nos tornar soberanos e proprietários. Que coisa exigem, se não a extensão até eles de uma série que, iniciada com o rei, passa pela nobreza e o clero, e continua na burguesia ou na feudalidade industrial?[276]

Demonstrando sua atualidade, a dialética serial de Proudhon abre para um projeto de estudo das relações entre o exercício do poder e a produção da verdade na consciência dos indivíduos, pelos procedimentos lógicos e experimentais da filosofia. Afirmando na lógica hegeliana "a marcha dialética do conquistador", Proudhon descreveu a existência, na realidade social, de uma relação entre poder e verdade em alto grau de articulação e a um tal ponto que, diz ele, "se a Alemanha, em 1813, tivesse sido um pouco menos kantiana, um pouco mais hegeliana, Napoleão 1º teria sido vitorioso em sua campanha de Saxe".[277] Ou seja, o método serial de Proudhon possibilita ver como os homens não somente se encontram assujeitados no interior de relações econômicas, políticas e morais, mas são igualmente assujeitados no interior de um sistema conceitual autoritário, no interior de relações de saber e de regimes de verdade, como dirá Foucault. O método de Proudhon mostra, enfim, como o indivíduo, nas palavras de Heintz "não somente encerra a si mesmo, mas encerra também a realidade viva, no cativeiro de seu sistema conceitual e das formas concretas nas quais se manifesta [...] em uma compreensão que busca subjugar *ipso facto* a realidade".[278]

---

[275] *Ibid.*, p. 226.

[276] *Ibid.*, p. 265.

[277] PROUDHON, 1998a, p. 116. Russel fez uma observação semelhante: "Hegel, ao filosofar a respeito da história, tinha em mente homens como Teodorico, Carlos Magno, Barba-Roxa, Lutero e Frederico o Grande. Deve ser interpretado não só a luz dos feitos destes últimos, como, também, à luz da recente humilhação da Alemanha por Napoleão". (RUSSEL, 1968, p. 292).

[278] HEINTZ, 1963, p. 179.

5. Direito da força *vs.* Força do direito

Para Proudhon, a oposição, o antagonismo, a antinomia explodem por toda parte: não é inerente apenas aos elementos e às forças que constituem a sociedade e os indivíduos, mas é também aquilo que mobiliza as forças para o combate. Dessa forma, o equilíbrio do qual fala Proudhon não é jamais repouso, mas, como notou Lubac, o espetáculo de:

> [...] uma luta fecunda, de um estímulo recíproco, de uma subida em espiral. Graças a um fluxo e refluxo incessantes, tudo avança, ou melhor, tudo sobe. Nenhum valor é perdido; nenhuma força é eliminada no combate; cada uma permanece si mesma e recebe, esperando sua vez de revidar; cada qual se fortalece, mesmo transformando-se, pela luta com sua força contrária. Uma e outra, em vez de se cancelarem ou de se dissolverem, exaltam-se mutuamente.[279]

Portanto, não se trata de uma ordem morta, mas de um equilíbrio vivo na diversidade continuamente instável e, por isso, constitutivamente precário: "equilíbrio ativo, dinâmico, no qual a contradição se torna tensão".[280] Assim, a antinomia opera a liberação da diferença aprisionada na repetição e marca a possibilidade de:

> [...] um pensamento sem contradição, sem dialética, sem negação: um pensamento que diz sim à divergência; um pensamento afirmativo cujo instrumento é a disjunção; um pensamento do múltiplo – da multiplicidade dispersa e nômade que não é limitada nem confinada pelas imposições do mesmo.[281]

A imagem dada por Proudhon é a de um dinamismo incessante das forças.

> Princípio gerador da atração como do equilíbrio, a palavra de todas as analogias, ideia que forma e além dela nada é concebível; força que produz a paixão, que não existe a não ser pela contrariedade. Em seguida vem a série, a lei de progressão, a melodia dos seres que Platão acreditava ouvir; princípio não apenas da Razão Pura, mas do *belo*, do *diverso*, do *infinito*: subtraiam a antinomia, a progressão é

---

[279] LUBAC, 1985, p. 174.

[280] *Ibid.*, p. 178.

[281] FOUCAULT, 2000d, p. 245-246.

> *inexplicável*: por que a ideia se move? Subtraiam a série,
> o Universo não passa de uma sequência interminável de
> oposições, uma repetição estéril e fatigante.[282]

É nesse sentido que a guerra, entendida como relação antinômica das forças, deve ser vista operando tanto no plano da linguagem, quanto no plano da economia, da política, da moral e do pensamento. Proudhon desenvolverá uma concepção *agonística* do universo, da sociedade e do indivíduo em *La guerre et la paix*, de 1861, sua obra mais polêmica depois de *O que é a propriedade?*, de 1840. Mas desta vez, ele não apenas sustenta a realidade da força, mas também um *direito* da força.

Proudhon faz o elogio dessa guerra que se inscreve nos seres e nas coisas, na sociedade e na natureza, opondo-se às teorias de Kant, Hegel, Hobbes, Wolf, Vattel e Grotius, a chamada "escola jurídica", contra a qual sustentou a existência de um direito da força que, segundo ele e a despeito dessas teorias, constitui um fato sancionado na experiência dos povos:

> [...] direito resultante da superioridade da força, direito
> que a vitória declara e sanciona, e que, por essa sanção e
> declaração, torna-se também legítimo em seu exercício,
> respeitável em seus resultados, e que pode ser todo um outro
> direito, como a liberdade, por exemplo, e a propriedade.[283]

A experiência histórica sustenta, portanto, aquilo que é precisamente negado por todo positivismo jurídico: o direito da força. Esse desacordo entre a experiência histórica e a razão filosófica dos juristas, essa oposição flagrante e estranha, é a isso que Proudhon vai dedicar quase todo o primeiro volume da sua obra *La Guerre et la Paix*.

Proudhon inicia o primeiro tomo com uma longa descrição da parábola de Hércules. Diz o mito que Hércules recebeu uma educação igual a das outras crianças gregas da época clássica, semelhante, por exemplo, a que Aquiles recebera do Centauro. Mas, apesar disso, Hércules era um péssimo estudante, indisciplinado, diferente do seu irmão Íficles, que era um aluno comportado e aplicado. Um dia, Lino, mestre de Hércules, a quem tinha sido confiada sua educação nas letras e na música, chamou sua atenção e tentou castigá-lo; mas Hércules, num ímpeto de raiva e de indisciplina, teria matado seu mestre, atirando contra ele um banco

---

[282] PROUDHON, 2004, p. 274.

[283] PROUDHON, 1998a, p. 86.

escolar.[284] Mas um ânimo diferente do estudante se apoderava de Hércules quando se encontrava diante do inimigo: um tipo de inspiração tomava-o e, diferente do que acontecia na escola, no campo de batalha ele sabia exatamente o que fazer e o fazia. Nesses momentos, sua inteligência ultrapassava a dos mais hábeis.

> Assim, o homem de combate no qual estão reunidos a coragem, a destreza e a força, sabe em todas as circunstâncias, por meio de uma ciência certa e imediata, qual tática lhe convém empregar. A reflexão serve tão só para explicar aos outros suas intenções; mas o gênio da guerra, aquilo que os militares nomeiam simplesmente vislumbre [*coup d'oeil*], não é ensinado aos colegiais.[285]

Apesar de todos os seus célebres 12 trabalhos prestados para muitas cidades gregas, Hércules jamais teve poder algum: viveu como aventureiro, por isso jamais soube conquistar um trono. Chega o fim do ano escolar e o mestre-escola anuncia a seus alunos a distribuição dos prêmios: após um sacrifício aos deuses, os alunos cantariam, dançariam e recitariam uma tragédia composta pelo professor. Em seguida, cada formando receberia solenemente seu diploma. Era uma grande ocasião: toda a cidade tinha se preparado, as ruas e as casas foram enfeitadas, uma orquestra foi organizada e foi erguido um Arco do Triunfo, queimavam-se perfumes, pais e professores estavam orgulhosos e felizes. Contudo, Hércules era o único sem prêmio e nem lugar nessa festa; apesar de todos os serviços prestados gratuitamente, nenhuma menção honrosa lhe fora oferecida. Então, da sua grandeza heroica, Hércules pergunta ao mestre-escola a razão pela qual não tinha lhe sido reservado um diploma. O pedagogo responde: porque tu te recusas instruir-te, porque tu não sabes nem mesmo as classes, porque, enfim, a mais jovem dessas crianças aprenderia em três dias aquilo que você levaria uma vida para aprender. Ouviram-se risos. Hércules, furioso, destrói tudo: os bancos, o Arco do Triunfo, a orquestra etc., e em seguida agarra o professor e o deixa suspenso no palco onde se distribuiriam os diplomas. As mulheres fogem apavoradas, os colegiais desaparecem, toda população corre em desespero: ninguém ousa enfrentar a cólera de Hércules. A confusão chega até ao palácio onde estava sua mãe, Alcmena. Chegando rapidamente ao local, pergunta ao mestre-escola o

---

[284] *Cf.* GRIMAL, P. *Dicionário da mitologia grega e romana.* 3. ed. Tradução: Victor Jabouille. Rio de Janeiro: Bertrand Brasil, 1997. p. 206.

[285] PROUDHON, 1998a, p. 27.

que tinha ocorrido e ele, solicitando todas as desculpas e prestando seu melhor respeito, responde, quase inconsciente e semimorto, que "não podia dissimular que seu filho, esse potente, esse soberbo, esse magnânimo Hércules, não passa de um *fruto seco*".[286] Alcmena, segurando o riso, lhe responde: "que tipo de ignorante és tu que não estabeleceu também na tua escola um prêmio de ginástica? Acreditas que a cidade só tem necessidade de músicos e de advogados?"[287] Depois disso, conclui Proudhon, graças a aventura de Hércules se instituíram os jogos olímpicos nos quais historiadores e poetas vinham dar provas de seu talento tanto quanto os atletas do seu vigor: nesses jogos, Heródoto leu suas histórias e por meio delas Píndaro tornou famosas suas odes.

Segundo Junito Brandão, o que se denota no mito de Hércules é a ambivalência da força física: porque ela se apoia apenas na *hybris*, no excesso, na desmedida, Hércules oscila entre o *ánthropos* e o *anér*, ou seja, entre o homem e o herói ou super-homem,

> [...] sacudido constantemente, de um lado para outro, por uma força que o ultrapassa, sem jamais conhecer o *métron*, a medida humana de um Ulisses, que sabe escapar a todas as emboscadas do excesso. Talvez se pudesse ver nesses dois comportamentos antagônicos a polaridade Ares-Atená, em que a força bruta do primeiro é ultrapassada ou "compensada" pela inteligência astuta da segunda.[288]

Hércules se tornou para o pensamento mítico-filosófico "o melhor dos heróis" (áristos andrôn) expressão que adquiriu, no decorrer dos séculos, a conotação de "o melhor dos homens".[289] Do mesmo modo como "*areté*, que é da mesma família etimológica de áristos, e que designava originalmente 'o valor guerreiro', se enriqueceu paulatinamente com uma carga de interioridade, até tornar-se algo semelhante a que se poderia chamar 'virtude'".[290] Compreende-se por que Proudhon atribuiu a criação do ideal grego a dois homens: Hércules e Homero.

> O primeiro, desprezado na sua força, prova que a força pode, quando necessário, ter mais espírito que o próprio espírito e que, se ela tem sua razão, ela tem também, con-

---

[286] *Ibid.*, p. 29. Grifo do autor.

[287] *Id.*

[288] BRANDÃO, J. de S. *Mitologia Grega*. Vol. 3. 10. ed. Petrópolis: Vozes, 2000. p. 131-132.

[289] *Ibid.*, p. 135.

[290] *Id.*

> sequentemente, seu direito. O outro consagra seu gênio a
> celebrar os heróis, os homens fortes e desde vinte e cinco
> séculos a posteridade aplaude seus cantos.[291]

Portanto, foi a partir desse *agôn* em torno do qual os gregos haviam estruturado a rivalidade entre os homens livres e todo um sistema generalizado de atletismo, que Proudhon concebeu o antagonismo da guerra. Nesse sentido, a guerra, ao contrário do que se pensa, é uma potência interna ligada muito mais aos afetos do que à vida física e passional. Porém, ela foi até então julgada unicamente como paixão e materialidade, daí sua incompreensão. Com efeito, sabe-se da guerra muito pouco, conhece-se dela quase que exclusivamente seus gestos unicamente exteriores: sua teatralidade, o barulho de suas batalhas, a devastação de suas vítimas. O que reduziu a guerra à apenas demonstrações materiais. Entretanto, ocorre com a guerra o mesmo que com a religião: não seria possível compreendê-la somente do exterior observando apenas seus cultos, o batismo, a comunhão, a missa, as procissões etc.; a religião possui também uma interioridade, alguns de seus atos são imateriais e visíveis somente ao espírito, de maneira que a água, o pão, o vinho são, certamente, signos religiosos que, entretanto, não constituem sua fenomenologia. Pode-se dizer o mesmo da justiça: quem observa somente seu aparelho exterior, as audiências, a toga, sua polícia, sua prisão, sua forca etc., não conhece a justiça, pois seus atos se passam também nas consciências, o que apenas uma observação do interior poderia explicar.

A guerra jamais será completamente compreendida se a explicação alcançar somente o materialismo de suas lutas e de seus tribunais. Não será possível vê-la quando se acompanha unicamente seus deslocamentos no campo de batalha, quando se estabelecem as estatísticas dos mortos e feridos, quando se mesura sua artilharia etc. "A estratégia e a tática, a diplomacia e os artifícios, têm seu lugar na guerra como a água, o pão, o vinho, o óleo, no culto. [...] Mas tudo isso não revela sequer uma ideia".[292] Todo esse materialismo nos diz pouco ou quase nada acerca da realidade da guerra.

> Ao se ver duas armadas que se degolam, pode-se perguntar
> se o que fazem [...] é uma disputa, um exercício, um sacrifício
> aos deuses, uma execução judiciária, uma experiência de

---

[291] PROUDHON, 1998a, p. 30.

[292] *Ibid.*, p. 36.

física, um ato de sonambulismo ou de demência feito sob a influência do ópio ou do álcool.[293]

Os atos materiais da luta nada exprimem por eles mesmos, menos ainda o que dizem os legisladores, historiadores, poetas e homens de Estado, que se limitaram a explicar esse fenômeno como desacordo de interesses. Ora, é uma explicação que afirma, simplesmente, que "os homens, assim como os cães, impelidos pelo ciúme e pelo apetite, querelam entre si, e das injúrias vêm os golpes; que eles se matam por uma fêmea, por um osso; em uma palavra, que a guerra é um fato de pura bestialidade".[294] Assim, a violência não é o segredo da guerra, é, ao contrário, somente uma de suas formas mais primitivas. Nem seu mistério pode ser decifrado no conflito entre a força das paixões, dos interesses etc. Se fosse assim, "ela não se distinguiria dos combates que travam as bestas; ela entraria na categoria das manifestações animais: ela seria, como a cólera, a raiva, a luxúria, um efeito do orgasmo vital, e tudo estaria dito".[295] Contudo, se a guerra se tornou ao mesmo tempo a manifestação mais esplêndida e mais terrível do mundo humano, é porque ela contém algo além de violência e que a impede de ser assimilável unicamente aos atos de banditismo e de constrição.

Faltam, portanto, uma epistemologia e uma ontologia capazes de decifrar a guerra. Na medida em que é impossível assimilar a guerra tanto aos fatos de brutalidade como à ordem das paixões, não resta outro modo de compreendê-la e de considerá-la a não ser como um ato interior da vida. "A guerra, como o tempo e o espaço, como o belo, o justo e o útil, é uma forma de nossa razão, uma lei de nossa alma, uma condição da nossa existência. É esse caráter universal, especulativo, estético e prático da guerra que é preciso trazer à luz".[296] Existe na guerra, para além da sua violência, um elemento moral que a torna a manifestação mais esplêndida e mais terrível de nossa espécie. "Qual é esse elemento? A jurisprudência dos três últimos séculos, longe de o descobrir, tomou partido de negá-lo".[297] Mas qual elemento moral poderia ser capaz de fazer do assassinato um ato de virtude? É esse paradoxo que constitui o mistério da guerra.

---

[293] *Id.*

[294] *Ibid.*, p. 37.

[295] *Ibid.*, p. 39.

[296] *Id.*

[297] *Id.*

> O que foi feito [...] para que a humanidade tenha despertado para a razão, para a sociedade, para civilização, precisamente pela guerra? Como o sangue humano se tornou a primeira função da realeza? Como o Estado, organizado para a paz, foi fundado sobre a carnificina? [298]

Ao tomar a guerra a partir de um estado perpétuo de combate das forças, atuando desde o indivíduo até a política e a economia, Proudhon quis evitar o ciclo vicioso em que caíram pensadores como Hegel, Ancillon ou Portalis, que reconheceram a força da guerra apenas a partir da sua fraqueza, e suas qualidades a partir de seus defeitos, fazendo dela um mal necessário como os governos. Para Proudhon, ao contrário, há uma virtualidade própria da guerra que pode ser encontrada na ação, entendendo por esse termo a condição por excelência da vida, a saúde e a força nos seres organizados. Pela ação, os seres desenvolvem suas faculdades, aumentam suas energias e alcançam a plenitude de sua vocação. Mas para que ocorra esse exercício físico, intelectual e moral dos indivíduos, diz Proudhon, "é preciso um meio em relação com o sujeito agente, um não-eu que se coloca diante de seu eu como lugar e matéria de ação, que lhe resista e o contradiga. A ação será, portanto, uma luta: agir é combater".[299] O primeiro combate do homem, diz Proudhon, ele o trava com a natureza: é com ela que ele deve exercitar seus primeiros combates, num jogo de ações e reações, porque é inicialmente a natureza que fornece ao homem muitas ocasiões para testar sua coragem, sua paciência, o desprezo que tem pela morte, sua virtude. Foi dessa forma que, também para Nietzsche, nascem e perduram as espécies:

> [...] a luta permanente com condições desaforáveis e sempre iguais é, como disse, a causa para que um tipo se torne duro e firme. Mas enfim sobrevém uma situação feliz, diminui a enorme tensão; talvez já não existam inimigos entre os vizinhos, e os meios para viver, e até mesmo gozar a vida, são encontrados em abundância. De um golpe se rompem o laço e a coação da antiga disciplina: ela não mais se sente como indispensável, como determinante da existência [...] A variação, seja como desvio (rumo ao mais sutil, mais raro e elevado), seja como degeneração e monstruosidade, aparece no palco de maneira súbita e magnífica, o indivíduo se atreve a ser indivíduo e se coloca em evidência.[300]

---

[298] *Ibid.*, p. 41.

[299] *Ibid.*, p. 63.

[300] NIEZTSCHE, F. *Além do bem e do mal*. Prelúdio a uma filosofia do futuro. 2. ed. Tradução: Paulo C. de Souza. São Paulo: Cia. das Letras, 2002. p. 177-178.

Esse momento de incremento e de extensão da espécie é também um estado de perecimento e de ruína "mediante egoísmos que se opõem selvagemente e como que explodem, que disputam entre si por 'sol e luz'".[301] Então, nesse momento, observa Proudhon, o homem não acerta suas contas apenas com a natureza, "ele também encontra um outro homem no seu caminho, seu igual, que lhe disputa a posse do mundo e o concurso dos outros, que lhe faz concorrência, lhe opõe seu *veto*. É inevitável e é bom".[302] É inevitável porque é impossível que "duas criaturas em quem a ciência e a consciência são progressivas"[303] e, portanto, descompassadas, sustentando pontos de vista diferentes sobre todas as coisas, interesses opostos e, sobretudo, procurando se expandir ao infinito, é impossível, diz Proudhon, que estejam inteiramente de acordo. "A divergência das ideias, a contradição dos princípios, a polêmica, o choque das opiniões, são os efeitos inevitáveis da sua aproximação".[304] Entretanto, isso é bom porque:

> [...] é pela diversidade das opiniões e dos sentimentos, e pelo antagonismo que ela engendra, que se criou, acima do mundo orgânico, especulativo e afetivo, um mundo novo, o mundo das transações sociais, mundo do direito e da liberdade, mundo político, mundo moral. Mas, antes da transação, existe necessariamente a luta; antes do tratado de paz, o duelo, a guerra, e isso sempre, a cada instante da existência.[305]

Escrevendo 20 anos antes do seu livro sobre a guerra, Proudhon já tinha afirmado que nessa vasta cena do desenvolvimento histórico:

> [...] nenhuma fase se produz sem luta, nenhum progresso se efetua sem violência, e que a força é, em última análise, o único meio de manifestação da ideia. Poderia se definir o movimento como uma resistência *vencida*, do mesmo modo como Bichat definiu a vida como o conjunto dos fenômenos que *triunfam* sobre a morte.[306]

Contudo, o aspecto fundamental dessa batalha não é negativo, mas positivo ou afetivo, porque a virtude não consiste em se abster das coisas reprovadas pela concorrência dos outros, mas ao contrário, consiste sobretudo:

---

[301]   *Ibid.*, p. 178.
[302]   PROUDHON, 1998a, p. 64.
[303]   *Id.*
[304]   *Id.*
[305]   *Id.*
[306]   PROUDHON, 2000b, p. 141. Grifos do autor.

> [...] em fazer ato de energia, de talento, de vontade, de caráter, contra o transbordamento de todas essas personalidades que, só pelo fato de suas vidas, tendem a nos extinguir. *Sustine et abstine*, diz o estoico: sustentar quer dizer combater, resistir, fazer força, vencer, eis o primeiro ponto e o mais essencial da vida, *hoc est primum et maximum mandatum*: abster-se, eis o segundo. Até onde vai esse duelo? Em alguns casos, até a morte de uma das partes: tal é a resposta das nações.[307]

Hobbes não notou nenhum desses caracteres virtuosos da guerra; ao contrário, ele a declarou imanente à humanidade apenas para declará-la infame e bestial, já que pertenceria à infância do homem e ao seu primitivismo conhecido como estado de natureza. E foi precisamente o pensamento de Hobbes que foi adotado por todos os *publicistas* franceses. Contudo, pergunta Proudhon, como os homens não fariam a guerra quando dela seu pensamento está repleto? "Quando seu entendimento, sua imaginação, sua dialética, sua indústria, sua religião, suas artes a ela se reportam; quando tudo neles e em torno deles é oposição, contradição, antagonismo?".[308] A guerra é nossa história e nossa vida, ela fez não somente a legislação, a política, o Estado, a hierarquia social, o direito, como também a poesia, a teologia, a filosofia, de modo que seria preciso perguntar aos pacificadores: abolida a guerra, como conceber a sociedade? Sobre o que se fundamentará o Estado? De onde sairá o direito? O que garantirá a propriedade? E a mesma questão deve ser colocada para os domínios da literatura, das artes, da ciência, da moral etc. Contudo, a resposta dos publicistas veio sob a forma de uma *ficção legal* como instrumento de pacificação, e por meio da qual passaram a pregar que a revolução moderna, ao contrário do antigo barbarismo revolucionário, "convida os gentis, como os judeus, a dividir a luz e a fraternidade", e que seus "apóstolos proclamam a paz entre os povos": "Mirabeau, Lafayette, até Robespierre, eliminaram a guerra do símbolo que eles apresentavam à nação. Foram os facciosos e os ambiciosos que mais tarde a reclamaram; não foram os grandes revolucionários. Quando a guerra explode, a revolução degenera".[309]

Assim, tanto a opinião dos juristas quanto a razão dos filósofos negam, com unanimidade, a realidade da guerra e declaram a força como

---

[307] *Id.*

[308] *Ibid.*, p. 73.

[309] *Ibid.*, p. 83.

sendo incapaz de fundar o direito. Hobbes afirmou que, na guerra, nada pode haver de justo ou injusto e as noções de bem e de mal não podem ter lugar. "Onde não há poder comum não há lei, e onde não há lei não há injustiça. Na guerra, a força e a fraude são as duas virtudes cardeais".[310] Rousseau, por sua vez, sustentou que a força é um poder físico do qual não é possível resultar moralidade. "Ceder à força constitui um ato de necessidade, não de vontade; quando muito, ato de prudência. Em que sentido poderá representar um dever?"[311] E acrescenta que se "a força não produz qualquer direito, só restam as convenções como base de toda a autoridade legítima existente entre os homens".[312] Contra essa opinião que constitui, com poucas variações, a opinião do pensamento jurídico-filosófico do século XVIII e XIX, Proudhon vai opor, em um primeiro momento, o que chamou a "afirmação dos povos", sua experiência histórica, para, em seguida, demonstrar a existência de um direito da força.

Uma simples constatação: para todos os povos a guerra é, na sua origem, um fato divino. Seja a Bíblia ou a Ilíada, não há herói, poeta ou apóstolo que não tenha cantado suas façanhas: Thor, Apolo, Hércules, Marte, Palas Atena, Diana, Jeová, Osíris, Alá etc. As escrituras estão cheias de deuses armados cuja glória inunda o céu e a terra, e alimenta a epopeia dos povos: Ulisses, Carlos Magno, Calígula, Sétimo Severo, os Césares, Alexandre o Grande, Gengis Khan, todos os vikings e bárbaros, a pirataria, as Cruzadas, o Pontificado Romano, Napoleão etc. E com eles ocorreram todas as invasões, conquistas, descobertas, anexações, concessões, transmissões etc. Se o direito da guerra é uma quimera, como explicar todos esses fatos tão persistentes, universais e perseverantes na história? A guerra é tão antiga quanto o homem e foi por ela que a humanidade inaugurou sua justiça. "Por que esse começo sangrento? Pouco importa. É um fato".[313] Assim como constitui fato que todas essas batalhas humanas contenham mais que simplesmente paixão; é precisamente esse *plus* que Hobbes e toda escola jurídica ignoraram. Contudo, Proudhon quer revelá-lo: trata-se dessa

> [...] pretensão singular, que pertence unicamente a nossa espécie, a saber, que a força não é somente para nós força,

---

[310] HOBBES, Th. *Leviatã ou matéria, forma e poder de um Estado eclesiástico e civil*. Tradução: João Monteiro e Maria B. N. da Silva. São Paulo: Martins Fontes, 2003. p. 111.

[311] ROUSSEAU, 1973, p. 31-32.

[312] *Id.*

[313] PROUDHON, 1998a, p. 103.

mas que ela contém igualmente o direito, que ela em certos casos produz direito. No momento em que observamos os animais que combatem, eles não fazem a guerra; não lhes chegará jamais ao espírito de querer regulamentar seus combates. [...] O homem, ao contrário, melhor ou pior que o leão (a crítica decidirá), o homem aspira, com toda a energia do seu senso moral, fazer de sua superioridade física um tipo de obrigação para os outros; ele quer que sua vitória se imponha a eles como uma religião, como uma razão, em uma palavra, como um dever, correspondendo a isso o que ele nomeia direito. Eis no que consiste a ideia de guerra e o que a distingue eminentemente dos combates das bestas ferozes.[314]

Com essas palavras, Proudhon escandalizou seus leitores que viram nelas a glorificação da carnificina e um panegírico ao massacre, contudo, sua intenção foi chocar um público demasiadamente receptivo às ideias pacifistas, cosmopolitistas e governamentalistas de Blanqui, Considerant, Pecqueur e outros ilustrados de sua época. A mesma estratégia retórica utilizou Proudhon contra a propriedade, quando a declarou como roubo; e contra Deus, quando o proclamou como o mal. Outros reprovaram Proudhon por sua condescendência com pensadores reacionários como Hobbes e De Maistre; entretanto, o objetivo de Proudhon é bastante evidente: a exemplo do sofista Trasímaco, que defendeu contra Sócrates que a justiça é, sempre e em todo lugar, o direito do mais forte,[315] Proudhon quer mostrar, ao contrário do que afirma o kantismo e todo discurso jurídico-político de sua época, e sua pretensão de tornar dominante a força do Direito, que existe, em toda sua realidade, um direito da força. E os efeitos da sua reflexão produzem consequências políticas imediatamente inquietantes: se o direito resulta de uma vitória, então toda legislação é, na sua origem e na sua essência, um empreendimento guerreiro. Seria preciso, portanto, remontar a essa relação de força,

[...] a criação de todas as relações jurídicas reconhecidas entre os homens: de início, os primeiros esboços de um direito de guerra e um direito das gentes; depois, a constituição das soberanias coletivas, a formação dos Estados,

---

[314] *Id.*

[315] "Eis portanto o que eu digo ser o justo sempre e em todas as cidades sem exceção: o vantajoso para o governo estabelecido. É ele quem detém o poder e, para quem raciocina corretamente, em todos os lugares, o justo é sempre a mesma coisa, a vantagem do mais forte". PLATÃO. *A República [ou sobre a justiça, diálogo político]*. Tradução: Anna Prado. São Paulo: Martins Fontes, 2006. p. 20.

seus desenvolvimentos pela conquista, o estabelecimento das magistraturas etc.[316]

Não há nada, diz Proudhon, seja no direito público ou civil, seja nas instituições ou na moral, seja ainda na religião ou na economia, que não repouse nessa origem guerreira. "A guerra fez tudo isso que nós somos"[317] e é justamente essa analogia fundamental entre guerra, trabalho, Estado, economia, governo, religião etc., que o pensamento filosófico-jurídico não somente ignora, mas pretende negar com insistência obstinada. Mas a que teria respondido essa teoria jurídica de algum modo arbitrária, fictícia ou, em todo caso, contrária à experiência dos povos e à realidade do direito?

6. O discurso jurídico-político

Foucault mostrou como o objetivo de Hobbes foi o de desvincular a guerra do estabelecimento das soberanias. No fundo, o Leviatã não é constituído sob o pano de fundo de uma guerra real, não nasce do sangue das batalhas nem dos gemidos dos vencidos. No fundo, o Leviatã é constituído, não da guerra, mas da sua possibilidade sempre aberta, ou de uma guerra virtual sempre presente quando a relação entre os homens não é equilibrada por uma potência acima deles. E nem mesmo nos casos de conquista política de um Estado por outro seria possível afirmar que o poder soberano é fundado sobre um estado de guerra, já que um povo conquistado sempre prefere viver e obedecer do que morrer, e será essa escolha que estará na base da soberania, e não um estado de violência. Foi por terem preferido viver e obedecer, foi dessa escolha dos vencidos que o soberano retirou sua legitimidade. Portanto, no fundo da soberania não é jamais a guerra que aparece, ao contrário, "tudo se passa como se Hobbes, longe de ser o teórico das relações entre a guerra e o poder político, tivesse desejado eliminar a guerra como realidade histórica, como se ele tivesse desejado eliminar a gênese da soberania".[318] Hobbes tornou a guerra e a relação de forças uma coisa completamente estranha à constituição das soberanias, tornou-a independente e sem nenhuma relação de causalidade: haja guerra ou não, a soberania será constituída.

> No fundo, o discurso de Hobbes é um certo "não" à guerra: não é ela realmente que engendra os Estados, não é ela que

[316] *Ibid.*, p. 104.

[317] *Ibid.*, p. 106.

[318] FOUCAULT, 1999a, p. 111.

se vê transcrita nas relações de soberania, ou que reconduz ao poder civil – e às suas desigualdades – dessimetrias anteriores de uma relação de força que teriam sido manifestadas no próprio fato da batalha.[319]

O alvo da teoria de Hobbes era, em grande medida, a guerra civil inglesa e o discurso dos *Levers* que reclamavam a destituição de um poder fundado na conquista; era o discurso de Oliver Cromwell e de seus aliados contra o reinado de Carlos I da Inglaterra, a quem acusavam de conquistador. Daí a insistência de Hobbes em repetir que o fundamento da soberania não é jamais a conquista, mas o contrato fundado no interesse dos indivíduos de seguirem vivendo em paz e na obediência.

> A conquista não é vitória, conquista é a aquisição pela vitória de um direito sobre a pessoa dos homens. Ora, aquele que é morto é vencido, porém não conquistado; aquele que é aprisionado e levado para o cárcere acorrentado não é conquistado; é ainda um inimigo e pode fugir se conseguir. Mas aquele que com a promessa de obediência recebeu a vida e a liberdade, está nesse momento conquistado e é súdito, porém não antes. [...] De tal maneira que a *conquista* (para a definirmos) é a aquisição do direito de soberania por vitória. Esse direito é adquirido com a submissão do povo, pela qual este faz um contrato com o vencedor, prometendo obediência em troca da sua vida e liberdade.[320]

Hobbes substituiu a força pela escolha voluntária do súdito em obedecer, escolha por meio da qual o Estado adquire seu direito de soberania. Para Hobbes, estava em jogo a questão da legitimidade do poder soberano, que só poderia ser fundada no interesse dos próprios governados. Como notou Laval, a noção de interesse foi, ao lado da noção de utilidade, um dos conceitos estratégicos por meio dos quais foi operada uma grande mutação mental e intelectual no Ocidente; instrumento de análise e de cálculo político, o interesse foi visto em toda parte: na sociedade, no governo, no sujeito. É o objeto, o meio e o fim da ação humana. Assim, o homem natural hobbesiano, movido somente pelo interesse, foi, ao mesmo tempo, a pacificação do antigo guerreiro movido pelo poder e pelo desejo de riquezas; a pacificação do bárbaro e das hordas de aventureiros de estrada e, ao mesmo tempo, uma "estratégia de 'construir' uma política sobre a natureza humana, e não mais dobrá-la a uma lei

---

[319] *Ibid.*, p. 112.
[320] HOBBES, 2003, p. 585-586.

transcendente e suas consequências normativas".[321] O homem natural, portador de interesses mútuos, deverá assumir agora uma conduta menos predatória e mais industriosa: serão os futuros operários que povoarão os grandes centros industriais da Europa. Foi nesse novo contexto que Hobbes procurou substituir a realidade da força pela ficção jurídica do interesse, elemento igualmente retomado por Kant para seu projeto de paz perpétua: é o interesse que torna, se não possível, ao menos indefinidamente mais próxima, a paz entre os homens; portanto, é o interesse que constitui o índice capaz de solucionar o áspero problema do estabelecimento de um Estado, mesmo que ele seja formado, diz Kant, por um povo de demônios.[322] Assim, tanto em Kant, quanto em Hobbes, a força é incapaz de direito, ao contrário, ela é o estado do não direito por excelência. Mas, se a força não produz direito, é preciso que o direito seja encontrado em outro lugar: no Estado. Em outras palavras, ao negar o direito da força, todo o papel da filosofia jurídica é o de defender a força do direito como sanção necessária e base única da autoridade governamental.

Hobbes foi o percussor do positivismo jurídico, doutrina que extraiu do sujeito, da sua vontade e dos seus interesses, as regras do Direito e estabeleceu o Estado como sua fonte única: só o Estado detém o monopólio normativo em razão das suas normas serem as únicas respeitadas graças ao seu poder de coação.[323] Essa doutrina encontrou em Rousseau um dos seus maiores expoentes, que a legou, em seguida, para os revolucionários da Revolução Francesa que colocaram a lei, como expressão da vontade geral, no lugar do rei.[324] Foi o nascimento do Estado Legal, ou seja, uma forma de Estado que inaugurou o "reino da lei" e estabeleceu por imperativo que "todo ato do poder administrativo pressupõe uma lei à qual se vincula e que está destinada a assegurar sua execução".[325] O Estado Legal estabelece, portanto, o predomínio do legislador;

---

[321] LAVAL, Ch. *L'Homme économique*: Essai sul lhes racines du néolibéralisme. Paris: Gallimard, 2007. p. 59.

[322] KANT, I. *Projet de Paix Perpétuelle*. Esquisse Philosophique 1795. Tradução: J. Gibelin. Paris: J. Vrin, 1984. p. 44-45.

[323] BOBBIO, N. *O Positivismo Jurídico*: lições de filosofia do direito. Tradução: Márcio Pugliese, Edson Bini, Carlos Rodrigues. São Paulo: Ícone, 1995; VILLEY, M. *A formação do pensamento jurídico moderno*. Tradução: Claudia Berliner. São Paulo: Martins Fontes, 2005.

[324] RAY, J. La Révolution Française et la pensèe juridique: l'idée du règne de la loi. *Revue Philosophique de la France et de l'Étranger*, Paris, v. 128, n. 9-12, p. 364-393, 1939. p. 364.

[325] REDOR-FICHOT, M. J. *De l'état légal à l'état de droit*. L'évolution des conceptions de la doctrine publiciste française, 1879-1914. 1988. Tese (Doutorado em Direito) – Université Paris 2, Paris, 1988. p. 7-8.

> [...] corresponde ao que poderíamos chamar hoje de Estado legicêntrico, ou seja, um Estado que organiza a supremacia do legislador por meio do reino da lei formal, e não mais material, e que, consequentemente, não oferece nenhuma garantia séria contra o eventual arbítrio do legislador.[326]

Talvez o maior adversário do positivismo jurídico, especialmente na versão difundida pela Revolução Francesa, tenha sido o inglês Edmund Burke. Combateu ardorosamente a pretensão revolucionária de fazer da escolha eleitoral pelos governados o *único título legítimo* de ascensão ao trono, e, ao contrário, defendia uma regra fixa para a sucessão dos soberanos. Aos seus olhos, era preciso respeitar a hereditariedade da sucessão porque, afinal, tinha sido dada aos ingleses pela própria Revolução Gloriosa de 1688, ou seja, estava fundada em um acontecimento histórico. Assim, não só lhe parecia injustificável reconhecer como legítimo apenas os tronos eletivos, como também via no fundo dessa afirmação o propósito dos revolucionários de invalidar todos os atos praticados pelos reis que eram anteriores aos governos representativos. A verdadeira intenção dos revolucionários, dizia Burke, era a de atingir e depor retrospectivamente todos os reis que reinaram antes da revolução para sujar o trono da Inglaterra com a injúria de uma usurpação ininterrupta. Além disso, os revolucionários franceses, ao mesmo tempo que negavam a legitimidade dos governos não eleitos, afirmavam também um novo direito: os direitos do Homem. Um direito que é, para Burke, desprovido de fundamento histórico e contra o qual nenhum governo pode invocar a duração do seu Império ou a justiça do seu Reino. Um direito que não leva em conta a justiça ou a injustiça de um governo, porque se funda em uma mera questão de título, ou, como afirmou, de metafísica política.[327] Burke declarou que tinha sido por meio dessas falsas pretensões ao direito que os franceses destruíram os direitos que eram verdadeiros: destruíram as verdadeiras instituições, aquelas que só podiam ser legitimadas pelo tempo; contra elas, os revolucionários opuseram o povo ideal dos filósofos. Assim, por terem fundado a revolução sobre indivíduos abstratos, sobre uma construção filosófica, eles a privaram de toda descrição política razoável, configurando-a numa ditadura de princípios abstratos.

---

[326] *Ibid.*, p. 8.

[327] BURKE, E. *Reflexões sobre a Revolução em França*. Tradução: Ivone Moreira. Lisboa: Fundação Calouste Gulbenkian, 2015. p. 114 et seq.

Burke, ao lado de Helder, Möser, entre outros, formaram a oposição historicista contra a doutrina do positivismo jurídico. Um desdobramento desse debate encontra-se na controvérsia que dividiu os juristas alemães no começo do século XIX, ocasião em que foi criada a Escola Histórica do Direito. Como mostrou Chambost, essa controvérsia tem início quando Savigny, seu principal teórico, realiza uma análise das fontes do direito, afirmando, ao mesmo tempo, uma forte crítica da codificação que colocou em questão o legicentrismo produzido pela Revolução Francesa.

> Contra a vontade do legislador (arbitrária), ele opunha a ideia de um direito saído diretamente do povo, na duração de sua história. Essa vontade de ancorar o direito na história dos povos era também uma maneira de denunciar as ambições universalistas que Napoleão tinha colocado em seus códigos. Apresentados como a obra-prima da razão, os códigos napoleônicos deviam poder reger não importa qual sociedade, justificando que fosse imposto seu uso aos países conquistados. Contra essa ambição política, a teoria de Savigny marcava o retorno dos costumes como primeiro plano das fontes do direito.[328]

A Escola Histórica de Savigny encontrou um eco bastante favorável na França, sobretudo porque fazia frente aos métodos da então influente Escola da Exegese, que defendia como dogma a observação estrita das leis pelo estudo dos códigos, em detrimento de outras fontes possíveis do direito, como os costumes etc. Os divulgadores na França da Escola Histórica do direito foram Édouard Laboulaye, fundador, em 1855, da *Revue historique de droit français et étranger,* e Eugène Lerminier, seu sucessor no Collège de France para a cadeira de História das Legislações, entre os anos 1831 e 1849. Foi por intermédio desses dois professores que Proudhon descobrirá as ideias alemãs da Escola Histórica de direito, principalmente com Lerminier cujas aulas assistirá durante seu período de bolsista em Paris. A problemática da Escola Histórica consistia:

> [...] na determinação da "influência do passado sobre o presente. Qual é a relação disso que é, a isso que será?" [...], colocando em questão a doutrina legislativa e estatal dos fundamentos do direito desenvolvida pela Revolução Francesa, fundada sobre as capacidades da razão.[329]

---

[328] CHAMBOST, A. S. *Proudhon et la norme.* Pensée juridique d'un anarchiste. Rennes: Presses universitaires de Rennes, 2004. p. 159-160.

[329] *Ibid.,* p. 163.

Como visto, uma das maiores preocupações de Proudhon foi a de romper com o positivismo jurídico, com a tradição liberal das teorias jurídicas do poder que, ao negar o direito da força, rendeu culto à força do direito, fazendo do contrato social uma operação jurídica razoável e, portanto, necessária. Contudo, como mostrou Chambost, se é verdade que Proudhon acompanhou com interesse os ecos na França da Escola Histórica alemã de direito, é igualmente verdade que ele rapidamente se afasta dela. A autora extrai essa evidência dos seus manuscritos intitulados *Cours d'économie politique* e *Cahiers de Lectures*, ambos inéditos, depositados na biblioteca municipal de Besançon, sua cidade natal, e na Biblioteca Nacional de Paris. Nesses manuscritos, Proudhon reconhece como justa a denúncia da Escola Histórica contra a pretensão de reduzir as fontes do direito unicamente como expressão da vontade do indivíduo. Mas Proudhon se afasta da crítica quando a Escola Histórica, denunciando a ilusão metafísica do direito, afirmava o direito social.

> Nas suas notas de leitura, Proudhon escreve que o direito é para a Escola uma criação da sociedade. [...] Contra a vontade arbitrária dos homens, a Escola invoca, portanto, a estabilidade da história. E contra a referência metafísica do direito natural, ela considera unicamente o direito que resultou historicamente de cada povo.[330]

Proudhon recusa a ideia de uma produção unicamente espontânea do direito fora da intervenção dos indivíduos, foi devido a esse caráter unilateral que ele se afasta da Escola Histórica, na medida em que elimina o indivíduo em proveito da sociedade.

> Fundando-se sobre o postulado do direito social, ele acusa a Escola de se jogar nas armadilhas da fatalidade, ligada segundo ele à eliminação da vontade. "Fatalidade! Oh! Com efeito, quando se nega o absoluto, resta ainda a fatalidade, a fortuna". [...] o direito [diz ele] é "a aplicação razoável, refletida, do princípio de sociabilidade; aplicação que se diversificou, como as religiões e as línguas, segundo os erros da reflexão e conforme as circunstâncias exteriores".[331]

De todo modo, ao introduzir a noção de força como princípio de inteligibilidade das relações políticas, Proudhon foi capaz de romper com

---

[330] *Ibid.*, p. 165.

[331] *Id.*

a operação jurídica do positivismo jurídico, uma filosofia que teve por função, como indicou Foucault, de fazer com que o sujeito, "entendido como indivíduo dotado, naturalmente (ou por natureza), de direitos, de capacidades etc. – pode e deve se tornar sujeito, mas entendido, desta vez, como elemento sujeitado numa relação de poder".[332] Proudhon rompeu com essas teorias jurídicas do poder sem, contudo, cair no historicismo conservador da Escola Histórica do direito. As teorias acerca dos direitos naturais, do contrato, dos interesses e necessidades, pareciam a Proudhon uma espécie de metafísica do poder ou, como ele chamou, uma *ficção jurídica* do poder; faziam desaparecer a realidade do poder, sua mecânica, sua física, sua materialidade, encobrindo seu exercício como princípio de autoridade. Nesse sentido, Hobbes, a quem a opinião geral fez o apologista do direito do mais forte, era, aos olhos de Proudhon, um pacifista. "Hobbes não é em nada um partidário da guerra e da violência; muito ao contrário, ele quer a paz e procura o direito".[333]

Proudhon não somente rompeu com as teorias jurídicas, mas também conferiu à anarquia uma configuração que a distinguiu do conjunto dos socialismos dos séculos XIX e XX, ao lhe dar como prisma a análise do poder compreendido em termos de relações de forças. Ao reivindicar um direito da força e defender a guerra como potência afetiva, como juízo, Proudhon formulou uma das mais importantes dimensões da anarquia: um tipo de empirismo agônico[334] da política que ele chamou "teoria do direito da força". Se existe um direito da força, ou melhor, se a força, ou a guerra, é a realidade primeira da qual surgiram todas as nossas relações políticas e jurídicas, então, trata-se de encontrar um equilíbrio entre as forças para que o direito encontre sua justiça. É preciso reconhecer a positividade da força para em seguida encontrar sua delimitação; positividade que os juristas negam de saída em nome do absolutismo governamental.

Em Proudhon, o problema não é, portanto, o do sangue derramado, mas de equilíbrio. Sua teoria do direito da força vai nessa direção, coisa que a diferencia radicalmente não apenas de Clausewitz, mas também

---

[332] FOUCAULT, 1999a, p. 49.

[333] PROUDHON, 1998a, p. 128.

[334] Gurvitch sugeriu que o método de Proudhon, ao recorrer à experiência para captar a diversidade em todos seus pormenores, constitui um *empirismo*. GURVITCH, G. *Proudhon e Marx*. 2. ed. Tradução: Luz Cary. Lisboa: Editorial Presença, 1980. p. 136.

de Schimitt[335]: em Proudhon o problema não é do cálculo das forças, mas da sua delimitação.

> Se cada faculdade, potência, força, porta seu direito com ela mesma, as forças, no homem e na sociedade, devem se balancear, não se destruir. O direito de um não pode prejudicar o direito da outra, porque eles não são da mesma natureza e porque eles não saberiam se encontrar na mesma ação. Ao contrário, eles apenas podem se desenvolver pelo apoio que se prestam reciprocamente. O que ocasiona as rivalidades e os conflitos é o fato de tantas forças heterogêneas estarem reunidas e ligadas de uma maneira indissolúvel numa única pessoa, tal como se vê no homem, pela reunião das paixões e faculdades; no governo, pela reunião dos diferentes poderes; na sociedade, pela aglomeração das classes. O contrário ocorre quando uma potência similar se encontra repartida entre pessoas diferentes, como se vê no comércio, na indústria, na propriedade, onde uma multidão de indivíduos ocupam exatamente as mesmas funções, aspiram as mesmas vantagens, exercem os mesmos direitos e privilégios. Então, pode ocorrer que as forças agrupadas, ao invés de conservarem seu justo equilíbrio, se combatam, e que uma só subordine as outras; ou que as forças divididas se neutralizem pela concorrência e pela anarquia.[336]

Direito e força não são idênticos: o primeiro resulta de uma faculdade, o segundo é parte do homem. Por isso a força tem seu direito, não todo o direito, mas quando se nega "o direito da força [...] seria preciso afirmar, com os materialistas utilitaristas, que a justiça é uma ficção do Estado".[337] Porém, ao contrário, a força é "como todas as demais potências, sujeito e objeto, princípio e matéria de direito, parte constituinte do homem, uma das mil faces da justiça".[338] A força é polimorfa, jamais unitária, mas múltipla. A matéria é uma força, tanto quanto o espírito, o gênio, a virtude, as paixões, do mesmo modo que o poder é a força política de uma coletividade; "o povo é, a bem da verdade, reconhecido

---

[335] A distância entre o direito da força de Proudhon e a teoria do *partisan* de Schimitt é suficientemente clara; quanto a Clausewitz, a distância está especialmente na ideia de força do militar prussiano que, "ao transportar uma categoria newtoniana das ciências naturais para as ciências sociais [...] encoraja ainda mais o recurso à violência militar". BURKE, A. Ontologies of War: Violence, Existence and Reason. *Theory & Event*, v. 10, n. 2, n.p., 2007.

[336] PROUDHON, 1998a, p. 142.

[337] *Ibid.*, p. 139.

[338] *Id.*

apenas pela forma, e isso porque não existe outra coisa nele mais do que força".[339] De tal modo que o direito da força não é somente o mais antigo, como também serve de fundamento a toda espécie de direito. "Os outros direitos são tão só ramificações ou transformações dele".[340]

O próprio homem é um composto de potências, cada uma delas possuindo um direito que lhe é específico. "A alma se decompondo, pela análise psicológica, em suas potências, o direito se divide em tantas quantas categorias, cada uma das quais pode-se dizer que tem sua sede na potência que a engendra, como a justiça, considerada no seu conjunto, tem sua sede na consciência".[341] Um composto de potências cujo conjunto engendra a justiça: é assim que existe uma potência do trabalho para a qual corresponde um direto do trabalho que dispõe que todo produto da indústria pertence ao seu produtor; existe um direito inerente à potência da inteligência que dispõe que todo homem pode pensar e se cultivar, acreditar no que lhe parece verdadeiro e rejeitar o falso; um direito da potência do amor que dispõe sobre tudo o que ele implica entre amantes; um direito da velhice que quer que o mais longo serviço tenha sua superioridade; por fim, "existe um direito da força em virtude do qual o mais forte tem direito, em certas circunstâncias, a ser preferido ao mais fraco, remunerado a mais alto preço, porque é esse direito que o faz mais industrioso, mais inteligente, mais amante, mais ancião".[342] Nenhum desses direitos procede, obviamente, nem da concessão do príncipe, nem da ficção dos legisladores; emanam do que Proudhon chamou *dignidade* do homem. Esses direitos pertencem a um tipo de economia das potências no homem que forma a justiça. Como já vimos, para Proudhon a justiça é uma potência imanente tão fácil de reconhecer quanto o amor, a simpatia e todas as afecções do espírito, mas para a qual o cálculo dos interesses e das necessidades é cego. Foi essa potência compósita, mais potente que o interesse e a necessidade, que impulsionou o homem a se associar. Decorre dela a disposição segundo a qual a realidade da justiça repousa no respeito de si mesmo, da própria dignidade; respeito que não apenas coloca a si mesmo em alerta contra tudo que insulta e ofende, mas também contra tudo o que insulta e ofende os outros. A justiça:

---

[339] *Ibid.*, p. 141.

[340] *Id.*

[341] *Ibid.*, p. 137.

[342] *Ibid.*, p. 138.

> [...] acontece quando cada membro da família, da cidade, da espécie, ao mesmo tempo que afirma sua liberdade e sua dignidade, as reconhece também nos outros e lhes rende honra, consideração, poder e alegria, do mesmo modo que pretende obtê-las deles. Esse respeito da humanidade em nossa pessoa e na de nossos semelhantes é a mais fundamental e a mais constante de nossas afecções.[343]

Não existe, na epistemologia e ontologia da guerra proposta por Proudhon, nada que se possa chamar de um sujeito da história; o que há é uma série relacional de forças em luta. Tampouco a história, como abordado, tem para ele outro valor que o de exemplo. Proudhon não faz a história da opressão do proletariado, bem como sua narrativa é desprovida de origem (*arché*): ele considera simplesmente o começo guerreiro da humanidade como um fato. "Nada é absoluto, dizemos, nada é tão impiedoso como um fato".[344] Proudhon não faz jogar dois sujeitos de maneira que um deles, no fim das contas, adquira valor de referência: entre o discurso universal dos povos (seus mitos, lendas, ditados, religiões etc.) e a teoria jurídica existe uma oposição flagrante no que concerne ao direito da força que é preciso compreender. Contudo, admitindo, a partir da experiência dos povos, a realidade do direito da força contra a ficção jurídica dos filósofos, ele imediatamente introduz outro deslocamento: "após ter descoberto os princípios sublimes da guerra, nos resta descobrir as razões de seus horrores. [...] Sublime e santa em sua ideia, a guerra é horrível nas suas execuções: na medida que sua teoria eleva o homem, sua prática o desonra".[345] Portanto, a mesma oposição que separava a experiência dos povos da opinião dos juristas, Proudhon vai agora reintroduzi-la entre a prática da guerra e sua teoria do direito da força.

Além disso, digamos que, em linhas gerais, se o *pathos* do discurso historicista de Burke, Helder, De Maistre, Möse, estabelece a instituição e a organização militar como elemento determinante na relação de força, para Proudhon a superioridade das armas não prova nada, daí o fato frequente de que Estados bruscamente formados desaparecerem com igual rapidez. Para o discurso histórico-político a guerra é considerada aquém e além da batalha, é uma instituição interna que serve de analisador da sociedade. Proudhon, ao contrário, distingue entre direito da força e direito da guerra, dando à guerra uma concepção dos antigos: ela

---

[343] *Ibid.*, p. 136.

[344] *Ibid.*, p. 103.

[345] *Ibid.*, p. 201-202.

é um litígio entre soberanias que se decide exclusivamente no campo de batalha e, portanto, ela é exterior à sociedade e termina quando uma das partes reconhece sua impotência. Assim, para Proudhon não é a guerra o analisador da sociedade, mas a força. Quanto à guerra, diz Proudhon, ela "terminará, a justiça e a liberdade se estabelecerão entre os homens tão só pelo reconhecimento e a delimitação do direito da força".[346]

O que distingue o discurso histórico-político da guerra de uma história serial da força é que, para dizer com Foucault,[347] o primeiro se situa no eixo conhecimento/verdade, eixo que vai da estrutura do conhecimento à exigência da verdade, estabelecendo, a um dado momento, uma zona de pacificação em que as relações de força se encontrariam desequilibradas, precisamente em razão da presença de um poder superior. Já a história serial se situa no eixo discurso/poder e vai da prática discursiva ao enfrentamento do poder e busca, não um ponto de pacificação, mas o equilíbrio pelo antagonismo incessante das forças. No primeiro caso, se tem o hegelianismo como saber operador de uma racionalidade histórica que foi própria ao marxismo; enquanto no segundo caso se tem uma analítica serial e o impulso constante para um estado permanente de tensão das forças que é próprio ao anarquismo de Proudhon.

---

[346] *Ibid.*, p. 168.
[347] FOUCAULT, 1999a, p. 213.

CAPÍTULO 2

GOVERNO E POLÍTICA

Como explicar que o governo, instituição que desempenha simultaneamente a função de escudo que protege, espada que vinga, balança que determina o direito e olho que vela, tenha sido sempre para os povos o objeto de uma perpétua desconfiança e de uma hostilidade silenciosa? Essa questão foi formulada por Proudhon em 1860. Segundo ele, malgrado a função que o governo desempenha na sociedade, que deveria torná-lo objeto de veneração, ele está exposto a uma perpétua instabilidade e a catástrofes sem fim: "quanto mais o governo se pretende necessário, mais se mostra cheio de boa vontade. A que se deve todas essas precauções oratórias se ele é verdadeiramente a força que defende e a justiça que distribui?"[348] Fora das abstrações do direito e da filosofia, a experiência mostra que no governo mais se acredita do que se ama; que ele é mais suportado do que objeto de adesão. "O sábio dele se afasta, e não existe ânimo tão vulgar que não sinta honra de passar sem ele. O filósofo diz: *Mal necessário!* E o camponês conclui: *Que o rei se ocupe de seus negócios, que dos meus me ocupo eu!*".[349] É essa disposição pouco amigável em relação ao governo que faz com que ele apareça por toda parte num estado de agitação, de demolição e de reconstrução intermináveis.

> Seria uma lei da sociedade, que precisamente aquilo que deve assegurar nela a estabilidade e a paz, seja justamente desprovido de paz e de estabilidade? O casamento, a família, a propriedade, instituições de segunda ordem, vivendo à sombra do poder, seguem seu progresso através dos tempos, sem comoções, circundados do respeito universal: o que impede o governo de gozar de um semelhante destino?[350]

O que seria, portanto, esse vício interno aos governos que, mesmo reunindo as condições necessárias, torna seu poder incapaz de qualquer estabilidade? Que elemento faz com que as nações, a despeito de todo

---

[348] PROUDHON, 1988b, p. 571-572.

[349] *Ibid.*, p. 572. Grifos do autor.

[350] *Id.*

desejo de assegurar seus governos, tendam incessantemente a alterar suas formas políticas até revertê-las quase que completamente? Como explicar o declínio peremptório de um poder na manhã seguinte ao dia em que foram subtraídos os entraves e vencidos os inimigos? Para Proudhon é inútil e vão acusar o enfraquecimento das religiões, a crítica dos juristas, o progresso da filosofia, o relaxamento dos costumes, a imbecilidade dos príncipes ou a agitação popular, porque nem mesmo a filosofia desvendou esse enigma.

> Isso resulta, diz Maquiavel seguindo Aristóteles, da natureza das coisas. – Sem dúvida: mas o que é essa natureza? Como, uma vez que a autoridade paterna, o casamento, a família, não recebem do povo nenhuma oposição, uma vez que as melhorias operam ali sem resistência, como, dizia, um órgão tão importante como o Estado, cuja conservação todos consentem, está sujeito a uma existência tão atormentada, tão precária?[351]

A experiência confirmou a observação de Maquiavel segundo a qual os Estados estão condenados a percorrer "por muito tempo o círculo das mesmas revoluções";[352] e Proudhon se propôs a investigar essa lei geral da evolução política e a razão dessa aventura:

> Qual causa secreta opõe incessantemente o interesse do príncipe ao interesse, inicialmente de uma minoria, em seguida da maioria, e precipita desse modo os Estados na sua ruína? [...] O que faz com que, desde a alta antiguidade até nossos dias, a constituição dos Estados seja tão frágil que todos os publicistas, sem exceção, o declaram essencialmente instável?[353]

É sobre esse tema ainda inexplorado, ou de alguma maneira silenciado pelo pensamento político e filosófico, que Proudhon se debruça, empregando um método particularmente original, distinto, em todo caso, daquele utilizado pela tradição liberal e pela concepção jurídica do poder. Na sua análise do governo, Proudhon dirá que é preciso considerar não a origem do seu poder: se o governo é de direito divino, popular ou se foi o resultado de uma conquista; tampouco a forma do poder: se o governo é

---

[351] *Ibid.*, p. 577.

[352] MAQUIAVEL, N. *Comentários sobre a Primeira Década de Tito Lívio*. Tradução: Sérgio Bath. 3. ed. Brasília: UNB, 1994. p. 25.

[353] PROUDHON, 1988b, p. 581.

democrático, aristocrático, monárquico ou simplesmente misto; muito menos a organização do seu poder: se o governo está baseado na divisão dos poderes, no sistema representativo, na centralização, ou mesmo no federalismo. Ou seja, nem a origem, nem a forma do regime, nem a organização do poder podem servir para uma análise do governo: "todas essas coisas são o material do governo. Porém, aquilo que é preciso considerar é o espírito que o anima, seu pensamento, sua alma, sua IDÉIA".[354] Portanto, não são as aparências do governo, sua origem, sua forma, sua organização, que permitirão uma análise do seu poder; não é a fonte do poder governamental ou a base da sua legitimidade que se deve questionar, mas sua ideia ou, diríamos hoje, sua racionalidade. Portanto, assim como fez com a guerra, Proudhon buscará descrever uma ontologia do governo.

É preciso ter em conta a concepção "ideo-realista" de Proudhon que postula em "toda ação uma ideia e em toda ideia uma prática"; que postula na ação uma ideia e na palavra uma ação, de modo que a experiência social seria o resultado da totalidade dessas práticas.[355] Para Proudhon, "as ideias puras, conceitos, universais e categorias, destituídas da fecundação do trabalho manual e da experiência, não fazem mais do que manter o espírito em um delírio estéril que o exaure e o mata".[356] Daí a necessidade de considerar "as razões não como palavras, mas como fatos e gestos"; considerar "que a demonstração é experiência e que o nômeno [kantiano] é fenômeno".[357] E também, inversamente, considerar que "a prática, bem mais do que a palavra, é a expressão da ideia".[358] Assim, considerar na investigação a ideia do governo é conduzir uma análise teórico-prática para perceber o governo a partir do seu exercício efetivo, perceber *como* o poder governamental é exercido.

As práticas de governo, o exercício do poder governamental, seja quais forem, estão fundamentadas sobre os seguintes dogmas: a perversidade original da natureza humana, a desigualdade essencial das condições, a perpetuação do antagonismo e da guerra, a fatalidade da miséria. Desses princípios decorrem, respectivamente, "a necessidade

---

[354] *Ibid.*, 582.
[355] ANSART, P. *Marx y el anarquismo*. Barcelona: Barral editores, 1972. p. 261.
[356] PROUDHON, 1990, p. 1142.
[357] PROUDHON, 1851, p. 63.
[358] PROUDHON, 1988b, p. 620.

do governo, da obediência, da resignação e da fé".[359] São esses princípios que, funcionando como racionalidades governamentais, fazem as formas da autoridade governamental se definirem por si mesmas. Eles fornecem uma "arquitetura ao poder que é independente das modificações que cada uma de suas partes é suscetível de receber; assim, por exemplo, o poder central pode ser *tour à tour* monárquico, aristocrático ou democrático".[360] Assim sendo, estando dada a "arquitetura" do poder por meio das racionalidades de governo, as diferenciações de regimes não seriam mais que meros "caracteres superficiais" que permitiram "aos publicistas uma classificação cômoda dos Estados".[361] Mas não servem para indicar nenhuma modificação qualitativa e, malgrado as relações do governo tenderem ao aperfeiçoamento, sobretudo graças à "transação entre os dois elementos antagonistas, a iniciativa real e o consentimento popular",[362] para Proudhon a finalidade do governo permanece sempre a "de manter a *ordem* na sociedade, consagrando e santificando a obediência do cidadão ao Estado, a subordinação do pobre ao rico, do camponês ao nobre, do trabalhador ao parasita, do laico ao padre, do burguês ao soldado".[363] É sobre essa multiplicidade de sujeições que está constituída a ordem política, de modo que "todos os esforços tentados para conferir ao poder um verniz mais liberal, mais tolerante, mais social, constantemente fracassaram [...]. [O governo é esse] sistema inexorável cujo primeiro termo é o *Desespero* e o último a *Morte*".[364]

Proudhon toma a distinção entre os governos, suas diferenças e variações de origem, de regime e de organização, como "táticas da liberdade" que, "em nada alterando o princípio", tem por função conferir efeitos de realidade a nuances que por si mesmas se evaporam de tempos em tempos. Porém, a força do princípio governamental é de tal forma que, a despeito de toda evidência, diz Proudhon, os publicistas não se convenceram do seu perigo e nele se agarram como único meio de assegurar a ordem, fora do qual não vislumbram mais do que vazio e desolação. Perguntam

---

[359] PROUDHON, P. J. *Idée générale de la révolution au XIXe siècle*. Antony: édition de la Fédération Anarchiste, [1851] 1979. p. 202.

[360] *Id.*

[361] *Ibid.*, p. 203

[362] *Id.*

[363] *Id.* Grifos do autor.

[364] *Id.* Grifos do autor.

o que seria da sociedade sem governo, para em seguida fazer o governo republicano, liberal e igualitário tanto quanto possível. Para isso:

> [...] tomarão contra ele todas as garantias; o humilharão diante da majestade dos cidadãos até a ofensa. Nos dirão: vós sereis o governo! Vos governareis a vós mesmos, sem presidentes, sem representantes, sem delegação. Do que, então, podereis vos queixar? Porém, viver sem governo; abolir sem reserva, de uma maneira absoluta, toda autoridade; realizar a anarquia pura: isso parece inconcebível, ridículo; é um complô contra a república e a nacionalidade.[365]

A crítica de Proudhon não se dirige às formas possíveis que pode assumir um governo, mas ao princípio de autoridade que toda forma de governo implica; é esse princípio, e suas causas decorrentes, que "conduz a sociedade a negar o poder e o que motiva sua condenação".[366] Então, contra o princípio de autoridade ou a ideia governamental, Proudhon opõe a *ideia anárquica*, ideia antigovernamental, e afirma:

> [...] a fórmula revolucionária não pode mais ser *nem legislação direta, nem governo direto, nem governo simplificado*: ela é nenhum governo. Nem monarquia, nem aristocracia, nem mesmo democracia [...]. Nenhuma autoridade, nenhum governo, nem mesmo popular: a Revolução está aqui.[367]

1. Serializar a política

No procedimento analítico proudhoniano, a origem do poder governamental, suas formas ou sua organização, dizem pouco ou nada da realidade do poder; pouco importa se o poder se diz de origem popular, se toma a forma democrática ou se está organizado de maneira contratual: como veremos de maneira mais detalhada, uma analítica das práticas de governo, o que poderíamos também nomear de estudos da governamentalidade, possui precisamente a particularidade de deslocar a análise dos problemas relacionados à legitimidade do poder, à noção de ideologia e questões sobre as fontes do poder ou sobre quem o detém. São todos termos típicos das teorias da soberania, forjadas entre os séculos XVIII e XIX, uma época em que, segundo Rose, o modelo do poder político foi

---

[365] *Ibid.*, p. 205-206.
[366] *Ibid.*, p. 104.
[367] *Ibid.*, p. 103. Grifos do autor.

formado por um discurso constitucional e filosófico que projetou "um corpo centralizado no interior de qualquer nação e um ator coletivo com o monopólio legítimo do uso da força em um território demarcado".[368] Foi também uma concepção de poder que elaborou algumas visões particulares sobre a natureza humana dos governados, concebidos como indivíduos autônomos e sujeitos de direito, e sobre os agrupamentos sociais dos quais emanam a identidade que fornece as bases para as ações e interesses políticos; por exemplo, a noção de classe, raça, categoria etc. Finalmente, esse modelo de poder político implicou também uma definição da liberdade em termos essencialmente negativos.

> A liberdade foi imaginada como ausência de coerção ou dominação; era uma condição na qual a vontade subjetiva essencial de um indivíduo, um grupo ou um povo pôde ser expressa e não silenciada, subordinada ou dominada por um poder estranho. Os problemas centrais dessas análises foram: "Quem detém o poder? Para quais interesses ele é utilizado? Como é legitimado? Quem o representa? Como pode ser assegurado ou contestado ou derrubado?" Estado/sociedade civil; público/privado; legal/ilegal; mercado/família; dominação/emancipação; coerção/liberdade: os horizontes do pensamento político foram estabelecidos por meio dessa linguagem filosófico-sociológica.[369]

Para escapar dessa linguagem da política e demonstrar a tese de que sob as diversas formas de governo o que subsiste é invariavelmente o princípio de autoridade, Proudhon adotou na sua análise um método serial que não toma como objetos previamente dados as noções de Estado, lei, democracia, sufrágio, povo, monarquia, república etc., mas, ao contrário, tem por ponto de partida as práticas de governo para perceber como essas mesmas noções de Estado, lei, democracia etc., foram constituídas e emergiram em determinado contexto. Em outras palavras, é sobre o próprio estatuto dessas noções que a análise serial procura interrogar. Assim, não admitir de saída a legitimidade dessas noções que a análise sociológica, política e filosófica adota a priori para explicar a prática governamental, mas, ao contrário, partir da prática governamental para, precisamente, afirmar a insuficiência analítica dessas noções universais como princípio de inteligibilidade do governo. É o que faz da análise serial, na medida

---

[368] ROSE, 1999, p. 1.

[369] *Id.*

em que prioriza as práticas, "um tipo de conhecimento que se processa em decorrência de uma relação prática dos homens com o mundo e suas criações, ensejando o desenvolvimento integrado de teoria e prática".[370] Como notou Gurvitch, a dialética serial propõe "procurar a diversidade *em todos os seus pormenores*",[371] o que implica a captação incessante da experiência. "Por etapas e com uma clareza crescente, Proudhon faz notar que o movimento dialético começa por ser o movimento da própria realidade social e só depois um método para seguir as sinuosidades desse movimento".[372]

Ao tomar o governo na materialidade de suas práticas, ou melhor, como série composta de certo número de termos historicamente dados, tais como absolutismo, monarquia constitucional, república, democracia, governo direto, anarquia, Proudhon percebe cada um desses termos pertencendo à série-governo e constituindo um momento particular na linha de "evolução" do princípio de autoridade. Assim, por exemplo:

> [...] o absolutismo, na sua expressão ingênua, é odioso à razão e à liberdade; sempre a consciência dos povos se sublevou contra ele através dos tempos; em seguida, a revolta fez presente seu protesto. O príncipe foi, portanto, forçado a recuar: ele recuou passo a passo, por uma sequência de concessões, cada uma mais insuficiente do que as outras, e cuja última, a democracia pura ou governo direto, toca o impossível e o absurdo. O primeiro termo da série sendo, portanto, o absolutismo, o termo final, fatídico, é a *anarquia*, entendida em todos os sentidos.[373]

Os termos da série governo aparecem como variações do princípio de autoridade, como respostas às táticas da liberdade e às estratégias de poder: é em termos de tática que devem ser percebidas, em uma análise serial, todas as leis e todas as garantias concedidas pelo governo. A lei não possui nenhuma realidade ontológica na série, nem é tomada como substância que confere estatuto legal a um Estado democrático em oposição ao absolutismo. O domínio do direito, na análise serial, não possui outro valor que não o da ordem da relação, tomado como realidade seriada com dimensão, movimento e ação recíprocos com outras séries.

---

[370] *Ibid.*, p. 16.
[371] GURVITCH, 1980, p. 136. Grifos do autor.
[372] *Id.*
[373] PROUDHON, 1979, p. 104-105. Grifos do autor.

Uma vez que "a série nada tem de substancial nem de causativo"[374], mas "indica uma relação de *igualdade,* de *progressão* ou *similitude*",[375] então, seria preciso colocar ao lado da lei a impaciência dos povos e a iminência da revolta. Assim, a análise serial demonstraria que foi sempre a partir dessa impaciência e revolta que:

> [...] o governo teve que ceder; prometeu *instituições* e *leis*; declarou como seu mais fervoroso desejo que cada um possa gozar do fruto de seu trabalho sob a sombra de sua vinha ou figueira. Foi uma necessidade de sua posição. Com efeito, a partir do momento em que ele se apresentou como juiz de direito, árbitro soberano do destino, não poderia conduzir os homens segundo seu bel prazer. Rei, presidente, diretório, comitê, assembleia popular, não importa, foi preciso ao poder regras de conduta: sem elas, como seria possível estabelecer entre seus sujeitos uma disciplina?[376]

Na análise serial o governo aparece sancionando leis não para a liberdade dos governados, mas para "impor a si mesmo limites: porque tudo o que é regra para o cidadão, torna-se limite para o príncipe".[377] O governo das leis não é, portanto, um atributo do Estado democrático, mas uma necessidade decorrente de uma posição na série. É nesse sentido que a análise serial proposta por Proudhon pode ser descrita como uma analítica das práticas de governo que procura investigar o exercício do poder governamental. Nos estudos da governamentalidade, uma analítica das práticas indica um tipo de "estudo relativo a uma análise das condições específicas sob as quais uma organização particular emerge, existe e se transforma".[378] Empreender uma analítica das práticas de governo seria examinar:

> [...] as condições sob as quais regimes de práticas surgem, existem, são mantidos e transformados. Em um sentido elementar, regimes de práticas são simples cenários regulares e coerentes de modos de fazer e pensar. Regimes de práticas são práticas institucionais, se esse termo servir para designar uma maneira de roteirizar e ritualizar nossos modos de fazer em certos lugares e tempos.[379]

---

[374] PROUDHON, 2000a, p. 142.

[375] *Ibid.*, p. 243.

[376] PROUDHON, 1979, p. 107-108. Grifos do autor.

[377] *Ibid.*, p. 108.

[378] DEAN, 1999, p. 20.

[379] *Ibid.*, p. 21.

Seria, portanto, analisar as práticas de governo a partir da sua dimensão técnica ou tecnológica, ou seja, tomando como apoio da análise os instrumentos e mecanismos por meio dos quais o poder opera, realiza seus objetivos, produz seus efeitos e ganha extensão. Em suma, uma analítica das práticas é um tipo de serialização do governo que torna inteligível o exercício do seu poder. Assim, o método serial de Proudhon teria o mérito de analisar o poder governamental fora das imagens do Estado e das oposições convencionais da filosofia política; ao contrário, Proudhon definiu o poder governamental em termos de práticas – ou em termos de série – por meio das quais o governo é compreendido como atuação do princípio de autoridade. Para isso, Proudhon considerou em sua análise os projetos, as estratégias e as diversas tecnologias a partir dos quais o princípio de autoridade não somente é preservado, mas também reinvestido e exercido silenciosamente. Foi nesses termos que Proudhon criticou a quimera do projeto de Rousseau que pretendeu estabelecer oposição e descontinuidade entre o tipo de poder inaugurado pelo contrato e o antigo poder das monarquias.

> O governo vinha de cima, [Rousseau] o fez vir de baixo pela mecânica do sufrágio mais ou menos universal. Ele não teve o cuidado de compreender que, se o governo tinha se tornado, no seu tempo, corrupto e frágil, era justamente porque o princípio de autoridade, aplicado a uma nação, é falso e abusivo; consequentemente, não era a forma do poder ou sua origem que era preciso alterar, mas é sua própria aplicação que era preciso negar.[380]

Rousseau não promoveu nenhuma descontinuidade ao introduzir a mecânica do sufrágio, apenas deu outra direção para o exercício do poder soberano. Segundo Proudhon, aquilo que Rousseau faz ao pretender a identidade entre governo e governados e extrair a legitimidade do governo da universalidade da lei, "não é outra coisa mais do que uma perpétua escamoteação"[381] da dominação política, na medida em que oculta as dessimetrias existentes entre a soberania fictícia do povo e o exercício real do poder governamental.

> A lei, dizia-se, é a expressão da vontade do soberano: portanto, sob uma monarquia, a lei é a expressão da vontade do rei; numa república a lei é a expressão da vontade do povo.

---

[380] PROUDHON, 1979, p. 111.

[381] *Ibid.*, p. 124.

> À parte a diferença do número de vontades, os dois sistemas são perfeitamente idênticos: num e no outro o erro é igual: fazer da lei a expressão de uma vontade enquanto deve ser a expressão de um fato. Contudo, seguia-se bons guias: tomara-se por profeta o cidadão de Genebra e o *Contrato Social* por Alcorão.[382]

Contra o reducionismo de Rousseau, Proudhon se empenhou em dar visibilidade às práticas de governo a partir de uma linha de transformação, de variação e, sobretudo, de aperfeiçoamento do exercício da soberania ou do princípio de autoridade. O objetivo era afirmar que esses regimes de práticas não são redutíveis nem às formas nem à origem do poder, mas que, ao contrário, se estendiam e se conectavam a um grande número de instituições, sistemas políticos e concepções jurídico-filosóficas. O que as práticas de governo deveriam mostrar é que a instituição soberana, ao contrário de ter sido eliminada pela instituição democrática, tinha sido reinvestida em outro domínio de objetos, como o da economia. Proudhon tinha clareza que o sistema de administração da economia política não era um simples ramo do saber relativo à produção da riqueza e à organização do trabalho, mas que também abrangia a esfera governamental, tanto quanto o comércio e a indústria.

> Do governo aos administrados, dos administrados ao governo, tudo é serviço recíproco, troca, salário e reembolso; no governo, tudo é direção, repartição, circulação, organização: em que, portanto, a economia política excluiria de seu domínio o governo? Seria pela diversidade dos fins? Mas o governo é a direção das forças sociais para o bem-estar ou utilidade geral: ora, o fim da economia política não é também o bem-estar de todos, a utilidade, a justiça! Não está entre suas atribuições essenciais distinguir o que é útil do que é improdutivo? Os economistas não se denominaram *utilitários*?[383]

As leis da organização do trabalho, das quais a economia política se ocupa, são igualmente "comuns às funções legislativas, administrativas e judiciárias" da esfera governamental.[384] Então, se, de um lado, a economia política estabeleceu como o princípio que rege a sociedade o privilégio

---

[382] PROUDHON, P. J. *O que é a propriedade?* 3. ed. Tradução: Marília Caeiro. Lisboa: Editorial Estampa, [1840] 1997. p. 28.

[383] PROUDHON, 2000b, p. 13. Grifos do autor.

[384] *Id.*

resultante do *acaso* e da sorte do comércio, e se, de outro, o governo se deu por função proteger e defender cada um na sua pessoa, sua indústria e propriedade, logo, se pelo acaso das coisas:

> [...] a propriedade, a riqueza, o bem-estar estão de um lado, a miséria de outro, é claro que o governo se encontrará constituído de fato para a defesa da classe rica contra a classe pobre. É preciso, para a perfeição desse regime, que isso que existe *de fato*, seja *definido e consagrado em direito*: é precisamente o que quer o poder.[385]

Foi assim que, no fundo, a Revolução Francesa, não atacou a soberania na sua materialidade, mas atingiu apenas sua "metafísica governamental". Das palavras liberdade e igualdade fixadas na constituição e na forma da lei, não existiu nenhum vestígio nas instituições.

> Os abusos abandonaram a fisionomia que tinham antes de 1789 para retomar uma outra organização; eles não diminuíram nem em número, nem em gravidade. A força de preocupações políticas, perdemos de vista a economia social. Foi assim que o próprio partido democrático, herdeiro primeiro da revolução, quis reformar a sociedade pelo Estado, criar instituições pela virtude prolífica do poder, corrigir o abuso com o abuso.[386]

Foi Rousseau quem reinscreveu o velho problema da soberania em termos de "contrato", "natureza", "vontade geral" etc., suprimindo, assim, a trama real de relações, visto que o pacto social deveria produzir seus efeitos, ocupando-se apenas das relações políticas mais superficiais.[387] Ou seja, Rousseau[388] não considerou o contrato social nem como um ato *comutativo*, nem como um ato de sociedade, mas apenas como um ato constitutivo de arbítrio, exterior a toda prévia convenção e, para todos os casos de contestação, querela, fraude ou violência possíveis de se apresentarem nas relações, revestido de força suficiente para dar execução a seus julgamentos e pagar seus tribunais.

> Rousseau define assim o contrato social: "Encontrar uma forma de associação que defenda e proteja, de toda força comum, a pessoa e os bens de cada associado, e pela qual

---

[385] PROUDHON, 1979, p. 47. Grifos do autor.

[386] *Ibid.*, p. 57.

[387] *Ibid.*, p. 93.

[388] *Ibid.*, p. 93-94.

cada um se unindo a todos, não obedeça mais do que a si mesmo e permaneça tão livre quanto antes". Sim, essas são bem as condições do pacto social *quanto à proteção e à defesa dos bens e das pessoas*. Mas, quanto ao modo de aquisição e transmissão dos bens, quanto ao trabalho, à troca, ao valor e preço dos produtos, à educação, à essa multidão de relações que, bem ou mal, constituem o homem em permanente sociedade com seus semelhantes, Rousseau não diz uma palavra, sua teoria é da mais perfeita insignificância.[389]

O contrato social seria somente um seguro mútuo para a proteção das pessoas e das propriedades, quer dizer, uma "aliança ofensiva e defensiva dos possuidores contra despossuídos e a participação que nele toma cada cidadão é a polícia da qual está interessado em pagar, ao *pro rata* de sua fortuna, e segundo a importância dos riscos que o pauperismo o faz correr".[390] Todo o restante, "a saber, a coisa econômica, a mais essencial, é abandonada ao acaso do nascimento e da especulação".[391] Foi por nada saber de economia que o programa de Rousseau fala apenas e exclusivamente de direitos políticos; foi por ter ignorado a realidade dos direitos econômicos que,

> [...] após ter feito, sob o título mentiroso de *Contrato Social*, o código da tirania capitalista e mercantil, o charlatão genovês concluiu pela necessidade do proletário, pela subalternização do trabalhador, pela ditadura e inquisição. Sua filosofia são só frases e recobre apenas vazio; sua política é plena de dominação.[392]

Depois de Hegel, não houve outro pensador tão duramente criticado por Proudhon do que Rousseau. Mesmo o chamado governo direto, defendido pelos democratas rousseaunianos, jamais foi outra coisa, segundo Proudhon, que "a época palingenésica das aristocracias destruídas e dos tronos destroçados".[393] O governo direto, caro aos democratas, foi a fórmula por meio da qual, "na ausência mesmo de toda realeza, aristocracia e sacerdócio, foi possível colocar a coletividade *abstrata* do povo à disposição do parasitismo da minoria e à opressão da maioria".[394] Pacto

---

[389] *Ibid.*, p. 94-95. Grifos do autor.

[390] *Ibid.*, p. 95

[391] *Id.*

[392] *Ibid.*, p. 98.

[393] *Ibid.*, p. 89.

[394] *Ibid.*, p. 96.

de raiva, monumento de misantropia, coalizão dos barões da propriedade, do comércio e da indústria contra o proletariado, sermão de guerra
social: eis o que é o contrato social de Rousseau aos olhos de Proudhon.
Ali onde frequentemente foi vista uma grande novidade e o nascimento
da igualdade e da liberdade entre os homens, Proudhon viu a repetição
monótona do velho princípio de autoridade em seu exercício, e percebeu
como sob esses discursos democráticos e eloquentes do século XVIII funcionou "essa mesma teoria da soberania, reativada do direito romano, que
em Rousseau e em seus contemporâneos, [teve] outro papel: construir,
contra as monarquias administrativas, autoritárias ou absolutas, um
modelo alternativo, o das democracias parlamentares".[395]

2. Verdade e governo

Como é o exercício do poder desse governo que foi chamado para
substituir as soberanias absolutas e retira seus instrumentos das formas
racionais da economia política?

> O governo tem nas mãos tudo o que vai e vem, o que se
> produz e se consome, todos os negócios dos particulares,
> das comunas e dos departamentos; ele inclina a sociedade
> em direção ao pauperismo das massas, à subalternização
> dos trabalhadores e à preponderância sempre maior das
> funções parasitárias. Pela polícia, ele vigia os adversários
> do sistema; pelo exército ele os destroça; pela instrução
> pública ele distribui, na proporção que lhe convém, o saber
> e a ignorância; pelos cultos ele adormece o protesto no
> fundo dos corações; pelas finanças ele paga, em prejuízo
> dos trabalhadores, os custos dessa vasta conjuração.[396]

Ou seja, nas práticas do governo liberal, encontra-se ainda a mesma
racionalidade do poder das soberanias absolutistas: ambos governam
segundo o mesmo princípio de autoridade, também chamado, por Proudhon, de *preconceito de soberania*, que, inscrevendo-se nas práticas, faz
desempenhar sobre os indivíduos o mesmo tipo de violência política,
porém agora eufemizada pelas tradições político-jurídicas. Como observou
Foucault, não existe prática que não seja acompanhada de um regime de
racionalidades, entendido como:

---

[395] FOUCAULT, 1999a, p. 42.
[396] PROUDHON, 1979, p. 54.

> [...] jogo entre um "código" que regula maneiras de fazer (que prescreve como selecionar as pessoas, como examiná-las, como classificar as coisas e os signos, como dispor os indivíduos etc.) e uma produção de discursos verdadeiros que servem de fundamento, de justificação, de razões de ser e de princípios de transformação para essas maneiras de fazer.[397]

As racionalidades inscritas nas práticas governamentais são conjuntos de prescrições calculadas e razoáveis que pretendem organizar as instituições, distribuir os espaços e regulamentar comportamentos. Mas, sobretudo, induzem uma série de efeitos sobre o real: ao se cristalizarem nas instituições, informam o comportamento dos indivíduos e servem de grade para a percepção e apreciação das coisas.

> Essas programações da conduta, esses regimes de jurisdição/veridicção não são projetos de realidade que fracassam. São fragmentos de realidade que induzem esses efeitos de real tão específicos que são aqueles da separação do verdadeiro e do falso na maneira pela qual os homens se "dirigem", se "governam", se "conduzem" a si mesmos e aos outros.[398]

Portanto, a racionalidade do poder, que os vários regimes de práticas de governo tendem a generalizar e a perpetuar, possui uma existência transversal na medida em que atravessa formas institucionais de governo muito variáveis entre si e até mesmo, muitas vezes, aparentemente opostas. Por exemplo, um regime de práticas de tipo punitivo pode encontrar sua forma maior de racionalidade na organização institucional da prisão, porém, a racionalidade punitiva faz jogar os mesmos efeitos de realidade no interior de muitas outras instituições, tais como a família, a escola, o exército etc. O regime de práticas punitivas é, portanto, transversal a um conjunto de instituições, algumas delas chegando a se colocar no extremo oposto, como é o caso da família e da prisão, mas que pode ser atravessada pelo mesmo tipo de prática punitiva. A conclusão dessa abordagem seria que a abolição da prisão não faria cessar os efeitos do poder punitivo, já que as racionalidades desse poder se encontram cristalizadas em diferentes outros regimes de práticas, tais como o familiar, escolar, militar etc.

Em relação aos regimes de práticas de governo e às racionalidades governamentais, como isso ocorre? A análise proposta por Proudhon nesse

---

[397] FOUCAULT, 2001c, p. 845-846.

[398] *Ibid.*, 848.

domínio busca demonstrar que a antiga forma da soberania, com o princípio de autoridade governamental típico do absolutismo monárquico, não teria sido abolida a não ser em sua forma; mas o exercício efetivo do seu poder teria sido deslocado e reinvestido no domínio da economia política pelos partidários do contrato social. Ou seja, o preconceito de soberania do absolutismo e as racionalidades próprias do seu poder teriam sido cristalizados em outros regimes de práticas ligadas agora ao trabalho, ao ensino, ao regime de impostos, à família etc. Em outras palavras, foi somente quando o poder soberano havia se propagado extensivamente em uma trama cerrada de pequenas coerções que recobriram os mais diferentes domínios da sociedade, desde as relações de trabalho às práticas pedagógicas, familiares etc., então, foi nesse dia que os contratualistas cortaram a cabeça do rei, mas conservaram e reinscreveram a realidade do princípio da autoridade soberana em toda sua plenitude.

> Nas instituições ditas novas [de 1789], a república serviu-se dos mesmos princípios contra os quais combatera, e sofreu a influência de todos os preconceitos que tivera intenção de banir. [...] O povo, tanto tempo vítima do egoísmo monárquico, julgou liberar-se definitivamente ao declarar que só ele era soberano. Mas o que era a monarquia? A soberania de um homem. O que é a democracia? A soberania do povo ou, melhor dizendo, da maioria nacional. Mas é sempre a soberania.[399]

Além disso, como o "povo-rei" não pode exercer sua soberania por si próprio, sendo obrigado a delegá-la, então, com essa fórmula simples Rousseau fez "a tirania, que ao se proclamar de direito divino, era odiosa, reorganizar-se e tornar-se respeitável fazendo-a derivar do povo".[400] Com isso, o velho princípio de autoridade foi restaurado, e o tem sido de revolução em revolução, através dos séculos, por meio das práticas de governo que o restitui no próprio modo da ação governamental e no exercício concreto do seu poder. Da aplicação arbitrária do princípio de autoridade, diz Proudhon, se estabeleceu "um sistema artificial, variável segundo os séculos e os climas, e que foi considerado como sendo a ordem natural e necessária da humanidade".[401] Trata-se do "sistema da ordem pela autoridade". Contudo, tendo em vista que a autoridade política só

---

[399] PROUDHON, 1997, p. 27.
[400] PROUDHON, 1979, p. 96.
[401] *Ibid.*, p. 201.

existe sob a forma da lei, e que esta, por sua vez, é apenas a declaração e a aplicação da justiça, ou melhor, da ideia que os homens, em determinadas circunstâncias, estabeleceram como justo e cuja variação vai de um absurdo a outro:

> [...] nada pareceu mais justo aos povos orientais que o despotismo dos seus soberanos; os antigos e os próprios filósofos achavam justa a escravidão; na Idade Média os nobres, abades e bispos achavam justo terem servos; Luís XIV pensava dizer a verdade quando afirmou: o Estado sou eu; Napoleão considerava crime de Estado desobedecer a sua vontade. A ideia de justo, aplicada ao soberano e ao governo, não foi, portanto, sempre igual a de hoje.[402]

Mas foi sobre esse fundo de erros que o governo foi estabelecido. Basta que os homens determinem mal a ideia do justo e do direito para que todas suas aplicações legislativas sejam falsas ou incompletas e sua política injusta. Segundo Proudhon, existe um fato psicológico que os filósofos têm negligenciado, que é:

> [...] o poder do hábito de imprimir novas formas de categorias no entendimento, tomadas nas aparências que nos impressionam e desprovidas, na maior parte das vezes, de realidade objetiva, e cuja influência no nosso julgamento não é menos predeterminante que as das primeiras categorias [de Aristóteles e Kant].[403]

Para Proudhon, a adesão que resulta aos princípios é tão forte que, mesmo combatendo-os, raciocinamos conforme eles: "obedecemos-lhes atacando-os".[404] Eles formam uma espécie de círculo fechado do entendimento no qual a inteligência gira. Por exemplo, ainda que a física tenha corrigido pela experiência as ideias gerais de espaço e movimento, persistem os preconceitos de Santo Agostinho. No entanto, esses preconceitos não são perigosos porque são retificados pela prática. Mas as coisas são muito diferentes quando se passa da natureza física para o mundo moral.

> Seja qual for o sistema que adotemos sobre a causa do peso e a forma da Terra, não se afeta a física do globo. [...] Mas é em nós e por nós que se cumprem as leis da nossa natureza moral: ora, essas leis não podem ser executadas sem a nossa

---

[402] PROUDHON, 1997, p. 31.

[403] *Ibid.*, p. 15-16.

[404] *Ibid.*, p. 16.

participação pensante, sem que não as conheçamos. Portando, se a nossa ciência das leis morais é falsa, é evidente que, desejando o bem, provocaremos o mal.[405]

O homem fez da realidade exterior o produto do puro pensamento e fez do mundo uma expressão do seu espírito, de tal modo "que seria suficiente tomar posse plena da Ideia, inata em nossa alma, porém mais ou menos obscurecida, para ter, sem outra advertência, razão e apreender até mesmo a natureza do universo!".[406] Contudo, no fundo desse mundo das ideias subsiste também "um pensamento diabólico de dominação: porque, não é preciso se enganar, o privilégio de saber e o orgulho do gênio são os mais implacáveis inimigos da igualdade".[407] Foi assim que o conhecimento, após um começo materialista com os antigos,

> [...] mais tarde foi invocado, *tour a tour*, como princípio das coisas, o amor, os números, a ideia; e a filosofia, de abstração em abstração, terminou por queimar a matéria que tinha inicialmente adorado, adorar o espírito que tinha apenas entrevisto, e cair em uma superstição desesperada.[408]

Começa, então:

> [...] uma luta furiosa entre os velhos preconceitos e as novas ideias. Dias de conflagração e angústia! [...] como acusar essas crenças, como banir essas instituições? [...] Em vez de procurar a causa do mal na sua razão e no seu coração, o homem acusa os mestres, os rivais, os vizinhos, ele próprio; as nações armam-se, atacam-se, exterminam-se, até que o equilíbrio se restabeleça e a paz renasça das cinzas dos combatentes. De tal maneira repugna à humanidade tocar nos costumes dos antepassados, modificar as leis dadas pelos fundadores das cidades e confirmadas pela fidelidade dos séculos.[409]

O mesmo se deu com a ideia de governo. Desde a origem das sociedades, o homem foi abraçado por um "sistema teológico-político, recluso nessa caixa, hermeticamente fechada, da qual a religião é a tampa e o governo o fundo, tomou os limites desse estreito horizonte pelos limites

---

[405] *Ibid.*, p. 18.
[406] PROUDHON, 1988b, p. 18.
[407] *Ibid.*, p. 19-20.
[408] *Ibid.*, p. 32.
[409] PROUDHON, 1997, p. 18-19.

da razão e da sociedade".[410] Desde então, Deus e príncipe, Igreja e Estado, percorreram o círculo infinito dos governos, provocando, de tempos em tempos, algumas agitações que apenas serviram para outra vez restaurá-los. Segundo Proudhon, as religiões, as legislações, os Impérios, os governos, toda ciência dos Estados, são também um tipo de círculo governamental infinito de hipóteses na evolução do princípio de autoridade, sendo seu momento mais solene a promulgação do Decálogo, por Moisés, diante do povo prosternado no Monte Sinai: "Porque Deus ordena e é Deus que te fez isso que tu és. [...] Deus pune e recompensa, Deus te faz feliz ou infeliz".[411] Em seguida, da tribuna governamental, adotou-se o mesmo estilo e a mesma fórmula soberana para dizer: "o governo sabe melhor do que tu isso que tu és, isso que tu vales, isso que te convém, e tem o poder de castigar aqueles que desobedecem seus mandamentos, ou recompensar até a quarta geração aqueles que lhe agradam".[412]

Ou seja, a ideia de governo, após ter penetrado nas consciências e impresso nelas a razão de sua forma, fez com que o princípio de autoridade se tornasse, ao longo do tempo, impossível de não ser concebido. De tal maneira que "os mais audaciosos pensadores vieram afirmar que o governo era sem dúvida um flagelo, que era um castigo para a humanidade, mas que era um mal necessário!" E foi, sobretudo, essa predisposição mental que fez com que "até nossos dias, as revoluções mais emancipadoras, e todas as efervescências da liberdade, terminassem constantemente com um ato de fé e de submissão ao poder".[413] O que teria promovido essa "predisposição mental" e a tornado tão fascinante durante tanto tempo foi, segundo Proudhon, o fato de o governo ter sempre se apresentado como órgão natural da justiça, protetor do fraco e guardião da paz. Foi por meio dessa "atribuição de providência e de garantia que o governo se enraizou tanto no coração, quanto nas inteligências!".[414]

Mas em que medida seria possível dizer que um princípio teria a força, se não de determinar, pelo menos de conferir sentido de realidade, engendrando, dessa forma, as formações políticas do Ocidente? Proudhon não estaria conferindo força excessiva à noção do princípio de autoridade e ao preconceito de soberania ao lhes atribuir uma realidade exagerada?

---

[410] PROUDHON, 1979, p. 245.

[411] *Ibid.*, p. 247.

[412] *Ibid.*, p. 248.

[413] *Ibid.*, p. 87.

[414] *Id.*

Tomando, por exemplo, a Revolução Francesa, diz Proudhon, em 1789, a França, empobrecida e oprimida, se debatia sob o peso do absolutismo real da tirania dos senhores da casta sacerdotal, e isso desde muito tempo: "dir-se-ia que o hábito de servir tinha roubado a coragem às velhas comunas, tão orgulhosas na Idade Média".[415] Mas eis que aparece um livro intitulado *O que é o Terceiro Estado?*

> Foi como uma revelação súbita: rasgou-se um véu imenso, de todos os olhos caiu uma venda espessa. O povo pôs-se a raciocinar: se o rei é nosso mandatário, deve prestar contas; se deve prestar contas, está sujeito a ser fiscalizado; se pode ser fiscalizado, é responsável; se é responsável, é punível; se é punível, o é segundo seus méritos; se deve ser punido segundo seus méritos, pode ser punido com a morte. Cinco anos depois da publicação da brochura de Sieyès, o Terceiro Estado era tudo.[416]

Esse modo de raciocinar teria dado a Proudhon o título de idealista. Mas é preciso rejeitar a dicotomia simplista e autoritária proposta por Marx e pelo marxismo, assim como o erro de Bakunin e de muitos anarquistas, de ter aceitado uma análise em termos binários do tipo realidade/ilusão, ciência/ideologia, verdadeiro/falso. Ao contrário, seria preciso considerar a análise efetivamente proposta por Proudhon, formulada não em termos de verdadeiro ou falso, mas em termos de verdade e poder, a partir da análise serial, por meio da qual abordou o problema do governo. Foi por essa razão que Proudhon recusou o método de investigação que consiste em colocar a questão: o que é o governo? Qual é seu princípio, seu objeto, seu direito? Essa modalidade de questionamento é, segundo ele, a primeira e a mais comum interrogação que se faz ao governo porque é a mais espontânea e se apresenta quase automaticamente ao espírito. Contudo, diz Proudhon, essa questão primeira, espontânea e automática, somente a *fé* pode responder, porque "a filosofia é tão incapaz de demonstrar o governo como de provar Deus. A autoridade, como a divindade, não é matéria de saber; é, repito, matéria de fé".[417]

Além disso, esse modo de questionamento tem também outra consequência. Quando empregado, por exemplo, não em matéria de política, mas em matéria de religião, a questão quase irresistível: "o que é deus?",

---

[415] PROUDHON, 1997, p. 26.
[416] *Id.*
[417] PROUDHON, 1851, p. 5.

é seguida imediatamente de outra como se fosse sua conclusão: "qual é a melhor religião?" Isso ocorre, segundo Proudhon, pelo fato de que o problema da essência e dos atributos de Deus, e de seu culto correspondente, tenderem a uma ignorância sem solução que atormenta a humanidade há séculos. Foi o que fez com que os povos, desde suas origens, se degolassem mutuamente por seus ídolos, conduzindo a sociedade a se esgotar na elaboração de suas crenças, sem que, no entanto, se desse qualquer avanço considerável. De tal modo os deístas, os panteístas, os cristãos e todos os idólatras, a despeito de postularem cada um a verdade de sua religião, permanecem todos reduzidos à pura fé, como se repugnasse "à razão conhecer e saber deus: não nos é dado mais do que acreditar nele".[418]

É desse tipo de questionamento, encerrado ao mesmo tempo entre uma questão insolúvel e uma negação impossível, que seria preciso se desvencilhar. Isso teria sido possível, diz Proudhon, somente no dia em que Kant, em vez de questionar, como todo mundo, "o que é deus?" e "qual é a verdadeira religião?", introduziu um novo modo de questionamento, perguntando: "Do que procede que eu creia em deus? Como, em virtude do que, procede em meu espírito essa ideia? Qual é o ponto de partida do seu desenvolvimento? Quais são suas transformações e, nos casos de necessidade, seus recuos?".[419] A mudança entre uma e outra forma de questionamento é significativa, como nota Proudhon. No primeiro caso, trata-se de compreender o presente a partir de uma totalidade, de um conteúdo ou de uma realidade que é o Ser de deus; no segundo caso,

> [...] renunciando perseguir o conteúdo ou a realidade da ideia de deus, [Kant] dedica-se a fazer, se me atrevo a me expressar assim, a biografia dessa ideia. Em vez de tomar por objeto de reflexão, como um anacoreta, o ser de deus, se analisa a fé em deus [...]. Em outras palavras, se considera na religião não a revelação externa e sobrenatural do Ser infinito, mas o fenômeno de nosso entendimento.[420]

Assim, colocar em questão não a realidade (ou a ilusão) da ideia de Deus, mas fazer sua biografia, seria o equivalente hoje a fazer a arqueologia do seu saber: analisar não Deus, mas o ato de fé; considerar não o Ser infinito, mas a própria condição do nosso entendimento. Em um caso, o questionamento incide sobre o objeto do conhecimento; no

---

[418] *Ibid.*, p. 6-7.

[419] *Ibid.*, p. 7.

[420] *Ibid.*, p. 7-8.

outro, a questão colocada incide não mais sobre o objeto, Deus, mas sobre o próprio sujeito do conhecimento.

Trata-se de uma proposição que provoca uma transformação radical na relação sujeito/verdade. No primeiro modo do conhecimento, qual é o tipo de experiência possível para o sujeito? Proudhon já o disse: reduzidos à fé pura, não fazem mais do que se degolar mutuamente e se esgotarem na elaboração infinita de suas crenças; em outras palavras, relação de obediência e submissão. Já no segundo modo de conhecer, ao contrário, é outro tipo de experiência completamente diferente que entra em cena, porque, ao colocar o sujeito, e não o objeto, em questão – "é em nós e por nós que se cumprem as leis da nossa natureza moral" –, aquilo que é questionado são os próprios fundamentos do sujeito: suas práticas e os modos como são consumadas.

Em outro exemplo, Proudhon retoma a noção de Destino para afirmar que, por meio dela, seja em matéria de religião ou filosofia, os homens explicaram não somente o que se passava no universo, mas também as causas de sua própria posição no mundo.

> Por que sou pobre, oprimido, sendo que um outro, talvez valendo menos que eu, comanda e goza? – Foi o Destino que assim o estabeleceu, é ele que indica a cada um de nós a parte que nos cabe. Quem ousaria reclamar contra seus decretos? – E por que eu não reclamaria? O que existe de comum entre mim, ser livre, que a justiça reclama, e o Destino? – Impiedade! Os próprios deuses estão submetidos ao Destino; e tu, vaso de barro, protestas contra ele! Feliz sejas se somente, com a ajuda desses Imortais que dão a ti exemplo de submissão, consigas ler algumas linhas do livro eterno! Conhecendo teus erros antecipadamente, tu os cumprirás com maior certeza, tu evitarás aquilo que poderá te desviar: é o único meio que te foi deixado para melhorar tua sorte, se ela te for favorável, ou para suavizá-la, se te for contrária.[421]

Em outras palavras, entre o "eu" e o "destino" se tem o "conhecimento" do livro eterno; assim, a partir dessa relação de "conhecimento" o sujeito pode "cumprir com maior certeza" seus erros. Ao lançar mão dessa maneira de proceder em relação ao saber, típica do pensamento religioso, a filosofia não fará mais do que repetir, em frases pedantes, os ensinamentos da superstição. "Ríamos, se quisermos, da teologia fatalista do poder que

---

[421] PROUDHON, 1988b, p. 586.

Maomé resumiu em uma palavra, *Islã*, resignação: mas, os doutores em ciência política nos deram outra coisa além de uma dedução materialista do mito oriental?".[422] Portanto, o eclipse do pensamento mítico-religioso não foi o cintilar da filosofia política, nem suas quimeras eram desprovidas de vivacidade que não deixasse traço algum no pensamento. E nisso reside o risco do riso, de que o pensamento não seja levado a sério, pois nessa risibilidade ele poderá "melhor pensar por nós, e continuar engendrando novos funcionários; e quanto menos as pessoas levarem a sério o pensamento, tanto mais pensarão conforme o que quer um Estado".[423]

É desse modo que a crítica de Proudhon se assemelha profundamente com a análise que Foucault propôs sobre as "formas de racionalidade que organizam as maneiras de fazer" e sobre a liberdade ou a possibilidade que o sujeito tem de agir em relação à verdade, reagir em relação aos outros, modificando e sempre podendo modificar as regras desses jogos de verdade.[424] Então, o procedimento que Marx e Bakunin chamaram metafísico,[425] Foucault lhe deu estatuto de método e o chamou arqueologia do saber e genealogia do poder, que consiste em investigar não as estruturas formais dotadas de valor universalizante, mas investigar quais experiências históricas conduzem os homens a se constituírem eles mesmos como sujeitos disso que fazem, pensam, dizem. Em suma, a análise é "arqueológica – e não transcendental –, no sentido que procura [...] tratar os discursos que articulam isso que nós pensamos, dizemos e fazemos com a mesma realidade dos eventos históricos".[426]

---

[422]   *Id.*

[423]   DELEUZE; GUATTARI, 2002, p. 46.

[424]   FOUCAULT, 2001c, p. 1395.

[425]   Marx imputou a Proudhon, após a publicação, em 1846, de *Filosofia da Miséria*, a qualificação de idealista, acusando-o de tomar ideias e noções como se fossem realidades, quando na verdade eram somente seus efeitos, cf. MARX, K. *Miséria da Filosofia*. Tradução: José Carlos Morel. São Paulo: Ícone editora, 2004. p. 121 et seq. Para maiores detalhes sobre a polêmica Proudhon/Marx, cf. MOREL, J. C. O. Introdução. *In:* PROUDHON, P. J. *Sistemas das Contradições Econômicas ou Filosofia da Miséria*. Tradução: José Carlos Orsi Morel. São Paulo: Ícone editora, 2003. p. 7-32. Bakunin, contudo, concordou com a crítica de Marx, escrevendo, em 1873, que "Proudhon, apesar de todos os seus esforços para se colocar no terreno prático, permaneceu, no entanto, um idealista e metafísico" (BAKUNIN, M. *Obras Completas*. Tomo 5: Estatismo y Anarquia. Madrid: La Piqueta, [1873]1986. p. 218). Para Bakunin, o *pensador* Marx estava na *boa via* e dizia que "é bem possível que Marx se possa elevar *teoricamente* a um sistema ainda mais racional da liberdade do que Proudhon – mas falta-lhe o instinto de Proudhon" (BAKUNIN, M. *O conceito de liberdade*. Porto: Rés, 1975. p. 103). Esse *efeito* Marx sobre Proudhon parece ter tido uma longa duração, alcançando os anos 1980, conduzindo Victor García a aceitar a "classificação que confere para Godwin, Proudhon e Bakunin, a posição historiográfica nas fases de pré-anarquismo, proto-anarquismo e anarquismo, respectivamente" (GARCÍA, Victor. Presentación: Bakunin, hoy. *In:* BAKUNIN, M. *Obras Completas:* La revolución social en Francia. Vol. I. Madrid: Júcar, 1980. p. 9).

[426]   FOUCAULT, 2001c, p. 1393.

Proudhon propôs empreender esse método no domínio do governo. Assim, em vez de perguntar "o que é o poder e qual a melhor forma de governo?"; em vez, portanto, de marchar de revolução em revolução e se degolar na procura do melhor governo, mais produtivo lhe pareceu colocar a questão não sobre a realidade da ideia de governo, mas sobre sua validade. Porque, assim como ocorre na religião sobre a ideia de Deus, se fosse possível saber a essência e os atributos do poder, saber-se-ia imediatamente, automaticamente, qual seria a forma mais apropriada, a melhor e a mais perfeita constituição correspondente. Por isso, a questão colocada por Proudhon não é "o que é o governo?", mas sim: "Por que acreditamos no governo? Do que procede, na sociedade humana, essa ideia de autoridade, de poder; essa ficção de uma pessoa superior, chamada Estado? Como se produz essa ficção? Como se desenvolve? Qual é sua evolução, sua economia?"[427]

Segundo Proudhon, ao aplicar ao governo o questionamento que Kant lançou sobre a religião, nos permitiria deixar de:

> [...] ver no governo, como fazem os absolutistas, o órgão e a expressão da sociedade; como fazem os doutrinários, um instrumento de ordem, ou melhor, de polícia; como fazem os radicais, um meio de revolução: tratemos de ver nele simplesmente um fenômeno da vida coletiva, a representação externa de nosso direito, a educação de algumas de nossas faculdades. Quem sabe não descobriríamos, então, que todas essas fórmulas governamentais pelas quais os povos e os cidadãos se degolam há sessenta séculos, não são mais do que uma fantasmagoria de nosso espírito, que o primeiro dever de uma razão livre seria o de relegá-la aos museus e às bibliotecas?[428]

O questionamento de Proudhon incide sobre o sujeito do conhecimento: "o que o cidadão busca no governo e chama *rei*, *imperador* ou *presidente* é a si mesmo, é a liberdade".[429] Trata-se de mostrar de que maneira o próprio sujeito é constituído na e pela ideia de governo, ou pelas racionalidades governamentais, de modo que ele possa, ao colocar em questão a si mesmo, liberar-se das verdades do seu poder. Com isso, Proudhon escapa das alternativas binárias, simplistas e autoritárias e faz da crítica uma atitude limite:

---

[427] PROUDHON, 1851, p. 10.

[428] *Ibid.*, p. 11.

[429] *Ibid.*, p. 12.

> [...] fora da liberdade não existe governo; o conceito político é privado de valor. A melhor forma de governo, como a mais perfeita das religiões, tomada em sentido literal, é uma ideia contraditória. O problema não está em saber como melhor seremos governados, mas como seremos mais livres.[430]

Assim, em tudo o que é suposto como universal, necessário, obrigatório, é preciso investigar qual parte nisso seria necessariamente particular, contingente e histórico; ou, nas palavras de Proudhon, uma vez "forçados a admitir a hipótese do absoluto, como nos livrar da sua fascinação?"[431]

As questões levantadas por Proudhon dizem respeito às relações entre governo e saberes da economia política fixados em programas governamentais para a determinação das suas formas de fazer. Mas quando Proudhon diz "relação" ele declara, de saída, a impossibilidade de uma ontologia das causas e substâncias. "Não podemos penetrar as substâncias nem tomar as causas; isso que nós percebemos da natureza é sempre, no fundo, lei ou relação [*rapport*], nada mais".[432] Decorre daí a necessidade de compreender os seres a partir de suas formas, combinações e propriedades seriadas: "o que buscamos nós em uma dialética serial? A arte de compor e de decompor as ideias", diz Proudhon.[433]

Com efeito, para investigar um regime de práticas, é preciso considerar ao menos quatro dimensões: 1) as formas de visibilidade ou os modos de visão e percepção; 2) as maneiras distintas de pensamento e questionamento ligados a um vocabulário e a procedimentos próprios para a produção da verdade; 3) os modos específicos de ação, intervenção e direção, produzidos por tipos particulares de racionalidades e ligados a mecanismos, técnicas e tecnologias determinadas; e, 4) os modos característicos de formação dos sujeitos, do eu, das subjetividades.[434] Portanto, analisar uma prática governamental implicaria descobrir sua lógica; e, na medida em que os regimes de práticas são sempre atravessados por formas de saber e de verdade que definem seu campo de operação; na medida em que as práticas são penetradas por uma multiplicidade de programas de racionalidades, então, é sobretudo sobre o pensamento que a análise

---

[430] *Id.*

[431] PROUDHON, 1990, p. 1164.

[432] PROUDHON, 2000a, p. 29.

[433] *Ibid.*, p. 189.

[434] *Cf.* DEAN, 1999, p. 23.

se dirige. As práticas são também interesses que existem no interior do pensamento, por isso é preciso tomar o pensamento como domínio.

Marx achou que a série fosse um movimento no "éter puro da razão", quando, ao contrário, a série é o agrupamento "de unidades reunidas por um laço comum, que nós chamamos razão ou relação".[435] Por não ter compreendido o movimento serial, Marx tomou as ideias como meras expressões teóricas, como abstrações das relações de produção, quando elas são os termos concretos e materiais de uma realidade que se demonstra por sua relação visivelmente expressa na "independência das diversas ordens das séries e na impossibilidade de uma ciência universal".[436] O questionamento de Marx opera por meio de um realismo sociológico que se limita a descrever ou a analisar o que existe. Por isso separou, para subordinar, história real/história ideal, ciência/ideologia, realidade/ilusão, verdadeiro/falso. Proudhon serializou, para liberar a independência das categorias e exprimir suas composições. "A série é sempre ao mesmo tempo unidade e multiplicidade, particular e geral; verdadeiros polos de toda percepção, e que não podem existir um sem o outro".[437] Não considerar o pensamento na sua "expressão primordial", mas nas suas "tendências constitutivas"; considerar o "movimento da ideia que nos fala do *ponto de partida* dessa ideia, ou seja, da *tese!*"[438] Foi esse raciocínio que Proudhon aplicou ao problema do matrimônio, dizendo:

> [...] não me pergunto qual tenha sido o estado da mulher nos séculos passados, nem mesmo na maior parte das nações presentes, para deduzir dali, por analogia, seja lá o que a nós convenha; busco, ao contrário, o que está em vias de chegar a ser, a tendência a que obedece. Existe tendência para a dissolução ou para a indissolubilidade do matrimônio? Está é, para mim, a questão.[439]

Trata-se de um método, diz, que "não pode ser mais do que uma espécie de evolução, uma história ou, como chamei em outro lugar, uma *série*".[440] Porém, uma história que só toma em consideração um elemento quando definida a série da qual faz parte, e sem a intenção, entretanto,

---

[435] PROUDHON, 2000a, p. 198.

[436] *Ibid.*, p. 220.

[437] *Ibid.*, p. 277.

[438] PROUDHON, 1988b, p. 608.

[439] PROUDHON, 1869, p. 28.

[440] *Ibid.*, p. 39.

de determinar as condições das quais ele dependeria. Se a série, como observou Foucault, compreende os acontecimentos fora dos jogos de causa e efeito, não é para reencontrar neles estruturas anteriores. "É para estabelecer as séries diversas, entrecruzadas, divergentes muitas vezes, mas não autônomas, que permitem circunscrever o 'lugar' do acontecimento, as margens de sua contingência, as condições de sua aparição".[441] *Involução* – não regressão! –, diriam Deleuze e Guattari,[442] já que uma série não comporta o duplo aspecto progressão-regressão, tampouco trata de gradações, mas o que está em jogo são *dinamismos irredutíveis*. Quer dizer, não são apenas os termos da série que são reais, a própria série e os diversos ramos de séries (a lei serial) são igualmente reais por si mesmos.

> A lei serial, como a própria série, é essencialmente empírica. [...] Ora, se a ideia de série é uma ideia toda de experiência, é preciso admitir que as ideias dos elementos e das leis da série são igualmente experiências, pela razão decisiva de que aquilo que é verdadeiro [real] no todo é verdadeiro [real] em cada uma das partes, aquilo que é verdadeiro [real] no sistema é verdadeiro [real], com mais forte razão, no seu princípio.[443]

Portanto, no movimento da série, não são reais apenas os termos pelos quais passaria aquilo que nela se torna: o próprio devir é real. É a própria realidade do devir que impede que o movimento da série seja uma evolução. Ao contrário, esse movimento é da ordem da aliança e da simbiose. Não é o movimento do menos diferenciado para o mais diferenciado, mas comunicações transversais entre elementos heterogêneos. O grande problema é que o senso comum, mas também a filosofia, conservaram da palavra progresso seu sentido puramente material e utilitário. Assim, progresso é o acúmulo de descobertas, a multiplicação das máquinas, o aumento do bem-estar etc. Mas tudo isso dá apenas uma ideia muito reduzida de progresso. Para Proudhon, progresso é a afirmação do movimento e a negação das formas e das fórmulas imutáveis, eternas, imóveis etc., aplicadas a um ser qualquer. A negação de toda ordem permanente e de todo objeto, empírico ou transcendental, não suscetível de mudança.

---

[441] FOUCAULT, M. *A ordem do discurso*. Aula inaugural no Collège de France, pronunciada em 2 de dezembro de 1970. 5. ed. Tradução: Laura F. de A. Sampaio. São Paulo: Loyola, 1999c. p. 56.

[442] DELEUZE; GUATTARI, 2005, p. 19.

[443] PROUDHON, 2000a, p. 282.

O contrário do progresso é o absoluto, que afirma tudo que o progresso nega e nega tudo que o progresso afirma. O absoluto:

> [...] é a investigação em tudo, na natureza, na sociedade, na religião, na política, na moral etc., do eterno, do imutável, do perfeito, do definitivo, do não suscetível de conversão, do indiviso. É, para me servir de uma palavra tornada célebre nas discussões parlamentares, o *statu quo* em tudo e por tudo.[444]

Mas não se pense que *statu quo* é o absoluto somente quando esse designa um governo despótico, do mesmo modo que um governo despótico não é chamado absolutista apenas porque o déspota sobrepõe sua vontade à da nação: o absolutismo do governo não está na arbitrariedade do poder, nem na personalidade do déspota, eles "não são mais do que uma consequência do absolutismo".[445] O absolutismo do governo está na sua disposição de concentrar, nas mãos de um homem, de uma junta ou de uma assembleia, "uma multidão de atribuições que, por dedução lógica, devem estar separadas e formando série".[446] Assim sendo, "feita essa concentração, é impossível para o Estado, consequentemente para a sociedade, todo movimento, todo progresso".[447]

Descartes parece não ter percebido esse erro da antiga metafísica quando procurou dar uma base fixa à sua filosofia e acreditando tê-la encontrado no "eu". Não percebeu que a filosofia só podia ter como base fixa o próprio movimento. "Não deveria ter dito *cogito, ergo sum*, mas *mover, ergo fio*: movo-me, logo faço-me, torno-me".[448]

3. O círculo governamental

Ocorre com a política o mesmo que com a filosofia e a teologia: desprovida de devir, de movimento, de progresso, a política se debate numa espécie de círculo do absoluto, neste caso, relacionado com a ideia governamental. O que faz a vida de um Estado e determina sua estabilidade ou sua caducidade, é sua ideia. Assim,

---

[444] PROUDHON, 1869, p. 24.

[445] *Ibid.*, p. 165.

[446] *Id.*

[447] *Id.*

[448] *Ibid.*, p. 25.

> [...] dada a ideia do governo, sua *forma* a acompanha: são
> dois termos ligados um ao outro [...], tal foi até o presente a
> forma dos Estados a partir da ideia da exploração do homem
> pelo homem: centralização despótica, hierarquia feudal,
> patriciado com clientela, democracia militar, oligarquia
> mercantil, enfim, monarquia constitucional.[449]

A força dos princípios faz com que, "frente à razão, os governos e os partidos não sejam mais do que encenações dos conceitos fundamentais da sociedade, uma realização de abstrações, uma pantomima metafísica cujo sentido é a liberdade".[450] Inútil condenar os homens ou acusar as formas; é preciso questionar o próprio princípio do governo e criticar o fanatismo governamental, na medida em que é o princípio que produz sua lógica:

> [...] lógica inflexível, que não cede às esperanças da opinião,
> que não se deixa desviar jamais do princípio e não admite
> arranjos com as circunstâncias. É a lógica da bala que fere
> a mãe, o filho, o velho sem desviar uma linha; é a lógica do
> tigre que se farta de sangue porque seu apetite pede sangue;
> a lógica do rato que escava sua toca; a lógica da fatalidade.[451]

No método de Proudhon não cabe perguntar, como fez Marx, quais são as relações de produção das quais as categorias e os princípios do governo são as meras expressões teóricas, desprovidas de qualquer independência porque nada mais fazem que reproduzir essas relações. A consequência desse raciocínio, como mostrou Proudhon, é que bastaria encontrar relações de produção justas das quais deduzir categorias e princípios de governo igualmente mais justos. Proudhon, ao contrário, busca questionar qual foi esse saber que, inscrevendo na realidade o princípio de autoridade e as verdades que o justificam, fez do governo uma espécie de invariante no domínio da política? Que papel desempenha efetivamente o saber, a verdade, o conhecimento de modo geral, na atividade do governo e no exercício do poder? Quais formas de saber, de pensamento, de racionalidade, são empregados nas práticas de governo? Como esse pensamento procurou transformar essas práticas e como ele torna certo domínio de problemas governáveis? Trata-se de colocar em questão a *episteme* do governo ou, como notou Dean, "essa conexão entre governo e pensamento que é enfatizado no termo híbrido

---

[449] PROUDHON. 1988b, p. 687-688. Grifos do autor.

[450] PROUDHON, 1851, p. 39.

[451] *Ibid.*, p. 46.

'governamentalidade'".[452] Portanto, a série não se esgota nas relações de exploração, nas relações de produção. "Depois da exploração do homem pelo homem, depois da adoração do homem pelo homem, tem-se ainda: o juízo do homem pelo homem; a condenação do homem pelo homem; e, para terminar a série, o castigo do homem pelo homem".[453] Daí o despropósito de perguntar acerca da realidade que sustentaria o discurso, quando seria preciso, considerando a realidade do próprio discurso, questionar a maneira pela qual o discurso produz, reforça e transforma o real no qual está inserido e articulado.

Ao colocar problemas de método para uma história política da verdade no Ocidente, Foucault afirmou que não é determinada realidade histórica, à qual se refere o discurso, que constitui a razão de ser do discurso. Seja qual for o discurso, sua existência não pode ser explicada a partir do real ao qual está referido.

> A existência de um discurso de verdade, de um discurso verídico, de um discurso que tem a função de "veridicção" [*véridiction*], não está jamais implicado pela realidade das coisas da qual ele fala. Não existe pertencimento ontológico fundamental entre a realidade de um discurso, ou a existência mesma do discurso que pretende dizer a verdade, e o real do qual ele fala.[454]

Portanto, os jogos de verdade são sempre, em relação aos domínios em que se exercem, um evento histórico e singular; é como eventos singulares e portadores de realidade própria que é preciso restituí-los. Segundo Foucault, uma história dos jogos de verdade ou uma história das práticas, das economias e das políticas de veridicção, não consiste em dizer:

> [...] se tal verdade foi dita é porque essa verdade era real; ao contrário, é preciso dizer: sendo o real isso que é: quais foram as condições improváveis, as condições singulares que fizeram, em relação a esse real, que um jogo de verdade aparecesse com suas razões e necessidades? [455]

O ato de dizer a verdade sobre qualquer coisa não pode ser explicado unicamente porque essa coisa era real. "Jamais o real dará conta desse

---

[452] DEAN. 1999, p. 31.

[453] *Ibid.*, p. 38.

[454] FOUCAULT, M. *Subjectivité et verité*. Cours au Collège de France (1980-1981). Paris: áudio, Biblioteca Geral do Collège de France, 1981. n.p.

[455] *Id.*

real particular, singular e improvável que é o jogo de verdade no real. É o entrelaçamento desse jogo de verdade no real que é preciso retomar".[456] Nesse sentido, para estudar os efeitos de verdade das racionalidades governamentais, ou do princípio de autoridade do qual fala Proudhon, é preciso perceber quais relações se estabelecem entre poder, governo e sujeito. Assim, inicialmente, o saber que forneceu as verdades para a justificação do governo foi a concepção jurídica do poder ou a teoria da soberania. Foi o direito, o pensamento jurídico que, desde a Idade Média, serviu como instrumento de justificação do poder régio; foi ainda o direito que, mais tarde, continuou produzindo seus efeitos contra o rei, mas a favor da soberania do povo. Por isso Foucault afirmou que:

> [...] o discurso e a técnica do direito tiveram essencial-
> mente como função dissolver, no interior do poder, o fato
> da dominação, para fazer que aparecessem no lugar dessa
> dominação, que se queria mascarar, duas coisas: de um lado,
> os direitos legítimos da soberania, do outro, a obrigação
> legal da obediência.[457]

Dissipação dos fatos brutos da dominação política e, portanto, veiculação não de relações de soberania, mas de sujeição: esse foi, essencialmente, o papel desempenhado pela concepção jurídica do poder. Foi por meio do pensamento jurídico que, sobretudo, o poder produziu seus efeitos de verdade sobre os indivíduos. Efeitos de verdade, por sua vez, que têm por função reproduzir o poder. Mas isso não é exclusivo ao domínio do direito, é preciso considerar, como sugeriu Foucault, que numa sociedade como a nossa não é possível existir relações de poder que estejam dissociadas, estabelecidas ou que não funcionem sem produzir, acumular, sem fazer circular e funcionar um discurso verdadeiro. "Não há exercício do poder sem uma certa economia dos discursos de verdade que funcionam nesse poder, a partir e através dele. Somos submetidos pelo poder à produção da verdade e só podemos exercer o poder mediante a produção da verdade".[458] O poder obriga à produção de verdades de que ele necessita e sem as quais ele não pode se exercer.

> O poder não para de questionar, de nos questionar; não
> para de inquirir, de registrar; ele institucionaliza a busca
> da verdade, ele a profissionaliza, ele a recompensa. Temos

---

[456] *Id.*

[457] FOUCAULT, 1999a, p. 31.

[458] *Ibid.*, p. 28.

> de produzir a verdade como, afinal de contas, temos de produzir riquezas, e temos de produzir a verdade para poder produzir riquezas.[459]

Assim, nada de governo sem relações com a verdade. As verdades do poder governamental, nas sociedades ocidentais, obrigam e submetem de maneira constante e intensa; a verdade do poder é performativa, daí sua capacidade de produzir efeitos de dominação nas práticas. "Afinal de contas, somos julgados, condenados, classificados, obrigados a tarefas, destinados a uma certa maneira de viver ou a uma certa maneira de morrer, em função de discursos verdadeiros, que trazem consigo efeitos específicos de poder".[460] Por essa razão os discursos de verdade, longe de constituírem os elementos neutros destinados à pacificação da política, são um dos lugares onde a política exerce alguns dos seus mais surpreendentes poderes.[461] Se apoiam sobre suportes institucionais como a pedagogia, a produção de livros, as bibliotecas, os laboratórios etc., mas também são beneficiados "pelo modo como o saber é aplicado em uma sociedade, como é valorizado, distribuído, repartido e de certo modo atribuído".[462] Esses suportes, e sua distribuição institucional, são as principais características que possibilitam aos discursos exercerem seu poder de coerção.

Seria preciso pensar, portanto, como as diversas práticas de governo ao longo da história puderam ser codificadas em preceitos e programas que procuraram, desde há muito tempo, fundamentar, racionalizar e justificar a partir de teorias da soberania, da técnica do direito etc., o exercício do poder. Pensar como essas práticas de governo procuraram seus suportes e suas justificações na teoria do direito, no pensamento constitucional, em certa filosofia política a partir do século XVIII e na teoria sociológica do século XIX. E isso a tal ponto que "a própria palavra da lei não pudesse mais ser autorizada, em nossa sociedade, senão por um discurso de verdade".[463]

Consequentemente, Proudhon tem razão em insistir sobre a prioridade das concepções filosóficas, tanto quanto nas relações de produção, porque elas são "um objeto de emulação para espíritos de elite que, reconhecendo seu valor, procuram nelas sua glória. Lá também, no

---

[459] *Ibid.*, p. 29.

[460] *Id.*

[461] FOUCAULT, 1999c, p. 10.

[462] *Ibid.*, p. 17.

[463] *Ibid.*, p. 19.

domínio do pensamento puro como naquele da mecânica aplicada às artes, existem rivalidades, imitações, quase diria falsificações".[464] A ideia de governo possui uma vocação contumaz. Segundo Proudhon, a negação do governo tinha aumentado desde a revolução de fevereiro de 1848 de maneira nova e insistente; porém, alguns homens notáveis do partido democrático e socialista, inquietos com a ideia anárquica, acreditaram poder apossar-se das críticas governamentais e das suas considerações, contudo, restaurando:

> [...] sobre um novo título e com alguma modificação, precisamente o princípio que se trata hoje de abolir. [...] Foram essas restaurações da autoridade, empreendidas em concorrência com a *anarquia*, que recentemente ocuparam o público sob o nome de *legislação direta, governo direto*. [465]

Ou seja, foram ainda as verdades do princípio de autoridade governamental que investiram e performaram as práticas dos novos governos. Tomando verdade e realidade como coisas análogas, Proudhon afirma que ambas são essencialmente históricas e por isso sujeitas a gradações, a conversões, a evoluções e a metamorfoses.[466] Dessa forma, considerando a verdade como realidade, ou considerando a realidade da verdade, seria preciso, segundo Proudhon, perceber nas práticas de governo, como, por meio de quais discursos de verdade, foram produzidos os efeitos de realidade necessários ao poder. Tendo em vista, diz Proudhon, que "toda época está regida por uma ideia que encontra sua forma de expressão na literatura, desenvolve-se em uma filosofia, encarna-se, caso necessário, em um governo",[467] em relação a esse último, foi precisamente a ideia de contrato que, saindo da pena dos reformadores em oposição ao governo monárquico, regeu e atravessou os séculos XVII e XVIII. Mas o contrato, como *episteme* da época revolucionária, foi uma mera transferência de soberania entre príncipe e povo, de modo que o princípio de autoridade permaneceu intacto. "Qual virtude secreta o sustentou? Quais forças o fazem viver? Quais princípios, quais ideias lhe renovaram o sangue sob o punhal da autoridade eclesiástica e secular?"[468]

---

[464] PROUDHON, 1979, p. 83.

[465] *Ibid.*, p. 83-84. Grifos do autor.

[466] PROUDHON, 1869, p. 23.

[467] *Ibid.*, p. 16.

[468] PROUDHON, 1979, p. 204.

Em outras palavras, como explicar a força de obrigação produzida pelo princípio de autoridade? A noção de regime de verdade, elaborada por Foucault, nos ajuda a compreender a interrogação proudhoniana sobre o princípio de autoridade como princípio performador das formações governamentais. Regime de verdade busca perceber a maneira pela qual "a verdade está ligada circularmente a sistemas de poder que a produzem e a sustentam, e a efeitos de poder que ela induz e que a reconduzem".[469] Significa que a verdade estabelece um regime que não é nem simplesmente ideológico, nem superestrutural, mas que se tornou uma das condições de formação do capitalismo tal como se conhece hoje. Por regime de verdade Foucault entende aquilo que constringe os indivíduos a certo número de atos de verdade, certos comportamentos. Os atos de verdade são compreendidos a partir da análise do conceito de *exomologese* do cristianismo primitivo, e designa:

> [...] um ato destinado a manifestar ao mesmo tempo uma verdade e a adesão do sujeito a essa verdade; fazer a exomologese de sua crença não é simplesmente afirmar o que se crê, mas afirmar o fato dessa crença; é fazer do ato de afirmação um objeto de afirmação e, portanto, autenticá-lo seja em si mesmo, seja diante dos outros. A exomologese é uma afirmação enfática cuja ênfase se aplica antes de tudo sobre o fato de que o próprio sujeito se vincula a essa afirmação, aceitando suas consequências.[470]

A exomologese foi indispensável ao cristianismo na medida em que por meio dela o cristão aceita as verdades que lhe são reveladas e ensinadas, e estabelece com elas uma relação de obrigação e de engajamento: "obrigação de manter suas crenças, de aceitar a autoridade que as autentica, de fazer eventualmente profissão pública, de viver em conformidade com elas etc.".[471] Dessa forma, um regime de verdade faria a junção entre a obrigação e o engajamento dos indivíduos com os procedimentos de manifestação do verdadeiro. Nesse sentido, segundo Foucault, seria perfeitamente plausível falar em regime de verdade, tanto quanto falar em regime político ou regime penal etc. Quando se fala em regime político se quer designar:

---

[469] FOUCAULT, 2001c, p. 114.

[470] *Ibid.*, p. 945.

[471] *Id.*

> [...] conjunto dos procedimentos e das instituições pelos quais os indivíduos encontram-se engajados de uma maneira mais ou menos forçada, encontram-se constrangidos a obedecer às decisões que emanam de uma autoridade coletiva, em todo caso, de uma unidade territorial onde essa autoridade exerce um direito de soberania. Pode-se falar também de regime penal, por exemplo, designando por ele um conjunto de procedimentos e instituições pelos quais os indivíduos estão engajados, determinados, constrangidos a se submeterem a leis de validade geral. Então, nessas condições, por que efetivamente não se poderia falar de regimes de verdade para designar o conjunto de procedimentos e instituições pelos quais os indivíduos são engajados e constrangidos a manifestar, em certas condições e com certos efeitos, atos bem definidos de verdade? Por que, depois de tudo, não se poderia falar de obrigações de verdade do mesmo modo que existem constrangimentos políticos ou obrigações jurídicas?[472]

Foucault transferiu o conteúdo semântico da ideia de regime, como ação de dirigir ou de governar, para o problema do verdadeiro com o objetivo de mostrar a existência de obrigações de verdade destinadas a produzir atos de crença, de profissão de fé, confissões, convicções, convencimentos, persuasões, engajamentos. Como a força de uma verdade não está no seu grau de racionalidade, tanto em relação aos atos de fé ou à *exomologese* cristã, quanto em relação à certeza do cogito cartesiano, a analítica dos regimes de verdade ou, como chamou Foucault, uma *anarqueologia* dos saberes e dos conhecimentos científicos e não científicos, consistiria em estudar, não de modo global as relações do poder político e dos saberes e conhecimentos científicos, mas "os regimes de verdade, ou seja, o tipo de relação que vincula entre si as manifestações de verdade e seus procedimentos, e os sujeitos que são nelas os operadores, as testemunhas e, eventualmente, os objetos".[473]

O neologismo anarqueologia foi utilizado por Foucault para investigar em que medida a anarquia e o anarquismo podem sustentar e fazerem funcionar um discurso crítico contra o poder. A perspectiva anarqueológica integra um conjunto mais amplo de pesquisas sobre a noção de "governo dos homens pela verdade", introduzida por Foucault no curso *Do governo dos vivos*, proferido no Collège de France no inverno de 1980. A

---

[472] *Id.*

[473] FOUCAULT, 1980, n.p.

anarqueologia tornou mais operatório o tema saber-poder, utilizado por Foucault para se opor à noção de ideologia e para "pôr fim à oposição do científico ao não científico, à questão da ilusão e da realidade, do verdadeiro e do falso",[474] de modo a considerar a multiplicidade dos regimes de verdade, científicos e não científicos, religiosos e não religiosos, místicos e racionais, tendo em vista que todos eles comportam modos específicos de vincular, de maneira constringente, a manifestação do verdadeiro e os sujeitos que nela operam. A anarqueologia não é uma história da verdade, mas da força da verdade, uma história do poder da verdade e da vontade de saber no Ocidente.

> Como os homens, no Ocidente, foram vinculados ou conduzidos a se vincularem a manifestações particulares de verdade, precisamente nas quais são eles mesmos que devem ser manifestados em verdade? Como o homem ocidental foi vinculado à obrigação de manifestar em verdade isso que ele é? Como foi vinculado, de qualquer modo, a dois níveis e de dois modos: de um lado, à obrigação de verdade e, de outro, ao estatuto de objeto no interior dessa manifestação de verdade? Como foram eles vinculados à obrigação de se vincularem eles mesmos como objetos de saber?[475]

É essa espécie de *double bind*, um duplo constrangimento, que o método anarqueológico procura analisar, tornando explícita a maneira pela qual os regimes de verdade estão, por sua vez, sempre relacionados com outros regimes: regimes políticos, regimes jurídicos, regimes penais etc. Explicitar a não separação, mas, ao contrário, as conexões sempre existentes entre política e epistemologia para perceber como um regime penal é também um regime de verdades sobre o criminoso, um regime da loucura implica um regime de verdades sobre o louco, finalmente, um regime de governo implica, ao mesmo tempo e necessariamente, um regime de verdades sobre os governados, sobre os sujeitos do governo, seus direitos e obrigações. Perceber, de modo geral, como o sujeito não se encontra apenas preso nas relações de produção, mas também nos procedimentos de manifestação do verdadeiro, articulados numa relação de poder, ou seja, articulados em regimes de saber que, por sua vez, se relacionam a vários outros regimes penais, jurídicos, governamentais etc. Com isso, o governo dos vivos exigiu "do lado desses que são dirigidos,

---

[474] *Id.*, n.p.

[475] *Id.*

além de atos de obediência e de submissão, 'atos de verdade'"[476]: modos de subjetivação da verdade manifestada nos procedimentos de veridicção por meio dos quais verdade e subjetividade são vinculadas.

Durante milênios, na nossa sociedade, os indivíduos foram constrangidos, em seus discursos e em suas práticas, a declarar para o poder, pelo poder e com o poder, não somente "sim, eu obedeço!", mas também a acrescentar a esse ato de consentimento, frágil, mas potencialmente perigoso, um forte ato de convicção que o reforça: "eu que obedeço: eis aquilo que sou, eis aquilo que quero, eis aquilo que faço, eis aquilo que penso".[477] E nesse momento, se é certo admitir com Hobbes que a obediência constitui o imperativo da política sobre o qual se apoia o poder soberano, a subjetividade é o lugar precário, instável, movediço em que foram assentadas as bases da obediência. Contudo, nesse dinamismo, a política se torna o domínio de um permanente enfrentamento entre estratégias e táticas em luta.

Depois de tudo, à interrogação proudhoniana sobre quais forças conferiram essa permanência extraordinária ao princípio de autoridade, seria possível responder: ele tem sido transmitido ao longo dos séculos por uma variedade de regimes de verdade que serviram para justificar a autoridade e, consequentemente, a obediência, à papas, príncipes, reis, povo, às leis, ao mercado etc.

4. Governar pela economia

Percebe-se a singularidade do questionamento proudhoniano: ao se perguntar, não sobre a realidade da ideia do governo, mas acerca da sua validade, da sua procedência, seu desenvolvimento, sua economia, enfim, sobre todo um jogo no qual não estão implicadas apenas as formas do conhecimento, mas o sujeito do saber, permite interrogar quais efeitos podem ter sobre a subjetividade os discursos de verdade sobre o governo. Como, a propósito do governo, foram formadas certas práticas jurídico-políticas que implicaram a existência e o desenvolvimento de discursos verdadeiros sobre os sujeitos do poder: seus direitos, o exercício de sua soberania, os modos de ser dos governados? No volume dedicado ao Estado da sua extensa obra *De la justice*, Proudhon colocou o problema do poder governamental não a

---

[476] FOUCAULT, 2001c, p. 944.
[477] FOUCAULT, 1980, n.p.

partir da origem do governo, tampouco da sua forma ou organização, coisas que ele considerou como apenas seu suporte material; para Proudhon, é preciso questionar o governo a partir do pensamento que o anima, isto é, sua ideia ou seu regime de verdades. Pelo fato de a ideia de governo ter sido invariavelmente a repetição do preconceito de soberania, o governo tem sido sempre uma prática radicalmente oposta à justiça e sua permanência tem engendrado falsas hipóteses para a política.

A ideia de governo, ou as racionalidades governamentais, funcionam como instrumentos lógicos aos quais os povos recorrem para escrever a história da perenidade dos governos. Essas racionalidades não são arcaísmos que sobreviveram à prova dos tempos. As ideias não morrem, "elas podem então mudar de aplicação, mas guardam algo de essencial, no encaminhamento, no deslocamento, na repartição de um novo domínio. As ideias sempre voltam a servir, porque sempre serviram, mas de modos atuais os mais diferentes".[478] As racionalidades atuam programando e orientando o conjunto das condutas humanas, constituem a lógica existente tanto nas instituições, quanto no comportamento dos indivíduos e nas suas relações; elas atuam inclusive nas formações mais violentas, de maneira que o maior perigo não reside na violência de um poder, mas na sua racionalização porque é das formas de racionalidade que "a violência encontra sua ancoragem mais profunda e tira sua permanência".[479] Proudhon também viu na racionalidade governamental o elemento que arrasta em círculo os indivíduos, conferindo permanência ao princípio de autoridade:

> [...] da monarquia absoluta à monarquia constitucional, dessa a uma república oligárquica ou censitária, da oligarquia à democracia, da democracia à anarquia e da anarquia à ditadura, para logo recomeçar pela monarquia absoluta e percorrer de novo e perpetuamente a mesma escala.[480]

É significativo que Proudhon não tenha visto na economia política apenas um discurso servindo de justificação para as relações de produção, como o fez Marx, e tampouco tenha aceitado restringi-la, como pretenderam alguns economistas, no estreito e neutro círculo da produção, da circulação, dos valores, do crédito etc. Para Proudhon, a economia política

---

[478] DELEUZE; GUATTARI, 2005, p. 14.

[479] FOUCAULT, 2001c, p. 803.

[480] PROUDHON, 1869, p. 51.

se estendia ao domínio do governo: à legislação, à instrução pública, à constituição da família, às relações de autoridade e hierarquia etc.[481] A economia política não se limita apenas a coletar observações dos fenômenos de produção e distribuição das riquezas, ela também organiza uma jurisprudência por meio da qual "supõe a legitimidade dos fatos descritos e classificados".[482] Dessa forma, Proudhon percebeu que o velho princípio da soberania política das monarquias tinha sido reinvestido nesse novo campo de objetos próprios da economia política. Em outras palavras, as racionalidades do governo absolutista, que retirava as verdades do seu poder da imagem de um rei soberano, foram retomadas pela economia política para conferir nova justificativa ao exercício do poder governamental, cujas verdades serão agora legitimadas pela imagem virtuosa de um mercado espontaneamente regulado. Com a economia política irrompe o modelo de mercado que produziu, na história da governamentalidade, uma transformação bastante importante, pois fornecerá um novo domínio de práticas por meio das quais o poder governamental será exercido; a economia política forneceu ao governo novos instrumentos estratégicos.[483]

Foi nesse sentido que Proudhon criticou a economia política considerando-a não, como se costumava fazer, "como a fisiologia da riqueza", mas como "a prática organizada do roubo e da miséria; assim como a jurisprudência [...] não passa da compilação das rubricas do banditismo legal e oficial".[484] O direito que emana da economia faz "da concorrência uma guerra civil, transforma a máquina em um instrumento de morte, a divisão do trabalho em um sistema de embrutecimento do trabalhador, a taxação em um meio de extenuação do povo e da posse da terra um domínio feroz e insociável". Não há na sua jurisprudência, portanto, "outra coisa que o direito da força, direito que procede do Rei ou de Deus".[485] É como se a economia política estivesse de tal modo estruturada, de tal modo organizada para "uma sociedade na qual todos os sentimentos estão voltados para a guerra e para a desconfiança"; como se tivesse tomado um "estado de espoliação recíproca como o modelo indestrutível das leis econômicas".[486]

---

[481]   PROUDHON, 2000b, p. 149.

[482]   PROUDHON, 2003, p. 90.

[483]   FOUCAULT, M. *Naissance de la biopolitique*. Cours au Collège de France, 1978-1979. Paris: Gallimard/Seuil, 2004c. p. 35.

[484]   PROUDHON, 2003, p. 90.

[485]   PROUDHON, 1869, p. 60-61.

[486]   PROUDHON, 2000b, p. 29.

Foram essas racionalidades do campo econômico que penetraram e orientaram as práticas de governo ditas democráticas. Com isso, na série governo passou a existir dois novos termos: a concepção de uma sociedade de indivíduos similares e justapostos, sendo que "cada um dos quais sacrifica uma parte de sua liberdade para que todos possam permanecer justapostos sem lesar uns aos outros e viver juntos em paz".[487] Essa é a teoria de Rousseau que, diz Proudhon, "não é mais do que o sistema da arbitrariedade governativa".[488] Já o segundo termo emergiu "após se ter esgotado o governo de direito divino, o governo da insurreição, o governo da moderação, o governo da força, o governo da legitimidade"; para finalmente emergir um "governo dos interesses",[489] que concebeu a sociedade como uma ficção resultando do desenvolvimento espontâneo de uma massa de fenômenos e necessidades previamente presentes nos indivíduos: o *laissez-faire, laissez-passer* de tudo e de todos. Esse governo transformou a oferta e a procura em duas divindades caprichosas e ingovernáveis, "empenhadas em semear o distúrbio nas relações comerciais e o engodo nos pobres humanos".[490]

A partir disso, quando, porventura, os indivíduos questionaram: por que pretendeis reinar sobre mim e me governar? A resposta foi:

> [...] porque as faculdades individuais sendo desiguais, os interesses opostos, as paixões antagônicas, o bem particular de cada um oposto ao bem de todos, é preciso uma autoridade que sinalize os limites dos direitos e deveres, um árbitro que impeça os conflitos, uma força pública que faça executar os julgamentos do soberano".[491]

O poder continuou a ser definido, portanto, como força arbitrária que consagra a cada um o que lhe pertence; força que assegura e faz respeitar a paz. É essa percepção que se repete de maneira indefinida em todas as épocas e na boca de todos os governos:

> [...] encontráreis idêntica, invariável, nos livros dos economistas malthusianos, nos jornais da reação e na profissão de fé dos republicanos. Não existe diferença, entre todos eles, a não ser nas medidas de concessão que pretendem

---

[487] PROUDHON, 1869, p. 47.

[488] *Id.*

[489] PROUDHON, 1851, p. 50.

[490] PROUDHON, 2000b, p. 28.

[491] PROUDHON, 1979, p. 105.

> fazer à liberdade: concessões ilusórias, que acrescentam às formas de governo ditas temperadas, constitucionais, democráticas etc., um tempero de hipocrisia cujo sabor as tornam ainda mais suspeitas.[492]

Foi assim que o governo, na simplicidade de sua natureza, foi apresentado como condição absoluta e necessária de ordem: "é por ela que ele aspira sempre, e sob todas suas máscaras, ao absolutismo: com efeito, a partir desse princípio, quanto mais o governo é forte, mais a ordem se aproxima da perfeição".[493] Governo e ordem aparecem em uma relação lógica de causa e efeito. Contudo, diz Proudhon, a relação concreta e efetiva que o governo mantém com a ordem não é de causa e efeito, mas, ao contrário, uma relação "do particular ao geral". E como existem várias maneiras de conceber a ordem, "quem nos prova que a ordem na sociedade seja aquela que apraz a seus mestres de indicá-la?"[494] E todos os antagonismos de interesses e de fortuna, as oposições de propriedade e as desigualdades das faculdades, por que tudo isso deveria servir de pretexto à tirania governamental? Todos esses antagonismos constituem a chamada questão social, que o governo não sabe resolver, a não ser com golpes de cassetete e pela lâmina da baioneta: "Saint-Simon tinha razão de tornar sinônimas essas duas palavras, *governamental* e *militar*".[495] Desde o momento em que o governo se deu como princípio as verdades da economia política, não há possibilidade de manter a ordem fora da consagração da obediência. "Não há saída: antagonismo inevitável, fatal, dos interesses, eis o motivo; centralização ordenadora e hierárquica, eis a conclusão".[496]

O que era a soberania do príncipe? O direito de fazer morrer. O que é a soberania da economia política? O direito de deixar morrer. Basta olhar, por exemplo, para a fórmula e o princípio de "Malthus, que recomenda, sob as ameaças as mais terríveis, a todo homem, que não tenha para viver nem trabalho nem sustento, que *se vá* e, sobretudo, de não fazer filhos. A família, quer dizer, o amor e o pão são, da parte de Malthus, proibidos a esse homem".[497] Assim, o princípio econômico de Malthus, que os econo-

---

[492] *Id.*

[493] *Id.*

[494] *Ibid.*, p. 106.

[495] *Id.*

[496] *Ibid.*, p. 222.

[497] PROUDHON, P. J. *Idées Révolutionnaires*. Antony: éditions Tops/H. Trinquier, [1848] 1996a. p. 118

mistas tornaram dogma, é a teoria do "assassinato político", a "organização do homicídio" como equilíbrio entre população e meios de subsistência.

> Eis, portanto, qual é a conclusão necessária, fatal, da economia política [...]: morte a quem nada possui. Para melhor captar o pensamento de Malthus, traduzamo-lo em proposições filosóficas, despojando-o de seu verniz oratório: "a liberdade individual, e a propriedade que é sua expressão, são dadas na economia política; a igualdade e a solidariedade não o são. Sob esse regime, é cada um por si: o trabalho, como toda a mercadoria, está sujeito à alta e à baixa, e daí decorrem os riscos do proletariado. Todo aquele que não tiver renda nem salário não tem o direito de exigir coisa alguma dos outros: sua infelicidade recai apenas sobre ele; no jogo da fortuna a sorte apostou contra ele". Do ponto de vista da economia política essas proposições são irrefutáveis e Malthus, que as formulou com tão alarmante precisão, está ao abrigo de qualquer crítica.[498]

Além disso, tendo em vista que mesmo diante desse estado de coisas a conclusão dos economistas é a de que "tudo concorre para o bem e qualquer proposta de mudança é hostil para a economia política",[499] então, diz Proudhon, face a todas essas fantasias de comédia que são as constituições e o sufrágio universal, a revolução e as instabilidades do poder se tornam a maior das necessidades.

A economia política conservou o princípio da soberania, mas procurou pacificar esses fenômenos particularmente constantes e numerosos na história das nossas sociedades, as instabilidades políticas, que têm caracterizado toda consciência histórica do Ocidente: "Que há na história que não seja o apelo à revolução ou o medo dela?"[500] Mas também reinscreveu na política o pauperismo, o crime, a guerra, as convulsões e o despotismo, ao pretender eternizar o proletariado. A economia política, por meio das racionalidades do mercado, tornou o ato de ser governado uma operação mais complexa e mais extensa que passou a recobrir toda dimensão da vida dos indivíduos. A partir das democracias liberais, ser governado não é mais, simplesmente, ser coagido pela força a fazer tal coisa; o governo da economia invade todos os âmbitos da vida, fazendo a prática governamental multiplicar suas direções.

---

[498] PROUDHON, 2003, p. 108.
[499] *Ibid.*, p. 111.
[500] FOUCAULT, 1999a, p. 98.

> Ser governado é ser averiguado, inspecionado, espionado, dirigido, legiferado, regulamentado, confinado, catequizado, exortado, controlado, estimado, apreciado, censurado, comandado por seres que não têm nem o título, nem a ciência, nem a virtude... Ser governado é ser, a cada operação, a cada transação, a cada movimento, anotado, registrado, recenseado, tarifado, timbrado, medido, cotado, cotizado, patenteado, licenciado, autorizado, apostilado, admoestado, impedido, reformado, endireitado, corrigido. É ser, sob pretexto de utilidade pública e em nome do interesse geral, taxado, exercido, racionado, explorado, monopolizado, chantageado, pressionado, mistificado, roubado; em seguida, à menor resistência, à primeira palavra de queixa, reprimido, multado, vilipendiado, vexado, caçado, brutalizado, abatido, desarmado, garroteado, aprisionado, fuzilado, metralhado, julgado, condenado, deportado, sacrificado, vendido, traído e, como se não bastasse, satirizado, ridicularizado, ultrajado, desonrado. Eis o governo, eis sua justiça, eis sua moral! E dizer que exista entre nós, democratas que pretendem que o governo contenha o bem; socialistas que desejam, em nome da liberdade, da igualdade e da fraternidade, essa ignomínia; proletários que colocam sua candidatura à presidência da república! Hipocrisia!...[501]

Na exaustiva descrição de Proudhon sobre o que é ser governado, não está em questão o poder do Estado, mas o poder do governo. Significativamente, Proudhon elaborou uma definição incrivelmente polissêmica do poder governamental: é um poder que averigua, que controla, que exorta, que mede e corrige; é um poder que taxa, explora e rouba; e é um poder que reprime, aprisiona e fuzila. Ou seja, indexado às razões da economia política, descentralizado e disseminado pela sociedade pelas exigências do mercado, o poder governamental pode ser uma prática ao mesmo tempo positiva e negativa, produtiva e destrutiva, estratégica e violenta. Foi desse poder governamental que Proudhon se declarou inimigo: "Aquele que colocar as mãos sobre mim para me governar, é um usurpador, um tirano. Eu o declaro meu inimigo".

A crítica anarquista de Proudhon revela a pertinência de um estudo das relações de poder realizado fora dos reducionismos e determinismos provocados pelas análises centradas no Estado. Embora os Estados nacionais tenham sido constituídos por meio de um longo e complexo processo

---

[501] PROUDHON, 1979, p. 248.

de pacificação interna de territórios, de monopólio do uso legítimo da violência, de taxações etc. Processos que impuseram crenças comuns, um cenário comum de leis e de autoridade legal, certo índice de literatura e de linguagem e até mesmo um sistema estável e contínuo de tempo e espaço. Contudo, apesar de toda complexidade desse processo de constituição dos Estados, a imagem comumente encontrada na literatura especializada da ciência política, é a de um Estado:

> [...] tomado como um ator relativamente unificado, composto de diplomacia e de exército perseguindo interesses geopolíticos e de um sistema interno de autoridade. Na realidade, as teorias do Estado nas ciências sociais assumem essa unidade quando se empenham em descobrir as fontes do poder do Estado e a base de sua legitimidade. Teorias democráticas, liberais, pluralistas, elitistas, marxistas e feministas do Estado colocam essas mesmas questões de maneiras diferentes. Portanto, a fonte do poder pode ser variavelmente identificada no povo, nos indivíduos, nas elites, nas relações de produção, no patriarcado. Aqueles que detêm o poder serão o povo, as elites, a classe dominante, o homem etc., e a legitimidade de sua ordem estará assentada sobre a lei, a classe hegemônica, a ideologia dominante, o consenso dos governados, a cultura patriarcal etc.[502]

São análises cujo foco recai sobre o problema da soberania e da relação entre soberano e sujeito e que se propõem a examinar a legitimidade do soberano, as bases da autoridade e do direito e, a partir disso, estabelecer os fundamentos da soberania, que serão encontrados no direito divino, ou na ordem da lei, ou na ordem do povo; as bases da autoridade soberana serão estabelecidas na fé, ou no contrato, ou na ideologia. Em todo caso, a personagem central desses edifícios teóricos é o poder soberano: a invariável personagem do rei frente a qual, como observou Foucault, todas essas teorias se colocam, fundamentalmente, seja como servidores, seja como adversários.[503]

O mesmo pode ser dito do marxismo. Assim como a teoria liberal ou jurídica do poder, o marxismo sofre do que Foucault chamou de economismo na sua teoria do poder. Enquanto na teoria liberal o poder aparece como um direito que o indivíduo cede para constituir a soberania política, por meio de uma operação jurídica que estabelece analogia

---

[502] DEAN, 1999, p. 24.
[503] FOUCAULT, 1999a, p. 30.

entre poder e riqueza, a análise marxista estabelece uma funcionalidade econômica do poder, em que o poder teria como função essencial garantir e perpetuar determinadas relações de produção e, consequentemente, dominações de classe.

> Em linhas gerais, se preferirem, num caso, tem-se um poder político que encontraria, no procedimento da troca, na economia da circulação dos bens, seu modelo formal; e, no outro caso, o poder político teria na economia sua razão de ser histórica, e o princípio de sua forma concreta e de seu funcionamento atual.[504]

Tentei mostrar como a análise de Proudhon escapa desses modelos teóricos, na medida em que nela o que está em questão é menos o nome, a forma ou a origem do governo, do que o próprio princípio de autoridade. Não é, portanto, a delimitação formal ou jurídica do poder sob a forma do governo, seja ele qual for, mas é o princípio de autoridade, como dimensão factual e constituinte do exercício do poder governamental, que deve servir de grade para a inteligibilidade das relações de poder.

> A autoridade é para o governo isso que o pensamento é para a palavra, a ideia para o fato, a alma para o corpo. A autoridade é o governo em seu princípio, como a autoridade é o governo em seu exercício. Abolir um ou outro, se a abolição é real, é destruí-los ao mesmo tempo; pela mesma razão, conservar um ou outro, se a conservação é efetiva, é manter ambos.[505]

Foi nesses termos que Proudhon recusou as teorias da soberania, vendo no rousseaunismo de sua época não a proposta de um governo popular, mas a velha autoridade soberana reinvestida sob uma nova forma governamental. Nessa mesma direção, Foucault mostrou a teoria da soberania, datada da Idade Média, mas reativada do direito romano, desempenhando quatro papéis. O primeiro deles foi a justificação do poder das monarquias de tipo feudal; depois, serviu de instrumento e justificação para a constituição das grandes monarquias administrativas; em seguida, a partir dos séculos XVI e XVII, circulou indiscriminadamente nas mãos das forças em conflito nas guerras de religião, tanto para a limitação quanto para o fortalecimento do poder régio: católicos monarquistas ou

---

[504] *Ibid.*, p. 20.
[505] PROUDHON, 1979, p. 85.

protestantes antimonarquistas, protestantes mais ou menos liberais ou católicos regicidas etc. Para finalmente, diz Foucault:

> [...] no século XVIII, é sempre essa mesma teoria da soberania, reativada do direito romano, que vocês vão encontrar em Rousseau e em seus contemporâneos, com um outro papel, um quarto papel: trata-se naquele momento de construir, contra as monarquias administrativas, autoritárias e absolutas, um modelo alternativo, o das democracias parlamentares. E é este papel que ela ainda representa no momento da Revolução.[506]

Retomando o fio desse raciocínio, seria preciso dar à teoria da soberania um "quinto papel", dessa vez desempenhado pelo marxismo e pela social-democracia no século XIX, por meio do qual fizeram funcionar no interior do socialismo os mesmos mecanismos de poder que a burguesia tinha instaurado com o sistema representativo. Como sugeriu Hindess, liberalismo, socialismo e democracia, se considerados a partir de suas reflexões sobre o poder, podem ser compreendidos como simples variações sobre o mesmo tema governamental.

> A presença de figuras vistas como realidades naturalmente ou historicamente dadas, ou como artefatos que ainda não estão completamente realizados, é um aspecto onipresente da vida política: veja-se o estatuto da "nação" ou do "povo" no discurso nacionalista, ou da 'classe trabalhadora' no marxismo e em muitos outros socialismos.[507]

Foi a partir dessas diferentes formas estatutárias, que Hindess chamou ontológicas, que são fixados o caráter e os limites da legitimidade governamental, e definidos os objetivos para uma variedade de projetos governamentais. Portanto, o que permeia figuras como nação, povo, classe, proletariado etc., é ainda o mesmo tipo de estatuto ontológico da comunidade de indivíduos livres, erroneamente atribuído apenas ao liberalismo. Segundo Hindess, essas diferentes figuras ontológicas jogaram um papel importante tanto na democracia, na social-democracia, quanto nos diferentes tipos de socialismo.

> Na realidade, os projetos políticos mais influentes da modernidade foram articulados em torno de coletividades que

---

[506] FOUCAULT, 1999a, p. 41-42.
[507] HINDESS, 1993, p. 301.

> são tratadas em certos contextos como sendo realidades natural ou historicamente dadas, e em outros como artefatos presentes e incompletos a serem realizados – "nação", "povo", "classe trabalhadora" e "mulher" são os exemplos mais familiares.[508]

Dessa forma, a figura "liberal" da comunidade de indivíduos livres, compreendida como um dado potencialmente presente e não realizado, foi assimilada por essas outras representações de comunidade política. Em todas elas, o governo é compreendido como capaz de operar legitimamente com o consenso desses indivíduos livres que formam os sujeitos do poder: é a teoria da soberania "procurando reconciliar o governo dos outros com a ideia do indivíduo como sendo naturalmente livre".[509]

Tomar liberalismo, socialismo e democracia como variações do tema governamental pode ajudar a compreender a adesão explícita do socialismo, a partir do pós-Segunda Guerra, às racionalidades da governamentalidade liberal. Como mostrou Foucault, essa adesão, de certo modo, já estava historicamente dada, na medida em que aquilo que provocou o estrangulamento tático do marxismo nos anos posteriores à Segunda Guerra tinha seu indício, em grande medida, em uma espécie de ausência constitutiva do marxismo. Para Foucault, melhor que perceber no marxismo a ausência de uma análise do poder e uma insuficiência na sua teoria do Estado, o que seria preciso dizer é que:

> [...] falta ao socialismo não tanto uma teoria do Estado, mas uma razão governamental, uma definição disso que seria no socialismo uma racionalidade governamental, quer dizer, uma medida razoável e calculável da extensão das modalidades e dos objetos da ação governamental.[510]

O que o socialismo possui é uma racionalidade histórica, uma racionalidade administrativa, talvez uma racionalidade econômica, mas não existe no socialismo uma governamentalidade autônoma, não há nele racionalidades governamentais. Assim, para a concepção política tal como encontrada no socialismo, quer dizer, para o projeto político que tem por fim alcançar um regime econômico completamente diferente, aceitando mais ou menos os jogos políticos presentes, era inevitável, quando esse

---

[508] *Ibid.*, p. 308.

[509] *Ibid.*, p. 304.

[510] FOUCAULT, 2004c, p. 92-93.

projeto fosse chamado a ser estabelecido, não lançar mão do tipo de governamentalidade que se lhe apresentasse melhor.

> O socialismo, com efeito, e a história o mostrou, não pode ser colocado em funcionamento a não ser conectado sobre tipos de governamentalidades diversas. Governamentalidade liberal e, nesse momento, o socialismo e suas formas de racionalidade jogam o papel de contrapeso, de corretivo, de paliativo a seus perigos interiores. [...] Ele foi visto, pode-se vê-lo ainda, funcionando em governamentalidades saídas, sem dúvida, disso que chamamos no último ano, vocês lembram, "Estado de polícia" [...]; nesse momento, nessa governamentalidade do Estado de polícia, o socialismo funciona como a lógica interna de um aparelho administrativo. Talvez existam ainda outras governamentalidades sobre as quais o socialismo foi conectado. Pode ser. Mas, em todo caso, não creio que exista, até o momento, uma governamentalidade autônoma do socialismo.[511]

Por essa ausência constitutiva de governamentalidade, por ter sempre funcionado a partir de uma governamentalidade exterior, estranha, seria preciso, segundo Foucault, parar de acusar o socialismo de ter traído seus princípios ou de ter falseado sua realidade. Não é em termos de verdadeiro ou falso que é preciso abordar o socialismo, mas é necessário lhe perguntar: "qual é, portanto, essa governamentalidade necessariamente extrínseca que te faz funcionar, e no interior da qual somente podes funcionar?".[512] Diferentemente do socialismo, o anarquismo não se configurou como variação do tema governamental, precisamente porque jamais cessou de funcionar como contradiscurso, de opor sua crítica contra o poder governamental.

Como tentei mostrar na primeira parte deste livro, a perspectiva agonística constitui um dos inúmeros pontos de contato existentes entre o pensamento de Michel Foucault e daquele que é, certamente, o mais importante teórico do anarquismo, Pierre-Joseph Proudhon. Sugeri algumas aproximações, certas alianças conceituais entre os dois autores com o propósito de contribuir para a renovação e retomada de um pensamento que, durante muito tempo, foi considerado incapaz de teoria e relegado ao campo empírico da investigação política. Em relação à Teoria Política, o anarquismo sempre ocupou a posição de objeto empírico localizado em

---

[511] *Ibid.*, p. 93-94.

[512] *Ibid.*, p. 95.

um estágio anterior ou inferior à teoria, isto é, objeto pré-teórico ainda que digno de análise. Uma posição que deve ser abandonada. Mas também, de outro lado, seria perfeitamente plausível afirmar que na analítica do poder proposta por Michel Foucault, além do que ele chamou de "hipótese Nietzsche", seria possível afirmar a existência de uma "hipótese Proudhon", o que permitiria abrir novas potencialidades teóricas para um autor que, não obstante ter elaborado uma das críticas mais radicais das relações de poder em nossa atualidade, tem servido a propósitos normativos profundamente opostos ao seu pensamento. Em suma, tentei demonstrar, no fundo, o quanto pode ser profícua e inovadora uma leitura anárquica de Foucault e, vice-versa, uma leitura foucaultiana do anarquismo.

PARTE II.

ERRICO MALATESTA: POLÍTICA E ANARQUIA

CAPÍTULO 1

PODER, DOMINAÇÃO, ORGANIZAÇÃO

1. Questões de sentido

Na segunda metade do século XIX, um dos problemas maiores sobre o qual se debruçou Proudhon foi o de fazer reaparecer a racionalidade governamental e as práticas do princípio de autoridade operando em múltiplos domínios, entre eles, a economia política. As estratégias contra as quais Proudhon se opôs foram as teorias do contrato e suas categorias de vontade geral, sufrágio universal, igualdade política, direitos constitucionais etc. Veremos agora como, entre o final do século XIX e começo do XX, um dos grandes problemas sobre o qual se dedicou Malatesta foi o do princípio da organização e suas conexões com a dominação política. Ocorre, nessa época, uma transformação nas relações de poder provocada pela crise da governamentalidade, articulada em torno da noção de igualdade política implícita ao contrato social. Nessa articulação, o registro político e o registro econômico apareciam em oposição flagrante, na medida em que se tornava evidente, na operacionalização da teoria do contrato social, a anulação mútua que os termos soberano e assalariado provocam um ao outro. Com isso, as críticas contra as teorias do contrato social, feitas na segunda metade do século XIX, sobretudo por Benjamin Constant, são assimiladas pelas escolas do direito social a partir do final desse século. Pela primeira vez na história, ocorre uma tentativa de neutralização política da questão social a partir das práticas de organização popular. Em outras palavras, a organização é assimilada como tecnologia da racionalidade governamental que deveria ser aplicada para reduzir os antagonismos sociais, suscitados pelas reivindicações populares e que colocavam Estado e indivíduo em um face a face. Essa problemática da organização como estratégia de dominação atravessou todo o século XX, passou do socialismo ao fascismo e constituiu uma das maiores inquietações de Malatesta.

Contudo, antes de apresentar essa discussão é preciso adotar algumas precauções de método para compreender esses dois termos, poder e dominação, no interior do vocabulário empregado por Malatesta, bem como a semântica particular a qual remete. Trata-se de um aspecto bastante importante no que concerne aos estudos anarquistas. Michaël Confino chamou atenção para a tendência dos diferentes grupos sociais de criarem seu próprio vocabulário, seja forjando novas palavras ou atribuindo novos significados às palavras em uso. Esse processo de ressemantização é especialmente acentuado entre os anarquistas, na medida em que:

> [...] experimentam a necessidade de "traduzir" certos aspectos de sua ideologia em uma linguagem (falada ou escrita) que, guardando sua especificidade, esteja ao alcance de todos. A particularidade do seu vocabulário (de seu "dialeto social e político") é que não se trata de um jargão incompressível para as "massas" e para os diversos meios sociais aos quais se dirigem. As palavras e expressões que inventam, adaptam ou emprestam não são signos secretos, herméticos para ouvidos estranhos; não constituem um código; é possível detectar que aquele que usa esse vocabulário é um anarquista, mas compreende-se igualmente o que diz, o que fala ou escreve.[513]

Não sendo um jargão para iniciados, as invenções verbais dos anarquistas desafiam a compreensão dos termos, podendo provocar uma confusão no sentido das noções utilizadas até mesmo entre os mais experientes pesquisadores. Foi o caso de Todd May que, como já mencionamos, viu na concepção de poder dos anarquistas a imagem de uma força repressiva que opera sufocando e eliminando ações, eventos e desejos com os quais entra em contato. Mas como força repressiva, quando se coloca a questão sobre quando o exercício do poder seria legítimo e quando não o seria, então, diferentemente dos liberais e marxistas, para os anarquistas o poder não seria jamais legítimo porque destrói a natureza humana. Segundo May, esse seria o "núcleo duro" do projeto anarquista: a suposição de uma natureza ou essência humana considerada boa e dotada dos caracteres necessários para a convivência conforme a anarquia. A partir disso, May conclui que se "os anarquistas tivessem uma ideia diferente de poder, se o vissem não somente como repressivo, mas também como produtivo:

---

[513] CONFINO, M. Idéologie et sémantique: Le vocabulaire politique des anarchistes Russes. *Cahiers du monde russe et soviétique*, v. 30, n. 3-4, p. 255-284, 1989. p. 258.

o poder não somente reprimindo ações, eventos e indivíduos, mas ao mesmo tempo produzindo-os",[514] nesse caso, a crítica anarquista, por ter característica principal a negação do poder em seu complexo, não teria sido possível. Consequentemente, não teria sido possível ao anarquismo justificar sua resistência radical ao poder. Em outras palavras, aquilo que separa a crítica do poder anarquista daquela liberal e marxista, é precisamente o elemento que a torna condenável.

Essa indiferenciação das relações de poder mencionada por May, que induz uma rejeição global do seu exercício e implica a suposição de uma natureza humana, não procede do anarquismo, especialmente do anarquismo de Malatesta. Como se sabe, é possível encontrá-la nas célebres análises que Max Weber realizou da dominação. Assim, ao que parece, Todd May teria tomado o conteúdo semântico do vocabulário weberiano e, em seguida, o teria imputado ao anarquismo sem maiores considerações, fazendo-o definir o poder como uma realidade simplesmente negativa que opera por meio da violência.

No debate sobre dominação, como se sabe, as interpretações de Weber ganharam grande importância e forneceram muitas das referências por meio das quais se convencionou pensar sobre o tema. Weber, ao estabelecer a distinção entre poder e dominação, definiu o poder como "a probabilidade de uma pessoa ou várias impor, numa ação social, a vontade própria, mesmo contra a oposição de outros participantes desta".[515] A partir da sua definição de poder, Weber distinguiu a dominação como sendo "um caso especial do poder" e como "um dos elementos mais importantes da ação social".[516] Embora nem toda ação social implique dominação Weber afirma que, na maioria das suas formas, a dominação desempenha um papel fundamental, até mesmo naquelas formas de ação social em que se supõe a ausência de quaisquer relações de dominação, como em uma comunidade linguística. A promoção de um dialeto a idioma oficial contribui decisivamente para desenvolver grandes comunidades linguístico-literárias homogêneas; esse processo ocorre frequentemente em virtude de uma dominação política. Mais evidente ainda é a dominação exercida na escola, que busca fixar, de maneira profunda e definitiva, as formas e a preponderância de determinado idioma oficial. Em suma, diz Weber:

---

[514] MAY, 1998, p. 86.

[515] WEBER, M. *Economia e Sociedade*. Fundamentos da Sociologia Compreensiva. Vol. 2. Tradução: Regis Barbosa e Karen E. Barbosa. Brasília: UNB, 1999. p. 175.

[516] *Ibid.*, p. 187.

> Todas as áreas da ação social, sem exceção, mostram-se profundamente influenciadas por complexos de dominação. Num número extraordinariamente grande de casos, a dominação e a forma como ela é exercida são o que faz nascer, de uma ação social amorfa, uma relação associativa racional, e noutros casos, em que não ocorre isto, são, não obstante, a estrutura da dominação e seu desenvolvimento que moldam a ação social e, sobretudo, constituem o primeiro impulso, a determinar, inequivocamente, sua orientação para um "objetivo".[517]

A dominação pode assumir múltiplas formas. Ela se instala na lei, que garante os direitos individuais, tornando-a um instrumento de "descentralização da dominação nas mãos dos 'autorizados' pela lei".[518] Assim, o trabalhador de posse de um poder de mando legal frente ao empresário, exerce dominação na sua pretensão salarial, igualmente como fazia o antigo funcionário diante do rei. Enfim, Weber deu à dominação uma extensão bastante ampla: podendo se desenvolver nas relações sociais de salão, como nas relações sociais de mercado, em uma cátedra universitária, um regimento militar, uma relação erótica ou caritativa. As relações de dominação são onipresentes e generalizadas. Apesar disso, Weber reconheceu dois tipos de dominação, e os considerou radicalmente opostos: a dominação em virtude de uma constelação de interesses e a dominação em virtude de uma autoridade. Mas são dois tipos de dominação que, ao longo da história, não cessaram de estabelecer entre si transições graduais das quais resultaram, por exemplo, os desenvolvimentos que levaram, efetivamente, da dependência por dívidas à escravidão formal durante a Antiguidade e a Idade Média, ou da dependência do artesão em relação ao comerciante, ou do operário moderno em relação ao industrial.

> E, a partir daí, outras transições graduais conduzem até a situação de um empregado de escritório, técnico ou trabalhador, recrutado no mercado de trabalho com base em um contrato de troca, com "igualdade de direitos" formal, na qual este aceita, do ponto de vista formal, "voluntariamente", as condições "oferecidas" e passa a trabalhar numa oficina cuja disciplina não se distingue, em sua essência, daquela de um escritório estatal e, no caso extremo, de uma instituição militar.[519]

---

[517] *Id.*

[518] *Ibid.*, p. 188.

[519] *Ibid.*, p. 190.

Foi nesse sentido que Weber justificou a dominação funcionando a partir do "fluxo ininterrupto dos fenômenos reais". A oposição que adotou entre dominação por "compromissos de interesses" e dominação como "dever puro e simples de obediência" teve por finalidade apenas operar "distinções úteis" na análise, ou seja, foi somente no plano de sua conceituação sociológica que a dominação foi considerada em oposição direta às situações dos interesses de mercado. A dominação que resulta do próprio interesse dos indivíduos é oposta à dominação de um poder de mando autoritário unicamente no plano da teoria e somente para operar distinções na conceituação sociológica de Weber. Em todo caso, as relações de dominação são sempre idênticas entre si.

> Por "dominação" compreenderemos, então, aqui, uma situação de fato, em que uma vontade manifesta ("mandato") do "dominador" ou dos "dominadores" quer influenciar as ações de outras pessoas (do "dominado" ou dos "dominados"), e de fato as influencia de tal modo que estas ações, num grau socialmente relevante, se realizam como se os dominados tivessem feito do próprio conteúdo do mandato a máxima de suas ações ("obediência").[520]

Weber sustentou a existência de numerosas formas de transição entre o sentido amplo de dominação (de salão, do mercado, erótica etc.) com esse conceito mais estreito de dominação relacionada a um poder de mando autoritário. Com isso, as relações de domínio se estendem até mesmo a uma transação entre um sapateiro e seu cliente, na medida em que, "num setor *parcial*", um dos dois terá influenciado a vontade do outro e a terá dominado, mesmo contra sua resistência. Nessa generalização, o único cuidado a ser tomado é o de que esse exemplo dificilmente serviria para a construção de um conceito preciso da dominação. Apesar disso, diz Weber,

> [...] por nossa parte, atribuiremos "dominação" ao prefeito de aldeia, juiz, banqueiro e artesão, sem diferença, e *somente* quando estes exigem e (num grau socialmente relevante) também encontram "obediência" para seus mandatos, puramente como tais. Temos que aceitar que obtemos um conceito razoavelmente útil, quanto à extensão, somente mediante a referência ao "poder de mando", por mais que

---

[520] *Ibid.*, p. 191.

> caiba admitir que também neste caso, na realidade da vida, tudo é "transição".[521]

Uma das críticas à análise de Weber está no fato dele ter tomado o poder como um fenômeno quantitativo, em analogia com um tipo de poder elétrico ou poder de um motor, ou seja, como "uma capacidade quantitativa que pode ser colocada para operar em uma variedade de objetivos".[522] Assim, os indivíduos empregariam poder sobre coisas e pessoas, mas nesse último caso, essa concepção de poder como capacidade implicaria que a vontade dos que têm mais poder naturalmente prevaleceria sobre a vontade dos que têm menos poder. Foi por essa razão que, segundo Hindess, Weber definiu o poder como probabilidade de impor a própria vontade. Contudo, nessa concepção do poder como capacidade, ao considerar a existência de relações desiguais entre esses que empregam poder para alcançar seus objetivos e aqueles que sofrem seus efeitos, o poder tende a figurar, com muito mais razão, como instrumento de dominação que perpassa globalmente as relações sociais. Outro aspecto da análise weberiana é, talvez, a consequência mais direta dessa concepção do poder como capacidade quantitativa: se o poder é efetivamente um fenômeno quantitativo, consequentemente seu alto grau de eficácia estaria naquelas formações nas quais o poder se encontra de forma sempre mais concentrada. Disso deriva que, na análise de Weber, o Estado aparece como a forma mais racional de dominação, em detrimento de outras formas menores e, sobretudo, provocando a eliminação dos elementos de dominação que poderiam conter as relações de poder derivadas dos compromissos e dos interesses, consideradas radicalmente opostas à dominação do tipo de poder de mando autoritário. Foucault[523] também notou que a análise weberiana em termos de racionalização toma a realidade da dominação, com suas pequenas racionalidades dispersas e descontínuas, para constituí-la como regra universal de conduta: a dominação aparece como uma espécie de unidade lógica ligando elementos antes disparatados ou que, pelo menos, não estavam forçosamente implicados, transformando-os em uma unidade indefectível e indissociável. Dessa forma, a dominação do Estado aparece como uma figura coerente e dotada de uma lógica interna que radicaliza fenômenos locais, sistematiza comportamentos dispersos

---

[521] *Ibid.*, p. 192. Grifos do autor.

[522] HINDESS, 1996, p. 2.

[523] FOUCAULT, 1981, n.p.

e intensifica movimentos tendenciais, para constituí-los sob a forma de uma racionalização ideal representada pelo Estado.

A análise weberiana, como indicou Hindess, foi incorporada ao conceito de hegemonia em Gramsci, segundo o qual o poder da burguesia nas sociedades de capitalismo avançado é descrito a partir de uma combinação de coerção e consenso.

> O consenso das classes populares para a ordem burguesa é possível, na visão de Gramsci, simplesmente porque elas não perceberam seu interesse na eliminação da dominação capitalista. Em outras palavras, as classes populares consentem com uma ordem que não compreendem corretamente.[524]

É um tipo de análise insuficiente porque, segundo Foucault, provoca "um impasse em relação a todos os mecanismos reais de assujeitamento".[525] Um aspecto que pode ser percebido no que Levy[526] chamou "ideologia produtivista" no pensamento de Gramsci e consiste em aceitar o taylorismo como um método de incrementação da produção, passível de ser descontextualizado do capitalismo e, consequentemente, aplicável em outros contextos políticos, entre eles o socialista ou comunista. Gramsci defendeu a aplicação do taylorismo na Rússia leninista com a justificativa de que o pós-guerra, em virtude do elevado desaparecimento de homens, colocou a necessidade de novos métodos de racionalização do trabalho, que por sua vez exigiam "uma rígida disciplina dos instintos sexuais (do sistema nervoso), isto é, um reforço da família em sentido amplo [...] da regulamentação e estabilidade das relações sexuais".[527] Assim, Gramsci reprovava em Trotsky a sua vontade demasiadamente resoluta de dar supremacia à indústria e aos métodos industriais unicamente por meio de meios coercitivos e exteriores. "As suas preocupações eram justas, mas as soluções práticas estavam profundamente erradas".[528] Para Gramsci, o princípio da coerção no ordenamento da produção e do trabalho era justo, porém não devia assumir o modelo militar. Por essa razão, preferia o puritanismo americano como alternativa.

---

[524] HINDESS, 1996, p. 6.

[525] FOUCAULT, 1980, n.p.

[526] LEVY, C. *Gramsci and the Anarchists*. Oxford: Berg, 1999.

[527] GRAMSCI, A. *Obras Escolhidas*. Vol. II. Tradução: Manuel B. da Cruz. Lisboa: Editorial Estampa, 1974. p. 163-164.

[528] *Ibid.*, p. 165.

> Na América a racionalização do trabalho e o proibicionismo estão sem dúvida ligados: os inquéritos dos industriais sobre a vida íntima dos operários, os serviços de inspeção criados por algumas empresas para controlar a "moralidade" dos operários, são necessidades do novo método de trabalho. Rir dessas iniciativas (se bem que tenham falido), e ver nelas apenas uma manifestação de "puritanismo", é negar qualquer possibilidade de compreender a importância, o significado e o *alcance objetivo* do fenômeno americano, que é também o maior esforço coletivo até hoje verificado para criar, com inaudita rapidez, e com uma consciência do fim jamais vista na história, um novo tipo de trabalhador e de homem.[529]

Mas além do marxismo gramsciniano, a generalização weberiana das relações de dominação foi especialmente incorporada pela Teoria Crítica. Como notou Hindess, tanto Weber quanto a Teoria Crítica apresentam:

> [...] a imagem de uma racionalidade instrumental como uma visão de mundo que tem se espalhado como praga por toda parte, principalmente nas áreas institucionais das sociedades ocidentais. Sucede nos vários discursos de seus representantes que o mundo é tomado como um campo de ação instrumental, como amplo sintoma de uma infecção provocada por uma visão de mundo ou por uma orientação da racionalidade instrumental em geral.[530]

Na mesma direção Miller afirma que um dos traços elementares da Teoria Crítica é a combinação de uma "radicalização da análise weberiana, e sua crítica da dominação racional, com uma modernização do materialismo histórico, ao substituir a atenção dada à economia para a esfera cultural".[531] Essa intersecção de análises weberianas e marxistas produziu uma extensa literatura que ainda desfruta de enorme reconhecimento em nossos dias. Contudo, diz Miller, "como análise do poder, a Teoria Crítica resultou em um projeto profundamente restrito, empenhada no esforço de elaborar uma noção de subjetividade essencial".[532] A radicalização das análises de Weber pela Teoria Crítica consistiu na manutenção persistente da crítica à dominação racional, na descrição do capitalismo como "promotor, fundamentalmente, da racionalização de todas as esferas da

---

[529] *Ibid.*, p. 166. Grifos do autor.
[530] HINDESS, 1996, p. 147.
[531] MILLER, 1987, p. 9.
[532] *Id.*

vida social", e na suposição de uma subjetividade essencial como medida para a extensão dos padrões de dominação.[533]

Foi dessa maneira que a análise weberiana da dominação tornou--se um paradigma amplamente utilizado por diversas teorias políticas contemporâneas. Coisa que não ocorreu com o anarquismo. Embora Weber tenha conhecido de perto, até mesmo simpatizado, com as ideias anarquistas – o sociólogo alemão teria dado dois cursos, em 1895 e 1898, sobre a história do movimento operário no qual Proudhon é apresentado como "um dos escritores socialistas mais brilhantes e enérgicos"[534] –; e embora tivesse convivido com círculos anarquistas e entre eles feito muitos amigos, especialmente durante sua estadia em Ascona, na Suíça, entre 1913 e 1914, uma vila de pescadores localizada na famosa região de Tessino, com fronteira para a Itália, local que atraiu vários nomes do anarquismo e outros revolucionários conhecidos internacionalmente, como Kropotkin, Malatesta, Bakunin e Mazzini.[535] Contudo, não seria possível atribuir ao anarquismo, especialmente de Errico Malatesta, a compreensão weberiana da dominação.

Entre os amigos de Weber com inclinação anarquista, o mais ilustre foi certamente Robert Michels; depois de passar pelo Partido Socialista Italiano, Michels teria frequentado o ambiente do sindicalismo revolu-cionário na Itália e França, tendo experimentado profunda admiração pelos seus adeptos e manifestado, em relação a eles, um eloquente elogio.

> Encontramos entre os chefes da anarquia muitos sábios, cultos e modestos, que não perderam o sentido da verdadeira amizade e sentem um prazer em cultivá-la e preservá-la: homens sinceros e grandes almas, esses Pierre Kropotkine, Elisée Reclus, Christian Cornelissen, Enrico Malatesta e tantos outros menos conhecidos.[536]

Entretanto, o relevante a se perceber na amizade entre os dois soció-logos alemães são, não suas concordâncias, mas suas divergências, porque servem para revelar a distância do conceito weberiano de dominação daquele utilizado pelos anarquistas. Após concluir seu clássico estudo *Sociologia dos partidos políticos*, Michels envia um exemplar para seu amigo

---

[533] *Id.*

[534] LÖWY, M. Max Weber y el anarquismo. *Estudios sociológicos*, v. 42, p. 1-18, 2024. p. 5.

[535] WHIMSTER, S. Introduction to Weber, Ascona and Anarchism. In: WHIMSTER, S. (org.) *Max Weber and the Culture of Anarchy*. Londres: Palgrave, 1999. p. 8.

[536] MICHELS, R. *Sociologia dos partidos políticos*. Tradução: Arthur Chaudon. Brasília: UNB, 1982. p. 213-214.

Weber, a quem ele faz uma dedicação; este, por sua vez, lhe responde, em dezembro de 1910, por meio de carta bastante elogiosa, mas também rigorosamente crítica.

> [...] o conceito de "dominação" não é *unívoco*. É extraordinariamente extensível. *Toda* relação humana, mesmo completamente individual, contém elementos de *dominação*, talvez recíprocos (propriamente a *regra*, por exemplo, do *casamento*). Em um certo sentido, *o sapateiro me domina*, em outro sentido, *eu o domino – apesar do* seu caráter indispensável e da sua competência única. Vosso esquema é demasiado *simples*.[537]

O núcleo da crítica de Weber, sugeriu Mommsen, pode ser visto como "diametralmente oposto às raízes de Michels no anarcossindicalismo, na medida em que Weber declarou a ideia de uma ordem social livre de dominação – qualquer que seja – como inconcebível".[538] Essa discordância entre os dois sociólogos é importante por revelar que a maneira como Malatesta compreendeu a dominação vai em direção completamente diferente daquela apresentada por Weber – mas também por Michels.

Malatesta emprega a palavra governo para designar o que seria, propriamente falando, autoridade política. Nesse sentido, governo é utilizado como sinônimo de dominação, de Estado. Consequentemente, o termo política deve ser compreendido também nessa direção: a política designa um domínio de objetos relacionados ao exercício do poder governamental. Percebe-se, portanto, o uso fundamentalmente estreito que Malatesta, e talvez o anarquismo, deu à palavra governo: não o governo no sentido amplo como governo da família, governo das crianças, governo das consciências, governo da casa, de uma comunidade etc., mas governo em sentido estrito como o exercício da soberania política. Foi nesse sentido que Malatesta definiu a anarquia como:

> [...] *sociedade organizada sem autoridade*, entendendo-se por autoridade o poder de impor a própria vontade, e não o fato inevitável e benéfico de quem conhece e sabe fazer uma coisa, consegue mais facilmente ter aceita sua opinião

---

[537] WEBER, M. Max Weber à Robert Michels, dêcembre 1910. *In:* MICHELS, R. *Sociologie du parti dans la démocratie moderne.* Tradução: Jean-Christophe Angaut. Paris: Gallimard [ebook], 2015. n.p. Grifos do autor.

[538] MOMMSEN, W. Robert Michels and Max Weber: Moral Conviction versus the Politics of Responsibility. *In:* MOMMSEN, W.; OSTERHAMMEL, J. (org.) *Max Weber and his Contemporaries.* Londres: Routledge, 2010. p. 130-131.

e serve de guia, nessa determinada coisa, para os menos capazes que ele.[539]

Portanto, o que é próprio da autoridade governamental é o "poder de impor a própria vontade"; outra coisa é essa capacidade, "fato inevitável e benéfico", advinda de um saber-fazer, de uma competência, de uma habilidade. Governar significa exercer o poder da autoridade política que é um ato de impor ao outro a própria vontade. Nesse sentido, Malatesta, semelhante a Weber, definiu o governo como dominação, mas diferente dele Malatesta distinguiu dominação de outras formas de determinação do comportamento, por exemplo, aquelas por meio de um saber-fazer que seria da ordem da aptidão. A esse propósito, diz Malatesta:

> [...] fala-se frequentemente de autoridade e de autoritarismo. Mas seria preciso entender-se. Contra a autoridade encarnada no Estado, na qual o único objetivo é o de manter a escravidão econômica no seio da sociedade, nós protestamos de todo coração e não deixaremos jamais de nos rebelar. Mas existe também uma autoridade simplesmente moral que deriva da experiência, da inteligência e do talento e, por mais anarquistas que sejamos, não existe ninguém entre nós que não a respeite.[540]

Mais significativa foi a definição elaborada por Malatesta para o panfleto de propaganda extremamente difundido, e de forte inspiração proudhoniana, intitulado *A anarquia*. Publicado primeiramente em 1884, nas páginas de *La Questione Sociale*, jornal dirigido por Malatesta primeiro em Florença e depois em Buenos Aires, o anarquista italiano demonstra nesse escrito uma lucidez extraordinária. Segundo Malatesta, os anarquistas entendem pela palavra Estado [*Stato*] um conjunto de instituições destinadas a subtrair ao povo "a administração dos seus próprios negócios, a direção da sua própria conduta, o cuidado da sua própria segurança".[541] Em outras palavras, o Estado tolhe os indivíduos disso que lhes é próprio e transfere para outros que serão investidos do direito para fazer a lei e da força para se fazer respeitar. Nesse sentido específico, diz Malatesta:

---

[539] MALATESTA, E. L'organizzazione. Ancona, L'Agitazione, 04/06/1897. *In:* MALATESTA, E. *Rivoluzione e lotta quotidiana.* Vicenza: Edizioni Antistato, 1982[7]. p. 87. Grifos do autor.

[540] *Apud* ANTONIOLI, M (org.). *Dibattito sul Sindacalismo.* Atti del Congresso Internazionale Anarchico di Amsterdam (1907). Florença: CP Editrice, 1978. p. 104.

[541] MALATESTA, E. *L'anarchia.* E-book: LiberLiber. 2012. Disponível em: https://liberliber.it/autori/autori-m/errico-malatesta, 2012. Acesso em: 15 nov. 2024. p. 8.

> *Estado* significa *governo*, ou, caso se queira, [Estado] é a expressão impessoal, abstrata daquele estado de coisas, da qual o governo é a personificação: portanto, as expressões *abolição do Estado, sociedade sem Estado* etc., respondem perfeitamente ao conceito que os anarquistas querem exprimir, de destruição de todo ordenamento político fundado na autoridade.[542]

Dito de outro modo, o Estado é uma abstração porque é apenas o efeito terminal de um conjunto de práticas destinadas a conferir sua materialidade, sua "personificação", que são realizadas pelo governo que, por sua vez, exprime uma ordem política qualquer (família, escola, Exército, Igreja) fundada no princípio de autoridade. Nesse sentido, o governo funcionaria para o Estado como relé ou correia de transmissão: é responsável por conduzir, por meio de uma multiplicidade de canais, todas as microautoridades que, no seu conjunto, formarão uma macroautoridade: a soberania do poder estatal. Mas, além disso, na condição de abstração, a palavra Estado se presta a muitos equívocos, especialmente entre os pouco habituados, diz Malatesta, ao vocabulário político. Por exemplo, quando a palavra Estado é utilizada simplesmente como sinônimo de sociedade dotada de território e de moral ou costumes coletivos, acredita-se quererem os anarquistas abolir todo laço societário para reduzir os indivíduos ao isolamento. Ou quando se compreende Estado como a administração suprema, como poder central ou soberano, acredita-se que os anarquistas pretendam uma simples descentralização do poder, deixando intacto o princípio governamental. Ou ainda, quando Estado significa condição ou modo de ser, não seria possível aos anarquistas falarem, por exemplo, de estado social baseado na solidariedade, sem cair em contradição.

Enfim, por essa razão, em vez de empregar a expressão abolição do Estado, que é sujeita à muita confusão, os anarquistas preferem "substitui-la por outra mais clara e mais concreta: *abolição do governo*".[543] Segundo Malatesta, ao contrário de Estado, o conceito de governo exprime uma realidade material bastante precisa; embora "a tendência metafísica, *quella malattia della mente*",[544] se esforce para conceber o governo de forma ainda mais genérica que o Estado, como "poder social abstrato", com o propósito de manter a salvo "o princípio de autoridade" dos erros de governantes

---

[542] *Id.* Grifos do autor.

[543] *Ibid.*, p. 10.

[544] *Id.*

inabilidosos, fato é, diz Malatesta, que para os anarquistas, o governo possuí uma realidade irredutivelmente empírica e imediatamente tangível:

> [...] governo é a coletividade dos governantes; e os governantes – reis, presidentes, ministros, deputados etc. – são aqueles que possuem a faculdade de fazer leis para regular as relações dos homens entre si, fazendo-os obedecê-las; de decretar e cobrar impostos; de obrigar ao serviço militar; de julgar e punir os contraventores; de regular, vigiar e sancionar os contratos privados; de monopolizar certos ramos da produção e certos serviços públicos; de promover ou impedir a troca dos produtos; de fazer a guerra ou a paz com governantes de outros países, de conceder ou subtrair franquias etc., etc. Os governos, em suma, são aqueles que possuem a faculdade, em um grau mais ou menos elevado, de utilizar a força social, isto é, a força física, intelectual e econômica de todos, para obrigar todos a fazer o que eles querem. E essa faculdade constitui, em nossa opinião, o princípio governamental, o princípio de autoridade.[545]

Está claro, portanto, que, na história política do Ocidente, ao contrário de liberais e marxistas, os anarquistas jamais foram fascinados pelo Estado, precisamente porque seu problema é o governo, isto é, todo ordenamento político organizado sob o princípio de autoridade, este último entendido como essa faculdade que faz com que certos indivíduos, em maior ou menor grau, sejam autorizados a utilizar a força social, ou seja, não apenas a força física ou o monopólio da violência, mas também a força intelectual e econômica tomadas coletivamente.

Para Malatesta, a dominação governamental não se exerce apenas diretamente, pela força física, ou indiretamente, pela força econômica, age também sobre a inteligência e os sentimentos, isto é, pelo "poder religioso e *universitário*".[546]

> Admitamos também que nunca ou quase, em um país civilizado, que um governo, além de suas funções opressivas e espoliadoras, não se tenha atribuído outras funções uteis ou indispensáveis à vida social. [...] Mas basta observar como e porque realiza essas funções para reencontrar a prova

---

[545] *Ibid.*, p. 11-12.

[546] *Ibid.*, p. 15.

> experimental, prática, de que tudo o que o governo faz é sempre inspirado pelo espírito de dominação.[547]

Em todo caso, a dominação governamental não se confunde com a dominação do Estado; o governo do qual fala Malatesta é constituído por inúmeras práticas governamentais exercidas não pelo Estado, mas por qualquer um que se encontre investido, pelo princípio de autoridade, da faculdade de usar, sempre de modo diferencial, a força social. Inútil, portanto, abolir o Estado conservando o princípio governamental, isto é, conservando as diversas práticas ou os micropoderes governamentais, como pretendem os liberais. Nesse sentido, diz Malatesta, o liberalismo é uma mentira porque pretende ser "em teoria, uma espécie de anarquia sem socialismo".[548] Por isso "a crítica que os liberais fazem ao governo se reduz a subtrair-lhe certo número de atribuições [...], mas não tocam nas funções repressivas [...], porque sem polícia não existiria proprietário".[549] Agora, mais do que inútil, seria ainda pior e mais nocivo pretender se apoderar do Estado para transformá-lo, como pretendem os marxistas, porque o que deve ser transformado efetivamente não é o Estado, mas todos esses micropoderes governamentais exercidos pelas práticas de governo.

Contra o projeto marxista em transformar o princípio mantendo a forma, isto é, transformar a organização social por meio da substituição da propriedade privada pela propriedade comum, da concorrência pela solidariedade, com o objetivo de transformar a natureza da autoridade política e, assim, fazer de modo que o governo "em vez de ser o protetor e o representante dos interesses de uma classe, seria, porque classes não mais existiriam, o representante dos interesses de toda sociedade".[550] Contra essa ideia, o argumento de Malatesta parece retomar a lógica proudhoniana, quando o anarquista francês afirmou que a "autoridade é o governo em seu princípio e em seu exercício", de modo que "abolir um ou outro, é destruí-los ao mesmo tempo", do mesmo modo "conservar um ou outro é manter ambos".[551] O anarquista italiano, contudo, substituirá a peculiar linguagem filosófica de Proudhon, para empregar a lingua-

---

[547] *Ibid.*, p. 19-20.

[548] *Ibid.*, p. 55.

[549] *Ibid.*, p. 55-56.

[550] *Ibid.*, p. 35.

[551] PROUDHON, 1979, p. 85.

gem médica com a qual se familiarizou durante seus anos de estudos na Faculdade de Medicina da Universidade de Nápoles:[552]

> [...] não é verdade que, transformadas as condições sociais, o governo mudaria de natureza e função. Órgão e função são termos inseparáveis. Retire de um órgão sua função e, ou órgão morre, ou sua função se reconstitui. Coloquem um exército em um país onde não existem nem necessidade, nem medo de guerra interna ou externa, ele provocará a guerra ou, se não for capaz, se dissolverá. Uma polícia onde não existem delitos para investigar e delinquentes para prender, provocará, inventará os delitos e os delinquentes, ou cessará de existir.[553]

Em todo caso, Malatesta insiste que a abolição do governo, do princípio de autoridade, enfim, das relações de dominação, não implica, para os anarquistas, a destruição das "forças individuais e coletivas que agem sobre a humanidade, nem a influência que os homens exercem entre si"; ao contrário, significa abolir "o monopólio da força e da influência", ou seja, abolir "aquele estado de coisas por meio do qual a força social, isto é, a força de todos, se tornou o instrumento do pensamento, da vontade, dos interesses de uma minoria".[554]

Resta claro, portanto, a impossibilidade de utilizar o conceito weberiano de dominação para compreender o pensamento malatestiano. Pelo contrário, para analisar a reflexão política de Malatesta é preciso ter em conta algumas distinções bastante importantes entre sua concepção anarquista do poder e da dominação e a concepção sociológica da dominação como fluxo ininterrupto em Weber.

2. Anarquismo e organização

Procurando estabelecer alguns pontos em comum entre a reflexão de Malatesta e a de Gramsci, Levy apresentou ambos os autores compar-

---

[552] Segundo Misato Toda, Malatesta se inscreveu na Faculdade de Medicina de Nápoles, em 1869, aos 16 anos, no mesmo ano em que participou, com seu irmão mais velho, Aniello Malatesta, então estudante de Direito, da Associação Juvenil de Nápoles, Racionalismo e Socialismo, entidade que integrava o movimento estudantil napolitano; a militância o teria obrigado a interromper seus estudos. TODA, M. *Errico Malatesta: da Mazzini a Bakunin. La sua formazione giovanile nell'ambiente napoletano (1868-1873)*. Nápoles: Guida editori, 1988. p. 26, 31, 32.

[553] MALATESTA, 2012, p. 37.

[554] *Ibid.*, p. 60.

tilhando a mesma ideologia produtivista. Para corroborar sua suposição, cita uma passagem na qual Malatesta afirma que:

> [...] em vez de pensar em destruir as coisas, os trabalhadores devem estar atentos para que os patrões não os extorquem; devem impedir que patrões e governo façam apodrecer os produtos para a especulação ou por descuido, que deixem a terra inculta e os operários sem trabalho, que façam produzir coisas inúteis ou danosas. Os trabalhadores devem, desde já, considerar-se como patrões e começar a agir como patrões. Destruir as coisas é ato de escravo: escravo rebelde, mas sempre escravo.[555]

A partir disso, Levy acrescenta que tanto quanto Lênin e Gramsci, Malatesta "enfatizava a importância de adquirir o controle das funções sociais dadas previamente pelo Estado"; e, semelhantemente a Gramsci, "Malatesta viu a necessidade não precisamente de substituir o Estado atual com novos arranjos, mas de 'abolir os obstáculos existentes nas instituições para a transformação revolucionária'".[556] Contudo, Levy parece simplificar demasiadamente as coisas. Sabe-se que Gramsci se queixava da propaganda anarquista contra a disciplina de partido. Dizia que essa propaganda era ineficaz entre os trabalhadores de Turim, justamente porque ali se encontrava uma disciplina que tinha "sua base histórica nas condições econômicas e políticas em que se desenvolveu a luta de classes".[557] Malatesta, ao contrário, escrevia: "Disciplina: eis a grande palavra com a qual se paralisa a vontade dos trabalhadores conscientes".[558] O que está em jogo, portanto, são duas concepções opostas de organização, daí a necessidade de contextualizar mais amplamente a posição do anarquista italiano.

Malatesta não se limitou a criticar o otimismo de Kropotkin, formulado na sua concepção do comunismo anárquico, uma concepção, disse, "que pessoalmente considero demasiado otimista, demasiado ingênua,

---

[555] MALATESTA, 1975[29], p. 86. Em razão de quase todo pensamento de Malatesta ter sido exclusivamente escrito para a imprensa anarquista, só depois reunido nos três volumes dos *Scritti*, optei por fazer a indicação dessa obra, também da coletânea *Rivoluzione e lotta quotidiana*, pelo ano, que remete ao livro, seguido de um número entre colchetes, que remete à publicação original na imprensa. Com isso, o leitor poderá consultar, nas referências deste trabalho, o contexto de cada citação.

[556] LEVY, 1996, p. 181.

[557] GRAMSCI, 1974, p. 27.

[558] MALATESTA, 1975[12], p. 49.

demasiadamente confiante nas *harmonias naturais*".[559] Segundo Malatesta, Kropotkin "aceitou a ideia, comum então entre os anarquistas, de que os produtos acumulados da terra e da indústria eram de tal forma abundantes que por muito tempo não seria necessário preocupar-se com a produção".[560] Com isso, Kropotkin colocou o consumo como problema imediato e afirmou que "para fazer triunfar a revolução era necessário satisfazer de modo rápido e amplo as necessidades de todos, e que a produção seguiria o ritmo do consumo".[561] Disso surgiu a expressão, fortemente difundida, "tomar na abundância"; expressão, segundo Malatesta, colocada em moda por Kropotkin e que se tornou "a maneira mais simples de conceber o comunismo", porque precisamente "a mais apta aos prazeres da multidão" e, por isso, "a mais primitiva e a mais realmente utópica".[562]

> Era absurdo, mas era atraente e por isso foi rapidamente acreditada e aceita. Era muito cômodo para a propaganda poder dizer: "Vocês sofrem a fome, têm penúria de tudo, enquanto os armazéns e os mercados estão cheios de coisas que não servem a ninguém; apenas precisam estender a mão e tomá-las". O sucesso desses opúsculos entre os anarquistas foi enorme. [...] Procuramos nos opor à moda, mas com pouco sucesso. O talento literário e o alto prestígio da personalidade de Kropotkin fizeram aceitar pela maioria a infeliz fórmula do *tomar na abundância* [*presa nel mucchio*] ("la prise au tas") e a maioria, certamente interpretando de modo grosseiro o pensamento de Kropotkin, não duvidou que a *abundância* existisse e que fosse praticamente inexaurível.[563]

Malatesta percebeu que o otimismo de Kropotkin colocava em jogo a própria realização da anarquia, pois fazia supor no ato revolucionário de eliminação das forças materiais defensoras do privilégio, como suficiente para sustentar práticas sociais anárquicas. Assim, "muitos deram importância exclusiva ao fato insurrecional sem pensar naquilo que é preciso fazer para que uma insurreição não permaneça um ato de violência reacionária", e viram nas "questões práticas, nas questões de organização, no modo de prover o pão cotidiano [...] questões ociosas: são coisas,

---

[559] *Ibid.*, 1975[334], p. 234.
[560] *Ibid.*, 1975[372], p. 377.
[561] *Id.*
[562] *Id.*
[563] *Ibid.*, 1975[340], p. 264. Grifos do autor.

diziam, que se resolverão por si, ou as resolverão a posteridade".[564] Mas, ao contrário dessa corrente, Malatesta afirmou que a positividade revolucionária residia precisamente na organização anarquista, afirmando que:

> [...] é o nosso *modo de construir* o que constitui propriamente o *anarquismo* e que nos distingue dos socialistas. A insurreição, os meios para destruir são coisas contingentes e, a rigor, é possível ser anarquista sendo igualmente pacifista, como é possível ser socialista sendo insurrecionalista.[565]

Sendo assim, a "abolição dos obstáculos" mencionada por Levy era considerada mera coisa contingente para o anarquista italiano, de modo que aquilo que deve distinguir efetivamente os anarquistas são seus métodos de organização. Aqui está a razão pela qual Malatesta deu à organização um grande destaque na sua reflexão, se colocando, desde muito cedo, ao lado dos chamados anarquistas "organizadores", em oposição aos anarquistas "antiorganizadores". Como observou Adriana Dadà, a década que se seguiu entre os anos 1880 e 1890 foi marcada pelo desenvolvimento de uma tendência antiorganizadora e individualista no anarquismo, provocada, em certa medida, de um lado, pela repressão indiscriminada de qualquer atividade subversiva e, de outro, pela esperança de uma revolução iminente, para a qual bastava uma ação violenta e exemplar.

> A prática insurrecionalista tinha, com efeito, ativado o mecanismo insurreição/repressão/novas insurreições, jogos de forças menores, e provocou, portanto, atos de revolta totalmente indiferentes a qualquer vínculo, com ações enquadradas em uma perspectiva estratégica, transformada pouco a pouco na indiferença por toda forma de discussão e organização que ligasse e coordenasse a atividade insurrecional e revolucionária em geral.[566]

É preciso igualmente considerar, como apontou Maurizio Antonioli, a resposta formulada pelos anarquistas durante o congresso de Londres, de 1881, contra as formas de organização do socialismo legalitário. Nesse congresso, Carlo Cafiero teria insistido "sobre a necessidade de dar vida a 'círculos independentes uns dos outros, coligados pelos fins comuns da ação', e insistia na necessidade de dispersar sobre o território os núcleos

---

[564] *Ibid.*, 1975[336], p. 241.

[565] *Ibid.*, 1975[20], p. 64. Grifos do autor.

[566] DADÀ, A. *L'anarchismo in Italia:* fra movimento e partito. Milão: Teti editore, 1984. p. 46.

vitais do anarquismo para os subtrair da repressão do Estado".[567] Tudo indica que foi a partir dessa conjugação entre a formulação da concepção kropotkiana do comunismo anárquico e as estratégias do insurrecionalismo contra a repressão, que se deu a passagem que levou o anarquismo da recusa contingente de organização para a negação do princípio de qualquer forma de organização. Então, nesse momento, "o individualismo se torna uma prática válida da luta no presente e ao mesmo tempo característica essencial da sociedade pós-revolucionária".[568]

Foi nesse contexto que surgiu a definição de Malatesta da anarquia como *organização sem autoridade*, formulada em *La Questione Sociale*, publicado em Florença, em 1884, o primeiro periódico dirigido por ele. Segundo o anarquista italiano, em uma organização sem autoridade o governo se torna um *non sense*, mas para que essa organização se realize e exista, é preciso um método que funcione como timão necessário para dirigir a navegação anárquica.

> Anarquistas nas finalidades, porque acreditamos que apenas com a anarquia a humanidade poderá alcançar o bem-estar e a paz [...], nós somos igualmente anarquistas no método, porque acreditamos que uma autoridade constituída, um governo qualquer será sempre e fatalmente um obstáculo para o triunfo do princípio de solidariedade, uma razão para o eterno retorno [*corsi e ricorsi*, concepção da história cíclica de Vico] na civilização, de alternâncias de revoluções e reações.[569]

Malatesta atribuía a recusa do princípio de organização a um erro provocado pelo exagero da crítica anarquista à organização, identificando-a com a autoridade. Segundo ele, muitos anarquistas, por "ódio à autoridade, rejeitaram qualquer organização, sabendo que os autoritários designam com esse nome o sistema de opressão que desejam constituir".[570] Porém, aquilo que os autoritários chamam organização "é simplesmente uma hierarquia completa, legiferante, que age em nome e no lugar de todos"; ao contrário, o que os anarquistas entendem por organização "é o acordo que se faz, em virtude dos interesses entre os indivíduos agrupados para

---

[567] ANTONIOLI, M. L'Individualismo Anarchico. *In:* MASINI, P. C.; ANTONIOLI, M. *Il Sol dell'Avvenire*. L'Anarchismo in Italia dalle origini alla Prima Guerra Mondiale. Pisa: BFS, 1999a. p. 56.

[568] DADÀ, 1984, p. 46.

[569] MALATESTA, E. L'Anarchia. *La Questione Sociale*, Florença, ano I, n. 9, 11 mai. 1884c.

[570] MALATESTA, E. L'indomani della Rivoluzione: I, Autorità e Organizzazione. *L'Associazione*, Nice-Marítima, ano I, n. 2, 16 out. 1889b.

uma obra qualquer; são as relações recíprocas que derivam das relações cotidianas que os membros de uma sociedade estabelecem uns com os outros".[571] Consequentemente, na organização anarquista:

> [...] não existe lei, nem estatutos, nem regulamentos que cada indivíduo é obrigado a subscrever, sob pena de um castigo qualquer; essa organização não possui nenhum comitê que a represente, os *indivíduos* não são ligados a ela pela força, mas permanecem livres e autônomos para abandonar a organização quando ela quiser substituir sua iniciativa.[572]

Embora defensor do princípio da organização, Malatesta reconhecia que a Primeira Internacional, "malgrado toda a terminologia antiautoritária, malgrado as lutas combatidas e vencidas em nome da autonomia e da liberdade", permaneceu sempre uma organização autoritária até a morte, provocada por seu próprio autoritarismo.

> A Internacional, em seu nascimento, imitou a organização do Estado: Conselho Geral (*governo central*) com os secretários gerais para cada país (*ministros*); conselhos regionais, provinciais etc. (*governos cantonais* etc.); congressos gerais, regionais etc., com direito de fazer leis, aceitar ou rejeitar programas e ideias, admitir ou expulsar indivíduos ou grupos (*parlamentos*).[573]

Dessa maneira, ao generalizar os defeitos da AIT, os anarquistas antiorganizadores não souberam distinguir a:

> [...] organização em si do fundo autoritário que a deturpava e começaram a predicar e a experimentar a desorganização, querendo eleger como princípio o isolamento, o desprezo pelos compromissos assumidos e a não solidariedade, quase como se fossem uma consequência do programa anarquista, quando na verdade são sua negação.[574]

Assim, os anarquistas antiorganizadores, pensando combater a autoridade, não perceberam que estavam atacando o próprio princípio de organização; era como se, para combater a autoridade do Estado, pretendessem o retorno a um modo de vida selvagem. Pretendendo deixar livre campo

---

[571] *Id.*

[572] *Id.* Grifos do autor.

[573] MALATESTA, E. Nostri Proposti: II, L'Organizzazione. *L'Associazione*, Londres, ano I, n. 5, 07 dez. 1889g. Grifos do autor.

[574] *Id.*

para a iniciativa individual, produziram isolamento e impotência. Era preciso, portanto, negar não a organização de modo geral, mas a organização não anárquica, ou seja, era preciso organizar-se "em modo perfeitamente anárquico, sem nenhuma autoridade nem evidente nem mascarada".[575]

Contudo, apesar dos esforços de Malatesta em distinguir entre a organização anarquista e a organização autoritária, mesmo entre os anarquistas, ao que tudo indica, a organização produziu efeitos bastante ambíguos. Como observou Maurizio Antonioli,

> [...] o anarquismo organizado, o assim chamado "partido"[576] nas suas diversas articulações autônomas, modificava gradualmente a própria fisionomia, nem tanto porque "menos subversivo" e "mais educativo", mas porque se apresentava [...] combatendo com as armas civis da organização, da propaganda e da ação popular coletiva".[577]

Nesse final do século XIX e começo do XX, o reconhecimento formal da liberdade de associação por alguns governos liberais abriu caminho para uma existência "legal" ao movimento anarquista. Foi nessa época que, segundo Pier Carlo Masini, o Ministro do Interior italiano Giuseppe Zanardelli "tinha desenvolvido o princípio da mais ampla liberdade de associação, fazendo-se defensor da fórmula 'reprimir não, prevenir', pronunciada pelo Presidente do Conselho Cairoli".[578] Embora na prática o discurso de Zanardelli não contemplasse os anarquistas internacionalistas, condenando e perseguindo a AIT como *associazione di malfattori*, restava o fato de que, como notou Antonioli, "a questão da organização inseria-se no quadro de um discurso mais amplo, como aquele relativo às modalidades da presença anárquica no tecido político geral".[579] Portanto, ao que

---

[575] *Id.*

[576] A noção de "partido" tinha para os anarquistas uma conotação completamente diferente da que se conhece hoje e uma problemática política oposta à dos partidos convencionais. Malatesta dava à palavra partido dois significados: como "grupo organizado de pessoas unidas por um pacto social" e como "conjunto de pessoas que aderem a uma dada ordem de ideias e têm um objetivo comum" (MALATESTA, 1975[114], p. 284). Nomeando o primeiro significado de partido e o segundo, de movimento, Adriana Dadà notou que, desde muito cedo, "já nas lutas que envolveram a ala antiautoritária da Primeira Internacional, encontramos o elemento característico da história dos anarquistas na Itália: o alternar de ações de massa e de ações de vanguarda, a oscilação entre movimento mais ou menos espontâneo 'dos revolucionários' e a afirmação de seus militantes como portadores de uma presença organizada, isto é, de partido" (DADÀ, 1984, p. 7).

[577] ANTONIOLI, M. Gli anarchici e l'organizzazione. *In:* MASINI, P. C.; ANTONIOLI, M. *Il Sol dell'Avvenire.* L'Anarchismo in Italia dalle origini alla Prima Guerra Mondiale. Pisa: BFS, 1999b. p. 130.

[578] MASINI, P. C. *Storia degli anarchici italiani.* Da Bakunin a Malatesta (1862-1892). Milão: Rizzoli Editore, 1974. p. 153.

[579] ANTONIOLI, 1999a, p. 72.

parece, a organização anarquista, ao reclamar o direito a uma existência pública, tendeu a rejeitar algumas formas de recusas e contraposições radicais dirigidas contra a sociedade civil. Foi essa atitude que suscitou a oposição forte e resoluta por parte dos antiorganizadores, temendo que a "constituição do partido determinasse uma institucionalização do movimento e, consequentemente, a pacificação da tensão revolucionária".[580]

Outro dado significativo é que foi nesse mesmo período que Michels anunciou sua famosa lei de ferro da oligarquia, que afirmava na "organização a fonte de onde nasce a dominação dos eleitos sobre os eleitores, dos mandatários sobre os mandantes, dos delegados sobre os que delegam. Quem diz organização, diz oligarquia".[581] Sabe-se que Michels frequentou os meios anarquistas na Itália e França, dois países onde a corrente anarcoindividualista era bastante difundida; talvez fosse possível dizer que a obra de Michels retoma, em grande medida, o argumento anarcoindividualista contra a organização, emprestando-lhe uma análise sociológica. Em todo caso, é certo que Michels, no seu livro, "tomou partido" dos anarquistas individualistas contra os anarquistas organizadores; por exemplo, menciona o debate ocorrido, durante o congresso anarquista de Amsterdam, em 1907, entre Malatesta, a quem denomina "anarquista da escola de Bakunin", e Domela Nieuwenhuis, anarcoindividualista holandês a quem Michels se refere como "velho campeão do socialismo anarquista de tendências nitidamente individualistas, que mostrou ter uma percepção aguda", ao se contrapor aos argumentos malatestianos a favor da organização.[582] E por fim, contemporaneamente, se tem também a afirmação de um dos maiores estudiosos do anarquismo na atualidade, Daniel Colson, que descreveu a organização como um "termo infeliz, emprestado da biologia para designar os agrupamentos *militantes* [...] e o laço que os une. Rudimentar, essa noção tende a isolar os elementos, a hierarquizá-los (as mãos, a cabeça, o baixo, o alto etc.) e a submetê-los a um todo que lhes assinalaria sua função e seu valor".[583]

Mas, afinal, como se fez para que, na modernidade, a organização tenha se tornado uma técnica para a dominação dos indivíduos? Como foi possível que a organização tenha sido indexada à racionalidade do poder governamental para a submissão dos indivíduos?

---

[580] *Id.*

[581] MICHELS, 1982, p. 238.

[582] *Ibid.*, p. 215.

[583] COLSON, 2001, p. 217.

3. A questão social

Como indicou Colson, a ideia de organização foi tomada da biologia, especialmente do conceito de organismo; este último, porém, é datado do século V a.C. e porta consigo um sentido completamente diferente, senão oposto. Com efeito, o pensamento pré-socrático do século V a.C. exprimia o corpo na dimensão de sua multiplicidade; só mais tarde, com o surgimento do socratismo, é que a multiplicidade do corpo foi considerada por meio de uma ótica da unidade conceitual.[584] Foi essa transformação que permitiu, em seguida, que a ideia de organismo e de organização ganhasse, com Cuvier, na passagem da história natural para a biologia, o sentido de conjunto de órgãos que estão ligados a funções que mantêm com eles uma relação de subordinação funcional. A noção de organismo, a partir da biologia, fez "extravasar – e largamente – a função em relação ao órgão e submeteu a disposição do órgão à soberania da função. Dissolve-se, senão a individualidade, pelo menos a independência do órgão".[585] Contudo, considerando que isso resultou de um processo histórico, seria, portanto, necessário compreender a noção de organização a partir dos seus desenvolvimentos ao longo da história, para tentar entender, mais precisamente, como ela se tornou uma técnica da nova governamentalidade surgida entre o final do século XIX e começo do XX.

Foi a partir da segunda metade do século XIX que começou a se desenhar uma nova estratégia política que extraiu do princípio de organização a realidade que se tornaria seu instrumento de análise. Essa estratégia atravessou a reflexão de dois autores que tinham em comum o fato de terem vivenciado a revolução de 1848, porém de lados opostos: Tocqueville e Proudhon. O primeiro, que já tinha insistido, na sua *Memória sobre o pauperismo*, de 1837, sobre a eficácia da organização popular contra as agitações operárias, viu na revolução de 1848, e na violência dos seus atos, a confirmação de suas inquietações. O segundo, que havia queimado *teoricamente* o princípio de propriedade no seu libelo de 1840, *O que é a Propriedade?*, para ver, em seguida, os operários de 1848 o queimarem de

---

[584] cf. REALE, G. *Corpo, alma e saúde*. O conceito de homem de Homero a Platão. Tradução: Marcelo Perine. São Paulo: Paulus, 2002. p. 21 et seq.

[585] FOUCAULT, M. *As palavras e as coisas*. Uma arqueologia das ciências humanas. Tradução: Salma T. Muchail. São Paulo: Martins Fontes, 2000b. p. 363.

fato, atacou o princípio da organização, afirmando que nele se ocultava "um pensamento dissimulado de exploração e de despotismo".[586]

A revolução de 1848 trouxe novamente para o debate político o tema da questão social. Segundo Procacci, a questão social foi um sentido importante e novo emprestado à pobreza durante as agitações revolucionárias do final do século XVIII; um sentido que colocava frequentemente um desafio e um problema a ser resolvido em relação à pobreza, porque havia se tornado:

> [...] uma das grandes questões de interesse público e ocupou nos espíritos um lugar real e simbólico no qual estavam em jogo as chances da nova ordem social e a obsessão de seu fracasso. Assim nasce a *questão social*, espaço discursivo e prático ao mesmo tempo, designando os problemas que a miséria finalmente coloca para a sociedade.[587]

Essa questão, que inquietou os revolucionários de 1789, emergiu no cenário político, violenta e ameaçadora, sob os efeitos da revolução de 1848, quando entra em cena uma forma suprema de violência operária, ao menos para a sociedade liberal. Tocqueville se impressionara pelo caráter popular da revolução que acabava de ser realizada, um "caráter que eu não diria principal, mas único e exclusivo; a onipotência que havia dado ao povo propriamente dito, ou seja, às classes que trabalham com as mãos, sobre todas as outras".[588] A Revolução de Fevereiro lhe parecia, finalmente, "feita inteiramente à margem da burguesia, e contra ela".[589] Precisamente nessa época, na passagem do século XVIII para o XIX, que surge, como mostrou Foucault, um tipo novo de ilegalismo popular: as ilegalidades, nessa época, conheceram um desenvolvimento a partir de novas dimensões que portavam consigo os efeitos da revolução de 1848, incorporando movimentos que entrecruzaram "os conflitos sociais, as lutas contra os regimes políticos, a resistência ao movimento de industrialização, os efeitos das crises econômicas".[590] Assim, tendo sido uma prática limitada a ela mesma, as ilegalidades populares, durante a revolução,

---

[586] PROUDHON, 1979, p. 62.

[587] PROCACCI, G. *Gouverner la misère*. La question sociale em France (1789-1848). Paris: Seuil, 1993. p. 13.

[588] TOCQUEVILLE, A. *Lembrancas de 1848:* as jornadas revolucionarias em Paris. São Paulo: Cia. das Letras, 1991. p. 91-92.

[589] *Ibid.*, p. 92.

[590] FOUCAULT, M. *Vigiar e punir*. Nascimento da prisão. 22. ed. Tradução: Raquel Ramalhete. Petrópolis: Vozes, 2000a. p. 227.

ganham uma dimensão de "lutas diretamente políticas, que tinham por finalidade, não simplesmente fazer ceder o poder ou transferir uma medida intolerável, mas mudar o governo e a própria estrutura do poder".[591] Além disso, outro aspecto fundamental da revolução de 1848, foi que ela não buscou o triunfo de um partido, mas aspirava a fundar uma experiência e uma filosofia social novas.

> Antes da batalha de junho, a Revolução tinha apenas consciência dela mesma: era uma aspiração vaga das classes operárias em direção a uma condição menos infeliz. [...] Graças à perseguição que ela sofreu, a Revolução hoje conhece-se a si mesma. Ela expressa sua razão de ser; ela conhece seu princípio, seus meios, seu fim; ela possui seu método e seu critério. Ela somente tem necessidade, para se compreender, de seguir a filiação das ideias dos seus diferentes adversários. Nesse momento, ela se liberta das falsas doutrinas que a obscurecem, dos partidos e das tradições que a encobrem: livre e brilhante, vocês a verão apoderar-se das massas e as precipitar em direção ao futuro com um impulso irresistível.[592]

Tocqueville será tomado de estupefação ao dizer que, em 1848, foi "extraordinário e terrível ver exclusivamente nas mãos dos que nada possuíam toda uma imensa cidade cheia de tanta riqueza, ou melhor, toda essa grande nação, pois, graças à centralização, quem reina em Paris comanda a França".[593] Aos seus olhos, a filosofia da Revolução de Fevereiro foi o socialismo que, após ter suscitado a guerra entre as classes, continuou sendo seu "caráter mais essencial e a lembrança mais temível".[594] E de fato, em um primeiro momento, foi a temível lembrança do radicalismo de 1848 que esteve presente na fundação da Associação Internacional dos Trabalhadores, atuando, sobretudo, pela figura de Mazzini, cujo republicanismo democrático, tão temido pela monarquia italiana, foi gestado nos antecedentes parisienses a 1848 e continha uma profunda aversão pela monarquia liberal de Luís Felipe. Para Mazzini, a monarquia liberal era particularmente insidiosa porque dava ao povo a esperança de uma mudança significativa realizada por meio de reformas moderadas e constitucionais.

---

[591] *Id.*

[592] PROUDHON, 1979, p. 25.

[593] TOCQUEVILLE, 1991, p. 92.

[594] *Ibid.*, p. 95.

> O liberalismo, seja "*alla* Luís Felipe", seja nas formas nas quais seria praticado sucessivamente pela monarquia piemontesa, era particularmente perigoso porque seus tons moderados dissipavam a diversidade de princípios e atenuavam a sensibilidade nos confrontos dos problemas morais.[595]

Foi essa disposição que fez Mazzini se afastar dos carbonários, "que preferiam a cooperação com os monarquistas moderados",[596] para fundar *La Giovine Italia*, em 1831. Esse radicalismo fará aproximar Mazzini e Bakunin em 1861, quando os dois revolucionários se encontram em Genova para discutir o apoio comum que dariam à insurreição polonesa; assim como foi esse radicalismo que, em 1864, o lançará nas filas da AIT que, por sua vez, também herdou o radicalismo de 1848 pelos franceses refugiados em Londres, que não eram nem partidários de Blanqui, nem de Proudhon, bem como pelos delegados internacionalistas da Suíça francesa.

Em suma, fato é que a revolução de 1848 fez do ruído provocado pelo libelo de Proudhon contra a propriedade sua palavra de ordem: foi efetivamente a oposição entre proprietários e não proprietários que atravessou todo o corpo social durante as agitações de 1848. Tocqueville lembra como o povo, após descobrir que sua posição de inferioridade não era devida à constituição do governo, se voltou contra a propriedade, olhando-a "como principal obstáculo para a igualdade entre os homens, até o ponto de parecer o único signo de desigualdade".[597] Do mesmo modo, em 1840, Proudhon tinha correlacionado a política com o problema econômico, pelos duplos escravidão/propriedade e assassinato/roubo. Para Tocqueville teriam sido essas "falsas teorias" que asseguram "às pessoas pobres que o bem dos ricos era de alguma maneira o produto de um roubo cujas vítimas eram elas", fazendo da revolução:

> [...] um esforço brutal e cego, mas poderoso, dos operários para escapar às necessidades de sua condição (que lhes havia sido descrita como uma opressão ilegítima) e para abrir a fórceps um caminho em direção àquele bem-estar imaginário (que se lhes havia mostrado de longe como um direito).[598]

---

[595] SARTI, R. *Giusepe Mazzini*. La politica come religione civile. Roma-Bari: Laterza, 2000. p. 64.

[596] *Id.*

[597] TOCQUEVILLE, 1991, p. 92.

[598] *Ibid.*, p 150.

A revolução de 1848 provocou uma reformulação das racionalidades governamentais, na medida em que colocou a noção de soberania num impasse: a insurreição de 1848 projetou a sombra perigosa da revolução de 1793 como obra incompleta, na medida em que colocou em evidência o não cumprimento da promessa rousseauniana de transferência da soberania do príncipe para o povo. Os acontecimentos de 1848 fizeram reacender na sociedade as velhas chamas das múltiplas batalhas; colocou em questão a legitimidade do poder central, a fragilidade do novo poder saído da Revolução Francesa. Nesse contexto, a questão social viria a ser redefinida nos seguintes termos:

> [...] como reduzir a distância entre o novo fundamento da ordem política e a realidade da ordem social, com a finalidade de assegurar a credibilidade da primeira e a estabilidade da segunda, caso não se queira que o poder republicano seja novamente investido de desesperanças desmedidas e vítima do desencantamento destruidor desses mesmos que deveriam defendê-lo? [599]

A resposta para essa questão foi encontrada no preenchimento de um estranho vazio existente entre indivíduo e Estado, que tanto liberais quanto conservadores concordavam, provocava um excesso de Estado. Na época, era amplamente reconhecido o "desaparecimento dos corpos e das associações que agregavam localmente os indivíduos e, desse modo, intercalavam-se entre eles e o Estado", bem como as consequências advindas desse processo: "A rápida redução da existência desses corpos, ou pelo menos da sua capacidade de controlar os indivíduos, colocou-os numa relação de face a face direta com o Estado".[600] Trata-se, portanto, de um vazio formado pela perda de certa organização da sociedade com seus laços, suas hierarquias, suas disciplinas, suas influências tradicionais, suas relações de subalternação, de paternidade etc.; vazio que deixava unicamente ao Estado a tarefa de se ocupar dos indivíduos, o que produzia um excesso que se tornava fonte inevitável de conflitos que arriscavam a legitimidade da soberania da república e reascendiam o fogo revolucionário de 1793.

---

[599] DONZELOT, J. *L'Invention du social*. Essai sur le déclin des passions politiques. Paris: Éitions du Seuil, 1994. p. 33.

[600] *Ibid.*, p. 57.

Assim, depois da revolução de 1848, nasce uma nova estratégia de neutralização da revolta popular que tomou como encargo, segundo Procacci, o *fator organizacional*.

> Pela primeira vez, com efeito, uma tentativa de neutralização política consistia em tentar organizar o povo: e isso certamente porque as reivindicações populares às quais o governo devia fazer frente comportavam uma demanda de organização. Mas, também, porque uma nova racionalidade política via, finalmente, na organização uma maneira de governar.[601]

As associações e clubes operários apresentavam a vantagem de fazer da organização um hábito que fazia reduzir o antagonismo social. Com isso, o Estado previdenciário nasce em 1848: as organizações criadas nessa época pelo Estado, para canalizar o movimento popular, visavam à sindicalização dos operários como "uma maneira de neutralizar a reivindicação de um direito individual ao trabalho".[602] Foi assim que se procurou, a partir da noção de organização, desarmar politicamente os antagonismos entre proprietários e não proprietários. O potencial de ruptura da miséria seria amortecido com a ideia de dever social que se tornou um tipo de moral ativa do cidadão organizado na sociedade civil, e serviu de registro para reinscrever as relações políticas no interior do corpo social, contudo, despolitizando e desarmando sua tensão potencial de modo a impedir uma relação de face a face entre Estado e indivíduo. "A associação tornava-se, assim, ao mesmo tempo, um modo de resistência contra as tendências despóticas do poder numa sociedade democrática, e uma prática socializada do poder, um tipo de via direta da educação dos cidadãos ao *self-government*".[603]

4. Solidarismo e direito social

Segundo Donzelot, foi nesse momento que, para conferir ao Estado um fundamento da sua intervenção, emergiu a noção de solidariedade com Durkheim, procurando articular a técnica do direito social, entendido como modalidade dessa ação, com a fórmula da negociação como modo capaz de resolver os conflitos na sociedade. Foi a partir dessa arti-

---

[601] PROCACCI, 1993, p. 288.

[602] *Ibid.*, p. 289.

[603] *Ibid.*, p. 311.

culação entre a noção de solidariedade, a técnica do direito social e o procedimento da negociação que, segundo Donzelot, "se constituiu um modo específico de organização da sociedade, *o social*, na intersecção do civil e do político".[604] Ou seja, "o social" foi uma invenção estratégica de pacificação das relações na sociedade, que implicou todo um sistema de direitos e práticas e ganhou um plano de consistência com o nascimento da sociologia como disciplina científica, especialmente com o aparecimento da obra *Da divisão do trabalho social*, em 1893, de Durkheim, e sua noção de "solidariedade orgânica". O problema era o de perceber como, nessa liberdade de associação, concedida pelo governo aos sindicatos operários para reforçar seus laços sociais corporativos, ou pela intervenção que o Estado exercia nas famílias operárias para a proteção da infância, por meio do dispositivo escolar, enfim, perceber como essas ações (ou interações) deveriam levar em conta um interesse social do indivíduo. "Possuiria essa política, portanto, uma coerência de conjunto, um fundamento durável, um horizonte?"[605] O que seria a sociedade se não um vasto organismo dotado e funcionando por meio da solidariedade orgânica de suas partes? Assim, todos esses fenômenos de ruptura, tais como o suicídio e a intensificação dos conflitos entre patrões e operários, aconteciam menos em razão da estrutura da sociedade do que de um estado de imperfeição das representações e laços sociais. Durkheim forneceu, portanto, um fundamento científico para a intervenção do Estado na sociedade a partir da sua teoria da solidariedade, que foi acompanhada, no final do século XIX, do funcionamento de um formidável "equipamento coletivo em matéria de ensino, saúde, energia, comunicações, aumentando consideravelmente o papel da administração e seu peso sobre a sociedade".[606]

Dessa forma, foi a partir da invenção estratégica da solidariedade com Durkheim que, sugere Donzelot, a principal problemática política esboçada no final do século XIX colocou a exigência de encontrar, frente a essa crescente expansão das atividades do Estado, uma tática capaz de atuar de tal "modo que sua autoridade não seja reduzida e que ela não se choque contra uma crítica cada vez mais virulenta do seu arbítrio. Questão tanto mais aguda na medida em que a chama anarquista no final do século alcançava então seu apogeu".[607] Como validar a intervenção do

---

[604] DONZELOT, 1994, p. 72.
[605] *Ibid.*, p. 79.
[606] *Ibid.*, p. 87.
[607] *Ibid.*, p. 88.

Estado e toda a extensão do seu poder, fazendo, ao mesmo tempo, com que esse poder seja aceito por aqueles sobre os quais ele é exercido? Como conservar o princípio da autoridade na sociedade de maneira que seu monopólio, a fonte da qual ela emana, sua origem, apareça como vindo de toda parte e de parte alguma? Percebe-se o quanto essa problemática da positividade do poder está distante do problema weberiano do Estado como monopólio da violência legítima.

Em todo caso, é nesse contexto que nasceram duas noções que desempenharão papéis fundamentais no debate: a noção de serviço público, com Léon Duguit, e a noção de instituição, com Maurice Hauriou, ambos teóricos do direito social. Segundo Duguit, a filosofia subjetiva do direito, isto é, todo aquele positivismo jurídico herdado pelos códigos napoleônicos do Estado legicentrista francês, conferia ao indivíduo o fundamento verdadeiro do direito e via no Estado, tal como Rousseau, uma espécie de "eu comum" dotado de subjetividade coletiva. A consequência disso foi o inevitável conflito entre ambos. Um germe de contradição e de luta, foi o que os homens da revolução introduziram involuntariamente no sufrágio universal. "Eles criaram a igualdade política, mas não a igualdade econômica, suprimiram os privilégios políticos, mas não os econômicos. Daí um conflito fatal, uma antinomia profunda".[608] Para Duguit, todo poder, qualquer que seja seu modo de legitimação, implica sempre uma relação de dominação. Nesse sentido, afirmava que a antiga soberania política tinha sido simplesmente transferida da monarquia para a república, conservando, em benefício dessa última, um poder político ilimitado. "Porque o Estado é a soberania concentrada de todos, nada e ninguém poderá lhe resistir. E isso mostra bem quanto o princípio da soberania é pouco jurídico".[609] O Estado, quando considerado objetivamente, diziam os teóricos do direito social, não é jamais outra coisa que o fato de "um certo número de pessoas disporem livremente de maior força de constrição. O Estado não é outra coisa do que poder".[610] Por isso é preciso fazê-lo reconhecer obrigações positivas por meio da colocação em funcionamento de equipamentos coletivos para a produção da solidariedade social; é preciso, enfim, fazer o Estado operar não como um eu comum ou sujeito soberano, mas condicionado às modalidades de serviços públicos nos quais os indivíduos não estariam mais do que integrados em uma função.

---

[608] *Ibid.*, p. 91.

[609] *Ibid.*, p. 92.

[610] *Ibid.*, p. 93.

A noção de instituição de Hauriou constituiu um aperfeiçoamento da noção de serviço público de Duguit e procurou estabelecer o fundamento da autoridade do Estado sobre cada um de seus membros, assim como os limites dessa autoridade. Hauriou, pensando a sociedade a partir de seu movimento, procurou:

> [...] articular os direitos e os deveres dos indivíduos, das coletividades e da potência pública, de um tal modo que eles respeitassem o princípio – necessário para a ordem – que quer que uma força domine as outras, e o princípio – necessário ao equilíbrio – que quer que uma força dominante possa ser moderada por forças menores, mas capazes de fazer jogar relativamente sua presença.[611]

Dessa forma, a instituição seria a realidade desse conjunto regulador de ordem e equilíbrio. Esses dois teóricos do direito social perceberam o perigo, quase inevitável, que resultava do exercício do poder do Estado apoiado sobre a noção de soberania. Concluíram que se o procedimento do sufrágio pode e deve ser realizado sob a noção democrática de soberania individual, o exercício do poder deve se desembaraçar dela tanto quanto possível. Curiosamente, esses teóricos tinham muita clareza de que, uma vez dissipadas as ilusões que faziam com que o exercício do poder emanasse da vontade de todos, imediatamente "o Estado aparecia na sua realidade de potência bruta, arbitrária, opressiva: força pura que só pode se justificar por sua submissão a uma regra de direito, uma regra que deve procurar dissolvê-lo de maneira eficaz na realização da solidariedade da sociedade".[612] Por isso, propunham uma descentralização capaz de transformar o exercício arbitrário do poder sob a forma de serviços públicos disseminados pela sociedade com o objetivo de organizar sua coesão. "O Estado perderia sua arbitrariedade se dissolvendo progressivamente no processo de construção de uma sociedade solidária".[613] Mas era preciso ter a prudência para não eliminar a potência específica do Estado, isto é, sua potência pública; para tanto, articulou-se público e privado em uma "teoria da autoridade fundada sobre a perenidade das instituições como fonte do seu poder de constrição, reduzindo a possibilidade de seu questio-

---

[611] *Ibid.*, p. 97.

[612] *Ibid.*, p. 101.

[613] *Id.*

namento".[614] Em outras palavras, os teóricos do direito social encontraram um princípio de limitação positiva do poder do Estado.

Todas essas teorias que tiveram como fio condutor a noção de solidariedade consolidaram-se, no final do século XIX, em um *corpus* jurídico que ficou conhecido como direito social e engendrou inúmeras práticas relativas às condições de trabalho, à proteção do trabalhador e da infância, aos acidentes e doenças do trabalho, às várias medidas destinadas a fiscalizar as condições de salubridade, educação e moralidade dos operários e das suas famílias. Foi por meio de uma técnica securitária, como mostrou Donzelot, que essa linguagem do direito operou, procurando cessar a violência dos conflitos entre patrões e operários. O sistema de seguros que foi colocado em funcionamento fazia aparecer a exigência por direitos como dependente não mais de uma reorganização da sociedade, mas de uma reparação de sofrimentos ocasionais.

> O operário acidentado, doente ou desempregado não exigia mais justiça diante dos tribunais ou em praça pública. Fará valer seus direitos perante instâncias administrativas que, após examinarem o fundamento da sua demanda, lhe pagará indenizações predeterminadas. Não é proclamando a injustiça da sua condição que o operário poderá beneficiar-se do direito social, mas na qualidade de membro da sociedade, na medida em que ela garante a solidariedade de todos.[615]

O direito social foi uma contrapartida necessária a toda inconveniência do sistemático processo de disciplinarização descrito por Michel Foucault. Foi para compensar, ou equilibrar, o poder soberano que o patrão exercia efetivamente no interior da fábrica e chegava mesmo a atingir toda a vida familiar, afetiva e sexual dos operários, em uma rede fechada de constrições disciplinares, que arriscava a instabilidade do poder pela ameaça constante de conflitos que provocava. Com o direito social, essa malha do poder disciplinar não aparecia mais emanando do Estado, delegado e defendido por ele. Pelo contrário, esse poder aparecia como contestado, limitado e recusado pelo Estado. Assim, a dominação que Weber viu o trabalhador exercer sobre o patrão por meio da legislação trabalhista, era, no fundo, o resultado terminal de uma complexa estratégia de normalização do poder soberano que procurou eliminar nele o perigo inerente ao exercício dos seus poderes governamentais.

---

[614] *Ibid.*, p. 103.

[615] *Ibid.*, p. 138.

5. Contraorganização anarquista

Nesse contexto, é preciso entender a reflexão de Malatesta acerca da organização como uma tática *contraorganizativa*, na medida em que, sem negar a organização, procurou contrapor à estratégia da organização burguesa práticas de organização anarquista. Como dissemos, ao contrário dos anarquistas antiorganizadores,[616] Malatesta rejeitou como sendo completamente insuficiente e inadequada a resposta sob a forma da recusa do princípio de organização; ela trazia o inconveniente do extremismo e continha um duplo prejuízo: não apenas colocava o anarquismo no impasse de uma posição meramente negativa, como também era uma posição que impedia perceber o funcionamento do mecanismo estratégico colocado em jogo. De forma significativa, Malatesta insistia no fato de que:

> [...] todas as instituições que oprimem e exploram o homem tiveram sua origem em uma necessidade real da sociedade humana e se sustentam precisamente sobre o prejuízo de que essa determinada necessidade não possa ser satisfeita sem elas, fazendo suportar todo o mal que produzem pela força dessa pretensa necessidade.[617]

É o que o ocorre, por exemplo, com a propriedade que, mesmo reduzindo a massa dos trabalhadores à miséria e transformando a sociedade em uma matilha de lobos se devorando mutuamente, encontra sua justificativa também na necessidade dos indivíduos de se garantirem contra a tirania do Estado. É o que ocorre com a lei que, mesmo tendo sido feita para defender os privilegiados e constranger o povo a suportar sua posição, ela também responde a necessidade da incolumidade pessoal dos indivíduos. Até mesmo o autoritarismo, seja nas suas manifestações secundárias, seja na sua manifestação máxima da forma Estado, na medida em que obscurece com sua sombra grande parte da vida social, responde igualmente a uma necessidade de cooperação. Portanto, é preciso perceber esse fundo de positividades que não somente atuam, mas que sustentam essas redes de instituições negativas, nas quais os indivíduos são ao mesmo tempo vítimas e beneficiários.

---

[616] Entre os mais conhecidos estão Paolo Schicchi, os stirnerianos Attilio e Ludovico Corbella e Oberdan Gigli. Outros antiorganizadores menos "intransigentes" foram Ettore Molinari, Nella Giacomelli e Luigi Galleani (cf. ANTONIOLI, 1999a).

[617] MALATESTA, 1889g.

> Ora, se alguém, para destruir a propriedade quisesse proclamar a sujeição do indivíduo ao Estado, ou se para abolir a lei quisesse proclamar a liberdade de se degolar mutuamente, ou se para combater a autoridade e o Estado quisesse predicar a vida do homem selvagem ou da tribo isolada, não se faria mais do que reafirmar a necessidade da propriedade, da lei e da autoridade e se alcançaria, portanto, um objetivo diametralmente oposto ao almejado.[618]

Assim, mesmo admitindo que a "organização autoritária é uma coisa completamente diversa daquela que os *anarquistas organizadores* defendem e, quando podem, praticam",[619] Malatesta tinha clareza de que "as pessoas agem sempre em função de qualquer coisa de imediatamente realizável, e no fundo têm razão, porque não se vive apenas de negação, e quando não se tem nada de novo para estabelecer, retorna-se fatalmente ao antigo".[620] Daí a necessidade de combater a ideia, muito difundida, "segundo a qual a tarefa dos anarquistas seria simplesmente aquela de demolir, deixando para a posteridade a obra de reconstrução".[621] Não se trata de prescrever para a posteridade um futuro, mas do fato grave e urgente de que, diz Malatesta, "devemos e deveremos fazer por nós, se não quisermos deixar o monopólio da ação prática a outros que endereçarão o movimento em direção a horizontes opostos aos nossos".[622] A problemática da organização colocava em jogo a sobrevivência do poder governamental.

> Eu digo que seria muito difícil encontrar uma instituição atual qualquer, mesmo entre as piores, também as prisões, os lupanares, a polícia, os privilégios, os monopólios, que não responda direta ou indiretamente a uma necessidade social, e que só será possível destruí-las realmente e permanentemente quando as substituir com qualquer coisa que satisfaça melhor as necessidades que as produziram. Não me perguntem, dizia um companheiro, que coisa substituiremos ao cólera: ele é um mal e o mal é preciso destruí-lo e não substitui-lo. É verdade, mas a desgraça é que o cólera perdura e retorna se não for substituído por condições

---

[618] *Id.*

[619] MALATESTA, 1975[334], p. 234.

[620] *Ibid.*, 1975[261], p. 72.

[621] *Ibid.*, 1975[334], p. 235.

[622] *Ibid.*, 1975[334], p. 235-236.

higiênicas melhores daquelas que permitiram o surgimento e a propagação da infecção.[623]

Para Malatesta a polícia não era uma atividade meramente repressiva, mas um vetor de força governativa. Nesse deslocamento, que leva de um acento ordinariamente negativo sobre a polícia para vê-la atuando sob um fundo de positividade, o significativo é que faz aparecer os mecanismos positivos da polícia como tecnologia de governo. Subtraindo da reflexão sua unilateralidade, Malatesta apontou a positividade que algumas instituições, mesmo entre as piores, como a polícia, produzem na sociedade. Se tais instituições produzissem apenas efeitos negativos, sua eliminação seria fácil. Mas porque elas respondem também a uma "necessidade social", só será possível de fato substituí-las encontrando uma maneira de satisfazer mais efetivamente as necessidades que as provocaram. Por isso, conferir ao anarquismo, ao seu ato insurrecional, uma finalidade meramente destrutiva equivale a "dar às instituições que se pretende abolir o tempo de se refazerem dos golpes recebidos, impondo-se novamente, talvez com outros nomes, mas certamente com a mesma substância".[624] Por isso, dizia Malatesta:

> [...] é preciso abolir as prisões, esses lugares tétricos de pena e de corrupção, onde, enquanto gemem os prisioneiros, os carcereiros endurecem o coração e se tornam piores do que os detidos: de acordo. Mas quando se descobre um lascivo que estupra e mutila corpos de crianças, é necessário colocá-lo em um estado de não poder mais prejudicar se não se quiser que ele faça outras vítimas e termine linchado pela multidão. [...] Destruir os lupanares, essa torpe vergonha humana [...]. Mas o lupanar se reformará logo, público ou clandestino, sempre que houver mulheres que não encontrem trabalho apto e vida conveniente. [...] Abolir a polícia, esse homem que protege com a força todos os privilégios e é o símbolo vivo do Estado: certíssimo. Mas para poder aboli-la permanentemente e não vê-la reaparecer sob outro nome e com um outro uniforme, é preciso saber viver sem ela.[625]

É óbvio que Malatesta não pretende que se conserve qualquer espécie de resíduo dessas instituições; mas existe o perigo iminente da sua permanência, resultante do fato de que a mera negação das formas ins-

---

[623] *Ibid.*, 1975[336], p. 238.
[624] *Ibid.*, 1975[340], p. 248-249.
[625] *Ibid.*, 1975[336], p. 239-240.

tucionais que assumem determinadas práticas não basta para aboli-las. Por exemplo, é "infelizmente verdadeiro que se deem cotidianamente ocasiões nas quais a polícia aparece como instrumento útil".[626] Um agredido, "encontrando-se em perigo de vida e sem possibilidade de defesa, ficará naturalmente contente pela aparição dos faróis da polícia".[627] Dessa maneira, "por ódio e medo do delito, a massa da população aceita e suporta qualquer governo".[628] Portanto, mais do que simples ato de negação, é preciso um saber-viver sem polícia, ou seja, rejeitar não somente suas formas institucionais, mas também o regime de práticas que lhe são correspondentes. É preciso propor não outro regime, mas um saber-fazer que prescinda da sua instituição. É preciso, por exemplo, diz Malatesta, "evitar sempre que a defesa contra o delinquente se torne uma profissão e sirva de pretexto para a constituição de tribunais permanentes e de corpos armados, que logo se tornarão instrumentos de tirania".[629] É aqui que a questão da organização em Malatesta ganha uma dimensão que se torna fundamental para o anarquismo, formulada por ele nos seguintes termos:

> Ou da organização social preocupam-se todos, preocupam-se os trabalhadores por eles mesmos e se preocupam imediatamente, na medida em que destroem o velho, e ter-se-á uma sociedade mais humana, mais justa, mais aberta aos progressos futuros; ou da organização preocupam-se os "dirigentes", e teremos um novo governo que fará aquilo que fizeram sempre os governos, ou seja, fará pagar a massa pelos escassos e maléficos serviços que rende, eliminando-lhe a liberdade e permitindo que seja explorada por parasitas e privilegiados de todas as espécies.[630]

Já dissemos que a valorização da organização em Malatesta é inseparável da desconfiança sistemática que ele nutre em relação a esse processo de liberação chamado insurreição ou revolução. Para Malatesta a revolução ou a insurreição, apesar de necessárias, têm um valor meramente negativo. São necessárias porque a história demonstra que:

> [...] todas as reformas, que deixam subsistir a divisão dos homens entre proprietários e proletários e, portanto, o

---

[626] *Ibid.*, 1975[78], p. 198.

[627] *Ibid.*, 1975[137], p. 326.

[628] *Ibid.*, 1975[275], p. 102.

[629] *Ibid.*, 1975[340], p. 249-250.

[630] *Ibid.*, 1975[336], p. 242.

direito de alguns de viver sobre o trabalho dos outros, não fariam, quando obtidas e aceitas como benéficas concessões do Estado e dos patrões, mais do que atenuar a rebelião dos oprimidos contra os opressores, por isso não resta outra solução mais do que a revolução: uma revolução radical que abata todo o organismo estatal, que exproprie os detentores da riqueza social e coloque todos homens sobre o mesmo nível de igualdade econômica e política.[631]

Contudo, é preciso sempre admitir que "a revolução dará imediatamente aquilo que poderá dar, ou seja, aquilo que as massas (e nas massas estão incluídos os homens de ideias, os propagandistas, os intelectuais, os técnicos etc.) serão capazes de fazer".[632] Essa capacidade relativa das massas é em tal medida importante que, admite Malatesta, "para fazer a revolução, e sobretudo para fazer com que a revolução não se reduza a uma explosão de violência sem futuro, são necessários os revolucionários".[633]

A revolução, portanto, sofre de uma insuficiência que lhe é irredutível; não deve ser pensada como um processo que liberaria nos homens uma essência anarquista em estado embrionário ou adormecido; não é o desbloqueio de uma natureza humana anarquista ou de um fundo subjetivo libertário das amarras opressivas do governo. A revolução, enquanto processo necessariamente negativo, não é jamais capaz de inaugurar a anarquia, simplesmente porque a anarquia não hiberna no interior dos indivíduos, esperando que o longo inverno governamental seja finalmente dissipado pelo sol revolucionário. A revolução é incapaz de liberar ou de produzir uma substância anárquica nos indivíduos, porque ela é apenas esse "momento em que as massas se elevam moralmente acima de seu nível ordinário e estão prontas a todos os heroísmos".[634]

Essa dimensão aparece claramente no debate entre educacionistas[635] e revolucionários. Recusando o "'educacionismo', entendido como sistema que espera a transformação social unicamente, ou principalmente, da generalização da educação, e que acredita que tal transformação poderá

---

[631] *Ibid.*, 1975[45], p. 117.

[632] *Ibid.*, 1975[49], p. 130.

[633] *Ibid.*, 1975[54], p. 149.

[634] *Ibid.*, 1975[70], p. 179.

[635] Segundo Berti, um dos maiores expoentes do educacionismo anarquista, no início do século XX, foi Luigi Molinari, fundador da revista quinzenal *L'Università Popolare*, em 1901, que tinha como epígrafe "a verdade nos fará livres" (cf. BERTI, G. *Errico Malatesta e il movimento anarchico italiano e internazionale, 1872-1932*. Milão: Franco Angeli, 2003. p. 426).

realizar-se apenas quando todos, ou quase todos, forem educados", Malatesta escrevia, no final de 1913, que nas condições atuais era "impossível estender a educação além de um limite restritíssimo". [636] Desse modo, se:

> [...] para fazer a revolução, quer dizer, se para arruinar as instituições atuais e assegurar o pão e a liberdade, devêssemos esperar que as massas se tornassem conscientemente e inteligentemente revolucionárias – a sociedade ou permaneceria como está ou se modificaria sob a influência de forças independentes de nós e em sentido contrário aos nossos objetivos.[637]

Além disso, embora "a propaganda seja direcionada para todos, é semente que germina somente onde encontra terreno fértil".[638] Portanto, considerando o ambiente, as condições econômicas e políticas, os indivíduos não serão capazes de se elevarem acima de certo nível moral. Apenas uma pequena minoria que, frequentemente, se encontra em condições mais favoráveis, será capaz; de outro lado, é igualmente certo que todas as grandes mudanças feitas na civilização foram devidas às revoluções, mas que não constituíram necessariamente rápidas mudanças políticas e econômicas. Pelo contrário, foram provocadas pelo descobrimento de novas terras pelas correntes migratórias, pela invenção de novas máquinas ou de novos métodos de produção etc., e nesse processo certamente foi fundamental a educação, que buscou desenvolver nos indivíduos uma capacidade de utilização de todas essas novas possibilidades do ambiente. Pode-se até mesmo admitir que a educação é necessária para produzir "revolucionários", essa categoria de homens dedicados à mudança do ambiente de modo rápido e violento.

> Mas esperar que apenas com a propaganda seja transformado o ânimo das massas, é uma ilusão e uma impossibilidade que nos condenaria a ser sonhadores. Existe uma experiência feita por todos os propagandistas, e que já foi contada cem vezes. Vá a uma região nova, virgem de toda propaganda anarquista ou socialista, dedique-se a dialogar no café, faça uma conferência ou convoque um comício e, imediatamente, encontrará um certo número de aderentes, suponhamos dez; e partirá muito contente esperando que, se sozinho e num único dia, foi possível converter para suas

---

[636] MALATESTA, E. Ancora sull'Educacionismo (per intenderci). *Volontà*, Ancona, ano I, n. 26, 06 dez. 1913i.

[637] *Id.*

[638] *Id.*

ideias dez pessoas, esses dez que lá ficaram, entusiastas e voluntariosos, em breve terão convertido toda a região. Retorne depois de um ano e encontrará os mesmos dez... se não oito; retorne ainda depois de cinco anos e é sempre a mesma coisa. O fato é que você converteu tudo o que existia de conversível. Mas eis que de repente os dez tornam-se cem, e uma larga simpatia, se não uma adesão completa, se manifesta para nossas ideias. O que aconteceu? Qualquer coisa que transformou o ambiente: foi introduzida uma fábrica ou muitos foram para América e depois voltaram, ou explodiu, em um momento de exasperação, uma greve violenta que colocou em luta aberta os trabalhadores agrícolas contra os proprietários de terra.[639]

Em outras palavras, a educação é incapaz de converter para a anarquia, ou melhor, no anarquismo, o procedimento da conversão apenas pode ter um valor relativo e uma existência sempre precária e insuficiente em relação à educação, é por isso que, ao contrário de certo:

[...] número de "educacionistas", que creem na possibilidade de elevar as massas aos ideais anarquistas antes de que sejam mudadas as condições materiais e morais em que vivem, e com isso remetem a revolução para quando todos forem capazes de viver anarquicamente, os anarquistas estão todos de acordo com o desejo de arruinar o mais cedo possível os regimes vigentes.[640]

E do mesmo modo que a anarquia não pode ser objeto de conversão em um procedimento educacional, com mais razão ainda "a revolução não pode ser feita para que atue diretamente e imediatamente a anarquia, mas somente para criar as condições que tornem possível uma rápida evolução em direção à anarquia".[641] A revolução é um ato dramático, necessário "para abater a violência dos governos e dos privilegiados"[642] e "para poder abater a força material do inimigo comum",[643] mas, por ser um fenômeno de ruptura súbita, não serve como operador de conversão da subjetividade dos indivíduos.

---

[639] *Ibid.*, 1975[70], p. 177-179.

[640] *Ibid.*, 1975[209], p. 172.

[641] *Ibid.*, 1975[211], p. 182-183.

[642] *Ibid.*, 1975[211], p. 184-185.

[643] *Ibid.*, 1975[218], p. 201.

A esse propósito, Foucault mostrou como o tema da salvação cristã, pensado a partir da noção grega de metanoia, cujo equivalente latino é a noção de "conversão", foi inscrito em um sistema binário:

> Situa-se entre a vida e a morte, a mortalidade e a imortalidade ou este mundo e o outro. A salvação nos conduz: da morte para a vida, da mortalidade para a imortalidade, deste mundo para um outro. Nos conduz inclusive do mal para o bem, de um mundo de impurezas para um mundo de purezas etc. Consequentemente, está sempre no limite e é um operador de passagem.[644]

Foi graças a essa conotação cristã que a noção de conversão foi introduzida na prática e na experiência política por meio da emergência da "subjetividade revolucionária" no século XIX.

> Parece-me que, ao longo do século XIX, não é possível compreender o que foi a prática revolucionária, não é possível compreender o que foi o indivíduo revolucionário e o que foi para ele a experiência da revolução se não se tiver em conta a noção, o esquema fundamental da conversão à revolução.[645]

A meu ver, é justamente a rejeição desse esquema binário e maniqueísta que está em jogo na declaração malatestiana da insuficiência da revolução. Para Malatesta, tanto a educação quanto a revolução são insuficientes para converter à anarquia. Com efeito, ele se pergunta se seria possível:

> [...] supor que, feita a revolução no sentido destrutivo da palavra, cada um respeitará os direitos dos outros e aprenderia logo a considerar a violência, causada ou suportada, como coisa imoral e vergonhosa? Não seria muito mais temerário que tão logo os mais fortes, os mais espertos, os mais afortunados, que podem ser também os mais cruéis, os mais afetados por tendências antissociais, tentem impor sua própria vontade por meio da força, fazendo renascer a *polícia* sob uma ou outra forma? Não supomos e não esperamos que pelo único fato da revolução ter abatido a autoridade presente baste para transformar os homens, todos

---

[644] FOUCAULT, M. *La hermenéutica del sujeto*. Curso en el Collège de France (1981-1982). México: Fondo de Cultura Económica, 2002b. p. 180.

[645] *Ibid.*, p. 206.

os homens, em seres verdadeiramente sociais e destruir todo germe de autoritarismo.[646]

Uma vez que a "insurreição não pode durar mais que um breve tempo",[647] após o gesto negativo e destrutivo de eliminação da "força bruta que oprime, só se destrói aquilo que se substitui com qualquer coisa de melhor. [...] Não existem gerações que destroem e gerações que edificam. A vida é um todo indivisível e a destruição e a criação são gestos contemporâneos".[648] Assim, pensar a revolução a partir do esquema binário da salvação é supor uma subjetividade positiva reprimida e bloqueada por processos históricos negativos, econômicos ou sociais, que, uma vez rompidos, libertariam por si mesmos efeitos liberadores. Para Malatesta, não há binarismo nenhum, mas um jogo permanente e recíproco.

> Entre o homem e o ambiente social existe uma ação recíproca. Os homens fazem a sociedade como ela é, a sociedade faz os homens como eles são, e disso resulta uma espécie de círculo vicioso. Para transformar a sociedade é necessário transformar os homens, mas para transformar os homens é necessário transformar a sociedade. A miséria embrutece o homem, e para destruir a miséria é necessário que os homens tenham consciência e vontade. A escravidão educa os homens a serem escravos, e para liberar-se da escravidão é necessário homens que aspirem à liberdade. A ignorância faz com que os homens não conheçam as causas dos seus males e não saibam remediá-los, e para destruir a ignorância é necessário que os homens tenham o tempo e o modo de se instruírem. O governo habitua as pessoas a suportarem a lei e a crer que a lei seja necessária à sociedade, e para abolir o governo é preciso que os homens estejam persuadidos de sua inutilidade e dano. Como sair desse círculo vicioso?[649]

Pelo fato mesmo da existência desse jogo perpétuo, ocorre que "a sociedade atual é o resultado de mil lutas intestinas, de mil fatores naturais e humanos agindo casualmente sem critérios diretivos".[650] É aqui, portanto, no indeterminado da luta, que residi a possibilidade sempre presente de provocar, de quando em quando, sua própria dissolução e

---

[646] MALATESTA, 1975[43], p. 113. Grifos do autor.

[647] *Ibid.*, 1975[218], p. 202.

[648] *Ibid.*, 1975[218], p. 202-203.

[649] *Ibid.*, 1975[223], p. 227.

[650] *Ibid.*, 1975[223], p. 228.

transformação. Mas é preciso ter claro que, insiste Malatesta, desse acaso da luta existe sempre "a possibilidade de progresso; mas não a possibilidade da anarquia". Para que a anarquia seja possível, "o progresso deve caminhar ao mesmo tempo e paralelamente, nos indivíduos e no ambiente".[651] O papel decisivo dos anarquistas é mais positivo do que destrutivo; os anarquistas devem se:

> [...] aproveitar de todos os meios, de todas as possibilidades, de todas as ocasiões que permite o ambiente atual, para agir sobre os homens e desenvolver neles sua consciência e desejos; devemos utilizar todos os progressos efetuados na consciência dos homens para induzi-los a reclamar e impor maiores transformações sociais, que são possíveis e que servem melhor para abrir a via a progressos ulteriores.[652]

Nesse sentido, após uma insurreição, "ou seja, após a rápida efetuação das forças acumuladas durante a evolução precedente, tudo dependerá daquilo que o povo será capaz de querer".[653] Segundo Malatesta, os anarquistas antiorganizadores não compreenderam a "sinonímia entre organização e sociedade"[654] e ignoraram o dilema inevitável da vida coletiva, no qual a organização deverá ou ser realizada "voluntariamente para vantagem de todos" ou realizada "pela força por um governo para a vantagem de uma classe dominante".[655] A coisa é muito simples: "aquilo que não conseguirmos fazer nós com nossos métodos, será feito necessariamente pelos outros com métodos autoritários".[656] No fundo, a organização é simplesmente uma prática de cooperação e de solidariedade e, nesse sentido, é também uma condição natural e necessária da vida social, um fato inelutável que se dá entre os indivíduos.

> [...] acontece fatalmente que aqueles que não têm os meios ou a consciência suficientemente desenvolvida para se organizar livremente com quem possuem interesses e sentimentos comuns, suportam a organização feita por outros indivíduos, geralmente constituídos em classe ou grupo

---

[651] Id.

[652] Id.

[653] Ibid., 1975[223], p. 236.

[654] MALATESTA, 1982[7], p. 85.

[655] MALATESTA, 1975[363], p. 342.

[656] Ibid., 1975[340], p. 250.

dirigente, com o objetivo de explorar, em proveito próprio, o trabalho alheio.[657]

Em outros termos, ou os indivíduos se organizam livremente e se tem a anarquia, ou são organizados contra sua vontade e suportam a organização, e se tem o exercício do poder governamental. Governo e organização aparecem, em Malatesta, como termos correlativos, ou melhor, a organização constitui para o governo um plano de referência por meio do qual o exercício do poder ganha realidade e extensão. É dessa forma que a problemática da organização pode ser vista como o diferencial entre as concepções de Malatesta e Weber acerca do poder como imposição da vontade a outrem. Weber tinha visto na dominação uma espécie de fluxo ininterrupto, Malatesta percebeu a dominação sendo estrategicamente reconfigurada pelo governo, que a articulou nas necessidades reais dos indivíduos de uma coletividade, justificando e apoiando seu poder sobre elas.

> Quando uma coletividade tem necessidades e seus membros não sabem se organizar espontaneamente por si mesmos para provê-las, surge alguém, uma autoridade que proverá essas necessidades, servindo-se da força de todos e dirigindo suas vontades. Se as ruas estão inseguras e o povo não sabe prover a segurança, surge uma polícia que, para qualquer serviço que rende, se faz suportar e pagar, impõe-se e oprime.[658]

Daí a necessidade de tomar a revolução como portando mais do que episódios destrutivos; seria preciso distinguir, para tanto, a insurreição, como golpe de força, da revolução, de modo que seja possível pensar essa última como práticas de liberdade, isto é, pensá-la como um procedimento criador:

> [...] de novos institutos, de novos agrupamentos, novas relações sociais; a revolução é a destruição dos privilégios e dos monopólios; é um novo espírito de justiça, de fraternidade, de liberdade que deve renovar toda a vida social, elevar o nível moral e as condições materiais das massas, chamando-as a proverem pela sua própria obra direta e consciente para a determinação do próprio destino. [...] revolução é a destruição de todos os vínculos coativos, é a autonomia dos grupos, dos municípios, das regiões; [...] revolução é a

---

[657] *Ibid.*, 1975[357], p. 299-300.
[658] MALATESTA, 1982[8], p. 89-90-91.

> constituição de miríades de livres agrupamentos correspondentes às ideias, aos desejos, às necessidades, aos gostos de toda espécie existentes na população [...]. A revolução é a liberdade experimentada no ambiente e incorporada nos fatos – e dura até quando durar a liberdade.[659]

Seria possível remeter o sentido da distinção malatestiana entre insurreição e revolução à distinção operada por Foucault entre processos de liberação e práticas de liberdade. Segundo o filósofo, os primeiros "são insuficientes para definir práticas de liberdade que serão em seguida necessárias para que um povo, uma sociedade e seus indivíduos possam dar-se formas plausíveis e aceitáveis de sua existência ou da sociedade política".[660] Daí a necessidade de insistir muito mais "sobre as práticas de liberdade do que sobre os processos de liberação".[661] Foucault toma o exemplo da sexualidade: mais do que insistir sobre a liberação da sexualidade, o problema mais urgente seria o de definir as práticas de liberdade por meio das quais seria possível experimentar o prazer sexual, erótico e amoroso. "Esse problema ético da definição das práticas de liberdade é, parece-me, muito mais importante do que a afirmação, um pouco repetitiva, de que é preciso liberar a sexualidade ou o desejo".[662] Certamente, não é possível a existência de práticas de liberdade, ou só é possível que elas existam de modo bastante limitado, sem processos de liberação. Os processos de liberação desempenhariam o papel de desfazerem estados de dominação nos quais "as relações de poder, em vez de estarem móveis e de permitirem aos diferentes parceiros uma estratégia que as modifique, encontram-se bloqueadas e cristalizadas".[663] Dessa forma, o processo de liberação funciona como condição histórico-política para as práticas de liberdade. Sem dúvida foram necessários processos de liberação no campo da sexualidade para que o poder opressivo do macho, do heterossexual etc., fossem contestados, "mas, essa liberação não faz aparecer o ser feliz e pleno de uma sexualidade em que o sujeito alcançaria uma relação completa e satisfatória. A liberação abre um campo para novas relações de poder, as quais se torna necessário controlar por práticas de liberdade".[664]

---

[659] MALATESTA, 1975[262], p. 79.

[660] FOUCAULT, 2001c, p. 1529.

[661] Id.

[662] Id.

[663] Ibid., p. 1529-1530.

[664] Ibid., p. 1530.

Em Malatesta, também em Stirner,[665] está em jogo na distinção entre insurreição e revolução a capacidade ética dos indivíduos de realizarem a vida anarquista. Para o italiano, a expressão frequentemente pronunciada "a revolução será anárquica ou não será", não passa de frase de efeito que, se examinada a fundo, não diz nada ou, pior, afirma um despropósito.

> Estou inclinado a crer que o triunfo completo da anarquia, muito mais que por uma revolução violenta, virá pela evolução, gradualmente, quando uma precedente ou precedentes revoluções terão destruído os maiores obstáculos militares e econômicos que se opõem ao desenvolvimento moral das populações, ao aumento da produção até o nível das necessidades e dos desejos e à harmonização constante dos interesses.[666]

Os anarquistas acreditaram, durante muito tempo, que uma insurreição bastava por si mesma e, após terem sido vencidos o exército e a polícia, "o resto, que era o essencial, viria por si".[667] Foi um tempo em que persistiu a ideia segundo a qual "a tarefa dos anarquistas é a de demolir, a reconstrução seria obra dos nossos filhos e netos".[668] Nessa época, pensava-se:

> [...] que a anarquia e o comunismo poderiam surgir como consequências diretas e imediatas de uma insurreição vitoriosa. Não se trata, dizíamos, de alcançar um dia a anarquia e o comunismo, mas de começar a revolução social com a anarquia e com o comunismo. É necessário, repetíamos nos nossos manifestos, que na noite do próprio dia em que forem vencidas as forças governamentais, cada um possa satisfazer plenamente suas necessidades essenciais, provar, sem atraso, dos benefícios da revolução.[669]

Hoje, diz Malatesta, é preciso "pensar que além do problema de assegurar a vitória contra as forças materiais do adversário, existe também o problema de fazer viver a revolução após a vitória. [...] [Porque] uma revo-

---

[665] Alterando os termos do debate, Stirner dirá que, enquanto "a revolução exige a criação de *instituições*, a revolta exige que o indivíduo *se eleve*". *Cf.* STIRNER, M. *O único e sua propriedade*. Tradução: João Barrento. Lisboa: Antígona, 2004. p. 248.

[666] MALATESTA, 1975[367], p. 353.

[667] *Ibid.*, 1975[367], p. 350.

[668] *Id.*

[669] *Ibid.*, 1975[377], p. 393-394.

lução que produzisse o caos não seria vital".[670] Por essa razão, Malatesta atribuiu a positividade plena da anarquia às inúmeras práticas de liberdade que ocorreram antes, ocorrerão durante e, sobretudo, depois da revolução. É após a revolução, após transformadas as antigas relações de poder e com o triunfo das forças insurgentes, que a positividade da anarquia pode jogar plenamente, porque é nesse momento que:

> [...] entra verdadeiramente em campo o gradualismo. [...] Intransigentes contra toda imposição e toda exploração capitalista, nós deveremos ser tolerantes com todas as concepções sociais que prevaleçam nos vários agrupamentos humanos, desde que não lesem a igual liberdade e direito dos outros; e deveremos nos contentar de progredir gradualmente, na medida em que se eleve o nível moral dos homens e cresçam os meios materiais e intelectuais dos quais dispõe a humanidade – fazendo isso, claro, quanto mais possamos, com o estudo, o trabalho, a propaganda, para acelerar a evolução em direção a ideais sempre mais elevados.[671]

---

[670] *Ibid.*, 1975[367], p. 350-351.
[671] *Ibid.*, 1975[317], p. 197-198.

CAPÍTULO 2

REVOLUÇÃO E GRADUALISMO REVOLUCIONÁRIO

A problemática da organização anarquista provocou um deslocamento importante na percepção de Malatesta sobre o problema da revolução no anarquismo. Berti percebeu Malatesta dividindo os processos de liberação em dois momentos: o momento insurrecional, de ruptura com a ordem vigente e de destruição das instituições de poder (polícia, exército, prisões etc.), e o momento revolucionário organizativo, momento pleno de práticas de liberdade. Nessa distinção, ao primeiro momento Berti atribui o *ethos* do revolucionarismo, agregado à militância de Malatesta na sua juventude de internacionalista, contido no Programa da Fraternidade, escrito por Bakunin e aprovado no Congresso Anarquista de Saint-Imier, em 1872, que colocava as bases de uma nova *Aliança Socialista Revolucionária*, sociedade secreta que dava prosseguimento à *Aliança da Democracia Socialista*, de 1868. Segundo Berti, Malatesta portará consigo esse *ethos* bakuninista durante os levantes de 1874 e 1877, que sacudiram a Itália, e nos quais foi protagonista. Mas será igualmente reafirmado durante o congresso de Londres, em 1881, que afirmou ser "necessário unir à propaganda verbal e escrita a propaganda dos fatos, considerando que a época de uma revolução geral não está distante".[672]

Foi esse revolucionarismo que, em seguida, se transformou em insurrecionalismo e, por sua vez, resultará na onda de atentados que estremeceram a Europa e os EUA, entre a década de 1890 e o final do século. Segundo Berti, o revolucionarismo bakuninista apresentava a revolução com tons apocalípticos e messiânicos, retirados do "catastrofismo" de tipo marxista. Já no segundo momento, o revolucionarismo, foi interpretado por Berti em termos de passividade política: se é verdade que a revolução é sempre incapaz de inaugurar a anarquia, resta aos anarquistas o papel de favorecer, o quanto mais, a causa anárquica por meio da sua atuação, o que torna evidente, para Berti, "o destino da estrutural subalternidade

---

[672] BERTI, 2003, p. 95.

política do anarquismo. De um lado, os anarquistas não podem renunciar ao concurso de outras forças de inspiração subversiva, mas autoritárias, de outro não são capazes de prosseguir sobre uma estrada de protagonista autônomo".[673] Segundo Berti, a revolução não supera a pura negatividade da insurreição e disso resulta "que em Malatesta existe a clara consciência da natureza *negativa* do anarquismo (por isso ele não supera Bakunin), cuja tarefa primeira é a de abrir a estrada a uma livre evolução da sociedade".[674]

Gostaria de propor outra compreensão. Parece-me que uma das dificuldades de se discutir a revolução no interior do anarquismo é que o próprio termo aciona, de maneira quase automática, o modelo teórico inaugurado pela Revolução Francesa. Isso tem provocado certo número de simplificações, ou rejeições, do tema da revolução no interior do anarquismo. Berti, por exemplo, em sua análise da revolução escrita no começo dos anos 1980, afirmava o fim do tempo da revolução a partir da revolução espanhola, acontecimento que inaugurou um novo ciclo histórico no qual a revolução não tem mais lugar, e sustentava que tal fato obrigava a uma revisão dos próprios fundamentos do anarquismo. Para Berti, a revolução, a prática revolucionária, pertence a determinadas formas históricas específicas, que foram exauridas com o desenvolvimento da história. Porém, o problema é que a "ideologia" revolucionária se fixou no tempo, tendo perdido as formas históricas que a tinham determinado. Resultado: a revolução foi secularizada na cabeça dos revolucionários. "Em outros termos, a teoria da revolução se deteve no século XVIII e começo do século XIX. Um atraso enorme, portanto, foi acumulado nos últimos decênios. Um atraso que hoje pesa e impede seguir adiante".[675] A revolução, segundo Berti, sofre de carência histórica porque foi privada de suas formas sociais originárias, a um tal ponto que o fim do socialismo revolucionário, nos anos 1980, "assinalou, obviamente, também o fim (não a crise) de certo anarquismo: aquele, precisamente, nascido sob a mesma bandeira".[676]

Contudo, Berti parece ter ignorado que a revolução, na reflexão de Malatesta, não é redutível ao modelo estabelecido pela Revolução Francesa; um modelo historicamente datado e cujo paradigma teve uma função política bastante precisa.

---

[673] *Ibid.*, p. 762.

[674] *Ibid.*, p. 766.

[675] BERTI, G. La rivoluzione e il nostro tempo. *Volontà,* Nápoles, ano XXXVII, n. 4, p. 29-40, out./dez. 1983. p. 31.

[676] BERTI, G. L'anarchismo e 'il crollo dell'ideologia'. *Volontà,* Nápoles, ano XL, n. 2, abr./jun., p. 65-75, 1986. p. 65.

1. Das sedições à revolução

Segundo Mona Ozouf, no século XVIII, a ideia de revolução comportava, pelo menos, duas dimensões. A primeira dizia respeito a um movimento astronômico e, nesse sentido, era o retorno de formas que já haviam surgido. A revolução era sinônimo de período, um movimento que traz as coisas de volta a seu ponto de partida. Na realidade humana, isso representa o eterno retorno de certas formas políticas já conhecidas. O modelo astronômico da revolução solar aplicado às sociedades humanas implicava, portanto, o retorno a uma condição anterior, o movimento inevitável de ordem e de regularidade; implicava também a passividade dos homens diante de um acontecimento quase natural, no qual desempenhavam o papel unicamente de espectadores, e não de atores; finalmente, implicava a ausência de novidade, um eterno retorno, uma história cíclica. Por exemplo, Boulainvilliers, aristocrata francês, defensor da nobreza e do sistema feudal contra a burguesia, dizia, em 1720, que os Impérios crescem e caem em decadência de modo tão natural quanto a luz do sol ilumina o território; esse é o destino comum de todos os Estados de longa duração, de modo que o mundo não passa de um joguete de ascensão e queda.[677] A revolução aparece como um processo praticamente irresistível e sempre ameaçador, que arrisca fazer com que os Impérios, Reinados e Estados, após terem alcançado o zênite da história, desapareçam: o Reino babilônico, o Império Romano, Império de Carlos Magno, todos os mais poderosos e gloriosos Estados da história entraram, um após o outro, nessa espiral de decadência, nessa espécie de ciclo de nascimento, crescimento, perfeição e, finalmente, declínio e morte. Foi esse ciclo que se chamou revolução, um fenômeno natural da vida dos Estados que conduz, após alcançar o esplendor da sua existência, a um processo de decadência.

Contudo, a revolução, além dessa dimensão fantástica e milenarista, possuiu também outra dimensão, que funcionou de contrapartida e fazia sua sorte depender da história dos homens – contrapartida que era, portanto, material e imanente ao exercício do poder. Essa outra dimensão da revolução rivalizou com o sentido astronômico; diferentemente dele, a revolução aqui aparece como adversidades da existência humana, como mudanças extraordinárias sobrevindas nos negócios públicos, como reveses de sorte na vida das nações. O que está em jogo

---

[677] cf. FOUCAULT, 1999a, p. 231.

não é o eterno retorno da revolução astronômica, mas o aparecimento brusco e violento da novidade, do imprevisível e da desordem. Nessa imagem, tem-se um elemento que joga um papel fundamental e constitui a materialidade da revolução e sua dimensão empírica. Esse elemento, que faz a materialidade da revolução, é a guerra. Porém, não é a guerra no seu sentido clássico, entendida como conflito entre nações beligerantes; mas a guerra no seu sentido vulgar, a pior das guerras, a guerra generalizada, a guerra sem quartel e sem campanha, isto é, a guerra civil. Essa guerra, que coloca os diversos elementos de uma sociedade uns contra os outros, não termina com a vitória, mas se pereniza nas instituições que ela mesma produziu. É essa guerra que decifra na revolução o jogo dos desequilíbrios, das dessimetrias, das injustiças e de todas as violências que funcionam apesar da ordem das leis, sob a ordem das leis, por meio da ordem das leis e graças a essa ordem das leis.[678] Consequentemente, a revolução no sentido político ativa e intensifica essa guerra que não cessou, mas que foi mascarada pelo poder; não apenas ativa, mas sobretudo busca explicitamente uma inversão final e definitiva das relações de força que atuam nela. É nessa direção que é preciso entender a revolução como processo de decadência e morte dos Impérios e dos Estados: é porque ela implica, ativa e intensifica, até um ponto máximo, essa relação belicosa e a converte em elemento determinante, imanente e normal da vida dos Estados e, portanto, constituinte da revolução.

Na sua dimensão como vicissitude dos negócios humanos, a revolução não seria nada mais do que a outra face de uma guerra que teria sua face permanente na lei, no poder e no governo; lei, poder e governo são a guerra de uns contra os outros, daí a revolução aparecer necessariamente como o reverso da guerra que o governo não parou de travar. Se "o governo é a guerra de uns contra os outros; a [revolução] vai significar a guerra dos outros contra uns".[679]

Como notou Foucault, essa espessura guerreira das revoluções figura de maneira evidente nos *Ensaios* de Francis Bacon, escritos em 1625, que servem para marcar bem a distinção que separa a revolução como era entendida antes da Revolução Francesa, no século XVII, da revolução como será percebida a partir do século XVIII. Entre os seus 59 pequenos

---

[678] *Ibid.*, p. 92.

[679] *Ibid.*, p. 129.

ensaios, Foucault[680] chamou atenção para aquele intitulado "Das Sedições", ao qual acrescentarei à discussão outro intitulado "Do Império". No primeiro, Bacon define as sedições como sendo fenômenos normais e imanentes à vida dos Estados; chama as sedições de "tempestades de Estados" e diz que só é possível aos governos prever a época de suas tempestades prestando atenção aos primeiros sinais das desordens, tais como os discursos licenciosos contra o Estado, os libelos contra a ordem pública etc. Bacon insiste que essas tempestades de Estado, assim como as tempestades de equinócio, são ainda mais violentas quando se preparam nos períodos de calma e de paz: as sedições preparadas sob o silêncio da paz civil são as que causam maiores danos para o Estado.

Como as tempestades, as sedições também possuem sua materialidade ou, como chamou Bacon, seu elemento inflamável, seu material combustível, que são dois: primeiramente, a indigência entendida como um nível de pobreza que deixa de ser suportável: "as rebeliões da barriga são as piores".[681] Em seguida, existem os fenômenos de descontentamento que são independentes do estômago, porque são da ordem da opinião, e representam "para o corpo político o que os humores são para o corpo natural, dão origem à febre e à inflamação".[682] Bacon insiste que nenhum Estado está ao abrigo dos descontentamentos, na medida em que eles frequentemente permanecem por muito tempo livres de perigos, deixando-os se acumularem silenciosamente.

Fome e opinião são os materiais combustíveis das sedições. Mas são materiais combustíveis que encontram sua ignição pelo que Bacon chamou de casualidade das sedições, pelos materiais flamejantes, tipos de labaredas atiradas sobre a indigência e o descontentamento. Porém, essas casualidades, as labaredas que farão arder as sedições, são inúmeras, múltiplas e, sobretudo, são imprevisíveis. Por essa razão, Bacon insiste que os remédios contra as sedições sejam empregados contra seus materiais combustíveis, a fome e a opinião, e não contra suas casualidades. Sendo as causas tão imprevisíveis, tão numerosas e tão ocasionais que, quando uma é remediada, outra rapidamente toma seu lugar. Por exemplo, as sedições podem ser provocadas simplesmente por uma inovação no campo religioso, ou por um aumento nos impostos, ou por uma alteração nas leis

---

[680] FOUCAULT, 2004b, p. 273.

[681] BACON, F. *Ensaios de Francis Bacon*. Tradução: Alan N. Ditchfield. Petrópolis: Vozes, 2007. p. 52.

[682] *Id.*

e nos costumes, ou por opressões, ou pela quebra de privilégios, enfim, por tudo aquilo que ofendendo as pessoas, "une e tece-as numa causa comum".[683] Daí que o modo mais seguro de prevenir as sedições seja o de privá-las de sua substância inflamável, visto que "é difícil contar de onde virá a faísca que as incendiará".[684] Dessa forma, Bacon propõe conjugar o desenvolvimento do comércio com uma liberdade moderada como modo de "evaporar pesares e descontentamentos".[685]

Em todo caso, os Estados não estão jamais isentos de suas tempestades, seja porque as sedições são inevitáveis ou simplesmente porque evitar as sedições, diz Bacon, seria como dominar a fortuna. Mas de onde vem essa inevitabilidade das sedições? As sedições são inevitáveis, segundo Bacon, porque procedem de uma dificuldade inerente aos negócios dos governos: trata-se do maior ou menor grau de tolerância que um governo deverá saber medir diante das desordens, na medida em que não é capaz de proibir as faíscas ou de saber de onde elas virão. Os exemplos que Bacon fornece para ilustrar essa problemática são bem interessantes: um rei é sempre obrigado a lidar com seus vizinhos, com suas esposas, com suas crianças, com seus padres, seus comerciantes, seu povo e seus soldados; de todas essas relações brotam perigos para o exercício do poder do rei. Desse modo, existe sempre o perigo de que os Estados vizinhos cresçam, por um aumento do território ou pela expansão do seu comércio, ou ainda por avanços na indústria e nas ciências, tornando-se com isso mais ameaçadores do que já eram. Nesse sentido, é preferível a guerra a uma paz precária. As esposas dos soberanos são também frequentemente perigosas, e a história é repleta de exemplos cruéis em que elas, sobretudo as adúlteras e as movidas pela ambição de tornar rei o próprio filho, constituíram um perigo letal para os homens do poder: é a história de Lívia Drusilla Claudia, que teria envenenado seu marido, o Imperador Romano Tibério. É também o caso de Roxalana, que provocou a ruína do Sultão Mustafá, ou ainda como fez a rainha Isabel da França, que depôs e assassinou seu próprio marido, o rei da Inglaterra Eduardo II. Também as crianças dos soberanos podem representar um grande perigo e ainda aqui a história é repleta de exemplos em que a suspeita entre reis e seus filhos provocou grandes tragédias. Os padres são um perigo para os reis, na medida em que buscam opor a

[683] *Ibid.*, p. 53.

[684] *Ibid.*, p. 52.

[685] *Ibid.*, p. 55.

cruz à espada. Enfim, sempre podem ser fontes de instabilidade política os homens do comércio, os soldados e, sobretudo, o povo.

Esse perigo inerente aos negócios dos soberanos, que Bacon entrevê até mesmo na relação entre pais e filhos, é o perigo da dominação, é o perigo advindo de um tipo de relação de poder cujo começo remonta ao barulho dos canhões e ao sangue das batalhas. É o perigo de um tipo de poder que contém nele mesmo esse elemento evocado por Bacon e que é causador de instabilidades e traz para o interior dos Estados a possibilidade perpetuamente presente da revolução e faz da revolução o elemento da vida cotidiana e normal dos Estados: esse elemento é a guerra. Daí a existência, no próprio interior dos Estados, de uma espécie de virtualidade intrínseca, constituída pela ocorrência sempre provável de revoluções. Porque, afinal, diz Bacon, "os príncipes são como os corpos celestes que trazem tempos bons ou maus; [são] objetos de muita reverência, mas sem descanso".[686]

O que fica evidente na análise de Bacon é que revolução e guerra foram um dia indissociáveis; e foi precisamente essa guerra como gêmeo da revolução, que a Revolução Francesa tratou de pacificar, eliminando nela seu elemento belicoso e o perigo que ele acarretava para o Estado. E isso de duas maneiras. De um lado, a Revolução Francesa se apresentou como acontecimento inaugural, quer dizer, fixou a ideia de que só o inicial funda. Esse inicial, que a Revolução Francesa instaurou, foram os direitos do Homem, direitos que foram constantemente ultrajados no curso da história. É preciso, portanto, romper com todos os antecedentes históricos e, em vez de "reatar a cadeia dos tempos, [é preciso sair] da história para embarcar coletiva e exaltadamente em direção a uma nova terra, a um começo absoluto".[687] Assim, se o objetivo da Revolução Americana foi simplesmente o de se libertar de uma aristocracia estrangeira, a Revolução Francesa teve como tarefa sacudir uma aristocracia doméstica.

> Os americanos só tinham de recusar a tributação de homens que viviam a 1.500 léguas de distância, enquanto os franceses tinham de recusar o sistema fiscal por meio do qual alguns dentre eles esmagavam os outros. Nos Estados Unidos, a revolução só desatava um laço muito frouxo e devia conservar muito, como o procedimento em matéria

---

[686] *Ibid.*, p. 68.

[687] OZOUF, M. Revolução. *In*: FURET, F.; OZOUF, M. *Dicionário crítico da Revolução Francesa*. Tradução: Henrique de A. Mesquita. Rio de Janeiro: Nova Fronteira, 1989. p. 843.

> penal, por exemplo. Na França, a revolução devia desfazer nós muito bem atados e nada tinha a conservar. Foi por isso necessário, explica Condorcet, remontar a princípios mais puros, mais precisos, mais profundos. Os franceses, ao contrário dos americanos, tiveram de declarar seus direitos antes de possuí-los. Tiveram de subverter uma sociedade que os americanos conservavam. A Revolução Francesa, diferentemente da Revolução Americana, foi, portanto, uma refundação, não apenas do corpo político, mas do corpo social.[688]

Esse começo absoluto é a negação, ou melhor, a inversão da história cíclica revolucionária, que consistia em tomar como referência uma origem primeira, fazendo jogar na reconstituição dessa origem o restabelecimento de antigos direitos que foram perdidos em batalhas incessantes. Dessa forma, a história da revolução deixa de ser cíclica para se tornar retilínea: ela parte de um presente positivo e regressa para um passado negativo para declarar o fim da era das opressões; precisamente o inverso da velha revolução, que partia de um presente negativo de opressões para pretender e reclamar o retorno de liberdades e direitos usurpados. O presente na velha revolução, como dizia Bacon, era um momento de calma apenas aparente, era um momento sempre ameaçado pela virtualidade da guerra civil ou pelas tempestades de Estado. Já na Revolução Francesa, o presente é um momento de ruptura radical, o dia ou a grande noite dos povos, que finalmente inaugurará sobre a Terra o império da igualdade, da liberdade e da fraternidade entre os homens.

Mas o presente na Revolução Francesa não é somente um momento positivo e único, é também um acontecimento total, no sentido em que, doravante, a revolução não pode mais designar o movimento parcial de uma nação insurgida, a revolução não pode ser mais a guerra civil, a guerra entre classes, com suas subversões singulares e suas catástrofes políticas particulares. A revolução, após a Revolução Francesa, é obra de um povo inteiro, e não a realização de alguns. Ocorre, portanto, uma abertura para o universal por meio da qual a Revolução Francesa eliminou todas as desordens de seu seio e se pretendeu fundadora da ordem. A partir disso, a revolução passou a ser um empreendimento constituinte.[689] Surge a ideia de nação, presente tanto em Sieyès, quanto em Condorcet, um dos

---

[688] *Ibid.*, p. 843-844.

[689] cf. FOUCAULT, 1999a, p. 265.

principais homens da Revolução. Condorcet queria eliminar aquilo que considerava o perigo mais premente do governo representativo, isto é, o direito que o povo de Paris reivindicava de exercer diretamente a soberania mediante a violência da insurreição. Era preciso, portanto, legitimar os protestos de modo a impedir as revoluções, e para isso foi necessário dar ao povo a facilidade de fazer revoluções dentro de uma via legal e pacífica. Fazendo isso, diz Condorcet, "'já não haveria pretexto para movimentos, uma vez que tais movimentos só poderiam ser feitos por uma parte contra o todo'. Resolvia-se, portanto, de modo constitucional, o problema da insurreição, mediante uma cláusula que previa uma revolução legal permanente".[690] Ozouf mencionou a maneira pela qual o governo revolucionário procurou operar, por meio da polícia, a passagem do mal ao bem, da corrupção à probidade, dos maus aos bons costumes. Saint-Just, no seu relatório sobre a polícia geral, "faz depender o acabamento da Revolução de uma transformação radical dos corações e dos espíritos. 'Cumpre que cada cidadão experimente e opere em si mesmo uma revolução igual à que mudou a fisionomia da França'".[691] Ou seja, a revolução se torna um processo de conversão e salvação dos indivíduos.

A Revolução Francesa recobriu a revolução com essas duas estratégias de pacificação: de um lado, a ruptura com um passado que era portador da memória de antigas batalhas, de uma memória que fazia a soberania e o direito aparecerem fundados sobre súditos vencidos que preferiram viver e obedecer na paz tolerada pelos vencedores; e, de outro, a invenção da sociedade, do social como unidade, como corpo, como organismo, como conjunto dotado de universalidade, como Estado. Essa unidade mítica, o povo, a nação, baniu a guerra do seu seio e mobilizou o todo contra as partes facciosas, excluindo ou imobilizando os elementos que impediam ou perturbavam a paz social. A política não é mais a realidade de mil batalhas particulares e cotidianas entre soberano e súditos, mas fruto do jogo democrático. A revolução aparecerá, finalmente, como mera substituição dos homens no poder, quase como um duplo do modelo jurídico do contrato, que instituiu novo direito e regime político, ambos reconduzindo o poder.

Não é acidental que, um pouco mais tarde, no fim do século XIX, se encontre Lombroso e Laschi descrevendo a revolução em oposição

---

[690] BAKER, K. M. Condorcet. *In*: FURET, F.; OZOUF, M. (org). *Dicionário crítico da Revolução Francesa*. Tradução: Henrique de A. Mesquita. Rio de Janeiro: Nova Fronteira, 1989. p. 235.

[691] OZOUF, 1989, p. 847-848.

às revoltas, para definir os "fundamentos do crime político". Segundo eles, porque o progresso orgânico e moral só ocorre de modo lento, serão definidos como crimes políticos todos os atos "em favor do progresso que se manifestem por meios demasiados bruscos e violentos".[692] Quando se constituem como necessidade "para uma minoria oprimida, em linha jurídica, eles são um fato antissocial e, consequentemente, um crime".[693] A partir desse fundamento, seria possível:

> [...] distinguir entre as revoluções propriamente ditas – que são um efeito lento, preparado, necessário, às vezes até tornado um pouco rápido por qualquer gênio neurótico ou por qualquer acidente histórico – e as revoltas ou sedições, que seriam uma incubação precipitada, voltada, por si mesma, a uma morte certa.[694]

Para os dois criminalistas, as distinções são evidentes. A primeira delas é bem simples: a revolução é a expressão histórica da evolução. Desse modo, "sendo dado em um povo uma ordem de coisas, um sistema religioso, científico, que não esteja mais em relação com as novas condições, os novos resultados políticos etc., ela transforma essa ordem de coisas com um *mínimo* de *atrito* e com o *máximo* de sucesso".[695] É o que explica que as eventuais sedições que uma revolução provoca desaparecem tão rapidamente quanto surgem, pois essas sedições são, no fundo, "a ruptura da casca pelo pintinho amadurecido".[696] A revolução é, portanto, um movimento graduado, e aqui está a razão de seu sucesso, "porque, então, o movimento é tolerado e sofrido sem comoção, ainda que, frequentemente, uma certa violência torne-se necessária contra os partidários do velho".[697]

Segunda diferença, a revolução é um fenômeno extenso, geral e seguido por todo um povo. As sedições, ao contrário, "são sempre parciais, obras de um grupo limitado de castas ou de indivíduos; as classes elevadas quase nunca tomam partido das sedições; todas as classes tomam partido da revolução, sobretudo as classes elevadas".[698] E mesmo que, na maioria dos casos, a revolução tenha sido a obra de um pequeno número, tratou-se

---

[692] LOMBROSO, C.; LASCHI, R. *Le crime politique et les révolutions par raport au droit, à l'anthropologie criminelle et à la science du gouvernement*. Tradução: A. Bouchard. Paris: Félix Alcan, 1892. p. 49.

[693] *Id.*

[694] *Id.*

[695] *Ibid.*, p. 50.

[696] *Id.*

[697] *Id.*

[698] *Id.*

sempre "de um pequeno número que fareja, que pressente um sentimento universalmente latente".[699] Em razão dessa capacidade, esses poucos "pioneiros, se multiplicam em razão direta do tempo", um tempo que pode durar séculos.[700] Foi assim que os Plebeus lutaram contra Roma pela sua liberdade durante 250 anos; os apóstolos de Cristo, que eram 12, 150 anos depois, somente nas catacumbas romanas contaram-se 737 tumbas cristãs; mais tarde, no tempo do imperador Cômodo, chegaram a 35 mil.

Terceira diferença, as sedições não somente respondem a causas pouco importantes, frequentemente locais ou pessoais, mas estão ligadas geralmente ao álcool e ao clima, e são desprovidas de ideais elevados; acontecem entre as populações menos desenvolvidas, entre as classes menos cultivadas e entre o sexo mais frágil. Também os criminosos tomam seu partido bem mais frequentemente do que as pessoas honestas. "A revolução, ao contrário, aparece sempre raramente; jamais entre povos pouco avançados e sempre por causas muito graves ou por ideais elevados; nelas, os homens passionais, quer dizer, os criminosos por paixão ou os gênios, tomam parte mais frequentemente do que os criminosos ordinários".[701]

Finalmente, última diferença, as verdadeiras revoluções são conduzidas e suscitadas pelas classes intelectuais. "Não é o braço, é a ideia que ocasiona transformações profundas e duráveis na organização dos Estados. Quando somente o braço se agita, provoca tumulto e não revoluções".[702] Disso concluem Lombroso e Laschi:

> [...] as revoluções são fenômenos fisiológicos; as revoltas fenômenos patológicos. Por isso as primeiras não são jamais um crime, porque a opinião pública as consagra e lhes dá razão, tanto que as segundas, ao contrário, são sempre, se não um crime, pelo menos seu equivalente, porque elas são o exagero de rebeliões ordinárias.[703]

Esse discurso, que pode parecer à primeira vista um tanto exorbitante e ingênuo, não deixou de ter efeitos políticos importantes. Não se deve esquecer que no século XIX, quando a onda de agitação dos anarquistas tomou conta da Europa e da América, a burguesia, que se perguntava perplexa sobre as razões desses atentados políticos declaradamente

---

[699] Id.

[700] Id.

[701] Ibid., p. 52.

[702] Ibid., p. 53.

[703] Ibid., p. 55.

"desinteressados" pelo poder, encontrou nesse discurso extravagante da antropologia criminal uma primeira resposta. Seja como for, nesse discurso a revolução é retomada claramente como resultando da pacificação e da hierarquização das agitações revolucionárias e pensada como simples troca jurídica entre soberanias. Uma concepção diametralmente oposta à de Bacon: na ordem da política, a revolução cessou de ser o declínio dos Impérios, a queda da monarquia, o fim do poder real. A burguesia a encerrou nesse esquema circular que renova a dominação a cada época sob diferentes formas: do povo, do proletário, do partido, do operário.

2. Insurreição e evolução

Quero sugerir uma análise do tema da revolução em Malatesta que afirma, ao contrário de uma passividade ou subalternidade da política, como proposto por Berti, contra as estratégias de pacificação e normalização do fato revolucionária, a retomada incessante da guerra civil, ou da guerra social, como seu elemento constituinte. Meu argumento é que as reflexões de Malatesta sobre a revolução são indissociáveis dessa estratégia, que a antropologia criminal ilustra bem, estabelecendo com ela pontos importantes de diálogo, de crítica, de oposição e de deslocamento.[704] Com efeito, Malatesta rejeitou de maneira muito explícita a estratégia da burguesia que pretendeu pacificar a revolução. Por exemplo, em 1897, em artigo intitulado "Esclarecimento", publicado no *L'Agitazione*, afirma, "mais do que nunca", a necessidade da revolução. Mas insiste que se deve entendê-la:

> [...] não no sentido "científico" da palavra, pelo qual frequentemente intitulam-se revolucionários até mesmo os legalitários, mas no sentido "vulgar" de conflito violento, no qual o povo se desembaraça, com a força, da força que o oprime, e realiza os seus desejos fora e contra toda legalidade.[705]

Não lhe parecia necessário dizer que a revolução era inevitável, como faziam a maioria dos anarquistas; considerava suficiente convir que ainda não se chegou "àquela idade de ouro em que se pode afirmar

---

[704] O mesmo pode ser dito sobre a notável obra do anarquista francês Élisée Reclus, *Evolução, revolução e o ideal anarquista*. cf. MANFREDONIA, G. Elisée Reclus, entre insurrectionnalisme et éducationnisme. *In*: CREAGH, R. et al. (org.). *Elisée Reclus – Paul Vidal de la Blanche*. Le Géographe, la Cité et le Monde hier et aujourd'hui (autor de 1905). Paris: L'Harmattan, 2009. p. 17-32, 2009.

[705] MALATESTA, 1982[12], p. 134.

que a revolução foi excluída da história. Muitas revoluções ocorreram e poderão ocorrer outras. Desejo-a para amanhã, o sr. a deseja para daqui a mil anos, mas, em suma, a revolução pode ocorrer".[706] Na visão do italiano, a revolução tal como concebida pela burguesia, tal como a conceberam Lombroso e Laschi, não passava de "uma profunda transformação de toda a vida social que já começou, e que durará séculos e séculos".[707] A revolução tomada nesse sentido lhe aparecia simplesmente como:

> [...] sinônimo de progresso, sinônimo de vida histórica, que através de mil epopeias coloca a termo, se os nossos desejos se realizarem, o triunfo total da anarquia em todo o mundo. E nesse sentido, é revolucionário Bóvio, e são revolucionários também Treves e Turati, e até mesmo o próprio d'Aragona. Quando se coloca como condição os séculos, qualquer um vos concederá tudo aquilo que quiseres. Porém, quando falamos de revolução, quando de revolução fala o povo, do mesmo modo quando se fala de revolução na história, entende-se simplesmente *insurreição vitoriosa*. As insurreições serão necessárias até quando existir um poder que, com a força material, coaja as massas à obediência; e é provável, infelizmente, que insurreições deverão acontecer muitas antes de que se conquiste aquele mínimo de condições indispensáveis para que seja possível a evolução livre e pacífica, e a humanidade possa caminhar, sem lutas cruéis e sofrimentos inúteis.[708]

Já em 1885, Malatesta escrevia um longo artigo intitulado "Evolução ou Revolução?" no jornal *La Questione Sociale*, publicado em Buenos Aires, o que denota o quanto a problemática apareceu, desde muito cedo, de maneira bastante premente. Nessa ocasião, afirma que os adversários do socialismo frequentemente defendem que sua vitória não deve ser procurada na revolução, mas, ao contrário, na lenta evolução; alegando, como justificativa, que a revolução faz vítimas, cria ódios entre vencedores e vencidos, tornando impossível a realização socialista, visto que o socialismo pretende a paz e a felicidade humana. Além disso, a evolução, oposta à revolução, proporcionava o tempo, se não para todos, ao menos para a maioria, de se persuadir do quanto é justo o programa socialista, programa que "será realizado pouco a pouco, mas estavelmente"; dizem,

---

[706] *Ibid.*, 1975[238], p. 304.

[707] *Ibid.*, 1975[218], p. 202.

[708] *Id.* Grifos do autor.

enfim, "que a evolução, não criando a necessidade de lutas violentas, evita os ódios de classe, habitua os homens a se amarem, a se respeitarem reciprocamente e, portanto, torna inevitável o triunfo do socialismo".[709] Desse forma, concluem que a revolução, além de ser nociva ao triunfo do socialismo, também o torna impossível. Mas a questão para Malatesta era muito simples e bastante concreta, bastava perguntar: "os socialistas têm a escolha entre revolução e evolução? Ou as condições sociais hodiernas não impõem [...] o método a seguir?"[710] Em outras palavras, a simples observação das coisas mostraria

> [...] a respectiva posição dos diversos combatentes da luta social, e perceber se entre eles é possível uma discussão pacífica, acadêmica, ou se, ao contrário, a questão apenas pode ser resolvida pela luta cruel, violenta; e se a condição sine qua non do triunfo do socialismo não é a destruição completa da classe privilegiada, da classe burguesa.[711]

Qual é a condição dos trabalhadores? Eles vivem na indigência, na mais terrível miséria, sofrem a fome, o frio e toda sorte de insultos dos seus patrões. Quando doentes ou incapazes pela velhice, pelo trabalho, são jogados na sarjeta como instrumentos lúgubres e inúteis, obrigados a uma vida de hospital; e suas filhas obrigadas a se prostituírem para matar a fome da sua família. Trabalham nas minas durante longuíssimas horas e, de quando em quando, uma explosão faz sua sepultura. Trabalham nas indústrias e quando uma máquina não lhes decepa uma perna ou um braço, as escassas condições higiênicas lhes subtraem a vida em poucos anos. Trabalham nas mansões burguesas e não é raro caírem de uma janela e terem o crânio esmagado no solo. Trabalham nas ferrovias e no alto de montanhas e quando uma rocha não os esmaga, após um trabalho extenuante, vegetam sob um monte de feno transformado em leito. Trabalham nos campos produzindo os alimentos necessários e quando não morrem de fome, morrem de pelagra ou de febre amarela, seus filhos nascem estúpidos ou enlouquecem. Sulcam os oceanos para a navegação dos grandes negócios e quando não servem de comida aos tubarões, recebem o mesmo tratamento dos antigos navios negreiros.

---

[709] MALATESTA, E. Evoluzione o rivoluzione? *La Questione Sociale*, Buenos Aires, ano I, n. 8, 15 nov. 1885b.

[710] *Id.*

[711] *Id.*

Em suma, "proletários e burgueses são antípodas um do outro. O proletário é o escravo, a *coisa* do burguês, enquanto esse é o senhor absoluto de tudo e de todos".[712] Na Antiguidade, os senhores costumavam se divertir com os escravos, enviando-os à arena para combater contra bestas ferozes. Na modernidade não existem escravos morrendo para a diversão de seus patrões, morrem de um trabalho extenuante para sustentar a riqueza e o prazer dos burgueses.

> Os escravos antigos morriam de feridas, os escravos modernos morrem de fome. Todo o sangue derramado pelos soldados da revolução no período entre a Antiguidade e a Idade Moderna não realizou mais do que uma mudança na maneira de morrer, porém as condições de vida do proletariado permaneceram as mesmas: a escravidão abolida de direito, existe sempre de fato.[713]

Na escravidão moderna não são mais as leis sociais que funcionam como instrumentos de dominação, mas as leis econômicas e a força da miséria.

> Antes, se era escravo porque as leis da época colocavam em escravidão uma parte do povo reputada inferior em relação aos outros; hoje, ao contrário, a lei proclama todos livres e iguais, mas a miséria e a fome rendem os pobres escravos daqueles que possuem toda riqueza social.[714]

Coisa mais grave: o escravo antigo era custoso e por isso era bem alimentado e cuidado para que tivesse uma vida longa e útil; o escravo moderno não custa nada ao burguês.

> Para um capitalista, um cavalo ou qualquer outro animal representa um valor; um trabalhador, qual valor representa? Nenhum. Morto, mil outros disputarão entre si para ocupar o lugar vago, e os burgueses não têm outro trabalho que o de escolher aquele que, pela fome, se oferece ao mais baixo preço.[715]

Pela mesma razão, o operário vale menos que a máquina: a manutenção da máquina é certamente mais custosa do que a manutenção do

---

[712] MALATESTA, E. Evoluzione o rivoluzione? *La Questione Sociale*, Buenos Aires, ano I, n. 9, 22 nov. 1885d.

[713] *Id.*

[714] *Id.*

[715] *Id.*

operário, a quem se paga um salário derrisório e a quem, consumido seu organismo pelo trabalho, é fácil despejar no hospital.

> Hospital! Quem escreve viu com os próprios olhos, em uma cidade da França, um pobre operário sardo, consumido por uma longa doença, jogar-se do terceiro andar estourando o crânio sobre a calçada. Sua doença, por mais grave, podia curar-se e, não possuindo os meios necessários, recorreu à *liberalidade* burguesa, solicitou sua entrada no hospital: sua solicitação foi recusada porque ele *convivia com uma mulher sem tê-la esposado legalmente!!!* Eis o que é a liberalidade burguesa.[716]

Qual diferença, portanto, pode existir entre escravidão antiga e moderna? Sujeição econômica e, consequentemente, política e social, existe em ambas; mudou-se apenas o grau de sofisticação: "antigamente se dizia em voz alta ao escravo: tu me pertences e farei o que quiser; tenho sobre ti o direito de vida e de morte. Enquanto o escravo moderno é proclamado cidadão [...] e declarado livre".[717] Assim, entre a escravidão antiga e moderna existe essa única diferença: "é o jesuitismo, a astúcia dos patrões hodiernos, que fazem passar por livre aquele que é o mais escravo dos escravos".[718]

Respondendo a uma afirmação segundo a qual a revolução deveria ser entendida como mudança integral e durável, e não como sublevações populares parciais, que são, no fundo, revoluções abortadas, Malatesta dizia que "é necessário entender-se sobre o significado da palavra revolução. *Mudança integral e durável*, sim, porém, é preciso acrescentar, realizada por meio da violação da legalidade, o que significa, por meio da *insurreição*".[719] Dessa forma, insistia na necessidade de "distinguir aquilo que se deve fazer revolucionariamente, ou seja, súbito e pela força, daquilo que será consequência de uma evolução futura e que será deixado à livre vontade de todos".[720] Tinha clareza de que a palavra evolução havia sido estrategicamente tomada:

> [...] em sentido genérico de transformação para afirmar um fato geral da natureza e da história, discutível no campo da

---

[716] *Id.* Grifos do autor.

[717] *Id.*

[718] *Id.*

[719] MALATESTA, E. La sommossa non è Rivoluzione. *L'Associazione*, Nice-Marítima, ano I, n. 3, 27 out. 1889d.

[720] MALATESTA, E. Programma. *L'Associazione*, Nice-Marítima, ano I, n. 1, 08 set. 1889a.

> ciência, mas que tinha se tornado indiscutível no campo da sociologia; foi tomada no sentido de mudança lenta, gradual, regulada por leis fixas no tempo e no espaço, que exclui todo *salto*, toda *catástrofe*, qualquer possibilidade de ser apressada ou retardada e, sobretudo, de ser violentada e dirigida pela vontade humana num sentido ou em outro, e assim procura-se contrapor evolução à palavra e à ideia de *revolução*.[721]

Contudo, resta sempre o fato de que a sociedade atual se mantém pela força das armas" e de que "jamais nenhuma classe oprimida conseguiu emancipar-se sem recorrer à violência", assim como "jamais as classes privilegiadas renunciaram a uma parte, ainda que mínima, de seus privilégios, se não pela força, por medo da força";[722] e ainda porque "as instituições atuais são de tal modo que parece impossível transformá-las pela via de reformas graduais e pacíficas", enfim, por tudo isso, tem-se "a necessidade de uma revolução violenta que, violando e destruindo a legalidade [...], se imponha. A obstinação, a brutalidade com a qual a burguesia responde a toda anódina exigência do proletariado, demonstra a fatalidade da revolução violenta".[723] Dessa forma, Malatesta insistiu na necessidade de tomar a revolução em termos de conflito que, porém, não assume as características da luta de classes marxista: "dizer que admito a luta de classes é como dizer que admito o terremoto ou a aurora boreal. É um fenômeno que existe, é um fenômeno útil, é um fenômeno necessário. Até quando existirão classes exploradoras, classes dominantes, e existirem classes exploradas e oprimidas, é natural [...] que a luta entre as duas classes se estabeleça".[724]

A concepção que Malatesta afirmou sobre a revolução provoca alguns efeitos importantes. Um deles é que nela o tempo revolucionário não está localizado fora da existência ordinária, mas se apresenta como fato pertencente à vida cotidiana. Nesse sentido, a revolução é também uma evolução, mas não a evolução de Lombroso e Laschi, e sim uma:

> [...] espécie de evolução que mais corresponde aos fins do socialismo e que, portanto, os socialistas devem promover. A revolução não passa de um resultado da evolução; modo rápido e violento que se produz espontaneamente, ou que é

---

[721] MALATESTA, E. Insurrezionismo o Evoluzionismo? *Volontà*, Ancona, ano I, n. 21, 01 nov. 1913e. Grifos do autor.

[722] MALATESTA, 1982[2], p. 69.

[723] *Id.*

[724] MALATESTA, 1975[238], p. 305.

> provocado, quando as necessidades e as ideias resultantes
> de uma evolução precedente não encontram mais possibi-
> lidade de se realizarem ou quando os meios açambarcados
> por alguns provocam na evolução um efeito de tal modo
> regressivo que é necessária a intervenção [...] de uma força
> nova: a ação revolucionária.[725]

Além disso, na sua concepção não há lugar para o Sujeito revolucionário, seja em termos de nação, classe, sociedade ou partido; um Sujeito
que, enfim, seria o portador dos valores do universal. Pelo contrário, a força
revolucionária, efeito da luta entre governo e governados, pode se estabelecer circunstancialmente sob a forma de tática global, mas que sempre
afirmará particularidades ao constituir, como disse Malatesta, miríades
de agrupamentos livres conformes às ideias, aos desejos, às necessidades
e aos gostos dos indivíduos. Finalmente, e como efeito mais importante, é
uma concepção que rompe com o círculo da Soberania, no qual a revolução
se encontra encerrada desde a Revolução Francesa e que, ao se apresentar
como acontecimento único e completo, teve por objetivo ordenar todos
os afrontamentos, rebeliões e resistências que atravessavam interminavelmente a sociedade. A Revolução Francesa teve a tarefa de comandar as
desordens em um movimento que fez da política não mais a realidade de
mil batalhas particulares e cotidianas entre governo e governados, entre
Soberano e súditos, mas uma atividade pacífica que resulta do exercício
democrático. Com isso, o triunfo da revolução, a vitória revolucionária, se
realiza pela mera substituição dos homens no poder; a revolução termina
quando um novo regime de poder é instaurado por esse momento pleno,
solene, inaugural que é a vitória, como novo começo absoluto instituído
pela revolução. É isso o que se poderia chamar ciclo da Soberania: um
ciclo no qual a Soberania passa de revolução em revolução.

Para Malatesta, pelo contrário, a vitória material não possui nenhuma
positividade, e vimos como ele insistiu que a insurreição e os meios para
destruir são coisas meramente contingentes. Disso decorre que a aposta
anarquista recaia sobre a concretude das pequenas lutas parciais e imediatas como portadoras de práticas de liberdade:

> Sempre discursando contra toda espécie de governo,
> sempre reclamando a liberdade integral, nós devemos
> favorecer todas as lutas pelas liberdades parciais, conven-
> cidos de que na luta aprende-se a lutar e que iniciando a

---

[725] MALATESTA, 1982[9], p. 103.

> gozar de um pouco de liberdade termina-se por querê-la na sua totalidade.[726]

Nesse sentido, o anarquista italiano fez das pequenas lutas parciais uma das dimensões mais importantes da anarquia; razão pela qual é preciso não tomar a sua percepção gradualista em termos de pacificação; pelo contrário, seu desenvolvimento está muito mais ligado a uma necessidade de combater a tendência jacobina, que se mostrou necessariamente inerente à revolução concebida como simples processo global de liberação.

Existe, a esse respeito, um dado importante a ser notado. Como indicou Gaetano Manfredonia, com o fracasso da revolução russa e a chegada ao poder do fascismo como nova força reacionária, a partir da década de 1920, o movimento anarquista experimenta uma crise que implicou o questionamento de algumas das suas certezas, entre as quais, "a confiança quase mística no elã revolucionário espontâneo das massas".[727] Nessa época, Nestor Makhno e Piotr Archinov, ambos exilados em Paris junto a um grupo de anarquistas russos, após a aniquilação do movimento makhovista, na Ucrânia, derrotado pelo exército de Trotsky, começaram, no verão de 1925, a divulgação de uma série de estudos dedicados à questão da organização que foram publicados na revista *Dielo Trouda*. Em 1926, o grupo de exilados russos afirma a urgência de "colocar um fim, custe o que custar, à dispersão e à desorganização reinante em nossas fileiras que destroem nossas forças e nossa obra libertária".[728] Com esse objetivo, o grupo lança a proposta de uma base ou "plataforma" de organização, na qual afirmava, uma vez que "o anarquismo não é uma bela fantasia, nem uma ideia abstrata de filosofia; é um movimento social de massas trabalhadoras", a exigência da "realidade e estratégia da luta de classes".[729] Na parte organizacional, a plataforma postulava a unidade teórica, a unidade tática e a responsabilidade coletiva, essa última destinada a combater "a tática do individualismo irresponsável" e postulava a prática segundo a qual "a União inteira será responsável da atividade revolucionária e

---

[726] MALATESTA, 1975[223], p. 234.

[727] MANFREDONIA, G. Le débat 'plate-forme' ou 'synthèse'. *In:* MANFREDONIA, G. *et al. L'organisation anarchiste.* Textes fondateurs. Paris: Les Éditions de L'Entr'aide, 2005. p. 7.

[728] GROUPE des anarchistes russes à l'étranger. Le problème organisationnel et l'idée de synthèse. *In:* MANFEDRONIA, G. *et al. L'organisation anarchiste.* Textes fondateurs. Paris: Les Éditions de L'Entr'aide, 2005a. p. 23.

[729] GROUPE des anarchistes russes à l'étranger. Plate-forme organisationnelle de l'Union générale des anarchistes. *In:* MANFEDRONIA, G. *et al. L'organisation anarchiste.* Textes fondateurs. Paris: Les Éditions de L'Entr'aide, 2005b. p. 30.

política de cada membro; assim como, cada membro será responsável da atividade revolucionária e política de toda União".[730]

Contra essa proposta, outro grupo de exilados russos, entre os quais, Voline, lançou uma forte crítica, acusando os autores da plataforma de sonharem "uma organização centralista e *condutora*: um partido, que *estabeleceria no anarquismo uma linha geral para todo o movimento*"; afirmaram não acreditar "que a organização possa curar e recobrir todos os males" e que nem mesmo "ela possa, precisamente e em primeiro lugar, nos desembaraçar de todos nossos defeitos, em resumo, [...] nós não vemos nem necessidade nem utilidade para que se faça, em favor da organização, o sacrifício dos princípios".[731]

No debate sobre a plataforma participou igualmente Malatesta, que direcionou contra ela uma crítica furiosa por meio da qual comparava o projeto da plataforma a:

> [...] um governo e uma igreja. Faltam-lhe, é verdade, a polícia e as baionetas, como faltam-lhe os fiéis dispostos a aceitarem a ideologia ditada, mas isso quer dizer simplesmente que o seu governo seria um governo impotente e impossível, e a sua igreja seria um viveiro de divisões e de heresias. O espírito, a tendência permanecem autoritários e o efeito educativo seria sempre antianárquico.[732]

Ainda mais dura foi a crítica que dirigiu contra o princípio da responsabilidade coletiva defendido pela plataforma; pergunta-se o que uma tal expressão poderia significar na boca de um anarquista.

> Sei que entre militares separa-se um grupo de soldados que se rebelou ou que se conduziu mal face ao inimigo, fuzilando indistintamente aqueles que a sorte designa. Sei que os chefes de um exército não têm escrúpulos em destruir um vilarejo ou uma cidade e massacrar toda a população durante a invasão. Sei que em todas as épocas os governos têm de várias maneiras aplicado o sistema da responsabilidade coletiva para frear os rebeldes, exigir impostos etc. E compreendo que esse pode ser um meio eficaz de intimidação e de opressão. Mas como é possível falar de responsabilidade coletiva entre homens que lutam

---

[730] *Ibid.*, p. 57.

[731] VOLINE et al. A propos du projet d'une 'Plate-forme d'organisation'. *In*: MANFEDRONIA, G. *et al. L'organisation anarchiste*. Textes fondateurs. Paris: Les Éditions de L'Entr'aide, 2005. p. 78.

[732] MALATESTA, 1975[357], p. 304.

pela liberdade e pela justiça, e quando só se pode tratar de responsabilidade moral?[733]

No seu entendimento, a responsabilidade coletiva só pode representar a submissão cega de todos à vontade de alguns, sendo, nesse sentido, "um absurdo moral em teoria e, na prática, a responsabilidade geral".[734] Para os anarquistas, não pode existir outra coisa que não seja responsabilidade moral e é sempre "individual por sua natureza. Somente o espírito de dominação, nas suas diversas manifestações políticas, militares, eclesiásticas etc., pode considerar responsáveis os homens disso que eles não fizeram voluntariamente".[735] Contudo, além de criticar furiosamente o projeto, Malatesta buscou compreender suas razões: o que poderia ter produzido o plataformismo no anarquismo? Segundo ele, o traço comum que marca os autores do chamado plataformismo é a obsessão pelo sucesso que tiveram os bolcheviques na Rússia; de modo que, os autores da Plataforma:

> [...] gostariam, tal como os bolcheviques, de reunir os anarquistas em uma espécie de exército disciplinado que, sob a direção ideológica e prática de alguns chefes, marchasse compacto para o assalto dos regimes atuais e, em seguida, dirigisse a vitória material obtida para a constituição da nova sociedade. E talvez seja verdade que com esse sistema, se fosse possível aos anarquistas desempenharem esse papel, e se os chefes fossem homens de gênio, nossa eficiência material tornar-se-ia maior. Mas com quais resultados? Não sucederia com o anarquismo aquilo que na Rússia sucedeu ao socialismo e ao comunismo? Aqueles companheiros são ávidos de sucesso, nós também; mas não é preciso, para viver e vencer, renunciar às razões da vida e falsificar o caráter da eventual vitória. Queremos combater e vencer, mas como anarquistas – pela anarquia.[736]

Nesse sentido, Malatesta logo percebeu o que estava em jogo na atitude obsessiva pelo triunfo da anarquia, a ponto de induzir os anarquistas a colocarem em questão as próprias bases do anarquismo. No fundo, dizia,

> [...] fenômenos semelhantes se produzem em todos os partidos no dia seguinte à derrota e não seria estranho que

---

[733] *Ibid.*, 1975[358], p. 313.
[734] *Ibid.*, 1975[359], p. 318-319.
[735] *Ibid.*, 1975[359], p. 319.
[736] *Ibid.*, 1975[357], p. 309-310.

> o mesmo acontecesse entre nós. Porém, parece-me que, no nosso caso, essa procura angustiante por novas vias, mais do que a consequência de concepções mais audazes e mais verdadeiras, seja o efeito da persistência de velhas ilusões.[737]

E quais teriam sido essas velhas ilusões que persistiram? Segundo o anarquista italiano, desde o início do anarquismo, os anarquistas estavam convencidos de que o povo era portador de uma espécie de capacidade espontânea que o direcionava para sua própria organização e para prover por si mesmos seus próprios interesses; estavam convencidos da existência de certa predisposição do povo para a liberdade e justiça. "E tratávamos, sobretudo, de aperfeiçoar nosso ideal fazendo-nos a ilusão de que a massa nos seguisse, ou ainda, acreditando que fôssemos os intérpretes dos instintos profundos da massa".[738] Porém, logo os anarquistas descobriram que essa convicção era muito mais o efeito dos seus desejos e esperanças do que um fato real. Assim, diz Malatesta:

> [...] tivemos de nos convencer de que a massa não tinha as virtudes que nós lhe atribuíamos e que [...], a parte mais evoluída, mais favorecida pelas condições ambientais, aquela que mais era acessível a nossa propaganda, não tinha, no geral, nem independência de espírito, nem desejo de liberdade; habituada a obedecer, procurava, mesmo nas suas aspirações e nas suas inclinações revolucionárias, ser guiada, dirigida, comandada e, incapaz de iniciativa, muito mais do que assumir o peso e o risco de pensar e de agir livremente, esperava que os *chefes* lhe dissessem o que fazer, e permanecia na inércia, ou era corrompida, se os chefes eram indolentes, incapazes ou traidores.[739]

Teria sido a influência das ilusões do primeiro anarquismo que fez muitos anarquistas acreditarem na quimera que era possível inaugurar a anarquia com um "golpe de força" revolucionário. Mas o problema foi que, "assim como compreenderam que a massa era ainda despreparada, caiu-se no absurdo de querer prepará-la com métodos autoritários". Entretanto, na perspectiva de Malatesta, pretender que da revolução aflore a anarquia é o mesmo que impor a anarquia pela força; em outras palavras, "seria, como na Rússia, um comunismo de convento, de caserna

---

[737] *Ibid.*, 1975[377], p. 393-394.

[738] *Ibid.*, 1975[377], p. 394.

[739] *Ibid.*, 1975[377], p. 395-396.

e de galera, pior que o próprio capitalismo".[740] Por isso, insistia ser preciso esperar da revolução apenas que ela faça:

> [...] rapidamente aquilo de que é capaz, porém nada mais além do que é capaz; bastaria, para começar, atacar com todos os meios possíveis a autoridade política e o privilégio econômico, dissolver o exército e todos os corpos de polícia, armar o quanto possível toda a população, reclamar para o proveito de todos as reservas alimentares e prover sua continuidade, mas, sobretudo, impelir as massas a agirem sem esperar ordens.[741]

Ainda em 1897, Malatesta afirmava que "um dos caracteres mais notórios e mais gerais da evolução do anarquismo" era o fato de os anarquistas terem se desembaraçado "dos prejuízos marxistas que, nos princípios do movimento, tinham sido demasiadamente aceitos, se tornando a causa dos nossos mais graves erros".[742] Estava convencido de que bastava observar a história do anarquismo para perceber "como, nos primeiros tempos do movimento, um forte resíduo de jacobinismo e de autoritarismo sobrevivia [...], resíduo que não ouso dizer absolutamente eliminado".[743] Atribuiu esse resquício de jacobinismo à "opinião comum entre nós de que a revolução deveria ser necessariamente autoritária, e não era raro encontrar quem, com estranha contradição, quisesse 'realizar a anarquia pela força'".[744] Parecia-lhe que a primazia atribuída por alguns anarquistas ao processo de liberação, em outros termos, a esse "erro mil vezes repetido de supor que a revolução deva parir de um só golpe a anarquia em toda sua glória",[745] e "as ilusões de rápidos e imediatos sucessos",[746] provocaram necessariamente uma tendência ao jacobinismo no momento em que se pretendeu realizar a anarquia pela força, fazendo, desse modo, reativar a revolução como ciclo da soberania no interior mesmo do anarquismo. Foi buscando colocar essa tendência jacobinista em questão que Malatesta insistia obstinadamente que:

---

[740] *Ibid.*, 1975[377], p. 397.

[741] *Id.*

[742] MALATESTA, 1982[11], p. 128.

[743] *Ibid.*, 1982[11], p. 130.

[744] *Id.*

[745] MALATESTA, E. Anachismo riformista (per intenderci). *Volontà*, Ancona, ano I, n. 11, 24 ago. 1913b.

[746] MALATESTA, E. Quel che vogliamo. *Volontà*, Ancona, ano I, n. 1, 08 jun. 1913a.

> [...] o bem de todos não pode ser alcançado realmente a não ser mediante o concurso consciente de todos; acreditamos que não existam fórmulas mágicas capazes de resolver as dificuldades; que não existam doutrinas universais e infalíveis aplicáveis a todos os homens e a todos os casos; que não existam homens nem partidos providenciais que possam, de maneira útil, substituir a vontade dos outros pela sua vontade e fazer o bem pela força; acreditamos que a vida social toma sempre as formas que resultam do contraste dos interesses ideais e materiais daqueles que pensam e querem. E por isso convocamos todos a pensarem e a quererem.[747]

Em suma, lhe parecia suficientemente claro que se a revolução não produzia anarquia era porque "a anarquia não pode se fazer sem anarquistas, portanto, nós devemos sobretudo fazer anarquistas".[748] A revolução apenas abre o espaço que poderá ser ocupado, ou por práticas jacobinas ou por práticas de liberdade. Seja como for, em nenhum dos casos ninguém é capaz de prescrever:

> [...] quais serão as formas concretas em que poderá se realizar essa esperada vida de liberdade e de bem-estar para todos, ninguém poderia dizê-lo com certeza; ninguém, sobretudo, poderia, sendo anarquista, pensar em impor aos outros a forma que lhe parece melhor. O único modo para chegar à descoberta do melhor é a liberdade, liberdade de agrupamento, liberdade de experimentação, liberdade completa.[749]

Então, face ao vazio ético da revolução seria, portanto, necessário conformar-se e abandonar a luta? A revolução não passaria de um impossível sobre o qual era preciso resignar-se? Pelo contrário, estava convencido de que, de um lado, a aspiração à liberdade integral, que ele chama espírito do anarquismo, foi sempre a causa de todo progresso individual e social; e, de outro, todos os privilégios políticos e econômicos, que ele chama os diversos aspectos da mesma opressão, quando não encontram no anarquismo um obstáculo suficiente, tendem a fazer retroceder a humanidade em direção à mais obscura barbárie. Em outras palavras, "é necessário compreender que a anarquia só pode vir gradualmente, na

---

[747] MALATESTA, 1975[240], p. 26.

[748] MALATESTA, 1913a.

[749] MALATESTA, 1975[3], p. 29.

medida em que a massa chegue a concebê-la e a desejá-la; e que não virá jamais quando faltar o impulso de uma minoria anárquica".[750]

Nesse sentido, o gradualismo revolucionário de Malatesta dá relevo ao problema da insuficiência do processo de liberação, mas também funcionou como resposta às tendências jacobinas de alguns anarquistas. Seria um erro, contudo, vê-lo apaziguando a luta revolucionária ou compreendê-lo atuando como mediador entre uma anarquia possível e realizável no presente e outra anarquia que, devido ao seu grau de exigência, seria deixada para dias melhores. Talvez seja assim para o evolucionismo burguês, mas certamente não o é para o gradualismo malatestiano, porque estabelece como único critério para a descoberta do melhor a "liberdade completa sem outro limite que a igual liberdade dos outros".[751] Dito de outro modo, o gradualismo postula que as pequenas melhorias só valem efetivamente quando atualizam, em certo grau, essa liberdade completa; só valem quando não sirvam para adormecer o povo e para diminuir sua capacidade revolucionária.

> Se as melhorias são compatíveis com a persistência do regime, se os dominadores podem fazer concessões antes de recorrerem à razão suprema das armas, então o melhor modo de obtê-las é ainda constituir uma força que exija o tudo e que ameace o pior.[752]

Obtidas desse modo, arrancadas pela força ou pela ameaça da força, as melhorias podem adicionar certa intensidade à potência da liberdade e fazer os indivíduos tomarem conhecimento da sua própria força. De outro modo, serviriam apenas para consolidar o regime tornando-o mais suportável. Malatesta admite que o anarquismo sempre foi, e jamais deixará de ser, *reformador*, porque no fundo é sempre de reforma que se trata; entretanto, a diferença essencial é que:

> [...] não reconheceremos jamais – e nisto o nosso "reformismo" distingue-se de um certo "revolucionarismo" que se afoga nas urnas eleitorais de Mussolini ou de outros –, não reconheceremos jamais as instituições, tomaremos ou conquistaremos as reformas possíveis com o espírito de quem vai arrancando do inimigo o terreno ocupado para

---

[750] *Ibid.*, 1975[377], p. 396.

[751] *Ibid.*, 1975[3], p. 29.

[752] *Ibid.*, 1975[248], p. 44.

> proceder sempre mais adiante e permaneceremos inimigos de qualquer governo.[753]

Para o gradualismo malatestiano, trata-se de substituir a forma abstrata, geral e monótona da mudança revolucionária por tipos de transformações concretas e diferenciadas. O gradualismo procura fazer emergir a diferencial das lutas em toda sua plenitude e vivacidade. Dessa forma, o gradualismo recusa a revolução como causa primeira para mostrar como as múltiplas transformações que a precederam puderam operar como fatos selvagens que são menos provocados por e muito mais constituídos de revolução. O gradualismo procura introduzir nessa noção monótona e vazia de mudança revolucionária um jogo de modificações especificas, de modo a evidenciar que a mudança não se define como um espaço de irrupção de subjetividades puras, mas como um espaço de posicionamentos e de funcionamentos diferenciados dos sujeitos em luta. Em suma, buscou preencher rupturas aparentes, levar em consideração, ao mesmo tempo, tanto progressos quanto regressos e, sobretudo, não fazer a evolução seguir hierarquicamente do diferenciado para o mais diferenciado, mas fazê-la acontecer na heterogeneidade, formando composições. Em vez de partir de extremos, seja afirmando um evolucionismo regrado e fixado em leis ou um revolucionarismo sob a forma simples e única da mudança radical, imediata e violenta; ou ainda, em vez de contrapor revolução à evolução, tratava-se, para Malatesta, de afirmar simultaneamente insurreição *e* evolução.[754]

---

[753] *Id.*

[754] MALATESTA, 1913e.

CAPÍTULO 3

AGONISMO COMO *ETHOS*

Outro aspecto da reflexão de Malatesta, talvez mais importante por ser capaz de servir como princípio de inteligibilidade para a compreensão de outras problemáticas enfrentadas pelo anarquista italiano, tais como o anarcoterrorismo, o sindicalismo e o fascismo, é a dimensão agônica do seu anarquismo, que torna o poder governamental, seja ele qual for, sob qualquer forma em que se apresente e não importa em qual circunstância, um poder que se exerce sempre perigosamente. O agonismo anárquico atua como estado permanente de tensão direcionado contra o princípio de autoridade.

Sugeri que, ao rejeitar o processo de liberação como prática meramente negativa e destrutiva, e declarar sua incapacidade ética para inaugurar a anarquia, Malatesta foi levado a pensar a noção, problemática e ambígua, da organização como prática de liberdade, de modo a proporcionar à anarquia uma dimensão positiva e produtiva. Sugeri também que essa problemática imprimiu outra significação ao problema revolucionário que, em Malatesta, surge em torno da continuidade indefinida entre insurreição e evolução, fornecendo os elementos para seu gradualismo revolucionário. Tentei igualmente mostrar, de maneira um pouco resumida, como a declaração de insuficiência do processo de liberação, descrito por Malatesta, possui dois enfoques importantes: de um lado, está ligada à sua recusa em compreender a anarquia como essência ou natureza preexistente nos indivíduos e que, indiferente aos processos de subjetivação, uma vez liberada dos mecanismos da dominação, poderia emergir livremente na sociedade; e, de outro lado, vinculava-se, igualmente, ao problema, surgido entre o final do século XIX e começo do XX, da indistinção entre autoridade e organização, que fazia os anarquistas ignorarem o que Malatesta chamou sinonímia entre anarquia e sociedade, permitindo às práticas de governo, ao não encontrarem oposição no anarquismo, penetrar na mecânica social, multiplicar seus dispositivos e estender o exercício da autoridade governamental. Gostaria de retomar esse último aspecto, da extensão estratégica do princípio de autoridade, para extrair dele outra consequência que, me parece, implícita na discussão.

1. Governo e estratégia

Peter Miller enfatizou a necessidade em distinguir poder e dominação, na medida em que o primeiro opera constituindo e promovendo a subjetividade dos indivíduos, sendo portanto, menos restritivo. Assim, diz Miller, o poder:

> Não está limitado em empenhar-se na recusa ou na oposição, mas procura investir o indivíduo com uma série de objetivos e ambições pessoais. Poder nesse sentido é um fenômeno íntimo. Reconhece as preferências individuais, não age sobre os indivíduos de maneira distante e do exterior. Age sobre o interior das pessoas, através do seu eu.[755]

A dominação, ao contrário, age sobre os indivíduos e os grupos contra suas aspirações e demandas. "É um fenômeno que frequentemente testemunhamos no lar, na escola, no local de trabalho e no plano estatal nacional e internacional. Alcança algumas vezes proporções terríveis, a um tal ponto que pode causar a morte do dominado".[756] De modo semelhante, Steven Lukes percebeu que um dos problemas na definição weberiana da dominação é que ela abrangia um enorme conjunto de relações positivas, "nas quais os dominados podem voluntariamente aderir e tirar dela algum benefício".[757] Quando se fala do poder como dominação, diz Lukes, está implícito um significativo ato de coerção sobre os desejos e interesses dos dominados, embora reconhecido como legítimo por eles; entretanto, muitas relações hierárquicas, na família, na escola, nos esportes etc., envolvem poderes de mando reconhecidos como legítimos, mas não dominação.

> Escravidão, servidão, apartheid, subordinação de castas são, certamente, dominação porque são abertamente coercitivos. [...] Mas é dominação a confissão estudada por Foucault, a disciplina que mulheres praticam sobre e contra seu próprio corpo estudadas por Sandra Barky e Susan Bordo?[758]

---

[755] MILLER, 1987, p. 2.

[756] *Id.*

[757] LUKES, S. *Power:* A Radical View. 3. ed. Londres: Macmillan, 2021. p. 117.

[758] *Ibid.*, p. 119.

Dessa maneira, Lukes sugere que se acrescente à definição weberiana da dominação, "a afirmação adicional de que aqueles que lhe estão sujeitos são tornados menos livres, nas palavras de Spinoza, *para viverem como sua natureza e julgamento ditam*".[759]

Contudo, a meu ver, é na reelaboração da teoria do poder promovida por Michel Foucault que se pode encontrar, de forma mais efetiva, elementos para a superação dos impasses provocados pela teoria weberiana. Nesse sentido, é bastante significativo que o filósofo francês tenha retomada a distinção weberiana entre poder e dominação a partir de uma análise serial e introduzindo entre os dois termos, um terceiro: a noção de governo. Foucault insistiu que o poder político não deve ser compreendido em termos de capacidade que se exerce sobre as coisas: capacidade de modificá-las, utilizá-las, consumi-las etc. A noção de capacidade implica muito mais "um poder que remete às aptidões diretamente inscritas nos corpos ou mediadas por dispositivos instrumentais".[760] Em vez disso, buscou analisar o poder como jogo de relações entre os indivíduos, afirmando, porém, que a especificidade do seu exercício não está simplesmente na sua realidade relacional, mas na sua maneira de agir: o poder "é um modo de ação dos indivíduos uns sobre os outros".[761] Significa dizer que o poder só existe em ato, ou seja, o poder não pode existir globalmente ou massivamente, nem simplesmente em estado difuso, concentrado ou distribuído, porque "as relações de poder se enraízam no conjunto das relações sociais".[762]

Já a noção de governo, tomado no sentido estrito de exercício da soberania, Foucault entende um tipo específico de relações de poder que têm por característica principal o fato delas terem sido, nas sociedades ocidentais, "progressivamente governamentalizadas, quer dizer, elaboradas, racionalizadas e centralizadas sob a forma ou sob a caução de instituições estatais".[763] Dessa forma, o governo seria um tipo de relação de poder que assume como forma maior e preponderante o sentido de uma estratégia. Foucault utiliza a palavra estratégia em três sentidos:

> [...] para designar a escolha dos meios empregados para alcançar um fim; trata-se da racionalidade empregada para conseguir um *objetivo*. Para designar a maneira pela qual

---

[759] *Id.* Grifos do autor.

[760] FOUCAULT, 2001c, p. 1052.

[761] *Ibid.*, p. 1055.

[762] *Ibid.*, p. 1059.

[763] *Ibid.*, p. 1060.

> um parceiro, em um dado jogo, age em função do que supõe
> que deva ser a ação dos outros, e em função disso que ele
> estima que os outros pensam ser a sua; em suma, a maneira
> pela qual se procura ter uma *vantagem sobre o outro* [*prise sur
> l'autre*]. Enfim, para designar o conjunto dos procedimentos
> utilizados, em um afrontamento, para privar o adversário
> dos seus meios de combate e para reduzi-lo à renúncia
> da luta; trata-se dos meios destinados a obter a *vitória*.[764]

É muito frequente, diz Foucault, que esses três sentidos operem juntos, sobretudo em uma situação de afrontamento, com o objetivo de agir sobre o adversário, procurando fazer com que a luta lhe seja impossível. "A estratégia se define então por escolhas de soluções 'ganhadoras'".[765] Em todo caso, é perfeitamente possível falar em estratégias que são específicas às relações de poder, na medida em que elas "constituem modos de ação sobre a ação possível, eventual, suposta dos outros".[766] Além disso, ao se utilizar essa definição de estratégia para uma analítica do poder, deve-se levar em consideração seus três planos distintos de atuação. O plano no qual o poder é tomado como uma relação cuja presença ocorre de maneira extraordinariamente extensiva nas relações humanas: desde relações amorosas e eróticas até relações institucionais e econômicas. Aqui o poder possui uma realidade ubíqua, cobrindo toda interação humana. Por isso, são relações de poder móveis, reversíveis e instáveis. Nesse plano de atuação do poder:

> [...] é preciso sublinhar também que só podem existir rela-
> ções de poder na medida em que os sujeitos são livres.
> Se um dos dois estivesse completamente à disposição do
> outro e se torna sua coisa, um objeto sobre o qual ele pode
> exercer uma violência infinita e ilimitada, não existiriam
> relações de poder. É preciso, portanto, para que se exerça
> uma relação de poder, que existam sempre dos dois lados
> pelo menos uma certa forma de liberdade. Mesmo quando a
> relação de poder é completamente desequilibrada, quando
> verdadeiramente pode se dizer que um tem todo poder
> sobre o outro, resta a esse último ainda a possibilidade de
> se matar, de se jogar pela janela ou de matar o outro. Isso
> quer dizer que, nas relações de poder, existe forçosamente
> a possibilidade de resistência, porque se não existisse pos-

---

[764] *Id.* Grifos do autor.

[765] *Id.*

[766] *Ibid.*, p. 1060-1061.

> sibilidade de resistência – de resistência violenta, de fuga, manobra, de estratégias que revertem a situação – não existiriam relações de poder.[767]

Outro plano da analítica foucaultiana são os estados de dominação, por meio dos quais as relações de poder são "fixadas de uma tal maneira que elas são perpetuamente dessimétricas e a margem de liberdade é extremamente limitada".[768] Contudo, os estados de dominação não são jamais absolutos, eles sempre convivem com uma série de manobras que buscam reverter, embora frequentemente sem sucesso, a situação. Assim, nesse plano em que as relações de poder são marcadas por estados de dominação econômicos, sociais, sexuais etc.:

> [...] o problema será, com efeito, o de saber onde vai se formar a resistência. A resistência se dará, por exemplo, em uma classe operária que vai resistir à dominação política – no sindicato, no partido – e sob qual forma – a greve, a greve geral, a revolução, a luta parlamentar? Em uma tal situação de dominação, é preciso responder a todas essas questões de uma maneira específica, em função do tipo e da forma precisa da dominação.[769]

Finalmente, entre esses dois planos, ou seja, entre as relações de poder e os estados de dominação, Foucault introduziu "as tecnologias governamentais" cuja análise, diz ele, "é necessária porque é frequentemente por meio desse gênero de técnicas que se estabelecem e se mantêm os estados de dominação".[770] As estratégias governamentais, isto é, suas racionalidades, programas, instrumentos, técnicas etc., são responsáveis por reconduzirem indefinidamente as relações móveis e reversíveis de poder para as formas fixas e dessimétricas dos estados de dominação. Dessa maneira, a análise serial revelaria ser preciso evitar a dedução apressada que veria em um estado de dominação apenas a violência bruta e nua; ao contrário, a dominação retira sua permanência não da violência, mas das inúmeras estratégias em jogo nas relações de poder introduzidas pelas práticas de governo. Em outras palavras, seria preciso pensar a dominação, não como fez Agamben, "como o paradigma de governo dominante na política contemporânea [...], como um patamar de indeterminação

---

[767] *Ibid.*, p. 1539.

[768] *Id.*

[769] *Ibid.*, p. 1540.

[770] *Ibid.*, p. 1547.

entre democracia e absolutismo",[771] mas como jogo estratégico entre as diversas tecnologias de governo e as resistências que elas necessariamente suscitam. Como demonstrou Lemke, foi precisamente essa dimensão estratégica das tecnologias de governo que a análise de Agamben eliminou: "enquanto Foucault analisa e critica o projeto biopolítico enfatizando a conexão entre as formas de subjetividade e as tecnologias políticas, essa importante dimensão está completamente ausente nos trabalhos de Agamben".[772] Segundo Lemke, Agamben está menos interessado na vida do que na sua "nudez", de tal modo que a produção do corpo biopolítico lhe aparece como a atividade original do poder soberano.

> A confrontação binária entre *bios* e *zoé*, existência política e vida nua, ordem e exceção, apontam exatamente para o modelo jurídico de poder que Foucault tinha justamente criticado de maneira tão convincente. Agamben persegue um conceito de poder que está baseado nas categorias de repressão, reprodução e redução, eliminando da abordagem o aspecto relacional, descentralizado e produtivo do poder.[773]

Desse modo, nenhuma dominação funciona sem jogos de estratégia entre tecnologias de governo e resistências, porque é no entrecruzamento entre estados de dominação, tecnologias de governo e as resistências que elas suscitam, que se localiza o exercício do poder. É nessa direção que seria possível colocar a reflexão de Malatesta sobre o governo: ao perceber governo e organização como duas realidades compósitas e justapostas, o anarquista logrou escapar da imagem equivocada de um poder operando exclusivamente por meio da repressão de uma subjetividade essencial. Chamava, por exemplo, de forças de conservação uma variedade de práticas que abrangia "a ignorância e a inércia das massas, as mentiras dos padres e dos professores oficiais, o dinheiro dos burgueses, a violência dos governos".[774] Teria sido a partir dessas diferentes realidades que "os privilegiados elaboraram, através dos séculos, todo um complexo sistema de enganos e de expedientes para assujeitar o povo e obter sua aquiescência inconsciente".[775] Para além do seu aparato repressivo, "o Estado tem necessidade

---

[771] AGAMBEN, G. *Estado de Exceção*. Tradução: Iraci D. Poleti. São Paulo: Boitempo, 2004. p. 13.

[772] LEMKE, T. *A Zone of Indistinction – A Critique of Giorgio Agamben's Concept of Biopolitics*, 2005. n. p. Disponível em: www. thomaslemkeweb.de. Acesso em: 15 nov. 2023.

[773] *Id.*

[774] MALATESTA, 1913a.

[775] *Id.*

de súditos dóceis, tem necessidade de unidade e conformismo e, quando renuncia ao freio religioso é apenas para substituí-lo por outro freio, que em certas circunstâncias pode parecer mais eficaz: o culto da lei, da pátria etc.".[776] Malatesta percebeu claramente como o governo tinha encontrado um meio eficaz de difundir e estender os efeitos do poder, sobretudo, por meio da organização social. Nesse sentido, dizia que:

> [...] na Alemanha, na Inglaterra, na Suíça, os governos, feudais ou democráticos, compreenderam a utilidade, para sua estabilidade e para a defesa das classes privilegiadas, de invadir o quanto possível a vida social, e prover, ou buscar prover, por sua iniciativa espontânea, todas aquelas previdências sociais [...], e, naturalmente, as proverão como pode um governo, isto é, em proveito da dominação do patrão e do assujeitamento do trabalhador.[777]

Parecia-lhe evidente que "burguesia e governo compreenderam que o melhor método de liquidar um movimento é o de reconhecê-lo como legal".[778] Daí a necessidade, para os anarquistas, de "resistir com todas suas forças a essa sempre crescente invasão do governo nas funções da vida coletiva", lutando "para diminuir, se ainda não puderem destruir, a importância social do Estado".[779] Não há, para isso, meio mais eficaz do que colocar:

> [...] os operários na condição de organizar por si mesmos, livremente, a vida e a previdência social, e a tornar o governo sempre mais inútil e fraco. Quando tivermos privado o Estado dessas funções mais ou menos úteis que ocultam e fazem suportável as funções opressivas que constituem a sua primeira razão de ser, o Estado chegará às vésperas da sua morte.[780]

Seria, portanto, inexato supor que, em uma definição malatestiana do governo como exercício da autoridade política, o poder aparece sempre e simplesmente como opressão e repressão. Certamente, afirmava no governo um órgão de domínio e de opressão, mas fazia notar, ao mesmo tempo, que o governo:

---

[776] MALATESTA, 1975[311], p. 174.

[777] MALATESTA, E. Riforme e rivoluzione [resposta a Libero Merlino]. *Volontà*, Ancona, ano I, n. 12, 30 ago. 1913c.

[778] MALATESTA, 1975[160], p. 47.

[779] *Ibid.*, 1975[47], p. 124.

[780] MALATESTA, 1913c.

> [...] deve também fazer, ou fingir fazer, qualquer coisa em favor dos dominados para justificar sua existência e torná-la suportável. E o melhor meio encontrado foi o de fazer depender os interesses dos governados da permanência e da estabilidade do Estado. Como um patrão inteligente, para poder explorar o trabalho alheio com maior tranquilidade e conceder aos seus operários a liberdade de movimento e de rebeldia, constrói casas operárias, promete prêmios e pensões, que naturalmente depois são sempre pagos em usuras pelos próprios operários, do mesmo modo o Estado – isto é, o governo – com as chamadas *Previdências de Estado*, procura desconjurar a revolta, inspirando nas pessoas o medo de que, uma vez derrubado o governo, uma vez liquidado o organismo estatal, poder-se-ia perder as magras vantagens já antecipadamente pagas por força de descontos nos salários e outros truques do gênero. E com isso, o governo faz um duplo negócio: embolsa dinheiro e assegura a ordem pública, que a força armada não seria suficiente para manter.[781]

Dessa forma, o poder governamental não foi definido como uma capacidade quantitativa, mas como organização autoritária e estratégica da sociedade. Por exemplo, distinguiu nitidamente entre o que seria "o fato inevitável e benéfico" resultante da capacidade individual, resultante, por exemplo, do fato de que aquele que sabe e faz melhor determinada coisa está também em melhores condições de determinar com um mínimo de resistência a conduta dos outros. Nessa dimensão, teríamos o que Foucault chamou relações de poder. Outra coisa completamente diferente é o que Malatesta chamou de "organização coercitiva da sociedade que se convenciona chamar Estado e que se concretiza no governo com todos os seus órgãos – corpos legislativos, fiscal, polícia, magistratura, forças armadas".[782] Nesse outra dimensão, tem-se um estado de dominação pelo Estado, contudo, "que se concretiza no governo", em outros termos, que é assegurado por suas múltiplas tecnologias governamentais que possuem uma natureza não somente coercitiva, mas sobretudo estratégica, estabelecida não só por meio dos seus órgãos repressivos, mas também legislativos, fiscais, judiciais etc.

Quando retomado o célebre escrito de juventude de Malatesta, pode-se ver que já ali aparece, pela primeira vez, a elaboração do governo como

---

[781] MALATESTA, 1975[47], p. 123-124. Grifos do autor.

[782] *Ibid.*, 1975[275], p. 101.

organização coercitiva e estratégica. *A anarquia* foi, segundo Ugo Fedeli,[783] o opúsculo mais difundido entre os escritos malatestianos; publicado pela primeira vez em Londres pela "Biblioteca dell'*Associazone*", em 1891, entretanto, o desenvolvimento das suas ideias aparece sob a forma de artigos em 1884, quando Malatesta contava com 31 anos, nas folhas do jornal *La Questione Sociale*.[784] Como vimos, foi nesse conjunto de artigos que constituem *A anarquia* que Malatesta elaborou de maneira consistente sua definição de governo. Depois de considerar o governo, não como poder abstrato, mas como um conjunto de práticas reais e concretas, Malatesta dirá que, ao longo de toda a história até o presente, o governo foi na prática "ou a dominação bruta, violenta, arbitrária, de alguns sobre a massa, ou um instrumento ordenado para assegurar a dominação e o privilégio àqueles que, por força, por astúcia ou por hereditariedade, açambarcaram todos os meios de vida".[785] Em outros termos, o governo pode ser ou uma dominação bruta ou um instrumentos ordenado destinado a garantir o privilégio de uns sobre os outros. Com efeito, admite mais adiante, existem dois modos, nas práticas de governo, de oprimir os homens: "diretamente, pela força brutal, pela violência física; ou indiretamente, subtraindo-lhes seus meios de subsistência e reduzindo-os, assim, à impotência".[786] O primeiro tem origem no monopólio político, o segundo, no monopólio econômico. Mas, além desses dois modos, a dominação do governo pode aparecer ainda "agindo sobre sua inteligência e seus sentimentos", é o que "constitui o poder religioso ou *universitário*". Essa heterogeneidade nas relações de poder, típicas das práticas de governo, é, contudo, própria das nossas sociedades. Em algumas sociedades "primitivas", pouco populosas e dotadas de relações sociais menos complicadas, esses "dois poderes, político e econômico, encontram-se reunidos nas mesmas mãos", que podem ser "simultaneamente proprietários, legisladores, reis, juízes e carrascos".[787] Mas o crescimento das sociedades, a ampliação e diversificação das necessidades, e a complicação das relações sociais, tornaram, segundo Malatesta:

---

[783] FEDELI, U. *Bibliografia malatestiana*. Nápoles: Edizioni RL, 1951. p. 11.

[784] A escrita do célebre opúsculo *A anarquia* foi iniciada no ano de 1884, nas páginas de *La Questione Sociale*, publicado em Florença; como o próprio Malatesta diz em nota na edição publicada no ano seguinte, em Buenos Aires: "Os pontos que publicamos sob esse título vieram à luz no ano passado em *La Questione Sociale* de Florença, mas foram logo interrompidos quando o jornal sucumbiu sob o peso dos sequestros e das condenações". (MALATESTA, 1885a).

[785] MALATESTA, E. *A anarquia e outros escritos*. Tradução: Plínio A. Coelho. Brasília/São Paulo: Novos Tempos/Centro de Cultura Social, 1987. p. 17.

[786] *Id.*

[787] *Ibid.*, p. 17-18.

> [...] a existência prolongada de um tal despotismo impossível. Os dominadores, seja para garantir sua segurança, seja por comodidade ou por impossibilidade de agir de outra forma, encontraram-se na necessidade, de um lado, de apoiar-se sobre uma classe privilegiada, ou seja, sobre um certo número de indivíduos cointeressados em sua dominação, e, de outro, fazer de modo que cada um proveja como pode sua própria existência.[788]

Foi assim que a propriedade se desenvolveu sob a sombra do poder, com sua proteção e cumplicidade, concentrando pouco a pouco os meios de produção e os mecanismos da indústria nas mãos dos proprietários, que "acabaram por constituir um poder que, pela superioridade de seus meios e pela série de interesses que ele abarca, acaba sempre por submeter, mais ou menos abertamente, o poder político, o governo, para fazer dele seu próprio policial".[789] Há também outro fato que se repetiu diversas vezes na história das sociedades ocidentais: a cada vez que uma invasão, uma ação militar ou a violência bruta atuaram sobre determinada sociedade, evidenciou-se a irresistível tendência nos vencedores de concentrarem em suas mãos o governo e a propriedade. No entanto, esse foi sempre um estado de coisas precário e provisório, e logo virá a necessidade de o governo dos vencedores procurar cumplicidade entre os vencidos e naquelas classes mais poderosas, indexando o governo às exigências da produção.

> Na impossibilidade de tudo vigiar e tudo dirigir, reestabeleceram a propriedade privada, a divisão dos poderes e, com ela, a dependência efetiva daqueles que se apoderaram da força, os governantes, em proveito daqueles que possuem as fontes da força, os proprietários.[790]

Esse processo de constituição das forças governamentais assistiu uma acentuação sem precedentes na modernidade.

> O desenvolvimento da produção, a imensa extensão do comércio, o poderio desmedido que o dinheiro adquiriu e todos os fatos econômicos provocados pela descoberta da América, pela invenção das máquinas etc., asseguraram uma tal supremacia à classe capitalista que, não contente em dispor do apoio do governo, desejou que o governo ema-

---

[788] *Id.*

[789] *Id.*

[790] *Ibid.*, p. 19.

nasse do seu seio. Um governo que extraia sua origem do direito de conquista (do direito divino, dizem os reis e seus padres), por mais que as circunstâncias o submetessem à classe capitalista, conservava sempre uma atitude arrogante e desdenhosa para com seus antigos escravos enriquecidos, bem como veleidades de independência e dominação.[791]

Assim nasceu o parlamentarismo moderno, que deu para a burguesia a tranquilidade de tornar o governo composto de outros proprietários ou de pessoas interessadas pelos proprietários, de uma maneira que o governo não possa contrariar seus interesses. "Rothschild não precisa ser deputado nem ministro: basta-lhe ter à sua disposição os deputados e os ministros".[792] Contudo, quando se toma as práticas reais de governo, o que se torna visível é que "em todos os tempos e lugares, qualquer que seja o nome que o governo assuma, quaisquer que sejam sua origem e sua organização", sua função essencial foi sempre "a de oprimir e explorar as massas, defender os opressores e os açambarcadores".[793] Por essa razão, o governo aparece sempre estabelecendo como:

> [...] seus órgãos principais e suas características indispensáveis, o policial e o coletor de impostos, o soldado e o carcereiro, aos quais junta-se infalivelmente o mercador de mentiras, o padre ou professor, pago e protegido pelo governo para escravizar os espíritos e torná-los dóceis ao jugo.[794]

São essas as funções e os órgãos primordiais ao governo, aos quais vieram acrescentar-se muitos outros órgãos e muitas outras funções ao longo da história. "Mas isso não invalida em nada o fato de que o governo é, por sua origem e posição, fatalmente levado a defender e a reforçar a classe dominante; este fato não somente confirma o que já dissemos, mas o agrava".[795]

Agrava em que sentido? Como e em que medida a opressão do governo foi agravada ao longo da história por meio de outros órgãos e funções que não a polícia e o coletor de impostos? É evidente que o governo assume a tarefa de proteger a vida dos seus cidadãos de ataques dos agressores internos e externos. É verdade também que o governo

---

[791] *Id.*

[792] *Ibid.*, p. 20.

[793] *Ibid.*, p. 21.

[794] *Id.*

[795] *Id.*

reconhece e legaliza certo número de direitos e deveres, dentre os quais alguns primordiais e procedentes dos usos e costumes de uma sociedade. E é sobretudo inquestionável que o governo organiza e dirige alguns dos serviços públicos mais essenciais e importantes na sociedade, tais como os correios, as estradas, a higiene pública, as boas condições sanitárias, a proteção das florestas etc. O governo abre orfanatos, hospitais e asilos para cuidar da infância, dos doentes e da velhice. O governo educa, vela e protege a infância, a condição da mulher, assiste os mais necessitados e faz tudo isso comprazendo-se em mostrar o quanto ele é o "protetor e benfeitor dos pobres e dos fracos".[796] Contudo, questiona Malatesta, "como e por que ele realiza essas funções?" O governo o faz "Sempre inspirado pelo espírito de dominação"[797] e, ao mesmo tempo, o faz para dar a si mesmo as aparências de protetor. O governo deve sempre tomar as aparências de benfeitor, em outras palavras, seu poder deve não apenas oprimir, mas cuidar; ou seja, o poder governamental deve tomar para si, como dirá Foucault, o velho modelo da pastoral cristã. E isso simplesmente porque, diz Malatesta:

> [...] um governo não pode existir por muito tempo se não esconder sua natureza sob o pretexto de interesse comum: ele não pode fazer respeitar a vida dos privilegiados sem se dar ares de vê-la respeitada por todos; não pode fazer com que se aceitem os privilégios de alguns sem fazer de conta que salvaguarda os direitos de todos. [...] Um governo não pode querer que a sociedade se desfaça, porque desapareceria então, para ele e para a classe dominante, a matéria a explorar.[798]

Dessa forma, o pastoreio dos governados, além de opressão e repressão, se torna indispensável para garantir a permanência dos estados de dominação; muito embora essas funções pastorais se tornem, nas mãos do governo, ou um meio para explorar ou uma instituição de polícia para manter assujeitados. E é natural que assim seja, diz Malatesta; se é verdade que a vida dos homens tem sido sempre uma luta, não pode deixar de haver vencedores e vencidos, "e o governo – que é o prêmio da luta ou um meio para assegurar aos vencedores os resultados da vitória,

---

[796] *Ibid.*, p. 22.

[797] *Id.*

[798] *Id.*

e perpetuá-los – jamais estará nas mãos daqueles que perderam".[799] Não importa onde se dê a luta, não importa qual seu campo de atuação, pode ser ele a força física, intelectual ou o domínio econômico; enfim, aqueles que lutaram para vencer, "aqueles que lutaram para assegurar para si melhores condições, uma vez obtida a vitória, com certeza não se servi-rão dela para defender os direitos dos vencidos".[800] De tal modo que "o governo, ou como se diz, o *Estado* justiceiro, moderador das lutas sociais, administrador imparcial dos interesses públicos, é uma mentira, uma ilusão, uma utopia jamais realizada e jamais realizável".[801]

Além disso, na medida em que o governo nada pode acrescentar às forças morais e materiais de uma sociedade; na medida em que "os governos só podem dispor das forças que existem na sociedade",[802] então, a abolição do governo preconizada pelos anarquistas não pode significar a destruição das "conexões sociais" que os indivíduos estabeleceram entre si. A sociedade sem governo dos anarquistas é uma sociedade de homens livres, precisamente porque nela a relação existente entre suas diversas forças políticas não está atravessada por um conjunto de tecnologias que buscam direcioná-las e fixá-las em certo desequilíbrio.

Mais tarde, em 1920, quase quatro décadas após o célebre escrito *A anarquia*, escrevendo sobre "a base fundamental do anarquismo", Mala-testa definiu a anarquia como "a abolição da polícia, entendendo por polícia qualquer força armada, qualquer força material a serviço de um homem ou de uma classe para constranger os outros a fazer aquilo que não querem fazer voluntariamente".[803] A abolição da polícia, a eliminação da violência nas relações sociais, parecia-lhe "a base, a condição indis-pensável, sem a qual a anarquia não poderia florescer, ou melhor, não poderia nem mesmo conceber-se".[804] Parece haver aqui um deslocamento em relação à primeira definição de 1884, quando a anarquia foi definida como "ausência de governo: estado de um povo que se rege sem autori-dade".[805] Esse deslocamento que leva do governo à polícia é significativo. Na primeira definição, Malatesta se esforçou por distinguir o governo das

---

[799] *Ibid.*, p. 24.

[800] *Id.*

[801] *Id.*

[802] *Ibid.*, p. 39.

[803] MALATESTA, 1975[43], p. 110.

[804] *Ibid.*, p. 111.

[805] *Id.*

forças existentes na sociedade: governo não é uma força, mas o monopólio das forças, ou seja, um "modo de organização" que coloca o destino dos indivíduos nas mãos dos vencedores da ocasião. Nesse sentido, o governo aparece como uma organização que subtraí aos indivíduos o poder de influírem na organização social e de se constituírem, eles mesmos, como forças "pensantes e dirigentes"; um modo de organização que faz com que "as forças mais vivas e as capacidades mais reais acabam se encontrando fora do governo e privadas de influência sobre a vida social".[806] É por essa razão que o governo não constitui uma força distinta que agregaria qualquer coisa à soma das forças e dos valores que o compõem e que compõem aqueles que o obedecem.

> Ao contrário, do mesmo modo que nada se cria no chamado mundo material, assim nada se cria também nessa forma mais complicada do mundo material chamado sociedade: e o governo apenas dispõe das forças que existem na sociedade, exceto as forças rebeldes e exceto aquelas que se consomem nos atritos necessariamente enormes de um mecanismo tão artificial. E essas forças materiais e morais de que dispõe, em parte, são consumidas em atividades repressivas para frear as forças rebeldes.[807]

Como se vê, o que é característico na primeira formulação de Malatesta é sua concepção de governo como modo de organização: governo é uma atividade que age organizando, instrumentalizando, direcionando, dispondo, consumindo e reprimindo forças individuais e coletivas. Além disso, o governo não é em si uma força porque se estabelece, precisamente, como uma mecânica das forças para alterar uma composição existente, o governo é uma técnica. Sendo assim, o deslocamento que enfatiza a definição da anarquia como abolição da polícia parece, à primeira vista, limitar a primeira definição de governo, mais ampla e abrangente, como mecânica das forças sociais, na medida em que busca tomar a polícia como simples força armada, material e violenta. Mas se trata de um deslocamento que retoma e reforça o acento dado ao governo na sua primeira definição.

Ao considerar a revolução como simplesmente ato destrutivo e negativo, Malatesta julgou-a insuficiente para fazer da violência e da prepotência, provocada ou suportada, uma prática inaceitável. É bem provável, dizia, que "os mais fortes, os mais espertos, os mais afortuna-

---

[806] MALATESTA, E. L'Anarchia. *La Questione Sociale*, Florença, ano I, n. 10, 18 mai. 1884e.
[807] *Id.*

dos [...] tentem impor sua própria vontade por meio da força, fazendo renascer *a polícia* sob outra forma".[808] Em outras palavras, relações de violência perdurarão no cenário pós-revolução. Porém, se aqueles a quem Malatesta chama "violentos" contarem apenas com suas próprias forças, então seriam logo contidos pela resistência dos outros e pelo seu próprio interesse. Diferentemente disso, o maior dos perigos estaria:

> [...] quando os violentos conseguissem utilizar a força dos outros, a força social, para própria vantagem, como instrumento para a própria vontade, ou seja, quando conseguirem, ao se constituírem em governo, organizar o Estado. A polícia não é propriamente o violento, mas é o instrumento cego a serviço do violento.[809]

Em outros termos, polícia não é simplesmente violência, mas um instrumento, isto é, um modo de fazer pelo qual as forças na sociedade são organizadas; portanto, a polícia é uma tecnologia de governo. Por meio dessa tecnologia o violento ganhará status de governo para monopolizar, direcionar, utilizar as forças sociais.

De todo modo, fato é que Malatesta emprestou à noção de governo certo fundo de violência. Por exemplo, dizia que os anarquistas são "contra a *autoridade* porque a autoridade é a violência";[810] que é da organização da violência que surgem "o exército vermelho, a tcheca, os comissários do povo, os burocratas que dirigem a apreensão e a distribuição das riquezas sequestradas".[811] E por serem esses "ordenamentos, por meio da força organizada em governo, que constringem os homens a suportar a vontade alheia e a se deixar explorar pelos outros",[812] ele considerou a violência como sendo "toda essência do autoritarismo, assim como o repúdio da violência é toda essência do anarquismo".[813] Em suma, governo e violência, governo como "força bruta", "violência material do homem contra o homem" e como "fator da vida social";[814] governo significando o "direito de fazer a lei e de impô-la a todos pela força: sem polícia

---

[808] MALATESTA, 1975[43], p. 113.

[809] *Id.*

[810] *Ibid.*, 1975[20], p. 64-65.

[811] *Ibid.*, 1975[222], p. 215.

[812] *Ibid.*, 1975[25], p. 77-78.

[813] *Ibid.*, 1975[234], p. 269.

[814] *Ibid.*, 1975[58], p. 157.

não existe governo";[815] governo, enfim, como uma espécie de "violência permanente".[816] Em todas essas expressões, o governo é descrito como relações de dominação e, consequentemente, em termos de combate, de enfrentamento e de guerra; de tal modo que "a luta contra o governo se resolve, em última análise, em luta física, material",[817] e porque todo o "o problema é, e permanece, um problema de força".[818]

Seria preciso considerar dois aspectos na definição do governo como violência. Primeiro, é preciso colocar o vocabulário agônico de Malatesta na direção do que Proudhon chamou de "direito da força". Nesse sentido, as expressões "governo como organização da violência" e "força organizada em governo" impedem de considerar a violência governamental como simples destruição: quando estruturada pelo governo, a *violência* da violência adquire outra dimensão, isto é, se torna diferencial. Segundo aspecto: a meu ver, toda brutalidade do poder denunciada insistentemente por Malatesta na sua violência, busca um efeito bastante preciso: não mais dissolver os fatos da dominação e suas consequências nos sistemas de direito, mas colocar a nu o problema da dominação e da sujeição ao poder. O deslocamento na sua definição da anarquia que leva do governo à polícia ganha relevância: que outra instituição seria mais evidente e mais eficaz para revelar a dominação do poder, sua violência nua e a superfície belicosa da realidade que a constitui? É sobretudo na polícia que se desnuda a visão da batalha, se é certo, como indicou Foucault, que a governamentalidade liberal do final do século XVIII prescreveu para o Estado um papel não mais em termos de regulação, intervenção e interdição, mas em termos de limitação. Significa que o governo vai, daí por diante, manipular, suscitar e facilitar regularidades que serão necessárias ao campo econômico, mas que escapam ao domínio do Estado e, por essa razão, será dada a polícia a função específica de eliminar as desordens que possam perturbar tais regularidades. Em outras palavras, a governamentalidade liberal dos séculos XVIII e XIX, referindo-se a um novo domínio da naturalidade econômica, certamente passou a gerir a população, porém:

> [...] deverá também organizar um sistema jurídico de respeito às liberdades. Deverá, enfim, constituir um instrumento de intervenção direta, porém negativo, que será a

---

[815] *Ibid.*, 1975[332], p. 231.
[816] *Ibid.*, 1975[213], p. 193.
[817] *Ibid.*, 1975[223], p. 235.
[818] *Ibid.*, 1975[59], p. 158.

> polícia. Prática econômica, gestão da população, direito
> público articulado sobre o respeito das liberdades, uma
> polícia com função repressiva: o antigo projeto de polícia, tal
> como aparecia em correlação com a razão de Estado, deslo-
> ca-se, ou melhor, decompõe-se nesses quatro elementos.[819]

Dessa forma, entre os diversos operadores de dominação, a partir do fim do século XVIII, a polícia se tornou a instituição na qual o poder vai aparecer, sobretudo, exercendo-se visivelmente para além das regras do direito que a organiza e a delimita. Nesse sentido, é no interior das práticas da polícia que a violência do poder escapa e se torna visível. Com isso, diz Malatesta, "a brutalidade da polícia pode, em certos casos, determinar uma insurreição liberadora".[820]

2. Anarquia e o agonismo da política

Perceber o governo como mecânica das forças implica igualmente uma percepção da política como sendo constituída por um campo relacional de forças que o governo busca fixar, direcionar, numa palavra, governar. Nesse sentido, para Malatesta o governo vai sempre aparecer como instância material de sujeição das forças e jamais como espaço de liberdade. Em 1883, o primeiro número do jornal *La Questione Sociale* trazia uma epígrafe significativa: "Por que falais de liberdade? Quem é pobre é escravo". Trazia também um artigo intitulado "Questão Social e Socialismo", no qual Malatesta afirmava que, até há pouco, se negava a existência da questão social na Itália e se declarava o socialismo absurdo e impossível. Porém, quando finalmente "o monstro do socialismo" entrou na Itália por meio dos processos contra a Primeira Internacional, "os porta-vozes da burguesia buscaram, como fizeram em outros lugares, subtrair da questão social seu caráter de unidade e de complexidade; e procuraram reduzir o socialismo a um conjunto desvinculado de pequenas e inacabadas reformas".[821] De modo que:

> [...] hoje é preciso combater para que não seja confundido o
> verdadeiro socialismo, o socialismo popular, com o socia-
> lismo burguês, que é uma mistificação, uma máscara com a
> qual os burgueses ocultam seu cetro de usurário, um instru-

---

[819] FOUCAULT, 2004b, p. 362.

[820] MALATESTA, 1975[54], p. 148.

[821] MALATESTA, E. Questione Sociale e Socialismo. *La Questione Sociale*, Florença, ano I, n. 1, 22 dez. 1883b.

> mento de guerra, que o governo adota ao lado da baioneta e das prisões para imobilizar os recalcitrantes. Será uma das tarefas do nosso jornal examinar os mil aspectos sob o quais se apresenta o socialismo burguês e demonstrar que ele se resolve sempre em opressão e exploração.[822]

Um dos objetivos de *La Questione Sociale* era, portanto, o de fazer aparecer, contra todas as tentativas de pacificação, a inevitável luta existente "entre classes privilegiadas e oprimidas, entre ociosos e trabalhadores, entre servos e senhores", porque, afinal, é essa luta "que anima e explica todo movimento social" e, a despeito dos "mil desvios causados pelas rivalidades de homens e partidos [...], é essa luta que fatalmente impele os homens e partidos, é ela que fornece o fio das mais intrincadas posições políticas".[823] A postura do jovem anarquista italiano é evidentemente a do confronto em oposição à estratégia liberal pacificadora, estratégia sobre a qual ele tinha muita clareza. Recordava como, no curso dos últimos 20 anos, período no qual se localizava a intensa atuação da Primeira Internacional, o proletariado começou a encontrar seu "campo de batalha" na destruição da propriedade privada. "Destruir a propriedade individual é a meta do proletariado, defendê-la é a preocupação principal da burguesia".[824] Nessa luta, as táticas empregadas pelos partidos burgueses foram diversas. Os mais temerosos se dedicaram a um trabalho de reação e "preparam uma nova santa aliança contra a revolução que os acossava".[825] Os mais inteligentes, porém,

> [...] acentuaram seu liberalismo, fizeram inclusive um pouco de socialismo (bem pouco!), [...] mostrando-se aliados dos proletários, tentaram destruir a maior conquista da civilização, o fruto da Internacional, ou seja, a separação entre os interesses do proletariado e os da burguesia, a luta consciente e declarada entre o trabalhador e o proprietário.[826]

Duas estratégias de combate, portanto, se apresenta contra o proletariado: de um lado, o proletariado "é ameaçado abertamente de fome perpétua, de prisão e de metralha, de outro, é indignamente mistificado: procura-se fazê-lo aceitar, soberano de papel, voluntariamente o jogo".[827]

---

[822] *Id.*

[823] MALATESTA, E. Situazione. *La Questione Sociale*, Florença, ano I, n. 1, 22 dez. 1883a.

[824] *Id.*

[825] *Id.*

[826] *Id.*

[827] *Id.*

Essa última estratégia busca uma "reconciliação absurda de classes naturalmente inimigas" e chega até mesmo a falar em liberdade. Entretanto, "ainda que [a burguesia liberal] não tenha mostrado, quando estava no poder, que tipo de liberalismo era o dela, poder-se-ia sempre facilmente prevê-lo. Ela quer conservar o presente, portanto deve querer defendê-lo".[828] Resta sempre e forçosamente o fato de que "é o interesse e o instinto da sua própria conservação" que cedo ou tarde se revelará em toda sua nudez. Malatesta ironiza a pretensa liberdade liberal perguntando o que "fariam os mais liberais entre os republicanos ao nos deixarem a liberdade de fazer aquilo que queremos, quando quisermos precisamente a sua destruição?"[829]

Trata-se, claramente, de um discurso de guerra que procura desarmar o poder da sua estratégia liberal, procurando restituir as relações de dominação que ela oculta, para fazê-las funcionar ali mesmo onde se apresentam: na fábrica, na instituição da polícia, no pauperismo existencial dos proletários etc. Discurso que procura no empirismo das diversas relações de dominação a arma lógica pela qual será retomada e intensificada uma guerra que jamais cessou, mas que a burguesia pretende ocultar. Como em Proudhon, o discurso de Malatesta retoma o fio da guerra entendida como relação social permanente e como fundamento das relações e das instituições do poder. Sua preocupação é a de problematizar a soberania e sua obediência legal para fazer reaparecer o problema da dominação e da sujeição. Para isso, seria preciso sustentar um discurso que, denunciando como instrumentos de guerra a lei, a reconciliação ou qualquer aliança de classe, tinha por objetivo mostrar a estrutura binária que divide a sociedade, cuidadosamente ocultada pela estratégia governamental, mas que, chegada a hora, colocaria cada um em lados opostos, como adversários num campo de batalha.

Contudo, a espessura dramática desse binarismo deve ser entendida, não em termos político, mas em sua dimensão retórica. Malatesta não o utiliza para pensar o exercício do governo, mas como tática de luta. Dessa forma, o binarismo não responde a uma realidade em que dois sujeitos estariam em conflito, mas sim uma virtualidade das forças em jogo que pode ser sempre atualizável. Não supõe a dominação exercendo-se como de um grupo sobre os outros, ou o governo como uma dominação maciça,

---

[828] *Id.*

[829] *Id.*

mas múltiplas formas de dominação que atravessam a sociedade. Seria preciso, portanto, compreendê-lo não como uma simplificação do exercício do poder de governo, mas seu agravamento.

Parece-me perfeitamente possível inserir a reflexão de Malatesta sob o prisma de uma relação de forças perpétua e permanente, que não apenas atravessa a sociedade, mas que, atravessando-a, determina nela uma organização das forças. Em outras palavras, parece-me que todo o discurso dramático e agônico tem a função precisa de restituir, contra as tecnologias governamentais, a realidade das forças em luta. Para Malatesta o governo não é um atributo, mas algo que se combate, que se enfrenta e contra o qual é preciso sempre lutar ou estar em disposição de luta. A guerra, portanto, não é uma metáfora que poderia funcionar e ser utilizada na política; é, ao contrário, a reinserção concreta dos seus mecanismos na política. Sob esse aspecto, Malatesta aparece, como sugeriu Cerrito,[830] revalorizando e renovando particularmente a obra de Proudhon.

A imagem que Proudhon deu do Estado funcionando como uma empresa coletiva nos possibilita perceber a realidade encoberta pelo que ele chamou de governamentalismo. Assim como em uma empresa, também no Estado:

> [...] existem imensos capitais a manejar, grandes negócios a tratar, grandes lucros a fazer: consequentemente, para os fundadores, diretores, administradores, inspetores, e outros funcionários, gratificações a esperar e magníficos tratamentos. Os serviços são organizados, hierarquizados em consequência e segundo a ordem de mérito e tendo em vista o resultado do serviço dos sujeitos.[831]

Além disso, do mesmo modo que em uma empresa, existe também no Estado, certamente com mais intensidade, um militarismo interno e a tendência externa para a conquista. Trata-se, em ambos, da guerra realizando seus benefícios, mas de diferentes formas.

> Delegacias, comissariados, concessões, propinas, sinecuras, honorários, pensões, substituindo as exações proconsulares, os despojos, os *latifundia*, as vendas de escravos, as confiscações, os tributos, o fornecimento de grãos, de pastagens, de madeiras etc. É sobretudo no momento de tomar posse

---

[830] CERRITO, G. *Dall'insurrezionalismo alla settimana rossa:* per una storia dell'anarchismo in Italia (1881/1914). Florença: CP Editrice, 1977. p. II.

[831] PROUDHON, 1998b, p. 112.

que se dão os melhores golpes. Quantos serviços para criar, empregos para distribuir! Quantas promoções! Que burocracia! E para os homens de negócios, quanta especulação! Eis a guerra em sua fase mais elevada, a guerra com isonomia, sem expropriação e sem pilhagem.[832]

Proudhon já tinha mostrado que, no governamentalismo, se encontra uma espécie de *ciclo ou de espiral da guerra*.[833] Uma genealogia do direito, dirá Proudhon, mostraria facilmente que a ordem econômica está colocada sob a proteção da ordem política, que "ela tem sua garantia na potência política: a política é inseparável da sociedade. Ora, a política, por sua essência, por seu direito, por todas suas instituições, é a guerra".[834] Nesses termos, uma vez realizada a conquista, será necessário defendê-la contra as incursões externas e contra as revoltas internas. Até que, finalmente, quando "a conquista se transformar em simples incorporação política",[835] o conquistador se verá obrigado a procurar na exploração dos sujeitos os benefícios da sua vitória e fará assegurar sua exploração por meio de um desprendimento contínuo e perpétuo de forças. É esse movimento que faz a espiral da guerra.

Entre todos que pensaram a anarquia, Malatesta foi, talvez, o que mais retomou o agonismo prudhoniano na sua análise da política e das relações sociais. Por exemplo, dizia o italiano que "a sociedade atual é o resultado das lutas seculares que os homens combateram entre si, na qual, naturalmente, os mais fortes, os mais afortunados, deviam vencer e, de inúmeras maneiras, submeter e oprimir os vencidos".[836] Então, em um primeiro momento:

> [...] os vencedores não puderam fazer mais do que expulsar ou massacrar os vencidos. Em seguida, com a descoberta do pastoreio e da agricultura, quando um homem pôde produzir mais do que necessitava para viver, então os vencedores acharam mais conveniente reduzir os vencidos à escravidão e fazê-los trabalhar para si. Mais tarde, os vencedores deram-se conta de que era mais cômodo, mais produtivo e mais seguro explorar o trabalho alheio com um outro sistema: reter para si a propriedade exclusiva

---

[832] *Id.*

[833] *Ibid.*, p. 113.

[834] *Ibid.*, p. 122.

[835] *Id.*

[836] MALATESTA, 1975[223], p. 222.

> da terra e de todos os meios de trabalho, e deixar nomi-
> nalmente livres os espoliados que, não havendo os meios
> de viver, foram obrigados a recorrer aos proprietários e a
> trabalhar para eles conforme sua vontade. Assim, pouco a
> pouco, através de toda uma rede complicadíssima de lutas
> de todas as espécies, de invasões, de guerras, de rebeliões,
> de repressões, de concessões arrancadas, de associações de
> vencidos unidos para própria defesa e de vencedores unidos
> para o ataque, chegou-se ao estado atual da sociedade.[837]

Desse agonismo ininterrupto surgiu o governo, ou "a constituição de uma classe especial provida dos meios materiais de repressão";[838] surgiu também o direito, que "tem a tarefa de legalizar e defender os proprietários contra as reivindicações dos proletários";[839] surgiram as religiões, ou "a constituição de uma outra classe especial (o clero), que, por meio de uma série de fábulas sobre a vontade de Deus, sobre a vida após a morte etc., procura induzir os oprimidos a suportarem docilmente a opressão";[840] surgiram as humanidades ou "a formação de uma ciência oficial";[841] surgiram as nações ou "o espírito patriótico, os ódios de raça, as guerras e a paz armada, ainda mais desastrosa que as próprias guerras";[842] surgiu a sexualidade, ou "o amor transformado em tormento ou em torpe mercadoria".[843] Enfim, surgiu "o ódio mais ou menos insidioso, a rivalidade, a suspeita entre todos os homens, a incerteza e o medo entre todos".[844]

O propósito do discurso malatestiano é o de reintroduzir o agonismo ali onde a política passou a ser apresentada sob a "tranquilidade" do jogo democrático.

> Dissemos mil vezes, e creio que o disse também Victor Hugo,
> a guerra civil é a única guerra justa e razoável. Por guerra
> civil entendemos a guerra entre oprimidos e opressores,
> entre pobres e ricos, entre trabalhadores e exploradores do
> trabalho, sejam eles ou não da mesma nacionalidade, falem
> ou não a mesma língua. Já dissemos também que, visto
> que é impossível emancipar moralmente a grande massa

---

[837] *Id.*

[838] *Ibid.*, 1975[223], p. 223.

[839] *Id.*

[840] *Id.*

[841] *Id.*

[842] *Id.*

[843] *Id.*

[844] *Id.*

> dos homens e elevá-la a fatores conscientes dos próprios destinos se antes não se transformarem suas condições materiais e não se romperem as cadeias que impedem o seu livre movimento, só existem duas possibilidades para abater o regime atual e substituí-lo por um regime de justiça e liberdade: a ditadura ou a guerra civil.[845]

A política aparece revertida a um teatro de forças cujos atores jogam papéis aleatórios nas lutas, resistências e enfrentamentos; teatro de forças cuja realidade é recoberta pelas tecnologias de governo, buscando ocultar, silenciar, direcionar as forças em conflito. Na percepção de Malatesta, a política, portanto, não remete para uma realidade de relações de poder que são abertas e reversíveis, mas para uma ordem de dominação cujas possibilidades de reversão encontram-se limitadas. Se percebermos como o primeiro termo da série política as relações de poder como forças agônicas em luta, então, seria possível dizer que uma formação política dada emerge quando a governamentalidade, ou o poder governamental, fixando o agonismo na direção de um estado de dominação, aumenta exponencialmente a tensão dos seus conflitos. Foi o que Foucault quis dizer, creio, ao afirmar que "A política [...] nasce com a resistência à governamentalidade, a primeira sublevação, o primeiro afrontamento".[846] Em outros termos, a política nasce quando o agonismo entre as forças, ultrapassando certo limiar de intensidade, torna a disposição e a energia para lutar, irredutíveis nas forças em luta. É esse limiar de intensidade que Malatesta busca ultrapassar quando pretende reativar a resistência contra o governo; o enfrentamento, a luta contra a governamentalidade serviriam, portanto, para recolocar novamente em circulação as relações de poder fixadas nos estados de dominação.

Para apreender essa dinâmica, será preciso, contudo, perceber a violência da dominação, denunciada por Malatesta, não como simples repressão. Sua expressão "violência permanente do poder" não quer dizer "repressão permanente do governo"; indica, ao contrário, uma permanente relação de procedência entre violência e governo, que tem por objetivo reconduzir a violência da repressão para as práticas de governo ou do governamentalismo: "o poder político, que começa com o punho forte e com a maça de armas, desenvolve-se e se consolida nas instituições

---

[845] *Ibid.*, 1975[85], p. 214-215.
[846] *Apud* SENELLART, 2004a, p. 409.

policiais e judiciárias".[847] Existe, portanto, uma realidade que é, ao mesmo tempo, implícita ou explícita, evidente ou dissimulada, no exercício do poder governamental, e procede da violência (do abuso da força, como diria Proudhon). Essa realidade, diz Malatesta, se apreende no fato de que não é possível "subtrair o pão de alguém sem antes não lhe tirar pela violência a possibilidade de resistir".[848] E nesse momento, a história aparece como uma série de transformações e de reversões sucessivas desse fato primeiro e fundador do poder. Como se o poder, no seu desenvolvimento histórico, apenas se resolvesse por meio de um jogo perpétuo de conjuração e de afastamento do perigo que é inerente ao seu exercício.

> Existiam os reis e os imperadores de *direito divino*, que eram os soberanos absolutos no território submetido. Um belo dia o seu poder encontrou-se em perigo; estavam para serem destituídos e o sistema monárquico estava para ser substituído pelo regime republicano. Mas surgiram os *moderados*, como se dizia então (hoje se diria *reformistas* ou até mesmo *bolchevistas*), que propuseram não mais a abolição pura e simples da monarquia por meio da revolução, mas um *controle popular* que conduziria gradualmente à república. [...] Daí nasce o sistema constitucional, ou seja, um sistema no qual o rei, se não é um imbecil ou um *bon-vivant*, faz a mesma coisa com menos fadiga, menos responsabilidade e menos perigos do que em um regime de governo absoluto.[849]

A imagem descreve uma espécie de ciclo histórico do poder que se fecha apenas quando o perigo do abuso da força, inerente e inevitável ao seu exercício, é reconduzido sob certo estado legal. Ao contrário da circularidade do capital, o ciclo do poder não engendra contradições; ele não se resolve nas chamadas crises endógenas, mas sim na positividade de uma estratégia. Dessa maneira, a violência permanente do governo é menos um estado contínuo de perversidade e de repressão do que um tipo de movimento conversor que, corrigindo os excessos e os perigos, perpetua e eterniza a violência do poder sob outras formas. Foi nesses termos que Malatesta percebeu, em 1920, o pretenso "controle sindical nas empresas". Dizia que, na impossibilidade de deter o operário pela força:

---

[847] MALATESTA, 1975[170], p. 66.

[848] *Ibid.*, 1975[302], p. 155.

[849] *Ibid.*, 1975[62], p. 163. Grifos do autor.

> [...] é necessário enganá-lo, é necessário fazê-lo acreditar que finalmente é coparticipante da direção e, portanto, da responsabilidade das fábricas; é necessário para isso dar-lhe novamente o hábito da disciplina, da ordem, da laboriosidade; é necessário, sobretudo, criar uma espécie de aristocracia operária, um *quarto estado*, composto de operários melhor remunerados, seguros de seus postos, aspirantes a funções administrativas e diretivas nos organismos de classe, em boa relação com os patrões e membro de comissões paritárias, que se sentiriam interessados na estabilidade do regime burguês, que atrairiam pouco a pouco ao meio burguês novos elementos destinados a defendê-lo, e que seriam os mais válidos instrumentos de conservação e concorreriam eficazmente para manter as massas em um estado de inferioridade e de servil docilidade. É isso que tentará a parte mais iluminada da burguesia, dedicada à compreensão de seus interesses nesses novos tempos.[850]

Por isso lhe parecia equivocada a ideia marxista da tomada de consciência pela conversão do proletariado em classe para si; em 1913, Malatesta lançava o seguinte questionamento:

> [...] para provocar uma mudança político-social é necessário que o regime vigente seja exaurido e que na consciência de todos, ou pelo menos da maioria, sejam formados um desejo e um claro conceito do tipo de mudança a ser provocada? E é possível que em um dado regime social seja formada uma consciência universal favorável à transformação fundamental de tal regime? Não seria mais verdadeiro que todo regime, nascido pela imposição forçada [...], tende a se consolidar e a se fazer aceito corrigindo os seus defeitos, compensando no melhor modo possível os males que produz e criando uma mentalidade pública adaptada a sua manutenção; e que, portanto, esse regime seria tanto mais forte quanto mais longa tiver sido sua existência?[851]

Em vez de contradição, o que se tem é aperfeiçoamento. Com efeito, para o anarquista italiano os marxistas teriam exercido uma influência nefasta no socialismo "com a ideia de que o sistema capitalista portava em si os germes de morte e que a concentração da riqueza em um número cada vez menor de pessoas e a crescente miséria conduziriam fatalmente

---

[850] *Ibid.*, 1975[62], p. 164. Grifos do autor.

[851] MALATESTA, 1913e.

à transformação social".[852] Para Malatesta, o princípio aceito pela maioria dos socialistas, particularmente os marxistas, segundo o qual "a sujeição econômica é a causa da opressão política e da inferioridade moral e de todos os males sociais" tem sua origem no fato de "que o homem sente mais vivamente e antes de tudo as necessidades alimentares".[853] Mas ele atribuiu sobretudo ao marxismo, se não a Marx, a crença segundo a qual "o poder político, o governo, cumpre sempre e em toda parte os interesses da classe que o elegeu", quando ao contrário, diz Malatesta, o governo:

> [...] cumpre, sobretudo, os interesses de quem governa e cria em torno de si e para sua defesa uma classe privilegiada. Se olharmos bem a história, foi sempre o poder político quem criou o privilégio econômico, foi sempre o homem armado quem coagiu os outros a trabalhar para ele.[854]

Com isso, provoca uma inversão da interpretação marxista; mas também produziu um deslocamento importante. Se é verdade que o desenvolvimento histórico de um poder se resolve nessa espécie de ciclo sem contradição e sem crise, isso se daria porque seu exercício produz não a contradição, mas focos de instabilidade, de fugas, de inversões e de conflitos; e porque "o limite à opressão do governo está na força que o povo se mostra capaz de lhe opor".[855] Dessa maneira, sendo o conflito aberto ou dissimulado, o fato é que o:

> [...] conflito sempre existe; [...] porque se o governo não cede o povo acaba por rebelar-se; e se o governo cede, o povo adquire confiança em si e toma sempre mais, até que a incompatibilidade entre a liberdade e a autoridade se torna evidente e explode o conflito violento.[856]

Rompendo com a lógica da contradição, Malatesta procura fazer valer em alto grau a lógica da batalha na política, buscando aumentar as tensões do agonismo político. Considerava a política como aquilo que dizia "respeito à organização das relações humanas, mais especificamente as relações livres ou coagidas entre cidadãos, e a existência de um 'governo' que assume para si os poderes públicos e se serve da força social".[857] Nesse

---

[852] Id.

[853] MALATESTA, 1975[170], p. 66.

[854] Ibid., 1975[50], p. 133.

[855] Ibid., 1975[223], p. 235.

[856] Id.

[857] Ibid., 1975[302], p. 154.

ínterim, torna-se "evidente que essa política penetra em todas as manifestações da vida social".[858] Nesse sentido, a liberdade, qualquer que seja, "mesmo uma liberdade relativa, não se obtém ajudando um governo. Mas, se obtém somente fazendo-o sentir o perigo de oprimir em demasia".[859] Dessa maneira, parecia-lhe claro que a tática dos anarquistas "deve ser aquela de colocar em relevo, de provocar o antagonismo e a luta entre trabalhadores e exploradores, entre governados e governantes, e não cessar nunca de promover o uso dos meios resolutivos, que devem colocar fim ao conflito destruindo suas causas".[860] Além disso, estava convencido de que, pelo fato de qualquer "governo tender, antes de mais nada, a consolidar e a alargar o seu poder", assim, "o único limite às suas invasões contra a liberdade dos indivíduos ou da coletividade está na resistência que se é capaz de lhe opor".[861] Essa dinâmica deixa claro que as diferenças de governo a governo, bem como "o mais ou menos de liberdade que ele deixa ao povo, mais do que da boa vontade ou da crueldade, da inteligência ou da estupidez dos governos, depende da consciência e da resistência dos governados".[862] Portanto, "a tarefa dos anarquistas [...] é a de criar, alimentar, organizar essa resistência, recusando por sua vez qualquer contribuição ao Estado".[863]

Malatesta torna evidente aquilo que poderia ser considerado o *ethos* do seu anarquismo, que consiste na afirmação segundo a qual:

> [...] a característica, a razão de ser do anarquismo, está na convicção de que os governos – ditaduras, parlamentos etc. – são órgãos de conservação ou de reação, de opressão sempre; e que a liberdade, a justiça, o bem-estar para todos devem derivar da luta contra a autoridade, da livre iniciativa e do acordo livre dos indivíduos e dos grupos.[864]

Quando os anarquistas não conseguirem impedir que governos existam, em todo caso, devem se esforçar sempre para que "esses governos permaneçam ou se tornem o mais fraco possível".[865]

---

[858] *Id.*

[859] *Ibid.*, 1975[340], p. 250.

[860] *Ibid.*, 1975[187], p. 113-114.

[861] *Ibid.*, 1975[347], p. 269.

[862] *Ibid.*, 1975[376], p. 392-393.

[863] *Ibid.*, 1975[347], p. 269.

[864] *Ibid.*, 1975[369], p. 360.

[865] *Ibid.*, 1975[209], p. 174.

> Abater, ou concorrer para abater, o poder político, qualquer que ele seja; impedir, ou procurar impedir, que se constituam novos governos e novas forças repressivas e, em todos os casos, não reconhecer jamais nenhum governo e permanecer sempre em luta contra eles, e reclamar, com a força, se for preciso e possível, o direito de se organizar e viver como se quiser e de experimentar as formas sociais que se julgue melhores.[866]

Na sua definição, portanto, a razão de ser do anarquismo consiste na luta para "impedir, ou procurar impedir, que se constitua um novo governo";[867] não sendo possível, ao menos "para que o novo governo não seja único, não concentre em suas mãos todo o poder social, continue fraco e vacilante, não consiga dispor de suficiente força militar e financeira, e seja reconhecido e obedecido o menos possível".[868] Em outros termos, a razão de ser do anarquismo é constituída por essa atitude de recusa, em todas as situações, que exige dos anarquistas "não participar jamais do governo, jamais reconhecê-lo e permanecer sempre em luta contra ele";[869] por essa postura de negar todo concurso ao governo, "negar o serviço militar, negar o pagamento de impostos. Não obedecer por princípio, resistir até a última extremidade a toda imposição das autoridades, e recusar-se absolutamente de aceitar qualquer posto de comando".[870]

A luta contra o governo possui uma "importância prática superior", mas não pelo fato de se ignorar a importância da emancipação econômica, mas porque "o povo é habituado a ser governado e, quando derruba um governo, está sempre disposto a aceitar outro".[871] Em outras palavras, a proeminência da luta contra o governo está na intensificação ética que ela é capaz de produzir sobre os indivíduos. Portanto, inscrever na luta contra o governo o *ethos* do anarquismo não é atribuir-lhe uma existência negativa; pelo contrário, para Malatesta, o primordial na luta contra o governo é que ela abre para a prática de "educar para a liberdade, de tornar consciente da própria força e da própria capacidade,

---

[866] *Ibid.*, 1975[209], p. 175.

[867] *Ibid.*, 1975[211], p. 184.

[868] *Id.*

[869] *Id.*

[870] *Ibid.*, 1975[367], p. 355-356.

[871] *Ibid.*, 1975[378], p. 400.

homens habituados à obediência e à passividade".[872] Assim, percebeu na luta contra o governo um método de fazer:

> [...] de modo que o povo faça por si mesmo, ou que pelo menos acredite fazer por si mesmo por instinto e inspiração própria, mesmo quando na realidade ele é sugestionado. Assim como faz um bom mestre quando propõe um problema ao aluno que não é capaz de resolvê-lo, ajuda-o, sugere-lhe a solução, mas ensina de modo que ele acredite que chegou até lá por si mesmo, fazendo-o adquirir coragem e confiança nas próprias capacidades. [Assim, é preciso] esforçar-se para não dar ares de expor e impor magistralmente aos outros uma verdade conhecida e indiscutível; procurar estimular-lhes o pensamento, fazendo-os chegar com o próprio raciocínio a conclusões que teria sido possível de serem apresentadas, belas e acabadas, com maior facilidade para si, mas com menor esforço para o aluno. E quando se encontrar, na propaganda e na ação, em situação de agir como chefe e como mestre, num momento em que os outros estavam inertes e incapazes, esforçar-se-á de não lhes fazer perceber, para estimular neles o pensamento, a iniciativa e a confiança em si. É segundo esses critérios que é necessário, portanto, impelir o povo a resistir ao governo e a fazê-lo agir o quanto possível como se governo não existisse.[873]

Dimensão fundamentalmente ética, a luta contra o governo carrega em si essa "característica especificamente humana que é ser descontente consigo mesmo e desejar sempre qualquer coisa de melhor, aspirar à maior liberdade, maior potência, maior beleza".[874] Do mesmo modo atua o seu contrário, a aceitação do governo, essa atitude que faz "o homem considerar tudo bom, pensar que tudo isso que existe deve ser assim, que não se deve nem é possível mudar, adaptar-se tranquilamente, sem luta, sem protesto, sem movimento de rebelião, na posição que as circunstâncias lhe fazem"; uma atitude que, pelo contrário, o tornaria "menos que um homem: seria... um vegetal, se fosse permitido falar desse modo sem caluniar os vegetais".[875]

---

[872] *Id.*

[873] *Ibid.*, 1975[378], p. 400-401.

[874] *Ibid.*, 1975[245], p. 33.

[875] *Id.*

Malatesta percebeu na luta contra o governo o mesmo mecanismo de intensificação ética do indivíduo que havia sido percebido por Foucault na parrésia antiga, que consiste em dizer a verdade em meio à adversidade. Com efeito, são dois tipos de luta nos quais o indivíduo sempre ocupa uma posição inferior em relação àquele contra quem ele luta, mas que, mesmo sendo inferior, menor, mais fraco, está determinado a lutar. E pelo fato de lutar, a coragem em arriscar a vida, ao colocar-se à frente de um superior e mais forte, produzirá um efeito de retorno sobre o sujeito sob a forma de uma intensificação ética: a prática da parrésia exibe uma estrutura ética que é interior ao gesto de coragem de dizer a verdade.[876] No mesmo sentido, a luta contra o governo aparece em Malatesta provocando o desbloqueio do elemento ético que produz uma inquietação de si mesmo; ela aciona um princípio de agitação e de movimento que desassossega a vida do indivíduo. Seria possível dizer também, com Deleuze e Guattari, que a luta contra o governo constitui o devir revolucionário das pessoas, na medida em que, como definiu Malatesta, anarquista é aquele que se rebela contra às más influências do ambiente; "e se é tanto mais anarquista quanto mais se conseguir evitar essas más influências e quanto mais se lutar para modificar o ambiente prejudicial. Naturalmente, trata-se de mais ou de menos, porque ninguém pode colocar-se completamente fora e contra o ambiente".[877] Em outros termos, é na luta que a subjetividade do anarquista constitui-se. Além disso, o que é mais significativo, o devir revolucionário, em jogo nas lutas contra o governo, é capaz de provocar individuações sem sujeito, isto é, singularidades. Como Deleuze e Guattari afirmaram, devir não é "imitar, nem se identificar; nem regredir-progredir; nem corresponder"; o devir não reduz os indivíduos a "parecer", nem a "ser", nem a "equivaler", nem a "produzir".[878] Uma luta sem devir produziria apenas sujeitos determinados; mas, ao contrário, o devir dos indivíduos em luta é a abertura para o indeterminado, para sua capacidade política. Esse modo de individuação, que é diferente da modalidade do sujeito, Deleuze e Guattari chamaram-no de *hecceidades*: na luta e pela luta, os indivíduos cessam de ser sujeitos para se tornarem acontecimentos em agenciamentos coletivos, em um fluxo que dissolve as formas e as pessoas e libera os movimentos. Existe sempre um devir

---

[876] Cf. FOUCAULT, M. Parresia. *Critical Inquiry*, v. 41, n. 2, p. 219-253, 2015.

[877] MALATESTA, 1975[269], p. 90-91.

[878] DELEUZE; GUATTARI, 2005, p. 19.

revolucionário, mesmo nas lutas mais minúsculas, que pode ser visto constituindo sua virtualidade e operando como percepção do limite do intolerável. O devir revolucionário marca até onde foi possível suportar a miséria, a opressão, a fome e a humilhação. Limite além do qual explode bruscamente, e frequentemente por razões muito banais, a revolta que reativa o combate. O devir revolucionário é, portanto, esse momento que todo poder busca evitar.

A reflexão de Malatesta não somente reverteu o modelo da Revolução Francesa, fez mais; ao romper com o ciclo da Soberania no qual a revolução foi encerrada, ao recusar o momento solene e instaurador da revolução, Malatesta fez do devir revolucionário, em jogo nas lutas contra o governo, a matéria da ética anarquista: o sujeito anarquista ou a subjetividade anarquista, resulta da disposição de lutar contra o governo. O anarquista se inventa no gesto da agitação, da rebelião e da revolta. Não existe subjetividade anarquista, não pode haver ética anarquista sem atos de rebelião, sem devir revolucionário. "A revolução, rompendo violentamente o estado de coisas atual, fornece às massas condições tais que as tornam capazes de compreender e de atuar a anarquia".[879] Do mesmo modo como "os indivíduos não se aperfeiçoariam e a anarquia não se realizaria, nem mesmo daqui a um milhão de anos, sem que antes não seja criado, por meio da revolução, o ambiente necessário de liberdade e de bem-estar".[880]

Não há, portanto, nenhuma solenidade na vitória revolucionária, mas há no combate revolucionário, na luta revolucionária, as condições que provocam e asseguram a emergência da anarquia. Dessa maneira, aquilo que a burguesia pretendeu eliminar da revolução, isto é, a guerra civil, será isso precisamente retomado para constituir a matéria da subjetividade anarquista: é a guerra civil, ou é a guerra contra o poder, que constitui o elemento ético da anarquia; é na guerra civil, nessa dimensão contingente e intensa das relações de força, que concentra, conserva e desprende as energias individuais, que Malatesta localizou um mecanismo para a intensificação ética do anarquista: "o anarquismo nasceu da revolta moral contra as injustiças sociais".[881]

---

[879] MALATESTA, 1975[5], p. 37-38.
[880] *Ibid.*, 1975[113], p. 283.
[881] *Ibid.*, 1975[310], p. 171-172.

A importância de considerar a presença do agonismo político como *ethos* do anarquismo em Malatesta está no fato de ele atravessar grande parte de suas problematizações, sendo possível considerá-lo ainda para a compreensão de outras problemáticas, como veremos, tais como a propaganda pelo fato, o sindicalismo e o fascismo.

CAPÍTULO 4

ILEGALISMO, TERRORISMO, VIOLÊNCIA

1. A propaganda pelo fato

Um lugar de destaque na reflexão de Malatesta foi dado à questão da violência. A procedência dessa problemática encontra-se nas práticas do terrorismo anarquista que marcaram as últimas décadas do século XIX.

Com a repressão à Comuna de Paris, em 1871, a seção francesa da Associação Internacional dos Trabalhadores foi praticamente extinta. A maré de violências que se abateu sobre a Comuna também silenciou a ala mais combativa dessa grande organização revolucionária que sacudia a Europa desde sua fundação, em 1864. Na Comuna de Paris, protagonizaram duas tendências: de um lado, blanquistas e, de outro, proudhonianos, que constituíam a maioria da seção internacionalista francesa. Alguns dos mais conhecidos *communards* foram também *internacionalistas*, dois termos que se confundiram e se tornaram até mesmo sinônimos para a opinião pública da época.[882]

Dessa forma, após à terrível repressão sobre a Comuna de Paris, o cenário com o qual os militantes anarquistas se defrontavam era desolador. Fernand Pelloutier, secretário geral das Bolsas de Trabalho, deu uma descrição dele:

> [...] a seção francesa da Internacional dissolvida, os revolucionários fuzilados, enviados para colônias penais ou condenados ao exílio; os clubes dispersados, as reuniões proibidas; o terror paralisando profundamente os raros homens que escaparam ao massacre: tal era a situação do proletariado no dia seguinte à Comuna.[883]

A descrição de Pelloutier mostra que as ordens de Adolphe Thiers tinham sido cuidadosamente cumpridas: o então chefe do poder execu-

---

[882]   MASINI, 1974, p. 45.

[883]   *Apud* MAITRON, J. *Le mouvement anarchiste en France:* des origines à 1914. Vol. 1. Paris: Gallimard, 1975. p. 86.

tivo defendeu o máximo rigor na repressão à Comuna, afirmando que, dessa forma, o socialismo estaria acabado por muito tempo.[884] A razão para tamanho rigor repressivo se deveu ao fato, como observou Jensen, de que o breve sucesso da Comuna não serviu apenas para promover sua notoriedade mundial e provocar o terror nas classes médias, ela:

> [...] convenceu a burguesia e muitos governos de que a Internacional era uma organização de imenso poder [...]. A Comuna também convenceu os internacionalistas, espalhados pelo mundo, de que era possível lançar realmente uma insurreição bem-sucedida contra a ordem estabelecida.[885]

Mas houve outro fato que também concorreu para o refluxo do movimento anarquista na Europa nessa mesma época. Com o desaparecimento da seção francesa, a Internacional se tornou permeável às manobras de Marx e Engels, que transferiram seu conselho geral para Londres e provocaram a expulsão de Bakunin, Guillaume e outros anarquistas, durante o congresso de Haia. Como resposta, as seções italiana, espanhola e suíça aprovaram a separação entre libertários e autoritários durante o congresso realizado em Saint-Imier, em setembro de 1872: o socialismo seguiria, doravante, dividido entre socialistas que defendiam o uso dos meios legais disponibilizados pela burguesia, e anarquistas que não somente reivindicavam a ação direta como método, mas também faziam intensa campanha para manter o movimento operário alheio a qualquer ação legal.

A história da 1ª Internacional foi inteiramente atravessada por grandes embates teóricos travados entre Bakunin e Marx, mas também entre Bakunin e Mazzini, sobre os meios de ação. Foi um momento de definição tática do anarquismo: Proudhon e Stirner, e antes deles Godwin, já tinham lançado reflexões e críticas radicais contra o Estado; Bakunin, por sua vez, provocou sua infusão no movimento operário por meio da AIT. Coube à geração seguinte de militantes promover os experimentos na sua atualidade por meio disso que se chamou revolução social. O jovem Bakunin foi portador de uma concepção de revolução típica ao século XVIII; a revolução lhe parecia um evento extraordinário e descontínuo, um fato determinado pela ordem das coisas e portador de uma destinação

---

[884] LISSAGARAY, P. O. *História da Comuna de 1871.* 2. ed. Tradução: Sieni M. Santos. São Paulo: Ensaio, 1995. p. 283.

[885] JENSEN, R. B. Daggers, rifles and dynamite: Anarchist Terrorism in nineteenth century Europe. *Terrorism and Political Violence,* Londres, v. 16, n. 1, p. 116-153, 2004. p. 123.

e corte temporal. Essa visão romântica é bem evidente nos relatos que o russo deu sobre a revolução de 1848, em Paris.

> Parecia que o universo inteiro estava transtornado; o incrível fez-se habitual, o impossível possível e o possível e o habitual insensatos. Em uma palavra, os ânimos estavam em tal estado que se alguém dissesse: "o bom Deus acabou de ser expulso do céu, a República foi proclamada", todos acreditariam e ninguém se surpreenderia.[886]

Contudo, uma nova percepção se fez presente na última declaração dada pelo, então, velho Bakunin. Despedindo-se dos seus amigos da Federação do Jura, em outubro de 1873, Bakunin teria declarado no Boletim da Federação:

> [...] estou convencido de que já passou o tempo dos grandes discursos teóricos, impressos ou falados. Nos últimos nove anos desenvolveram-se no seio da Internacional mais ideias do que as necessárias para salvar o mundo [...]. O tempo já não está para as ideias, mas para os fatos e para os atos.[887]

Em outras palavras, ocorre um deslocamento que leva da revolução como fato macro e cumulativo como "a grande noite dos povos", no jovem Bakunin, para a revolução como movimento difuso constituído por fatos e atos revolucionários, no velho Bakunin. Será essa nova configuração de batalhas parcelares que se assistirá quando da incorporação e a difusão de uma ampla rede de conspirações, demonstrações revolucionárias, assassinatos, incêndios, guerrilhas, barricadas, motins, greves, atentados, revoltas operárias e camponesas, atos individuais e movimentos coletivos, todos eles reconduzíveis à revolução, sob a forma de fatos revolucionários, que atuarão num tempo que é agora contínuo e processual, isto é, como revolução permanente.

Com efeito, a propaganda pelo fato possui uma dupla procedência: de um lado, emerge da percepção de uma insuficiência da propaganda oral e escrita, e do declínio de um tempo que estava ligado aos grandes embates discursivos. Mas foi também uma forma de recusa da representação, recusa da mediação entre coisa e signo, na medida em que o "apelo aos fatos" ocorre num contexto em que o socialismo eleitoral ganhava sempre mais influência, atraindo para suas fileiras até mesmo antigos

---

[886] BAKUNIN, M. *Confesión al Zar Nicolás I.* Barcelona: Editorial Labor, 1976. p. 69-70.

[887] VASCO, N. *Concepção anarquista do sindicalismo.* Porto: Afrontamento, 1984. p. 88.

internacionalistas, como foi o caso de Andrea Costa.[888] Por isso, o apelo à propaganda pelo fato significou também uma resposta à ideia de representação: propagar pelo fato não era uma mensagem ideológica, não foi a linguagem presa agindo no interior de uma representação cuja potência apaga a própria existência da linguagem. Era uma multiplicidade maciça de atos que apresentavam a fala bruta emersa da própria superfície das coisas: é o fato que fala, não sua representação. A propaganda pelo fato foi um gesto, quase sempre dramático, que procurou demonstrar que toda teoria política está sempre e efetivamente implicada numa prática social, que entre uma e outra existe uma relação constitutiva cuja inteligibilidade a representação tem por função eliminar.

Mas, de outro lado, foi por meio da propaganda pelo fato que uma série de ilegalismos passou a ser praticado sob uma nova linguagem política. Frequentemente mal compreendido, o ilegalismo anarquista foi quase sempre tratado como episódio marginal privado de qualquer significado político. Porém, esses atos ilegais, longe de terem sido o resultado do equívoco ou de encontrarem sua razão na existência de personagens mais ou menos lendárias, tiveram um papel fundamental no desenvolvimento do anarquismo: não é possível pensar o anarquismo sem a dimensão ilegalista, que vai além dos atos e práticas ilegais, mantendo com ele uma relação constitutiva. O ilegalismo se encontra inscrito no anarquismo desde que Proudhon lançou sua máxima, no século XIX, que escandalizou até os mais radicais. A declaração de que a propriedade é o roubo trazia em si seu duplo: o proprietário como ladrão. "A propriedade é o roubo... Que modificação no pensamento humano! *Proprietário* e *ladrão* sempre foram expressões contraditórias, tanto quanto os seres que designam são antipáticos; todas as línguas consagraram esta antilogia".[889] Assim, menos que uma valorização positiva do crime, como queriam os partidários de Fourier, Proudhon produz uma reversão do direito que colocou em evidência a propriedade como resultado da espoliação, procurando, como vimos, reintroduzir nas relações sociais a noção de força: se a posse é produto da força, do roubo, então, o direito de propriedade é o direito do mais forte, ou seja, é ainda o velho poder soberano atuando em silêncio

---

[888] Andrea Costa foi, ao lado de Carlo Cafiero e Errico Malatesta, um notório propagandista da Internacional na Itália, travando relação direta com Bakunin. Em 1879, após ter cumprido 14 meses de prisão, revê suas concepções e adere ao socialismo parlamentarista; essa passagem marca o nascimento da via legalitária e reformista do socialismo italiano. O mesmo sucederá a Francesco Saverio Merlino, em 1896.

[889] PROUDHON, 1997, p. 12.

sob a forma da lei, da moral e da religião. Reverter o direito significou, para Proudhon, denunciar esse fato falso e ilusório da autoridade política no qual o Estado, ao criar o direito, aceita limitar seu poder por meio das leis.

Em todo caso, a reversão do direito provocada por Proudhon marcará para sempre a constituição do anarquismo; ela foi incorporada na irredutível rejeição anarquista ao princípio da representação, seja na ordem do Estado, seja na ordem do Direito, na medida em que ambos provocam a elisão de si mesmo, da própria potência de agir: o primeiro por meio de uma ficção política a partir da qual o indivíduo suspende sua vontade e cessa de querer; o segundo por uma ficção jurídica a partir da qual o indivíduo faz da ordem a máxima e o conteúdo da sua vontade para querer apenas o que a lei quer. A anulação de si mesmo no indivíduo é o que faz do anarquista o inimigo do Estado e do Direito, duas instâncias que, como afirmou Nietzsche, faz todos, bons ou malvados, se perderem de si mesmos.[890]

Foi por essa razão que Kropotkin descreveu, em 1880, no jornal *Le Révolté*, sua polêmica definição da ação anarquista como sendo "a revolta permanente pela palavra, pelo escrito, pelo punhal, fuzil, dinamite", acrescentando: "tudo é bom para nós que não a legalidade".[891] E veremos mais tarde Luigi Fabbri, amigo e biógrafo de Malatesta, após assistir a Revolução Russa se instalar na velha ordem do Estado e do Direito, declarar como sendo a característica principal da ação revolucionária "o afastamento da legalidade, a ruptura do equilíbrio e da disciplina do Estado, a ação impune da rua contra a lei".[892] Fabbri não pergunta: qual é o fato revolucionário? Se é violento ou não? Qual é o tipo de violência que o recobre? Trata-se de um regicídio ou de uma greve violenta? Tudo isso importa pouco ou nada, na medida em que a violência "empregada contra quem manda por quem já não quer obedecer [...] é a revolução em ação".[893] O fato se torna revolucionário apenas e na medida em que rompe com a legalidade.

Existe mesmo, no anarquismo, uma estranha relação entre ilegalidade e afirmação de si. Foi assim que, na sua célebre definição da ação direta, Emma Goldman ressaltou esse aspecto contra a superstição política:

---

[890] NIEZTSCHE, F. *Assim falou Zaratustra*. Um livro para todos e para ninguém. 3. ed. Tradução: Mário da Silva. Rio de Janeiro: Civilização Brasileira, 1983. p. 66.

[891] *Apud* MAITRON, 1975, p. 78.

[892] FABBRI, L. *Dictadura y revolución*. Tradução: D. A. de Santillán. Buenos Aires: Editorial Proyección, 1967. p. 200.

[893] *Ibid.*, p. 202.

> O anarquismo defende a ação direta, o desafio aberto e a resistência à todas leis e restrições econômicas, sociais e morais. Mas desafio e resistência são ilegais. Aqui reside a salvação do homem. Tudo que é ilegal reclama integridade, autoconfiança e coragem. Em suma, exige espíritos livres e independentes, exige "homens que são homens" e que possuem ossos em suas costelas.[894]

Com efeito, os anarquistas rapidamente perceberam a potência ético-política das ilegalidades e procuraram conferir-lhe um desenvolvimento pleno; buscaram estimular um tipo de ilegalidade que não fosse apenas de natureza econômica, mas também, sobretudo, de natureza ética, política e social. O surgimento ruidoso dos chamados bandidos trágicos demonstra o quanto o ilegalismo anarquista do final do século XIX e começo do XX procurou reativar "a ação impune da rua contra a lei" num horizonte fora do direito e da moral: de Ravachol ao Bando Bonnot, vê-se surgir um tipo de "fora da lei por vigor instintivo, por dignidade, por originalidade [...], porque a honestidade é quadro demasiado estreito para suas vidas", afirmou Victor Kibaltchiche, conhecido ilegalista belga redator do jornal *L'anarchie* em Paris.[895] Não era possível situá-los entre a categoria dos bandidos comuns; pelo contrário, os bandidos trágicos desprezavam o mundo do crime; "liam e citavam Schopenhauer, frequentavam Nietzsche, Stirner, Le Dantec, Gustave Le Bon",[896] e, acima de tudo, faziam do ilegalismo um estilo de vida. No repertório de suas ações, Victor Méric menciona o roubo de frangos e morangos de uma mercearia para saciar a fome de algum faminto; mas também a falsificação de moedas, a recusa em pagar aluguel sob o grito do slogan proudhoniano "a propriedade é o roubo!":

> Poder-se-ia também contar a história de outro ilegalista que enfiou seu revólver no nariz de um oficial de justiça encarregado da penhora dos bens e ali o manteve até que seus camaradas terminassem a retirada de todos os móveis. [...] Houve um garoto anarquista de 16 anos, espécie de guri atraído para o ilegalismo, que chamava a si mesmo de o "terror dos merceeiros".[897]

---

[894] GOLDMAN, E. *Red Emma Speaks*. An Emma Goldman Reader. 3. ed. Nova Iorque: Open Road Integrated Media, 2011. p. 75.

[895] *Apud* THOMAZO, R. *Mort aux bourgeois!* Sur les traces de la bande à Bonnot. Paris: Larousse, 2007. p. 94.

[896] *Id.*

[897] MERIC, V. *Les bandits tragiques*. Paris: Simon Kra Éditeur, 1926. p. 106.

São anedotas que, em todo caso, indicam a atmosfera "fora da lei" na qual vivia toda uma camada da população, que o anarquismo soube atrair. Embora a violência produzida pela nudez desses confrontos tenha obscurecido a inteligibilidade implícita dos seus embates físicos, literalmente corpo a corpo, conduzindo a uma simples condenação moral: frutos do equívoco, destinados a uma existência efêmera, foram atos privados de conteúdo político, considerados produtos do sentimento confuso da revolta individual incompatível com as exigências da ação revolucionária. Em todo caso, pode-se imaginar o grande incômodo que essa prática do ilegalismo produziu. Como observou Foucault, durante todo o século XVIII e o XIX, aquilo que o capitalismo mais temeu, com ou sem razão, e desde 1789, 1848, 1870, foi o perigo iminente das sedições, das agitações, da terrível imagem de uma juventude pobre e arruinada descendo as ruas "com suas facas e fuzis prontas para ação direta e violenta".[898] Do mesmo modo como, até o final do século XIX, é bem visível que quase todas as insurreições populares foram feitas:

> [...] sob o impulso comum não apenas dos camponeses, dos pequenos artesãos e dos primeiros operários, mas também dessa categoria de elementos agitados, mal integrados à sociedade, que eram, por exemplo, os bandidos das grandes estradas, os contrabandistas..., em suma, todos esses que o sistema jurídico em vigor, que a lei do Estado tinha rejeitado.[899]

Dessa forma, uma das grandes preocupações da burguesia, até o final do século XX, consistiu precisamente em conjurar o desenvolvimento da dimensão ética e política dessas ilegalidades populares por meio da produção de outro tipo de ilegalidade que já não fosse politicamente perigosa: a chamada delinquência. A delinquência se tornará especialmente útil para a administração das colônias penais, no controle das redes de prostituição, dos tráficos de álcool, drogas e armas. Mas também, e sobretudo, ela foi politicamente útil ao fornecer delatores, denunciantes, espias, agentes provocadores, fura-greves e toda uma milícia extralegal que se engajou nos quadros do fascismo.[900]

Entretanto, se de um lado a burguesia tratou de conjurar o desenvolvimento da dimensão ética e política das ilegalidades populares pela

---

[898] FOUCAULT, 2001b, p. 1202.

[899] *Ibid.*, p. 1402.

[900] Cf. FOUCAULT, 2000a.

produção da delinquência, de outro, os anarquistas procuraram conferir a ela um pleno desenvolvimento, buscando reativar o afrontamento "da rua contra a lei", num horizonte fora do direito e da moral, e dentro do campo da política e dos jogos de força. Em todo caso, o que distingue a ilegalidade anarquista da delinquência é, sobretudo, o fato dela ser um ato finalizado em si mesmo sem pretensão de positividade ou cristalização; além disso, tratava-se de um meio de ação que deveria estar em conformidade com os fins do anarquismo.

Foi sob esse espírito que, segundo o historiador Pier Carlo Masini, Carlo Cafiero e Errico Malatesta, esse último contando com 21 anos, haviam declarado solenemente, durante o congresso da Internacional em Berna, entre os dias 26 e 29 outubro de 1874, que:

> [...] a Federação italiana acreditava que o *fato* insurrecional, destinado a afirmar com *ações* o princípio socialista, seja o meio de propaganda mais eficaz e o único que, sem enganar e corromper as massas, é capaz de penetrar profundamente nos estratos sociais e atrair as forças vivas da humanidade na luta que a Internacional sustenta.[901]

Lançavam, com isso, as justificativas da "propaganda pelo fato" como tática para a difusão "mais eficaz" dos princípios anarquistas.[902] Mas, segundo Jensen, foi Paulo Brousse, anarquista francês emigrado para Barcelona e em seguida para Berna, após a supressão da Comuna, que teria desenvolvido o conceito de outro modo.

> Brousse, aparentemente, foi a primeira pessoa a usar a frase "propaganda pelo fato", em um artigo publicado duas semanas após a ação guerrilheira italiana [o Bando do Matese], sugerindo que se tratava de uma tática que poderia ser empregada não somente por bandos de conspiradores, mas também por indivíduos.[903]

Seja como for, na primavera de 1877, os dois internacionalistas italianos, Cafiero e Malatesta, protagonizaram uma ação insurrecional que ficou conhecida como "Bando do Matese", nome da região italiana formada por um conjunto de montanhas cuja disposição constitui um quadrilátero com fronteiras entre as cidades de Caserta, Benevento e

---

[901] MASINI, 1974, p. 108. Grifos do autor.

[902] *Id.*

[903] JENSEN, 2004, p. 124.

Campobasso, cuja população era, na época, composta de camponeses pobres que sofriam com a arbitrariedade governamental e a repressão indiscriminada dos grupos marginais. A intenção do bando armando do Matese era percorrer as montanhas, alcançando pequenas cidades que seriam tomadas de assalto em uma ação insurrecional; porém, no seu desfecho, os insurrecionalistas acabam vencidos pelo terrível mal tempo das montanhas e pela falta de alimentos, sendo capturados pelas forças policiais. Sobre a iniciativa, Malatesta fez a seguinte descrição para o Boletim da Federação Jurassiana:

> Permanecemos no campo por seis dias e fizemos toda propaganda possível. Entramos em duas cidades [Gallo e Letino]; queimamos o arquivo municipal, os registros dos impostos e todos os documentos que encontramos; distribuímos entre o povo os fuzis da Guarda Nacional, os machados sequestrados aos camponeses no curso de vários anos por contravenção às leis florestais; e o pouco dinheiro que encontramos na caixa do cobrador de impostos de uma das duas cidades. Destruímos o contador dos moinhos e depois explicamos ao povo, que cheio de entusiasmo reunia-se na praça, os nossos princípios, que foram acolhidos com grande simpatia. [...] Agora estamos na prisão e já declaramos ao juiz instrutor que empunhamos armas para fazer a revolução.[904]

A propaganda do bando armado do Matese queria mostrar às populações miseráveis e descontentes as vias para sua própria emancipação; elas, por sua vez, aplaudiam a consumação pelas chamas do retrato do rei Vittorio Emanuele II, aos gritos de *Evviva l'Internazionale!* O Bando do Matese foi apenas o prelúdio desse novo método ao qual o congresso anarquista de Londres, realizado em julho de 1881, conferiu status de programa. O congresso reuniu os mais notórios expoentes do anarquismo, em um total de 40 congressistas oriundos de 56 federações e 46 seções ou grupos não federados da Europa e da América. A imprensa londrina noticiava a presença de uma multidão de estrangeiros andando pelas ruas da cidade "sujos e com os bolsos cheios de dinamite".[905] A principal deliberação do congresso foi a aprovação da propaganda pelo fato como método de luta:

---

[904] *Apud* BERTI, 2003, p. 74-75.
[905] MASINI, 1974, p. 205.

> [...] considerando que a AIT reconheceu necessário agregar à propaganda verbal e escrita a propaganda pelo fato; considerando, entre outros, que a época de uma Revolução não está distante; o congresso resolve que as organizações aderentes à AIT tenham em conta as seguintes proposições: [...] propagar, por atos, a ideia revolucionária [...]. Saindo do terreno legal [...], para portar nossa ação sobre o terreno da ilegalidade, que é a única via condizente com a revolução, é necessário recorrer a meios que estejam em conformidade com esse fim.[906]

> [...] recordando que o mais simples fato, dirigido contra as instituições atuais, fala melhor às massas do que milhares de impressos e rios de palavras.[907]

> [e que] as ciências técnicas e químicas, tendo já rendido serviços à causa revolucionária e sendo chamadas no futuro a lhe render ainda mais, o congresso recomenda às organizações e indivíduos membros da AIT, dar um grande peso ao estudo e às aplicações dessas ciências, como meio de defesa e ataque.[908]

Todo esforço de propaganda anarquista seguiria essa direção. Na França, o jornal *La Révolution sociale* inaugura sua seção de crônica para a fabricação de bombas com o título "Estudos científicos"; o mesmo sucede com *La Lutte* e *Le Drapeau noir*, em 1883, *La Varlope*, em 1885 e *La Lutte sociale*, em 1886. Maitron[909] menciona um grupo de anarquistas cuja ordem do dia de sua primeira reunião foi dedicada ao tema "Da confecção manual de bombas", ao mesmo tempo que difundiam alguns conselhos bastante práticos.

> Esperando o momento preciso: no verão, deve-se queimar ou explodir as igrejas, envenenar os legumes, as frutas e presenteá-los aos padres, agir do mesmo modo em relação aos proprietários. Que os serventes temperem a cozinha do burguês com veneno; que o camponês mate o guarda-florestal quando este passar portando seu fuzil, o mesmo pode-se fazer com o prefeito e os conselheiros municipais, porque eles representam o Estado. [...] um bom meio de causar um

---

906 *Cf.* MAITRON, 1975, p. 114.

907 *Cf.* BERTI, 2003, p. 95.

908 *Cf.* MAITRON, 1975, p. 114-115.

909 *Ibid.*, p. 206.

> fogo satisfatório é o de se munir de cinco ou seis ratos, os embebedar com petróleo ou essência mineral, atear fogo e os jogar no local que ser quer destruir. As bestas, enlouquecidas pela dor, imbricam-se, saltam e colocam fogo em vinte lugares ao mesmo tempo.[910]

Do mesmo modo, o jornal *Le Drapeau noir* reproduz o "Manifesto dos Niilistas franceses", no qual era preconizado o envenenamento dos patrões por estrato de chumbo, porções de carne infectada, cicuta etc. O manifesto acrescentava que "nestes três anos que a liga existe, centenas de famílias burguesas pagaram o tributo fatal, devoradas por um mal misterioso que a medicina era incapaz de definir e de conjurar".[911] Também o jornal *Le Révolté*, em 1882, reproduzia um cartaz dos "Justiceiros do povo", que aconselhava incendiar os imóveis dos proprietários identificados pelo seu egoísmo. E, em 1887, *L'Action révolutionnaire*, publicado em Nîmes, resumia sua tática da seguinte forma:

> [...] armemo-nos de todos os meios que nos dá a ciência; façamos desaparecer essa sociedade de instituições criminosas baseadas sobre o egoísmo desenfreado, *pilhemos*, *queimemos*, DESTRUAMOS. Coloquemo-nos ardorosamente à obra, que cada um de nós aja livremente segundo seu temperamento e seu ponto de vista, com o *fogo*, o *punhal*, o *veneno*, que cada golpe aplicado no corpo social burguês cause nele uma ferida profunda![912]

Finalmente, no ano seguinte, *L'Idée ouvrière*, publicado em Havre, aplaudia os cartazes revolucionários fixados naquela vila, nos quais se lia:

> Justiça ou morte, aos trabalhadores. Vocês, a quem se explora e a quem se rouba diariamente; vocês, que produzem toda riqueza social; vocês, que são a FRAQUEZA dessa vida de miséria e de embrutecimento, REVOLTEM-SE! Forçados do trabalho, *queimem* o cárcere industrial! Estrangulem o carcereiro! Abatam o policial que os aprisiona! Degolem o magistrado que os condena! Enforquem o proprietário que os joga na rua nos momentos de miséria! Forçados da caserna, passem a baioneta pelo corpo do seu superior! Verdugos do povo! Futuros mestres assassinos! Forçados de todas as ordens, sufoquem seu patrão! Retirem de suas

---

[910] *Ibid.*, p. 206-207.

[911] *Ibid.*, p. 207.

[912] *Ibid.*, p. 208. Grifos do autor.

> bainhas a lâmina liberadora! Pilhem! Incendeiem! Destruam! Aniquilem! Purifiquem! VIVA A REVOLTA! *Viva o incêndio, morte aos exploradores!*[913]

Dessa forma, o ilegalismo anarquista se tornou rapidamente uma prática bastante generalizada; sob o grito de "Viva a revolta! Viva o incêndio, morte aos exploradores!", se configurou rapidamente como uma nova e indispensável *tática* revolucionária. "A revolução – diziam os anarquistas – não será mais uma batalha livre no grande dia, mas uma guerra de partidários conduzida de modo oculto, por atos individuais".[914] Sob o mesmo espírito, nas páginas de *L'Associazione*, em 1889, é possível ler Malatesta defendendo a linha de conduta que deveria ser a dos anarquistas: "Propaganda com escritos, com palavras e com os fatos contra a propriedade, contra os governos, contra as religiões; suscitar o espírito de revolta em meio às massas".[915] Quanta coisa é possível fazer, dizia Malatesta, com apenas um pouco de criatividade e ímpeto. Por exemplo, basta um homem forte para roubar ao patrão o dinheiro em dia de pagamento e distribuí-lo entre os companheiros; ou então, quando um proprietário aparecer para despejar uma família de operários, que coisa é necessária para fazê-lo rolar escada abaixo? E para interceptar o executor de uma penhora, o cobrador de taxas? Para Malatesta, todas essas práticas eram bons *meios de guerra*.

> Em outros tempos praticamos o bando armado, que é igualmente uma empresa de guerra, [...] mas que exige forte organização funcionando com métodos autoritários; exige chefes especializados e prestigiosos. [...] Porque queremos uma revolução popular [...], é necessário adotar meios que estão à disposição de todos.[916]

A intenção dos anarquistas em todas essas ações era a de criar e reforçar um face a face entre o Estado e o indivíduo. Assim, esses atos deveriam fazer ressurgir o espectro daquela velha revolução que a ordem burguesa tinha tentado encobrir sem sucesso, e para isso o registro da ilegalidade popular foi largamente utilizado para inscrever as relações políticas no interior do próprio corpo social, porém, em termos de luta e enfrentamentos. Contudo, a partir dos anos 1890, a propaganda pelo fato se radicaliza, alcançando seu

---

[913]   *Ibid.*, p. 208-209. Grifos do autor.

[914]   *Id.*

[915]   MALATESTA, 1889a.

[916]   MALATESTA, E. La propaganda a fatti. *L'Associazione*, Nice-Marítima, ano I, n. 2, 16 out. 1889c.

ápice sob a forma do terrorismo anarquista que encontrará no atentado a bomba e no tiranicídio suas formas mais espetaculares de ação.

Era 9 de dezembro de 1893, quase 4 horas da tarde, quando uma explosão bramiu, ensurdecendo os presentes na Câmera dos Deputados de Paris, no Palácio Bourbon, o templo do sufrágio universal. Do Hôtel-Dieu, ainda ferido pela explosão, Auguste Vaillant se entrega, escrevendo ao tribunal um relato do seu atentado: tinha lançado uma bomba feita com uma marmita carregada de pregos e pólvora. O atentado não deixou mortos, mas disseminou o terror entre a classe política e provocou sua ira. Ao deixar de joelhos o símbolo da lei, o atentado de Vaillant serviu também como pretexto para a reativação da máquina repressiva que funcionara durante a repressão à Comuna de Paris. Em menos de uma semana e sem nenhuma discussão prévia, o Senado aprovou duas leis de exceção: em 12 de dezembro contra a liberdade de imprensa e em 18 de dezembro contra a liberdade de associação. Nas palavras de Lacour, presidente do Senado, era preciso "extirpar uma seita abominável em aberta guerra contra a sociedade, contra toda noção de moral, e que proclama ter por finalidade a destruição universal; por meios: o delito, o terror".[917] Vaillant foi levado a julgado em janeiro de 1894. Com uma voz suave e indiferença cortês, diz à corte:

> [...] entre os explorados, senhores, é possível distinguir duas categorias: uns não se dando conta nem daquilo que são nem daquilo que poderiam ser, se conformam com a vida como está, convencidos de que nasceram para serem escravos, felizes pela migalha que a eles se joga em troca do seu trabalho; mas existem os que pensam, estudam e observando em torno percebem flagrantes desigualdades sociais. [...] Atiram-se no combate de cabeça erguida, porta-vozes das reivindicações proletárias. Eu sou desses últimos, senhores jurados. [...] Os massacres não impedem massacres, é verdade; mas respondendo de baixo às agressões que vêm do alto não estamos em estado de legítima defesa? Sei o que diz a gente sobre isso: devia conter nas palavras a minha reivindicação. Mas o que querem? Para comover os surdos, para chamar a atenção daqueles que não querem ouvir a voz, é preciso o estampido de uma detonação. Desde muito tempo às nossas vozes se responde

---

[917] GALLEANI, L. *La propaganda col fatto*. Vaillant, Henry, Sante Caserio: gli attentati alla Camera dei Deputati, al Caffè Terminus e al Presidente della Repubblica, Carnot (cronache giudiziarie dell'anarchismo militante, 1893-1894). Guasila: T. Serra, 1994. p. 32.

> com cárcere, forca, metralha, e não vos iludam, a explosão da minha bomba não é o grito de um Vaillant solitário; é o grito de toda uma classe que reivindica os próprios direitos e que, após a palavra, virá a ação.[918]

Vaillant foi condenado a morrer na guilhotina. Desde o início do século, era a primeira vez que se condenava à morte alguém que não tinha cometido assassinado. No dia 18 de janeiro de 1894 sua pequena filha, Sidonie, enviou para a primeira-dama francesa, Sr.ª Carnot, uma carta suplicando pela vida do pai. Mas o presidente da república, Sadi Carnot, recusa clemência e Vaillant é guilhotinado em 5 de fevereiro de 1894, com 33 anos e aos gritos de "Viva a anarquia! Minha morte será vingada".[919]

Com efeito, a espiral de atentados estava apenas começando e logo atingirá o próprio vértice da pirâmide política, quando o jovem anarquista italiano de 20 anos, Sante Geronimo Caserio, fará vibrar a lâmina do seu punhal. Caserio trabalhava de padeiro em Sète, sul de Montpellier. Na manhã do dia 23 de junho de 1894, provoca sua demissão e recebe de seu patrão o pagamento de 20 francos. Pouco depois, compra um punhal pelo valor de 5 francos e dirige-se a Lyon. O pouco dinheiro que lhe resta não era suficiente para uma refeição e mais o gasto da viagem, assim, Caserio decide saciar a fome e fazer parte do trajeto a pé, de Vienne a Lyon, 27 quilômetros. Finalmente, alcança Lyon na noite de 24 de junho. A cidade estava em festa por ocasião da visita do presidente da república, Sadi Carnot, à Exposição Universal de Lyon. Caserio se coloca entre a multidão, portando no bolso o punhal envolvido por um jornal que havia comprado na estação. O presidente, que tinha dado ordem expressa para deixar a população se aproximar, estava ébrio de satisfação pela multidão entusiasta. Então, diz Caserio:

> [...] no momento em que os últimos cavaleiros da escolta passaram por mim, desabotoei a jaqueta, o punhal estava com cabo para cima no bolso direito. O agarrei com a mão esquerda e num único movimento desloquei os dois jovens

---

[918] *Ibid.*, p. 51-52.

[919] A duquesa de Uzès se oferece para adotar a pequena Sidonie, mas Vaillant recusa entregando-a ao anarquista Sebastién Faure, que a educará até a juventude. Quando adulta e após se casar, toda relação com Faure e os meios anarquistas foi rompida e feito segredo de sua filiação. A tumba de Vaillant, no cemitério de Ivry, foi local de grande peregrinação, chegando a desaparecer sob as flores de seus visitantes. Um poema, deixado entre as folhas de uma palmeira, dizia: "Porque fizeram beber a terra / Na hora do Sol nascente / Rosado, augusto e salutar / As santas gotas do teu sangue / Sob as folhas desta palma / Que te oferece o direito ultrajado / Dormes teu sono soberbo e calmo / Ò mártir!... Tu serás vingado" (cf. MAITRON, 1975, p. 235).

> à minha frente e num salto, colocando a mão sobre a janela da viatura, golpeei gritando: *Viva a Revolução!* A minha mão tocou a roupa do Presidente, a lâmina estava afundada até o cabo. [...] O Presidente me olhou, quando abandonei a viatura, gritei: *Viva a anarquia!* Certo que finalmente seria preso.[920]

Foi precisamente esse último gesto que causou sua prisão, porque até então se imaginava que o jornal, que envolvia o punhal, continha flores ou um pedido de súplica. O golpe perfurou em onze centímetros o fígado de Sadi Carnot, que morreu três horas depois. No dia seguinte, a viúva, Sr.ª Carnot, recebeu uma carta contendo uma foto do anarquista guilhotinado Ravachol, na qual se lia: "devidamente vingado". Durante o interrogatório, Caserio mostrou aos presentes que a guilhotina que decapitou Henry não tinha amedrontado nem silenciado os anarquistas que permaneciam em seus postos, na primeira fila e face a face com o inimigo:

> *Presidente* – És anarquista, cultivas ideias destruidoras da sociedade, és o inimigo de todos os chefes de Estado, seja o Estado uma autocracia ou república. *Caserio* – Sou tudo isso. *Presidente* – Aprovastes o ato de Henry com uma única reserva, que menciono nas tuas próprias palavras: "Seria melhor que ao invés de lançar sua bomba num café, a tivesse lançado no seio de qualquer gorda família burguesa. *Caserio* – É verdade. *Presidente* – [...] Não afirmastes também que se voltasses para a Itália atacarias o Rei e o Papa? *Caserio*, sorrindo – Ah, não de uma única vez. Não têm o hábito de saírem juntos. *Presidente* – [...] Não assassinastes somente o chefe da nação, mas o melhor dos maridos e um pai de família. *Caserio* – Pai de família? São milhares os abatidos pela miséria e pelo trabalho! Vaillant não era um pai de família? Não tinha uma companheira e uma criança? Henry não deixou uma mãe e um irmão? Tiveram piedade deles?[921]

Em 27 de julho de 1894, o Senado aprova a terceira lei de exceção contra o "delito de anarquismo". Duas semanas depois, a manhã do dia 16 de agosto de 1894, seria a última do jovem Caserio: segue o trajeto da prisão à guilhotina em um silêncio apenas quebrado pelo grito de "Viva a anarquia!". O atentado de Caserio foi o mais dramático, cometido no ápice da propaganda pelo fato, mas não foi seu epílogo. Na noite de 29

---

[920] *Apud* GALLEANI, 1994, p. 158.

[921] *Ibid.*, p. 158-159.

de agosto de 1900, o anarquista italiano Gaetano Bresci assassinava em Milão o rei Umberto I com três disparos no coração. Em seguida, em 06 de setembro de 1901, o anarquista Leon Czolgosz, filho de imigrantes poloneses, disparou, durante um comício em Buffalo, contra o presidente americano William Mc Kinley, que faleceu alguns dias depois.

A propaganda pelo fato produziu um tipo de personagem no anarquismo que apenas é possível de ser percebido a partir de uma história fragmentada de insurreições menores e dispersas, de uma história de resistências improváveis e espontâneas, resistências selvagens, solitárias, violentas, irreconciliáveis e intransigíveis. Essa personagem é o regicida ou, como denominou Masini, o tiranicida: personagem nada monótono que habitou as salas dos tribunais europeus no final do século XIX e reativou com grande ferocidade o velho mecanismo da guilhotina. Foi uma personagem portadora de uma infâmia obstinada: não há outro modo de falar sobre ela, de contar sua história, suas desventuras e heroísmos, que não seja por meio de uma narrativa de vidas perdidas, de gestos individuais esquecidos. Não há outro modo de se referir a essa personagem que não seja por fragmentos de fatos do passado, de passagens tão breves e tão exemplares que se é levado a acreditar que suas existências pertençam menos à vida real do que à ficção literária. Foucault, ao escrever *A vida dos homens infames*, um escrito curto e intenso sobre histórias que queimam e inquietam, afirmou que não resta absolutamente nada de personagens como essas fora do seu impacto com o poder, fora desse momento mesmo em que foram reduzidas a cinzas. Esses homens tão só existem por palavras terríveis, destinadas a lhes tornar indignos, para sempre, na memória do tempo. O anarcoterrorista é o infame da anarquia.

2. Ravacholizar

O terrorismo também produziu uma tendência, nova e inquietante, no interior do anarquismo. Jean Maitron mostrou como a execução do anarcoterrorista Ravachol deu nascimento ao verbo *ravacholizar*, que tinha o mesmo significado de assassinar, suprimir os inimigos. Algumas canções foram escritas para expressar esse gesto, entre elas *La Ravachole*, cantada no ritmo da *Carmagnole* e da *Ça Ira*, que dizia no seu refrão: "Dancemos a Ravachola / Viva o som, viva o som / Dancemos a Ravachola / Viva o som / da explosão!"[922] Muitos elogios foram feitos a Ravachol, por exemplo, Élisée Reclus tinha declarado que conhecera "poucos homens que o superassem em generosidade". Mas também não faltou quem o elevasse a um patamar ainda mais elevado, como um salvador.

> Museux, no *L'Art social*, imagina Paris festejando o centenário do mártir em 1992; um terceiro, Paul Adam, vê em Ravachol "o renovador do sacrifício essencial" e proclama: "Ravachol se tornou o propagador da grande ideia das religiões antigas, que preconizaram a busca pela morte individual pelo Bem do mundo; a abnegação de si, de sua vida, e de sua reputação para a exaltação dos pobres, dos humildes. Ele é definitivamente o renovador do Sacrifício essencial. A morte legal de Ravachol abrirá uma era"; Victor Barrucand, enfim, no *L'En Dehors*, traça um paralelo entre a vida de Cristo e a do dinamitador [dizendo que] "não faltariam coincidências curiosas: a idade de trinta e três anos com a qual ambos morreram".[923]

Mas foi com Émile Henry que a tendência do ravacholismo ganhou efetivamente o status de programa e uma lógica autônoma. Ao declarar ao júri, em 1894, porque tinha atirado a esmo, Henry dizia que seu alvo não eram somente os burgueses:

> [...] mas todos os que se sentem satisfeitos com a ordem atual, que aplaudem os atos do governo e que se tornam seus cúmplices, esses assalariados por 300 ou 500 francos ao mês que odeiam o povo mais do que os grandes burgueses, essa massa estúpida pretensiosa que se coloca sempre do lado do mais forte, clientela habitual do "Terminus" e de outros grandes cafés.[924]

Com essa lógica, Henry parece ter provocado um deslocamento que levou da tática do tiranicídio, que tinha alvos bastantes precisos: chefes de Estado, autoridades políticas, policiais, proprietários, membros da Igreja etc., para o atentado generalizado cujo alvo era a burguesia entendida como classe ou como totalidade. Assim, o chamado ravacholismo consistiu nesse deslocamento, e foi isso que provocou a crítica de alguns anarquistas, entre eles Malatesta, que, durante uma declaração feita em julho de 1920, dizia:

---

[922] "Dansons la Ravachole / Vive le son, vive le son / Dansons la Ravachole / Vive le son / de l'explosion!"

[923] MAITRON, 1975, p. 233.

[924] *Apud* MAITRON, 1981, p. 90.

> [...] há cerca de 25 ou 30 anos atrás, nas proximidades de Paris, depois de um conflito entre alguns jovens e agentes da polícia, alguns foram presos e maltratados de modo brutal. Os encarcerados, frente à indiferença com a qual o público tomou conhecimento desses fatos, conceberam esta ideia: que as responsabilidades dos danos sociais são dos capitalistas e dos trabalhadores, dos ricos e dos pobres, e que, portanto, é necessário punir todos. [...] Constitui-se aquele movimento terrorista que é conhecido pelo nome de ravacholismo e, naquela circunstância, eu e o meu velho amigo advogado Merlino, fizemos uma campanha contra essa tendência; com discursos, conferências e a imprensa, colocando-nos em atrito com muita gente e expondo-nos a perigos pessoais, conseguimos bloquear essa tendência. É talvez uma das mais belas memórias da minha vida o ter contribuído para a destruição do ravacholismo.[925]

A expressão "mais bela memória da minha vida", usada para se referir ao combate travado contra o ravacholismo, sugere a gravidade do problema. É certo que, desde 1889, Malatesta já colocava a necessidade para os anarquistas discutirem a questão do ilegalismo, de um lado, fora dos prejuízos burgueses e, de outro, subtraindo-o ao entusiasmo e ao exagero, subtraindo-o ao que ele chamou de "ingênua mania de querer a todo custo ser ou parecer mais radical do que os outros".[926] Desse modo, em relação à prática do furto, dizia que:

> [...] uns, em nome do ideal, tendo em vista a sociedade futura, condenam pura e simplesmente o furto, como se fossem procuradores do rei, ou o desculpam como se fossem filantropos caridosos; os outros olham a sociedade atual e, em nome do direito de guerra, o exaltam, o elevam a princípio, gostariam de torná-lo quase um dever de todo bom anarquista e chegam mesmo ao extremo de dizer que todo ladrão é anárquico.[927]

De sua parte, Malatesta afirmava o furto não como ato antissocial, como definiam os códigos, mas a partir da sua utilidade como meio de luta, e considerando o tipo de ação moral que ele exerce sobre quem o pratica. Dizia que não era possível considerar o furto "delito, porque não é – e não é até quando, de atentado contra a propriedade e contra o

---

[925]   MALATESTA, 1975[238], p. 314.

[926]   MALATESTA, E. Il furto. *L'Associazione*, Londres, ano I, n. 5, 07 dez. 1889h.

[927]   *Id.*

privilégio, se transforme em atentado contra a humanidade e contra a solidariedade".[928] Insistia ser preciso considerar que "é pelas ações que se distinguem os amigos e os inimigos; não pelos nomes que a cada um agrada usar".[929] Consequentemente, em relação ao furto, "os conservadores podem se afastar, os espíritos timoratos podem se escandalizar, os moralistas oficiais gritar o fim do mundo, os policiais se irritarem o quanto quiserem. Tudo é inútil: o respeito pela propriedade se foi".[930] Mais tarde, encontrando-se em Londres, Malatesta escreve, em 29 de abril de 1892, uma longa carta destinada a Luisia Pezzi, na qual expõe de maneira clara o seu posicionamento em relação ao anarcoterrorismo. Sobre Ravachol afirma ter sido ele um homem sincero, mas que se deixou levar por um falso raciocínio, até o limite de assassinar, de modo feroz, um velho impotente e inofensivo.[931]

> Mas não é contra Ravachol que sentimos necessidade de protestar; é pela defesa que alguns de seus amigos fazem dele. Um diz que Ravachol fez bem em assassinar o velho porque era um ser inútil à sociedade; outro diz que não vale a pena discutir por um velho a quem restavam poucos anos de vida, e assim por diante. Significa que esses anarquistas, que não querem juízes, não querem tribunais, tornam-se eles mesmos juízes e algozes, e condenam à morte e *executam* quem eles julgam *inúteis*. Nenhum governo jamais foi tão sincero![932]

Mesmo no atentado de Ravachol, Malatesta viu o mesmo desprezo pela vida e a indiferença pelo sofrimento alheio; foi realizado de tal modo que, para eliminar um mero procurador, se arriscou assassinar 50 inocentes. Dir-se-ia que são consequências lamentáveis de um estado de guerra; contudo, Malatesta recusa essa tendência que declara nos empregados seres "piores que os patrões e por isso é preciso matar todos"; nos "operários, porque são vis e por isso também é preciso matá-los", ou ainda, que considera as crianças como "sementes burguesas", concluindo-se pela necessidade de matá-las. Essa lógica indica que os anarquistas perderam o uso ético do ilegalismo, deixando-se levar pela agitação provocada pela

---

[928] MALATESTA, E. Ancora del furto. *L'Associazione*, Londres, ano I, n. 6, 21 dez. 1889i.

[929] *Id.*

[930] *Id.*

[931] Trata-se do caso do velho ermitão de Notre-Dame-de-Grâce que Ravachol assassinou por sufocamento, em sua cama, para lhe roubar (cf. MAITRON, 1981, p. 54).

[932] . MALATESTA, 1984[1], p. 66. Grifos do autor.

sua violência. E a violência, por sua vez, produziu sua própria lógica. A propaganda pelo fato, que, em um primeiro momento, emergiu contra a representação, passou a produzir essa espécie de linguagem soberana que, eliminando a fala das coisas, fez nascer uma figura obscura e dominadora por meio da qual atuou a morte.

> Tudo isso quer dizer que sucede a muitos anarquistas aquilo que sucede aos soldados, aos homens de guerra, que embriagados pela luta, tornam-se ferozes e esquecem até mesmo os fins pelos quais se luta, acabam por querer o sangue pelo sangue. Não é mais o amor pela humanidade que os guia, mas o sentimento de vingança unido ao culto de uma ideia abstrata, de um fantasma teórico.[933]

Malatesta percebeu o ravacholismo introduzir na tática do terrorismo uma espécie de corte entre o que deve morrer e o que deve viver, deslocando o alvo: não é mais um adversário político específico na figura de um chefe ou autoridade que se buscará abater; o alvo ganhou uma extensão bem mais ampla que via na burguesia a classe, quase diria a *raça*, a ser eliminada. Foi esse tipo de gesto que Foucault chamou de "extrapolação biológica do tema do inimigo político".[934] Quando perguntado se desprezava a vida humana, Henry respondeu "não, a vida dos burgueses".[935] Não teria sido nesse momento que o elemento do racismo teria penetrado o anarquismo pelo terrorismo, como razão para matar o adversário? Não teria sido esse o momento em que o terrorismo anarquista passou de tática que buscava a eliminação econômica e a destruição dos privilégios dos inimigos, ainda que provocando uma ocasional perda de vidas, para uma estratégia de eliminação física? Não teria, nesse momento, se liberado o caminho para o racismo?

Seja como for, Malatesta atacou esse deslocamento de forma obstinada; percebeu rapidamente como esse modo de interpretar a violência anarquista tinha se tornado:

> [...] uma fonte de erros e de acontecimentos gravíssimos [...]. Desgraçadamente existe nos homens uma tendência a tomar o meio pelo fim; e a violência, que para nós é e deve permanecer uma dura necessidade, foi tornada para muitos quase como o objetivo final da luta. A história é plena de

---

[933] *Ibid.*, p. 66.

[934] FOUCAULT, 1999a, p. 308.

[935] cf. MAITRON, 1981, p. 72.

exemplos de homens que, tendo começado a lutar para uma finalidade elevada, perderam em seguida, no calor do combate, todo controle sobre si mesmos, deixaram escapar os objetivos e se tornaram ferozes exterminadores. E, como demonstram os fatos recentes, muitos anarquistas não escaparam desse terrível perigo da luta violenta. Irritados pelas perseguições, ensandecidos pelos exemplos de ferocidade cega que a burguesia fornece diariamente, substituíram o espírito de amor pelo espírito de vingança e ódio. E ao ódio e à vingança eles, tal como os burgueses, chamaram justiça. Em seguida, para justificar esses atos, [...] alguns começaram a formular as mais estranhas, as mais fantásticas, as mais autoritárias teorias; e não enxergando a contradição, as apresentaram como um novíssimo progresso da ideia anárquica.[936]

Na prática da violência, alguns anarquistas pretenderam tornar-se "distribuidores de graça e justiça", sem perceber, entretanto, que se tivessem "o direito de condenar, em nome da ideia que [fazem] da justiça, o mesmo direito teria o governo em nome da sua justiça".[937] Com isso, na medida em que cada um acredita possuir a razão, é natural que "os mais fortes fossem, como o são hoje, governo".[938] Contudo, insistia que o anarquista deve ser um liberador, não um justiceiro, e a dinamite é uma arma de luta que, como qualquer outra, pode ser usada para o bem ou para o mal, para liberar da opressão ou para aterrorizar e oprimir os fracos. Devendo ser usada, por isso, sem jamais se perder de vista os fins e nem as proporções entre meios e fins. Compreende-se, diz Malatesta, que se possa arriscar matar inocentes para realizar um ato resolutivo, do tipo explodir um parlamento ou matar um Czar; mas é um risco que, para não ser criminoso, deve resultar unicamente da imperícia do cálculo, e não da indiferença pela vida.

Alguns meses depois, o jornal anarquista francês *L'En-Dehors* publicava, em 17 de agosto de 1892, um artigo de Malatesta intitulado "Um pouco de teoria", no qual o italiano esboçava uma das mais valiosas contribuições ao pensamento anarquista: a correlação entre meios e fins. Iniciava com uma constatação: um sopro de revolta está por toda parte, seja essa revolta a expressão de uma ideia ou o resultado de uma

---

[936] MALATESTA, 1982[2], p. 69-70.

[937] MALATESTA, 1984[1], p. 66.

[938] *Id.*

necessidade, ou ainda a imbricação de ideias e necessidades, ela se lança contra as causas que a provocaram ou atingem apenas seus efeitos, ela é consciente ou instintiva, clemente ou impiedosa, generosa ou altruísta. Seja como for, essa revolta se alastra e se estende a cada dia. Por isso, antes de lamentar as vias e as escolhas pelas quais ela se apresenta, e para evitar converter-se em espectador indiferente e passivo em relação aos fatos, é necessário "um critério que nos sirva de guia na apreciação dos fatos que se produzem, sobretudo para saber escolher o lugar que devemos ocupar na batalha".[939] Para isso, diz Malatesta, cada fim requer o seu meio.

> Estabelecido o propósito que se quer alcançar, por vontade ou necessidade, o grande problema da vida está em encontrar o meio que, segundo as circunstâncias, conduz com maior segurança e mais eficácia, ao propósito pré-estabelecido. Da maneira como é resolvido esse problema, depende, tanto quanto pode depender da vontade humana, que um homem ou um partido alcance ou não sua finalidade, que seja útil a sua causa ou que sirva, involuntariamente, à causa inimiga.[940]

É preciso sempre encontrar o *bom meio*. Qual seria para os anarquistas? Os anarquistas querem a liberdade e o bem-estar de todos, sem exceção, ao mesmo tempo que estão convencidos de que essa liberdade e bem-estar não podem ser dados por nenhum homem ou partido, mas que cabe a cada um descobrir as condições de conquistá-los. Os anarquistas também pensam que somente o princípio de solidariedade é capaz de destruir a luta, a opressão e a exploração, mas se trata de uma solidariedade imanente ao livre acordo e resultante da vontade. O bem e o mal para os anarquistas têm apenas validade quando considerados nessa direção.

> Segundo os anarquistas, tudo o que está voltado para destruir a opressão econômica e política, tudo o que serve para elevar o nível moral e intelectual dos homens, para dar a eles a consciência dos próprios direitos e das próprias forças e de persuadi-los a perseguir os próprios interesses, tudo o que provoca o ódio contra a opressão e suscita o amor entre os homens, nos aproxima de nossa finalidade e, portanto, é bom – sujeito apenas a um cálculo quantitativo para obter com determinada força o máximo de efeito útil. E, inversamente, é mau, porque em contradição com nossa

---

[939] MALATESTA, 1982[1], p. 56.

[940] *Id.*

> finalidade, tudo o que tende a conservar o estado atual, tudo o que tende a sacrificar, contra sua própria vontade, um homem para o triunfo de um princípio.[941]

Bom e mau não indicam nada de positivo ou negativo nas coisas consideradas em si mesmas, são somente noções formadas para comparar as coisas entre si, de modo que, se os anarquistas querem o triunfo da liberdade e da solidariedade, não significa que devam renunciar aos meios violentos. Se, de um lado, eles desejam não fazer versar lágrimas, de outro, é forçoso lutar no mundo como ele é, ou, do contrário, tornar-se-iam estéreis sonhadores. "Virá o dia, cremos firmemente, no qual será possível fazer o bem dos homens sem fazer mal nem a si nem aos outros; mas hoje isso é impossível".[942] Por essa razão, é preciso, em todos os atos da vida, escolher o mínimo mal possível para uma maior soma de bem. Coisa difícil, uma vez que, para defender o atual estado de coisas existem organizações militares e policiais que respondem com prisão, guilhotina e massacres a qualquer tentativa de mudança, tornando impossível a existência de vias pacíficas ou legais para sair dessa situação. "Contra a força física que bloqueia o caminho, para vencer, não existe mais do que o apelo à força física, não existe mais do que a revolução violenta".[943] Dessa forma, é bem compreensível que existam indivíduos que:

> [...] desde sempre tratados pelos burgueses com a mais repugnante brutalidade, e tendo sempre visto que tudo era permitido aos mais fortes, um belo dia, tornados por um instante como mais fortes, digam para si mesmos: "Façamos, também nós, como os burgueses". Compreendemos como possa acontecer que, na febre da batalha, naturezas originariamente generosas, porém não preparadas por uma longa ginástica moral, muito difícil nas condições presentes, percam de vista a finalidade pretendida e tomem a violência como um fim em si mesmo, deixando-se arrastar por atos selvagens.[944]

Contudo, diz Malatesta, compreender não é aceitar; tampouco lhes reivindicar ou prestar solidariedade, visto que tais atos não podem ser encorajados ou imitados. "Devemos ser resolutos e enérgicos, mas devemos igualmente esforçar-nos em jamais ultrapassar o limite assinalado

---

[941] *Ibid.*, p. 57.

[942] *Id.*

[943] *Ibid.*, p. 58.

[944] *Ibid.*, p. 59.

pela necessidade. Devemos fazer como o cirurgião, que corta quando precisa cortar, mas evita provocar sofrimentos inúteis".[945] Na percepção do italiano, o grande problema que se apresentava para os anarquistas era o da violência, pelo fato de:

> [...] muitos revolucionários, no fervor da luta, irritados pelas infâmias sanguinárias dos governantes, no uso dos meios necessários à luta, ou na predicação do seu uso, perderam a visão clara do objetivo pelo qual combatem; e, ao contrário de se comportarem como revolucionários conscientes, comportaram-se como violentos.[946]

Em todo caso, como estabelecer "o limite assinalado pela necessidade"? Berti afirma que Malatesta não resolve o problema, permanecendo preso a uma espécie de circularidade que afirma "o uso aberrante da violência justificado pela realização de uma sociedade sem violência".[947] A meu ver, ao contrário, penso que Malatesta foi capaz de responder à questão do limite da violência com sua radical rejeição do terror: a violência ultrapassará sempre o limite assinalado pela necessidade quando, precisamente, se tornar terror. E aquilo que no terror constitui o efeito de ultrapassagem, está na necessária racionalização que ele provoca na violência. Portanto, é o princípio do terror, e sua racionalização da violência, que é preciso evitar. Ao escrever para o jornal londrino *The Torch*, em abril de 1895, um artigo em inglês intitulado "Violência como fator social", Malatesta dizia que a excitação causada pelas recentes explosões e a admiração pela coragem com a qual os autores dos atentados encaravam a morte, fez muitos anarquistas entrarem em uma rota de negação das ideias e dos sentimentos do anarquismo. Diziam que as massas são brutalizadas e é preciso impor-lhes as ideias anarquistas pela violência; que as massas, permitindo a opressão, deveriam também sofrer vingança; e quanto mais trabalhadores forem mortos, menos escravos se terá. "Tais são as ideias correntes em certos círculos anarquistas. Uma revista anarquista, durante uma controvérsia sobre as diferentes tendências do movimento, replicava a um camarada com um argumento incontestável: 'temos bombas também para você'".[948] Malatesta foi capaz de discernir

---

[945] *Id.*

[946] MALATESTA, 1975[213], p. 192.

[947] BERTI, 2004, p. 200.

[948] MALATESTA, E. Violence as a Social Factor (1895). *In:* GRAHAM, R. (org.). *Anarchism. A Documentary History of Libertarian Ideas. Vol. 1: From Anarchy to Anarchismo (300CE to 1939)*. Montreal: Black Rose Books, 2005b. p. 161.

"o perigo, existente para todos, de ser corrompido pelo uso da violência e pelo desprezo pelas massas populares, e de se tornar um fanático e cruel perseguidor".[949] Segundo Levy, não somente "Émile Henry, mas muitos adeptos de Ravachol viveram em Londres na década de 1890";[950] mesma época em que Malatesta criticava a violência irrefletida de William Morris. E anos mais tarde, por ocasião da revolução russa, Malatesta voltará a sustentar que:

> [...] ainda existem muitos que são fascinados pela ideia do "terror". Parece-lhes que guilhotina, fuzilações, massacres, deportações, prisão ("forca e prisão", dizia-me recentemente um comunista dos mais notórios) sejam armas potentes e indispensáveis da revolução, sustentando que, se muitas revoluções não tiveram sucesso ou não deram o resultado que se esperava, foi em razão da bondade, da "fraqueza" dos revolucionários, que não perseguiram, reprimiram, assassinaram suficientemente. É um prejuízo corrente em certos ambientes revolucionários que tem origem na retórica e na falsificação histórica dos apologistas da Grande Revolução Francesa, e que foi revigorado nesses últimos anos pela propaganda dos bolcheviques. Mas a verdade é exatamente o oposto; o terror sempre foi instrumento da tirania.[951]

Nesse sentido, está claro, aquilo que se deve evitar e combater tanto quanto possível é o sistema do terror, porque faz perder os limites assinalados pela necessidade e, mesmo quando utilizado como tática revolucionária, desperta os piores sentimentos bélicos, cobertos apenas superficialmente por um verniz de civilização, valorizando os piores indivíduos saídos da população. Portanto, o terror:

> [...] em vez de servir para defender a revolução, serve para desacreditá-la, para torná-la odiosa às massas e, depois de um período de lutas ferozes, coloca necessariamente como prioridade aquilo que hoje se chama "normalização", ou seja, a legalização e a perpetuação da tirania. Vença uma ou outra parte, chega-se sempre à constituição de um governo forte, que assegura a uns a paz às custas da liberdade e aos outros o domínio sem muitos perigos.[952]

---

[949] *Id.*

[950] LEVY, C. Malatesta in London: the era of dynamite. *In:* SPONZA, L.; TOSI, A. *A century of italian emigration to Britain 1880-1980s, five essays.* Cambridge: Suplement to the italianist number thirtenn, 1993. p. 30.

[951] MALATESTA, 1975[283], p. 122.

[952] *Ibid.*, 1975[283], p. 122.

Mesmo que fosse possível supor "anarcoterroristas (os poucos que existem) rejeitando o terror organizado", ou seja, preferindo ver a massa provocar diretamente a morte de seus inimigos; mesmo assim, isso só pioraria ainda mais o problema:

> O terror pode agradar os fanáticos, mas convém sobretudo aos verdadeiros cruéis ávidos por dinheiro e sangue. E não é preciso idealizar a massa e imaginá-la inteiramente composta de homens simples passíveis de cometer excessos, mas sempre animados de boas intenções. Os esbirros e os fascistas servem os burgueses, mas saem do seio da massa.[953]

A compreensão de Malatesta do terror como lógica, isto é, como princípio cuja força atua dirigindo a ação violenta para além dos limites da necessidade, fica ainda mais evidente quando coloca lado a lado terroristas e tolstoianos para perceber como, embora com lógicas diferentes, alcançam as mesmas consequências práticas.

> Os primeiros não hesitariam destruir meia humanidade para o triunfo de uma ideia; os segundos deixariam que toda a humanidade permanecesse sob o peso dos maiores sofrimentos para não violar um princípio. Quanto a mim, eu violaria todos os princípios do mundo para salvar um homem: o que seria, no fundo, respeitar o princípio, já que para mim todos os princípios morais e sociológicos se reduzem unicamente a isto: o bem dos homens, de todos os homens.[954]

Conclusão, para Malatesta, a atitude que os anarquistas deveriam sustentar, não somente frente à prática da violência, mas diante da vida em geral, era simplesmente a de "agir sempre como anarquista, mesmo sob o risco de sermos vencidos, renunciando, assim, a uma vitória que poderia ser pessoal, mas que seria a derrota de nossas ideias".[955] E mais particularmente, a atitude que os anarquistas deveriam sustentar diante da violência, deveria ser a seguinte: "se para vencer fosse preciso levantar a forca nas praças, eu preferirei perder".[956]

---

[953] *Ibid.*, 1975[283], p. 123.

[954] *Ibid.*, 1982[2], p. 69-70.

[955] *Ibid.*, 1975[376], p. 393.

[956] *Ibid.*, 1975[283], p. 123.

3. A maré repressiva

A intensa onda de atentados que sacudiu a Europa durante toda a década de 1890 provocou um enorme esforço orquestrado de repressão ao anarquismo sem precedentes, tanto no plano nacional quanto internacional. Porter mostrou como a ideia de uma polícia política repugnava o liberalismo inglês da primeira metade do século XIX, que percebia na produção de leis e de agências destinadas a reprimir a subversão um efeito verdadeiramente contraproducente.

> Provoca desgosto nas pessoas e, consequentemente, rebelião. Elas não seriam incomodadas – não teriam nada com que se aborrecer – se fossem (como os vitorianos costumavam colocar) "livres". Essa era a resposta para o problema da subversão, que não era um problema genuíno na visão dos meios vitorianos. Sistema e sociedade política eram mais bem defendidos – paradoxalmente – não havendo nenhuma defesa.[957]

A melhor maneira de desacreditar movimentos de liberação, diziam os vitorianos, é a de persuadir as pessoas de que elas são verdadeiramente livres, e a ausência de uma divisão Britânica de uma Polícia Política era um meio excelente para se vangloriar disso e, também, "um meio efetivamente legítimo e eficiente de 'controle social' [...]. O jornal *Daily News*, em 1858, chamava a polícia política de 'sistema repugnante para a verdadeira sensibilidade, sentimento e princípios de vida dos ingleses'".[958] Contudo, as agitações revolucionárias do movimento Feniano irlandês e os atentados anarquistas rapidamente convenceriam os ingleses do contrário. Em 1878, o anarquista August Reinsdorf atentou contra a vida do Kaiser alemão Wilhelm; por sua vez, o rei da Espanha sofre atentados em 1878 e 1879, e o rei da Itália em 1878. Em março de 1881, o Czar russo, Alexander II, é assassinado. Portanto, eram tempos de apreensão. Nesse mesmo ano, o anarquista Johann Most, responsável pelo jornal *Freiheit*, publicado em Londres, escreve um panfleto sedicioso aplaudindo o assassinado do Czar. A polícia inglesa abre o que foi chamado de "caso *Freiheit*", particularmente pressionada pelo ministro de Bismarck em Londres, Count Münster. E com isso surge, em março de 1881, o CID, Criminal Investigation Depar-

---

[957] PORTER, B. *The Origins of the Vigilant State*. The London Metropolitan Police Special Branch before the First World War. Londres: The Boydell Press, 1987. p. 3.

[958] *Ibid.*, p. 4.

tament of the Metropolitan Police, embrião do que seria, mais tarde, o Special Branch, a divisão especial, da polícia política da Scotland Yard.[959]

Além disso, conforme mencionou Masini, o ministro do interior Giuseppe Zanardelli, que chegou a ser acusado pelos conservadores por sua política demasiado "liberal" em relação ao socialismo, ao se referir aos anarquistas, no seu discurso em novembro de 1878, felicitava-se pelo fato de os internacionalistas não terem se difundido na Itália como em outros países, mas que, mesmo assim, era:

> [...] indubitável a necessidade de segui-los de olhos atentos e com a mão firme, visto que a Internacional difunde ensinamentos que são a negação do direito e da moral, e excita continuamente ao delito [...]. Nesse propósito, posso assegurar que o dever de preservar a Itália de seus impulsos é uma das mais assíduas e perseverantes tarefas do meu mandato.[960]

Contudo, o sinal de alerta ganharia intensidade extrema quando, após a morte da Imperatriz Elisabeth da Áustria, assassinada em Genebra, em setembro de 1898, pelo anarquista Luigi Lucheni,[961] e do presidente americano McKinley, em 1901, os jornais alemães noticiam "que 'a sociedade... dança sobre um vulcão' e que 'um número verdadeiramente insignificante de fanáticos sem escrúpulos aterroriza toda a raça humana... O perigo para todos os países é enorme e urgente'".[962] Alguns anos mais tarde, após uma década de atentados e assassinatos, o presidente "Theodore Roosevelt declara que 'quando comparada com a supressão da anarquia, toda outra questão parece insignificante'".[963]

Nesse mesmo contexto, ainda em setembro de 1898, o primeiro-ministro italiano Luigi Pelloux comunicava ao ministro da justiça informações "sobre um vasto complô para atentar contra a vida de todos os chefes de Estado, em particular o Rei da Itália", e recomendava a necessidade de "combater mais energeticamente as associações contrárias à ordem do Estado".[964] Foi com esse intuito que o governo italiano, sob iniciativa do

---

[959] *Ibid.*, p. 42.

[960] *Apud cf.* MASINI, 1974, p. 154.

[961] Para maiores detalhes, ver LOPES, E. Lucheni um terrorista anarquista. *Verve,* São Paulo, n. 12, p. 300-306, out. 2007.

[962] *Apud* JENSEN, 2004, p. 117.

[963] *Id.*

[964] MANTOVANI, A. *Errico Malatesta e la crise di fine secolo.* Dal processo di Ancona al regicidio. 1988. Tese (Doutorado em Filosofia) – Università degli Studi di Milano, Facoltà di Lettere e Filosofia, Milão,1988. p. 116.

ministro do exterior Napoleno Canevaro, convidou outros países europeus a participarem de uma conferência antianarquista, promovida para tentar assegurar um sistema repressivo em escala internacional. Até a metade do mês de outubro a maior parte dos países da Europa tinha confirmado a participação. A abertura da Conferência Internacional pela defesa Social contra os Anarquistas, mais conhecida como Conferência Antianarquista, se deu no dia 24 de novembro de 1898, com a presença de 54 delegações representando 21 nações: Alemanha, Império Austro-Húngaro, Bélgica, Bulgária, Dinamarca, Espanha, França, Inglaterra, Grécia, Itália, Luxemburgo, Mônaco, Monte Negro, Países Baixos, Portugal, Romênia, Rússia, Sérvia, Suécia, Noruega, Suíça e Turquia. "Foram também convidados os chefes de polícia nacional da Rússia, França, Bélgica, e os chefes de polícia municipal de Berlim, Viena e Estocolmo".[965] A pauta da conferência foi organizada em cinco itens:

> 1º - Estabelecer os dados que de fato caracterizem o ato anárquico, seja no que concerne ao indivíduo, seja no que concerne à sua obra; 2º - Sugerir, em matéria de legislação e de polícia, os meios mais adequados para reprimir a obra e a propaganda anárquica, sempre respeitando, bem entendido, a autonomia legislativa e administrativa de cada Estado; 3º - Consagrar o princípio que todo ato anárquico, tendo os caracteres jurídicos de um delito, deve, como tal, e quaisquer que sejam os motivos e a forma, ser enquadrado nos efeitos úteis dos tratados de extradição; 4º - Consagrar o duplo princípio de que cada Estado tem o direito e o dever de expulsar os anarquistas estrangeiros, encaminhando-os, observadas as regras uniformes, à vigilância e eventualmente à justiça do Estado a que pertencem; 5º - Estipular, por engajamento mútuo, a defesa de toda circulação de impressos anarquistas, bem como de toda publicidade apta, com ou sem intenção, a favorecer a propaganda anárquica.[966]

Jensen viu na conferência antianarquista o acontecimento fundamental que coroou 25 anos de campanhas antianarquistas, conduzidas, em maior ou menor grau, por todos os regimes políticos da Europa.

> No período anterior à Grande Guerra, os governos europeus, inicialmente em um plano nacional mas depois internacio-

---

[965] *Ibid.*, p. 123.
[966] *Ibid.*, p. 124-125.

nal, empenharam-se para forjar armas que pudessem controlar e suprimir o que na época foi percebido como o mais feroz e intratável inimigo social, o terrorismo anarquista.[967]

Os esforços repressivos orquestrados pelos governos da Europa produziam frequentemente um excesso de repressão cujo efeito resultava em descontentamentos exacerbados que produziam novas ondas de violência. A esse propósito, a conferência antianarquista, cujos efeitos foram frequentemente tidos como nulos em razão do quase absoluto desacordo entre seus participantes, motivado pelas diferenças enormes entre os países em matéria de legislação e costumes, pode ser vista produzindo efeitos muito positivos de poder. De acordo com Jensen, as medidas que a conferência adotou com unanimidade foram as seguintes: caberia a cada nação ter sob controle os próprios anarquistas; que fosse estabelecido um comitê central para esse fim; e que fossem facilitadas as trocas de informações entre as várias agências centrais.[968] Além disso, durante a realização da conferência, organizou-se um comitê secreto dos chefes de polícia que se reuniu diversas vezes.

> Sir Howard Vicent, um dos representantes ingleses na conferência e ex-diretor das investigações criminais da Scotland Yard, admitiu que um dos maiores resultados obtidos desses encontros foi o acordo por parte das forças de polícia de diversos Estados da Europa central para a troca mensal de listas das expulsões, contendo nomes e a razão da expulsão.[969]

Sobre a questão da extradição, a conferência acordou a proposta dos alemães de considerar os crimes anarquistas como não sendo suficientes para finalidade de extradição, exceto os variados atos violentos tipicamente anarquistas, como a fabricação de bombas etc., que estariam sujeitos à extradição. Os conferencistas fizeram uso da famosa cláusula belga do *attentat*, criada em 1856, após o atentado sem sucesso contra Napoleão III. A conferência ainda estabeleceu como sistema de identificação mais eficaz o chamado *portait parlé* [retrato falado], para ser utilizado de maneira uniforme em todos os países. Tratava-se do refinamento do velho método de identificação antropométrico, também conhecido como *Bertillonage*, criado pelo oficial de polícia francês Alphonse Bertillon, que consistia

---

[967] JENSEN, R. B. The International Anti-Anarchist Conference of 1898 and the Origins of Interpol. *Journal of Contemporary History*, Londres, v. 16, n. 2, p. 323-347, abr. 1981. p. 323.

[968] *Ibid.*, p. 331.

[969] *Ibid.*, p. 332.

na classificação das medidas de várias partes da cabeça e do corpo, cor dos cabelos, dos olhos, da pele, presença de cicatrizes e tatuagens etc. Já o retrato falado foi um sistema "especialmente usado na apreensão de criminosos, funcionando com uma margem que vai desde muitas até uma única peça vital de informação para a identificação positiva de suspeitos, e que poderiam ser transmitidas por telefone ou telégrafo".[970] Entretanto, a herança certamente mais significativa da conferência antianarquista de Roma pode ser vista, como sugere Jensen, em uma organização singular: o International Criminal Police Organization, Interpol. "Ao promover o uso de modernas técnicas de polícia, o congresso antianarquista encorajou a cooperação policial internacional".[971]

Os esforços para consolidação de uma polícia internacional começaram após o assassinato do presidente americano McKinley, em 1901, quando se impulsiona na Europa empenhos diplomáticos para incrementar a cooperação policial a nível mundial. A Rússia toma a iniciativa, solicitando com insistência a retomada do programa da conferência de Roma e despacha, junto da Alemanha, um memorando para os governos da Europa e dos Estados Unidos, mas rejeitado por esse último. Em 14 de março de 1904, 10 países assinam um protocolo secreto em São Petersburgo que retomava sumariamente a pauta de 1898: "especificando procedimentos de expulsão, convocando para a criação de escritórios centrais antianarquistas em cada país e, no geral, regularizando a comunicação interpolicial".[972] Os países que assinam o Protocolo de São Petersburgo são Alemanha, Império Austro-Húngaro, Dinamarca, Suécia e Noruega, Rússia, Romênia, Sérvia, Bulgária e Turquia.

> A Conferência de Roma e o acordo de São Petersburgo são também precedentes significativos para qualquer posterior organização de polícia internacional. Pode até mesmo ser afirmado que o conclave de 1898 foi o indício do primeiro esforço na recente história da Europa para promover, oficialmente, uma ampla comunicação policial internacional e de troca de informações. As medidas estipuladas pelos protocolos de Roma e São Petersburgo foram os precursores de muito do que é hoje a organização da polícia em rede mundial, Interpol.[973]

---

[970] *Ibid.*, p. 332-333.

[971] *Ibid.*, p. 334.

[972] *Ibid.*, p. 337.

[973] *Ibid.*, p. 338.

Em suma, a era pós-atentados foi certamente um dos períodos de maior reação sofridos pelo anarquismo, e disso dá testemunho a descrição de Émile Pouget.

> Era 1894. Em pleno período de perseguição anarquista. Um momento em que bastava ser denunciado como libertário para ser encarcerado. Os anarquistas, dispersados, paralisados, aprisionados, estavam na impossibilidade absoluta de exercer uma ação qualquer.[974]

Sob a mesma atmosfera, Malatesta escrevia, em agosto de 1894, do seu exílio londrino, para o jornal anarco-comunista *Liberty*, publicado por James Tochatti, um artigo em inglês intitulado "As obrigações da presente hora". Dizendo que a burguesia, enfurecida pelo medo de perder seus privilégios, usa de todos os meios de repressão para suprimir não somente os anarquistas, mas todo o movimento progressista, os golpes vêm de todos os lados. E seria errado pensar que as perseguições sempre são úteis para o desenvolvimento das ideias perseguidas. "Isso é um erro, como o são quase sempre todas as generalizações. Perseguições podem ajudar ou concorrer para o triunfo da causa, de acordo com a relação existente entre o poder de perseguição e o poder de resistência do perseguido".[975] Sem cair em ilusões, dizia ser preciso enfrentar a situação em que a burguesia colocou os anarquistas e estudar os melhores meios para resistir com o máximo de proveito para o anarquismo. Segundo Malatesta, alguns anarquistas esperam o triunfo da anarquia realizado pela multiplicação dos atos individuais de violência. Nesse caso, podem existir muitas diferenças de opinião a respeito dos efeitos morais e da prática efetiva que esses atos individuais exercem sobre cada um. Porém:

> [...] uma coisa é certa, [...] uma sociedade como a nossa não pode ser destruída, estando fundada, como está, sobre uma enorme massa de interesses privados e prejuízos, e sustentada, muito mais do que pela força das armas, pela inércia das massas e seus hábitos de submissão. Outras coisas são necessárias para efetuar a revolução, especialmente a revolução anarquista. É necessário que as pessoas tenham consciência de seus direitos e de seu poder; é necessário

---

[974] POUGET, É. *1906. Le Congrès syndicaliste d'Amiens.* Paris: Éditions CNT, 2006. p. 101.

[975] MALATESTA, E. The Duties of the Present Hour (1894). *In:* GRAHAM, R. (org.). *Anarchism. A Documentary History of Libertarian Ideas. Vol. 1: From Anarchy to Anarchismo (300CE to 1939).* Montreal: Black Rose Books, 2005a. p. 181.

> que elas estejam dispostas para a luta e estejam dispostas a tomar a conduta dos seus interesses nas próprias mãos.[976]

Dessa forma, os atos extraordinários de um pequeno número de indivíduos podem ajudar nessa tarefa, mas não bastam; e, na realidade, seus resultados são positivos apenas quando acompanhados mais ou menos pelo movimento coletivo das massas. Além disso, esperar a emancipação de atos de heroísmo equivale a esperá-la da intervenção de um engenhoso legislador ou de um general vitorioso. Então, o que fazer na presente situação? Segundo Malatesta, inicialmente, deve-se resistir o quanto possível contra as leis, visto que:

> [...] os graus de liberdade, como também os graus de exploração sob os quais vivemos, não dependem, ou dependem apenas relativamente, das letras da lei: dependem, antes de mais nada, da resistência que se é capaz de opor às leis. [...] Os resultados das novas leis, essencialmente forjadas contra nós, dependem, em alto grau, da nossa atitude. Se oferecermos resistência enérgica, elas logo aparecerão para a opinião pública como uma desavergonhada violação dos direitos, e seriam condenadas a uma rápida extinção ou a permanecer letra morta.[977]

Consequentemente, se não pode haver outro limite contra a opressão governamental senão na resistência a ela contraposta, então, diz Malatesta, "antes de tudo, é preciso andar entre o povo: essa é a via de salvação para nossa causa".[978] Os anarquistas devem colocar sua expectativa nas massas, pelo simples fato de não acreditarem na possibilidade de impor o bem pela força. A lição que se poderia tirar da experiência é que, passado o primeiro período do anarquismo:

> [...] após mais de vinte anos de propaganda e de lutas, após muita devoção e muitos mártires, estamos hoje praticamente alheios às grandes comoções populares que agitam a Europa e a América, e colocamos a nós mesmos em uma situação que encoraja o governo, sem parecer absurdo, à tentativa de nos suprimir através de várias medidas de polícia.[979]

---

[976] *Ibid.*, p. 181-182.

[977] *Ibid.*, p. 182.

[978] *Ibid.*, p. 183.

[979] *Id.*

Sendo assim, a tarefa urgente da hora atual será aquela que deve impelir os anarquistas a "viver entre o povo e influenciá-lo com nossas ideias, tomando parte ativa nas suas lutas e sofrimentos".[980] Essa nova tarefa, diz Malatesta, "se torna hoje absolutamente necessária, porque nos é imposta pela própria situação sob a qual vivemos".[981] Dessa forma, os anarquistas foram levados a reconsiderar suas táticas de luta, momento em que emergirá o movimento operário e o sindicalismo como novos campos de atuação para as suas práticas.

---

[980] *Id.*

[981] *Id.*

CAPÍTULO 5

MOVIMENTO OPERÁRIO E SINDICALISMO

Em 1922, escrevendo sobre a greve geral, Malatesta recordava como:

> [...] nos primeiros tempos do movimento socialista, e especialmente na Itália no tempo da Primeira Internacional, quando ainda era recente a memória das lutas mazzinianas e eram ainda vivos a maior parte dos homens que haviam combatido pela "Itália" nas fileiras garibaldinas, [...] se compreendia claramente que o regime sustentado pelas baionetas não poderia ser abatido a não ser convertendo em defensores do povo uma parte dos soldados e vencendo em luta armada as forças de polícia e aquela parte dos soldados fiéis à disciplina.[982]

Foi uma época de conspiração, um tempo em que o velho internacionalismo bakuninista constituiu a estratégia de luta dos anarquistas que procuravam fazer "propaganda ativa entre os soldados, procuravam se armar e se preparava planos de ação militares".[983] Em seguida, deu-se uma "evolução econômica que intensificou o conflito e desenvolveu a consciência do conflito entre trabalhadores e patrões",[984] dos quais os anarquistas procuraram tirar todo proveito. "As esperanças da revolução social cresciam e parecia certo que, entre lutas, perseguições, [...] chegar-se-ia, em um tempo não muito distante, a alcançar o objetivo final e vitorioso que deveria abater o regime político e econômico vigente".[985] Foi a época dos bandos armados e dos atentados individuais nos quais a militância tomava a forma de atos insurrecionais, como ocorreu no Matese. Todavia, além das perseguições sofridas:

> [...] para frear o impulso voluntário da juventude socialista (na época chamavam-se socialistas também os anarquistas), veio o marxismo com os seus dogmas e o seu fatalismo.

---

[982] MALATESTA, (1975[172], p. 70.

[983] *Id.*

[984] *Id.*

[985] *Ibid.*, 1975[172], p. 71.

> E desgraçadamente, com as suas aparências científicas (estava-se em plena embriaguez *cientificista*), o marxismo iludiu, atraiu e desviou a maior parte dos anarquistas. Os marxistas começaram a dizer que a revolução "não se faz, ela virá", que o socialismo se realizaria necessariamente pelo "desenvolvimento fatal" das coisas, e que o fato político (que é a força, a violência colocada a serviço dos interesses econômicos) não tem importância e que o fato econômico determina toda vida social. Com isso a preparação insurrecional foi esquecida e praticamente abandonada.[986]

Assim, após esse estado de coisas, foi finalmente "lançada a ideia da greve geral, que foi acolhida entusiasticamente por aqueles que não tinham confiança na ação parlamentar e viram se abrir uma nova via à ação popular plena de expectativas".[987] Não demorou e veio mais uma decepção:

> [...] porque a maioria viu na greve geral não um meio para impelir as massas à insurreição, ou seja, para abater violentamente o poder político e para tomar posse da terra, dos instrumentos de produção e de toda riqueza social; viram um substituto da insurreição, um modo para 'esfomear a burguesia' e fazê-la capitular sem atingi-la.[988]

Essa nova "decepção" se deu sob a forma do sindicalismo transformado em doutrina por muitos anarquistas. A narrativa de Malatesta é particularmente significativa porque fornece um fio para compreender os diversos deslocamentos ocorridos na sua reflexão sobre as práticas no anarquismo. Mostra, por exemplo, que, para sair da estagnação causada pelas perseguições e pelo fatalismo marxista, os anarquistas tiveram que recorrer ao movimento operário como novo campo de atuação; contudo, foi um meio de luta que produziu no anarquismo um novo tipo de impasse representado pelo sindicalismo.

1. Pauperismo e subversão

Durante muito tempo, anarquismo e movimento operário funcionaram como duas realidades inseparáveis, dando uma à outra motivos de ação, confundindo-se em seus objetivos e, muitas vezes, neutralizando-se mutuamente. Essa identificação provocou reflexões e práticas muito sin-

---

[986] *Id.* Grifos do autor.

[987] *Ibid.*, 1975[172], p. 71.

[988] *Ibid.*, 1975[172], p. 71-72.

gulares no anarquismo, alimentou resistências e acionou estratégias de poder; em outras palavras, provocou governamentalizações no Estado, como as leis trabalhistas.

Em todo caso, seria inexato sustentar que anarquismo e movimento operário foram sempre duas realidades imbricadas uma na outra. Não é verdade que o anarquismo nasceu do movimento operário; seria mais exato dizer, com Colson, que o anarquismo esteve inicialmente conectado, sobretudo, a uma espécie de intensa, corrosiva e perigosa atividade jornalística e intelectual, constituída pelos escritos de Proudhon, Déjacques, Coeurderoy e Bakunin.[989] Seria igualmente equivocado afirmar que a Associação Internacional de Trabalhadores, AIT, tenha recebido impulso do ambiente operário; certamente ela surgiu de uma exposição industrial, realizada em Londres, em 1864, e, como é óbvio, ela traz a palavra trabalhador em seu nome. Porém, quando analisada mais atentamente a resolução do primeiro congresso da AIT, realizado em setembro de 1866, na cidade de Genebra, ela diz muito claramente:

> [...] o congresso declara que, no estado atual da indústria, que é a guerra, deve-se prestar uma ajuda mútua para a defesa dos salários. Mas é dever declarar ao mesmo tempo que existe um fim mais elevado a alcançar: a supressão do salariado. O congresso recomenda o estudo dos meios econômicos baseados sobre a justiça e a reciprocidade.[990]

Suprimir o salariado quer dizer suprimir o regime, a relação política no interior da qual os operários se encontravam presos; em outros termos, os operários da 1º Internacional, evidentemente inspirados em Proudhon, afirmavam que sua exploração econômica estava determinada por uma sujeição política e que, consequentemente, todo progresso econômico, sendo sempre logicamente desejável, era, ao mesmo tempo, claramente insuficiente quando não resultava de um aumento real da liberdade. Os operários declaravam que quem é pobre é, necessariamente, escravo; e nesse momento, creio, foi inventada outra maneira de lidar com isso que se chamou, no século XIX, de questão social: pela primeira vez na história do movimento operário foi introduzido um vínculo fundamental, necessário e indispensável, entre emancipação econômica e liberação política. Um vínculo que exigia em toda melhoria econômica, por maior

---

[989] COLSON, 2004, p. 10.

[990] GUILLAUME, J. *L'Internationale. Documents et souvenirs (1864-1872)*. Tomo I. Paris: éditions Gérard Lebovici, 1985a. p. 9.

que pudesse ser sua extensão e abrangência, uma espécie de contrapartida de liberdade política que lhe era imprescindível e sem a qual qualquer melhoria econômica corria sempre o risco de não significar nada. Em outras palavras, os anarquistas provocam no interior do movimento operário uma espécie de inversão de valores por meio da qual o domínio da política ganhou evidência. Essa é, sem dúvida, uma das razões que explica a enorme distinção que separa a concepção da greve geral, por exemplo, dada por seu inventor, o cartista William Benbow, e aquela que empregou o anarquista francês, inventor das bolsas de trabalho, Fernand Pelloutier. Em 1832, Benbow preconizou para os operários ingleses uma estratégia de luta intitulada *Grand National Holiday*, defendendo a greve geral (*general strike*) como meio de mudança do sistema político inglês. No seu panfleto, a greve era descrita sob a forma do *the holiday*, momento sagrado para promoção da felicidade e da liberdade humana, dia sagrado para o estabelecimento da abundância, a abolição da penúria e a realização da igualdade entre os homens.[991] Muito diferente é a afirmação de Pelloutier que, na sua brochura sobre a greve escrita em 1895, declarava "a greve geral não como movimento pacífico, porque uma greve geral pacífica, suposta possível, não levaria a nada. [...] Não, a greve geral, eu o digo decididamente, é uma revolução".[992]

Assim, se é verdade que foi principalmente no movimento operário que o anarquismo do início do século XX encontrou sua fonte maior de eficácia política, não é preciso ver nesse fato nenhuma ligação ontológica entre eles. Como sugeriu Colson, "para o anarquismo, [...] as relações de dominação e as possibilidades de emancipação não se limitam só à condição operária, a essa situação humana particular da qual se percebe melhor, ao longo do tempo, seu caráter efêmero".[993] Portanto, para o anarquismo, embora a condição de operário e de assalariado seja circunstancial e passageira, ela porta "múltiplos devires possíveis". O movimento operário deve ser tomado como "realidade múltipla, uma multiplicidade entre outras, que se transforma sem cessar e pode até mesmo desaparecer, sem que o projeto anarquista não perca nenhuma das suas razões de

---

[991] BENBOW, W. *Grand National Holiday, and Congress of the Productive Classes*. 1832. Disponível em: http://www. marxists. org/history/england/chartists/benbow-congres. Acesso em: 15 nov. 2023.

[992] PELLOUTIER, F. Textes choisis. *In:* JULLIARD, J. *Fernand Pelloutier et les origines du syndicalisme d'action directe*. Paris: Seuil, 1971. p. 325.

[993] COLSON, 2004, p. 16.

desenvolvimento".[994] Colson insiste para não confundir e não identificar anarquismo e movimento operário, de modo a perceber a originalidade política e social do pensamento libertário:

> [...] para o anarquismo, a emancipação humana, a potência, os desejos e as aspirações que percebemos ao mesmo tempo em nós e em torno a nós com tanta força de intensidade, não são determinadas por uma condição da história. Por definição, poder-se-ia dizer, elas não dependem em nada de uma determinação exterior hipostasiada e historicamente orientada.[995]

A coerência que o anarquismo mantém consigo mesmo está no fato de considerar as potências de emancipação e de opressão atravessando todas as coisas, em todos os tempos e em todos os lugares, de maneira que seria simplificar suas implicações teórico-práticas buscar fixá-lo em uma forma histórica determinada, como o movimento operário. Com efeito, quando tomadas a produção textual do anarquismo até o final do século XIX, uma das coisas perceptíveis é que seus temas são quase sempre alheios a um domínio de objetos que seriam, por assim dizer, próprios à realidade do movimento operário; questões específicas relacionadas aos sindicatos, a greve e às extensas discussões sobre qual deveria ser o papel do anarquismo no movimento operário e nos sindicatos, encontram seu ponto de intensidade somente a partir da primeira década do século XX; antes desse período, parece que o anarquismo esteve muito mais concernido com uma dimensão, mais ampla e mais singular da condição operária, que ficou conhecida pelo nome de pauperismo.

Diferentemente do movimento operário, o pauperismo na Europa foi percebido como um fato específico da civilização industrial provocado pelo volume e o ritmo de crescimento da população das grandes vilas urbanas, que colocava questões relativas ao vínculo entre população e riqueza: seu equilíbrio constantemente ameaçado pela progressão dos homens e o crescimento das riquezas.[996] Assim, tem,-se de um lado, o fato demográfico ganhando cada vez mais realidade pelas consequências das grandes aglomerações urbanas; e, de outro, a população ganhando, sob a sombra

---

[994] *Ibid.*, p. 16-17.

[995] *Ibid.*, p. 17.

[996] CHEVALIER, L. *Classes laborieuses et classes dangereuses à Paris pendant la première moitié du XIXe siècle.* Paris: Éditions Perrin, 2002. p. 184-185.

ameaçadora do pauperismo, reconhecimento econômico sob a forma de "políticas da pobreza", bem como uma percepção em relação à miséria.

Segundo Foucault, em 1606, a cidade de Paris possuía 30 mil mendigos para uma população inferior à 100 mil habitantes.[997] Foi a partir da multiplicação dessa população duvidosa de camponeses expulsos de suas terras, de soldados desertores, de operários sem trabalho, de pobres, doentes etc., que um etnocentrismo aquém-mar colocou em funcionamento as categorias lógicas familiares aos povos colonizados pelo Velho Mundo. Selvagens, dirá Eugène Buret a respeito desses pobres, quando escreve, em 1840, *De la misère des classes laborieuses en Angleterre et en France*.

> Selvagens os operários o são pela incerteza da sua existência, primeiro traço de identificação que aproxima o pobre do selvagem. Para o proletário da indústria, como para o selvagem, a vida está à mercê das sortes do jogo, dos caprichos do acaso: hoje boa caça e salário, amanhã caça improdutiva ou desemprego, hoje abundância e amanhã a fome.[998]

Mas são selvagens, sobretudo, por seu nomadismo incessante que se inicia com a vagabundagem das crianças e não se encerra, mas se desdobra, com essa população flutuante das grandes vilas, essa massa de homens que a indústria atrai em torno de si, a qual ela não pode ocupar constantemente, mantendo sempre em reserva à sua disposição. "É no interior dessa população, muito mais numerosa do que se supõe, que se recruta o pauperismo, este inimigo ameaçador de nossa civilização".[999]

Condição selvagem de uma população primitiva que habita bairros malditos, onde homens e mulheres flertam com o vício e com a miséria, onde crianças seminuas se atrofiam em habitações sem ar e sem luz. É lá, no coração mesmo da civilização e do progresso, que se encontram homens e mulheres embrutecidos por uma vida selvagem, por uma miséria "tão horrível que inspira mais desgosto que piedade e que nos leva a vê-la como o justo castigo de um crime".[1000] Para Buret, não apenas a condição do operário e o seu gênero de vida possuíam uma analogia com os povos selvagens, mas também os aspectos da sua revolta e seus conflitos de classes lhes deram os contornos de uma raça diferenciada. "Isolados da

---

[997] FOUCAULT, M. *História da loucura na idade clássica*. 6. ed. Tradução: José T. C. Netto. São Paulo: Perspectiva, 1999b. p. 64.

[998] *Apud* CHEVALIER, 2002, p. 451-452.

[999] *Ibid.*, p. 452.

[1000] *Id.*

nação, colocados fora da comunidade social e política, solitários em suas necessidades e misérias, para sair dessa apavorante solidão eles tentam e, como os bárbaros aos quais foram comparados, planejam provavelmente uma *invasão*".[1001] Esse estado de degradação social foi descrito como sendo o resultado do crescimento excessivo de uma fração importante das classes populares e que, pelo concurso de circunstâncias fatais, dirá Daniel Stern, "formava no seu seio como que uma classe à parte, como que uma nação no interior da nação e que começava a se designar sob um nome novo: o proletariado industrial".[1002]

Menos que uma identidade que porta em si sua essência, e mais uma condição de existência, no século XIX, nada era mais evidente entre as classes populares que a noção de proletariado. O proletariado é o duplo da noção de pauperismo, descrito por Léon Say como uma doença social nova que tem sua origem na "organização industrial de nossa época contemporânea [e que] consiste na maneira de ser e de viver dos operários das manufaturas".[1003] Assim, até a primeira metade do século XIX, a palavra proletário possuía conotações muito diferentes das que se conhecerá em seguida e que estavam além de uma simples conotação econômico-política. Proletário, para Balzac, era menos uma classe que uma raça portadora de um modo selvagem e bárbaro de viver. Também na descrição de Tocqueville, o pauperismo se apresenta como o desenvolvimento gradual e inevitável de degradação das classes inferiores.

> O número de filhos naturais aumenta sem cessar, o de criminosos cresce rapidamente, a população indigente incrementa-se demasiadamente e o espírito de poupança e previsão se mostra cada vez mais distante do pobre. Enquanto no resto da nação se difundem os conhecimentos, suavizam-se os costumes, os gostos tornam-se mais refinados e os hábitos mais corteses, o pobre permanece imóvel ou mais ainda, retrocede em sentido à barbárie e, situado em meio as maravilhas da civilização, parece assemelhar-se por suas ideias e inclinações ao homem selvagem.[1004]

[1001] *Ibid.*, p. 453.

[1002] *Ibid.*, p. 456.

[1003] *Apud* CHEVALIER, 2002, p. 456.

[1004] TOCQUEVILLE, A. *Memoria sobre el pauperismo*. Tradução: Juan M. Ros. Madrid: Tecnos, 2003. p. 31.

Para Tocqueville, o pauperismo consistia em uma "praga horrível e enorme que se acha unida a um corpo pleno de força e saúde",[1005] causada pela "marcha progressiva da civilização moderna que induz gradualmente, e em uma proporção mais ou menos rápida, o aumento do número desses que se vêm obrigados a recorrer à caridade".[1006] Contudo, existe entre as classes inferiores certa categoria de indivíduos que o pauperismo atinge mais plenamente e se instala na sua própria maneira de existir.

> Quem são, entre os membros das classes inferiores, aqueles que se entregam mais prazerosamente a todos os excessos da intemperança e que querem viver como se cada dia não tivesse uma manhã? Quem mostra em tudo sempre a maior imprevisão? Quem contrai esses matrimônios precoces e imprudentes que parecem não ter outro objetivo que o de multiplicar o número de deserdados sobre a terra? A resposta é fácil. São os proletários, aqueles que não tem no mundo mais propriedade que a de seus braços.[1007]

Já para Proudhon, contemporâneo de Tocqueville, o pauperismo aparecia como uma espécie de fome lenta que atingia não apenas o corpo, mas sobretudo o espírito:

> [...] fome de todos os instantes, de todos os anos, de toda vida; fome que não mata em um dia, mas que se compõe de todas as privações e de todos os arrependimentos; que mina sem cessar o corpo, arruína o espírito, desmoraliza a consciência, avilta as raças, engendra todas as doenças e todos os vícios, o alcoolismo, entre outros, e o ciúme, o desgosto pelo trabalho e a poupança, a baixeza de espírito, a indelicadeza de consciência, a grosseria da moral, a preguiça, a mendicidade, a prostituição e o roubo. É essa fome lenta que alimenta a raiva surda das classes trabalhadoras contra as classes abastadas e que, em tempos de revolução, assinala-se por traços de ferocidade que aterrorizam por muito tempo as classes pacíficas, que suscita a tirania e, nos tempos ordinários, reforça sem cessar o poder sobre a vida.[1008]

Contudo, o que é singular em Proudhon é que para ele o pauperismo está localizado tanto nos indivíduos, quanto nas instituições e resulta menos da marcha inevitável da civilização do que da "violação

---

[1005] *Ibid.*, p. 33.

[1006] *Ibid.*, p. 40.

[1007] *Ibid.*, p. 47-48.

[1008] PROUDHON, 1998b, p. 38.

da lei econômica que, de um lado, obriga o homem a trabalhar para viver e, de outro, lhe proporciona apenas o estrito necessário para viver".[1009] Em outros termos, o pauperismo é o desequilíbrio da justiça, é a guerra.

Todavia, foi o chefe do Poder Executivo francês, o responsável pela repressão a Comuna de Paris, Adolphe Thiers, quem enfatizará a necessidade de um princípio de separação e classificação para essa "turba de nômades" e "vagabundos" que possuíam salários consideráveis para terem um domicílio, mas que recusavam preferindo uma vida desajustada:

> [...] não é o povo que queremos excluir, é essa multidão confusa, essa multidão de vagabundos dos quais não se pode tomar nem o domicílio, nem a família; de tal modo oscilantes que não é possível encontrá-los em nenhuma parte; e que não souberam garantir às suas famílias um sustento razoável: é essa multidão que a lei tem por finalidade afastar.[1010]

Enfim, como observou Procacci, uma das primeiras reações ao pauperismo foi a exigência em distinguir "nesse magma indistinto da miséria, entre o que era 'natural', dos seus excessos anormais"; distinção que procurou "tornar possível a separação entre pobreza e pauperismo".[1011] Ao contrário do pauperismo, a pobreza ocupa um lugar natural na ordem social, ela é o reverso necessário da riqueza e funciona até mesmo como estímulo em um sistema econômico fundado nos jogos de interesses e necessidades; nesse sentido, a pobreza não é da ordem do escândalo: e não escandaliza, sobretudo, porque "remete para a desigualdade natural entre os indivíduos, [...] um dado fundamental e irrefutável, pré-analítico, da sociedade industrial".[1012] A pobreza, portanto, foi vista como inocente e acidental, motivo pelo qual é possível perceber em seu seio essa figura do bom pobre, do pobre honesto, respeitoso, resignado: a resignação é a maior das virtudes do bom pobre, não porque ele se identifique com a sua pobreza mas, ao contrário, porque tem vergonha dela e sonha um dia abandoná-la recorrendo à poupança e outros mecanismos; o pobre é virtuosamente resignado porque sustenta um comportamento em conformidade com sua situação.[1013]

[1009] *Ibid.*, p. 35.

[1010] *Apud* CHEVALIER, 2002, p. 459.

[1011] PROCACCI, 1993, p. 207.

[1012] *Id.*

[1013] *Ibid.*, p. 209.

Coisa bem diferente ocorre com o paupérrimo: é da ordem do excesso, instalando-se quando há pobreza em demasia, acostando-se da miséria e da indigência, constituindo, assim, um fato de contranatureza. Procacci mostra que o pauperismo não foi considerado um fato de ordem natural porque foi percebido não como destino individual, marcado pelos caprichos do infortúnio; mas, ao contrário, foi visto como uma condição geral que afeta toda sociedade. Além disso, o pauperismo não é oposto à riqueza, como ocorre com a pobreza, mas ele se opõe:

> [...] diretamente à sociedade e tira disso toda sua força desestabilizadora que lhe impede de ser assimilado à pobreza. O pauperismo é um fenômeno disforme que se insinua nas dobras da ordem natural fundada pela economia política. Ele desfigura a pobreza, subtraí dela seu caráter de infelicidade individual e individualmente reparável, e assume, ao contrário, uma importância inédita sobre o plano social.[1014]

Em vez de se resignar na sua condição, ao contrário do pobre, o paupérrimo foi visto pretendendo direitos e reclamando assistência; em suma, coloca-se como interlocutor político.

> Insubmisso por definição, o pauperismo não oferece nenhuma garantia e parece escapar à toda tentativa de subordinação. Ele causa o mesmo sentimento de mal-estar e de ameaça indefinida que provoca a multidão numerosa e anônima que o constitui. A categoria do pauperismo e, por consequência, a linha de demarcação por relação ao grau normal de pobreza, se definem menos pelo nível efetivo dos recursos que por traços "morais": sua opacidade, sua indistinção, seu caráter desordenado e inconstante, são os traços que o tornam impossível de controlar. Contranatureza, o pauperismo é no fundo essencialmente antissocial.[1015]

Não foi o operariado, como classe para si, inicialmente visto como fonte de ameaça e de subversão da ordem social; foi o pauperismo, em ralação ao qual o operariado foi somente o veículo contingente e circunstancial. De tal modo que, entre todos os dispositivos destinados a desarmar seus perigos, nenhum deles jamais teve a intenção, como afirmou Tocqueville, de procurar "reunir em um mesmo povo essas duas nações rivais que existem desde o começo do mundo e que se chamam

---

[1014] *Ibid.*, p. 210.

[1015] *Ibid.*, p. 211.

ricos e pobres"; [1016] pelo contrário, buscou-se bani-lo em razão do seu antagonismo. As medidas pensadas contra a exacerbação do pauperismo deveriam atingir e penetrar o próprio estilo de vida da classe operária. Para isso, diz Tocqueville, bastaria modificar suas ideias e seus costumes, incutir-lhes um apego ao futuro, fazer com que tenham o sentimento de possuir algo valioso para torná-los previdentes, inculcar-lhes a necessidade e indicar-lhes as condições para manterem suas famílias fora da miséria etc. "Na minha opinião, todo o problema a resolver é esse: encontrar um meio de proporcionar ao operário industrial, como ao pequeno agricultor, o espírito e os hábitos da propriedade". [1017]

2. O movimento operário

Foi, portanto, o pauperismo, como realidade primeira e condição existencial de certa categoria do operariado, que ocupou inicialmente o debate político na primeira metade do século XIX. Dele se ocupou Proudhon e é ainda nele que se encontram as motivações pan-eslavistas de Bakunin, quando projetava as potencialidades revolucionárias entre a massa miserável de camponeses e no chamado lumpemproletariado do Leste Europeu. E será, como veremos, sempre o pauperismo das classes operárias o elemento real e fundamental que será retomado na reflexão de Malatesta sobre o movimento operário.

Nesse sentido, o anarquista italiano dizia que, sendo o capitalismo, precisamente, um regime individualista e de concorrência, o bem de um indivíduo é sempre feito pelo mal de outros. Assim, por exemplo:

> [...] se uma categoria de trabalhadores melhora de condições, os preços dos seus produtos aumentam e todos aqueles que não pertencem à categoria são por ela prejudicados. Se os operários empregados conseguem impedir os patrões de dispensá-los e se tornam, por assim dizer, donos de sua ocupação, os desempregados verão diminuídas as possibilidades de emprego. Se devido a novas invenções, ou por mudança no funcionamento ou outra razão, um ofício decai e extingue, uns serão prejudicados, outros favorecidos; se um artigo vem do exterior, vendido a um preço inferior daquele que é produzido no país, os consumidores ganham, mas os fabricantes do artigo são arruinados. E, em geral, toda nova

---

[1016] TOCQUEVILLE, 2003, p. 30.

[1017] *Ibid.*, p. 53.

descoberta, todo progresso nos meios de produção, ainda que no futuro possam beneficiar a todos, começa sempre produzindo um deslocamento de interesse que se traduz em sofrimento humano.[1018]

No regime capitalista, sempre ocorre que as melhorias de uma "parte seleta do proletariado, a segurança conquistada por alguns de não serem privados do seu posto, agrava a situação da massa miserável e torna permanente a desocupação dos menos fortes, dos menos afortunados e dos menos hábeis".[1019] Isso se deve, diz Malatesta, ao círculo angustiante do pauperismo que provoca a luta e o:

> [...] antagonismo, geralmente involuntário e inconsciente, mas natural e fatal, entre quem trabalha e está desempregado, entre quem tem um emprego estável e bem remunerado e quem ganha pouco e corre sempre o risco de ser demitido, entre quem sabe um ofício e quem quer aprendê-lo, entre o homem que tem o monopólio da profissão e a mulher que se insere no terreno da concorrência econômica, entre o nacional e o estrangeiro, entre o especialista que gostaria de proibir aos outros a sua especialidade e os outros que não reconhecem esse monopólio, e ainda, de modo geral, entre categoria e categoria, conforme contrastam-se os interesses transitórios ou permanentes entre uma e outra. Algumas categorias tiram vantagem da proteção alfandegária, outras sofrem com ela; algumas desejariam certas intervenções das autoridades estatais, certas leis, certos regulamentos, enquanto outras lutam em melhores condições quando o governo não se mete nos seus interesses.[1020]

Luta e antagonismo de todos contra todos que, além de condenar os vencidos a um estado de miséria e degradação gradual e constante, também concorre para que as "organizações operárias [...], a medida que crescem em número e potência, se tornem moderadas, corruptas, transformadas em corporações fechadas, preocupadas unicamente com os interesses dos associados em oposição aos não-associados".[1021] Dessa forma, o pauperismo das classes operárias age de tal modo que faz da luta econômica, ao permanecer:

[1018] MALATESTA, 1975[51], p. 137.

[1019] *Ibid.*, 1975[64], p. 167-168.

[1020] *Ibid.*, 1975[113], p. 280-281.

[1021] *Id.*

[...] confinada nos limites dos interesses atuais e imediatos dos trabalhadores, não somente incapaz de conduzir à emancipação definitiva, mas tende, pelo contrário, a criar antagonismos e lutas entre trabalhadores e trabalhadores, para o benefício da conservação da ordem burguesa.[1022]

Contudo, existe outra direção da luta que o pauperismo igualmente provoca quando se trata de um tipo particular de relações estabelecidas entre patrões e operários, isto é, quando sua ocorrência se dá no interior das relações de dominação. Aqui, a questão é clara, diz Malatesta:

Naturalmente o capitalista deve deixar ao trabalhador uma parte do produto do trabalho. Qualquer que seja o modo como essa parte é dada, salário, pagamento *in natura*, concessões, participações nos lucros, o capitalista gostaria sempre de dar ao trabalhador apenas o estrito necessário para que ele possa trabalhar e produzir, e o trabalhador, por sua vez, pretende sempre todo o produto que é devido pelo seu trabalho. A taxa real de remuneração do trabalho, em todo caso pago, é determinada pela necessidade que capitalista e trabalhador têm um do outro, e da força que um pode opor ao outro.[1023]

Ao contrário do que dizem os economistas a respeito de uma pretensa lei natural dos salários, o que de fato "determina a parte que vai para o trabalhador sobre o produto do seu trabalho" é o fato de que:

[...] o salário, a duração da jornada e todas as outras condições de trabalho são o resultado da luta entre patrões e trabalhadores. [...] Desse modo, pode-se afirmar, o salário, dentro de certos limites, é aquilo que o operário (não como indivíduo, claro, mas como classe) pretende.[1024]

Nesse sentido, o regime do salário pode fazer o trabalhador perceber sua escravidão e todo antagonismo de interesses que existe entre ele e o patrão e é nesse momento que:

[...] ele luta com o patrão e chega facilmente a conceber a justiça e a necessidade da abolição do patronato. Se, ao contrário, o operário "controla" a indústria, participa nos lucros, é acionista da fábrica, ele perde de vista o antagonismo de interesses e a necessidade da guerra de classe,

---

[1022] *Ibid.*, 1975[51], p. 134.

[1023] *Ibid.*, 1975[69], p. 176-177.

[1024] *Ibid.*, 1975[223], p. 231.

se torna realmente interessado, ainda que explorado, na prosperidade do patrão e aceita o estado de servo, mais ou menos bem nutrido, no qual se encontra. Mas não é tudo. Quando o pagamento do trabalho fosse feito sob a forma de divisão dos lucros, de dividendos sobre as ações ou outros modos de coparticipação, os patrões terão facilitado a via daquilo que seria o último meio para tentar perpetuar o privilégio: a cogestão com os operários mais hábeis, também com os mais servis e mais egoístas, o que já se conseguiu realizar, em grande parte, com os profissionais e com os "técnicos", ou seja, assegurar seu trabalho estável e relativamente bem pago, constituindo assim uma classe intermediária que os ajudaria a manter assujeitada a grande massa de miseráveis.[1025]

Malatesta introduz um desdobramento no pauperismo das classes operárias. De um lado, ele age colocando os operários um em oposição uns aos outros e em benefício da conservação do regime burguês; seria, a meu ver, a dimensão puramente econômica do pauperismo; de outro, o pauperismo age de maneira selvagem, explodindo no antagonismo que é fatal, e quase inevitável, das relações de dominação entre patrões e operários; trata-se de um tipo de pauperismo mais alheio às lutas de categoria e as lutas econômicas, mas que age articulando "questões e reivindicações de ordem moral e de interesse geral".[1026] O primeiro se encontra ligado à "ordem natural da pobreza" que opera estimulando a concorrência dentro do jogo econômico entre os interesses e a resignação dos indivíduos; o segundo, atua como elemento de subversão coletiva, separando, nas relações de dominação, os interesses dos diferentes grupos sociais e opondo-os uns aos outros. Trata-se, portanto, de um pauperismo capaz de tornar as massas acessíveis à propaganda anarquista e de predispô-las à revolução. Por meio dele:

> [...] os oprimidos ainda dóceis e submissos começam a tomar consciência dos seus direitos e da força que podem encontrar no acordo com os companheiros de opressão: nessas ações eles compreendem que o patrão é o seu inimigo, que o governo, ladrão e opressor por natureza, está sempre pronto para defender os patrões, e se preparam espiritualmente para a ruína total da ordem social vigente.[1027]

[1025] *Ibid.*, 1975[69], p. 176-177.
[1026] *Ibid.*, 1975[51], p. 138.
[1027] *Ibid.*, 1975[113], p. 282.

Tocqueville pretendeu pacificar o potencial político do pauperismo por meio de dois meios: "o primeiro, aquele que, à primeira vista, parece mais eficaz, consistiria em dar ao operário uma participação na fábrica. Isso produziria nas classes industriais os mesmos efeitos parecidos aos ocasionados pela divisão da propriedade territorial entre a classe agrícola".[1028] Já o segundo meio, mais realista, uma vez que o primeiro provocava a oposição de grande parte dos empresários, seria o de "favorecer a poupança dos salários e oferecer aos operários um método fácil e seguro de capitalizar essas poupanças, fazendo-as produzir rendas".[1029] Portanto, duas estratégias para normalizar o pauperismo nos quadros do sistema socioeconômico do capitalismo, e ambos se relacionavam, sobretudo, a uma constelação de comportamentos morais que estariam em consonância com esse sistema. Faz todo sentido, na medida em que o pauperismo, como mostrou Procacci, foi caracterizado, sobretudo, por "um conjunto de comportamentos imorais, quer dizer, irredutíveis ao projeto social e inúteis a seus fins. Ele se torna, com isso, 'uma ameaça à ordem pública e moral. A política deve trabalhar para conduzir essa ameaça em direção a uma transição pacífica'".[1030]

Malatesta tomará, obviamente, a direção inversa de Tocqueville. Para ele a luta econômica e legal é uma via sem saída porque supõe sempre e necessariamente "o reconhecimento de fato do privilégio proprietário", quando o que é preciso fazer é que a luta contra o pauperismo desperte "nos trabalhadores o espírito de rebelião contra os patrões", fazendo-os experimentar "a febre do descontentamento e do inconformismo".[1031] Para Malatesta, "trata-se sempre de pretender qualquer coisa, de subtrair ao Estado uma parte da sua potência de obrigar os trabalhadores a sofrerem as condições dos patrões",[1032] mas para isso é decisivo passar "da luta econômica para a luta política, ou seja, para luta contra o governo; [...] é preciso opor aos fuzis e aos canhões, que defendem a propriedade, os melhores meios que o povo poderá encontrar para vencer a força com a força".[1033] E isso em um tal grau de intensidade para que não se deva jamais perder de vista que:

[1028] TOCQUEVILLE, 2003, p. 53.

[1029] Ibid., p. 55.

[1030] PROCACCI, 1993, p. 213.

[1031] MALATESTA, 1975[212], p. 188.

[1032] Ibid., 1975[311], p. 175.

[1033] Ibid., 1975[223], p. 233.

> [...] quaisquer que sejam os resultados práticos da luta pelas melhorias imediatas, a utilidade principal está na própria luta. Com ela os operários aprendem que os patrões têm interesses opostos aos seus e que eles não podem melhorar a sua condição, e nem mesmo emancipar-se, senão unindo--se e se tornando mais fortes que os patrões. Se têm êxito em obter aquilo que querem, estarão melhor; ganharão mais, trabalharão menos, terão mais tempo e mais força para refletir sobre as coisas que lhes interessam e sentirão logo desejos maiores, necessidades maiores. Se falham, serão conduzidos a estudar as causas do insucesso e a reconhecer a necessidade de maior união, de maior energia; e compreenderão, enfim, que para vencer seguramente e definitivamente é necessário destruir o capitalismo.[1034]

Somente nessa direção os operários poderão se constituir na "principal força da revolução". Porque "são eles que sofrem mais diretamente as consequências da má organização social, são eles que, vítimas primeiras e imediatas da injustiça, aspiram, de modo mais ou menos consciente, uma transformação radical da qual resulte maior justiça e maior liberdade".[1035] É essa dimensão que, "em razão do desenvolvimento da grande indústria, da facilidade de comunicação e do desenvolvimento geral da civilização" ganhou "nos tempos modernos proporções grandiosas" e constituiu "um dos fenômenos mais importantes da vida social contemporânea, conhecido pelo nome de movimento operário".[1036] Porém, o objetivo imediato desse movimento não é o de eliminar o capitalismo, mas melhorar o quanto possível as condições de vida do trabalhador. Desse modo,

> [...] no geral, quem entra em uma associação operária tem o objetivo e a esperança de ganhar mais, de tornar o trabalho menos opressivo, de viver em condições higiênicas mais humanas e confia na potência coletiva para conquistar, pouco a pouco, essas melhores condições.[1037]

Mas logo a prática da luta demonstrará a necessidade de ultrapassar "os limites assinalados pelas instituições vigentes. Logo será colocado em dúvida o próprio direito do patrão, a instituição da propriedade da terra e

---

[1034] *Ibid.*, 1975[223], p. 230.

[1035] *Ibid.*, 1975[113], p. 276.

[1036] *Id.*

[1037] *Id.*

dos instrumentos de trabalho".[1038] Malatesta tinha plena clareza de que, diferente do pauperismo, o movimento operário não possui realidade por si mesmo; ao contrário, foi uma criação artificial de ideólogos para propulsionar determinado programa político, seja ele anarquista ou não. Além disso, o movimento operário é o resultado "dos desejos e das necessidades imediatos que têm os trabalhadores de melhorar as suas condições de vida ou pelo menos de impedir que ela piore";[1039] por esse motivo, deve existir e "se desenvolver no ambiente atual e tem necessariamente tendência a limitar as suas pretensões às possibilidades do momento".[1040] É isso que explica o que frequentemente ocorre, quando "os iniciadores de agrupamentos operários são homens de ideias buscando transformações sociais radicais, se aproveitam das necessidades sentidas da massa para provocar o desejo de melhorias"; então, eles:

> [...] reúnem em torno de si companheiros do mesmo temperamento [...] e formam associações operárias que são, na realidade, grupos políticos, grupos revolucionários, pelos quais as questões de salário, de horário, de regulamento interno das oficinas são coisas secundárias e servem muito mais de pretexto para atrair a massa, para fazer propaganda das próprias ideias e preparar as forças para uma ação resolutiva. Mas bem cedo, na medida em que crescem o número dos aderentes, os interesses imediatos ganham preponderância, as aspirações revolucionárias tornam-se um obstáculo e um perigo, os "homens práticos", conservadores, reformistas, prontos a todas as transações e acomodamentos exigidos pelas circunstâncias, opõem-se a influência dos idealistas e dos intransigentes, e a organização operária torna-se aquilo que necessariamente deve ser em sistema capitalista, ou seja, um meio não para negar e destruir o patronato, mas simplesmente para colocar um limite às suas pretensões.[1041]

Assim, diante desse cenário, a questão, grave e urgente, que se deve colocar é a seguinte:

> [...] o que devem fazer os anarquistas quando o grupo operário, com o afluir da massa impelida na organização, cessa

---

[1038] *Id.*

[1039] *Ibid.*, 1975[321], p. 207.

[1040] *Id.*

[1041] *Ibid.*, 1975[321], p. 207-209.

de ser uma força revolucionária e torna-se um instrumento de equilíbrio entre capital e trabalho e, talvez, um fator de conservação do atual ordenamento social? [1042]

Para Malatesta, aquilo que é preciso fazer é combater, a todo custo, a superstição dos *operaisti* (*operarioístas*), ou seja, daqueles anarquistas:

> [...] que acreditam no fato de que ter calos nas mãos seja uma infusão divina de todos os méritos e de todas as virtudes, e que protestam se ousas falar de povo e de humanidade e esqueces de jurar sobre o sacro nome do proletariado. Ora, é verdade que a história fez do proletariado o instrumento principal da próxima transformação social [...]. Mas não é preciso, por isso, fazer fetiche do pobre apenas porque é pobre, nem encorajar nele a crença de que ele é uma essência superior e que, por uma condição que certamente não é fruto nem do seu mérito nem da sua vontade, ele tenha conquistado o direito de fazer aos outros o mal que os outros lhe fizeram. A tirania das mãos calejadas [...] não seria menos dura, menos sórdida, menos fecunda de males duradouros, do que aquela tirania das mãos enluvadas. Talvez seria menos iluminada e mais brutal: eis tudo.[1043]

Será preciso, portanto, jamais considerar os operários melhores que os burgueses; contudo, será preciso saber tirar proveito dessa condição que é a sua, devido a circunstâncias históricas e sociais, fazendo emergir dela a luta entre governo e governados.

3. O anarcossindicalismo

O movimento operário dará novo ímpeto para a prática anarquista, sobretudo, na direção de ações coletivas, após ser abandonada a tática da propaganda pelo fato, quase sempre individual. Nessa perspectiva, já no final do século XIX, Malatesta passa a postular que "a revolução não se faz com quatro gatos pingados" e que:

> [...] indivíduos e grupos isolados podem fazer um pouco de propaganda, realizar golpes audazes, atentados e coisas semelhantes que [...] podem atrair a atenção pública sobre os males dos trabalhadores e sobre as nossas ideias, podem

---

[1042] *Id.*

[1043] *Ibid.*, 1975[91], p. 232-233.

desembaraçar-nos de algum obstáculo potente; mas a revolução não se faz a não ser quando o povo sai às ruas.[1044]

Esse era o novo estado de espírito daquele começo de século, e foi nesse contexto que a greve geral e o sindicalismo se tornaram os novos meios para a ação anarquista. Como notou Nettlau:

> [...] depois das perseguições de 1892-1894, a repentina e rápida evolução do sindicalismo francês era para todos uma grande alegria, e muitos viram nele um novo caminho. Falou-se dele em Londres até meados de 1895 e Malatesta tinha tratado provavelmente a fundo a questão especialmente com Pouget, que foi o primeiro a romper com as *lois scélérates*; dirigiu-se a Paris, liquidou brevemente seu processo e publicou *La Sociale*, abrindo ao sindicalismo um caminho entre os anarquistas.[1045]

Foi nesse período que Malatesta escreve *Lo Sciopero* (*A greve*), única peça teatral de sua autoria; um drama escrito em três atos, em 1906, "para contentar os companheiros filodramáticos de Londres".[1046] Segundo Fabbri, não era sua vontade vê-la publicada, tendo solicitado formalmente a seu amigo para não o fazer. A recusa em publicar, diz Fabbri, "respondia a escrúpulos exclusivamente literários e não, entenda-se, em razão dos sentimentos e das ideias expressas".[1047] Em todo caso, *A greve* mostra claramente como a mudança de tática dos anarquistas, que levou da onda dos atentados individuais para a ação coletiva no movimento operário, não resultou em uma pacificação das lutas, nem na diminuição da intensidade dos seus conflitos; pelo contrário, *A greve* apresenta o enfretamento ganhando uma nova arena de batalhas.

As principais personagens do drama malatestiano são Nicola, um velho carpinteiro de 60 anos, que não consegue mais trabalho em razão da instalação de uma grande fábrica de móveis no vilarejo, além de pesar sobre ele a ameaça de despejo pelo não pagamento de três meses de aluguel; seus jovens filhos Giorgio e Maria; e Cesare Sacconi, um rico industrial e proprietário da fábrica de móveis; além de diversos operários, policiais e soldados. Giorgio é um jovem operário de 25 anos e conhecido por sua

---

[1044] *Ibid.*, 1982[4], p. 75-76.

[1045] NETTLAU, M. *Errico Malatesta*. La vida de un anarquista. Tradução: Diego Abad de Santillán. Buenos Aires: Editorial La Protesta, 1923. p. 165.

[1046] FABBRI, L. [Abertura]. *In:* MALATESTA, E. *Lo Sciopero*. Dramma in 3 atti. Genebra: Libreria del Risveglio, 1933. p. 1.

[1047] *Id.*

atividade anarquista, razão pela qual seu pai, Nicola, não consegue ocupação na fábrica de Sacconi; encontrava-se fora da cidade e seu retorno coincide com a deflagração de uma greve recentemente iniciada na fábrica de móveis: após os operários abandonarem o trabalho, os soldados ocupam a vila para protegem a fábrica. Com a greve, Nicola supõe que o patrão, Cesare Sacconi, poderia finalmente lhe dar trabalho, visto que aceitaria as condições que os operários grevistas exigiam; mas sabe que seu filho Giorgio não permitiria fazê-lo sem o acusar de se vender ao patrão; assim, ele desiste da ideia. Quando da sua chegada, Giorgio, pressionado pelo pai e pela irmã, admite ter retornado "precisamente pela greve: para dizer a essas ovelhas que com bondade não obterão jamais nada e que se pretendem qualquer coisa, a devem tomar pela força".[1048] O pai, indignado, teme pela prisão do filho e lhe faz lembrar que quando ele estiver morto, sua irmã não contará com mais ninguém nesse mundo; Giorgio responde: "E é de uma existência semelhante que devemos temer comprometer! É por ela que devemos cultivar uma paciência vil em relação aos nossos males e restar indiferentes aos alheios! Não valeria mil vezes morrer por um único golpe?"[1049] Anuncia, em seguida, sua ida até a vila para procurar trabalho, dizendo que se nada encontrar, se oferecerá a Sacconi: "Agora, com a greve ele tem necessidade de operários, esquecerá que sou anarquista e me deixará trabalhar".[1050] A irmã, que nada dissera até o momento, rompe o silêncio surpresa: "Como Giorgio, vais trabalhar?! Em tempo de greve?"; ao que Giorgio responde: "Sim, talvez vá tomar o lugar dos grevistas..., mas não duvides, não será para prejudicar meus companheiros".[1051]

Giorgio e seu pai, Nicola, saem para solicitar trabalho a Sacconi que lhes nega soberbamente, até que o patrão reconhece em Giorgio o "terrível anarquista que gostaria de mandar tudo pelos ares"; então, mudando de ideia, aceita-os estrategicamente como empregados: "melhor mantê-lo aqui dentro trabalhando do que deixá-los circular pela vila incitando as pessoas e esquentando os ânimos... Já é uma boa coisa que a fome o tenha induzido a vir trabalhar".[1052] Mas, quando Giorgio e Nicola saem do escritório, repentinamente ouve-se um enorme rumor: "Abaixo Cesare Sacconi", "Morte aos esfomeadores do povo", "Viva a revolução". Sacconi

---

[1048] MALATESTA, E. *Lo Sciopero*. Dramma in 3 atti. Genebra: Libreria del Risveglio, 1933. p. 6.

[1049] *Ibid.*, p. 6-7.

[1050] *Ibid.*, p. 7.

[1051] *Id.*

[1052] *Ibid.*, p. 12.

rapidamente aciona a sirene para chamar a polícia, porém, ela não chega. Em seguida, apercebe-se que Giorgio havia planejado a manifestação antecipadamente e, astuciosamente, deixado aberto os portões para a entrada da multidão revoltada. De repente, Giorgio retorna novamente ao escritório, agarra Sacconi firmemente pelo pescoço e lhe diz: "Infame, queria ver as pessoas mortas de fome aos seus pés. Agora vomita o sangue que sugou dos pobres",[1053] em seguida, atravessa seu peito com um punhal; Sacconi cai morto.

À parte o pouco talento dramatúrgico de Malatesta, *A greve* serve para indicar o clima nesse começo do século XX, mostrando o sentido que as ações anarquistas tomariam no movimento operário. Nesse pequeno drama escrito para os operários londrinenses, o que se ouve ainda é a voz bem conhecida dos tempos dos atentados e que fazia vibrar o punhal, o revolver e a dinamite como meios que, certamente não foram abandonados, mas que passaram a ser empregados em outro contexto. Ainda em 1890, Malatesta já manifestara a necessidade de que a greve não deveria:

> [...] ser a guerra dos braços cruzados. Os fuzis e todas as armas para o ataque e a defesa que a ciência coloca a nossa disposição, longe de terem sido inutilizadas pelas greves, permanecem sempre instrumentos de liberação que, nas greves, encontram uma boa ocasião para serem utilmente adotados.[1054]

Como notou Antonioli, a greve geral importava para Malatesta pelo seu aspecto de massa e seu valor moral.

> Para Malatesta, na realidade, não eram tanto os resultados práticos da greve que contavam, mas os seus traços de revolta quotidiana, de escola de rebelião. A greve, e sobretudo a greve geral, era uma laceração do tecido social, uma fissura na ordem existente que os anarquistas podiam aprofundar, além de ser a melhor ocasião para permanecer em contato com as massas protagonistas.[1055]

O movimento operário, pela realidade de seus conflitos, constituía inegavelmente um dos melhores meios de atuação do anarquismo. Contudo, assim como ocorreu com a onda de atentados, logo alguns anarquistas

---

[1053] *Ibid.*, p. 13.

[1054] MALATESTA, 1982[3], p. 73.

[1055] ANTONIOLI, M. Errico Malatesta, l'organizzazione operaia e il sindacalismo (1889-1914). *Ricerche Storiche*, Florença, ano XIII, n. 1, p. 151-204, jan./abr. 1983. p. 162.

farão um uso excessivo do sindicalismo que, de meio de luta, se tornará um fim em si mesmo. Em 8 de outubro de 1906, em Amiens, pequena cidade da Picardia, na França, 300 delegados se reuniram representando cerca de mil sindicatos operários. O famoso "Congresso Sindicalista de Amiens" é considerado o ponto culminante do elã revolucionário do sindicalismo francês e da CGT, Confédération Générale du Travail, fundada em 1895. As resoluções tomadas constituíram, por muito tempo, o documento fundador do sindicalismo francês, dando origem, a partir de 1912, à expressão que se tornou conhecida mundialmente como "Carta de Amiens", empregada para se referir à "constituição moral" ou à "carta do sindicalismo" e representou o triunfo do sindicalismo de ação direta sobre a tendência legalitária e moderada de Jules Guesde e Jean Jaurès, já intensamente combatida por Fernand Pelloutier e as Bolsas de Trabalho.[1056] Foi do congresso de Amiens que saíram as concepções básicas do que mais tarde se chamará anarcossindicalismo.

Como mostrou Antonioli, existe uma enorme controvérsia em torno dos termos sindicalismo revolucionário e anarcossindicalismo; ele sugere que anarcossindicalismo teria sido empregado pela primeira vez por Armando Borghi, que o teria utilizado para se referir ao anarquista russo Alecksander Shapiro, em 1920;[1057] por sua vez, Jean Maitron, diz Antonioli, se refere ao congresso de Amiens como o momento de passagem do anarcossindicalismo para o sindicalismo revolucionário, fazendo, assim, o anarcossindicalismo se vincular ao bakuninismo da Primeira Internacional; já Guillaume dizia que a CGT francesa era uma continuação da Primeira Internacional. Assim, sugere Antonioli:

> [...] poderíamos dizer – e talvez essa é a explicação mais lógica – que o uso prolongado do termo sindicalismo revolucionário por parte dos anarcossindicalistas respondia a razões práticas e táticas ao mesmo tempo. O apelativo de sindicalistas revolucionários tinha entrado, sobretudo em alguns países, no uso comum, enquanto aquele de anarcossindicalista esforçava-se por ganhar terreno. Além disso, o primeiro era ideologicamente menos marcado, mais aberto, mais geral e ao mesmo tempo mais genérico, enquanto o segundo arriscava traduzir uma simples tendência do anarquismo.[1058]

[1056] JULLIARD, 1971, p. 119.

[1057] ANTONIOLI, M. *Il sindacalismo italiano*. Dalle origini al fascismo. Pisa: BFS, 1997. p. 157.

[1058] *Ibid.*, 1997, p. 168.

Seja como for, o congresso de Amiens permite assinalar o momento no qual as práticas sindicalistas ganharam um enorme destaque no anarquismo. Émile Pouget, participante do congresso e um dos principais teóricos das suas formulações, afirmava que os socialistas, desejosos de eliminar da Confederação os anarquistas, davam provas de desconhecimento absoluto do movimento sindical. Eles supõem que existe no ambiente econômico do sindicalismo os mesmos hábitos existentes nos ambientes políticos e imaginam que bastaria eliminar alguns indivíduos para modificar a orientação geral do movimento. Porém, diz Pouget, "movimento político e movimento econômico não são comparáveis. O primeiro é inteiramente fachada, exterioridade, como o objetivo que ele persegue; o segundo tem raízes profundas penetradas plenamente no coração dos interesses primordiais dos trabalhadores".[1059] Além disso, diz Pouget, o ambiente econômico possui a particularidade de fazer:

> [...] desprender uma atmosfera de cordialidade e de concórdia que é resultante da intensidade da luta engajada. As discordâncias de opinião se atenuam, se amenizam, evidenciam-se vazias, cria-se uma mentalidade nova que é a manifestação de uma comunidade de tendências. Assim, no cadinho da luta econômica realiza-se a fusão dos elementos políticos e se obtém uma unidade viva que erige o sindicalismo em potência de coordenação revolucionária. Essa unificação maravilhosa e fecunda é a característica da influência vivificante do sindicalismo! Os homens de opiniões diversas – que em outros lugares se olham como cão e gato – fazem aqui boa combinação. Se os socialistas são "unificados" é recente e apenas de epiderme; no fundo, as velhas categorias subsistem: alemanistas, blanquistas, guedistas. No ambiente sindical, uns e outros marcham em pleno acordo e se entendem perfeitamente com anarquistas.[1060]

Os anarquistas se tornaram cada vez mais a parte ativa do movimento sindicalista após a onda dos atentados; fato perfeitamente compreensível, na medida em que descobriram "nesse movimento, colocadas em ação, a maior parte das suas teorias, senão todas".[1061] Assim, por exemplo, a crítica anarquista ao parlamentarismo, os anarquistas a encontravam no

---

[1059] POUGET, 2006, p. 100.

[1060] *Ibid.*, p. 100-101.

[1061] *Ibid.*, p. 101.

sindicato, "não sob uma forma combativa, mas sob forma de indiferença: os sindicatos não eram antiparlamentares, mas, nitidamente, eles se manifestam *a-parlamentares*. [...] Aquilo que é para o anarquista o elemento considerável é o fato de o sindicato permanecer *a-político*".[1062] A teoria anarquista que, dizem os sindicalistas, não possui outra realidade social se não no ambiente econômico, encontra sua confirmação espontânea na ação sindical, de tal maneira que, cada vez mais, os próprios objetivos revolucionários perseguidos pelos sindicatos identificam-se com o ideal anarquista. Devido a todas essas concordâncias, e porque foi provado os:

> [...] numerosos pontos de contato existentes entre suas teorias e as tendências sindicalistas, que espíritos impacientes concluíram pela identificação do sindicalismo e do anarquismo e, seu desconhecimento dos caracteres específicos do sindicalismo os induziram, também, a qualificar de anarquizantes os sindicalistas puros.[1063]

Foi sob esse estado de ânimo que logo se difundiu largamente a ideia de "que o sindicalismo fosse uma doutrina nova ou, como dizia Latapie, uma 'teoria entre as teorias anarquistas e socialistas'",[1064] e começa entre a maior parte dos anarquistas *cégétistes* um esforço teórico para superar o anarquismo com a finalidade de reconhecê-lo simplesmente como sindicalista. Nesse clima se deu, um ano mais tarde, o Congresso Internacional Anarquista de Amsterdã, em 1907, trazendo já na sua convocação uma conotação fortemente sindicalista. Amédée Dunois, então *cégétiste* e depois integrante do Partido Socialista, a partir de 1911, afirmava em julho, um mês antes do Congresso:

> [...] a existência de dois filões bem distintos do anarquismo, um "certo anarquismo teórico, interessado por generalizações abstratas", esse anarquismo que, por exemplo, tinha se oposto na primavera de 1906 à batalha pelas 8 horas e que ele definia "puro", e um "anarquismo operário", que "sem abandonar jamais a terra firme das realidades concretas, devota-se com continuidade à organização do proletariado com vistas para a revolta econômica ou, em outras palavras, para a luta de classes.[1065]

[1062] *Ibid.*, p. 101-102. Grifos do autor.

[1063] *Ibid.*, p. 102.

[1064] ANTONIOLI, 1997, p. 163.

[1065] ANTONIOLI, M. Introduzione – Anarchismo e/o Sindacalismo. *In:* ANTONIOLI, M (org.). *Dibattito sul Sindacalismo*. Atti del Congresso Internazionale Anarchico di Amsterdam (1907). Florença: CP Editrice, 1978. p. 20.

Os sindicalistas não somente começaram a afirmar a necessidade de distinguir entre as formas não genuínas de anarquismo, precisamente àquelas que não estavam inseridas ou vinculadas às organizações de classe, mas também, e ao mesmo tempo, conferiam uma prioridade decisiva à organização de tipo sindical. Foi nesse momento, no ano de 1907 e a partir do congresso de Amsterdã, que se deslocou o movimento operário para o primeiro lugar na posição da militância anarquista. Se a ação da velha AIT tinha se configurado, em toda parte, como associação de malfeitores, procurando incendiar a Europa com o fogo da revolução, empregando, como armas de luta, tanto a palavra como a dinamite e o fuzil e elegendo, como objeto e meio de ação, não certa categoria profissional de indivíduos, mas uma cidade, um vilarejo, até mesmo um país. Diferentemente disso, aquilo que está em jogo quando do nascimento do anarcossindicalismo, denominação, certamente, a mais difundida e a que provocou o maior número de práticas e de reflexões que influenciaram enormemente os movimentos operários da Europa e da América, foi também um fenômeno bastante complexo do qual resultou uma concepção sindicalista da revolução e inaugurou um tipo de anarquismo dito *operarioísta*. Essa vertente do anarquismo elegeu a greve como única arma da revolução e identificou na realidade operária o domínio dos objetos necessários e suficientes para sua realização. E foi também essa vertente que esteve no centro da polêmica entre Pierre Monate e Errico Malatesta durante o congresso de Amsterdã, o primeiro defendendo a luta de classes como o verdadeiro terreno de atuação do anarquismo e o segundo defendendo a posição classicamente pluralista do anarquismo.

Nettlau comentou na sua biografia, escrita em 1923, como:

> [...] as esperanças colocadas no *sindicalismo*, desde 1895, não tinham se realizado e foi necessário intervir contra o excessivo apreço do valor revolucionário do sindicalismo existente, pois se desenvolveu a tendência a relegar o anarquismo a plano secundário em benefício do sindicalismo que se "bastava a si mesmo".[1066]

Fabbri, por sua vez, afirmou ter se surpreendido pela "fé diminuída, que era muita em 1897, no movimento sindicalista".[1067] Como notou Antonioli, Malatesta rapidamente percebeu que "uma adesão incondicionada

---

[1066] NETTALU, 1923, p. 179.

[1067] FABBRI, L. *Malatesta*. Tradução: Diego Abad de Santillán. Buenos Aires: Editorial Americalee, 1945. p. 119.

ao movimento operário teria provocado a perda da própria singularidade política, tornando indistinta a intervenção anarquista daquela 'reformista'",[1068] e, nesse sentido, "não podia compartilhar da ideia de que o anarquismo devesse praticamente renascer continuamente no interior do processo de emancipação operária e que fosse 'colado' à história da luta de classe".[1069]

Durante o congresso de Amsterdã, após a relação apresentada por Pierre Monatte sobre "Sindicalismo e Greve Geral", na sessão do dia 28 de agosto, Malatesta apresentou um contradiscurso no qual concluía dizendo que houve um tempo em que ele deplorava que os anarquistas se isolassem do movimento operário; "hoje, deploro que muitos de nós, caindo no excesso oposto, se deixam absorver por esse mesmo movimento. A organização operária, a greve, a greve geral, a ação direta, o boicote, a sabotagem" são meios, mas "o verdadeiro e completo objetivo é anarquia".[1070] Malatesta escreve, em seguida, suas impressões sobre o congresso no jornal *Temps Nouveaux*, Fabbri as traduziu para figurar como prefácio ao balanço de sua autoria na sua revista *Il Pensiero*. Nas suas impressões, Malatesta deixa claro que a discussão sobre o sindicalismo e a greve geral foram as mais importantes do congresso, porque foram precisamente sobre essas questões que:

> [...] se manifestou a única diferença séria de opinião entre os congressistas, uns dando à organização operária e à greve geral uma importância excessiva e considerando-as como se fossem quase iguais a anarquismo e a revolução, outros insistindo sobre a concepção integral do anarquismo.[1071]

Monatte havia encerrado sua apresentação afirmando que "o sindicalismo bastava-se a si mesmo como meio para efetuar a revolução social e realizar a anarquia".[1072] Malatesta responde que o sindicalismo, "mesmo quando reforçado com o adjetivo de revolucionário, não podia ser mais que um movimento legal, um movimento de luta contra o capitalismo no ambiente econômico e político que o capitalismo e o Estado

---

[1068] ANTONIOLI, 1983, p. 163.

[1069] ANTONIOLI, 1978, p. 27.

[1070] FABBRI, L. Resoconto generale del Congresso Anarchico di Amsterdam, 24-31 Agosto 1907. *Il Pensiero*: rivista quindicinale di sociologia, arte e letteratura, Roma, ano V, n. 20-21, p. 326-344, 16 out./1 nov. 1907. p. 338.

[1071] MALATESTA, E. Il Congresso Anarchico Internazionale di Amsterdam. *Il Pensiero: rivista quindicinale di sociologia, arte e letteratura*, Roma, ano V, n. 20-21, 16 out-1º nov, 1907. p. 321-325. p. 323.

[1072] *Id.*

lhe impõe".[1073] O erro fundamental estava na crença que os anarquistas sindicalistas sustentavam de:

> [...] que os interesses dos operários eram solidários e que, portanto, bastava aos operários se colocarem em defesa dos próprios interesses, procurando melhorar as suas condições, para que fossem naturalmente conduzidos a defender os interesses de todo o proletariado contra os patrões.[1074]

Estava convencido de que a experiência mostrava exatamente o inverso, de modo que "a história do *tradeunionismo* inglês e americano demonstra precisamente o modo pelo qual se produziu a degeneração do movimento operário quando limitado à defesa dos interesses atuais".[1075] É essa a razão que faz que a função dos anarquistas seja a de "procurar direcionar quanto possível todo o movimento [...] em direção à revolução, ainda que, quando necessário, em detrimento das pequenas vantagens que pode obter hoje algumas facções da classe operária".[1076] Também a greve geral será compreendida nessa direção; é preciso, certamente, "propagar a ideia da greve geral como meio muito prático de começar a revolução, mas sem cair na ilusão de que a greve geral poderá substituir a luta armada contra as forças do Estado".[1077]

Entretanto, na percepção de Malatesta as "diferenças de tendência", que se manifestaram durante o congresso, não foram compreendidas de modo claro pelos congressistas; no seu entendimento, as questões colocadas exigiam:

> [...] muita penetração para descobri-las e, na realidade, a maior parte dos congressistas não as descobriu [...]. O que não impede que as duas tendências, bem reais, não tenham se manifestado, e que as diferenças concretas se apresentem, principalmente, nos desenvolvimentos futuros.[1078]

No entanto, as diferenças a que se refere Malatesta tornam-se evidentes quando tomadas ao lado das formulações de Pouget, quando se esforçou para conferir consistência e valorização cada vez maiores ao

---

[1073] *Ibid.*, p. 323-324

[1074] *Id.*

[1075] *Id.*

[1076] *Id.*

[1077] *Id.*

[1078] *Ibid.*, p. 325.

ambiente econômico por meio da luta sindical. É contra esse aspecto que Malatesta tratará de se opor na sua crítica ao sindicalismo.

Em 1922, afirmando ter sempre sustentado "que a questão social é uma questão essencialmente política" e defendido que a luta que os anarquistas combatem "é precisamente uma luta política", Malatesta dizia que sempre lhe pareceu "que essa devia ser uma coisa, diria assim, axiomática para os anarquistas, que vêm na autoridade, ou seja, no domínio violento de uns sobre os outros, o inimigo primeiro a abater".[1079] De acordo com essa premissa, afirmava que "a escravidão econômica era fruto da escravidão política", sendo preciso eliminar a primeira para poder "abater a segunda, mesmo que Marx tenha dito o oposto".[1080] Porque o camponês entrega seus grãos ao patrão?, a resposta lhe parecia óbvia: por quê existe a polícia para obrigá-lo. Disso decorre que "o sindicalismo não pode ser um fim em si mesmo e que a luta deve ser também combatida sobre o terreno político para destruir o Estado".[1081] A luta contra o governo é inevitável, por mais que os capitalistas procurem mantê-la sobre o terreno econômico, só seria possível "quando os operários exigirem somente pequenas, e geralmente ilusórias, melhorias; mas tão logo veem diminuído seriamente o seu proveito e ameaçada a existência mesma de seus privilégios, fazem apelo ao governo".[1082] Por isso, insistia que o "desprezo pela política contém o perigo de descuidar da luta contra o governo"; um desprezo que, na sua percepção,

> [...] já produziu seus maus efeitos, seja atenuando o espírito revolucionário, seja dando origem aquele "sindicalismo" que em teoria pretende *esvaziar* o Estado, mas que na prática o deixa tranquilo; com efeito, quando chegaram os fascistas, os trabalhadores deixaram-se simplesmente agredir.[1083]

Desse modo, conclui, "os sindicatos serão utilíssimos no período revolucionário, mas somente com a condição de serem... o menos sindicalistas possível".[1084] Além de lhe parecer inútil esperar que a política fosse excluída dos sindicatos, era também perigoso,

---

[1079] MALATESTA, 1975[170], p. 65.
[1080] *Ibid.*, 1975[138], p. 328.
[1081] *Id.*
[1082] *Ibid.*, 1975[302], p. 155.
[1083] *Ibid.*, 1975[170], p. 66.
[1084] *Ibid.*, 1975[150], p. 19.

> [...] porque toda questão econômica de qualquer importância torna-se automaticamente uma questão política, e é sobre o terreno político, é na luta entre governos e governados, que se resolverá definitivamente a questão da emancipação dos trabalhadores e da liberdade humana.[1085]

Dessa maneira, resta aos anarquistas a tarefa "de mostrar a insuficiência e a precariedade de todas as melhorias possíveis de serem obtidas em regime capitalista e impelir a luta sempre em direção à maiores soluções radicais".[1086] Quanto aos sindicatos, os anarquistas deveriam, sobretudo, "permanecerem anarquistas, se manterem sempre em relação com outros anarquistas e lembrarem-se que a organização operária não é o fim, mas simplesmente um dos meios, por mais importante que seja, para preparar o advento da anarquia".[1087]

É verdade que a organização operária seria o melhor meio, talvez o único, de reunir o maior número de operários necessários para uma ação resolutiva; mas isso não altera o fato de que essas organizações sejam "revolucionárias quando fracas", mas que, "na medida em que crescem em número e força, burocratizam-se e se tornam conservadoras e egoístas em matéria política".[1088] Portanto, o problema que se coloca "é o de tirar proveito das vantagens da organização evitando seus inconvenientes e perigos. E é um árduo problema".[1089] Foi por ter notado claramente a ambiguidade da organização operária, que Malatesta se dizia "adversário do sindicalismo e partidário ardoroso do movimento operário".[1090] O sindicalismo lhe figurava aceitando o jogo patronal de despolitização do pauperismo; um jogo no qual, como disse Tocqueville, na medida em que os operários adquiriam os hábitos da propriedade, modificavam suas ideias e transformavam seus costumes; mostravam-se mais preocupados com o futuro e mais previdentes; tornavam-se pessoas que, muito embora ainda não sendo ricas, possuíam, todavia, as qualidades que engendravam a riqueza.[1091]

[1085] *Ibid.*,1975[302], p. 155.

[1086] *Ibid.*, 1975[305], p. 164.

[1087] *Id.*

[1088] *Ibid.*, 1975[321], p. 208.

[1089] *Ibid.*, 1984[24], p. 340.

[1090] *Ibid.*, 1975[326], p. 217.

[1091] TOCQUEVILLE, 2003, p. 48.

> Na medida em que nossos operários adquiram conhecimentos mais amplos e que a arte de se associar para finalidades honestas e pacíficas progrida entre nós; quando a política não se misturar com as associações industriais e quando o governo, tranquilizado em seu objeto, não negar a elas sua benevolência e seu apoio, ver-se-á elas se multiplicarem e progredirem. Penso que em tempos democráticos como os nossos, a associação, em todos seus aspectos, deve substituir pouco a pouco a ação preponderante de alguns indivíduos poderosos.[1092]

Malatesta, ao contrário, defendia como "única condição para que a atuação anarquista nos sindicatos fosse possível e desejável" era, precisamente, a de "querer combater os patrões. O ódio ao patrão é o princípio de salvação. [...] No fundo, esse é o objetivo e essa é a esperança pela qual nos interessamos pelo movimento operário".[1093]

[1092] *Ibid.*, p. 54-55

[1093] MALATESTA, 1975[205], p. 155-156.

CAPÍTULO 6

FASCISMO

De acordo com Antonioli, a USI, Unione Sindacale Italiana, organização nacional do sindicalismo revolucionário com forte presença anarquista, fundada em 1912 como alternativa à Confederazione Generale del Lavoro (CGL), de cunho socialista, contou inicialmente com, aproximadamente, 80 mil inscritos; número que subiu para 101 mil, em dezembro de 1913; e, no fim de 1918, os inscritos chegaram ao número de 180 mil, para se tornarem, apenas um ano depois, 305 mil.[1094] Um crescimento vertiginoso que reflete o clima de tensão e instabilidade no ambiente industrial, bem como a preponderante militância anarquista nesse ambiente. Como notou Cerrito, a ação anarquista no sindicalismo revolucionário influiu "visivelmente sobre os acontecimentos do movimento operário em geral e do próprio Partido Socialista, contribuindo entre outras coisas, para a falência da operação de captura conduzida pelo governo de Giolitti".[1095] O primeiro-ministro e líder do partido liberal italiano estabeleceu um regime liberal durante seu governo, de 1911-1914, evitando que o Estado se apresentasse:

> [...] como o agressor cego nos confrontos com o movimento subversivo, na medida em que tolerava certas "liberdades" que permitiam o funcionamento de um grupo, a criação de uma federação, certa programação de conferências de propaganda, a vida e a difusão de periódicos e de outras publicações de partido.[1096]

Uma superficialidade liberal que as agitações dos sindicalistas revolucionários da USI trataram logo de subverter e provocar sua crise, até a deflagração da Primeira Guerra Mundial, em 1914.

[1094] ANTONIOLI, 1997, p. 141 et seq.

[1095] CERRITO, 1977, p. 95.

[1096] *Ibid.*, p. 52.

1. O elã nacionalista

A Primeira Guerra colocou em campos inimigos a Tríplice Entente formada pelo Império Britânico, Império Russo e França (mais tarde, incluirá os Estados Unidos), contra a Tríplice Aliança composta pelos Impérios Alemão, Austro-Húngaro e Turco-Otomano. A guerra não somente modificou radicalmente o mapa geopolítico da Europa e do Oriente Médio, como também contribuiu, ao quebrar o sistema político do czarismo russo, para o advento da Revolução Russa de 1917; e materializou um sentimento que até então vagueava na vida prática, dando-lhe um caráter de doutrina: o nacionalismo. Com a guerra, o nacionalismo representou a renovação da consciência burguesa sob a forma da afirmação da nação e da sua individualidade frente aos vários internacionalismos socialistas, anarquistas, maçônicos etc., aspirando a devolver autoridade ao Estado contra os diversos partidos, parlamentos e burocracias e exigindo políticas coloniais e de imigração que não se traduzissem no empobrecimento da nação. Em 1909, o *Tricolore*, jornal nacionalista de Turim, afirmava a necessidade de "liberar o mundo operário da tirania demagógica, democrática e socialista, para fazê-lo aliado na grande empresa da nação imperialista".[1097] Foi esse espírito que a guerra alimentou e forneceu uma nova configuração que se chamará fascismo.

Segundo De Ambris, na primavera de 1919, a situação política italiana era nitidamente revolucionária.

> A guerra tinha deixado, em todas as classes sociais, graves fermentos e não apenas os proletários das fábricas e dos campos pareciam tomados de um verdadeiro furor de rebelião, mas também no exército – retornado recentemente do fronte – desenhavam-se fortes traços revolucionários [...]. Para a maioria, a trincheira tinha sido escola de subversão.[1098]

Nesse ambiente, desenvolveu-se a manifestação de um tipo de "nacionalismo agressivo que apelava para as paixões violentas dos oprimidos"[1099] e constituiu a "força animadora", o elemento essencial que a

---

[1097] DE FELICE, R. (org.). *Il fascismo*. Le interpretazioni dei contemporanei e degli storici. Bari: Editori Laterza, 1998. p. 333.

[1098] DE AMBRIS, A. L'evoluzione del fascismo. *In*: DE FELICE, R. (org.). *Il fascismo. Le interpretazioni dei contemporanei e degli storici*. Bari: Editori Laterza, 1998. p. 197.

[1099] COLE, G. D. H. Socialismo e fascismo. *In*: DE FELICE, R. (org.). *Il fascismo. Le interpretazioni dei contemporanei e degli storici*. Bari: Editori Laterza, 1998. p. 667.

guerra conferiu tanto ao fascismo quanto ao nazismo: ambos comparti-lharam o fato de que, na Itália e na Alemanha, a gênese do nazifascismo residia "na desilusão de ex-combatentes e no frenesi de ação difundido entre a juventude ausente na ocasião oferecida pela guerra".[1100]

Contudo, a guerra também despertou novas e poderosas paixões entre os anarquistas. Masini mostrou como, após ter provocado ambi-guidades nos ambientes do socialismo e sindicalismo revolucionário, o conflito bélico entre as diversas nações introduziu no campo anarquista algumas incertezas quanto às conexões entre guerra e capitalismo: as polêmicas sobre o intervencionismo ou a neutralidade da Itália no conflito Austro-Servo, que corroíam os diversos partidos políticos e o movimento sindicalista, não pouparam nem mesmo os anarquistas. Um dos princi-pais expoentes do "intervencionismo anárquico" foi o anarquista italiano Libero Tancredi, pseudônimo de Massimo Rocca, mais tarde adepto do fascismo; decididamente intervencionista, Tancredi foi responsável por tornar públicas as ocultas inclinações intervencionistas de Mussolini, então socialista e diretor do *Avanti!*, órgão do Partido Socialista. Ao reprovar a dubiedade e a hesitação do futuro *Duce* frente ao conflito iminente, Tancredi escrevia, em outubro de 1914, que "toda sua campanha estava fundada sobre uma reticência mental: a certeza ou a esperança que o governo faça a guerra".[1101] Com efeito, pouco depois, Mussolini se demitia, da direção do *Avanti!*, após tentar, sem sucesso, subtrair o Partido Socialista da sua posição de neutralidade em relação ao conflito.

O anarcointervencionismo italiano encontrava sua justificativa na:

> [...] simpatia pela "França republicana e revolucionária, na Inglaterra constitucional e livre, na Rússia minada por uma profunda revolução interna" e pela hostilidade em direção "a Alemanha luterana, militarista, feudal sem revoltas, e a Áustria católica, ameaçadora e sanguinária".[1102]

Os anarquistas intervencionistas eram constituídos, sobretudo, pela tendência anarcoindividualista do movimento, conhecida por seu cará-ter fortemente violento e agressivo, frequentemente despejado "sobre o adversário de classe, sobre o socialismo reformista; em certos casos contra

---

[1100] HUGHES, H. S. La natura del sistema fascista. *In*: DE FELICE, R. (org.). *Il fascismo*. Le interpretazioni dei contemporanei e degli storici. Bari: Editori Laterza, 1998. p. 681.

[1101] *Apud* DE FELICE, R. *Mussolini il rivoluzionario, 1883-1920*. Turim: Einaudi, 1995. p. 255.

[1102] MASINI, P. C. Gli Anarchici fra neutralità e intervento (1914-1915). *Rivista Storica dell'Anarchismo*, Pisa, v. 2, n 8, p. 9-22, jul./dez. 2001. p. 16.

correntes e tendências do anarquismo consideradas demasiadamente moderadas, como as representadas por Malatesta e Fabbri".[1103]

Em relação às polêmicas sobre o intervencionismo anarquista, Malatesta manteve um silêncio inquietante do seu exílio londrino, devido, ao que parece, às complicações da sua própria saúde e da família Defendi com quem habitava.[1104] Mas quando foi lançada a suspeita de que seu silêncio poderia indicar uma posição favorável ao intervencionismo, em novembro de 1914, rapidamente envia uma carta ao jornal *Università Popolare*, publicado por Luigi Molinari, dizendo que poderia ter permanecido em silêncio, já que lhe parecia ser "suficiente chamar-se anarquista para afirmar implicitamente a própria oposição à guerra e a qualquer colaboração com os governos e com a burguesia"; afirmava que seu silêncio era devido a "condições pessoais e não por qualquer hesitação em condenar absolutamente a guerra e toda participação nela por parte desses que se dizem anarquistas".[1105]

Logo em seguida, escreve para os jornais *Freedom,* de Londres, e para *Volontà,* de Ancona, afirmando publicamente sua posição no artigo intitulado "Os anarquistas esqueceram seus princípios". Para Malatesta, era difícil acreditar que socialistas teriam aplaudido e participado voluntariamente, ao lado dos alemães ou dos aliados, em uma guerra que tem devastado a Europa. "Mas o que dizer quando essa atitude é adotada por anarquistas, pouco numerosos é verdade, mas entre os quais companheiros que amamos e respeitamos profundamente?".[1106] Sua posição não remetia ao pacifismo, porque os oprimidos estão sempre em posição de legítima defesa frente aos opressores e possuem sempre o direito de atacar quem lhes oprime, como ocorre nas guerras de liberação, também na guerra civil e nas revoluções. "Mas, em que a atual guerra diz respeito à emancipação humana?",[1107] pergunta Malatesta. Os socialistas, assim como os burgueses, se referem à França e à Alemanha não como se fossem o produto histórico de lutas seculares, mas como "unidades etnográficas homogêneas dotadas cada uma de interesses, de aspirações e de missão própria e opostos aos interesses, aspirações e missões de outras unidades rivais".[1108] Esquecem

---

[1103] *Ibid.*, p. 17.

[1104] BERTI, 2003, p. 567.

[1105] *Apud* NETTLAU, 1982, p. 81.

[1106] MALATESTA, E. Gli Anarchici hanno dimenticato i loro principi. *Volontà*, Ancona, ano II, n. 42, 28 nov. 1914a.

[1107] *Id.*

[1108] *Id.*

que essa pretensa unidade só é possível quando os trabalhadores não se dão conta da sua condição de inferioridade e se tornam instrumentos dóceis de seus opressores. Nessa homogeneização fabricada, é natural que o governo se interesse "particularmente em excitar as ambições e os ódios de raça, enviando tropas aos países 'estrangeiros' com o propósito de liberar populações de seus atuais opressores para submetê-los à própria dominação política e econômica".[1109] Todavia, a tarefa dos anarquistas é, pelo contrário, a de:

> [...] despertar a consciência dos antagonismos entre dominadores e dominados, entre exploradores e explorados, e desenvolver a luta entre as classes em todos os países e a solidariedade entre todos os trabalhadores independentemente de quaisquer fronteiras e contra todos os prejuízos e paixões raciais e nacionais.[1110]

Nesse sentido, para os anarquistas, o "estrangeiro", o inimigo de guerra, é o explorador, tenha ele nascido em terra natal ou noutro país, fale ele a mesma língua ou outra desconhecida. "Escolhemos constantemente os nossos amigos, os nossos companheiros de luta, assim como os nossos inimigos, em função das ideias que professam e da posição que assumem na luta social, jamais em função de sua raça ou de sua nacionalidade".[1111]

É preciso colocar, antes de qualquer guerra entre Estados, essa guerra elementar e cotidianamente travada entre governo e governados; uma guerra que não admite cooperação, nem transigências, nem armistícios, porque encontra seu fundamento nas inúmeras diferenciações sociais que colocam em campos inimigos operários e patrões, pobres e ricos, proprietários e despossuídos. Contra essa guerra, os pretextos de solidariedade patriótica são impotentes.

> Se, na ocasião em que soldados estrangeiros invadissem "o solo sagrado da pátria", as classes privilegiadas renunciassem aos seus privilégios e agissem de maneira que a "pátria" se tornasse realmente propriedade comum a todos os habitantes, seria então justo que todos levantassem suas armas contra o invasor. Mas, se os reis querem conservar *sua* coroa, se os proprietários querem manter as *suas* terras e as *suas* casas, os comerciantes querem manter o *seu* negócio

---

[1109] *Id.*

[1110] *Id.*

[1111] *Id.*

e buscam até mesmo vender a preços mais altos, então os trabalhadores, os socialistas, os anarquistas devem abandoná-los à sua sorte, esperando a ocasião propícia para desembaraçar-se de seus opressores internos e, ao mesmo tempo, daqueles externos.[1112]

Os socialistas sustentavam que a vitória dos aliados sobre o Império Germânico e Austro-Húngaro representaria o fim do militarismo, o triunfo da civilização e da justiça nas relações internacionais. Para Malatesta, o cão raivoso de Berlim e o velho carrasco de Viena não eram piores que o Czar sanguinário da Rússia, nem a "diplomacia inglesa que oprime os indianos, ludibria a Pérsia, massacra a república dos Boers"; assim como não são piores que:

> [...] a burguesia francesa assassina de povos indígenas no Marrocos; ou a burguesia belga que autoriza e lucra amplamente com as atrocidades cometidas no Congo – sem mencionar os delitos que aqueles governos e as classes capitalistas cometem contra os trabalhadores e revolucionários de seus países.[1113]

Ao lado do despotismo militarista alemão e austríaco que tanto repugnava socialistas e anarquistas, Malatesta colocou a insidiosa e genocida política colonialista dos Aliados e seus extermínios raciais cometidos contra as populações étnicas. Malatesta esteve duas vezes no Egito, em 1878 e 1882, onde se engajou contra a dominação inglesa; talvez, por essa razão, se mostrava bastante atento aos experimentos concentracionários largamente praticados, pelas sociedades liberais daquele começo do século XIX, como parte de suas políticas colonialistas. Com efeito, os primeiros campos de concentração da história não foram construídos pelos alemães, mas foram instaurados, em razão das guerras coloniais, pelo general espanhol de origem prussiana Valeriano Weyler y Nicolau, na ilha de Cuba, em 1896, com o objetivo de conter as revoltas contra a dominação espanhola; em seguida, os americanos estabeleceram campos de concentração, em 1898, para conter a insurreições nas Filipinas; e, em 1900, os ingleses instauraram campos na República Sul Africana contra a guerrilha do povo Bôer.[1114] O campo de concentração, ou a prática con-

---

[1112] *Id.* Grifos do autor.

[1113] *Id.*

[1114] *Cf.* KAMINSKI, A. J. *I campi di concentramento dal 1896 a oggi.* Storia, funzioni, tipologia. Turim: Bollati Boringhieri, 1998. p. 38-39.

centracionária, teria sido uma consequência lógica da política liberal na gestão das populações colonizadas; John Stuart Mill, por exemplo, defendia a aplicação do "bom despotismo" para nações subdesenvolvidas (*unimprovement nations*), como África e China; Tocqueville via como necessária a colonização da Argélia; mas foi Jeremy Bentham quem aperfeiçoou essa prática concentracionária, porém voltada agora para a colonização interna de pobres e vagabundos, com seu projeto *The Poor Law Report of 1834* para as *workhouses* inglesas.[1115] Na prática, era uma política colonial que anarquistas e socialistas subscreviam ao apoiarem a causa dos Aliados contra a Tríplice Aliança. Daí a crítica incisiva de Malatesta:

> [...] a vitória da Alemanha corresponde sem dúvida nenhuma ao triunfo do militarismo e da reação, o triunfo dos Aliados corresponderia à dominação russo-inglesa (quer dizer, capitalismo com açoite) na Europa e na Ásia, ao advento do alistamento obrigatório e ao desenvolvimento do espírito militarista na Inglaterra e à reação clerical e talvez monárquica na França.[1116]

Finalizava seu artigo exprimindo a expectativa pela derrota da Alemanha, por entender que tal fato abriria maiores possibilidades revolucionárias naquele país. A esse propósito, Mussolini, agora diretor de *Il Popolo d'Italia*, cujo primeiro número aparece em 15 de novembro de 1914, subvencionado por intervencionistas franceses interessados na adesão italiana aos Aliados,[1117] afirmava, de maneira oportunista, que a expectativa malatestiana na derrota alemã contradizia inteiramente o artigo e destruía sua argumentação. De Londres, Malatesta escreve rapidamente a Mussolini um esclarecimento para ser publicado no seu jornal que, entretanto, não ocorre; será, então, publicado no jornal *Volontà*, que Luigi Fabbri passou a dirigir após o exílio de Malatesta em Londres. Na sua resposta, Malatesta afirma que:

> [...] todo acontecimento pode atuar contra ou a favor dos objetivos a que se propõe: portanto, em toda circunstância existe uma escolha, uma expectativa a ser feita, sem, por isso, ser levado a deixar a própria via e a colocar-se em favor de tudo aquilo que se avalia indiretamente útil.[1118]

[1115] *Cf.* DEAN, 1999, p. 133-134.

[1116] MALATESTA, 1914a.

[1117] DE FELICE, 1995, p. 277.

[1118] MALATESTA, E. Due lettere di Malatesta. *Volontà*, Ancona, ano II, n. 46, 26 dez. 1914b.

Pode-se esperar que chegue ao poder um ministério de imbecis e de reacionários cegos, em vez de um ministério de homens inteligentes que saberiam melhor iludir e enganar os trabalhadores. "Mas em que seria útil a fraqueza e a cegueira de um ministério se para fazê-lo chegar e mantê-lo no poder, nos tornássemos nós mesmos sustentadores do governo?".[1119] No mesmo número, *Volontà* publica igualmente a carta que Malatesta escreveu para o jornal *Freedom*, de Londres, na qual discute um artigo de Kropotkin sobre antimilitarismo, publicado em novembro de 1914. Segundo Nettlau, a carta de Malatesta "é memorável porque o apresenta pela primeira vez em oposição a Kropotkin, com palavras corteses, porém, resolutas".[1120]

Rocker recordou como Kropotkin, em junho de 1914, temia e considerava iminente a deflagração de uma guerra, convencido de que a Alemanha já havia tomado todas as medidas para o conflito. Em conversa mantida com ele em sua casa, Kropotkin afirmou estar:

> [...] firmemente persuadido de que, caso não se produza uma transformação inesperada, a guerra se produzirá absolutamente. [...] Alemanha se afastou cada vez mais da Europa ocidental com sua política exterior. Desde a queda de Bismarck a situação se tornou mais aguda a cada ano [...]. Toda sua política se baseou, até aqui, em meios de intimidação.[1121]

Em seguida, perguntando-lhe se acreditava que a Alemanha era a única responsável pela situação atual, respondeu negativamente, "porém os atuais governos da Alemanha são mais responsáveis que todos os outros, pois deram um impulso para a militarização da Europa e resistiram decididamente à todas as propostas de desarmamento".[1122] Segundo Rocker, a maioria dos anarquistas radicados em Londres considerava a opinião de Kropotkin sobre a guerra fruto "do preconceito russo herdado contra os alemães".[1123] Entretanto, Rocker acreditava que a causa principal da sua atitude deveria ser procurada "na sua concepção singular da

---

[1119] *Id.*

[1120] NETTLAU, 1982, p. 83.

[1121] *Apud* ROCKER, R. *En la borrasca (años de destierro)*. Tradução: Diego A. de Santillan. Buenos Aires: Editorial Tupac, 1949. p. 365.

[1122] *Id.*

[1123] ROCKER, 1949, p. 379.

história moderna".[1124] Nas suas análises da guerra franco-prussiana de 1870-1871, Kropotkin percebeu surgir no continente europeu um novo tipo de reação representado pelo militarismo moderno, dotado de burocracia estatal onipresente criada pelo que Bakunin chamava *bismarckismo*. Dessa maneira, Kropotkin:

> [...] via nos movimentos sociais do presente, que favoreciam a reorganização da vida econômica e social, a continuação natural das aspirações revolucionárias de 1789 e tinha firme convicção de que uma vitória da Alemanha atrasaria por décadas ou até mesmo por séculos o grande processo histórico que havia começado com a revolução francesa na Europa. Quando a guerra, que ele tinha previsto há muito tempo, não foi impedida pelos povos, colocou-se sem maiores considerações do lado dos Aliados para salvar o que fosse possível salvar das conquistas revolucionárias.[1125]

No seu artigo no *Freedom*, Kropotkin afirmava que um antimilitarista não deveria jamais participar das agitações contra a guerra sem antes fazer no seu foro íntimo um voto solene de que, se a guerra começasse, ele daria o apoio da sua ação ao país invadido, qualquer que tenha sido.[1126] Contra o argumento de Kropotkin, Malatesta respondeu que seu amigo russo parecia esquecer-se de todos os antagonismos sociais "quando diz que um antimilitarista deve sempre estar pronto, em caso de deflagração de guerra, para tomar armas e defender o país que será invadido";[1127] e defendia, ao contrário, o antimilitarismo como o princípio que "afirma no serviço militar uma ação abominável e homicida; um homem não deve consentir de tomar armas sob as ordens dos patrões, nem muito menos combater, exceto pela revolução social".[1128] Para Malatesta, o antimilitarismo de Kropotkin não era mais que a obediência aos comandos do governo. "O que resta do antimilitarismo e, com mais razão, da anarquia? Assim, compreendendo os fatos, Kropotkin renuncia ao antimilitarismo porque acredita que a questão nacional deve ser resolvida antes da questão social".[1129] Foi enérgico em sua resposta ao seu velho amigo; dizia ser "muito doloroso" opor-se "a um velho amado companheiro como

---

[1124] *Id.*

[1125] *Ibid.*, p. 381.

[1126] Cf. NETTLAU, 1982, p. 83.

[1127] MALATESTA, E. Antimilitarismo. *Volontà*, Ancona, ano II, n. 46, 26 dez. 1914c.

[1128] *Id.*

[1129] *Id.*

Kropotkin".[1130] Em todo caso, "com mais razão, pela estima e amor que temos por Kropotkin, é necessário declarar que não o seguimos nas suas divagações sobre a guerra".[1131] Entretanto, a atitude de Kropotkin frente à guerra parecia-lhe não ser um fato novo, porque "há mais de dez anos ele predicava o perigo alemão; e admito que erramos ao não dar importância ao fenômeno do seu patriotismo franco-russo, não prevendo onde os seus preconceitos antialemães o conduziriam".[1132]

Em todo caso, em Londres, o clima das discussões ganhava cada vez maior intensidade e tensão. Rocker menciona uma apaixonada discussão durante uma reunião na sede do grupo *Freedom*, da qual participaram anarquistas de várias nacionalidades, entre eles, Malatesta, Tcherkesof, Keel e Schapiro. Tcherkesof, que compartilhava o ponto de vista de Kropotkin, insistiu sobre o perigo que significava a vitória da Alemanha para o desenvolvimento do anarquismo na Europa e para o movimento operário; dizia que tal resultado teria consequências catastróficas que anulariam todas as conquistas dos últimos 100 anos. Desse modo, concluía, todos deveriam colocar-se resolutamente ao lado dos Aliados, caso não se quisesse abandonar o dever de revolucionários e apoiar o militarismo prussiano.

> Malatesta, que já tinha interrompido violentamente algumas vezes Tcherkesof, continha-se. Nunca o vi tão excitado como naquela noite. Manifestou-se com grande rispidez contra Tcherkesof, de quem era amigo há décadas e qualificou suas opiniões como a negação de todos os princípios libertários. Segundo sua visão, tratava-se, nessa guerra, como em todas as outras, simplesmente dos interesses das classes dominantes, não dos interesses da população.[1133]

Depois da réplica violenta a Tcherkesof, os demais participantes expuseram seus pontos de vista que coincidiam, em linhas gerais, com os de Malatesta; em todo caso, segundo Rocker, o consenso foi impossível: "nos separamos bem tarde e com muita tensão, fortemente visível especialmente entre Malatesta e Tcherkesof".[1134] Na sequência dos debates, em março de 1915, um grupo de anarquistas publicou o "Manifesto Internacional Anárquico contra a Guerra"; entre os subscritores, além de Malatesta,

---

[1130] *Id.*

[1131] *Id.*

[1132] *Id.*

[1133] ROCKER, 1949, p. 382.

[1134] *Id.*

figuravam Leonard D. Abbott, Alexander Berkman, L. Bertoni, L. Bersani, G. Bernard, G. Barrett, A. Bernardo, E. Boudot, A. Calzitta, Joseph J. Cohen, Henry Combes, Nestor Ciele van Diepen, F. W. Dunn, Ch. Frigerio, Emma Goldman, V. Garcia, Hippolyte Havel, T. H. Keell, Harry Kelly, J. Lemaire, H. Marquez, F. Domela Nieuwenhuis, Noel Paravich, E. Recchioni, G. Rijnders, I. Rochtchine, A. Savioli, A. Schapiro, William Shatoff, V. J. C. Schermerhorn, C. Trombetti, P. Vallina, G. Vignati, Liliam G. Woolf e S. Yanowsky. O manifesto inicia afirmando que a guerra é certamente um espetáculo terrível, angustiante e odioso, mas que, no entanto, não era inesperado, pelo menos para os anarquistas, que jamais tiveram e não têm nenhuma dúvida de "que a guerra é permanentemente apresentada pelo presente sistema social".[1135] A guerra, diz o manifesto, seja ela ampla ou limitada, esteja revestida de dimensões europeias ou coloniais,

> [...] é a consequência natural, o resultado inevitável e fatal de uma sociedade fundada sobre a exploração dos trabalhadores, que repousa sobre a selvagem luta de classes e constringe o trabalho a se submeter à dominação de uma minoria de parasitas que detêm o poder político e econômico.[1136]

Além disso, continua o manifesto, seria estulto e infantil, vendo que as nações multiplicaram as causas e as ocasiões dos conflitos, querer fixar a responsabilidade nesse ou naquele governo. No presente conflito, "nenhuma distinção possível pode ser estabelecida entre guerra ofensiva e guerra defensiva";[1137] embora, nesse momento, os governos de cada nação disputam entre si os adjetivos de humanitário e civilizador, procurando o verniz de defensores dos direitos e da liberdade dos povos para suas ações.

> Civilidade? Quem nesse exato momento a representa? Talvez o Estado alemão com seu formidável militarismo, tão potente que sufocou qualquer disposição para a revolta? Ou o governo russo para quem o cnute,[1138] a forca e a Sibéria são os únicos meios de persuasão? Quem sabe o governo francês com seu Biribi,[1139] as suas conquistas sanguinárias no Golfo de Tonkin [Vietnã], em Madagascar e no Marrocos e com seu alistamento obrigatório de tropas mercená-

---

[1135] MALATESTA, E.; et al. Manifesto Internazionale Anarchico contro la Guerra. *Volontà*, Ancona, ano III, n. 12, 20 mar. 1915.

[1136] *Id.*

[1137] *Id.*

[1138] Instrumento de suplício feito de tiras de couro com bolas de metal nas extremidades.

[1139] Colônia penal, na África do Norte, destinada a receber militares refratários ou indisciplinados.

rias? A França que detém nas prisões, há anos, inúmeros companheiros culpados unicamente de terem escrito ou discursado contra a guerra? Ou seria o Estado inglês que explora, divide e oprime as populações de seu Império Colonial? Não! Nenhum dos beligerantes está em condições de reclamar em nome da civilidade ou de declarar a si mesmo em estado de legítima defesa.[1140]

Não há, portanto, outra razão para a causa da guerra que a existência do Estado, "forma política do privilégio".[1141] É o Estado, dizem os subscritores do manifesto,

> [...] sustentado pela força militar; por meio dessa força se desenvolveu e é sobre ela que, logicamente, se afirma para manter a sua onipotência. Qualquer que seja a forma que possa assumir, o Estado é a opressão organizada em benefício das minorias privilegiadas.[1142]

Sob essa perspectiva, a presente guerra comprova claramente esse último aspecto, na medida em que nela se encontram engajadas todas as formas de Estados existentes na Europa: desde o absolutismo russo, passando pelo absolutismo germânico suavizado por instituições parlamentares, até o regime constitucional inglês e o regime republicano francês. Em face da atual situação:

> [...] a tarefa dos anarquistas na presente tragédia, qualquer que possa ser o lugar ou a situação que se encontrem, é aquela de continuar a proclamar que existe uma só guerra de liberação: aquela que em cada país é sustentada pelos oprimidos contra os opressores, pelos exploradores contra os explorados. Nossa tarefa é de incitar os escravos a se revoltarem contra seus patrões.[1143]

Um mês depois, em abril de 1915, Malatesta redige um longo artigo intitulado "Enquanto dura o massacre", no jornal *Volontà*, no qual procurou responder algumas acusações. Os revolucionários intervencionistas tinham qualificado a atitude anarquista contra a guerra de "fossilizada, dogmática e dominicana". Diziam que a atitude hostil aos governos francês e inglês, tanto quanto aos governos alemão e austríaco, mos-

---

[1140] *Id.*

[1141] *Id.*

[1142] *Id.*

[1143] *Id.*

trava que os anarquistas não intervencionistas faziam tábula rasa de todos os governos, não notando que, se é verdade que todos os governos são ruins, o são, porém, em graus diferentes. Na sua resposta, Malatesta concorda perfeitamente com a existência de diferenças de governo a governo e diz que "não é preciso fazer esforços para persuadir-nos de que é melhor ser preso do que ser assassinado, e que permanecer preso um ano é melhor que ficar dez".[1144] Porém, fundamentalmente, diz ele, "a razão da diferença, mais do que na forma de governo, está nas condições gerais, econômicas e morais da sociedade, no estado da opinião pública, na resistência que os governados sabem opor ao alastramento e ao arbítrio da autoridade".[1145] As formas de governo, que não são outra coisa que o resultado de lutas travadas pelas gerações passadas, têm certamente importância quando constituem um obstáculo aos abusos da autoridade. Assim, convencidos de que "todos os governos devem, por sua lei vital, se oporem à liberdade", a tarefa dos anarquistas é a de "buscar abater o governo e não de melhorá-lo".[1146] Na prática, diz Malatesta, "o pior governo é sempre aquele sob o qual nos encontramos, aquele contra o qual mais diretamente combatemos".[1147] Para o anarquista, essa era a única condição possível de permanecer revolucionário, do contrário, seria preciso "estar sempre contente de tudo, já que se encontra sempre um lugar em que se está pior, ou uma época na qual se esteve pior do que hoje".[1148] No mais, observava ser esse o típico espírito dos conservadores, "que renunciam ao melhor por medo do pior e não querem caminhar em direção ao futuro por temerem um retorno ao passado".[1149] Não se deve ignorar as graduações e as relatividades das coisas humanas; ao contrário, é preciso sempre estar pronto para concorrer para tudo que pode constituir um progresso efetivo em direção ao anarquismo; mas não é preciso, para isso, "fechar os olhos para a evidência e se tornar séquito de quem é inimigo nato da liberdade e da justiça".[1150]

Malatesta se recusou a dar a guerra apenas uma explicação de nacionalidade, coisa que lhe parecia não apenas insuficiente, mas servia

---

[1144] MALATESTA, E. Mentre la strage dura. *Volontà*, Ancona, ano III, n. 14, 03 abr. 1915.

[1145] *Id.*

[1146] *Id.*

[1147] *Id.*

[1148] *Id.*

[1149] *Id.*

[1150] *Id.*

igualmente para distrair a atenção do povo para as verdadeiras lutas de emancipação. Afirmava que se grita, com razão, contra a infame Áustria, que obriga sua população assujeitada a combater em defesa dos opressores.

> Mas porque se faz silêncio quando a França constringe os Argelinos a morrerem por ela, assim como outros povos que ela tem sob seu jugo? Ou quando a Inglaterra conduz ao matadouro os indianos? Quem pensaria, portanto, em liberar as nacionalidades independentes? Talvez a Inglaterra que desde o início aproveita da ocasião para capturar Chipre, Egito e tudo aquilo que pode? Talvez a Servia que quer unir tudo que tenha qualquer relação com a nacionalidade serva, mas constringe a Macedônia, mesmo com o risco de ser atacada pelas costas? Talvez a Rússia que, onde pisa, na Galícia ou na Bucovina, suprime até mesmo aquele pouco de autonomia que a Áustria concedia, prescreve a língua do país, massacra os judeus e persegue os cismáticos *Unichi*? Talvez a França que, nos mesmos dias em que celebrava a vitória do Marne contra os invasores alemães, massacrava "os rebeldes" marroquinos e incendiava seus vilarejos?[1151]

Conclui Malatesta que, nas questões internacionais, como nas questões de política nacional, o único limite que é possível impor à prepotência dos governos "é a resistência que saberá opor o povo".[1152] Entretanto, esse ainda não seria o ponto final do debate. Quando, em fins de fevereiro de 1916, finalmente começaram a correr os primeiros rumores de paz, um grupo de anarquistas, entre os quais Kropotkin, Jean Grave, Charles Malato, Paul Reclus e Varlan Tcherkesof, publicaram no jornal *Battaille Syndicaliste* um artigo que ficou conhecido como "O manifesto dos dezesseis", muito embora, segundo Nettlau, o número de subscritores tenha sido 15; o 16º fora fruto da confusão com o nome de uma localidade Argelina.[1153] O manifesto pedia a continuação da guerra até a derrota total da Alemanha e dizia que:

> [...] falar de paz nesse momento significava fazer o jogo do partido governamental alemão, de Bulow e seus agentes. No que nos diz respeito, recusamos absolutamente fazer-nos partícipes das ilusões dos companheiros sobre as intenções pacíficas daqueles que dirigem a corte da Alemanha. Preferi-

[1151] *Id.*

[1152] *Id.*

[1153] NETTLAU, 1982, p. 88.

mos encarar o perigo de frente e procurar fazer o necessário para afrontá-lo. Ignorar esse perigo significa reforçá-lo.[1154]

A resposta de Malatesta será bastante dura. Virá em um artigo, publicado no *Freedom*, intitulado "Anarquistas pró-governo", no qual afirmava a necessidade de se separar publicamente desses "companheiros que acreditam possível conciliar as ideias anarquistas com a colaboração com os governos e a burguesia de certos países nas suas rivalidades contra a burguesia e os governos de outros países".[1155] Durante a crise provocada pela guerra, viu-se os republicanos se colocarem a serviço de Sua Majestade, os socialistas fazerem causa comum com a burguesia, trabalhadores fazerem os interesses dos patrões; "mas no fundo, todas essas pessoas são, em graus diversos, conservadores, crentes na missão do Estado e é compreensível que tenham hesitado e se desviado de suas finalidades até cair nos braços dos inimigos [...]. Mas não se compreende quando se trata de anarquistas".[1156] O grupo de anarquistas pró-guerra parecia-lhe não ter compreendido que, quando não se resiste com a revolução, não há outro meio de resistir a um exército forte e disciplinado, a não ser opondo-lhe outro exército ainda mais forte e mais disciplinado; "de modo que os mais ferozes antimilitaristas, se não são anarquistas ou se não creem na dissolução do Estado, estão fatalmente destinados a se tornarem militaristas ardentes".[1157] Nesse sentido, insiste que:

> [...] na esperança de abater o militarismo prussiano, renunciou-se ao espírito e a qualquer tradição libertária, prussianizou-se a Inglaterra e a França, submeteu-se ao czarismo, renovou-se o prestígio da vacilante monarquia italiana. Podem os anarquistas, mesmo por um só instante, aceitar esse estado de coisas sem renunciar a se dizerem anarquistas? Para mim, é melhor uma dominação estrangeira que se suporta pela força e contra a qual se revolta, do que a dominação nativa que se aceita docilmente, quase reconhecida, acreditando, desse modo, se estar garantido contra um mal maior.[1158]

O debate internacional anarquista sobre guerra, no qual Malatesta foi protagonista ao lado do seu amigo Kropotkin, coloca em evidência, de

---

[1154]   KROPOTKIN, P. *et al.* Manifesto dei sedici. *Rivista Libertaria*, Milão, ano I, n. 1, p. 67-69, out./dez. 1999. p. 69.

[1155]   MALATESTA, 1982[13], p. 67.

[1156]   *Id.*

[1157]   *Ibid.*, p. 68.

[1158]   *Id.*

forma significativa, o grau de intensidade ao qual foi elevado o sentimento do nacionalismo, não deixando escapar nem mesmo o anarquismo. Foi essa intensificação que produziu a tendência, nova e breve, do anarcointervencionismo que, terminada a guerra, foi destinada, senão inteiramente, ao menos na sua maioria, como sublinhou Masini,[1159] a engrossar as fileiras dos *fasci di combatimento*. De outro lado, existe um aspecto importante que também ressalta do debate internacional sobre a guerra, que Berti chamou "o problema do 'mal menor'",[1160] por ele apresentado nos seguintes termos. Malatesta reconhecia e valorizava as diferenças existentes entre as potências envolvidas na guerra, mas, segundo Berti, não podia agir de outra maneira, para não "comprometer sua identidade e seu patrimônio ideológico".[1161] Na prática, os anarquistas, adotando a posição de Malatesta, estavam impedidos de agir de modo que resultassem da sua ação determinados fatos ou, no máximo, agiam na condição de não colocar em perigo as suas ideias. "Quer dizer: *as objetivas situações histórico-políticas deveriam estar abaixo das subjetivas intenções ético-ideológicas*".[1162] Dessa forma, o "mal menor", diz Berti, não existe na posição de Malatesta, é um falso problema. "A intencionalidade anárquica não contemplava a consideração política do 'menos pior', estando convencida, entre outras coisas, que se podia obter unicamente exigindo o máximo".[1163] A ação anarquista, para Malatesta, deveria permanecer "integralmente revolucionária porque irremediavelmente ética" e, nessa posição, Berti afirma a existência de um "absoluto moral que supera a relatividade política".[1164]

Não obstante a conclusão do grande especialista na obra malatestiana, gostaria de sugerir que a separação feita por Berti, entre história objetiva e intenção subjetiva, é insuficiente para compreender o posicionamento de Malatesta, por duas razões: de um lado, é uma separação que arrisca conferir autonomia excessiva às objetivações históricas, em outras palavras, como notou Paul Veyne, arrisca produzir a ilusão mediante a qual as objetivações são "reificadas" como objetos naturais independentes dos sujeitos históricos;[1165] de outro, arrisca tomar os contradiscursos como

---

[1159] MASINI, 2001, p. 17.

[1160] BERTI, 2003, p. 557.

[1161] *Ibid.*, p. 569.

[1162] *Id.* Grifos do autor.

[1163] *Id.*

[1164] *Id.*

[1165] VEYNE, P. *Como se escreve a história.* 4. ed. Tradução: de Alda Baltar e Maria A. Kneip. Brasília: UNB, 1998. p. 257.

realidades trans-históricas, isto é, além da história. Seria preciso evitar o que Veyne chamou de "filosofia do objeto" e considerar na análise as práticas que lhes são correspondentes. Se é verdade que, no fundo, são as práticas que objetivam, são elas que conferem significação às coisas e lhes dão um status de objetividade, então, Malatesta tem razão em não preferir entre certas formas dadas de governo. Portanto, em vez de desejar o "menos pior", seria preciso, ao pretender o melhor, "comparar e, portanto, agregar [...] atrativos e desvantagens heterogêneas e medidas, por uma escala subjetiva de valores"; não é preciso "falsear a apreciação do possível, sustentando que "as coisas são o que são", porque, justamente, não há coisas: só existem práticas".[1166] Em outros termos, é preciso opor às práticas que se apresentam como "objetivações históricas", como objeto natural, outra objetivação, outro conjunto de práticas que neguem o objeto. Dessa maneira, negar a objetividade da guerra não seria o mesmo que cair no idealismo subjetivista, no "absoluto moral", porque, justamente, aquilo que se chama paz não repousa sobre um fundo branco no qual a guerra viria, de tempos em tempos, imprimir suas marcas: a paz fala a partir de virtualidades que as objetivações buscam suspender: virtualidades de práticas coloniais, da guerra social indefinidamente travada entre os sujeitos de uma mesma sociedade, das dessimetrias sociais etc. "A história torna-se história daquilo que os homens chamaram as verdades e de suas lutas em torno dessas verdades".[1167]

A separação e, portanto, hierarquização, feita por Berti entre "objetivas situações histórico-políticas" e "subjetivas intenções ético-ideológicas", soa, na melhor das hipóteses, como totalmente arbitrária; e, na pior, ofusca a compreensão da atitude do anarquista italiano. Na reflexão de Malatesta, a meu ver, a história figura como negação de objetos que foram naturalizados pelo pensamento para tornar possível o estabelecimento de outras práticas, não como a irrupção do "absoluto moral", mas que sejam capazes de refazer as relações existentes entre as coisas. Por exemplo, quando, no começo dos anos 1920, o bolchevique Sandomirsky sustentava que "quando se é colocado na posição de ter que escolher entre uma doutrina e a revolução, é preciso esquecer a doutrina"; Malatesta respondia-lhe que se tratava "ainda do velho engano da 'realidade histórica' com a qual se desejou fazer-nos apoiar a guerra! Nossa tarefa

---

[1166] *Ibid.*, p. 264.

[1167] *Ibid.*, p. 268.

é, ao contrário, combater todas as *realidades* que nos parecem ruins, chamem-se elas revolucionárias ou sejam o produto de um cataclismo social".[1168] A prática anárquica, porque não consiste no ensinamento de uma teoria abstrata e porque consiste menos da ordem da convicção, da crença, da ideologia, e mais em atos e comportamentos concretos, isto é, em um estilo de vida que engaja a existência do indivíduo, coloca a insurreição, ao mesmo tempo, dentro e fora da história. Essa é a razão pela qual Malatesta sustentava que, entre dois males equivalentes: "eu não escolheria nenhum; se me encontrasse na posição de ter que escolher entre a forca ou a guilhotina, eu escolheria... a vida e a liberdade; e se não pudesse fazer de outro modo, me deixaria arrastar pelo suplício, mas não daria nunca o meu consentimento".[1169]

Com efeito, Berti tem razão em afirmar que, em Malatesta, se desenha nitidamente uma contra-história (*con la storia, ma contro la storia*),[1170] ou seja, uma história-insurreição que, no entanto, não se apresenta pela separação entre anarquismo, como movimento histórico, e anarquia, como expressão ética. Como sugeri em outro lugar,[1171] é preciso considerar a ética anarquista como pensamento que se exerce no comportamento, evitando que seja tomada como prescrição do código, mas também como um absoluto moral. O paradoxo dessa simultaneidade, que coloca o anarquista, ao mesmo tempo, na e contra a história, não se dá por divisão ou corte; ao contrário, implica uma atitude limite, um limiar em que o anarquista não vive a anarquia, mas tampouco vive a não anarquia, movendo-se interminavelmente no limite entre uma vida não anárquica e uma vida anárquica, entre o domínio do cotidiano e o domínio do pensamento: é na medida em que se dão práticas anarquistas, que a vida anárquica se torna a brecha, um espaço liso, diria Deleuze, na vida cotidiana.

> O problema, para nós anarquistas que consideramos a anarquia não como um belo sonho para divagar sob a luz da lua, mas como um modo de vida individual e social [...], o problema, dizíamos, é de regular a nossa ação de maneira a obter o máximo de efeito útil nas várias circunstâncias que a história cria para nós.[1172]

[1168] MALATESTA, 1975[161], p. 51-52. Grifos meus.

[1169] MALATESTA, 1975[161], p. 51.

[1170] BERTI, 2003, p. 770.

[1171] AVELINO, N. *Anarquistas*: ética e antologia de existências. Rio de Janeiro: Achiamé, 2004. p. 98.

[1172] MALATESTA, 1975[245], p. 34.

E pelo fato de a "história ser movida por fatores potentes", diz Malatesta, é preciso "agir toda vez que a ocasião se apresente e tirar de cada agitação espontânea o máximo de resultados possíveis";[1173] de modo que aos anarquistas não cabe o papel de "espectadores indiferentes e passivos da tragédia histórica", mas de protagonistas "para determinar os acontecimentos que nos parecem mais favoráveis à nossa causa".[1174] Sendo os anarquistas "mais uma das forças agentes na sociedade, a história caminhará, como sempre caminhou, segundo a resultante das forças".[1175]

Certamente, Malatesta sabia que o ideal anarquista não era o único fator da história: "para além do ideal que estimula, existem as condições materiais, os hábitos, os contrastes de interesse e de vontade, em suma, as mil necessidades nas quais é forçoso submeter-se no convívio de todos os dias".[1176] Dessa maneira,

> [...] na prática, se fará o que se pode: mas fica sempre firme a tarefa dos anarquistas de impelir na direção do seu ideal e impedir, ou esforçar-se por impedir, que as inevitáveis imperfeições e as possíveis injustiças sejam consagradas pela lei e perpetuadas por meio da força do Estado.[1177]

Nesse sentido, "é necessário fazer tudo que se pode para que 'a história se oriente' rumo aos próprios desejos".[1178] O anarquista italiano estava convencido de que "os acontecimentos seguem a resultante das forças em ação", por isso afirmava ser "preciso que cada um empregue na luta tanta força quanto puder e do modo mais vantajoso".[1179] Em suma, assim como seu contemporâneo Nietzsche, Malatesta deu à história um sentido proudhoniano: ambos percebiam a história não paralisando, mas impulsionando o agir no presente.

2. O advento do fascismo

O fascismo pode ser compreendido sob dois aspectos: como movimento social e como regime político. Como movimento social, o fascismo

---

[1173] *Ibid.*, 1975[20], p. 63.

[1174] *Ibid.*, 1982[1], p. 56.

[1175] *Ibid.*, 1975[81], p. 208.

[1176] *Ibid.*, 1975[90], p. 229.

[1177] *Id.*

[1178] *Ibid.*, 1975[243], p. 32.

[1179] *Id.*

absorveu a forte cultura subversiva que atravessou os mais diversos ambientes da Itália no pós-guerra, produzida por décadas de agitações revolucionárias de anarquistas, socialistas e sindicalistas. O acontecimento conhecido como Settimana Rossa, o último grande protesto que sacudiu a Itália antes da guerra, coloca em relevo a densa atmosfera subversiva que marcou a Itália pré-fascista; e nele foram decisivas a atividade de Malatesta e a intensa propaganda realizada por meio do seu jornal *Volontà*, redigido em Ancona, entre o período de agosto de 1913 e junho de 1914. De acordo com Santarelli,[1180] em 1914, os anarco-sindicalistas da USI, junto das demais forças revolucionárias da Itália, resolveram propor uma jornada nacional contra o militarismo, que ganhava cada vez maiores proporções em razão da guerra com a Líbia. A data escolhida foi o primeiro domingo de junho, dia das comemorações do *Statuto Albertino* e ocasião em que ocorriam paradas militares organizadas pelo Estado. A intenção de se convocar nacionalmente comícios e passeatas para o dia do *Statuto*, lembra Malatesta, era obrigar o governo "a manter as tropas nos bairros ou mantê-las ocupadas em serviços de segurança pública",[1181] impedindo, assim, a realização das demonstrações militares.

> A ideia, abraçada pelo periódico *Volontà* que publicávamos em Ancona, foi sustentada e propagada com fervor e, quando chegou o primeiro domingo de junho, atuada em muitas cidades. As paradas não foram feitas: a manifestação teve êxito e nós não teríamos impulsionado a coisa mais além [...]. Mas a estupidez e a brutalidade da polícia deram outra disposição. [...] Em um conflito, a polícia abre fogo matando três jovens. Imediatamente os bondes param de circular, todo comércio fecha e a greve geral é decretada sem a necessidade de deliberá-la e proclamá-la. Ao amanhecer, e nos dias seguintes, Ancona encontrava-se em estado potencial de insurreição.[1182]

O acontecimento não teve maiores êxitos, sobretudo, em virtude da recusa de socialistas e republicanos em radicalizar o movimento, mas serviu para evidenciar a marca indelével do revolucionarismo latente que atravessava toda a Itália. Malatesta reencontrou esse *sovversivismo* de maneira ainda mais intensa no pós-guerra, ao retornar de seu último exílio londrinense para dirigir, em Milão, o jornal *Umanità Nova*, fundado em

---

[1180] SANTARELLI, E. *Il socialismo anarchico in Italia*. Milão: Feltrinelli, 1973. p. 152.

[1181] MALATESTA, 1975[184], p. 101.

[1182] *Ibid.*, 1975[184], p. 101-102.

1920. Paolo Finzi descreveu como seu retorno foi clamorosamente recepcionado sob um "indescritível delírio de aplausos e de entusiasmos",[1183] prestados em todas as manifestações populares organizadas para saudá-lo. Um cronista dizia que, terminado um comício, no dia 27 de dezembro de 1919, "com muito esforço, e não sem perigos, os membros do Comitê conseguiram colocar Malatesta em um automóvel, subtraindo-o ao entusiasmo do povo".[1184] No dia 28, após desembarcar na estação ferroviária de Turim, outro cronista descreve como todo o átrio da estação de Porta Nuova estava tomado pela multidão. "Sobre milhares de cabeças agitavam-se as bandeiras vermelhas e negras do proletariado revolucionário turinense. Em torno dele, esperavam grupos de jovens entoando estrofes de hinos subversivos, que ecoavam até no interior da estação".[1185] Ao chegar, Malatesta é "literalmente tomado pela multidão em direção à saída e com muita dificuldade conseguiu entrar em um automóvel".[1186] De acordo com Finzi, foi uma época na qual Malatesta, aos 67 anos, se tornara uma figura quase mítica: era "o homem da Primeira Internacional, o eterno exilado e por toda parte perseguido, o herói da *Settimana Rossa*".[1187] Mas essas manifestações também traduziam, em certa medida, a inclinação dos vastos setores do movimento operário para a atividade subversiva. Em Modena, os operários abandonaram as fábricas ao saberem da notícia da chegada de Malatesta: 35 mil pessoas o ouviram discursar na praça central da cidade; em Ímola cerca de 2 mil pessoas se espremeram para ouvi-lo no teatro municipal; em Rimini, mil pessoas correram para recebê-lo. Quando chega em Cesena, o cronista do jornal *Sorgiamo!* escreveu que Malatesta era:

> [...] saudado freneticamente pelos companheiros, pelos amigos e pelos... adversários: pelos companheiros que estarão com ele no dia da luta, pelos amigos que o estimam e se deixam impulsionar, pelos adversários que o temem e que buscam maldizer, nessa obra cinza para as consciências inquietas, a sua e a nossa benevolência.[1188]

[1183] FINZI, P. *La nota persona*. Errico Malatesta in Italia (dicembre 1919/luglio 1920). Ragusa: La Fiaccola, 1990. p. 65.

[1184] *Id.*

[1185] *Ibid.*, p. 69.

[1186] *Id.*

[1187] *Ibid.*, p. 76.

[1188] *Ibid.*, p. 78.

Escrevendo sobre o glorioso retorno de Malatesta à Itália, Nettlau dizia que a multidão acreditava ver nele:

> [...] um chefe, um salvador, um libertador e estou mesmo autorizado a dizer que se fundiu nele a velha lenda de Garibaldi e a nova lenda de Lênin, e muitas pessoas do povo viram em Malatesta o Garibaldi socialista ou o Lênin italiano. Esse mal-entendido, fruto da veneração autoritária, foi trágico. Malatesta estava disposto a qualquer sacrifício, porém não queria conquistar o poder; esteve ao seu alcance a ditadura, mas a rechaçou. O povo, por sua vez, esperava um sinal e uma ordem que não vieram e que não poderiam vir de Malatesta; o povo não soube mais que modular alguns gritos de alegria e depois voltar novamente para casa.[1189]

O próprio Malatesta, prevendo os perigos que resultavam de toda essa exaltação popular em torno da sua pessoa, procurou impedir seu prosseguimento, escrevendo para o jornal *Volontà*, em janeiro de 1920, um artigo intitulado "Obrigado, mas basta!", no qual dizia:

> Durante a agitação para meu retorno e durante os primeiros dias da minha presença na Itália, foram ditas e feitas coisas que ofendem a minha modéstia e o meu senso de medida. Recordem-se os companheiros que a hipérbole é uma figura retórica da qual não se deve abusar. Recordem-se, sobretudo, que exaltar um homem é coisa politicamente perigosa e é moralmente danoso para o exaltado e para os exaltadores.[1190]

A preocupação de Malatesta com sua recepção *ducesca*[1191] não era infundada. Segundo Levy, enquanto se dava a desenfreada exaltação popular em torno de Malatesta, ocorria, ao mesmo tempo, uma estranha negociação levada a cabo pelo Capitão Giulietti, responsável por seu retorno à Itália.[1192] Giulietti pretendia articular a popularidade do anarquista com a popularidade igualmente forte de Gabrielle D'Annun-

---

[1189] NETTLAU, 1923, p. 211.

[1190] MALATESTA, 1975[227], p. 251.

[1191] A expressão foi utilizada por BERTI, 2003, p. 645.

[1192] Apesar de anistiado, Malatesta se encontrava impedido de deixar a Inglaterra pela recusa do cônsul italiano em lhe conceder o passaporte, sem o qual não poderia cruzar a fronteira francesa ou belga. Quando finalmente, após movimentos de protesto na Inglaterra, o cônsul lhe concede o documento, a polícia inglesa se encarrega cuidadosamente de dissuadir toda embarcação que pretendesse transportar Malatesta: "Dirigi-me a muitos capitães de várias nacionalidades e com diferentes pagamentos, muitas vezes maiores que o preço normal do transporte; mas quando embarcava, devolviam-me o dinheiro" (*Apud* BERTI, 2003, p. 643). Foi então que Giuseppe Giulietti, líder da Federação dos Trabalhadores do Mar, membro do Partido Socialista italiano e amigo pessoal de Benito Mussolini, organizara o embarque clandestino de Malatesta em Cardiff.

zio, líder dos legionários do Fiume, cidade alto-adriática italiana, com o propósito de realizar uma manifestação política que teria a forma de uma marcha sobre Roma[1193] – como se sabe, será, mais tarde, com essa mesma estratégia, a famosa marcha sobre Roma, que o fascismo conquistará o poder com Mussolini. Malatesta, como era de se esperar, recusa o projeto, dizendo-se grato a Giulietti, "sem que isso possa ter algum significado político".[1194] Foi desse modo que, em 1922, quando já havia terminado o "momento carismático" de Malatesta e de D'Annunzio, Mussolini, fixando em si mesmo a imagem:

> [...] do "novo homem", a personificação da cultura da "personalidade forte", rapidamente toma o poder. [...] Como mostrou Emilio Gentile na sua massiva história do Partido Nacional Fascista, Mussolini usou o exemplo e o sucesso inicial de D'Annunzio e as vitórias do esquadrismo no Vale do Pó para sua ascensão ao poder.[1195]

Sob o mito do "Lênin da Itália" criado em torno da figura de Malatesta, encontrava-se uma incrível força de atração carismática muito difundida na sociedade italiana. Que esse elemento do carisma tenha sido estimulado pelo ambiente subversivo e revolucionário é o que se destaca da sua glorificação pelas massas; mas foi também o elemento considerado central em muitas análises do fascismo. Nesse sentido, Cole se referiu a ele como uma "qualidade perigosa", engendrada pelo ambiente cultural do revolucionarismo italiano do pós-guerra,[1196] e Hughes definiu esse revolucionarismo como "um vigor adicional" que foi dado ao fascismo.[1197] No mesmo sentido, Guido Dorso afirmou que o fascismo:

> [...] nas vésperas da marcha sobre Roma, apresentava-se como uma amalgama informe de forças discordantes e contraditórias, reunidas pelo prestígio pessoal de um homem que, na imaturidade geral do país, conseguiu obter astutamente de quase todas as camadas da população uma promessa de confiança.[1198]

[1193] LEVY, C. Charisma and social movements: Errico Malatesta and Italian anarchism. *Modern Italy,* Cambridge, v. 3, n. 2, p. 205-217, 1998. p. 210.

[1194] *Ibid.,* p. 250.

[1195] *Ibid.,* p. 215.

[1196] COLE, 1998, p. 667.

[1197] HUGHES, 1998, p. 682.

[1198] DORSO, G. La rivoluzione in marcia: il fascismo. *In:* DE FELICE, R. *Il fascismo.* Le interpretazioni dei contemporanei e degli storici. Bari: Editori Laterza, 1998. p. 237-238.

Portanto, uma forte cultura de subversivismo pós-guerra e uma onda carismática que lhe foi correspondente parecem ter sido fatores decisivos para o desenvolvimento do fascismo. A demonstração desse aspecto pode ser encontrada também no *corpus* doutrinário do fascismo. Quando Mussolini funda os *Fasci di Combattimento*, em março de 1919, dizia em seu discurso de fundação, publicado no *Il Popolo d'Italia*, em 24/03/1919, que os *fasci* deveriam ser uma minoria ativa procurando dividir o partido socialista oficial do proletariado, e para isso era preciso "ir ao encontro do trabalho". Segundo Mussolini, examinado o programa dos *fasci,* poder-se-á:

> [...] encontrar analogias com outros programas; encontrar-se-ão postulados comuns aos socialistas oficiais, mas nem por isso eles são idênticos no espírito porque nós nos colocamos sobre o terreno da guerra e da vitória e é colocando-se sobre esse terreno que podemos cometer todas as audácias.[1199]

Já nas "Orientações teóricas. Postulados práticos dos *Fasci di Combattimento*", de 1920, pode-se ler que as linhas gerais de seu programa eram: a defesa da última guerra, a valorização da vitória, a resistência e a oposição às degenerações teóricas e práticas do socialismo politiqueiro; a isso acrescentava: "note-se: não oposição ao socialismo em si e por si – doutrina e movimento discutíveis – mas oposição às suas degenerações teóricas e práticas que resumem-se na palavra: bolchevismo".[1200] Os *fasci* também adotaram o "produtivismo", declarando-se "tendencialmente favoráveis as formas [...] que garantem o máximo de produção e o máximo bem estar" e se disseram interessados pelo movimento operário e pelos proletários organizados que "sabem combinar a defesa da classe com o interesse da nação", visto que os *fasci* não eram:

> [...] a priori pela luta de classe nem pela cooperação de classe. Uma e outra tática deve ser empregada conforme as circunstâncias. A cooperação de classe se impõe quando se trata de produzir; a luta de classe ou de grupos é inevitável quando se trata de dividir. Mas a luta de classe não pode levar ao assassinato da produção.[1201]

Piero Marsich, o "cão raivoso" do esquadrismo fascista, escrevia, em 1921, que os dois problemas fundamentais com os quais o fascismo deve

---

[1199] *Apud* DE FELICE, R. *Autobiografia del fascismo. Antologia di testi fascisti 1919-1945.* Turim: Einaudi, 2004. p. 16.

[1200] *Ibid.*, p. 25.

[1201] *Ibid.*, p. 27-28.

defrontar-se são as relações entre Estado e sindicatos e a descentralização administrativa. Dizia que o aspecto mais preocupante da atual crise do Estado italiano era constituído pela sobreposição do sindicato ao Estado, determinada por dois fenômenos históricos: de um lado, o prepotente espírito associativo que, a cada dia, se afirma e invade todas as manifestações da vida econômica e política, e, de outro, o enfraquecimento das conexões estatais. "O sindicalismo hodierno é, portanto, eminentemente 'antiestatal' e até mesmo 'antinacional'. O sindicalismo de amanhã deve ser 'estatal e nacional'".[1202] Mas isso é possível?, pergunta Marsich.

> Não é verdade que o sindicato seja um inimigo inconciliável do Estado. Ele é hoje violento e prepotente porque é o instrumento das demagogias políticas que o governam desastrosamente, ou porque o Estado atual, na sua impotência orgânica, não é capaz de frear e disciplinar o movimento sindical. É necessário: a) disciplinar o movimento sindical; b) abrir ao mercado as portas do Estado.[1203]

Dessa forma, o Estado, não reconhecendo teórica e praticamente o sindicato, é obrigado a tolerar e a sancionar suas violências e ilegalidades. Porém, nenhum dano poderá mais derivar dos sindicatos quando o Estado reconhecer suas manifestações legais.

> Eis, portanto, delineada a tarefa do Estado de amanhã: reconhecer os sindicatos, dar a eles uma veste jurídica, tratá-los como sujeitos de direito, como titulares de direito e de deveres ao mesmo tempo, regular o instituto da responsabilidade sindical. O sindicato, parte integrante do Estado, não terá direito à greve nos serviços públicos, do contrário serão punidos como crime. Os chefes dos sindicatos deverão ser, politicamente e juridicamente, responsáveis por suas ações e pelos danos por ela produzidos. [...] Nenhum perigo, como muitos temem, no reconhecimento dos sindicatos; o perigo consiste no oposto, em tolerar seu alastramento sem reconhecê-lo. Assim disciplinados, assim reconhecidos, os sindicatos terão direito de participarem do poder do Estado.[1204]

Verdadeira obra de modernização do Estado, o fascismo colocou a necessidade de fechar as portas do sindicato aos politiqueiros de profis-

---

[1202] *Ibid.*, p. 40.

[1203] *Ibid.*, p. 40-41.

[1204] *Ibid.*, p. 41-42.

são para que a Itália pudesse desenvolver uma verdadeira "consciência sindical" por meio da qual "o Estado sindical pudesse representar um progresso em relação ao Estado parlamentar".[1205] Sob esse aspecto, as críticas de Malatesta ao movimento operário encontraram uma assombrosa confirmação. Recorde-se como, nas vésperas da deflagração da guerra, Malatesta direcionava ao movimento operário uma crítica severa e uma atitude de quase hostilidade contra o sindicalismo. Não somente recusou as virtudes que se costumava atribuir ao sindicato, como afirmou estar "muito mais inclinado a acreditar, até certo ponto, que ele conduza naturalmente ao equilíbrio, ao acomodamento, à conservação e à consolidação dos privilégios sociais".[1206] Defendeu a necessidade de grupos de propaganda para "impelir o movimento [operário] na direção desejada".[1207] O movimento operário lhe aparecia como "uma das principais forças de que se dispõe para a revolução", porém a possibilidade sempre presente da sua desvirtuação constituía ao mesmo tempo "um dos maiores perigos que ameaçam a revolução".[1208] Quando, por exemplo, James Guillaume, um dos velhos participantes ainda vivos da 1ª Internacional ao lado de Bakunin, defendeu, em 1914, que o sindicato e o sindicalismo eram, ao mesmo tempo, meio e fim, Malatesta lhe respondeu que seu desacordo era absoluto. "O sindicato é meio e fim!? Mas qual sindicato? Também os sindicatos católicos? Os sindicatos amarelos? Também aqueles que querem acordos com os patrões?".[1209] Estava convencido de que, pelo contrário, uma vez excluída a influência anárquica do sindicato:

> [...] a tendência natural dos operários será de contentarem-se com pequenas melhorias; ou de monopolizar privilégios para a própria categoria [...]; ou de aceitar qualquer coparticipação nos ganhos do patrão; ou de constituírem-se em cooperativa ingressando no mundo comercial e capitalista – em suma, sempre o desejo de estar melhor possível na sociedade atual que eles [...] consideram como um fato *natural*, necessário e legítimo.[1210]

Anos mais tarde, divulgava no *Umanità Nova* o fato deplorável de que os telegrafistas de Genova exigiam a exclusão das mulheres do trabalho,

---

[1205] *Ibid.*, p. 42.

[1206] MALATESTA, E. Intorno alla vecchia Internazionale. *Volontà*, Ancona, ano II, n. 11, 14 mar. 1914d.

[1207] *Id.*

[1208] *Id.*

[1209] MALATESTA, E. Anarchismo e sindacalismo. *Volontà*, Ancona, ano II, n. 15, 11 abr. 1914e.

[1210] *Id.* Grifos do autor.

alegando que trabalhavam "somente para comprarem para si perfumes, maquiagem, meias de seda", enquanto milhares de pais de família encontram-se desempregados; por isso, declaravam os telegrafistas: "Fora com as mulheres! [...] Uma empregada não poderá nunca ser uma boa mãe de família; ou uma coisa ou outra, não é possível estar em dois lugares".[1211] Defendendo a liberdade inviolável das mulheres de recusarem "permanecer em casa como servas de seus senhores machos que muitas vezes retornam para casa bêbados e as espancam",[1212] Malatesta dizia que era por essa realidade evidente que os anarquistas deveriam interessar-se apenas mediocremente pela luta de classe e pelas lutas econômicas, especialmente quando elas "não assumissem reivindicações de ordem moral".[1213] Insistia na necessidade de estar atento e de combater as práticas amplamente difundidas "nos estabelecimentos industriais que obrigavam os operários a se organizarem sob pena de não serem admitidos no trabalho".[1214] Dizia que, se tais práticas tiverem:

> [...] êxito, delas resultará que a organização perderá todo conteúdo moral e toda consistência material. Os trabalhadores suportarão a organização como suportam tantas outras coisas, a odiarão como odeiam todas as coisas feitas pela força, se revoltarão e trairão quando a ocasião se apresentar.[1215]

Se, de um lado, era possível "impor a adesão a todos e criar organizações mastodônticas", de outro, resultaria disso que "ao primeiro ataque vigoroso do inimigo",[1216] elas se dissolveriam, permanecendo apenas alguns poucos convictos. "Os demais que estavam na organização vermelha pela força, também pela força passarão para a organização fascista: ovelhas sempre".[1217] Dessa forma, quando finalmente surgiu o fascismo, Malatesta não hesitou em atribuir à embriaguez sindicalista uma das causas principais do seu sucesso entre as classes trabalhadoras. Dizia que existiam:

> [...] muitos trabalhadores para os quais o fascismo foi, a princípio, uma espécie de liberação [...]. É inútil negar e

---

[1211] MALATESTA, 1975[51], p. 134-135.

[1212] *Ibid.*, p. 136.

[1213] *Ibid.*, p. 138.

[1214] *Ibid.*, 1975[10], p. 45.

[1215] *Id.*

[1216] *Ibid.*, 1975[156], p. 39.

[1217] *Id.*

> é perigoso para o futuro não reconhecer: as organizações operárias estavam se tornando verdadeiras prisões. Recordo como em Milão a Câmera do Trabalho queria tornar obrigatória a filiação a uma organização, negando o direito de trabalhar a quem não tivesse no bolso uma identidade sindical. Essa tentativa teve pouco sucesso porque *Umanità Nova* protestou e os anarquistas resistiram; mas aquilo que não foi possível em Milão, se fez correntemente em outras partes da Itália onde, por meio de intimidações, boicotes e também perseguição, obrigava-se os trabalhadores a ingressarem nas ligas e a fazer a vontade (e geralmente o interesse) dos seus chefes. *Umanità Nova* advertia então que a inscrição obrigatória nas organizações não somente violava o inviolável princípio de liberdade, mas introduzia no movimento operário um germe de dissolução e de morte.[1218]

Afirmava, com extrema lucidez, que, se o fascismo pôde "crescer e ampliar-se nas regiões mais 'vermelhas' da Itália, [...] foi, sobretudo, porque ele tomou de surpresa a massa operária desorientada e habituada a um revolucionarismo verbal que desembocava sempre nas lutas da farsa eleitoral".[1219] O fascismo aparece como o reverso de uma mesma prática autoritária e como reação aos abusos e às prepotências perpetradas pelos socialistas e sindicalistas contra o movimento operário. A sindicalização forçada, além de violar, também suprimia "todo incentivo nas organizações de fazer propaganda para obtenção de adesões conscientes e voluntárias, tornando as organizações repletas de pessoas descontentes, aderidas obrigatoriamente e que se constituíam em potenciais traidores".[1220] Essa previsão encontrou sua confirmação no fascismo.

> Nas regiões precisamente onde, pelo boicote e pela violência de todos os gêneros, se obrigava os trabalhadores a se inscreverem nas ligas, nas regiões onde não era possível trabalhar a não ser com a permissão do *chefe da liga*, ali o fascismo encontrou maior força e também um simulacro de justificação para as suas expedições infames. O fascismo exagerou o erro das "ligas vermelhas" organizando as pessoas pela força.[1221]

[1218] *Ibid.*, 1975[89], p. 225.

[1219] *Ibid.*, 1975[120], p. 293.

[1220] *Ibid.*, 1975[152], p. 27.

[1221] *Id.* Grifos do autor.

Esse estado de ânimo é ainda mencionado por Fabbri, em sua análise do fascismo. Segundo ele, não somente a burguesia, mas numerosas categorias de pessoas sofriam a hostilidade socialista por coisas pequenas e banais, mas que, somadas, acabavam criando:

> [...] em torno do movimento operário um estado de espírito de irritação, uma opinião pública melancólica e fatigada. Os assédios, as alusões, as zombarias, as ameaças vagas feitas por operários e operárias nas ruas ou nos bondes contra aqueles que passavam por – e frequentemente não o eram – *burgueses*; o ar de vigilância e de controle que davam a si mesmos os operários que ocupavam certas funções nas administrações públicas socialistas; a derrisão para com as ideias e os símbolos diferentes ou opostos àqueles socialistas; a hostilidade manifesta contra certas categorias de pessoas conhecidas por terem sido a favor da guerra (estudantes, oficiais etc.), tudo isso indispôs amplas correntes da opinião pública.[1222]

Fabbri se refere a um "lento suplício de hostilidades imprecisas, impessoais, difusas e fugidias", que muitas vezes escapavam aos limites estabelecidos pelos chefes e pelas organizações socialistas, mas que foram se acumulando lentamente e "aumentando o sentimento de mal-estar entre todos os que não eram considerados próximos dos socialistas ou que não estavam formalmente enquadrados em suas fileiras".[1223] Irritava e provocava particularmente o humor geral as constantes greves lançadas simplesmente na intenção de provar a força de determinado partido sobre os outros ou realizadas por pretextos variados e pouco sérios.

> O que mais cansava era a paralisação imprevista dos serviços públicos mais importantes, seja por pequenos interesses, seja por fatos ainda mais derrisórios: em razão de uma reunião, comemoração, ou... porque se pisou no pé de certo organizador! Não exagero! Certas interrupções no serviço de bondes, correios, telégrafos etc., eram absolutamente injustificadas.[1224]

Fabbri narra uma ocasião em que o serviço dos bondes foi paralisado em razão do transporte de material bélico pouco importante que

---

[1222] FABBRI, L. La contre-révolution préventive. *In:* MANFREDONIA, G. *Luigi Fabbri, le mouvement anarchiste italien et la lutte contre le fascisme*. Paris: Éditions du Monde Libertaire, 1994. p. 194. Grifos do autor.

[1223] *Id.*

[1224] *Ibid.*, p. 195.

seguia em direção oposta à fronteira, ou porque se transportava oito ou 10 policiais que estavam sendo transferidos por motivos de serviço. "Era como colocar fogo num celeiro para acender um cigarro! Faltava o senso de proporção entre causa e efeito e a desproporção alimentava de maneira indescritível a hostilidade contra o movimento operário".[1225]

Outro aspecto que fomentou o estado de animosidade geral foi constituído pelos numerosos *meetings* públicos. No período da guerra, em que certas interdições se tornaram muito rigorosas e em que, sobretudo, o militarismo e seus efeitos disciplinares atingiam uma grande parte da população, era necessário um estado constante de agitação para se contrapor a situação. A guerra acabara, mudanças políticas tornaram menos rígidas as condições de vida, mas, ao contrário, os *meetings* se fizeram cada vez mais constantes e serviram apenas para transformar:

> [...] em um verdadeiro furor irreprimível a irritação das forças da ordem (policiais, guarda real, soldados) que encontravam-se continuamente em serviço, frequentemente dia e noite sem interrupção, enviados aqui e ali, sofrendo continuamente o desprezo da multidão.[1226]

Existe certamente uma animosidade necessária, lógica e consequente contra as funções antipáticas exercidas pelas forças da ordem sobre os movimentos políticos; porém, diz Fabbri, "não significa que se deva, fora dos casos excepcionais, também sistematicamente e inutilmente, irritar pela palavra, pela escrita, por insultos e desprezos, os homens da força pública".[1227] Para Fabbri, nessa atitude equivocada "dos revolucionários é preciso procurar uma parte das razões pelas quais hoje as forças da ordem são também solidárias e cúmplices do fascismo, e isso a ponto de desobedecerem, com seus excessos, as ordens dos comissários e as circulares dos ministros".[1228]

Foi esse ambiente que alimentou o fascismo: de um lado, a disciplina de partido que introduzia nos sindicatos e no movimento operário uma organização autoritária e rígida, em um contexto fortemente revolucionário; de outro, um forte estado de animosidade cada vez mais alimentado e reforçado entre os diferentes segmentos sociais, agravado pela guerra

---

[1225] *Ibid.*, p. 196.

[1226] *Id.*

[1227] *Ibid.*, p. 197.

[1228] *Id.*

e convergindo especialmente contra o socialismo. De alguma maneira, a combinação desses elementos heterogêneos produziu um modo de vida fascista, em seguida, instrumentalizado por diversas forças conservadoras, até se tornar regime político. Esse modo de vida, Malatesta considerou "o maior e o verdadeiro mal realizado pelo fascismo": o fato de ter revelado "a baixeza moral na qual se caiu depois da guerra e da superexcitação revolucionária dos últimos anos".[1229] Não lhe parecia possível explicar de outro modo o quase inacreditável desprezo pela liberdade, pela vida e pela dignidade das pessoas, realizado por outras pessoas.

> É humilhante [...] pensar que todas as infâmias cometidas não tenham produzido na multidão um senso adequado de rebelião, de horror, de desgosto. É humilhante para a natureza humana a possibilidade de tanta ferocidade e de tanta velhacaria. É humilhante que homens, chegados ao poder apenas porque [...] souberam esperar o momento oportuno para tranquilizar a burguesia temerosa, possam encontrar o consenso [...] de um número de pessoas suficiente para impor a todo o país a própria tirania. Por essa razão, a rebelião que esperamos e evocamos deve ser, antes de tudo, uma rebelião moral: a revalorização da liberdade e da dignidade humana.[1230]

De modo significativo, Malatesta estabeleceu no modo de vida fascista o princípio de inteligibilidade para compreender o fascismo; modo de vida que prefigurou nos ambientes revolucionários, sobretudo no movimento operário. É dele que provem a principal força de adesão que o fascismo encontrou nos ambientes operários, socialista, sindicalista e, embora com menor intensidade, anarquista. Segundo Malatesta, o apelo e a prática da violência pela maior parte dos revolucionários não estava "entre as últimas causas que tornaram possível o fascismo".[1231] Ao reivindicar demasiadamente a violência nas lutas revolucionárias, o resultado foi que "quando se apresentaram violentos providos de força adequada ou de audácia suficiente, não se encontrou nem resistência física, nem condenação moral".[1232] De acordo com Malatesta, era frequente ouvir dos "subversivos" a afirmação segundo a qual "não há nada o que condenar nos fascistas porque, caso pudessem, fariam no seu lugar pior

---

[1229] MALATESTA, 1975[231], p. 257.

[1230] MALATESTA, 1975[231], p. 257-258.

[1231] *Ibid.*, 1975[213], p. 192.

[1232] *Ibid.*, p. 193.

contra os burgueses do que os fascistas fazem contra os proletários".[1233] Houve mesmo quem sustentasse que "os fascistas ensinaram como fazer a revolução'".[1234] Dessa forma, percebia no domínio dos valores "a razão fundamental pela qual o fascismo pôde triunfar"; foi graças, sobretudo, à ausência de:

> [...] revolta moral contra o abuso da força bruta, contra o desprezo da liberdade e da dignidade humana, que são as características do fascismo. Muitos, mesmo entre suas vítimas, pensaram: nós faríamos o mesmo se tivéssemos a força. E naturalmente muitos que assim pensavam sentiram-se atraídos para o lado onde estava, ou parecia estar, a força.[1235]

Na sua análise do fascismo, Malatesta conferiu à subjetividade fascista um valor preponderante. Destacou três aspectos entre as razões da vitória fascista: o fascismo venceu porque teve o apoio financeiro da burguesia e o apoio dos vários governos que se serviram dele contra a ameaça do movimento operário. O fascismo venceu porque encontrou uma população esgotada, desiludida e entorpecida por 50 anos de propaganda parlamentar. Mas, sobretudo, o fascismo venceu:

> [...] porque suas violências e seus delitos encontraram certamente o ódio e o espírito de vingança em quem os sofria, mas não suscitaram a reprovação geral, a indignação, o horror moral [...]. E, infelizmente, não pode haver retomada material sem antes haver revolta moral. Falemos francamente, ainda que seja doloroso constatá-lo. Fascistas existem também fora do partido fascista, existem em todas as classes e em todos os partidos: existem por toda parte pessoas que ainda não sendo fascistas, e até mesmo sendo antifascista, têm, no entanto, o ânimo fascista, o mesmo desejo de supremacia que distingue os fascistas. Ocorre, por exemplo, encontrar homens que se dizem e se creem revolucionários ou até mesmo anarquistas que, para resolver uma questão qualquer, afirmam furiosos que agiriam *fascistamente*, [...] como *camorrista* ou policial. Infelizmente é verdade: pode-se agir, e muito frequentemente age-se, *fascistamente* sem ter a necessidade de se inscrever entre os fascistas: certamente, não serão esses que agem assim ou que se propõem agir *fascistamente*, que

---

[1233] *Id.*

[1234] *Ibid.*, p. 200.

[1235] *Ibid.*, 1975[256], p. 59.

poderão provocar a revolta moral e o senso de repugnância que matará o fascismo.[1236]

Dessa maneira, se o fascismo venceu, não foi simplesmente porque conquistou o poder político; a vitória do fascismo está menos no fato de se tornar regime político e muito mais em razão de ter encontrado em um número suficiente de pessoas, de ter encontrado, nas massas populares, no movimento operário, entre os sindicalistas revolucionários, socialistas e mesmo entre anarquistas, a disposição para agir *fascistamente*. Em outras palavras, a vitória política do fascismo está no seu desenvolvimento e na sua extensão como modo de vida. É a vitória *moral* do fascismo que, para Malatesta, deve afligir e impressionar os anarquistas. Quanto à sua vitória política, quanto ao fato de ter sido proclamado regime, isso tem importância apenas secundária:

> [...] segundo nossa opinião, tem pouca importância o prejuízo político e econômico que o fascismo trouxe – e pode até mesmo ser um bem na medida em que coloca a nu, sem máscaras e hipocrisias, a verdadeira natureza do Estado e do domínio burguês. Politicamente o fascismo no poder, mesmo com formas bestialmente brutais e modos risivelmente teatrais, no fundo não faz nada que não tenham feito sempre todos os governos: proteger as classes privilegiadas e criar novos privilégios para os seus partidários. Demonstra também aos mais cegos, que gostariam de acreditar nas harmonias naturais e na missão moderadora do Estado, como a origem verdadeira do poder político e o seu meio essencial de vida é a violência brutal – "o santo *manganello*".[1237]

Sobre esse ponto, gostaria de chamar a atenção para a inovação que Malatesta introduz na sua análise do fascismo, que a distinguirá das análises tradicionais da época. Assim, por exemplo, segundo o mazziniano De Ambris, o desenvolvimento do fascismo deveu-se à adesão de uma pequena burguesia agrária profundamente conservadora e responsável por ter alterado completamente sua fisionomia política.

> O programa originário do movimento foi completamente desnaturado por restrições infinitas: a direção republicana torna-se apenas uma tendência sempre mais vaga; a expropriação parcial da burguesia, o direito à terra dos

---

[1236] *Ibid.*, 1975[232], p. 259-260. Grifos do autor.

[1237] *Ibid.*, 1975[231], p. 256-257.

> camponeses ex-combatentes aprovado no último congresso fascista, a constituição de corpos legislativos destinados a representarem diretamente as classes produtoras, tudo isso não passou, finalmente, de simples abstração a ser esquecida definitivamente.[1238]

Para De Ambris, a burguesia representada por Giolitti soube transformar o fascismo revolucionário em instrumento de reação ao armá-lo e torná-lo mais combativo. Do mesmo modo, o biografo de Mussolini, Guido Dorso, afirmou que "o movimento fascista, surgido em 1919, em concorrência com a revolução bolchevique, com programa revolucionário e antiplutocrático, em 1921-1922 se deixa encapuzar pelos interesses capitalistas".[1239] Para ambos os autores, a natureza original do fascismo aparece de alguma maneira falseada pela burguesia e pelo capitalismo. Trata-se de um tipo de análise que retira sua inteligibilidade em grande medida dos aspectos econômicos. Diferentemente, Hayek considerou a invasão de certos hábitos políticos na vida dos indivíduos como tendo sido introduzidos pelo socialismo, mesmo antes do fascismo e do nazismo, tanto na Itália quanto na Alemanha. A imagem de um partido político abraçando todas as atividades do indivíduo, do nascimento até a morte, reclamando o direito de conduzir sua consciência e de orientar suas opiniões sobre quase todos os aspectos e problemas, essa imagem, diz Hayek, foi operada primeiramente pelos socialistas.

> Não foram os fascistas, mas os socialistas que começaram a reunir as crianças, desde a mais tenra idade, em organizações políticas para assegurarem que seriam bons proletários. Não foram os fascistas, mas os socialistas que tiveram a primeira ideia de organizar esportes e jogos, disputas de futebol e torneios, em círculos de partido nos quais os aderentes não estivessem infectados pela opinião dos outros. Foram os socialistas os primeiros a insistirem para que os membros do partido se distinguissem dos outros pelos modos de saudação e nas fórmulas adotadas no desenrolar do discurso. Foram eles que, mediante a organização de "células" e dispositivos para a vigilância contínua da vida privada, criaram o protótipo do Estado totalitário. *Balila* e *Hitlerjuged*, *Dopolavoro* e *Kraft durch Freude*, uniformes

---

[1238] DE AMBRIS, 1998, p. 201.

[1239] DORSO, 1998, p. 235.

políticos e formações militares de partido, são pouco mais que imitações de instituições socialistas mais antigas.[1240]

Portanto, na análise neoliberal, não teria havido um falseamento burguês da origem primeira do fascismo, que o teria direcionado contra o socialismo. O fascismo aparece como a consequência de algum modo inevitável de um tipo de experiência social extremamente controlada, estabelecida e desenvolvida antes dele pela política socialista. A crítica neoliberal, especialmente de Hayek e Röpke, buscou identificar, como mostrou Foucault, uma espécie de invariante antiliberal em regimes políticos muito díspares entre si: o nazismo alemão, o trabalhismo inglês, o comunismo soviético, a social-democracia americana. Em todos esses regimes, segundo os dois autores, encontra-se uma invariante econômico-política impermeável e indiferente às suas expressões ideológicas divergentes. Essa invariante teria sido responsável por provocar na prática efeitos e consequências idênticos. Tanto o plano Göring alemão, seus rivais, os planos Beveridge e o New Deal, quanto a planificação stalinista quinquenal, colocaram em prática o mesmo tipo de dirigismo ou de intervencionismo governamental na economia; a consequência desses diferentes regimes foi a mesma: o crescimento indefinido do poder estatal sobre a sociedade na forma do Estado de polícia. Em outras palavras, produziram na prática uma ditadura e um estatismo galopante que colocou em risco o próprio tecido social. Portanto, para os neoliberais, o problema do fascismo está no crescimento indefinido do poder estatal, no Grande Fascismo, isto é, no excesso de Estado sob a forma do Estado de polícia cuja violência:

> [...] abole todas as garantias do Estado de direito e que constitui em partido único a minoria que a sustenta, atribuindo-lhe amplas funções públicas e legislativas e não tolerando, em todos os âmbitos da nação, grupos, atividades, opiniões, associações, religiões, publicações, escolas ou negócios independentes da vontade do governo.[1241]

A partir dessa análise, centrada na crítica ao dirigismo nazi-fascista-comunista-keynesiano, os neoliberais, segundo Foucault, tornaram aceitável seu objetivo: "a formalização geral dos poderes do Estado [de direito] e da organização da sociedade a partir de uma economia de mer-

---

[1240] HAYEK, F. Socialismo e fascismo. *In:* DE FELICE, R. (org.). *Il fascismo.* Le interpretazioni dei contemporanei e degli storici. Bari: Editori Laterza, 1998. p. 715-716.

[1241] RÖPKE, W. Il nazionalsocialismo come totalitarismo. *In:* DE FELICE, R. (org.). *Il fascismo.* Le interpretazioni dei contemporanei e degli storici. Bari: Editori Laterza, 1998. p. 725.

cado".[1242] E será nesse momento que o Estado de direito, contraposto ao Estado de polícia produzido naqueles países pelo dirigismo econômico, aparecerá como alternativa viável, positiva e desejável. Em outros termos, foi por meio do Estado de direito que "os liberais encontraram a maneira de renovar o capitalismo".[1243] Trata-se de uma análise cuja inteligibilidade é centrada no aspecto jurídico-político.

A novidade introduzida pela análise malatestiana é que seu aspecto dominante não é nem econômico, nem jurídico-político, mas *ético-político*. Significativamente, Malatesta percebeu como "invariante" fascista não o dirigismo estatal, como fizeram depois dele os neoliberais, mas o modo de vida fascista ou a disposição para agir *fascistamente* encontrada nas diversas tendências do *sovversivismo* italiano do começo do século XIX. Na sua percepção, o perigo do fascismo estava na sua capacidade em generalizar o seu modo de vida, e não na "compressão" do Estado de direito por um Estado de polícia. Desse modo, o foco da análise não estava no *Grande Fascismo*, como fascismo de Estado, mas nos microfascismos cotidianos. Além disso, não lhe parecia correto dizer que o modo de vida fascista tinha sido uma invenção socialista, portanto recente; ao contrário, foi produto do amalgama de uma longa tradição política burguesa introduzida no movimento operário. Para o anarquista italiano, o "ânimo fascista", o "desejo de supremacia" que caracteriza propriamente o fascismo, não foi uma invenção socialista ou anarquista, mas efeito da disciplinarização do movimento operário pelo Estado liberal. O fascismo teria sido o modo pelo qual o Estado liberal conquistou uma base de massas para superar sua crise de legitimidade; conquista realizada menos por meio da repressão e mais por processos de subjetivação. Neste sentido, o fascismo pode ser lido como uma tecnologia de subjetivação das massas, cujo principal combustível fora a espessa atmosfera subversiva que se respirava na Itália desde Mazzini, passando por Garibaldi, até chegar aos movimentos socialista e anarquista.

Na análise de Malatesta, portanto, o modo de vida fascista ou os microfascismos aparecem como as condições de possibilidade para o fascismo de Estado. Está em jogo na sua análise o que se poderia chamar de uma interpretação analítica e uma proposição micropolítica que pode ser perfeitamente aproximada da crítica de Félix Guattari. Semelhante a

---

[1242] FOUCAULT, 2004c, p. 121.

[1243] *Ibid.*, p. 176.

Malatesta, para Guattari, o fascismo não é aquilo que reprime o desejo, é um agenciamento do desejo, um modo de organização da libido. O fascismo é certa determinação para que os indivíduos exerçam seus desejos, e não para que o reprimam. Essa explicação do fascismo como estruturador do desejo só é perceptível por uma análise micropolítica; então, em vez de realizar comparações redutoras, como reduzir o fascismo ao socialismo, para Guattari importa "[...] desvendar as componentes que fizeram funcionar essa ou aquela fórmula de poder. [...] Seria interessante distinguir as diversas máquinas de desejo que entram em sua composição. E a gente perceberia, então, que não dá para se contentar em ver as coisas com tanta distância assim".[1244]

É uma interpretação que produz uma molecularização do objeto de estudo. É neste sentido que, ao contrário da análise neoliberal, para Malatesta, o fascismo no poder, o regime fascista ou o Grande Fascismo, não poderia ser diferente dos regimes liberais precedentes, visto que sua ascensão deveria implicar a normalização da sua dimensão esquadrista. Em outras palavras, o fascismo no poder não seria pior que o liberalismo – não por incapacidade, mas por impossibilidade: para tomar o poder político, o fascismo seria obrigado a se modernizar, isto é, perder sua violência esquadrista em nome de sua legitimidade. Para os neoliberais, se a violência no fascismo é condenável, não o é como instrumento legítimo nas mãos do Estado, mas como violência ilegítima na medida em que suprime o Estado de direito e as garantias contra o dirigismo e o intervencionismo econômico do Estado fascista. Para Malatesta, é precisamente pelo fato de o movimento fascista somente poder existir com suas desmedidas, arbitrariedades e disparidades que lhe é impossível o grau de legitimidade do Estado liberal. Pelo contrário, o fascismo provoca a exaustão do Estado ao habituar "os cidadãos a defenderem por si suas pessoas e coisas".[1245] É por essa razão, diz Malatesta, que:

> [...] os principais dirigentes do fascismo gostariam de renunciar à violência bruta, que reclamaram até ontem, para transformarem-se em um partido legal com programa específico, ainda que permanecendo na órbita das instituições monárquicas e capitalistas, que o diferencie dos outros partidos constitucionais.[1246]

[1244] GUATTARI, F. *Revolução molecular:* pulsações políticas do desejo. São Paulo: Brasiliense, 1985. p. 179.

[1245] MALATESTA, 1975[120], p. 293.

[1246] *Ibid.*, 1975[120], p. 294.

Dessa forma, Malatesta produz uma inversão paradoxal da crítica neoliberal. Em março de 1922, dizia preferir:

> [...] a violência desenfreada à repressão legal, a desordem [fascista] à ordem burguesa, a licença à tirania... em uma palavra, os fascistas aos *carabinieri*. [...] Nos parece natural, como anarquistas, recusar principalmente tudo o que serve para dar autoridade, prestígio, força ao Estado, e considerar bom isso que desacredita e enfraquece o Estado.[1247]

Dessa maneira, sob o perigo do fascismo, Malatesta entrevia outro perigo que considerava ainda maior: era o fato de a luta contra o fascismo "induzir os 'subversivos' a evocar o domínio da lei..., daquela lei que é precisamente a causa primeira do mal, da lei que nos desarma, nos amarra e nos deixa indefesos contra os golpes dos inimigos".[1248] Por ser somente capaz de produzir um tipo de dominação legitimamente precária e instável, centrada quase que exclusivamente na reverência pessoal ao *Duce*, o fascismo se torna politicamente frágil, apesar do seu terror. Desse ponto de vista, melhor o movimento fascista que provocava o "descrédito e a decadência do princípio de autoridade", do que um Estado liberal consolidado pelo consenso.[1249] Certamente, é preciso destruir o fascismo; porém, era preciso fazê-lo "diretamente, com a força do povo, sem invocar a ajuda do Estado, de maneira que o Estado não resulte reforçado, mas tanto mais desacreditado e enfraquecido".[1250] De outro modo, diz, seria simplesmente:

> [...] ridículo pedir ao Estado a supressão do fascismo, quando é notório que o fascismo [...] não teria podido nascer e viver um dia sem a proteção e a ajuda da polícia e que não será suprimido, voluntariamente, pelo governo a não ser quando sentir-se suficientemente forte para proceder de outro modo.[1251]

Portanto, nenhuma indulgência para com o fascismo; mas é preciso ter a clareza que ele cumpre a função política de:

> [...] milícia irregular da burguesia e do Estado que, em determinado momento, fez, faz ou fará aquilo que o governo

---

[1247] *Ibid.*, 1975[137], p. 325-326.

[1248] *Ibid.*, 1975[89], p. 226.

[1249] *Ibid.*, 1975[171], p. 68.

[1250] *Ibid.*, 1975[137], p. 327.

[1251] *Id.*

> não pode fazer sem renegar a lei e revelar de modo demasiado aberto e perigoso sua natureza. Ninguém colocará em dúvida o nosso vivo desejo de ver debelado o fascismo e a nossa vontade firme de concorrer, como podemos, para debelá-lo. Mas nós não queremos abater o fascismo para substituí-lo por qualquer coisa de pior, e pior que o fascismo seria a consolidação do Estado. Os fascistas agridem, incendeiam, assassinam, violam toda liberdade, esmagam da maneira mais ultrajante a dignidade dos trabalhadores. Mas, francamente, todo o mal que o fascismo fez nesses últimos dois anos, e que fará no tempo que os trabalhadores o deixarem existir, é comparável ao mal que o Estado fez, tranquilamente, normalmente, durante infinitos anos, e que faz e fará até quando continuar existindo? [1252]

Nesse sentido, se o problema do fascismo não está colocado na pretensa violência de que é capaz de produzir comparado ao Estado liberal, logo, a luta contra o fascismo não passa pela valorização do regime democrático. Fabbri observou, a esse respeito, que se dizer antifascista para os anarquistas constituía uma espécie de pleonasmo, porque a luta contra o fascismo é indissociável "da luta anarquista contra a autoridade e contra o Estado, que são deles sua manifestação mais típica";[1253] assim, o antifascismo se encontra de alguma maneira contido no anarquismo, mas é, ao mesmo tempo, ultrapassado ou subordinado "à luta contra todas as formas de autoridade e de exploração do homem pelo homem".[1254]

Logo após a marcha sobre Roma e seu êxito eleitoral, o rei Vittorio Emanuele III nomeia, em novembro de 1922, Mussolini primeiro-ministro. Malatesta se pergunta qual poderia ser "o significado, qual o valor, qual o resultado provável desse novo modo de chegar ao poder em nome e à serviço do rei, violando a constituição que o rei tinha jurado respeitar e defender?".[1255] Na sua opinião, nada mudaria, "salvo durante certo tempo uma maior pressão policial contra os subversivos e contra os trabalhadores. Uma nova edição de Crispi e de Pelloux. É sempre a velha história do delinquente que se torna polícia!".[1256] Estava convencido de que o regime fascista era produto de uma burguesia ameaçada pela subversão proletária, agravada pelos efeitos da guerra, e impotente de se defender

---

[1252] *Ibid.*, p. 326.

[1253] FABBRI, 1994, p. 347.

[1254] *Ibid.*, p. 348.

[1255] MALATESTA, 1975[217], p. 198.

[1256] *Id.*

apenas com a repressão legal; nessa condição, a burguesia teria saudado o primeiro-general que se oferecesse como ditador para afogar em sangue as rebeliões populares, mas era demasiado perigoso, além disso, surgiu coisa mais útil que um ditador; surgiram:

> [...] aventureiros que, não encontrando nos partidos subversivos campo para suas ambições e apetites, especularam sobre o medo da burguesia oferecendo a ela, em troca de adequada compensação, o socorro de forças irregulares que, asseguradas pela impunidade, puderam abandonar-se a todos os excessos contra os trabalhadores sem comprometer diretamente a responsabilidade dos beneficiários das violências cometidas.[1257]

A burguesia não somente aceitou, mas pagou; o governo forneceu armas, os auxiliou quando seus ataques estavam em desvantagem, assegurou sua impunidade, desarmou preventivamente seus alvos. É provável, continua Malatesta, que:

> [...] quando todas as instituições operárias tiverem sido destruídas, as organizações debandadas, os homens mais odiados e mais perigosos assassinados ou aprisionados ou reduzidos à impotência, a burguesia e o governo desejaram colocar freio aos novos pretorianos [...]. Mas era demasiado tarde. Os fascistas eram finalmente os mais fortes e pretenderam cobrar pela usura e pelos serviços prestados.[1258]

Dessa maneira, a certo momento, os liberais do Partido Democrático Italiano, Nitti e Amendola, alijados do poder, começaram a esboçar uma estratégia de constitucionalização do fascismo, pretendendo:

> [...] "assegurar a paz entre as classes sociais e, portanto, o fim dos atuais conflitos, restabelecendo para todos os cidadãos e partidos a autoridade do Estado". O que significa que o fascismo será suprimido quando a burguesia não mais dele precisar, porque polícia e guarda régia farão a obra dos fascistas de modo mais regular e, portanto, mais duradouro.[1259]

Em outras palavras, Malatesta estava convencido de que "Mussolini, se conseguir consolidar o seu poder, fará nem mais nem menos do que faria

---

[1257] *Id.*

[1258] *Id.*

[1259] *Ibid.*, 1975[176], p. 79.

outro ministro qualquer: servirá os interesses das classes privilegiadas... e se fará pagar pelos seus serviços".[1260] E estava certo na sua análise. Com efeito, o fascismo nasceu como movimento urbano de base *squadrista* cuja principal característica eram as chamadas "expedições punitivas": o deslocamento de esquadras fascistas armadas para determinadas regiões de forte tradição socialista e anarquista, com o objetivo de devastar e incendiar as organizações operárias e assassinar os líderes, sem que as autoridades locais interviessem ou, ao contrário, o que era frequente, contando com seu apoio. Todavia, rapidamente essa dimensão esquadrista se tornava incompatível com a organização do Estado; aspecto particularmente visível quando Mussolini adota como premissa do regime não apenas a supressão dos partidos de oposição, mas também a liquidação política do próprio movimento fascista e sua consequente normalização por meio do PNF, Partito Nazionale Fascista. Entre outros inconvenientes ao regime, o mais grave era que o esquadrismo provocava a guerra civil e colocava em perigo a estabilidade política. O que se tornou evidente com o surgimento dos *Arditi del Popolo*: milícias populares organizadas para combater o esquadrismo. De acordo com Di Lembo, os *arditi* consistiam em "uma verdadeira e própria organização militar, dividida em seções de pelo menos um batalhão de 40 homens, divididos em repartições de 10, com um comando (eletivo) em cada província e um comando geral em Roma".[1261] Os *arditi* encontraram nos anarquistas, se não os únicos, ao menos fortes aliados, especialmente após a moção de apoio aprovada pelo congresso de Bolonha de julho de 1920, que recomendava "apoiar os *arditi* seja no plano teórico, seja no plano da luta efetiva, mas mantendo a própria especificidade anárquica".[1262]

Temendo o recrudescimento da guerra civil, Mussolini assina, em agosto de 1921, um *Pacto de Pacificação* com o Partido Socialista Italiano, no qual o PSI se obrigava a negar "qualquer relação com os *arditi*, rompia a solidariedade com as esquerdas também no plano da defesa contra os fascistas e abandonava as outras formações à repressão estatal e às violências extralegais".[1263] Mas, curiosamente, Mussolini é desobedecido por

---

[1260] *Ibid.*, 1975[219], p. 205.

[1261] DI LEMBO, L. *Guerra di classe e lotta umana*. L'anarchismo in Italia dal biennio rosso alla guerra di Spagna (1919-1939). Pisa: BFS, 2001. p. 129-130.

[1262] BALSAMINI, L. *Gli Arditi del Popolo*. Dalla guerra alla difesa del popolo contro le violenze fasciste. Salerno: Galzerano Editore, 2002. p. 201.

[1263] DI LEMBO, 2001, p. 131.

seus soldados em um episódio que foi considerado a crise do fascismo. Ao se reportar a esse "triste espetáculo de indisciplina fascista", o *Duce* solicitou o enfileiramento dos insubordinados, dizendo que "com o pacto de Roma, o fascismo podia modificar de forma tendencial, quando possível, o caráter das suas ações; demonstrar não somente a superioridade pugilista ou bombardeira, mas sua superioridade cerebral e moral".[1264] Referindo-se ao episódio de desobediência ao *Duce*, Malatesta descreveu Mussolini, em dezembro de 1922, em uma imagem patética:

> Que reflita sobre isso o *onorevole* Mussolini. Certas coisas Napoleão não as deixaria fazer debaixo do próprio nariz. Porém, é verdade que aquele era o verdadeiro Napoleão, e não uma imitação de barro! Mas é inútil prevenir Mussolini. O pobrezinho faz o que pode; logo deverá dar-se conta que não basta esbugalhar os olhos e imitar o ogro para ser obedecido e constituir um Estado forte. [...] Mussolini, líder-delinquente e conquistador, poderá manter-se no poder o tempo necessário para saciar os apetites dos seus principais colaboradores, mas não poderá fazer nada mais.[1265]

Malatesta estava convencido de que o fascismo, na sua versão esquadrista, ao produzir uma situação política pautada pela guerra civil generalizada, era incapaz de se estabelecer como regime político de forma duradoura sob pena de "dissolver a vida social e de tornar impossível a própria vida material".[1266] Considerava o triunfo político de uma "ditadura de aventureiros sem escrúpulos e sem ideais", um projeto que não podia durar; de tal modo que até os conservadores, diz Malatesta, estão pedindo "a restauração do "Estado liberal", ou seja, o retorno às mentiras constitucionais".[1267]

Berti considerou a atitude de Malatesta como uma subestimação do fascismo que resultava da sua desvalorização da democracia:

> [...] o anarquista italiano não conseguiu entender o verdadeiro caráter do fascismo [...], deu-lhe uma interpretação classicamente "socialista" [...]. Não foi individuada a concepção inédita e totalitária da vida e da política que nada tinha de equivalente com os precedentes regimes liberais.[1268]

[1264] *Apud* DE FELICE, 2004, p. 85.

[1265] MALATESTA, 1975[221], p. 210.

[1266] *Ibid.*, 1975[219], p. 205.

[1267] *Id.*

[1268] BERTI, 2003, p. 735.

A subestimação de Malatesta resultava, conforme Berti, do seu preconceito ideológico absolutista.

> Em vez de julgar o fascismo confrontando-o diretamente com a democracia liberal – e individuar seus despropósitos e incompatibilidades – [Malatesta] relacionou as duas formações [democracia e fascismo] ao anarquismo. Comparava duas ideias relativas de autoridade (fascismo e democracia), com uma ideia *absoluta* de liberdade (anarquismo).[1269]

Em outras palavras, a crítica de Berti aponta para dois aspectos problemáticos na reflexão malatestiana sobre o fascismo: primeiro, Malatesta não teria compreendido o caráter do fascismo, seu ineditismo, sua incompatibilidade com os regimes liberais; segundo, ao ignorar as diferenças entre fascismo e democracia (tomados como formas relativas de autoridade), Malatesta teria feito uma comparação equivocada ao contrastá-lo com a anarquia (tomada como forma absoluta de liberdade); quando a comparação correta, entre fascismo e democracia, teria permitido a Malatesta compreender as incompatibilidades em jogo.

Em relação ao primeiro aspecto, Berti parece aceitar a tese arendtiana da novidade absoluta do fascismo, sem levar em conta as muitas críticas que têm apontado sua inadequação e insuficiência; Stanley sustenta, por exemplo, que a ideia arendtiana, segundo a qual "o totalitarismo é uma nova forma de governo que 'difere essencialmente' de tiranias e despotismos precedentes, está errada".[1270] Além disso, alguns recentes estudos têm proposto uma leitura da prática nazifascista não em termos do escândalo do racismo e da loucura do *Dulce* ou *Führer* condutor das massas, mas procurando conferir maior atenção à racionalidade do regime de modo a perceber como os cálculos e as estratégias, quase sempre obscurecidos pelo espectro da megalomania e do crime, tiveram um papel relevante e autônomo na política totalitária. Afinal, um empreendimento a tal ponto megalomaníaco, abertamente mistificador e criminoso como foi o nazismo, não teria podido alcançar o amplo consenso político dos alemães sem ter colocado em funcionamento uma das técnicas mais essenciais do governo democrático: sua política de promoção do bem-estar. Em outros termos, Hitler e seus ministros, ao se perguntarem como consolidar a satisfação geral de maneira a conquistar a aprovação pública do regime, ou pelo menos

---

[1269] *Ibid.*, p. 737.
[1270] STANLEY, J. Is Totalitarianism a New Phenomenon? Reflections on Hannah Arendt's Origins of Totalitarianism. *In:* HINCHMAN, L.; HINCHMAN, S. *Hannah Arendt: Critical Essays.* Nova Iorque: SUNY, 1994. p. 8.

a indiferença em relação a seus atos mais "polêmicos", não puderam fazer mais do que colocar em prática esse traço que é o mais característico do governo do liberal: o poder pastoral.

> Apoiando-se sobre uma guerra predatória e racial de grande envergadura, o nacional-socialismo foi a origem de uma nova igualdade, notadamente por uma política de promoção social de uma amplidão sem precedentes na Alemanha, que o tornou, ao mesmo tempo, popular e criminoso. O conforto material, as vantagens tiradas do crime em grande escala, certamente de maneira indireta e sem comprometimento da responsabilidade pessoal, mas aceito de bom grado, nutria a consciência, entre a maior parte dos alemães, da solicitude do regime. E, reciprocamente, é de lá que a política de extermínio tirava sua energia: ela tomava por critério o bem-estar do povo. A ausência de resistência interior digna desse nome e, ulteriormente, a falta de sentimento de culpa, pertencem a essa constelação histórica.[1271]

São igualmente equivocadas, segundo Aly, as explicações acerca da ascensão do nazismo, que buscam sua justificativa tanto no burocratismo alemão, quanto no espírito prussiano de submissão.

> Porque, mais que a república de Weimar, e contrariamente à imagem que o Estado hitlerista deu dele mesmo, o nazismo limitou o processo decisório vertical em proveito de um sistema horizontal mais moderno. Nas instituições existentes, e mais ainda nas novas, ele liberou as iniciativas, suprimiu a rigidez da hierarquia tradicional e fez nascer, no lugar do respeito estrito ao regulamento, o prazer de trabalhar e, frequentemente, um sentimento zeloso de iniciativa.[1272]

Outro aspecto relevante foram as chamadas "receitas da arianização". Além dos dentes de ouro embolsados pelo Reichsbank, também o mobiliário e os produtos confiscados dos judeus baixavam ou garantiam estabilidade dos preços na Alemanha. Esse expediente foi de tal modo importante para o regime que, à ideologia racista, que desejava o desaparecimento judeu; à política de "desconcentração étnica", que acelerou a "Solução Final"; à ideia de que os judeus formavam a "quinta coluna" do inimigo, cuja propagação encorajava a passividade e a indiferença

---

[1271] ALY ALY, G. *Comment Hitler a acheté les Alemands*. Le IIIe Reich, une dictature au service du peuple. Tradução: Marie Gravey. Paris: Flammarion, 2005. p. 10.

[1272] *Ibid.*, p. 31.

frente ao genocídio; seria necessário acrescentar também um quarto fio condutor a todas essas motivações de destruição bastante aceitas pela literatura especializada:

> [...] os altos oficiais militares procuravam receber taxas de ocupação tanto mais elevadas quanto possível, não por voracidade individual, mas do ponto de vista – profissionalmente fundamentado – da inteligência militar; tratava-se de conduzir a guerra evitando o quanto possível que o estrangulamento financeiro prejudicasse os planos estratégicos e o moral das tropas.[1273]

Depois de tudo, seria possível aceitar que toda essa racionalidade política e os cálculos econômicos tenham sido o resultado da imaginação nazifascista? Ou seria mais exato pensar, como sugeriu Foucault, que "o fascismo e o stalinismo apenas prolongaram toda uma série de mecanismos que já existiam nos sistemas sociais e políticos do Ocidente"?[1274]

O segundo aspecto da crítica de Berti, a meu ver, traz o inconveniente de provocar na análise o que Foucault[1275] chamou de "desqualificação pelo pior": seja qual for o objeto da análise ou o seu funcionamento real, sempre se poderá evitar sua análise pelo pior. Assim, diante do pior que é o fascismo, a democracia, o menos pior, aparecerá dispensando o trabalho do pensamento para exigir simples aceitação. É um tipo de análise que provoca a "elisão da atualidade": pelo fato da sua aceitação prévia, o governo democrático, na sua qualidade de menos pior ou mal menor, se coloca previamente na análise em posição vantajosa, provocando a renúncia a todo exame da realidade e atualidade da democracia.

Já foi visto como, nas polêmicas sobre a Primeira Guerra Mundial, Malatesta recusou o jogo que desqualificava o governo prussiano em razão do seu militarismo escandaloso para valorizar a política dos governos Aliados como "menos pior". Dizia que os anarquistas renunciavam ao melhor, a anarquia, por medo do pior; no entanto, estava convencido de que o pior governo é sempre aquele contra o qual se luta e insistiu em demonstrar que as práticas colonialistas dos governos democráticos, se não eram a evidência brutal de um militarismo homicida praticado contra populações colonizadas, impediam, ao menos, qualquer tentativa ingênua

---

[1273] *Ibid.*, p. 264.
[1274] FOUCAULT, 2001c, p. 535.
[1275] FOUCAULT, 2004c, p. 193.

de apoio à causa dos Aliados. Essa mesma problemática vai reaparecer, dessa vez, em relação ao fascismo.

Em todo caso, não é verdade que Malatesta tenha evitado confrontar fascismo e democracia, como afirmou Berti. O que ocorre é que, da sua análise comparativa entre Estado fascista e liberal, resulta a paradoxal posição segundo a qual "entre o parlamentarismo que se aceita e celebra como se fosse uma meta intransponível, e o despotismo que se suporta porque se é forçado com o espírito absorto pela desforra, é mil vezes melhor o despotismo".[1276] Já em 1897, ao polemizar com seu amigo Merlino em torno da democracia, Malatesta recusava a lógica que declarava ser preciso defender as instituições parlamentares dos regressos sempre possíveis ao absolutismo. Era, aos seus olhos, uma lógica que dispensava a existência de anarquistas ou socialistas; bastava apenas existirem os conservadores:

> [...] para nos salvarmos do perigo de ter que voltar para trás. [...] seria preciso que os republicanos defendessem a monarquia constitucional, [...] os socialistas defendessem a burguesia para se precaverem do regresso à Idade Média; e os anarquistas [...] o governo parlamentar, com medo do absolutismo.[1277]

Insistia, ao contrário, que o remédio contra os perigos de retrocesso era "suscitar no povo o sentimento de rebelião e resistência, inspirar-lhes a consciência dos seus direitos e da sua força, habituá-lo a agir por si, a ter vontade própria, a conquistar pela força a maior liberdade e bem estar possíveis"; e, sobretudo, não deixá-lo "dar virgindade ao sistema parlamentar, o qual voltaria a percorrer a mesma parábola de decadência que já percorreu uma vez".[1278] Na sua percepção, o reestabelecimento da ordem liberal "não seria outra coisa que o retorno às condições anteriores à guerra, isto é, a um estado de opressão temperada, duradouro porque suportável".[1279] Por essa razão, a ditadura, seja ela fascista ou não, lhe parecia perigosa, não tanto em razão da sua violência, mas especialmente porque fazia "desejar a democracia, porque provoca seu retorno e com isso

---

[1276] MALATESTA, E.; MERLINO, F. S. *Democracia ou anarquismo?* A célebre polêmica sobre as eleições, o anarquismo e a ação revolucionária que apaixonou a Itália rebelde. Tradução: Júlio Carrapato. Faro: Edições Sotavento, 2001. p. 13.

[1277] MALATESTA, 2001, p. 160.

[1278] *Ibid.*, p. 170.

[1279] MALATESTA, 1975[239], p. 22.

tende a perpetuar essa oscilação da sociedade humana entre uma franca e brutal tirania a uma pretensa liberdade falsa e mentirosa".[1280]

Um dos aspectos significativos na análise de Malatesta sobre o fascismo pode ser visto na recusa dos efeitos de majoração institucional da democracia e do Estado de direito, isto é, recusa da renovação da legitimidade governamental. O fascismo serviu para "dar virgindade ao sistema parlamentar" e para renovar a autoridade do governo sob a forma democrática.

> [...] os governos ditatoriais que predominam na Itália, na Espanha, na Rússia, e que provocam a invídia e o desejo das frações mais reacionárias ou mais pávidas dos diversos países, estão fazendo da já exaurida "democracia" uma espécie de nova virgem. Por isso vemos velhos defensores do governo, habituados a todas as más artes da política, responsáveis por repressões e por massacres contra o povo, fingirem-se, ao contrário, quando não lhes falta a coragem, de homens de progresso, procurando assegurar o próximo futuro em nome da ideia liberal. E, dada a situação, poderão até mesmo conseguir.[1281]

É neste ponto que a crítica de Malatesta pode ser vista arruinando a estratégia neoliberal de conferir positividade ao Estado de direito. Porém, trata-se de uma atitude que não deve ser confundida com "quanto pior melhor"; não é catastrofismo ingênuo, nem um lirismo radical. Adversário irredutível do regime parlamentar e democrático, Malatesta não considerava menos absurda a ditadura.

> Sei, todos os anarquistas sabem, que a liberdade e as garantias constitucionais valem pouquíssimo para a maioria, e quase nada para os pobres. Mas não gostaria, por isso, fazer-me defensor do governo absoluto. Conheço, por exemplo, os erros que se cometem nas delegacias de polícia e nas casernas da Itália; conheço toda infâmia dos métodos vigentes da Instrutoria Penal, mas nem por isso gostaria do estabelecimento oficial da tortura e das execuções sem processo.[1282]

[1280] *Ibid.*, 1975[250], p. 46-47.

[1281] *Ibid.*, 1975[250], p. 45.

[1282] *Ibid.*, 1975[161], p. 51.

Considerava igualmente absurdo sustentar que todos os governos se equivalem.

> Não somente existe diferença entre uma e outra forma de governo, entre um e outro ministério, mas também entre um e outro carrasco; e essas diferenças têm sua influência, boas ou ruins, sobre a vida atual dos indivíduos e da sociedade, como sobre o curso dos eventos futuros.[1283]

Tampouco tinha alguma dúvida:

> [...] que a pior das democracias é sempre preferível, exceto do ponto de vista educativo, à melhor das ditaduras. Claro, a democracia, o assim chamado governo do povo, é uma mentira, mas a mentira sempre compromete um pouco o mentiroso, limitando seu arbítrio; claro, o "povo soberano" é um soberano de comédia, um escravo com coroa e cetro de papel, mas o fato de se crer livre, mesmo sem sê-lo, vale sempre mais que saber-se escravo e aceitar a escravidão como coisa justa e inevitável.[1284]

Contudo, isso não o impediu de perceber na democracia um elemento que a tornava potencialmente perigosa e ainda mais liberticida que a pior das ditaduras: o reconhecimento da legitimidade governamental. Se a ditadura era tirania declarada, a democracia, dizia, "é a tirania mascarada, provavelmente mais danosa que uma franca ditadura, porque dá às pessoas a ilusão de estar em liberdade e, portanto, tem a possibilidade de durar mais".[1285] Para Malatesta, não se deve tomar como perspectiva os graus de violência que podem existir entre democracia e ditadura, ou a maior ou menor liberdade que cada um desses regimes é capaz de garantir. "Um governo estabelecido, fundado no consenso passivo da maioria, forte pelo número, pela tradição, pelo sentimento, [...] pode conceder qualquer liberdade".[1286] Do mesmo modo, o governo que se sente "verdadeiramente forte, moralmente ou materialmente, pode desdenhar do recurso à violência",[1287] de modo que "mais um governo será fraco quanto maior for a resistência que ele encontra no povo".[1288] Dessa maneira, a liberdade ou violência de um

---

[1283] *Ibid.*, 1975[187], p. 113.

[1284] *Ibid.*, 1975[250], p. 46.

[1285] *Ibid.*, 1975[87], p. 221.

[1286] *Ibid.*, 1975[332], p. 232.

[1287] *Ibid.*, 1975[347], p. 270.

[1288] *Ibid.*, 1982[5], p. 81.

governo está em razão direta com a força de resistência que os governados são capazes de opor; não são atributos do Estado de direito ou do governo democrático. Disso decorre que, entre Constituinte e Ditadura, existe uma diferença de grau, não de natureza. "A ditadura é capa de chumbo: é a supressão aberta, descarada de toda liberdade, contra a qual não existe outra resistência que a conspiração e a revolta armada".[1289] A constituinte, por sua vez, é "o meio pelo qual as classes privilegiadas recorrem quando não é possível a ditadura".[1290] Em outros termos, se "a ditadura oprime e mata", "a constituinte adormece e sufoca".[1291]

Aquilo que, aos olhos de Malatesta, tornava os governos democráticos e constitucionais piores, do ponto de vista da liberdade, era o inevitável elemento pastoral da sua política. Considerava, entre os vários tipos de governo:

> [...] os mais honestos, os mais bem intencionados, são os mais danosos. Um bando de ladrões no poder suscita o nojo e cai sob a própria ruína que provocou [...]; um general violento e torturador provoca a ira e a insurreição dos mais energéticos como também a piedade das massas passivas; ao contrário, um fanático de boa-fé, [...], na medida em que produz todos os males dos ladrões e dos violentos, comanda, para a pureza da vida e pela sinceridade da sua fé, o respeito geral.[1292]

Compreende-se por que, tão logo o fascismo se instalara no poder, Malatesta escrevia as seguintes palavras:

> [...] toda hipocrisia, toda ilusão foi banida: o bom fascista agride, incendeia, extorque, assassina abertamente e com orgulho, é órgão sustentado pelo governo. Não existe mais equívoco. Entende-se agora que violência é autoridade, é governo, é tirania e que é coisa puramente acidental o fato de que o violento é uma vez ou outra amigo ou inimigo do policial, porque no fundo a moral dos dois é a mesma. E hoje acontece, com efeito, que os violentos, ainda não sendo fascistas, quando comentem uma prepotência, orgulham-se de agir *fascisticamente*.[1293]

[1289] *Ibid.*, 1975[292], p. 141-142.

[1290] *Ibid.*, 1975[362], p. 358.

[1291] *Id.*

[1292] *Ibid.*, 1975[247], p. 40-41.

[1293] *Ibid.*, 1975[275], p. 103.

Por isso, era necessário olhar as coisas de modo a evitar a oposição, porém sem fazer perder as diferenças. Para o anarquista italiano, os liberais:

> [...] são dotados do senso de limite que os faz alheios a certos excessos que poderiam ser danosos à sua causa. Habituados ao domínio da sua classe a ponto de acreditá-lo justo, necessário e perpétuo, possuem aquela relativa moderação que resulta do sentimento de segurança.[1294]

Diferentemente disso, os fascistas:

> [...] são soldados aventureiros recrutados pela alta burguesia. [...] refugos de todos os partidos, traidores sempre prontos à traição, gente habituada a ser comandada [...], violentos por temperamento, não são contidos por nenhum escrúpulo moral e nenhuma exigência intelectual.[1295]

Mas, apesar disso, estava convencido de que:

> [...] o fascismo, após [...] ter cometido excessos inauditos e crimes de todas as espécies, sente a necessidade [...] de aproximar-se das massas, de afagar a sua psicologia subversiva, inclusive de apostar tudo e tornar-se até mesmo revolucionário. O seu *duce*, mestre em relativismo e... versatilidade é capaz também, como o cão bíblico, de comer o próprio vômito![1296]

> E quase nos perguntamos se, em vista do futuro e da emancipação da massa oprimida, não convenha melhor o regime fascista que não pode durar e que, com os seus excessos e a "dança de São Vito" de que sofre seu chefe, conduz as instituições à ruína, em vez de um regime verdadeiramente constitucional que, com habilidade e moderação, poderia talvez, prolongar a vida das instituições.[1297]

Seria preciso ver nas análises de Malatesta sobre o fascismo o prelúdio da crítica ao Império da democracia de nossos dias. Sem dúvida, os totalitarismos engendraram uma vontade de governo que tornou possível à democracia contemporânea realizar, com relativo êxito, a utopia fisiocrata do *self-government*, o indivíduo governável. O desejo, sempre mais acalentado, de democracia retira ainda hoje seu alimento dessa má

[1294] *Ibid.*, 1975[285], p. 125.

[1295] *Id.*

[1296] *Ibid.*, 1975[177], p. 81.

[1297] *Ibid.*, 1975[285], p. 126-127.

consciência ocidental: a imagem dos arames farpados cortando os céus e da luz dos holofotes projetada sobre corpos esquálidos, continuará sendo, talvez ainda por muito tempo, o canto de sereia democrático. Hoje, torna-se democrático quase sem o saber ou sabe-se com precisão aquilo que não é suficientemente democrático. A crítica malatestiana nos ajuda a compreender a genealogia dessa vontade de governo; também nos ensina como evitar essa fascinação que, nos últimos dois séculos, tem conduzido os indivíduos, invariavelmente, da revolução para o melhor Estado e do bom Estado para a Revolução.

Quando Malatesta morreu, no dia 22 de julho de 1932, aos 79 anos, a casa onde habitava em Roma era vigiada por quatro policiais fascistas que jamais ousaram encostar-lhe o dedo, mas que o seguiam por toda parte. O fascismo não lhe permitiu funeral; o cortejo do corpo daquele que outrora fora aclamado como "Lênin d'Italia" fora acompanhado unicamente de sua companheira e afilhada, Elena Melli e Gemma Ramacciotti. Depois de sepultado, o fascismo plantou sobre sua tumba uma cruz e dois policiais. Malatesta continuou temido pelo regime, mesmo depois de sua morte.

CONSIDERAÇÕES FINAIS

Quando confrontado com a anarquia, a resposta dos discursos de poder tem, em geral, oscilado entre as aspas da derrisão e o silêncio da exclusão: incapaz de teoria, o anarquismo foi relegado ao posto de objeto empírico desprovido de funcionalidade teórica; e seus autores foram postos aquém da ciência, do lado de lá da fronteira onde habita o lirismo utópico ou a simplicidade empírica. Pré-científico e pré-teórico, o anarquismo foi encerrado no devaneio, limitado à matéria do seu empirismo ingênuo ou simplesmente reduzido à força bruta das suas manifestações. De qualquer modo, as formas teóricas do conhecimento são-lhe inacessíveis. Daí seu banimento: há mais de um século, os anarquistas vivem o exílio destinado aos que se recusam a se expressar por meio dos princípios consagrados pelos discursos de poder e aos renitentes do agir sem fundamento nem princípio, ou seja, sem *arché*.

Mas aquilo que o discurso de poder reprova na anarquia é precisamente sua ausência de direção e a não ordenação da sua perspectiva conforme um fundamento ou princípio com o qual se possa mensurar a coerência de suas palavras e seus gestos. Sem um ponto fixo, desprovido de um princípio de inteligibilidade exterior, não resta à prática anarquista nada mais que o banimento ou a desqualificação pelo discurso, que cumpre, neste sentido, uma função árquica estruturante e forma tanto os objetos quanto os sujeitos do discurso. Como assinalou Reiner Schürmann, em seu notável estudo, *arché* é um termo de subordinação que estabelece com a prática uma relação atributiva: ordena-a conforme um ponto de vista ou fundamento que lhe confere um *télos*. Os princípios, afirma Schürmann:

> [...] desenham a estrutura em que se liga o *princeps*, a autoridade à qual se atribui o que é permitido fazer. As filosofias primeiras fornecem ao poder suas estruturas formais. Mais exatamente, a "metafísica" desenha o dispositivo em que o agir requer um princípio ao qual se reportam as palavras, as coisas e as ações.[1298]

Nesse sentido, a exclusão que silencia ou a inclusão que desqualifica não são jamais acidentais, mas efeito da sujeição produzida pela teoria

---

[1298] SCHÜRMANN, R. *Le principe d'anarchie*. Heidegger et la question de l'agir. Bienna/Paris: Diaphanes, 2013. p. 15.

governando a prática. Daí ser preciso desconfiar do discurso que deixa de fora da sua análise o exercício do poder, por mais revolucionário que ele pareça. Não porque o poder seja ruim, mas porque as relações de poder atravessam e circulam pelos corpos dos indivíduos; o poder transita pelo discurso, pelo desejo, pelo comportamento, pelos gestos que não são mais do que seus efeitos.[1299] *Anatomo-poder*, ele altera a materialidade dos corpos em seus mínimos detalhes, atribuindo-lhe ritmos, capacidades, habilidades; *bio-poder*, regula as forças vitais de uma população para majorar suas funções e otimizar seus processos; *poder pastoral*, instaura um processo de subjetivação no qual o indivíduo se constituirá como sujeito da verdade de si mesmo; *poder governamental*, estrutura o campo de ação e de possibilidades dos indivíduos.

Foucault insistiu em distinguir e delimitar a dimensão específica das lutas contra o poder governamental das lutas contra a dominação (social, ética, religiosa etc.) e das formas de exploração econômica. Diferentemente dessas duas últimas, as lutas contra o governo são fundamentalmente antiautoritárias, ou seja, elas se dirigem contra as diversas formas que assumem a autoridade: dos pais sobre os filhos, dos homens sobre as mulheres, do professor sobre os estudantes etc. Portanto, não são lutas por mais direitos ou por liberdades; seu objetivo é, muito simplesmente, livrar-se de certo exercício autoritário do poder. Diferentemente das lutas por direitos sociais ou políticos, e das lutas por melhores condições de trabalho e salário, encontra-se nas lutas contra o governo uma rejeição da própria legalidade e institucionalidade do poder. Quando, confrontados com ela, os homens do poder perguntam:

> "Mas, afinal, o que vocês querem?", sua resposta é: "Não nos cabe dizer em qual molho queremos ser devorados" [...]. Não se quer mais jogar o jogo, tradicionalmente organizado e institucionalizado, do Estado, com suas exigências, e dos cidadãos, com seus direitos. Não se quer mais jogar o jogo de modo nenhum; impede-se o jogo de jogar.[1300]

Da dimensão antiautoritária das lutas contra o governo, Foucault extraiu três características gerais: 1) são lutas transversais, em vez de causais – significa que não são causadas por processos globais, sejam eles econômicos, geográficos, nacionais etc., e não obedecem a nada mais

---

[1299] FOUCAULT, 1999, p. 49.
[1300] FOUCAULT, 2001c, p. 541.

que o acaso dos acontecimentos; 2) as lutas têm por alvo iminente uma relação estrita de sujeição, e não um estado de uma dominação ou de exploração – o alvo são certas formas de poder cujos efeitos se tornaram intoleráveis; 3) as lutas operam de maneira anárquica e não teleológica – não procedem nem de uma hierarquia teórica, nem de uma ordem revolucionária, tampouco remetem a um tempo porvir; agindo sem princípio e fora de qualquer estrutura árquica, as lutas contra o governo se inscrevem, diz Foucault, "no interior de uma história que é imediata, aceita e reconhecida como indefinidamente aberta".[1301] Desses três aspectos gerais decorrem outros três, que seriam mais específicos e próximos da nossa contemporaneidade: 1) são lutas contra o "governo da individualização", ou seja, de um lado, afirmam as relações de si consigo dos processos de autossubjetivação do eu, nos quais os indivíduos se tornam verdadeiramente individuais; de outro lado, rejeitam as relações de si com o outro dos processos de objetivação, ou trans-subjetivação, do sujeito que provocam a renúncia e a ruptura do si;[1302] 2) são lutas contra "os privilégios do saber", isto é, opõem-se à competência, à qualificação e ao regime do segredo e da representação impostos aos indivíduos; 3) por fim, na especificidade dessas lutas, encontra-se uma recusa tanto à indiferença quanto à determinação do eu pelo poder – em outras palavras, rejeita-se tanto o poder que ignora o que se é, quanto o poder que pretende determinar o que se é. Segundo Foucault, essas três últimas características são as que predispõem as lutas contemporâneas contra uma forma de poder que, desde o nascimento do Estado moderno até nossos dias, não cessou de se instalar nas práticas de governo: o poder pastoral.

Foucault perseguiu e descreveu com certa obstinação, e admiração, a irredutibilidade desses gestos inexplicáveis que se encontram enredados nas lutas contra o poder governamental e provocam um desprendimento do indivíduo de si mesmo. Por exemplo, os percebeu na vivacidade mortífera da loucura, no ilegalismo popular da plebe sediciosa, no parricídio de Pierre Rivière, no suicídio de Herculine Barbin, na série quase infinita de anormais inscritos sob o signo do onanismo, da histeria, da possessão, da feitiçaria, do monstro moral e político; mas também entre prisioneiros escrutinados, ascetas empedernidos dos primeiros séculos, entre os infames das *lettres de cachet*, na espiritualidade revolucionária etc. O que

---

[1301] *Ibid.*, p. 546.
[1302] FOUCAULT, M. *A hermenêutica do sujeito.* Curso no Collège de France (1981-1982). Tradução: Márcio Fonseca e Salma Muchail. São Paulo: Martins Fontes, 2004d. p. 263.

Foucault viu em todas essas figuras sombrias? Certamente, percebeu na opacidade dessas existências o ponto luminoso do seu choque com o poder governamental. Mas também encontrou nelas algo de mais precioso: uma "intensidade que as atravessa", uma impressão que abala todas as fibras, "excessos"; uma "mistura de obstinação sombria e perfídia", de "derrota e fúria"; "existências-relâmpagos", "poemas-vidas". Foucault buscou mostrar que, embora houvesse, nessas figuras, "em suas desgraças, em suas paixões, em seus amores e ódios, alguma coisa de cinza e de comum" que as destinava "a passar sem deixar rastro", elas também foram:

> [...] atravessadas por um certo ardor, animadas por uma violência, uma energia, um excesso na malvadeza, na vilania, na baixeza, na obstinação ou no azar que lhes dava [...] uma espécie de grandeza assustadora ou digna de pena. [...] espécies de partículas dotadas de uma energia tanto maior quanto menores elas são e difíceis de discernir.[1303]

Do que provém essa energia arrebatadora do ser que atravessa existências tão ínfimas? Do seu confronto com o poder governamental:

> [...] sem dúvida, sem esse choque, nenhuma palavra estaria lá para nos lembrar do seu trajeto fugidio. O poder que espiava essas vidas, que as perseguiu, que prestou atenção, ainda que por um instante, às suas queixas e aos seus tumultos, e que as marcou com suas garras, foi ele que suscitou essas poucas palavras que nos restaram; que se tenha querido se dirigir a ele para denunciar, queixar-se, solicitar, suplicar; ou que ele tenha querido intervir e que tenha, em poucas palavras, julgado e decidido. Todas essas vidas que estavam destinadas a passar por baixo de qualquer discurso e a desaparecer sem jamais terem sido ditas, só puderam deixar seus traços – breves, incisivos, frequentemente enigmáticos – no ponto do seu contato instantâneo com o poder.[1304]

No confronto com o governo tem-se o momento fulgurante e o instante mais vívido da existência dos indivíduos; ali reside, diz Foucault, o "ponto mais intenso das vidas, aquele em que se concentra sua energia, é lá onde elas se chocam contra o poder, se debatem com ele, tentam utilizar suas forças ou escapar às suas armadilhas".[1305] É na resistência ao governo

---

[1303] FOUCAULT, 2001c, p. 240.
[1304] *Ibid.*, p. 240-241.
[1305] *Ibid.*, p. 241.

que se encontra o pouco de ruído e de brilho que as vidas mais supérfluas são ainda capazes de provocar. "Varsóvia terá sempre seu gueto sublevado e seus esgotos povoados de insurgentes".[1306] Trata-se de um gesto sem explicação, que opera não pela tomada de consciência, mas por um tipo de "dilaceramento que interrompe o fio da história e suas longas cadeias de razões".[1307] Por isso mesmo, ele escapa às revoluções e à sua história "racional e controlável" para habitar o "enigma das insurreições", como aquela que Foucault testemunhou no desenrolar da revolução iraniana:

> [...] paradoxo [...]: a população se opõe a um dos regimes mais militarizados do mundo e a mais temível polícia. E isso de mãos nuas, sem recorrer à luta armada e com uma obstinação e coragem que imobilizam o exército nas ruas: pouco a pouco ele se paralisa e hesita disparar.[1308]

Todo esse murmúrio e ruído mostra, precisamente, que as resistências contra o poder só podem existir no campo estratégico das suas relações; ou seja, exatamente naquele intervalo, situado entre as relações de poder e os estados de dominação, formado pelas práticas governamentais.[1309] Nas sociedades modernas, o governo se tornou a dimensão que fez do poder o campo de imanência das insurreições: "em toda essa série de técnicas para governar as pessoas, em toda essa proliferação de mecanismos de poder que produzem sua estabilização, sua multiplicação, seu refinamento, encontra-se sempre a tendência de se governar abusivamente".[1310] É como se o governo tivesse se tornado "uma lei de excesso interior ao desenvolvimento do poder".[1311]

Governo e anarquia devem um ao outro a densidade de seu ser; não na falsa reação do ressentimento, mas no sim triunfante que, dito a si mesmo, rejeita o outro. Entre governo e anarquia existe uma espécie de ponto ou de cruzamento, fora do qual certamente não podem existir, mas que também transforma completamente o que são e os ultrapassa. O governo, operando a glorificação do que exclui, abre violentamente para a anarquia e é ameaçado pelo próprio conteúdo que rejeita. A anarquia,

---

[1306] *Ibid.*, p. 791.

[1307] *Id.*

[1308] FOUCAULT, 2001b, p. 701.

[1309] FOUCAULT, 1993, p. 91.

[1310] FOUCAULT, M. Entretien inédit avec Michel Foucault (1979). *Rodéo*, n. 2, 2013. Disponível em: http://fares-sassine.blogspot.com.br. Acesso em: 15 nov. 2023.

[1311] *Id.*

introduzindo o governo no centro da sua crítica, o incita sempre mais e encontra sua dimensão positiva nesse movimento que é o da sua própria desaparição; a anarquia não pode desencadear-se senão na direção do que a encadeia. "Contra o que ela dirige sua violência e a que vazio deve a livre plenitude do seu ser senão àquele mesmo que ela atravessa com seu gesto violento e que se destina a barrar no traço que ela apaga?"[1312]

O poder governamental foi uma das práticas humanas que mais provocou reflexão e agitação nas sociedades ocidentais; talvez tenha sido a que mais fascinou os espíritos, a que mais tenha despertado ódios e excitado desejos; certamente, foi a que mais produziu prazer e saber. Do que é feita a realidade dessa prática tão singular? Proudhon afirmou que, na realidade do poder governamental, não se encontra outra coisa além de força. Se todos os seres, na medida em que constituem um grupo, possuem em si mesmo, em um grau qualquer, a capacidade de atrair ou de ser atraído, de pensar, de produzir ou, pelo menos, de resistir com sua inércia, às influências exteriores, é essa capacidade que faz sua força, ela é inerente e imanente aos seres. A mecânica da força, seu agrupamento, sua aglomeração e seu direcionamento formam a base do poder governamental, de modo que aquilo que produz o poder na sociedade é o mesmo que produz a força e a realidade nos corpos: são relações, contudo, de natureza comutativa. Quando cessa a permuta e se instaura o desequilíbrio entre elas, surge o governo. Dessa forma, se o poder é imanente à sociedade, como a atração é à matéria, o governo lhe é, como toda ação mecânica, exterior. Não age por si mesmo, porque desprovido de força própria, age apenas por ajustamento.

Contudo, não existem soluções definitivas, porque seria um despropósito, como afirmou Nietzsche, exigir da força que não se expresse como força; pedir que não contenha uma vontade de domínio, um querer-vencer, um querer-subjugar, uma sede de inimigos, de resistências e de triunfos. Por essa razão, Malatesta recusou ver um anarquista adormecido em cada ser; parecia-lhe, ao contrário, mais correto afirmar que todo ser é um tirano em potencial, dada a imanência desse querer-crescer que impele a rejeitar os obstáculos. Portanto, aquilo que seria próprio ao anarquista, dizia, não é anular em si próprio o crescimento, mas querer ver no outro a mesma potência de expansão; ou seja, é uma disposição ética.

[1312] FOUCAULT, M. Prefácio à Transgressão. *In*: MOTTA, M. B. (org.). *Ditos e Escritos*: Estética: Literatura e Pintura, Música e Cinema. Vol. III. Tradução: Inês A. D. Barbosa. Rio de Janeiro: Forense, 2001a. p. 33.

Haverá, portanto, sempre certo grau de governo, para que se possa sempre produzir certo grau de anarquia. Proudhon se divertia respondendo seus contraditores que o chamavam de "demolidor admirável"; dizia-lhes que nada proporia em substituição à propriedade, ao governo etc., precisamente porque não pretendia suprimir resolutamente nada daquilo que criticava. A anarquia não apaga o governo, ela se afirma resistindo-o. Previne para que a desmesura governamental seja contida por sua existência extrema. O que não quer dizer que o melhor governo seja o que menos governa, porque não é uma questão de medida. Proudhon, levando a sério as palavras, dizia que reinar e julgar são sinônimos na língua hebraica, e os gregos, generalizando um pouco mais, apresentavam a mesma ideia: Homero chamou os reis de *poïmenas laôn* (pastores de povos) e *kosmétoras laôn* (ordenadores de povos); portanto, governar e julgar são duas potências indissociáveis, de modo que, onde há governo, há juízo. Por isso, os anarquistas diriam que o menor governo é aquele contra o qual se opõe a maior resistência.

Certa vez, alguém perguntou a Malatesta se o ato pelo qual um proprietário obriga seu inquilino a não pagar o aluguel seria autoritário. Respondeu que o proprietário, certamente, não precisará recorrer à força para ser obedecido, já que faz o que seu inquilino deseja. Porém, o gesto de não pagar resulta, não de um ato de rebelião, mas de obediência, é incapaz de aumentar a potência ética. "Quem não paga porque foi para isso ordenado, pagará depois docilmente o dobro" quando lhe for novamente ordenado,[1313] de modo que a força do poder governamental não é um simples fato físico, é sobretudo de ordem moral e a luta contra ele é irremediavelmente ética. Daí a necessidade de se espreitar por trás da política, de maneira a apreender nela esse "movimento irredutível" e "profundamente ameaçador para qualquer despotismo", que se manifesta como "o que deve incondicionalmente limitá-la", isto é, a atitude que consiste em dizer ao governo: "'não obedeço mais' e joga na cara de um poder que se considera injusto o risco da própria vida".[1314] Foucault chamou essa dimensão ética, que resulta desse confronto com o poder governamental, de "dramaturgia da vida revolucionária":

> Decidir que se vai morrer quando se faz a revolução não quer dizer simplesmente colocar-se frente a uma metralhadora

---

[1313] MALATESTA, 1975[379], p. 403-404.
[1314] FOUCAULT, 2001c, p. 793-794.

> e esperar que ela dispare. Decidir que se vai morrer, ou que
> se prefere morrer a continuar, assume certo número de for-
> mas. Pode assumir a forma da luta armada ou da guerrilha,
> do atentado individual, do movimento de massa, de uma
> manifestação religiosa, da marcha fúnebre etc. Então, é o
> que eu chamaria de dramaturgia da vida revolucionária [...].
> Ela é absolutamente a expressão dessa espécie de decisão
> que produz a ruptura das continuidades históricas e que é
> coração da revolução.[1315]

Conhece-se a importância que o tema da dramaturgia da vida revolucionária adquiriu no final da vida de Foucault. Na abertura do curso de 1983, ele será retomado, junto da reflexão kantiana sobre a Revolução Francesa, para deslocar a análise da Revolução para o "entusiasmo revolucionário". Com isso, foi possível para Foucault mostrar que o que importa na Revolução não é a própria Revolução, "[...] mas o que se passa na cabeça dos que não fazem a Revolução ou que não são, em todo caso, seus atores principais. [...] O significativo é o entusiasmo pela Revolução".[1316] É o entusiasmo dos espectadores ou, no limite, dos coadjuvantes o que é relevante nas revoluções; ele se manifesta não nos grandes atos revolucionários fundadores e solenes, mas no ato insurrecional, isto é, no ímpeto e na energia da vida revolucionária, nessas diversas maneiras de viver a revolução que constituem sua dramaturgia e não se confundem simplesmente com uma *mise-en-sc*ène, mas adquirem o valor de uma *alèthurgie*: o "ato pelo qual o sujeito [...] se *manifesta*, [...] representa a si mesmo e é reconhecido pelos outros [...], se constitui e é constituído pelos outros",[1317] como alguém que faz da própria vida o palco visível de uma revolução.

Em seguida, Foucault teria encontrado no tema da parrésia a ferramenta conceitual capaz de evidenciar a potência ética em jogo nessa dramaturgia da vida revolucionária, permitindo, com isso, se não desvendar, ao menos apreender o "enigma das insurreições". Afinal, na prática política das sociedades ocidentais, como explicar esse tipo de experiência-limite em que o indivíduo aceita pagar o preço da própria vida nos confrontos com o poder governamental? Do que procede esse

---

[1315] FOUCAULT, 2013, n.p.

[1316] FOUCAULT, M. *Le gouvernement de soi et des autres.* Cours au Collège de France, 1982-1983. Paris: Gallimard/Sueil, 2008. p. 19.

[1317] FOUCAULT, M. *Le courage de la vérité.* Le gouvernement de soi et des autres II. Cours au Collège de France, 1984. Paris: Gallimard/Sueil, 2009. p. 4. Grifos do autor.

desprendimento de força, ímpeto e energia que produz o dilaceramento do próprio ser e a ruptura do razoável?

Na parrésia, noção primordialmente ligada à democracia clássica, encontra-se um tipo de experiência ética na qual o sujeito, dizendo a verdade contra o poder, estará disposto a morrer por ela, a pagar o preço da sua própria existência. É nesse sentido que o discurso da parrésia não pertence ao campo da retórica, da erística, da pedagogia ou da dialética; ele habita uma "dramática do discurso" que se manifesta a partir de uma dupla obrigação que o indivíduo estabelece sobre si mesmo: a de dizer a verdade e a de se vincular ao conteúdo da verdade proferida, aceitando todos os riscos das suas consequências. No centro da parrésia, encontra-se a coragem do sujeito não apenas de se afirmar pelo discurso, mas, sobretudo, de viver conforme a verdade afirmada por seu discurso.

> Parrésia será a presença, na pessoa que fala, da sua própria forma de vida tornada manifesta, presente, perceptível e ativa, como exemplo do discurso que ela enuncia. [...] Eu devo ser eu mesmo aquilo que digo; eu devo estar eu mesmo implicado naquilo que digo, e o que eu digo deve mostrar-me como realmente verdadeiro naquilo que afirmo.[1318]

Com isso, o tema da parrésia permite apreender o que está em jogo nessa dramática do discurso que, ao longo dos séculos XIX e XX, não cessou de habitar o discurso revolucionário daquele "que se levanta, no seio de uma sociedade, e diz: eu digo a verdade, e a digo em nome de qualquer coisa que é a revolução".[1319]

Schürmann compreendeu como a reflexão de Foucault sobre o poder nos permite perceber a potencialidade extraordinária para a produção de novas subjetividades presente nas formas de luta contemporâneas contra o governo. Na sua crítica, Foucault não apenas realizou "a constituição de si mesmo como sujeito transgressivo", como mostrou que a tarefa urgente de nossa atualidade está, sobretudo, em "constituir a si mesmo como sujeito *anárquico*".[1320]

[1318] FOUCAULT, M. Parresia. *Critical Inquiry*, v. 41, n. 2, p. 219-253, 2015. p. 245, 247.

[1319] FOUCAULT, 2008, p. 67.

[1320] SCHÜRMANN, R. On Constituting Oneself an Anarchistic Subject. *Praxis International*, v. 6, n. 3, 1986. p. 294310. p. 307. Grifos do autor.

REFERÊNCIAS

1. Escritos de Errico Malatesta:

MALATESTA, E. Situação. *La Questione Sociale*, Florença, ano I, n. 1, 22 dez. 1883a.

MALATESTA, E. Questione Sociale e Socialismo. *La Questione Sociale*, Florença, ano I, n. 1, 22 dez. 1883b.

MALATESTA, E. La repubblica dei giovanetti e quella degli uomini colla barba. *La Questione Sociale*, Florença, ano I, n. 3, 5 jan. 1884a.

MALATESTA, E. Quello che noi non dobbiamo dimenticare. *La Questione Sociale*, Florença, ano I, n. 4, 12 jan. 1884b.

MALATESTA, E. L'Anarchia. *La Questione Sociale*, Florença, ano I, n. 9, 11 mai. 1884c.

MALATESTA, E. Ancora della massoneria. *La Questione Sociale*, Florença, ano I, n. 10, 18 mai. 1884d.

MALATESTA, E. L'Anarchia. *La Questione Sociale*, Florença, ano I, n. 10, 18 mai. 1884e.

MALATESTA, E. La sovranità popolare. *La Questione Sociale*, Florença, ano I, n. 11, 25 mai. 1884f.

MALATESTA, E. L'Anarchia. *La Questione Sociale*, Buenos Aires, ano I, n. 2, 4 out. 1885a.

MALATESTA, E. Evoluzione o rivoluzione? *La Questione Sociale*, Buenos Aires, ano I, n. 8, 15 nov. 1885b.

MALATESTA, E. Un fattore della rivoluzione sociale. *La Questione Sociale*, Buenos Aires, ano I, n. 8, 15 nov. 1885c.

MALATESTA, E. Evoluzione o rivoluzione? *La Questione Sociale*, Buenos Aires, ano I, n. 9, 22 nov. 1885d.

MALATESTA, E. Programma. *L'Associazione*, Nice-Marítima, ano I, n. 1, 8 set. 1889a.

MALATESTA, E. L'indomani della Rivoluzione: I, Autorità e Organizzazione. *L'Associazione*, Nice-Marítima, ano I, n. 2, 16 out. 1889b.

MALATESTA, E. La propaganda a fatti. *L'Associazione*, Nice-Marítima, ano I, n. 2, 16 out. 1889c.

MALATESTA, E. La sommossa non è Rivoluzione. *L'Associazione*, Nice-Marítima, ano I, n. 3, 27 out. 1889d.

MALATESTA, E. L'indomani della Rivoluzione: II, La misura del valore e le commissioni di statistica. *L'Associazione*, Nice-Marítima, ano I, n. 3, 27 out. 1889e.

MALATESTA, E. Il Duello. *L'Associazione*, Nice-Marítima, ano I, n. 3, 27 out. 1889f.

MALATESTA, E. Nostri Propositi: II, L'Organizzazione. *L'Associazione*, Londres, ano I, n. 5, 7 dez. 1889g.

MALATESTA, E. Il furto. *L'Associazione*, Londres, ano I, n. 5, 7 dez. 1889h.

MALATESTA, E. Ancora del furto. *L'Associazione*, Londres, ano I, n. 6, 21 dez. 1889i.

MALATESTA, E. Contribuizione allo studio della questione del furto [resposta à Francesco Saverio Merlino]. *L'Associazione*, Londres, ano I, n. 6, 21 dez. 1889j.

MALATESTA, E. La lotta per la vita. Egoismo e solidarietà. *L'Associazione*, Londres, ano I, n. 7, 23 jan. 1900a.

MALATESTA, E. Questione tecnica. A proposito di bombe. *L'Associazione*, Londres, ano I, n. 7, 23 jan. 1900b.

MALATESTA, E. Il Congresso Anarchico Internazionale di Amsterdam. *Il Pensiero: rivista quindicinale di sociologia, arte e letteratura*, Roma, ano V, n. 20-21, 16 out – 1 nov, 1907. p. 321-325.

MALATESTA, E. Quel che vogliamo. *Volontà*, Ancona, ano I, n. 1, 8 jun. 1913a.

MALATESTA, E. Anachismo riformista (per intenderci). *Volontà*, Ancona, ano I, n. 11, 24 ago. 1913b.

MALATESTA, E. Riforme e rivoluzione [resposta a Libero Merlino]. *Volontà*, Ancona, ano I, n. 12, 30 ago. 1913c.

MALATESTA, E. Rivoluzione o riforme [resposta a Libero Merlino]. *Volontà*, Ancona, ano I, n. 14, 13 set. 1913d.

MALATESTA, E. Insurrezionismo o Evoluzionismo? *Volontà*, Ancona, ano I, n. 21, 1 nov. 1913e.

MALATESTA, E. Anarchismo' riformista. *Volontà*, Ancona, ano I, n. 21, 1 nov. 1913f.

MALATESTA, E. Libertà e fatalità. Determinismo e volontà. *Volontà*, Ancona, ano I, n. 24, 22 nov. 1913g.

MALATESTA, E. La volontà (ancora intorno al tema 'Scienza e riforma sociale'). *Volontà*, Ancona, ano II, n. 1, 3 jan. 1913h.

MALATESTA, E. Ancora sull'Educacionismo (per intenderci). *Volontà*, Ancona, ano I, n. 26, 6 dez. 1913i.

MALATESTA, E. Gli Anarchici hanno dimenticato i loro principi. *Volontà*, Ancona, ano II, n. 42, 28 nov. 1914a.

MALATESTA, E. Due lettere di Malatesta. *Volontà*, Ancona, ano II, n. 46, 26 dez. 1914b.

MALATESTA, E. Antimilitarismo. *Volontà*, Ancona, ano II, n. 46, 26 dez. 1914c.

MALATESTA, E. Intorno alla vecchia Internazionale. *Volontà*, Ancona, ano II, n. 11, 14 mar. 1914d.

MALATESTA, E. Anarchismo e sindacalismo. *Volontà*, Ancona, ano II, n. 15, 11 abr. 1914e.

MALATESTA, E. Mentre la strage dura. *Volontà*, Ancona, ano III, n. 14, 3 abr. 1915.

MALATESTA, E. *Lo Sciopero*. Dramma in 3 atti. Genebra: Libreria del Risveglio, 1933.

MALATESTA, E. Le leggi storiche e la rivoluzione. *Volontà*, Nápoles, ano XXVIII, n. 2, mar./abr. 1975[1]. p. 133-135.

MALATESTA, E. Arrestiamoci sulla china. *Volontà*, Nápoles, ano XXVIII, n. 6, nov./dez. 1975[2]. p. 412-415.

MALATESTA, E. I nostri propositi. UN, Milão, n. 1, 27/02/1920. *In:* MALATESTA, E. *Scritti:* Umanità Nova 1920/1922. Vol. 1. Carrara: Movimento Anarchico Italiano, 1975[3]. p. 29-33.

MALATESTA, E. Produrre. UN, Milão, n. 8, 07/03/1920. *In:* MALATESTA, E. *Scritti: Umanità Nova 1920/1922*. Vol. 1. Carrara: Movimento Anarchico Italiano, 1975[4]. p. 33-35.

MALATESTA, E. L'alleanza rivoluzionaria. UN, Milão, n. 13, 13/03/1920. *In:* MALATESTA, E. *Scritti:* Umanità Nova 1920/1922. Vol. 1. Carrara: Movimento Anarchico Italiano, 1975[5]. p. 35-39.

MALATESTA, E. Perchè non prima? UN, Milão, n. 16, 17/03/1920. *In:* MALATESTA, E. *Scritti:* Umanità Nova 1920/1922. Vol. 1. Carrara: Movimento Anarchico Italiano, 1975[6]. p. 39-40.

MALATESTA, E. Repubblica sociale. UN, Milão, n. 29, 01/04/1920. *In:* MALATESTA, E. *Scritti:* Umanità Nova 1920/1922. Vol. 1. Carrara: Movimento Anarchico Italiano, 1975[7]. p. 40-42.

MALATESTA, E. Azione Parlamentare. UN, Milão, n. 30, 02/04/1920. *In:* MALATESTA, E. *Scritti:* Umanità Nova 1920/1922. Vol. 1. Carrara: Movimento Anarchico Italiano, 1975[8]. p. 42-43.

MALATESTA, E. Il mio ritorno in Italia. UN, Milão, n. 31, 03/04/1920. *In:* MALATESTA, E. *Scritti:* Umanità Nova 1920/1922. Vol. 1. Carrara: Movimento Anarchico Italiano, 1975[9]. p. 43-44.

MALATESTA, E. L'organizzazione operaia. UN, Milão, n. 32, 04/04/1920. *In:* MALATESTA, E. *Scritti:* Umanità Nova 1920/1922. Vol. 1. Carrara: Movimento Anarchico Italiano, 1975[10]. p. 44-45.

MALATESTA, E. Fronte único proletario. UN, Milão, n. 35, 08/04/1920. *In:* MALATESTA, E. *Scritti:* Umanità Nova 1920/1922. Vol. 1. Carrara: Movimento Anarchico Italiano, 1975[11]. p. 45-47.

MALATESTA, E. Azione e disciplina. UN, Milão, n. 38, 11/04/1920. *In:* MALATESTA, E. *Scritti:* Umanità Nova 1920/1922. Vol. 1. Carrara: Movimento Anarchico Italiano, 1975[12]. p. 47-50.

MALATESTA, E. Rivoluzione cosciente... o l'abisso. UN, Milão, n. 41, 15/04/1920. *In:* MALATESTA, E. *Scritti:* Umanità Nova 1920/1922. Vol. 1. Carrara: Movimento Anarchico Italiano, 1975[13]. p. 51-52.

MALATESTA, E. Se la facessero finita!. UN, Milão, n. 42, 16/04/1920. *In:* MALATESTA, E. *Scritti:* Umanità Nova 1920/1922. Vol. 1. Carrara: Movimento Anarchico Italiano, 1975[14]. p. 53.

MALATESTA, E. Sulla buona strada. UN, Milão, n. 45, 20/04/1920. *In:* MALATESTA, E. *Scritti:* Umanità Nova 1920/1922. Vol. 1. Carrara: Movimento Anarchico Italiano, 1975[15]. p. 53-54.

MALATESTA, E. Questione di onestà - Noi ed i socialisti. UN, Milão, n. 47, 22/04/1920. *In:* MALATESTA, E. *Scritti:* Umanità Nova 1920/1922. Vol. 1. Carrara: Movimento Anarchico Italiano, 1975[16]. p. 54-56.

MALATESTA, E. La Terza Internazionale. UN, Milão, n. 49, 24/04/1920. *In:* MALATESTA, E. *Scritti:* Umanità Nova 1920/1922. Vol. 1. Carrara: Movimento Anarchico Italiano, 1975[17]. p. 56-57.

MALATESTA, E. Noi ed i repubblicani. UN, Milão, n. 50, 25/04/1920. *In:* MALATESTA, E. *Scritti:* Umanità Nova 1920/1922. Vol. 1. Carrara: Movimento Anarchico Italiano, 1975[18]. p. 57-60.

MALATESTA, E. Amore e odio. UN, Milão, n. 51, 27/04/1920. *In:* MALATESTA, E. *Scritti:* Umanità Nova 1920/1922. Vol. 1. Carrara: Movimento Anarchico Italiano, 1975[19]. p. 60-61.

MALATESTA, E. Gli anarchici ed i socialisti. Affinità e contrasti. UN, Milão, n. 55, 01/05/1920. *In:* MALATESTA, E. *Scritti:* Umanità Nova 1920/1922. Vol. 1. Carrara: Movimento Anarchico Italiano, 1975[20]. p. 62-67.

MALATESTA, E. Vogliono dunque proprio che li trattiamo da poliziotti? UN, Milão, n. 58, 06/05/1920. *In:* MALATESTA, E. *Scritti:* Umanità Nova 1920/1922. Vol. 1. Carrara: Movimento Anarchico Italiano, 1975[21]. p. 67-68.

MALATESTA, E. Noi ed i mazziniani. UN, Milão, n. 61, 09/05/1920. *In:* MALATESTA, E. *Scritti:* Umanità Nova 1920/1922. Vol. 1. Carrara: Movimento Anarchico Italiano, 1975[22]. p. 68-72.

MALATESTA, E. Governo e sicurezza pubblica. UN, Milão, n. 63, 11/05/1920. *In:* MALATESTA, E. *Scritti:* Umanità Nova 1920/1922. Vol. 1. Carrara: Movimento Anarchico Italiano, 1975[23]. p. 72-73.

MALATESTA, E. La questione della terra I. UN, Milão, n. 66, 15/05/1920. *In:* MALATESTA, E. *Scritti:* Umanità Nova 1920/1922. Vol. 1. Carrara: Movimento Anarchico Italiano, 1975[24]. p. 73-75.

MALATESTA, E. La questione della terra II. UN, Milão, n. 69, 19/05/1920. *In:* MALATESTA, E. *Scritti:* Umanità Nova 1920/1922. Vol. 1. Carrara: Movimento Anarchico Italiano, 1975[25]. p. 75-79.

MALATESTA, E. La questione della terra III. UN, Milão, n. 84, 05/06/1920. *In:* MALATESTA, E. *Scritti:* Umanità Nova 1920/1922. Vol. 1. Carrara: Movimento Anarchico Italiano, 1975[26]. p. 79-81.

MALATESTA, E. Rapporti tra socialisti e anarchici. UN, Milão, n. 66, 15/05/1920. *In:* MALATESTA, E. *Scritti:* Umanità Nova 1920/1922. Vol. 1. Carrara: Movimento Anarchico Italiano, 1975[27]. p. 82-83.

MALATESTA, E. Ancora sulla repubblica. UN, Milão, n. 71, 21/05/1920. *In:* MALATESTA, E. *Scritti:* Umanità Nova 1920/1922. Vol. 1. Carrara: Movimento Anarchico Italiano, 1975[28]. p. 83-85.

MALATESTA, E. È roba vostra!. UN, Milão, n. 88, 10/06/1920. *In:* MALATESTA, E. *Scritti:* Umanità Nova 1920/1922. Vol. 1. Carrara: Movimento Anarchico Italiano, 1975[29]. p. 85-86.

MALATESTA, E. Necessità del comunismo. UN, Milão, n. 93, 16/06/1920. *In:* MALATESTA, E. *Scritti:* Umanità Nova 1920/1922. Vol. 1. Carrara: Movimento Anarchico Italiano, 1975[30]. p. 86-87.

MALATESTA, E. Gli anarchici ed il movimento operaio. UN, Milão, n. 94, 17/06/1920. *In:* MALATESTA, E. *Scritti:* Umanità Nova 1920/1922. Vol. 1. Carrara: Movimento Anarchico Italiano, 1975[31]. p. 88-90.

MALATESTA, E. Non comprare!. UN, Milão, n. 96, 19/06/1920. *In:* MALATESTA, E. *Scritti:* Umanità Nova 1920/1922. Vol. 1. Carrara: Movimento Anarchico Italiano, 1975[32]. p. 90-91.

MALATESTA, E. L'oro straniero. UN, Milão, n. 96, 19/06/1920. *In:* MALATESTA, E. *Scritti:* Umanità Nova 1920/1922. Vol. 1. Carrara: Movimento Anarchico Italiano, 1975[33]. p. 91-92.

MALATESTA, E. Anarchismo e dittatura. UN, Milão, n. 96, 19/06/1920. *In:* MALATESTA, E. *Scritti:* Umanità Nova 1920/1922. Vol. 1. Carrara: Movimento Anarchico Italiano, 1975[34]. p. 93-95.

MALATESTA, E. Ancora sulla distruzione delle messi. UN, Milão, n. 97, 20/06/1920. *In:* MALATESTA, E. *Scritti:* Umanità Nova 1920/1922. Vol. 1. Carrara: Movimento Anarchico Italiano, 1975[35]. p. 95.

MALATESTA, E. Impudenti!. UN, Milão, n. 101, 25/06/1920. *In:* MALATESTA, E. *Scritti:* Umanità Nova 1920/1922. Vol. 1. Carrara: Movimento Anarchico Italiano, 1975[36]. p. 95-96.

MALATESTA, E. Tanto peggio, tanto meglio'. UN, Milão, n. 102, 26/06/1920. *In:* MALATESTA, E. *Scritti:* Umanità Nova 1920/1922. Vol. 1. Carrara: Movimento Anarchico Italiano, 1975[37]. p. 96-98.

MALATESTA, E. Il socialismo dei pazzi'. UN, Milão, n. 103, 27/06/1920. *In:* MALATESTA, E. *Scritti:* Umanità Nova 1920/1922. Vol. 1. Carrara: Movimento Anarchico Italiano, 1975[38]. p. 98-101.

MALATESTA, E. Rivolte e rivoluzione. UN, Milão, n. 117, 14/07/1920. *In:* MALA-TESTA, E. *Scritti:* Umanità Nova 1920/1922. Vol. 1. Carrara: Movimento Anarchico Italiano, 1975[39]. p. 101-103.

MALATESTA, E. Le leggi storiche e la rivoluzione. UN, Milão, n. 120, 17/07/1920. *In:* MALATESTA, E. *Scritti:* Umanità Nova 1920/1922. Vol. 1. Carrara: Movimento Anarchico Italiano, 1975[40]. p. 103-106.

MALATESTA, E. Ancora su anarchismo e comunismo. UN, Milão, n. 121, 18/07/1920. *In:* MALATESTA, E. *Scritti:* Umanità Nova 1920/1922. Vol. 1. Carrara: Movimento Anarchico Italiano, 1975[41]. p. 106-109.

MALATESTA, E. Che cosa è la Terza Internazionale? UN, Milão, n. 122, 20/07/1920. *In:* MALATESTA, E. *Scritti:* Umanità Nova 1920/1922. Vol. 1. Carrara: Movimento Anarchico Italiano, 1975[42]. p. 109-110.

MALATESTA, E. La base fondamentale dell'anarchismo. UN, Milão, n. 127, 25/07/1920. *In:* MALATESTA, E. *Scritti:* Umanità Nova 1920/1922. Vol. 1. Carrara: Movimento Anarchico Italiano, 1975[43]. p. 110-113.

MALATESTA, E. Le due vie - riforme o rivoluzione? Libertà o dittatura?, I. UN, Milão, n. 136, 05/08/1920. *In:* MALATESTA, E. *Scritti:* Umanità Nova 1920/1922. Vol. 1. Carrara: Movimento Anarchico Italiano, 1975[44]. p. 113-117.

MALATESTA, E. Le due vie - riforme o rivoluzione? Libertà o dittatura?, II. UN, Milão, n. 142, 12/08/1920. *In:* MALATESTA, E. *Scritti:* Umanità Nova 1920/1922. Vol. 1. Carrara: Movimento Anarchico Italiano, 1975[45]. p. 117-119.

MALATESTA, E. Le due vie - riforme o rivoluzione? Libertà o dittatura?, III. UN, Milão, n. 145, 15/08/1920. *In:* MALATESTA, E. *Scritti:* Umanità Nova 1920/1922. Vol. 1. Carrara: Movimento Anarchico Italiano, 1975[46]. p. 119-123.

MALATESTA, E. Le assicurazioni statali. UN, Milão, n. 137, 06/08/1920. *In:* MALA-TESTA, E. *Scritti:* Umanità Nova 1920/1922. Vol. 1. Carrara: Movimento Anarchico Italiano, 1975[47]. p. 123-124.

MALATESTA, E. La preparazione insurrezionale ed i partiti sovversivi. UN, Milão, n. 138, 07/08/1920. *In:* MALATESTA, E. *Scritti:* Umanità Nova 1920/1922. Vol. 1. Carrara: Movimento Anarchico Italiano, 1975[48]. p. 125-127.

MALATESTA, E. Fra anarchici e socialisti. UN, Milão, n. 153, 25/08/1920. *In:* MALATESTA, E. *Scritti:* Umanità Nova 1920/1922. Vol. 1. Carrara: Movimento Anarchico Italiano, 1975[49]. p. 127-130.

MALATESTA, E. Insurrezione, libertà e dittatura. UN, Milão, n. 155, 27/08/1920. *In:* MALATESTA, E. *Scritti:* Umanità Nova 1920/1922. Vol. 1. Carrara: Movimento Anarchico Italiano, 1975[50]. p. 131-134.

MALATESTA, E. Lotta economica e solidarietà. UN, Milão, n. 158, 31/08/1920. *In:* MALATESTA, E. *Scritti:* Umanità Nova 1920/1922. Vol. 1. Carrara: Movimento Anarchico Italiano, 1975[51]. p. 134-139.

MALATESTA, E. La questione del riconoscimento ufficiale del governo russo. Rivoluzione e diplomazia. UN, Milão, n. 160, 02/09/1920. *In:* MALATESTA, E. *Scritti:* Umanità Nova 1920/1922. Vol. 1. Carrara: Movimento Anarchico Italiano, 1975[52]. p. 139-143.

MALATESTA, E. Ancora su comunismo e anarchia. UN, Milão, n. 163, 05/09/1920. *In:* MALATESTA, E. *Scritti:* Umanità Nova 1920/1922. Vol. 1. Carrara: Movimento Anarchico Italiano, 1975[53]. p. 143-146.

MALATESTA, E. Facce toste!. UN, Milão, n. 165, 08/09/1920. *In:* MALATESTA, E. *Scritti:* Umanità Nova 1920/1922. Vol. 1. Carrara: Movimento Anarchico Italiano, 1975[54]. p. 146-150.

MALATESTA, E. Riforme e rivoluzione. UN, Milão, n. 167, 10/09/1920. *In:* MALATESTA, E. *Scritti:* Umanità Nova 1920/1922. Vol. 1. Carrara: Movimento Anarchico Italiano, 1975[55]. p. 150-153.

MALATESTA, E. Il movimento dei metallurgici. UN, Milão, n. 167, 10/09/1920. *In:* MALATESTA, E. *Scritti:* Umanità Nova 1920/1922. Vol. 1. Carrara: Movimento Anarchico Italiano, 1975[56]. p. 153.

MALATESTA, E. Agli operai metallurgici. UN, Milão, n. 167, 10/09/1920. *In:* MALATESTA, E. *Scritti:* Umanità Nova 1920/1922. Vol. 1. Carrara: Movimento Anarchico Italiano, 1975[57]. p. 154-155.

MALATESTA, E. Maggioranze e minoranze. UN, Milão, n. 168, 11/09/1920. *In:* MALATESTA, E. *Scritti:* Umanità Nova 1920/1922. Vol. 1. Carrara: Movimento Anarchico Italiano, 1975[58]. p. 155-157.

MALATESTA, E. Senza spargere uma goccia di sangue'. UN, Milão, n. 170, 13/09/1920. *In:* MALATESTA, E. *Scritti:* Umanità Nova 1920/1922. Vol. 1. Carrara: Movimento Anarchico Italiano, 1975[59]. p. 157-158.

MALATESTA, E. È vero, o non è vero?'. UN, Milão, n. 172, 16/09/1920. *In:* MALA-TESTA, E. *Scritti:* Umanità Nova 1920/1922. Vol. 1. Carrara: Movimento Anarchico Italiano, 1975[60]. p. 158-160.

MALATESTA, E. La propaganda del compagno E. Malatesta. UN, Milão, n. 172, 16/09/1920. *In:* MALATESTA, E. *Scritti:* Umanità Nova 1920/1922. Vol. 1. Carrara: Movimento Anarchico Italiano, 1975[61]. p. 160-161.

MALATESTA, E. Il controllo sindacale sulle aziende. UN, Milão, n. 175, 19/09/1920. *In:* MALATESTA, E. *Scritti:* Umanità Nova 1920/1922. Vol. 1. Carrara: Movimento Anarchico Italiano, 1975[62]. p. 161-164.

MALATESTA, E. Tutto non è finito!. UN, Milão, n. 177, 22/09/1920. *In:* MALA-TESTA, E. *Scritti:* Umanità Nova 1920/1922. Vol. 1. Carrara: Movimento Anarchico Italiano, 1975[63]. p. 164-165.

MALATESTA, E. Verso l'anarchia. UN, Milão, n. 178, 23/09/1920. *In:* MALATESTA, E. *Scritti:* Umanità Nova 1920/1922. Vol. 1. Carrara: Movimento Anarchico Italiano, 1975[64]. p. 165-168.

MALATESTA, E. La propaganda di Errico Malatesta. UN, Milão, n. 178, 23/09/1920. *In:* MALATESTA, E. *Scritti:* Umanità Nova 1920/1922. Vol. 1. Carrara: Movimento Anarchico Italiano, 1975[65]. p. 168-169.

MALATESTA, E. Il concetto di libertà. UN, Milão, n. 179, 24/09/1920. *In:* MALA-TESTA, E. *Scritti:* Umanità Nova 1920/1922. Vol. 1. Carrara: Movimento Anarchico Italiano, 1975[66]. p. 169-171.

MALATESTA, E. Libertà di stampa e produzione cosciente. UN, Milão, n. 181, 26/09/1920. *In:* MALATESTA, E. *Scritti:* Umanità Nova 1920/1922. Vol. 1. Carrara: Movimento Anarchico Italiano, 1975[67]. p. 171-172.

MALATESTA, E. Finalmente! Che cosa è la 'dittatura del proletariato'. UN, Milão, n. 182, 28/09/1920. *In:* MALATESTA, E. *Scritti:* Umanità Nova 1920/1922. Vol. 1. Carrara: Movimento Anarchico Italiano, 1975[68]. p. 173-175.

MALATESTA, E. Il 'co-azionismo operaio'. UN, Milão, n. 184, 30/09/1920. *In:* MALATESTA, E. *Scritti:* Umanità Nova 1920/1922. Vol. 1. Carrara: Movimento Anarchico Italiano, 1975[69]. p. 175-177.

MALATESTA, E. E se si mutasse bersaglio? (Nota ad un articolo di N.G.). UN, Milão, n. 184, 30/09/1920. *In:* MALATESTA, E. *Scritti:* Umanità Nova 1920/1922. Vol. 1. Carrara: Movimento Anarchico Italiano, 1975[70]. p. 177-179.

MALATESTA, E. La psicosi autoritaria del Partito Socialista. UN, Milão, n. 187, 03/10/1920. *In:* MALATESTA, E. *Scritti:* Umanità Nova 1920/1922. Vol. 1. Carrara: Movimento Anarchico Italiano, 1975[71]. p. 179-182.

MALATESTA, E. Anche questa! A proposito di Massoneria. UN, Milão, n. 190, 07/10/1920. *In:* MALATESTA, E. *Scritti:* Umanità Nova 1920/1922. Vol. 1. Carrara: Movimento Anarchico Italiano, 1975[72]. p. 183-184.

MALATESTA, E. La dittatura di... Malatesta!. UN, Milão, n. 194, 12/10/1920. *In:* MALATESTA, E. *Scritti:* Umanità Nova 1920/1922. Vol. 1. Carrara: Movimento Anarchico Italiano, 1975[73]. p. 184-186.

MALATESTA, E. Ricominciando: il compito dell'ora presente. UN, Roma, n. 112, 21/08/1921. *In:* MALATESTA, E. *Scritti:* Umanità Nova 1920/1922. Vol. 1. Carrara: Movimento Anarchico Italiano, 1975[74]. p. 187-190.

MALATESTA, E. Intorno al mio processo. UN, Roma, n. 113, 23/08/1921. *In:* MALATESTA, E. *Scritti:* Umanità Nova 1920/1922. Vol. 1. Carrara: Movimento Anarchico Italiano, 1975[75]. p. 190-192.

MALATESTA, E. Intorno al mio processo. I: L'amor di patria. UN, Roma, n. 114, 24/08/1921. *In:* MALATESTA, E. *Scritti:* Umanità Nova 1920/1922. Vol. 1. Carrara: Movimento Anarchico Italiano, 1975[76]. p. 192-195.

MALATESTA, E. Intorno al mio processo. II: La violenza e la rivoluzione. UN, Roma, n. 115, 25/08/1921. *In:* MALATESTA, E. *Scritti:* Umanità Nova 1920/1922. Vol. 1. Carrara: Movimento Anarchico Italiano, 1975[77]. p. 195-198.

MALATESTA, E. Ancora del diritto penale nella rivoluzione. UN, Roma, n. 117, 27/08/1921. *In:* MALATESTA, E. *Scritti:* Umanità Nova 1920/1922. Vol. 1. Carrara: Movimento Anarchico Italiano, 1975[78]. p. 198-201.

MALATESTA, E. Mentitore!. UN, Roma, n. 119, 30/08/1921. *In:* MALATESTA, E. *Scritti:* Umanità Nova 1920/1922. Vol. 1. Carrara: Movimento Anarchico Italiano, 1975[79]. p. 201-202.

MALATESTA, E. Comunismo e anarchismo. UN, Roma, n. 120, 31/08/1921. *In:* MALATESTA, E. *Scritti:* Umanità Nova 1920/1922. Vol. 1. Carrara: Movimento Anarchico Italiano, 1975[80]. p. 202-204.

MALATESTA, E. La difesa sociale contro il delitto. UN, Roma, n. 122, 02/09/1921. *In:* MALATESTA, E. *Scritti:* Umanità Nova 1920/1922. Vol. 1. Carrara: Movimento Anarchico Italiano, 1975[81]. p. 204-208.

MALATESTA, E. Socialisti e anarchici. La differenza essenziale. UN, Roma, n. 123, 03/09/1921. *In:* MALATESTA, E. *Scritti:* Umanità Nova 1920/1922. Vol. 1. Carrara: Movimento Anarchico Italiano, 1975[82]. p. 209-211.

MALATESTA, E. Ai compagni. UN, Roma, n. 124, 04/09/1921. *In:* MALATESTA, E. *Scritti:* Umanità Nova 1920/1922. Vol. 1. Carrara: Movimento Anarchico Italiano, 1975[83]. p. 211.

MALATESTA, E. La 'fretta' rivoluzionaria. UN, Roma, n. 125, 06/09/1921. *In:* MALATESTA, E. *Scritti:* Umanità Nova 1920/1922. Vol. 1. Carrara: Movimento Anarchico Italiano, 1975[84]. p. 212-214.

MALATESTA, E. Intorno al mio processo. III: La 'guerra civile'. UN, Roma, n. 127, 08/09/1921. *In:* MALATESTA, E. *Scritti:* Umanità Nova 1920/1922. Vol. 1. Carrara: Movimento Anarchico Italiano, 1975[85]. p. 214-217.

MALATESTA, E. Sulla questione del delitto. UN, Roma, n. 128, 09/09/1921. *In:* MALATESTA, E. *Scritti:* Umanità Nova 1920/1922. Vol. 1. Carrara: Movimento Anarchico Italiano, 1975[86]. p. 217-218.

MALATESTA, E. Socialisti e anarchici. UN, Roma, n. 129, 10/09/1921. *In:* MALA-TESTA, E. *Scritti:* Umanità Nova 1920/1922. Vol. 1. Carrara: Movimento Anarchico Italiano, 1975[87]. p. 218-221.

MALATESTA, E. Le colone straniere in Egitto. UN, Roma, n. 130, 11/09/1921. *In:* MALATESTA, E. *Scritti:* Umanità Nova 1920/1922. Vol. 1. Carrara: Movimento Anarchico Italiano, 1975[88]. p. 221-223.

MALATESTA, E. Sulla guerra civile. UN, Roma, n. 132, 14/09/1921. *In:* MALATESTA, E. *Scritti:* Umanità Nova 1920/1922. Vol. 1. Carrara: Movimento Anarchico Italiano, 1975[89]. p. 223-226.

MALATESTA, E. Ancora sulla questione della criminalità. UN, Roma, n. 134, 16/09/1921. *In:* MALATESTA, E. *Scritti:* Umanità Nova 1920/1922. Vol. 1. Carrara: Movimento Anarchico Italiano, 1975[90]. p. 226-231.

MALATESTA, E. Intorno al mio processo. IV: Lotta di classe o odio tra le classe? 'Popolo' e 'Proletario'. UN, Roma, n. 137, 20/09/1921. *In:* MALATESTA, E. *Scritti:* Umanità Nova 1920/1922. Vol. 1. Carrara: Movimento Anarchico Italiano, 1975[91]. p. 231-234.

MALATESTA, E. La disoccupazione. UN, Roma, n. 138, 21/09/1921. *In:* MALA-TESTA, E. *Scritti:* Umanità Nova 1920/1922. Vol. 1. Carrara: Movimento Anarchico Italiano, 1975[92]. p. 234-236.

MALATESTA, E. Scarfoglio. UN, Roma, n. 140, 23/09/1921. *In:* MALATESTA, E. *Scritti:* Umanità Nova 1920/1922. Vol. 1. Carrara: Movimento Anarchico Italiano, 1975[93]. p. 237-239.

MALATESTA, E. La mrineria nazionale. Il patriotismo dei pescicani. UN, Roma, n. 141, 24/09/1921. *In:* MALATESTA, E. *Scritti:* Umanità Nova 1920/1922. Vol. 1. Carrara: Movimento Anarchico Italiano, 1975[94]. p. 239-240.

MALATESTA, E. Giuseppe di Vagno assassinato. Il proletariato aspetta.... UN, Roma, n. 144, 28/09/1921. *In:* MALATESTA, E. *Scritti:* Umanità Nova 1920/1922. Vol. 1. Carrara: Movimento Anarchico Italiano, 1975[95]. p. 240-242.

MALATESTA, E. Nota a 'Il congresso dell'Unione Sindacale e gli anarchici', di C.N.. UN, Roma, n. 145, 29/09/1921. *In:* MALATESTA, E. *Scritti:* Umanità Nova 1920/1922. Vol. 1. Carrara: Movimento Anarchico Italiano, 1975[96]. p. 242-244.

MALATESTA, E. A proposito di Deputati 'sindacalisti'. UN, Roma, n. 146, 30/09/1921. *In:* MALATESTA, E. *Scritti:* Umanità Nova 1920/1922. Vol. 1. Carrara: Movimento Anarchico Italiano, 1975[97]. p. 244-245.

MALATESTA, E. Per due innocenti. UN, Roma, n. 147, 01/10/1921. *In:* MALATESTA, E. *Scritti:* Umanità Nova 1920/1922. Vol. 1. Carrara: Movimento Anarchico Italiano, 1975[98]. p. 245.

MALATESTA, E. Sulla questione della criminalità. UN, Roma, n. 149, 04/10/1921. *In:* MALATESTA, E. *Scritti:* Umanità Nova 1920/1922. Vol. 1. Carrara: Movimento Anarchico Italiano, 1975[99]. p. 245-249.

MALATESTA, E. Gli italiani all'estero. UN, Roma, n. 151, 06/10/1921. *In:* MALA-TESTA, E. *Scritti:* Umanità Nova 1920/1922. Vol. 1. Carrara: Movimento Anarchico Italiano, 1975[100]. p. 249-252.

MALATESTA, E. Chiarimenti. UN, Roma, n. 151, 06/10/1921. *In:* MALATESTA, E. *Scritti:* Umanità Nova 1920/1922. Vol. 1. Carrara: Movimento Anarchico Italiano, 1975[101]. p. 252-253.

MALATESTA, E. Un bandito (?). UN, Roma, n. 151, 06/10/1921. *In:* MALATESTA, E. *Scritti:* Umanità Nova 1920/1922. Vol. 1. Carrara: Movimento Anarchico Italiano, 1975[102]. p. 253-254.

MALATESTA, E. Il ministro della torretta contro Sacco e Vanzetti. UN, Roma, n. 152, 07/10/1921. *In:* MALATESTA, E. *Scritti:* Umanità Nova 1920/1922. Vol. 1. Carrara: Movimento Anarchico Italiano, 1975[103]. p. 254-256.

MALATESTA, E. Cherimonie inutili. UN, Roma, n. 154, 09/10/1921. *In:* MALATESTA, E. *Scritti:* Umanità Nova 1920/1922. Vol. 1. Carrara: Movimento Anarchico Italiano, 1975[104]. p. 256-257.

MALATESTA, E. Grido di dolore e di vergogna. UN, Roma, n. 155, 11/10/1921. *In:* MALATESTA, E. *Scritti:* Umanità Nova 1920/1922. Vol. 1. Carrara: Movimento Anarchico Italiano, 1975[105]. p. 258-259.

MALATESTA, E. Libertà, giustizia, umanità!. UN, Roma, n. 157, 13/10/1921. *In:* MALATESTA, E. *Scritti:* Umanità Nova 1920/1922. Vol. 1. Carrara: Movimento Anarchico Italiano, 1975[106]. p. 259-261.

MALATESTA, E. Il dovere dello Stato. A proposito del caso Sacco e Vanzetti. UN, Roma, n. 162, 19/10/1921. *In:* MALATESTA, E. *Scritti:* Umanità Nova 1920/1922. Vol. 1. Carrara: Movimento Anarchico Italiano, 1975[107]. p. 261-263.

MALATESTA, E. Un 'nemico della rivoluzione'. Ai padroni della stessa. UN, Roma, n. 163, 20/10/1921. *In:* MALATESTA, E. *Scritti:* Umanità Nova 1920/1922. Vol. 1. Carrara: Movimento Anarchico Italiano, 1975[108]. p. 263-264.

MALATESTA, E. L'Internazionale Intelettuale'. UN, Roma, n. 163, 20/10/1921. *In:* MALATESTA, E. *Scritti:* Umanità Nova 1920/1922. Vol. 1. Carrara: Movimento Anarchico Italiano, 1975[109]. p. 265-268.

MALATESTA, E. La mediaglietta o la morte. UN, Roma, n. 164, 21/10/1921. *In:* MALATESTA, E. *Scritti:* Umanità Nova 1920/1922. Vol. 1. Carrara: Movimento Anarchico Italiano, 1975[110]. p. 269-270.

MALATESTA, E. Nota ad una lettera di Di Vittorio. UN, Roma, n. 165, 22/10/1921. *In:* MALATESTA, E. *Scritti:* Umanità Nova 1920/1922. Vol. 1. Carrara: Movimento Anarchico Italiano, 1975[111]. p. 271-272.

MALATESTA, E. Accusati di bolscevismo. UN, Roma, n. 167, 25/10/1921. *In:* MALATESTA, E. *Scritti:* Umanità Nova 1920/1922. Vol. 1. Carrara: Movimento Anarchico Italiano, 1975[112]. p. 272-275.

MALATESTA, E. Gli anarchici nel movimento operaio (Relazione per il congresso dell'U.A.I). UN, Roma, n. 168-169-170, 26-27-28/10/1921. *In:* MALATESTA, E.

Scritti: Umanità Nova 1920/1922. Vol. 1. Carrara: Movimento Anarchico Italiano, 1975[113]. p. 275-284.

MALATESTA, E. Questioni... di lana caprina. UN, Roma, n. 169, 27/10/1921. *In:* MALATESTA, E. *Scritti:* Umanità Nova 1920/1922. Vol. 1. Carrara: Movimento Anarchico Italiano, 1975[114]. p. 284-285.

MALATESTA, E. Per il 'comunista' di Roma. UN, Roma, n. 171, 29/10/1921. *In:* MALATESTA, E. *Scritti:* Umanità Nova 1920/1922. Vol. 1. Carrara: Movimento Anarchico Italiano, 1975[115]. p. 286.

MALATESTA, E. Abolite le carceri' di Giovanni Forbicini. UN, Roma, n. 165, 22/10/1921. *In:* MALATESTA, E. *Scritti:* Umanità Nova 1920/1922. Vol. 1. Carrara: Movimento Anarchico Italiano, 1975[116]. p. 286-287.

MALATESTA, E. Ai compagni 'di buona volontà'. UN, Roma, n. 174, 02/11/1921. *In:* MALATESTA, E. *Scritti:* Umanità Nova 1920/1922. Vol. 1. Carrara: Movimento Anarchico Italiano, 1975[117]. p. 287-288.

MALATESTA, E. Esposizione d'idee di Malatesta al congresso dell'U.A.I. in Ancona. UN, Roma, n. 176, 04/11/1921. *In:* MALATESTA, E. *Scritti:* Umanità Nova 1920/1922. Vol. 1. Carrara: Movimento Anarchico Italiano, 1975[118]. p. 288-292.

MALATESTA, E. Aspettando.... UN, Roma, n. 187, 20/11/1921. *In:* MALATESTA, E. *Scritti:* Umanità Nova 1920/1922. Vol. 1. Carrara: Movimento Anarchico Italiano, 1975[119]. p. 292.

MALATESTA, E. Il 'partito' fascista. UN, Roma, n. 189, 23/11/1921. *In:* MALATESTA, E. *Scritti:* Umanità Nova 1920/1922. Vol. 1. Carrara: Movimento Anarchico Italiano, 1975[120]. p. 293-294.

MALATESTA, E. A proposito di libertà. UN, Roma, n. 190, 24/11/1921. *In:* MALA-TESTA, E. *Scritti:* Umanità Nova 1920/1922. Vol. 1. Carrara: Movimento Anarchico Italiano, 1975[121]. p. 295-297.

MALATESTA, E. La farsa continua. UN, Roma, n. 191, 25/11/1921. *In:* MALATESTA, E. *Scritti:* Umanità Nova 1920/1922. Vol. 1. Carrara: Movimento Anarchico Italiano, 1975[122]. p. 297-298.

MALATESTA, E. Per la verità e per la serietà. UN, Roma, n. 192, 26/11/1921. *In:* MALATESTA, E. *Scritti:* Umanità Nova 1920/1922. Vol. 1. Carrara: Movimento Anarchico Italiano, 1975[123]. p. 298-299.

MALATESTA, E. Nota ad un articolo 'Verità e semenza' di G. D'Annunzio. UN, Roma, n. 195, 02/12/1921. *In:* MALATESTA, E. *Scritti:* Umanità Nova 1920/1922. Vol. 1. Carrara: Movimento Anarchico Italiano, 1975[124]. p. 299-304.

MALATESTA, E. Senilità e infantilismo. UN, Roma, n. 197, 04/12/1921. *In:* MALATESTA, E. *Scritti:* Umanità Nova 1920/1922. Vol. 1. Carrara: Movimento Anarchico Italiano, 1975[125]. p. 304-305.

MALATESTA, E. Dopo le conferenze 'criminose'. UN, Roma, n. 197, 04/12/1921. *In:* MALATESTA, E. *Scritti:* Umanità Nova 1920/1922. Vol. 1. Carrara: Movimento Anarchico Italiano, 1975[126]. p. 306.

MALATESTA, E. Polemiche anarchiche sul congresso di Ancona. UN, Roma, n. 199, 07/12/1921. *In:* MALATESTA, E. *Scritti:* Umanità Nova 1920/1922. Vol. 1. Carrara: Movimento Anarchico Italiano, 1975[127]. p. 306-308.

MALATESTA, E. Per i bombardieri del Diana. UN, Roma, n. 165, 22/10/1921. *In:* MALATESTA, E. *Scritti:* Umanità Nova 1920/1922. Vol. 1. Carrara: Movimento Anarchico Italiano, 1975[128]. p. 308-312.

MALATESTA, E. Vittime od eroi. Nota ad un articolo di L. Fabbri sull'attentato del 'Diana'. UN, Roma, n. 214, 24/12/1921. *In:* MALATESTA, E. *Scritti:* Umanità Nova 1920/1922. Vol. 1. Carrara: Movimento Anarchico Italiano, 1975[129]. p. 312-315.

MALATESTA, E. La nuova crisi. UN, Roma, n. 12, 14/01/1922. *In:* MALATESTA, E. *Scritti:* Umanità Nova 1920/1922. Vol. 1. Carrara: Movimento Anarchico Italiano, 1975[130]. p. 317-319.

MALATESTA, E. Anarchici, a voi!. UN, Roma, n. 23, 27/01/1922. *In:* MALATESTA, E. *Scritti:* Umanità Nova 1920/1922. Vol. 1. Carrara: Movimento Anarchico Italiano, 1975[131]. p. 319-320.

MALATESTA, E. Proprietà individuale e libertà. UN, Roma, n. 26, 31/01/1922. *In:* MALATESTA, E. *Scritti:* Umanità Nova 1920/1922. Vol. 1. Carrara: Movimento Anarchico Italiano, 1975[132]. p. 320-321.

MALATESTA, E. L'Alleanza del lavoro. Anarchici, a noi!. UN, Roma, n. 35, 10/02/1922. *In:* MALATESTA, E. *Scritti:* Umanità Nova 1920/1922. Vol. 1. Carrara: Movimento Anarchico Italiano, 1975[133]. p. 322.

MALATESTA, E. Nota ad una relazione dell'Alleanza del lavoro. UN, Roma, n. 45, 22/02/1922. *In:* MALATESTA, E. *Scritti:* Umanità Nova 1920/1922. Vol. 1. Carrara: Movimento Anarchico Italiano, 1975[134]. p. 323.

MALATESTA, E. Nota ad una lettera di L. Fabbri. UN, Roma, n. 59, 10/03/1922. *In:* MALATESTA, E. *Scritti:* Umanità Nova 1920/1922. Vol. 1. Carrara: Movimento Anarchico Italiano, 1975[135]. p. 323-324.

MALATESTA, E. Giuseppe Mazzini. UN, Roma, n. 60, 11/03/1922. *In:* MALATESTA, E. *Scritti:* Umanità Nova 1920/1922. Vol. 1. Carrara: Movimento Anarchico Italiano, 1975[136]. p. 324-325.

MALATESTA, E. Il fascismo e la legalità. UN, Roma, n. 62, 14/03/1922. *In:* MALATESTA, E. *Scritti:* Umanità Nova 1920/1922. Vol. 1. Carrara: Movimento Anarchico Italiano, 1975[137]. p. 325-327.

MALATESTA, E. Discorso ad un comizio dell'U.S.I.. UN, Roma, n. 62, 14/03/1922. *In:* MALATESTA, E. *Scritti:* Umanità Nova 1920/1922. Vol. 1. Carrara: Movimento Anarchico Italiano, 1975[138]. p. 327-328.

MALATESTA, E. XVIII marzo. UN, Roma, n. 67, 19/03/1922. *In:* MALATESTA, E. *Scritti:* Umanità Nova 1920/1922. Vol. 1. Carrara: Movimento Anarchico Italiano, 1975[139]. p. 329-330.

MALATESTA, E. Nota ad un articolo di Carlo Francesco Ansaldi in favore di Sacco e Vanzetti. UN, Roma, n. 70, 23/03/1922. *In:* MALATESTA, E. *Scritti:* Umanità Nova 1920/1922. Vol. 1. Carrara: Movimento Anarchico Italiano, 1975[140]. p. 330-331.

MALATESTA, E. Dichiarazioni personali. UN, Roma, n. 72, 25/03/1922. *In:* MALATESTA, E. *Scritti:* Umanità Nova 1920/1922. Vol. 1. Carrara: Movimento Anarchico Italiano, 1975[141]. p. 331-336.

MALATESTA, E. Strascichi del congresso anarchico. UN, Roma, n. 75, 29/03/1922. *In:* MALATESTA, E. *Scritti:* Umanità Nova 1920/1922. Vol. 1. Carrara: Movimento Anarchico Italiano, 1975[142]. p. 336-338.

MALATESTA, E. Per la libertà di stampa (lettera in comune con Gigi Damiani). UN, Roma, n. 77, 31/03/1922. *In:* MALATESTA, E. *Scritti:* Umanità Nova 1920/1922. Vol. 1. Carrara: Movimento Anarchico Italiano, 1975[143]. p. 338-340.

MALATESTA, E. Che cosa è la repubblica sociale? UN, Roma, n. 79, 02/04/1922. *In:* MALATESTA, E. *Scritti:* Umanità Nova 1920/1922. Vol. 1. Carrara: Movimento Anarchico Italiano, 1975[144]. p. 340-344.

MALATESTA, E. Sindacalismo e anarchismo. UN, Roma, n. 82, 06/04/1922. *In:* MALATESTA, E. *Scritti:* Umanità Nova 1920/1922. Vol. 1. Carrara: Movimento Anarchico Italiano, 1975[145]. p. 344-350.

MALATESTA, E. L'Alleanza del lavoro. UN, Roma, n. 37, 12/02/1922. *In:* MALA-TESTA, E. *Scritti:* Umanità Nova e scritti vari 1919/1923. Vol. 2. Carrara: Movimento Anarchico Italiano, 1975[146]. p. 9.

MALATESTA, E. Repubblicanesimo sociale e anarchismo (concordanze e diffe-renziazioni). UN, Roma, n. 83, 07/04/1922. *In:* MALATESTA, E. *Scritti:* Umanità Nova e scritti vari 1919/1923. Vol. 2. Carrara: Movimento Anarchico Italiano, 1975[147]. p. 10-15.

MALATESTA, E. Gli intendimenti dell'Alleanza del lavoro (nota ad un articolo di C. Ciciarelli). UN, Roma, n. 84, 08/04/1922. *In:* MALATESTA, E. *Scritti:* Umanità Nova e scritti vari 1919/1923. Vol. 2. Carrara: Movimento Anarchico Italiano, 1975[148]. p. 15-16.

MALATESTA, E. Nota ad una recensione di A. V. al libro 'Al Caffè'. UN, Roma, n. 87, 12/04/1922. *In:* MALATESTA, E. *Scritti:* Umanità Nova e scritti vari 1919/1923. Vol. 2. Carrara: Movimento Anarchico Italiano, 1975[149]. p. 16.

MALATESTA, E. La funzione dei sindacati nella rivoluzione. UN, Roma, n. 88, 13/04/1922. *In:* MALATESTA, E. *Scritti:* Umanità Nova e scritti vari 1919/1923. Vol. 2. Carrara: Movimento Anarchico Italiano, 1975[150]. p. 17-19.

MALATESTA, E. Repubblicanesimo sociale e anarchismo. Consensi e dissensi sulla teoria e la tecnica della rivoluzione. UN, Roma, n. 89, 14/04/1922. *In:* MALA-TESTA, E. *Scritti:* Umanità Nova e scritti vari 1919/1923. Vol. 2. Carrara: Movimento Anarchico Italiano, 1975[151]. p. 20-25.

MALATESTA, E. La libertà del lavoro. UN, Roma, n. 90, 15/04/1922. *In:* MALA-TESTA, E. *Scritti:* Umanità Nova e scritti vari 1919/1923. Vol. 2. Carrara: Movimento Anarchico Italiano, 1975[152]. p. 25-28.

MALATESTA, E. Ancora sulla libertà del lavoro. UN, Roma, n. 91, 16/04/1922. *In:* MALATESTA, E. *Scritti:* Umanità Nova e scritti vari 1919/1923. Vol. 2. Carrara: Movimento Anarchico Italiano, 1975[153]. p. 28-29.

MALATESTA, E. Repubblicanesimo sociale e anarchismo. In margine alla pole-mica Ansaldi-Malatesta. UN, Roma, n. 83, 07/04/1922. *In:* MALATESTA, E. *Scritti:* Umanità Nova e scritti vari 1919/1923. Vol. 2. Carrara: Movimento Anarchico Italiano, 1975[154]. p. 30-34.

MALATESTA, E. Nota alla riproduzione del programma di 'Umanità Nova' (pub-blicato nel primo numero del 1920). UN, Roma, n. 93, 19/04/1922. *In:* MALATESTA,

E. *Scritti:* Umanità Nova e scritti vari 1919/1923. Vol. 2. Carrara: Movimento Anarchico Italiano, 1975[155]. p. 35-36.

MALATESTA, E. Ancora sulla libertà di lavoro. Un caso di deformazione professionale. UN, Roma, n. 95, 21/04/1922. *In:* MALATESTA, E. *Scritti:* Umanità Nova e scritti vari 1919/1923. Vol. 2. Carrara: Movimento Anarchico Italiano, 1975[156]. p. 36-39.

MALATESTA, E. Il programma di 'Umanità Nova' e gli anarchici. UN, Roma, n. 98, 25/04/1922. *In:* MALATESTA, E. *Scritti:* Umanità Nova e scritti vari 1919/1923. Vol. 2. Carrara: Movimento Anarchico Italiano, 1975[157]. p. 39-41.

MALATESTA, E. Repubblicanesimo sociale e anarchismo. UN, Roma, n. 100, 27/04/1922. *In:* MALATESTA, E. *Scritti:* Umanità Nova e scritti vari 1919/1923. Vol. 2. Carrara: Movimento Anarchico Italiano, 1975[158]. p. 41-44.

MALATESTA, E. Repubblicanesimo sociale e anarchismo. UN, Roma, n. 102, 29/04/1922. *In:* MALATESTA, E. *Scritti:* Umanità Nova e scritti vari 1919/1923. Vol. 2. Carrara: Movimento Anarchico Italiano, 1975[159]. p. 44-45.

MALATESTA, E. Primo maggio. UN, Roma, n. 103, 30/04/1922. *In:* MALATESTA, E. *Scritti:* Umanità Nova e scritti vari 1919/1923. Vol. 2. Carrara: Movimento Anarchico Italiano, 1975[160]. p. 45-48.

MALATESTA, E. Un anarchico alle prese con se stesso. Intorno all'intervista con Herman Sandomirsky. UN, Roma, n. 105, 04/05/1922. *In:* MALATESTA, E. *Scritti:* Umanità Nova e scritti vari 1919/1923. Vol. 2. Carrara: Movimento Anarchico Italiano, 1975[161]. p. 48-52.

MALATESTA, E. A proposito di un giuri d'onore. UN, Roma, n. 105, 04/05/1922. *In:* MALATESTA, E. *Scritti:* Umanità Nova e scritti vari 1919/1923. Vol. 2. Carrara: Movimento Anarchico Italiano, 1975[162]. p. 52-53.

MALATESTA, E. Ad un anonimo. UN, Roma, n. 108, 07/05/1922. *In:* MALATESTA, E. *Scritti:* Umanità Nova e scritti vari 1919/1923. Vol. 2. Carrara: Movimento Anarchico Italiano, 1975[163]. p. 54-55.

MALATESTA, E. Intorno all'individualismo (a un compagno venuto dall'America). UN, Roma, n. 108, 07/05/1922. *In:* MALATESTA, E. *Scritti:* Umanità Nova e scritti vari 1919/1923. Vol. 2. Carrara: Movimento Anarchico Italiano, 1975[164]. p. 55-56.

MALATESTA, E. I processati del 'Diana' (nota introduttiva ad un articolo di Ettore Arnolfo su Giuseppe Mariani. UN, Roma, n. 109, 09/05/1922. *In:* MALATESTA, E.

Scritti: Umanità Nova e scritti vari 1919/1923. Vol. 2. Carrara: Movimento Anarchico Italiano, 1975[165]. p. 57-58.

MALATESTA, E. Anarchici e bolscevichi (nota ad un articolo di Sandomirsky che preconizzava una impossibile intesa tra bolscevici ed anarchici). UN, Roma, n. 115, 16/05/1922. *In:* MALATESTA, E. *Scritti:* Umanità Nova e scritti vari 1919/1923. Vol. 2. Carrara: Movimento Anarchico Italiano, 1975[166]. p. 58-60.

MALATESTA, E. Agli anarchici e a tutta la gente di cuore. UN, Roma, n. 115, 16/05/1922. *In:* MALATESTA, E. *Scritti:* Umanità Nova e scritti vari 1919/1923. Vol. 2. Carrara: Movimento Anarchico Italiano, 1975[167]. p. 60-61.

MALATESTA, E. Il 'Diana'. Tormento d'animo. UN, Roma, n. 116, 17/05/1922. *In:* MALATESTA, E. *Scritti:* Umanità Nova e scritti vari 1919/1923. Vol. 2. Carrara: Movimento Anarchico Italiano, 1975[168]. p. 61-63.

MALATESTA, E. Nota ad una lettera di saluto agli anarchici italiani di H. Sandomirsky. UN, Roma, n. 119, 20/05/1922. *In:* MALATESTA, E. *Scritti:* Umanità Nova e scritti vari 1919/1923. Vol. 2. Carrara: Movimento Anarchico Italiano, 1975[169]. p. 63-64.

MALATESTA, E. Parliamo ancora di politica. UN, Roma, n. 123, 25/05/1922. *In:* MALATESTA, E. *Scritti:* Umanità Nova e scritti vari 1919/1923. Vol. 2. Carrara: Movimento Anarchico Italiano, 1975[170]. p. 64-67.

MALATESTA, E. La situazione. UN, Roma, n. 124, 28/05/1922. *In:* MALATESTA, E. *Scritti:* Umanità Nova e scritti vari 1919/1923. Vol. 2. Carrara: Movimento Anarchico Italiano, 1975[171]. p. 67-69.

MALATESTA, E. Lo sciopero generale. UN, Roma, n. 132, 07/06/1922. *In:* MALATESTA, E. *Scritti:* Umanità Nova e scritti vari 1919/1923. Vol. 2. Carrara: Movimento Anarchico Italiano, 1975[172]. p. 70-72.

MALATESTA, E. Il diritto di proprietà e la riforma agraria. UN, Roma, n. 135, 10/06/1922. *In:* MALATESTA, E. *Scritti:* Umanità Nova e scritti vari 1919/1923. Vol. 2. Carrara: Movimento Anarchico Italiano, 1975[173]. p. 72-75.

MALATESTA, E. Collaborazione o intransigenza? UN, Roma, n. 136, 14/06/1922. *In:* MALATESTA, E. *Scritti:* Umanità Nova e scritti vari 1919/1923. Vol. 2. Carrara: Movimento Anarchico Italiano, 1975[174]. p. 75-77.

MALATESTA, E. Per una diffida. UN, Roma, n. 136, 14/06/1922. *In:* MALATESTA, E. *Scritti:* Umanità Nova e scritti vari 1919/1923. Vol. 2. Carrara: Movimento Anarchico Italiano, 1975[175]. p. 77-78.

MALATESTA, E. Il Partito Democratico Italiano. UN, Roma, n. 137, 15/06/1922. *In:* MALATESTA, E. *Scritti:* Umanità Nova e scritti vari 1919/1923. Vol. 2. Carrara: Movimento Anarchico Italiano, 1975[176]. p. 78-80.

MALATESTA, E. Ancora sul collaborazionismo socilista. UN, Roma, n. 138, 16/06/1922. *In:* MALATESTA, E. *Scritti:* Umanità Nova e scritti vari 1919/1923. Vol. 2. Carrara: Movimento Anarchico Italiano, 1975[177]. p. 80-82.

MALATESTA, E. La sfige di gardone. A proposito del messagio che D'Annunzio manda al popolo italiano per mezzo di Renato Simoni del 'Corriere della Sera'. UN, Roma, n. 139, 17/06/1922. *In:* MALATESTA, E. *Scritti:* Umanità Nova e scritti vari 1919/1923. Vol. 2. Carrara: Movimento Anarchico Italiano, 1975[178]. p. 82-83.

MALATESTA, E. Riformisti o insurrezionisti? UN, Roma, n. 140, 18/06/1922. *In:* MALATESTA, E. *Scritti:* Umanità Nova e scritti vari 1919/1923. Vol. 2. Carrara: Movimento Anarchico Italiano, 1975[179]. p. 84-86.

MALATESTA, E. Organizzatori ed anti-organizzatori. Contro una leggenda sciocca e tendenziosa. UN, Roma, n. 141, 20/06/1922. *In:* MALATESTA, E. *Scritti:* Umanità Nova e scritti vari 1919/1923. Vol. 2. Carrara: Movimento Anarchico Italiano, 1975[180]. p. 86-91.

MALATESTA, E. Mosca e Milano. UN, Roma, n. 142, 21/06/1922. *In:* MALATESTA, E. *Scritti:* Umanità Nova e scritti vari 1919/1923. Vol. 2. Carrara: Movimento Anarchico Italiano, 1975[181]. p. 92-94.

MALATESTA, E. Nel campo socialista. UN, Roma, n. 143, 22/06/1922. *In:* MALATESTA, E. *Scritti:* Umanità Nova e scritti vari 1919/1923. Vol. 2. Carrara: Movimento Anarchico Italiano, 1975[182]. p. 94-97.

MALATESTA, E. Il dovere dell'ora. UN, Roma, n. 145, 25/06/1922. *In:* MALATESTA, E. *Scritti:* Umanità Nova e scritti vari 1919/1923. Vol. 2. Carrara: Movimento Anarchico Italiano, 1975[183]. p. 97-101.

MALATESTA, E. Movimenti stroncati. UN, Roma, n. 147, 28/06/1922. *In:* MALATESTA, E. *Scritti:* Umanità Nova e scritti vari 1919/1923. Vol. 2. Carrara: Movimento Anarchico Italiano, 1975[184]. p. 101-105.

MALATESTA, E. L'Alleanza del Lavoro e l'on. Dugoni. UN, Roma, n. 149, 30/06/1922. *In:* MALATESTA, E. *Scritti:* Umanità Nova e scritti vari 1919/1923. Vol. 2. Carrara: Movimento Anarchico Italiano, 1975[185]. p. 105-107.

MALATESTA, E. È il fegato, o che cosa è? UN, Roma, n. 150, 01/07/1922. *In:* MALATESTA, E. *Scritti:* Umanità Nova e scritti vari 1919/1923. Vol. 2. Carrara: Movimento Anarchico Italiano, 1975[186]. p. 109-112.

MALATESTA, E. Il governo migliore. UN, Roma, n. 153, 05/07/1922. *In:* MALATESTA, E. *Scritti:* Umanità Nova e scritti vari 1919/1923. Vol. 2. Carrara: Movimento Anarchico Italiano, 1975[187]. p. 112-114.

MALATESTA, E. La vanità delle riforme. UN, Roma, n. 154, 06/07/1922. *In:* MALATESTA, E. *Scritti:* Umanità Nova e scritti vari 1919/1923. Vol. 2. Carrara: Movimento Anarchico Italiano, 1975[188]. p. 114-117.

MALATESTA, E. Disciplina? UN, Roma, n. 154, 06/07/1922. *In:* MALATESTA, E. *Scritti:* Umanità Nova e scritti vari 1919/1923. Vol. 2. Carrara: Movimento Anarchico Italiano, 1975[189]. p. 117-118.

MALATESTA, E. La rinunzia definitiva al socialismo. UN, Roma, n. 155, 07/07/1922. *In:* MALATESTA, E. *Scritti:* Umanità Nova e scritti vari 1919/1923. Vol. 2. Carrara: Movimento Anarchico Italiano, 1975[190]. p. 119-121.

MALATESTA, E. Lavorare per la società borghese o per il socialismo. UN, Roma, n. 157, 09/07/1922. *In:* MALATESTA, E. *Scritti:* Umanità Nova e scritti vari 1919/1923. Vol. 2. Carrara: Movimento Anarchico Italiano, 1975[191]. p. 121-123.

MALATESTA, E. A proposito di un furto. UN, Roma, n. 158, 11/07/1922. *In:* MALATESTA, E. *Scritti:* Umanità Nova e scritti vari 1919/1923. Vol. 2. Carrara: Movimento Anarchico Italiano, 1975[192]. p. 123-125.

MALATESTA, E. Il furto come arma di guerra. UN, Roma, n. 159, 12/07/1922. *In:* MALATESTA, E. *Scritti:* Umanità Nova e scritti vari 1919/1923. Vol. 2. Carrara: Movimento Anarchico Italiano, 1975[193]. p. 125-127.

MALATESTA, E. La voce di un 'individualista' (nota in risposta ad un articolo di Enzo Martucci su 'Quello che ci divide'). UN, Roma, n. 160, 13/07/1922. *In:* MALATESTA, E. *Scritti:* Umanità Nova e scritti vari 1919/1923. Vol. 2. Carrara: Movimento Anarchico Italiano, 1975[194]. p. 127-128.

MALATESTA, E. Il parlamento: baluardo della libertà'. UN, Roma, n. 168, 22/07/1922. *In:* MALATESTA, E. *Scritti:* Umanità Nova e scritti vari 1919/1923. Vol. 2. Carrara: Movimento Anarchico Italiano, 1975[195]. p. 129-131.

MALATESTA, E. Socialisti? UN, Roma, n. 176, 01/08/1922. *In:* MALATESTA, E. *Scritti:* Umanità Nova e scritti vari 1919/1923. Vol. 2. Carrara: Movimento Anarchico Italiano, 1975[196]. p. 131-132.

MALATESTA, E. Per domani. UN, Roma, n. 181, 10/08/1922. *In:* MALATESTA, E. *Scritti:* Umanità Nova e scritti vari 1919/1923. Vol. 2. Carrara: Movimento Anarchico Italiano, 1975[197]. p. 132-134.

MALATESTA, E. Il pericolo della cocaina. Una proposta... che non sarà accettata. UN, Roma, n. 181, 10/08/1922. *In:* MALATESTA, E. *Scritti:* Umanità Nova e scritti vari 1919/1923. Vol. 2. Carrara: Movimento Anarchico Italiano, 1975[198]. p. 134-135.

MALATESTA, E. La libertà di studiare. UN, Roma, n. 181, 10/08/1922. *In:* MALATESTA, E. *Scritti:* Umanità Nova e scritti vari 1919/1923. Vol. 2. Carrara: Movimento Anarchico Italiano, 1975[199]. p. 136-137.

MALATESTA, E. In regime di dittatura 'proletaria'. La giustizia secondo i comunisti dittatoriali. UN, Roma, n. 183, 12/08/1922. *In:* MALATESTA, E. *Scritti:* Umanità Nova e scritti vari 1919/1923. Vol. 2. Carrara: Movimento Anarchico Italiano, 1975[200]. p. 138-140.

MALATESTA, E. Individualismo'. UN, Roma, n. 184, 19/08/1922. *In:* MALATESTA, E. *Scritti:* Umanità Nova e scritti vari 1919/1923. Vol. 2. Carrara: Movimento Anarchico Italiano, 1975[201]. p. 140-143.

MALATESTA, E. Cosa fare? (Risposta ad un articolo di 'Outcast'). UN, Roma, n. 185, 26/08/1922. *In:* MALATESTA, E. *Scritti:* Umanità Nova e scritti vari 1919/1923. Vol. 2. Carrara: Movimento Anarchico Italiano, 1975[202]. p. 144-147.

MALATESTA, E. Liquidazione socialista. UN, Roma, n. 186, 02/09/1922. *In:* MALATESTA, E. *Scritti:* Umanità Nova e scritti vari 1919/1923. Vol. 2. Carrara: Movimento Anarchico Italiano, 1975[203]. p. 147-149.

MALATESTA, E. Qual'è l'uomo più forte? UN, Roma, n. 186, 02/09/1922. *In:* MALATESTA, E. *Scritti:* Umanità Nova e scritti vari 1919/1923. Vol. 2. Carrara: Movimento Anarchico Italiano, 1975[204]. p. 149-152.

MALATESTA, E. La Prima Internazionale. A proposito del Cinquantenario del Congresso di Saint-Imier. UN, Roma, n. 187, 09/09/1922. *In:* MALATESTA, E. *Scri-*

tti: Umanità Nova e scritti vari 1919/1923. Vol. 2. Carrara: Movimento Anarchico Italiano, 1975[205]. p. 152-158.

MALATESTA, E. La base morale dell'anarchismo (In risposta a 'Il pensiero di un iconoclasta' di Enzo Martucci). UN, Roma, n. 188, 16/09/1922. *In:* MALATESTA, E. *Scritti:* Umanità Nova e scritti vari 1919/1923. Vol. 2. Carrara: Movimento Anarchico Italiano, 1975[206]. p. 158-164.

MALATESTA, E. Libertà e delinquenza (Ancora in risposta a 'Il pensiero di un iconoclasta' di Enzo Martucci). UN, Roma, n. 190, 30/09/1922. *In:* MALATESTA, E. *Scritti:* Umanità Nova e scritti vari 1919/1923. Vol. 2. Carrara: Movimento Anarchico Italiano, 1975[207]. p. 165-168.

MALATESTA, E. Partito Anarchico Italiano'. UN, Roma, n. 190, 30/09/1922. *In:* MALATESTA, E. *Scritti:* Umanità Nova e scritti vari 1919/1923. Vol. 2. Carrara: Movimento Anarchico Italiano, 1975[208]. p. 168-171.

MALATESTA, E. La rivoluzione in pratica. UN, Roma, n. 191, 07/10/1922. *In:* MALATESTA, E. *Scritti:* Umanità Nova e scritti vari 1919/1923. Vol. 2. Carrara: Movimento Anarchico Italiano, 1975[209]. p. 171-177.

MALATESTA, E. Per farla finita. Contro un imposore. UN, Roma, n. 192, 14/10/1922. *In:* MALATESTA, E. *Scritti:* Umanità Nova e scritti vari 1919/1923. Vol. 2. Carrara: Movimento Anarchico Italiano, 1975[210]. p. 177-181.

MALATESTA, E. Ancora sulla rivoluzione in pratica. UN, Roma, n. 192, 14/10/1922. *In:* MALATESTA, E. *Scritti:* Umanità Nova e scritti vari 1919/1923. Vol. 2. Carrara: Movimento Anarchico Italiano, 1975[211]. p. 181-186.

MALATESTA, E. La lotta economica in regime capitalistico. UN, Roma, n. 193, 21/10/1922. *In:* MALATESTA, E. *Scritti:* Umanità Nova e scritti vari 1919/1923. Vol. 2. Carrara: Movimento Anarchico Italiano, 1975[212]. p. 186-188.

MALATESTA, E. Moral e violenza. UN, Roma, n. 193, 21/10/1922. *In:* MALATESTA, E. *Scritti:* Umanità Nova e scritti vari 1919/1923. Vol. 2. Carrara: Movimento Anarchico Italiano, 1975[213]. p. 189-193.

MALATESTA, E. L'on. Nitti sulla situazione. UN, Roma, n. 194, 28/10/1922. *In:* MALATESTA, E. *Scritti:* Umanità Nova e scritti vari 1919/1923. Vol. 2. Carrara: Movimento Anarchico Italiano, 1975[214]. p. 194-195.

MALATESTA, E. Nota (senza titolo). UN, Roma, n. 195, 25/11/1922. *In:* MALATESTA, E. *Scritti:* Umanità Nova e scritti vari 1919/1923. Vol. 2. Carrara: Movimento Anarchico Italiano, 1975[215]. p. 196-197.

MALATESTA, E. Libertà di stampa. UN, Roma, n. 195, 25/11/1922. *In:* MALATESTA, E. *Scritti:* Umanità Nova e scritti vari 1919/1923. Vol. 2. Carrara: Movimento Anarchico Italiano, 1975[216]. p. 197.

MALATESTA, E. Mussolini al potere. UN, Roma, n. 195, 25/11/1922. *In:* MALATESTA, E. *Scritti:* Umanità Nova e scritti vari 1919/1923. Vol. 2. Carrara: Movimento Anarchico Italiano, 1975[217]. p. 198-200.

MALATESTA, E. Discorrendo di revoluzione. UN, Roma, n. 195, 25/11/1922. *In:* MALATESTA, E. *Scritti:* Umanità Nova e scritti vari 1919/1923. Vol. 2. Carrara: Movimento Anarchico Italiano, 1975[218]. p. 200-204.

MALATESTA, E. La situazione. UN, Roma, n. 196, 02/12/1922. *In:* MALATESTA, E. *Scritti:* Umanità Nova e scritti vari 1919/1923. Vol. 2. Carrara: Movimento Anarchico Italiano, 1975[219]. p. 204-206.

MALATESTA, E. Interesse ed ideale. UN, Roma, n. 196, 02/12/1922. *In:* MALATESTA, E. *Scritti:* Umanità Nova e scritti vari 1919/1923. Vol. 2. Carrara: Movimento Anarchico Italiano, 1975[220]. p. 206-209.

MALATESTA, E. Umanità Nova' occupata. UN, Roma, n. 196, 02/12/1922. *In:* MALATESTA, E. *Scritti:* Umanità Nova e scritti vari 1919/1923. Vol. 2. Carrara: Movimento Anarchico Italiano, 1975[221]. p. 209-210.

MALATESTA, E. Anarchismo e rivoluzione. Il Risveglio, Genebra, n. 605, 30/12/1922. *In:* MALATESTA, E. *Scritti:* Umanità Nova e scritti vari 1919/1923. Vol. 2. Carrara: Movimento Anarchico Italiano, 1975[222]. p. 210-216.

MALATESTA, E. Il programa anarchico dell'U.A.I. del 1920. *In:* MALATESTA, E. *Scritti:* Umanità Nova e scritti vari 1919/1923. Vol. 2. Carrara: Movimento Anarchico Italiano, 1975[223]. p. 220-237.

MALATESTA, E. Lettera a Luigi Fabbri sulla 'Dittatura del proletariato' (Premessa al libro 'Dittatura e rivoluzione), 30/07/1919. *In:* MALATESTA, E. *Scritti:* Umanità Nova e scritti vari 1919/1923. Vol. 2. Carrara: Movimento Anarchico Italiano, 1975[224]. p. 243-245.

MALATESTA, E. Lettere a Luigi Bertoni, 1919-1923. *In:* MALATESTA, E. *Scritti:* Umanità Nova e scritti vari 1919/1923. Vol. 2. Carrara: Movimento Anarchico Italiano, 1975[225]. p. 245-249.

MALATESTA, E. Una spiegazione di Errico Malatesta. Avanti!, Turim, 29/12/1919. *In:* MALATESTA, E. *Scritti:* Umanità Nova e scritti vari 1919/1923. Vol. 2. Carrara: Movimento Anarchico Italiano, 1975[226]. p. 249-251.

MALATESTA, E. Grazie, ma basta. Volontà, Ancona, n. 2, 16/01/1920. *In:* MALATESTA, E. *Scritti:* Umanità Nova e scritti vari 1919/1923. Vol. 2. Carrara: Movimento Anarchico Italiano, 1975[227]. p. 251-252.

MALATESTA, E. Lettera al 'Resto del Carlino' di Bologna. Sulla questione della mia appartenenza alla massoneria, 15/10/1920. *In:* MALATESTA, E. *Scritti:* Umanità Nova e scritti vari 1919/1923. Vol. 2. Carrara: Movimento Anarchico Italiano, 1975[228]. p. 252-253.

MALATESTA, E. Prefazione a 'Tormento' di Virgilia D'Andrea, Roma, abril/1922. *In:* MALATESTA, E. *Scritti:* Umanità Nova e scritti vari 1919/1923. Vol. 2. Carrara: Movimento Anarchico Italiano, 1975[229]. p. 253-254.

MALATESTA, E. La pace maledetta' (Prefazione al libro di C. Camoglio). *In:* MALATESTA, E. *Scritti:* Umanità Nova e scritti vari 1919/1923. Vol. 2. Carrara: Movimento Anarchico Italiano, 1975[230]. p. 254-255.

MALATESTA, E. Per la prossima riscossa. Libero Accordo, Roma, suplemento, n. 67, fev/1923. *In:* MALATESTA, E. *Scritti:* Umanità Nova e scritti vari 1919/1923. Vol. 2. Carrara: Movimento Anarchico Italiano, 1975[231]. p. 256-258.

MALATESTA, E. Perchè il fascismo vinse e perchè continua a spadroneggiare in Italia. Libero Accordo, Roma, n. 78, 28/08/1923. *In:* MALATESTA, E. *Scritti:* Umanità Nova e scritti vari 1919/1923. Vol. 2. Carrara: Movimento Anarchico Italiano, 1975[232]. p. 258-261.

MALATESTA, E. La condotta degli anarchici nel movimento sindacale. Fede!, Roma, n. 3, 30/09/1923. *In:* MALATESTA, E. *Scritti:* Umanità Nova e scritti vari 1919/1923. Vol. 2. Carrara: Movimento Anarchico Italiano, 1975[233]. p. 261-266.

MALATESTA, E. Risposta ad un comunista. Fede!, Roma, n. 7, 28/10/1923. *In:* MALATESTA, E. *Scritti:* Umanità Nova e scritti vari 1919/1923. Vol. 2. Carrara: Movimento Anarchico Italiano, 1975[234]. p. 266-271.

MALATESTA, E. Bolscevismo e anarchismo. A proposito del libro 'Dittatura e rivoluzione' di L. Fabbri (Prefazione all'edizione spagnuola). Libero Accordo, Roma, n. 82, 07/11/1923. *In:* MALATESTA, E. *Scritti:* Umanità Nova e scritti vari 1919/1923. Vol. 2. Carrara: Movimento Anarchico Italiano, 1975[235]. p. 271-276.

MALATESTA, E. Un comunista a Malatesta sulla pratica della libertà. Fede!, Roma, n. 11, 25/11/1923. *In:* MALATESTA, E. *Scritti:* Umanità Nova e scritti vari 1919/1923. Vol. 2. Carrara: Movimento Anarchico Italiano, 1975[236]. p. 276-280.

MALATESTA, E. Un'intervista con Malatesta. Volontà, Ancona, n. 8, 01/05/1920. *In:* MALATESTA, E. *Scritti:* Umanità Nova e scritti vari 1919/1923. Vol. 2. Carrara: Movimento Anarchico Italiano, 1975[237]. p. 285-292.

MALATESTA, E. Dichiarazioni e autodifesa alle assise di Milano, 27-29/07/1921. *In:* MALATESTA, E. *Scritti:* Umanità Nova e scritti vari 1919/1923. Vol. 2. Carrara: Movimento Anarchico Italiano, 1975[238]. p. 296-316.

MALATESTA, E. A quelli che studiano e che lavorano (circulare annunciante la pubblicazione di 'Pensiero e Volontà', nov/1923). *In:* MALATESTA, E. *Scritti:* Pensiero e Volontà e ultimi scritti 1924/1932. Vol. 3. Carrara: Movimento Anarchico Italiano, 1975[239]. p. 21-23.

MALATESTA, E. I nostri propositi. Pensiero e Volontà, Roma, ano I, n. 1, 01/01/1924. *In:* MALATESTA, E. *Scritti:* Pensiero e Volontà e ultimi scritti 1924/1932. Vol. 3. Carrara: Movimento Anarchico Italiano, 1975[240]. p. 25-28.

MALATESTA, E. Nota all'articolo 'Revisione necessaria' di S. Merlino. Pensiero e Volontà, Roma, ano I, n. 1, 01/01/1924. *In:* MALATESTA, E. *Scritti:* Pensiero e Volontà e ultimi scritti 1924/1932. Vol. 3. Carrara: Movimento Anarchico Italiano, 1975[241]. p. 28.

MALATESTA, E. Idealismo' e 'Materialismo'. Pensiero e Volontà, Roma, ano I, n. 2, 15/01/1924. *In:* MALATESTA, E. *Scritti:* Pensiero e Volontà e ultimi scritti 1924/1932. Vol. 3. Carrara: Movimento Anarchico Italiano, 1975[242]. p. 28-32.

MALATESTA, E. Posta redazionale. Pensiero e Volontà, Roma, ano I, n. 2, 15/01/1924. *In:* MALATESTA, E. *Scritti:* Pensiero e Volontà e ultimi scritti 1924/1932. Vol. 3. Carrara: Movimento Anarchico Italiano, 1975[243]. p. 32.

MALATESTA, E. Lutto o festa? Pensiero e Volontà, Roma, ano I, n. 3, 01/02/1924. *In:* MALATESTA, E. *Scritti:* Pensiero e Volontà e ultimi scritti 1924/1932. Vol. 3. Carrara: Movimento Anarchico Italiano, 1975[244]. p. 33.

MALATESTA, E. Ideal e realtà. Pensiero e Volontà, Roma, ano I, n. 3, 01/02/1924. *In:* MALATESTA, E. *Scritti:* Pensiero e Volontà e ultimi scritti 1924/1932. Vol. 3. Carrara: Movimento Anarchico Italiano, 1975[245]. p. 33-37.

MALATESTA, E. Nota all'articolo: 'Lenin e l'esperimento russo' di Luigi Fabbri. Pensiero e Volontà, Roma, ano I, n. 4, 15/02/1924. *In:* MALATESTA, E. *Scritti:* Pensiero e Volontà e ultimi scritti 1924/1932. Vol. 3. Carrara: Movimento Anarchico Italiano, 1975[246]. p. 37-38.

MALATESTA, E. Anarchici (?) realizzatori(??). Pensiero e Volontà, Roma, ano I, n. 4, 15/02/1924. *In:* MALATESTA, E. *Scritti:* Pensiero e Volontà e ultimi scritti 1924/1932. Vol. 3. Carrara: Movimento Anarchico Italiano, 1975[247]. p. 38-42.

MALATESTA, E. Anarchismo e riforme. Pensiero e Volontà, Roma, ano I, n. 5, 01/03/1924. *In:* MALATESTA, E. *Scritti:* Pensiero e Volontà e ultimi scritti 1924/1932. Vol. 3. Carrara: Movimento Anarchico Italiano, 1975[248]. p. 42-44.

MALATESTA, E. Posta redazionale. Pensiero e Volontà, Roma, ano I, n. 5, 10/03/1924. *In:* MALATESTA, E. *Scritti:* Pensiero e Volontà e ultimi scritti 1924/1932. Vol. 3. Carrara: Movimento Anarchico Italiano, 1975[249]. p. 44-45.

MALATESTA, E. Democrazia e anarchia. Pensiero e Volontà, Roma, ano I, n. 6, 15/03/1924. *In:* MALATESTA, E. *Scritti:* Pensiero e Volontà e ultimi scritti 1924/1932. Vol. 3. Carrara: Movimento Anarchico Italiano, 1975[250]. p. 45-49.

MALATESTA, E. Nota all'articolo 'Le polemiche fra anarchici e comunisti' di 'L'Osservatore'. Pensiero e Volontà, Roma, ano I, n. 6, 15/03/1924. *In:* MALATESTA, E. *Scritti:* Pensiero e Volontà e ultimi scritti 1924/1932. Vol. 3. Carrara: Movimento Anarchico Italiano, 1975[251]. p. 49-50.

MALATESTA, E. Nota all'articolo 'Amore', di L. Brunelli. Pensiero e Volontà, Roma, ano I, n. 6, 15/03/1924. *In:* MALATESTA, E. *Scritti:* Pensiero e Volontà e ultimi scritti 1924/1932. Vol. 3. Carrara: Movimento Anarchico Italiano, 1975[252]. p. 50.

MALATESTA, E. Posta redazionale. Pensiero e Volontà, Roma, ano I, n. 6, 15/03/1924. *In:* MALATESTA, E. *Scritti:* Pensiero e Volontà e ultimi scritti 1924/1932. Vol. 3. Carrara: Movimento Anarchico Italiano, 1975[253]. p. 51.

MALATESTA, E. Intorno al 'nostro' anarchismo. Pensiero e Volontà, Roma, ano I, n. 7, 01/04/1924. *In:* MALATESTA, E. *Scritti:* Pensiero e Volontà e ultimi scritti 1924/1932. Vol. 3. Carrara: Movimento Anarchico Italiano, 1975[254]. p. 51-58.

MALATESTA, E. Riprincipia la burla. Pensiero e Volontà, Roma, ano I, n. 8, 15/04/1924. *In:* MALATESTA, E. *Scritti:* Pensiero e Volontà e ultimi scritti 1924/1932. Vol. 3. Carrara: Movimento Anarchico Italiano, 1975[255]. p. 58-59.

MALATESTA, E. Comunisti e fascisti. Pensiero e Volontà, Roma, ano I, n. 9, 01/05/1924. *In:* MALATESTA, E. *Scritti:* Pensiero e Volontà e ultimi scritti 1924/1932. Vol. 3. Carrara: Movimento Anarchico Italiano, 1975[256]. p. 59-60.

MALATESTA, E. A proposito di 'revisionismo anarchico. Pensiero e Volontà, Roma, ano I, n. 9, 01/05/1924. *In:* MALATESTA, E. *Scritti:* Pensiero e Volontà e ultimi scritti 1924/1932. Vol. 3. Carrara: Movimento Anarchico Italiano, 1975[257]. p. 60-65.

MALATESTA, E. Posta redazionale. Pensiero e Volontà, Roma, ano I, n. 9, 10/05/1924. *In:* MALATESTA, E. *Scritti:* Pensiero e Volontà e ultimi scritti 1924/1932. Vol. 3. Carrara: Movimento Anarchico Italiano, 1975[258]. p. 65-66.

MALATESTA, E. Anarchci' elezionisti. Pensiero e Volontà, Roma, ano I, n. 10, 15/05/1924. *In:* MALATESTA, E. *Scritti:* Pensiero e Volontà e ultimi scritti 1924/1932. Vol. 3. Carrara: Movimento Anarchico Italiano, 1975[259]. p. 67-70.

MALATESTA, E. Nota all'articolo: 'Nazionali ed antinazionali' di Sacconi. Pensiero e Volontà, Roma, ano I, n. 10, 15/05/1924. *In:* MALATESTA, E. *Scritti:* Pensiero e Volontà e ultimi scritti 1924/1932. Vol. 3. Carrara: Movimento Anarchico Italiano, 1975[260]. p. 71.

MALATESTA, E. Repubblica e rivoluzione. Pensiero e Volontà, Roma, ano I, n. 11, 01/06/1924. *In:* MALATESTA, E. *Scritti:* Pensiero e Volontà e ultimi scritti 1924/1932. Vol. 3. Carrara: Movimento Anarchico Italiano, 1975[261]. p. 71-76.

MALATESTA, E. Ancora di repubblica e rivoluzione. Pensiero e Volontà, Roma, ano I, n. 12, 15/06/1924. *In:* MALATESTA, E. *Scritti:* Pensiero e Volontà e ultimi scritti 1924/1932. Vol. 3. Carrara: Movimento Anarchico Italiano, 1975[262]. p. 76-80.

MALATESTA, E. Nota all'articolo 'Chiarezza' di Charles l'Ermite. Pensiero e Volontà, Roma, ano I, n. 12, 15/06/1924. *In:* MALATESTA, E. *Scritti:* Pensiero e Volontà e ultimi scritti 1924/1932. Vol. 3. Carrara: Movimento Anarchico Italiano, 1975[263]. p. 81.

MALATESTA, E. Posta redazionale. Pensiero e Volontà, Roma, ano I, n. 12, 15/06/1924. *In:* MALATESTA, E. *Scritti:* Pensiero e Volontà e ultimi scritti 1924/1932. Vol. 3. Carrara: Movimento Anarchico Italiano, 1975[264]. p. 81.

MALATESTA, E. L'assassinio di Giacomo Matteotti. Pensiero e Volontà, Roma, ano I, n. 13, 01/07/1924. *In:* MALATESTA, E. *Scritti:* Pensiero e Volontà e ultimi scritti 1924/1932. Vol. 3. Carrara: Movimento Anarchico Italiano, 1975[265]. p. 82.

MALATESTA, E. Individualismo e comunismo nell'anarchismo. Pensiero e Volontà, Roma, ano I, n. 13, 01/07/1924. *In:* MALATESTA, E. *Scritti:* Pensiero e Volontà e ultimi scritti 1924/1932. Vol. 3. Carrara: Movimento Anarchico Italiano, 1975[266]. p. 83-87.

MALATESTA, E. Nota all'articolo 'Puritanismo' di Randolfo Vella. Pensiero e Volontà, Roma, ano I, n. 13, 01/07/1924. *In:* MALATESTA, E. *Scritti:* Pensiero e Volontà e ultimi scritti 1924/1932. Vol. 3. Carrara: Movimento Anarchico Italiano, 1975[267]. p. 87-88.

MALATESTA, E. Libertà!. Pensiero e Volontà, Roma, ano I, n. 14, 15/07/1924. *In:* MALATESTA, E. *Scritti:* Pensiero e Volontà e ultimi scritti 1924/1932. Vol. 3. Carrara: Movimento Anarchico Italiano, 1975[268]. p. 88.

MALATESTA, E. Intorno alla morale anarchica. A Randolfo Vella. Pensiero e Volontà, Roma, ano I, n. 14, 15/07/1924. *In:* MALATESTA, E. *Scritti:* Pensiero e Volontà e ultimi scritti 1924/1932. Vol. 3. Carrara: Movimento Anarchico Italiano, 1975[269]. p. 88-92.

MALATESTA, E. Quale italiani'. Pensiero e Volontà, Roma, ano I, n. 14, 15/07/1924. *In:* MALATESTA, E. *Scritti:* Pensiero e Volontà e ultimi scritti 1924/1932. Vol. 3. Carrara: Movimento Anarchico Italiano, 1975[270]. p. 92-93.

MALATESTA, E. Posta redazionale. Pensiero e Volontà, Roma, ano I, n. 14, 15/07/1924. *In:* MALATESTA, E. *Scritti:* Pensiero e Volontà e ultimi scritti 1924/1932. Vol. 3. Carrara: Movimento Anarchico Italiano, 1975[271]. p. 94-95.

MALATESTA, E. Nota a 'Commenti' di C.B.. Pensiero e Volontà, Roma, ano I, n. 14, 15/07/1924. *In:* MALATESTA, E. *Scritti:* Pensiero e Volontà e ultimi scritti 1924/1932. Vol. 3. Carrara: Movimento Anarchico Italiano, 1975[272]. p. 95.

MALATESTA, E. Nota all'articolo 'Individualismo e anarchismo' di Adamas. Pensiero e Volontà, Roma, ano I, n. 15, 01/08/1924. *In:* MALATESTA, E. *Scritti:* Pensiero e Volontà e ultimi scritti 1924/1932. Vol. 3. Carrara: Movimento Anarchico Italiano, 1975[273]. p. 95-98.

MALATESTA, E. Il Laccio Scorsoio in anazione. Pensiero e Volontà, Roma, ano I, n. 16, 15/08/1924. *In:* MALATESTA, E. *Scritti:* Pensiero e Volontà e ultimi scritti 1924/1932. Vol. 3. Carrara: Movimento Anarchico Italiano, 1975[274]. p. 98-100.

MALATESTA, E. Opinione popolare e delinquenza. Un effeto moralizzatore del fascismo. Pensiero e Volontà, Roma, ano I, n. 16, 15/08/1924. *In:* MALATESTA, E. *Scritti:* Pensiero e Volontà e ultimi scritti 1924/1932. Vol. 3. Carrara: Movimento Anarchico Italiano, 1975[275]. p. 100-104.

MALATESTA, E. Una porcheriola comunista. Pensiero e Volontà, Roma, ano I, n. 16, 15/08/1924. *In:* MALATESTA, E. *Scritti:* Pensiero e Volontà e ultimi scritti 1924/1932. Vol. 3. Carrara: Movimento Anarchico Italiano, 1975[276]. p. 104-105.

MALATESTA, E. Nota all'articolo 'Riforma religiosa' di Benigno Biaschi. Pensiero e Volontà, Roma, ano I, n. 16, 15/08/1924. *In:* MALATESTA, E. *Scritti:* Pensiero e Volontà e ultimi scritti 1924/1932. Vol. 3. Carrara: Movimento Anarchico Italiano, 1975[277]. p. 105-106.

MALATESTA, E. Anarchia e violenza. Pensiero e Volontà, Roma, ano I, n. 17, 01/09/1924. *In:* MALATESTA, E. *Scritti:* Pensiero e Volontà e ultimi scritti 1924/1932. Vol. 3. Carrara: Movimento Anarchico Italiano, 1975[278]. p. 106-109.

MALATESTA, E. La Prima Internazionale. Pensiero e Volontà, Roma, ano I, n. 18, 15/09/1924. *In:* MALATESTA, E. *Scritti:* Pensiero e Volontà e ultimi scritti 1924/1932. Vol. 3. Carrara: Movimento Anarchico Italiano, 1975[279]. p. 109-115.

MALATESTA, E. Contro le intemperanze di linguaggio. Pensiero e Volontà, Roma, ano I, n. 18, 15/09/1924. *In:* MALATESTA, E. *Scritti:* Pensiero e Volontà e ultimi scritti 1924/1932. Vol. 3. Carrara: Movimento Anarchico Italiano, 1975[280]. p. 115-117.

MALATESTA, E. La fede e la scienza. Pensiero e Volontà, Roma, ano I, n. 18, 15/09/1924. *In:* MALATESTA, E. *Scritti:* Pensiero e Volontà e ultimi scritti 1924/1932. Vol. 3. Carrara: Movimento Anarchico Italiano, 1975[281]. p. 117-119.

MALATESTA, E. Nota all'articolo 'Sul problema del lavoro libero' di Spartaco Stagnetti. Pensiero e Volontà, Roma, ano I, n. 19, 01/10/1924. *In:* MALATESTA, E. *Scritti:* Pensiero e Volontà e ultimi scritti 1924/1932. Vol. 3. Carrara: Movimento Anarchico Italiano, 1975[282]. p. 119-120.

MALATESTA, E. Il terrore rivoluzionario (in vista di un avvenire, que potrebbe anche essere prossimo). Pensiero e Volontà, Roma, ano I, n. 19, 01/10/1924. *In:*

MALATESTA, E. *Scritti:* Pensiero e Volontà e ultimi scritti 1924/1932. Vol. 3. Carrara: Movimento Anarchico Italiano, 1975[283]. p. 121-124.

MALATESTA, E. Posta redazionale. Pensiero e Volontà, Roma, ano I, n. 19, 01/10/1924. *In:* MALATESTA, E. *Scritti:* Pensiero e Volontà e ultimi scritti 1924/1932. Vol. 3. Carrara: Movimento Anarchico Italiano, 1975[284]. p. 124.

MALATESTA, E. L'anello Malatesta-Albertini'. Pensiero e Volontà, Roma, ano I, n. 20, 15/10/1924. *In:* MALATESTA, E. *Scritti:* Pensiero e Volontà e ultimi scritti 1924/1932. Vol. 3. Carrara: Movimento Anarchico Italiano, 1975[285]. p. 124-127.

MALATESTA, E. A proposito di costituente. Pensiero e Volontà, Roma, ano I, n. 20, 15/10/1924. *In:* MALATESTA, E. *Scritti:* Pensiero e Volontà e ultimi scritti 1924/1932. Vol. 3. Carrara: Movimento Anarchico Italiano, 1975[286]. p. 128-130.

MALATESTA, E. Recensioni. Pensiero e Volontà, Roma, ano I, n. 20, 15/10/1924. *In:* MALATESTA, E. *Scritti:* Pensiero e Volontà e ultimi scritti 1924/1932. Vol. 3. Carrara: Movimento Anarchico Italiano, 1975[287]. p. 130.

MALATESTA, E. Fra le nebbie della filosofia. Pensiero e Volontà, Roma, ano I, n. 21, 01/11/1924. *In:* MALATESTA, E. *Scritti:* Pensiero e Volontà e ultimi scritti 1924/1932. Vol. 3. Carrara: Movimento Anarchico Italiano, 1975[288]. p. 131-135.

MALATESTA, E. L'Amnistia. Pensiero e Volontà, Roma, ano I, n. 22, 15/11/1924. *In:* MALATESTA, E. *Scritti:* Pensiero e Volontà e ultimi scritti 1924/1932. Vol. 3. Carrara: Movimento Anarchico Italiano, 1975[289]. p. 135-137.

MALATESTA, E. Come certi repubblicani non vogliono fare la repubblica. Pensiero e Volontà, Roma, ano I, n. 22, 15/11/1924. *In:* MALATESTA, E. *Scritti:* Pensiero e Volontà e ultimi scritti 1924/1932. Vol. 3. Carrara: Movimento Anarchico Italiano, 1975[290]. p. 137-140.

MALATESTA, E. Il terrore bianco negli Stati Uniti. Pensiero e Volontà, Roma, ano I, n. 22, 15/11/1924. *In:* MALATESTA, E. *Scritti:* Pensiero e Volontà e ultimi scritti 1924/1932. Vol. 3. Carrara: Movimento Anarchico Italiano, 1975[291]. p. 140-141.

MALATESTA, E. Costituente e dittatura. Pensiero e Volontà, Roma, ano I, n. 23, 01/12/1924. *In:* MALATESTA, E. *Scritti:* Pensiero e Volontà e ultimi scritti 1924/1932. Vol. 3. Carrara: Movimento Anarchico Italiano, 1975[292]. p. 141-144.

MALATESTA, E. Domande e risposte. Pensiero e Volontà, Roma, ano I, n. 23, 01/12/1924. *In:* MALATESTA, E. *Scritti:* Pensiero e Volontà e ultimi scritti 1924/1932. Vol. 3. Carrara: Movimento Anarchico Italiano, 1975[293]. p. 144-146.

MALATESTA, E. Posta redazionale. Pensiero e Volontà, Roma, ano I, n. 24, 15/12/1924. *In:* MALATESTA, E. *Scritti:* Pensiero e Volontà e ultimi scritti 1924/1932. Vol. 3. Carrara: Movimento Anarchico Italiano, 1975[294]. p. 146-147.

MALATESTA, E. Nota all'articolo 'Le riserve del guardaroba: La Costituente' di C. F. Ansaldi. Pensiero e Volontà, Roma, ano I, n. 24, 15/12/1924. *In:* MALATESTA, E. *Scritti:* Pensiero e Volontà e ultimi scritti 1924/1932. Vol. 3. Carrara: Movimento Anarchico Italiano, 1975[295]. p. 147-148.

MALATESTA, E. Nota all'articolo 'Costituente e Dittatura' di Gaetano Marino. Pensiero e Volontà, Roma, ano II, n. 1, 01/01/1925. *In:* MALATESTA, E. *Scritti:* Pensiero e Volontà e ultimi scritti 1924/1932. Vol. 3. Carrara: Movimento Anarchico Italiano, 1975[296]. p. 149-150.

MALATESTA, E. Posta redazinale. Pensiero e Volontà, Roma, ano II, n. 1, 01/01/1925. *In:* MALATESTA, E. *Scritti:* Pensiero e Volontà e ultimi scritti 1924/1932. Vol. 3. Carrara: Movimento Anarchico Italiano, 1975[297]. p. 150.

MALATESTA, E. Nota per il sequestro del n. 1. Pensiero e Volontà, Roma, ano II, n. 2, 16/01/1925. *In:* MALATESTA, E. *Scritti:* Pensiero e Volontà e ultimi scritti 1924/1932. Vol. 3. Carrara: Movimento Anarchico Italiano, 1975[298]. p. 150.

MALATESTA, E. Nota per il sequestro del n. 2. Pensiero e Volontà, Roma, ano II, n. 3, 01/02/1925. *In:* MALATESTA, E. *Scritti:* Pensiero e Volontà e ultimi scritti 1924/1932. Vol. 3. Carrara: Movimento Anarchico Italiano, 1975[299]. p. 150-151.

MALATESTA, E. Nota all'articolo: 'La Confederazione generale del lavoro a congresso' di 'Un organizzato'. Pensiero e Volontà, Roma, ano II, n. 3, 01/02/1925. *In:* MALATESTA, E. *Scritti:* Pensiero e Volontà e ultimi scritti 1924/1932. Vol. 3. Carrara: Movimento Anarchico Italiano, 1975[300]. p. 151.

MALATESTA, E. Nota per il sequestro del n. 3. Pensiero e Volontà, Roma, ano II, n. 4, 16/fev-16/mar de 1925. *In:* MALATESTA, E. *Scritti:* Pensiero e Volontà e ultimi scritti 1924/1932. Vol. 3. Carrara: Movimento Anarchico Italiano, 1975[301]. p. 151.

MALATESTA, E. L'unità sindacale. Pensiero e Volontà, Roma, ano II, n. 4, 16/fev-16/03 de 1925. *In:* MALATESTA, E. *Scritti:* Pensiero e Volontà e ultimi scritti 1924/1932. Vol. 3. Carrara: Movimento Anarchico Italiano, 1975[302]. p. 152-158.

MALATESTA, E. Nota all'articolo: 'Non ignara mali, miseris sucurrere disco' di 'Maria'. Pensiero e Volontà, Roma, ano II, n. 4, 16/fev-16/03 de 1925. *In:* MALA-

TESTA, E. *Scritti:* Pensiero e Volontà e ultimi scritti 1924/1932. Vol. 3. Carrara: Movimento Anarchico Italiano, 1975[303]. p. 158-159.

MALATESTA, E. Povera gente!!. Pensiero e Volontà, Roma, ano II, n. 5, 01/04/1925. *In:* MALATESTA, E. *Scritti:* Pensiero e Volontà e ultimi scritti 1924/1932. Vol. 3. Carrara: Movimento Anarchico Italiano, 1975[304]. p. 159-160.

MALATESTA, E. Sindacalismo e anarchismo. Pensiero e Volontà, Roma, ano II, n. 6, 16/abr-16/mai de 1925. *In:* MALATESTA, E. *Scritti:* Pensiero e Volontà e ultimi scritti 1924/1932. Vol. 3. Carrara: Movimento Anarchico Italiano, 1975[305]. p. 160-165.

MALATESTA, E. Serafino Mazzotti. Pensiero e Volontà, Roma, ano II, n. 6, 16/abr-16/mai de 1925. *In:* MALATESTA, E. *Scritti:* Pensiero e Volontà e ultimi scritti 1924/1932. Vol. 3. Carrara: Movimento Anarchico Italiano, 1975[306]. p. 165-166.

MALATESTA, E. Nota all'articolo: 'A proposito di rivoluzione protestante' di Michele Pantaleo. Pensiero e Volontà, Roma, ano II, n. 6, 16/abr-16/mai de 1925. *In:* MALATESTA, E. *Scritti:* Pensiero e Volontà e ultimi scritti 1924/1932. Vol. 3. Carrara: Movimento Anarchico Italiano, 1975[307]. p. 166.

MALATESTA, E. Cristiano? Pensiero e Volontà, Roma, ano II, n. 6, 16/abr-16/mai de 1925. *In:* MALATESTA, E. *Scritti:* Pensiero e Volontà e ultimi scritti 1924/1932. Vol. 3. Carrara: Movimento Anarchico Italiano, 1975[308]. p. 166-168.

MALATESTA, E. Nota all'articolo: 'Perchè la rivoluzione russa non há realizzato le sue speranze' di Emma Goldman. Pensiero e Volontà, Roma, ano II, n. 7, 16/mai-15/jun de 1925. *In:* MALATESTA, E. *Scritti:* Pensiero e Volontà e ultimi scritti 1924/1932. Vol. 3. Carrara: Movimento Anarchico Italiano, 1975[309]. p. 168-170.

MALATESTA, E. L'anarchismo giudicato da un filosofo... o teologo che sia. Pensiero e Volontà, Roma, ano II, n. 7, 16/mai-15/jun de 1925. *In:* MALATESTA, E. *Scritti:* Pensiero e Volontà e ultimi scritti 1924/1932. Vol. 3. Carrara: Movimento Anarchico Italiano, 1975[310]. p. 170-173.

MALATESTA, E. Lo Stato e la scuola. Pensiero e Volontà, Roma, ano II, n. 7, 16/mai-15/jun de 1925. *In:* MALATESTA, E. *Scritti:* Pensiero e Volontà e ultimi scritti 1924/1932. Vol. 3. Carrara: Movimento Anarchico Italiano, 1975[311]. p. 173-175.

MALATESTA, E. Commento all'articolo: Scienza e anarchia' di Nino Napolitano. Pensiero e Volontà, Roma, ano II, n. 8, 01/07/1925. *In:* MALATESTA, E. *Scritti:* Pensiero e Volontà e ultimi scritti 1924/1932. Vol. 3. Carrara: Movimento Anarchico Italiano, 1975[312]. p. 175-180.

MALATESTA, E. Per la verità... e per la serietà. Pensiero e Volontà, Roma, ano II, n. 9, 01/08/1925. *In:* MALATESTA, E. *Scritti:* Pensiero e Volontà e ultimi scritti 1924/1932. Vol. 3. Carrara: Movimento Anarchico Italiano, 1975[313]. p. 180.

MALATESTA, E. Nota all'articolo: Scienza e anarchia' di Hz.. Pensiero e Volontà, Roma, ano II, n. 10, 01/09/1925. *In:* MALATESTA, E. *Scritti:* Pensiero e Volontà e ultimi scritti 1924/1932. Vol. 3. Carrara: Movimento Anarchico Italiano, 1975[314]. p. 180-184.

MALATESTA, E. Gli anarchici e la legge. A proposito del recente decreto di amnistia. Pensiero e Volontà, Roma, ano II, n. 11, 16/09/1925. *In:* MALATESTA, E. *Scritti:* Pensiero e Volontà e ultimi scritti 1924/1932. Vol. 3. Carrara: Movimento Anarchico Italiano, 1975[315]. p. 184-187.

MALATESTA, E. Giuseppe Fanelli. Ricordi personali. Pensiero e Volontà, Roma, ano II, n. 11, 16/09/1925. *In:* MALATESTA, E. *Scritti:* Pensiero e Volontà e ultimi scritti 1924/1932. Vol. 3. Carrara: Movimento Anarchico Italiano, 1975[316]. p. 187-193.

MALATESTA, E. Gradualismo. Pensiero e Volontà, Roma, ano II, n. 12, 01/10/1925. *In:* MALATESTA, E. *Scritti:* Pensiero e Volontà e ultimi scritti 1924/1932. Vol. 3. Carrara: Movimento Anarchico Italiano, 1975[317]. p. 193-198.

MALATESTA, E. Repubblica? Pensiero e Volontà, Roma, ano II, n. 13, 16/10/1925. *In:* MALATESTA, E. *Scritti:* Pensiero e Volontà e ultimi scritti 1924/1932. Vol. 3. Carrara: Movimento Anarchico Italiano, 1975[318]. p. 199-202.

MALATESTA, E. Riccardo Mella e Pedro Esteve. Pensiero e Volontà, Roma, ano II, n. 13, 16/10/1925. *In:* MALATESTA, E. *Scritti:* Pensiero e Volontà e ultimi scritti 1924/1932. Vol. 3. Carrara: Movimento Anarchico Italiano, 1975[319]. p. 202-203.

MALATESTA, E. Aberrazioni pseudoscientifiche. Pensiero e Volontà, Roma, ano II, n. 15, 16/11/1925. *In:* MALATESTA, E. *Scritti:* Pensiero e Volontà e ultimi scritti 1924/1932. Vol. 3. Carrara: Movimento Anarchico Italiano, 1975[320]. p. 203-205.

MALATESTA, E. Movimento operaio e anarchismo. Pensiero e Volontà, Roma, ano II, n. 16, 16/12/1925. *In:* MALATESTA, E. *Scritti:* Pensiero e Volontà e ultimi scritti 1924/1932. Vol. 3. Carrara: Movimento Anarchico Italiano, 1975[321]. p. 205-209.

MALATESTA, E. Posta redazionale. Pensiero e Volontà, Roma, ano II, n. 16, 16/12/1925. *In:* MALATESTA, E. *Scritti:* Pensiero e Volontà e ultimi scritti 1924/1932. Vol. 3. Carrara: Movimento Anarchico Italiano, 1975[322]. p. 209.

MALATESTA, E. Nota di fine annata. Pensiero e Volontà, Roma, ano II, n. 16, 16/12/1925. *In:* MALATESTA, E. *Scritti:* Pensiero e Volontà e ultimi scritti 1924/1932. Vol. 3. Carrara: Movimento Anarchico Italiano, 1975[323]. p. 210.

MALATESTA, E. Ancora su scienza e anarchia. Necessità e libertà. Pensiero e Volontà, Roma, ano III, n. 2, 01/02/1926. *In:* MALATESTA, E. *Scritti:* Pensiero e Volontà e ultimi scritti 1924/1932. Vol. 3. Carrara: Movimento Anarchico Italiano, 1975[324]. p. 211-213.

MALATESTA, E. Dichiarazione. Pensiero e Volontà, Roma, ano III, n. 3, 01/03/1926. *In:* MALATESTA, E. *Scritti:* Pensiero e Volontà e ultimi scritti 1924/1932. Vol. 3. Carrara: Movimento Anarchico Italiano, 1975[325]. p. 214.

MALATESTA, E. Ancora su 'Movimento operario e anarchismo'. Pensiero e Volontà, Roma, ano III, n. 3, 01/03/1926. *In:* MALATESTA, E. *Scritti:* Pensiero e Volontà e ultimi scritti 1924/1932. Vol. 3. Carrara: Movimento Anarchico Italiano, 1975[326]. p. 214-220.

MALATESTA, E. Nota all'articolo: 'Il problema agrario in Russia' di M. Isidine. Pensiero e Volontà, Roma, ano III, n. 3, 01/03/1926. *In:* MALATESTA, E. *Scritti:* Pensiero e Volontà e ultimi scritti 1924/1932. Vol. 3. Carrara: Movimento Anarchico Italiano, 1975[327]. p. 220-221.

MALATESTA, E. Mali costumi giornalistici. Pensiero e Volontà, Roma, ano III, n. 3, 01/03/1926. *In:* MALATESTA, E. *Scritti:* Pensiero e Volontà e ultimi scritti 1924/1932. Vol. 3. Carrara: Movimento Anarchico Italiano, 1975[328]. p. 221-222.

MALATESTA, E. Comunismo e individualismo (commenti all'articolo di Nettlau). Pensiero e Volontà, Roma, ano III, n. 4, 01/04/1926. *In:* MALATESTA, E. *Scritti:* Pensiero e Volontà e ultimi scritti 1924/1932. Vol. 3. Carrara: Movimento Anarchico Italiano, 1975[329]. p. 222-227.

MALATESTA, E. Serenamente. Pensiero e Volontà, Roma, ano III, n. 4, 01/04/1926. *In:* MALATESTA, E. *Scritti:* Pensiero e Volontà e ultimi scritti 1924/1932. Vol. 3. Carrara: Movimento Anarchico Italiano, 1975[330]. p. 228-229.

MALATESTA, E. Nota all'articolo: 'Concetti chiari', di Carlo Molaschi. Pensiero e Volontà, Roma, ano III, n. 4, 01/04/1926. *In:* MALATESTA, E. *Scritti:* Pensiero e Volontà e ultimi scritti 1924/1932. Vol. 3. Carrara: Movimento Anarchico Italiano, 1975[331]. p. 229.

MALATESTA, E. Nè democratici, nè dittatoriali: anarchici. Pensiero e Volontà, Roma, ano III, n. 7, 06/05/1926. *In:* MALATESTA, E. *Scritti:* Pensiero e Volontà e ultimi scritti 1924/1932. Vol. 3. Carrara: Movimento Anarchico Italiano, 1975[332]. p. 229-233.

MALATESTA, E. Nota all'articolo: 'Russia' di Carlo Molaschi. Pensiero e Volontà, Roma, ano III, n. 9, 01/06/1926. *In:* MALATESTA, E. *Scritti:* Pensiero e Volontà e ultimi scritti 1924/1932. Vol. 3. Carrara: Movimento Anarchico Italiano, 1975[333]. p. 233.

MALATESTA, E. La fine dell'anarchismo?' di Luigi Galleani. Pensiero e Volontà, Roma, ano III, n. 9, 01/06/1926. *In:* MALATESTA, E. *Scritti:* Pensiero e Volontà e ultimi scritti 1924/1932. Vol. 3. Carrara: Movimento Anarchico Italiano, 1975[334]. p. 233-236.

MALATESTA, E. Sacco e Vanzetti. Pensiero e Volontà, Roma, ano III, n. 9, 01/06/1926. *In:* MALATESTA, E. *Scritti:* Pensiero e Volontà e ultimi scritti 1924/1932. Vol. 3. Carrara: Movimento Anarchico Italiano, 1975[335]. p. 236-237.

MALATESTA, E. Demoliamo. E poi? Pensiero e Volontà, Roma, ano III, n. 10, 16/06/1926. *In:* MALATESTA, E. *Scritti:* Pensiero e Volontà e ultimi scritti 1924/1932. Vol. 3. Carrara: Movimento Anarchico Italiano, 1975[336]. p. 237-242.

MALATESTA, E. Michele Bakunin (20/05/1814-01/07/1876). Pensiero e Volontà, Roma, ano III, n. 11, 01/07/1926. *In:* MALATESTA, E. *Scritti:* Pensiero e Volontà e ultimi scritti 1924/1932. Vol. 3. Carrara: Movimento Anarchico Italiano, 1975[337]. p. 242-243.

MALATESTA, E. I principi anarchici quali furono formulati nel 1872 al congresso di Saint-Imier per ispirazione di Bakunin. Pensiero e Volontà, Roma, ano III, n. 11, 01/07/1926. *In:* MALATESTA, E. *Scritti:* Pensiero e Volontà e ultimi scritti 1924/1932. Vol. 3. Carrara: Movimento Anarchico Italiano, 1975[338]. p. 244.

MALATESTA, E. Il mio primo incontro con Bakunin. Pensiero e Volontà, Roma, ano III, n. 11, 01/07/1926. *In:* MALATESTA, E. *Scritti:* Pensiero e Volontà e ultimi scritti 1924/1932. Vol. 3. Carrara: Movimento Anarchico Italiano, 1975[339]. p. 244-248.

MALATESTA, E. E poi? Chiarimenti I. Pensiero e Volontà, Roma, ano III, n. 12, 01/08/1926. *In:* MALATESTA, E. *Scritti:* Pensiero e Volontà e ultimi scritti 1924/1932. Vol. 3. Carrara: Movimento Anarchico Italiano, 1975[340]. p. 248-250.

MALATESTA, E. II. Repubblica? Pensiero e Volontà, Roma, ano III, n. 12, 01/08/1926. *In:* MALATESTA, E. *Scritti:* Pensiero e Volontà e ultimi scritti 1924/1932. Vol. 3. Carrara: Movimento Anarchico Italiano, 1975[341]. p. 251-252.

MALATESTA, E. Personale. Pensiero e Volontà, Roma, ano III, n. 12, 01/08/1926. *In:* MALATESTA, E. *Scritti:* Pensiero e Volontà e ultimi scritti 1924/1932. Vol. 3. Carrara: Movimento Anarchico Italiano, 1975[342]. p. 252-253.

MALATESTA, E. Nota all'articolo: 'Massoneria' di Struggling Alone. Pensiero e Volontà, Roma, ano III, n. 12, 01/08/1926. *In:* MALATESTA, E. *Scritti:* Pensiero e Volontà e ultimi scritti 1924/1932. Vol. 3. Carrara: Movimento Anarchico Italiano, 1975[343]. p. 253.

MALATESTA, E. Internazionale colletivista e comunismo anarchico. Pensiero e Volontà, Roma, ano III, n. 14, 25/08/1926. *In:* MALATESTA, E. *Scritti:* Pensiero e Volontà e ultimi scritti 1924/1932. Vol. 3. Carrara: Movimento Anarchico Italiano, 1975[344]. p. 253-265.

MALATESTA, E. Nota in testa alla rivista. Pensiero e Volontà, Roma, ano III, n. 15, 01/10/1926. *In:* MALATESTA, E. *Scritti:* Pensiero e Volontà e ultimi scritti 1924/1932. Vol. 3. Carrara: Movimento Anarchico Italiano, 1975[345]. p. 265.

MALATESTA, E. Per Luigi Galleani. Pensiero e Volontà, Roma, ano III, n. 15, 01/10/1926. *In:* MALATESTA, E. *Scritti:* Pensiero e Volontà e ultimi scritti 1924/1932. Vol. 3. Carrara: Movimento Anarchico Italiano, 1975[346]. p. 266.

MALATESTA, E. Per la verità. Pensiero e Volontà, Roma, ano III, n. 15, 01/10/1926. *In:* MALATESTA, E. *Scritti:* Pensiero e Volontà e ultimi scritti 1924/1932. Vol. 3. Carrara: Movimento Anarchico Italiano, 1975[347]. p. 266-272.

MALATESTA, E. Nota all'articolo: 'Ancora su Scienza e anarchia' di Hz.. Pensiero e Volontà, Roma, ano III, n. 15, 01/10/1926. *In:* MALATESTA, E. *Scritti:* Pensiero e Volontà e ultimi scritti 1924/1932. Vol. 3. Carrara: Movimento Anarchico Italiano, 1975[348]. p. 272-273.

MALATESTA, E. Effetti del sol d'agosto. Pensiero e Volontà, Roma, ano III, n. 15, 01/10/1926. *In:* MALATESTA, E. *Scritti:* Pensiero e Volontà e ultimi scritti 1924/1932. Vol. 3. Carrara: Movimento Anarchico Italiano, 1975[349]. p. 274.

MALATESTA, E. Nota all'artiolo: 'Strano modo di comprendere l'anarchia' di Peppe Convinto. Pensiero e Volontà, Roma, ano III, n. 15, 01/10/1926. *In:* MALA-

TESTA, E. *Scritti:* Pensiero e Volontà e ultimi scritti 1924/1932. Vol. 3. Carrara: Movimento Anarchico Italiano, 1975[350]. p. 274-276.

MALATESTA, E. Comunicato. Out/1926. *In:* MALATESTA, E. *Scritti:* Pensiero e Volontà e ultimi scritti 1924/1932. Vol. 3. Carrara: Movimento Anarchico Italiano, 1975[351]. p. 276-277.

MALATESTA, E. La pena di morte. Il Risveglio Anarchico, [*S. l.*], n. 867, 11/02/1933. *In:* MALATESTA, E. *Scritti:* Pensiero e Volontà e ultimi scritti 1924/1932. Vol. 3. Carrara: Movimento Anarchico Italiano, 1975[352]. p. 277-279.

MALATESTA, E. Il provveditore della ghigliottina. Il Risveglio Anarchico, [*S. l.*], n. 867, 11/02/1933. *In:* MALATESTA, E. *Scritti:* Pensiero e Volontà e ultimi scritti 1924/1932. Vol. 3. Carrara: Movimento Anarchico Italiano, 1975[353]. p. 279-283.

MALATESTA, E. Alcune lettere a Luigi Fabbri, 1922-1926. *In:* MALATESTA, E. *Scritti:* Pensiero e Volontà e ultimi scritti 1924/1932. Vol. 3. Carrara: Movimento Anarchico Italiano, 1975[354]. p. 287-294.

MALATESTA, E. Manifesto dell'U.A.I. per il Primo Maggio 1926. Sorgiamo, [*S. l.*], n. 7, 01/05/1934. *In:* MALATESTA, E. *Scritti:* Pensiero e Volontà e ultimi scritti 1924/1932. Vol. 3. Carrara: Movimento Anarchico Italiano, 1975[355]. p. 294-296.

MALATESTA, E. Per fatto personale. Manovre borboniche, ou malignità comuniste? Risveglio, [*S. l.: s. n.*], 31/07/1926. *In:* MALATESTA, E. *Scritti:* Pensiero e Volontà e ultimi scritti 1924/1932. Vol. 3. Carrara: Movimento Anarchico Italiano, 1975[356]. p. 296-298.

MALATESTA, E. Un progetto di organizzazione anarchica. Risveglio, [*S. l.: s. n.*], 1-15/10/1927. *In:* MALATESTA, E. *Scritti:* Pensiero e Volontà e ultimi scritti 1924/1932. Vol. 3. Carrara: Movimento Anarchico Italiano, 1975[357]. p. 298-310.

MALATESTA, E. A proposito della 'Plateforme'. Risposta a Nestore Makhno. Risveglio, [*S. l.: s. n.*], 14/12/1929. *In:* MALATESTA, E. *Scritti:* Pensiero e Volontà e ultimi scritti 1924/1932. Vol. 3. Carrara: Movimento Anarchico Italiano, 1975[358]. p. 310-312.

MALATESTA, E. A proposito della 'responsabilità colletiva'. Studi Sociali, Montevidéo, n. 10, jul/1930. *In:* MALATESTA, E. *Scritti:* Pensiero e Volontà e ultimi scritti 1924/1932. Vol. 3. Carrara: Movimento Anarchico Italiano, 1975[359]. p. 312-317.

MALATESTA, E. Prefazione al libro 'Bakunin e l'Internazionale in Italia' di Max Nettlau (1928). *In:* MALATESTA, E. *Scritti:* Pensiero e Volontà e ultimi scritti 1924/1932. Vol. 3. Carrara: Movimento Anarchico Italiano, 1975[360]. p. 317-319.

MALATESTA, E. Lettera a Jean Grave. Réveil, [*S. l.*], [s.d.], mar/1928. *In:* MALATESTA, E. *Scritti:* Pensiero e Volontà e ultimi scritti 1924/1932. Vol. 3. Carrara: Movimento Anarchico Italiano, 1975[361]. p. 320-335.

MALATESTA, E. Una lettera a Luigi Bertoni. Risveglio, Genebra, [*s. n.*], 16/04/1929. *In:* MALATESTA, E. *Scritti:* Pensiero e Volontà e ultimi scritti 1924/1932. Vol. 3. Carrara: Movimento Anarchico Italiano, 1975[362]. p. 335-336.

MALATESTA, E. Qualche considerazione sul regime della proprietà dopo la rivoluzione. Risveglio, Genebra, [*s. n.*], 30/11/1929. *In:* MALATESTA, E. *Scritti:* Pensiero e Volontà e ultimi scritti 1924/1932. Vol. 3. Carrara: Movimento Anarchico Italiano, 1975[363]. p. 337.

MALATESTA, E. A proposito di certe polemiche tra anarchici italiani all'estero. Risveglio, Genebra, [*s. n.*], 11/01/1930. *In:* MALATESTA, E. *Scritti:* Pensiero e Volontà e ultimi scritti 1924/1932. Vol. 3. Carrara: Movimento Anarchico Italiano, 1975[364]. p. 338-344.

MALATESTA, E. Giuseppe Turci. Risveglio, Genebra, [*s. n.*], 22/02/1930. *In:* MALATESTA, E. *Scritti:* Pensiero e Volontà e ultimi scritti 1924/1932. Vol. 3. Carrara: Movimento Anarchico Italiano, 1975[365]. p. 345-346.

MALATESTA, E. Felice Vezzani. Vogliamo!, [s.d.], [*s. n.*], mar/1930. *In:* MALATESTA, E. *Scritti:* Pensiero e Volontà e ultimi scritti 1924/1932. Vol. 3. Carrara: Movimento Anarchico Italiano, 1975[366]. p. 347-348.

MALATESTA, E. Gli anarchici nel momento attuale. Vogliamo!, [s.d.], [*s. n.*], jun/1930. *In:* MALATESTA, E. *Scritti:* Pensiero e Volontà e ultimi scritti 1924/1932. Vol. 3. Carrara: Movimento Anarchico Italiano, 1975[367]. p. 349.

MALATESTA, E. Francesco Saverio Merlino. Risveglio, Genebra, [*s. n.*], 26/07/1930. *In:* MALATESTA, E. *Scritti:* Pensiero e Volontà e ultimi scritti 1924/1932. Vol. 3. Carrara: Movimento Anarchico Italiano, 1975[368]. p. 349-356.

MALATESTA, E. Contro la costituente come contro la dittatura. AdR, Nova York, [*s. n.*], 04/10/1930. *In:* MALATESTA, E. *Scritti:* Pensiero e Volontà e ultimi scritti 1924/1932. Vol. 3. Carrara: Movimento Anarchico Italiano, 1975[369]. p. 356-357.

MALATESTA, E. Francesco Saverio Merlino. Almanacco Libertario, [*S. l.: s. n.*], 1931. *In:* MALATESTA, E. *Scritti:* Pensiero e Volontà e ultimi scritti 1924/1932. Vol. 3. Carrara: Movimento Anarchico Italiano, 1975[370]. p. 357-361.

MALATESTA, E. Questioni di tattica. Almanacco Libertario, [*S. l.: s. n.*], 1931. *In:* MALATESTA, E. *Scritti:* Pensiero e Volontà e ultimi scritti 1924/1932. Vol. 3. Carrara: Movimento Anarchico Italiano, 1975[371]. p. 361-364.

MALATESTA, E. Pietro Kropotkin. Ricordi e critiche di un suo vecchio amico. Studi Sociali, Montevidéo, [*s. n.*], 15/04/1931. *In:* MALATESTA, E. *Scritti:* Pensiero e Volontà e ultimi scritti 1924/1932. Vol. 3. Carrara: Movimento Anarchico Italiano, 1975[372]. p. 364-368.

MALATESTA, E. Rimasticature autoritarie. Risveglio, Genebra, [*s. n.*], 01/05/1931. *In:* MALATESTA, E. *Scritti:* Pensiero e Volontà e ultimi scritti 1924/1932. Vol. 3. Carrara: Movimento Anarchico Italiano, 1975[373]. p. 368-379.

MALATESTA, E. Le materie prime e il socialismo. Risveglio, Genebra, [*s. n.*], 16/05/1931. *In:* MALATESTA, E. *Scritti:* Pensiero e Volontà e ultimi scritti 1924/1932. Vol. 3. Carrara: Movimento Anarchico Italiano, 1975[374]. p. 379-382.

MALATESTA, E. Incoerenza o necessità? AdR, Nova York, [*s. n.*], 29/05/1931. *In:* MALATESTA, E. *Scritti:* Pensiero e Volontà e ultimi scritti 1924/1932. Vol. 3. Carrara: Movimento Anarchico Italiano, 1975[375]. p. 382-383.

MALATESTA, E. Epistolario. AdR, Nova York, [*s. n.*], 20/08/1931. *In:* MALATESTA, E. *Scritti:* Pensiero e Volontà e ultimi scritti 1924/1932. Vol. 3. Carrara: Movimento Anarchico Italiano, 1975[376]. p. 383-386.

MALATESTA, E. A proposito di 'revisionismo'. AdR, Nova York, [*s. n.*], 01/08/1931. *In:* MALATESTA, E. *Scritti:* Pensiero e Volontà e ultimi scritti 1924/1932. Vol. 3. Carrara: Movimento Anarchico Italiano, 1975[377]. p. 386-390.

MALATESTA, E. Un 'governo' che non è governo. AdR, Nova York, [*s. n.*], 26/12/1931. *In:* MALATESTA, E. *Scritti:* Pensiero e Volontà e ultimi scritti 1924/1932. Vol. 3. Carrara: Movimento Anarchico Italiano, 1975[378]. p. 386-398.

MALATESTA, E. Ancora qualche parola sul governo 'libertario'. AdR, Nova York, [*s. n.*], 12/08/1932. *In:* MALATESTA, E. *Scritti:* Pensiero e Volontà e ultimi scritti 1924/1932. Vol. 3. Carrara: Movimento Anarchico Italiano, 1975[379]. p. 398-402.

MALATESTA, E. Una lettera sulle cose d'Italia e di Spagna. AdR, Nova York, [*s. n.*], 12/08/1933. *In:* MALATESTA, E. *Scritti:* Pensiero e Volontà e ultimi scritti 1924/1932. Vol. 3. Carrara: Movimento Anarchico Italiano, 1975[380]. p. 403-405.

MALATESTA, E. Ultimi pensieri. Studi Sociali, Montevidéo, [*s. n.*], 04/12/1933. *In:* MALATESTA, E. *Scritti:* Pensiero e Volontà e ultimi scritti 1924/1932. Vol. 3. Carrara: Movimento Anarchico Italiano, 1975[381]. p. 405-407.

MALATESTA, E. Un pò di teoria. Paris, En-Dehors, 17/08/1892. *In:* MALATESTA, E. *Rivoluzione e lotta quotidiana.* Vicenza: Edizioni Antistato, 1982[1]. p. 56-59.

MALATESTA, E. Errori e rimedi. Schiarimenti. Londres, L'Anarchia, ago/1896. *In:* MALATESTA, E. *Rivoluzione e lotta quotidiana.* Vicenza: Edizioni Antistato, 1982[2]. p. 67-70.

MALATESTA, E. Questioni rivoluzionarie. Paris, La Révolte, 10/10/1890. *In:* MALATESTA, E. *Rivoluzione e lotta quotidiana.* Vicenza: Edizioni Antistato, 1982[3]. p. 73-74.

MALATESTA, E. Andiamo fra il popolo. Ancona, L'Art. 248, 04/02/1894. *In:* MALATESTA, E. *Rivoluzione e lotta quotidiana.* Vicenza: Edizioni Antistato, 1982[4]. p. 74-78.

MALATESTA, E. Il compito degli anarchici. Paterson, La Questione Sociale, set--out/1899. *In:* MALATESTA, E. *Rivoluzione e lotta quotidiana.* Vicenza: Edizioni Antistato, 1982[5]. p. 79-82.

MALATESTA, E. Correspondência para N. Converti. Londres, 10/03/1896. *In:* MALATESTA, E. *Rivoluzione e lotta quotidiana.* Vicenza: Edizioni Antistato, 1982[6]. p. 83-84.

MALATESTA, E. L'organizzazione. Ancona, L'Agitazione, 04/06/1897. *In:* MALATESTA, E. *Rivoluzione e lotta quotidiana.* Vicenza: Edizioni Antistato, 1982[7]. p. 84-87.

MALATESTA, E. L'organizzazione. Ancona, L'Agitazione, 11/06/1897. *In:* MALATESTA, E. *Rivoluzione e lotta quotidiana.* Vicenza: Edizioni Antistato, 1982[8]. p. 87-93.

MALATESTA, E. La politica parlamentare nel movimento socialista. Londres, 1890 (opúsculo). *In:* MALATESTA, E. *Rivoluzione e lotta quotidiana.* Vicenza: Edizioni Antistato, 1982[9]. p. 98-109.

MALATESTA, E. Un'intervista. L'Avanti!, 03/10/1897. *In:* MALATESTA, E. *Rivoluzione e lotta quotidiana.* Vicenza: Edizioni Antistato, 1982[10]. p. 123-127.

MALATESTA, E. Conferma. Ancona, L'Agitazione, 14/10/1897. *In:* MALATESTA, E. *Rivoluzione e lotta quotidiana.* Vicenza: Edizioni Antistato, 1982[11]. p. 127-131.

MALATESTA, E. Chiarimento. Ancona, L'Agitazione, 28/10/1897. *In:* MALATESTA, E. *Rivoluzione e lotta quotidiana.* Vicenza: Edizioni Antistato, 1982[12]. p. 131-136.

MALATESTA, E. Anarchici pro-governo. [Cronaca Sovversiva, Paterson, 29/04/1916]. *In:* MALATESTA, E. *Scritti antimilitaristi dal 1912 al 1916.* Milão: Cooperativa Segno Libero, 1982[13]. p. 67-69.

MALATESTA, E. Correspondência para Luigia Pezzi. Londres, 29/04/1892. *In:* MALATESTA, E. *Epistolario. Lettere edite e inedite, 1873-1932.* Carrara: Centro Studi Sociali, 1984[1]. p. 65-69.

MALATESTA, E. Correspondência para Luigi Fabbri. Ancona, 02/09/1913. *In:* MALATESTA, E. *Epistolario. Lettere edite e inedite, 1873-1932.* Carrara: Centro Studi Sociali, 1984[2]. p. 109.

MALATESTA, E. Correspondência para Luigi Fabbri. Ancona, 12/09/1913. *In:* MALATESTA, E. *Epistolario. Lettere edite e inedite, 1873-1932.* Carrara: Centro Studi Sociali, 1984[3]. p. 110-111.

MALATESTA, E. Correspondência para Luigi Fabbri. Ancona, 15/09/1913. *In:* MALATESTA, E. *Epistolario. Lettere edite e inedite, 1873-1932.* Carrara: Centro Studi Sociali, 1984[4]. p. 112-113.

MALATESTA, E. Correspondência para Luigi Fabbri. Roma, 31/10/1922. *In:* MALATESTA, E. *Epistolario. Lettere edite e inedite, 1873-1932.* Carrara: Centro Studi Sociali, 1984[5]. p. 183-184.

MALATESTA, E. Correspondência para Luigi Fabbri. Roma, 08/02/1925. *In:* MALATESTA, E. *Epistolario. Lettere edite e inedite, 1873-1932.* Carrara: Centro Studi Sociali, 1984[6]. p. 196-197.

MALATESTA, E. Correspondência para Osvaldo Maraviglia. Roma, 08/04/1926. *In:* MALATESTA, E. *Epistolario. Lettere edite e inedite, 1873-1932.* Carrara: Centro Studi Sociali, 1984[7]. p. 212-213.

MALATESTA, E. Correspondência para Antonio Gagliardi. Roma, 25/09/1926. *In:* MALATESTA, E. *Epistolario. Lettere edite e inedite, 1873-1932.* Carrara: Centro Studi Sociali, 1984[8]. p. 225.

MALATESTA, E. Correspondência para Osvaldo Maraviglia. Roma, 03/11/1926. *In:* MALATESTA, E. *Epistolario. Lettere edite e inedite, 1873-1932.* Carrara: Centro Studi Sociali, 1984[9]. p. 233.

MALATESTA, E. Correspondência para Gigi Damiani. Roma, 10/12/1926. *In:* MALATESTA, E. *Epistolario. Lettere edite e inedite, 1873-1932.* Carrara: Centro Studi Sociali, 1984[10]. p. 237-238.

MALATESTA, E. Correspondência para Osvaldo Maraviglia. Roma, 16/12/1926. *In:* MALATESTA, E. *Epistolario. Lettere edite e inedite, 1873-1932.* Carrara: Centro Studi Sociali, 1984[11]. p. 239.

MALATESTA, E. Correspondência para Gigi Damiani. Roma, 15/01/1927. *In:* MALATESTA, E. *Epistolario. Lettere edite e inedite, 1873-1932.* Carrara: Centro Studi Sociali, 1984[12]. p. 241.

MALATESTA, E. Correspondência para Osvaldo Maraviglia. Roma, 14/03/1927. *In:* MALATESTA, E. *Epistolario. Lettere edite e inedite, 1873-1932.* Carrara: Centro Studi Sociali, 1984[13]. p. 248-249.

MALATESTA, E. Correspondência para Gigi Damiani. Roma, 05/06/1927. *In:* MALATESTA, E. *Epistolario. Lettere edite e inedite, 1873-1932.* Carrara: Centro Studi Sociali, 1984[14]. p. 252.

MALATESTA, E. Correspondência para Virgilia D'Andrea. Roma, set/1927. *In:* MALATESTA, E. *Epistolario. Lettere edite e inedite, 1873-1932.* Carrara: Centro Studi Sociali, 1984[15]. p. 259.

MALATESTA, E. Correspondência para Osvaldo Maraviglia. Roma, 18/12/1927. *In:* MALATESTA, E. *Epistolario. Lettere edite e inedite, 1873-1932.* Carrara: Centro Studi Sociali, 1984[16]. p. 261-262.

MALATESTA, E. Correspondência para Armando Borghi. Roma, 01/05/1928. *In:* MALATESTA, E. *Epistolario. Lettere edite e inedite, 1873-1932.* Carrara: Centro Studi Sociali, 1984[17]. p. 269.

MALATESTA, E. Correspondência para Osvaldo Maraviglia. Roma, 08/08/1928. *In:* MALATESTA, E. *Epistolario. Lettere edite e inedite, 1873-1932.* Carrara: Centro Studi Sociali, 1984[18]. p. 271.

MALATESTA, E. Correspondência para Virgilia D'Andrea. Roma, 03/04/1930. *In:* MALATESTA, E. *Epistolario. Lettere edite e inedite, 1873-1932.* Carrara: Centro Studi Sociais, 1984[19]. p. 285-286.

MALATESTA, E. Correspondência para Gigi Damiani. Roma, 09/04/1930. *In:* MALATESTA, E. *Epistolario. Lettere edite e inedite, 1873-1932.* Carrara: Centro Studi Sociais, 1984[20]. p. 287-289.

MALATESTA, E. Correspondência para Luigi Fabbri. Roma, 18/05/1931. *In:* MALATESTA, E. *Epistolario. Lettere edite e inedite, 1873-1932.* Carrara: Centro Studi Sociais, 1984[21]. p. 314-317.

MALATESTA, E. Correspondência para Gigi Damiani. Roma, 28/05/1931. *In:* MALATESTA, E. *Epistolario. Lettere edite e inedite, 1873-1932.* Carrara: Centro Studi Sociais, 1984[22]. p. 318-319.

MALATESTA, E. Correspondência para Virgilia D'Andrea. Roma, 06/08/1931. *In:* MALATESTA, E. *Epistolario. Lettere edite e inedite, 1873-1932.* Carrara: Centro Studi Sociais, 1984[23]. p. 333.

MALATESTA, E. Correspondência para Gigi Damiani. Roma, 17/10/1931. *In:* MALATESTA, E. *Epistolario. Lettere edite e inedite, 1873-1932.* Carrara: Centro Studi Sociais, 1984[24]. p. 339-340.

MALATESTA, E. Correspondência para Gigi Damiani. Roma, 08/11/1931. *In:* MALATESTA, E. *Epistolario. Lettere edite e inedite, 1873-1932.* Carrara: Centro Studi Sociais, 1984[25]. p. 341.

MALATESTA, E. Correspondência para Gigi Damiani. Roma, 19/11/1931. *In:* MALATESTA, E. *Epistolario. Lettere edite e inedite, 1873-1932.* Carrara: Centro Studi Sociais, 1984[26]. p. 342.

MALATESTA, E. Correspondência para Armando Borghi. Roma, 14/12/1931. *In:* MALATESTA, E. *Epistolario. Lettere edite e inedite, 1873-1932.* Carrara: Centro Studi Sociais, 1984[27]. p. 344.

MALATESTA, E. Correspondência para Salvatore Vellucci. Roma, 17/12/1931. *In:* MALATESTA, E. *Epistolario. Lettere edite e inedite, 1873-1932.* Carrara: Centro Studi Sociais, 1984[28]. p. 345.

MALATESTA, E. Correspondência para Luigi Fabbri. Roma, 11/03/1932. *In:* MALATESTA, E. *Epistolario. Lettere edite e inedite, 1873-1932.* Carrara: Centro Studi Sociais, 1984[29]. p. 355.

MALATESTA, E. Correspondência para Luigi Fabbri. Roma, 03/05/1932. *In:* MALATESTA, E. *Epistolario. Lettere edite e inedite, 1873-1932.* Carrara: Centro Studi Sociali, 1984[30]. p. 358.

MALATESTA, E. Correspondência para Armando Borghi. Roma, 03/05/1932. *In:* MALATESTA, E. *Epistolario. Lettere edite e inedite, 1873-1932.* Carrara: Centro Studi Sociali, 1984[31]. p. 360.

MALATESTA, E. Correspondência para Osvaldo Maraviglia. Roma, 16/05/1932. *In:* MALATESTA, E. *Epistolario. Lettere edite e inedite, 1873-1932.* Carrara: Centro Studi Sociali, 1984[32]. p. 361-362.

MALATESTA, E. *A anarquia e outros escritos.* Tradução: Plínio A. Coelho. Brasília/ São Paulo: Novos Tempos/Centro de Cultura Social, 1987.

MALATESTA, E. The Duties of the Present Hour (1894). *In:* GRAHAM, R. (org.). *Anarchism. A Documentary History of Libertarian Ideas. Vol. 1: From Anarchy to Anarchismo (300CE to 1939).* Montreal: Black Rose Books, 2005a. p. 181-183.

MALATESTA, E. Violence as a Social Factor (1895). *In:* GRAHAM, R. (org.). *Anarchism. A Documentary History of Libertarian Ideas. Vol. 1: From Anarchy to Anarchismo (300CE to 1939).* Montreal: Black Rose Books, 2005b. p. 160-163.

MALATESTA, E. *L'anarchia.* E-book: LiberLiber. 2012. Disponível em: https://liberliber.it/autori/autori-m/errico-malatesta, 2012. Acesso em: 15 nov. 2023.

MALATESTA, E.; et al. Manifesto Internazionale Anarchico contro la Guerra. *Volontà*, Ancona, ano III, n. 12, 20 mar. 1915.

MALATESTA, E.; MERLINO, F. S. *Democracia ou anarquismo?* A célebre polêmica sobre as eleições, o anarquismo e a ação revolucionária que apaixonou a Itália rebelde. Tradução: Júlio Carrapato. Faro: Edições Sotavento, 2001.

2. Bibliografia geral

AGAMBEN, G. *Estado de Exceção*. Tradução: Iraci D. Poleti. São Paulo: Boitempo, 2004.

ALY, G. *Comment Hitler a acheté les Alemands*. Le IIIe Reich, une dictature au service du peuple. Tradução: Marie Gravey. Paris: Flammarion, 2005.

ANSART, P. *Marx y el anarquismo*. Barcelona: Barral editores, 1972.

ANTONIOLI, M. Introduzione – Anarchismo e/o Sindacalismo. *In:* ANTONIOLI, M (org.). *Dibattito sul Sindacalismo*. Atti del Congresso Internazionale Anarchico di Amsterdam (1907). Florença: CP Editrice, 1978. p. 7-33.

ANTONIOLI, M. Errico Malatesta, l'organizzazione operaia e il sindacalismo (1889-1914). *Ricerche Storiche,* Florença, ano XIII, n. 1, p. 151-204, jan./abr. 1983.

ANTONIOLI, M. *Il sindacalismo italiano*. Dalle origini al fascismo. Pisa: BFS, 1997.

ANTONIOLI, M. L'Individualismo Anarchico. *In:* MASINI, P. C.; ANTONIOLI, M. *Il Sol dell'Avvenire*. L'Anarchismo in Italia dalle origini alla Prima Guerra Mondiale. Pisa: BFS, 1999a. p. 55-84.

ANTONIOLI, M. Gli anarchici e l'organizzazione. *In:* MASINI, P. C.; ANTONIOLI, M. *Il Sol dell'Avvenire*. L'Anarchismo in Italia dalle origini alla Prima Guerra Mondiale. Pisa: BFS, 1999b. p. 127-169.

AVELINO, N. *Anarquistas*: ética e antologia de existências. Rio de Janeiro: Achiamé, 2004.

AVELINO, N. *Anarquismos e governamentalidade*. Tese (Doutorado em Ciências Sociais, Política) – Pontifícia Universidade Católica, São Paulo, 2008.

BACON, F. *Ensaios de Francis Bacon*. Tradução: Alan N. Ditchfield. Petrópolis: Vozes, 2007.

BAKER, K. M. Condorcet. *In:* FURET, F.; OZOUF, M. (org). *Dicionário crítico da Revolução Francesa*. Tradução: Henrique de A. Mesquita. Rio de Janeiro: Nova Fronteira, 1989. p. 230-239.

BAKUNIN, M. *O conceito de liberdade*. Porto: Rés, 1975.

BAKUNIN, M. *Confesión al Zar Nicolás I*. Barcelona: Editorial Labor, 1976.

BAKUNIN, M. *Obras Completas.* Tomo 5: Estatismo y Anarquia. Madrid: La Piqueta, [1873]1986.

BALSAMINI, L. *Gli Arditi del Popolo.* Dalla guerra alla difesa del popolo contro le violenze fasciste. Salerno: Galzerano Editore, 2002.

BENBOW, W. *Grand National Holiday, and Congress of the Productive Classes.* 1832. Disponível em: http://www. marxists. org/history/england/chartists/benbow--congres. Acesso em: 15 nov. 2023.

BERTI, G. La rivoluzione e il nostro tempo. *Volontà,* Nápoles, ano XXXVII, n. 4, p. 29-40, out./dez. 1983.

BERTI, G. L'anarchismo e 'il crollo dell'ideologia'. *Volontà,* Nápoles, ano XL, n. 2, abr./jun., p. 65-75, 1986.

BERTI, G. *Errico Malatesta e il movimento anarchico italiano e internazionale, 1872-1932.* Milão: Franco Angeli, 2003.

BETTINI, L. *Bibliografia dell'anarchismo.* Vol. I, Tomo 2: periodici e numeri unici anarchici in lingua italiana publicati all'estero (1872-1971). Florença: CP Editrice, 1976.

BOBBIO, N. *O Positivismo Jurídico:* lições de filosofia do direito. Tradução: Márcio Pugliese, Edson Bini, Carlos Rodrigues. São Paulo: Ícone, 1995.

BONNAFOUS-BOUCHER, M. *Un libéralisme sans liberté.* Pour une introduction du terme libéralisme dans la pensée de Michel Foucault. Paris: L'Harmattan, 2001.

BRANDÃO, J. de S. *Mitologia Grega.* Vol. 3. 10. ed. Petrópolis: Vozes, 2000.

BURKE, A. Ontologies of War: Violence, Existence and Reason. *Theory & Event,* v. 10, n. 2, 2007.

BURKE, E. *Reflexões sobre a Revolução em França.* Tradução: Ivone Moreira. Lisboa: Fundação Calouste Gulbenkian, 2015.

CALL, L. *Postmodern Anarchism.* Oxford: Lexington Books, 2002.

CANNING, J. *A History of Medieval Political Thought (300-1450).* Londres: Routledge, 1996.

CERRITO, G. *Dall'insurrezionalismo alla settimana rossa:* per una storia dell'anarchismo in Italia (1881/1914). Florença: CP Editrice, 1977.

CHAMBOST, A. S. *Proudhon et la norme*. Pensée juridique d'un anarchiste. Rennes: Presses universitaires de Rennes, 2004.

CHEVALIER, L. *Classes laborieuses et classes dangereuses à Paris pendant la première moitié du XIXe siècle*. Paris: Éditions Perrin, 2002.

COLE, G. D. H. Socialismo e fascismo. *In:* DE FELICE, R. (org.). *Il fascismo. Le interpretazioni dei contemporanei e degli storici*. Bari: Editori Laterza, 1998. p. 667-679.

COLSON, D. *Petit lexique philosophique de l'anarchisme*. De Proudhon à Deleuze. Paris: Librairie Générale Française, 2001.

COLSON, D. Proudhon e Leibniz. Anarchie et monadologie. *In*: PESSIN, A.; PUCCIARELLI, M. *Lyon et l'esprit proudhonien*. Actes du colloque de Lyon 6 et 7 décembre 2002. Lyon: Atelier de Création Libertaire, Société P. -J. Proudhon, Université Solidaire, 2003. p. 95-122.

COLSON, D. *Trois essais de philosophie anarchiste*. Islam - Histoire - Monadologie. Paris: éditions Léo Scheer, 2004.

COLSON, D. *L'anarchisme de Malatesta*. Lyon: Atelier de Création Libertaire, 2010.

CONFINO, M. Idéologie et sémantique: Le vocabulaire politique des anarchistes Russes. *Cahiers du monde russe et soviétique*, v. 30, n. 3-4, p. 255-284, 1989.

DADÀ, A. *L'anarchismo in Italia:* fra movimento e partito. Milão: Teti editore, 1984.

DE AMBRIS, A. L'evoluzione del fascismo. *In:* DE FELICE, R. (org.). *Il fascismo. Le interpretazioni dei contemporanei e degli storici*. Bari: Editori Laterza, 1998. p. 197-216.

DE FELICE, R. *Mussolini il rivoluzionario, 1883-1920*. Turim: Einaudi, 1995.

DE FELICE, R. *Autobiografia del fascismo. Antologia di testi fascisti 1919-1945*. Turim: Einaudi, 2004.

DE FELICE, R. (org.). *Il fascismo.* Le interpretazioni dei contemporanei e degli storici. Bari: Editori Laterza, 1998.

DEAN, M. *Critical and effective histories*. Foucault's methods and historical sociology. Londres: Routledge, 1994.

DEAN, M. *Governmentality*: power and rule in modern society. Londres: Sage Publ, 1999.

DEAN, M. *Governing societies.* Political perspectives on domestic and international rule. Nova Iorque: Open University Press, 2007.

DEFERT, D. Cronologie. *In:* FOUCAULT, M. *Dits et écrits,* 1954-1975. Vol. I. Paris: Gallimard, 2001b. p. 13-90.

DELEPLACE, M. *L'Anarchie de Mably à Proudhon (1750-1850).* Histoire d'une apropriation polémique. Lyon: ENS éditions, 2000.

DELEUZE, G. *Foucault.* São Paulo: Brasiliense, 1995.

DELEUZE, G. *Lógica do sentido.* 4. ed. Tradução: Luiz R. S. Fortes. São Paulo: Perspectiva, 2000a.

DELEUZE, G. *Diferença e repetição.* Tradução: Luiz Orlandi e Roberto Machado. Lisboa: Relógio D'Água, 2000b.

DELEUZE, G. *Conversações, 1972-1990.* Tradução: Peter Pál Pelbart. São Paulo: Ed. 34, 2004.

DELEUZE, G .; GUATTARI, F. *Mil platôs – capitalismo e esquizofrenia.* Vol. 3. Tradução: Aurélio G. Neto, Ana L. de Oliveira, Lúcia C. Leão e Suely Rolnik. São Paulo: Ed. 34, 1996.

DELEUZE, G .; GUATTARI, F. *Mil platôs – capitalismo e esquizofrenia.* Vol. 5. Tradução: Peter P. Pelbart e Janice Caiafa. São Paulo: Ed. 34, 2002.

DELEUZE, G .; GUATTARI, F. *Mil platôs – capitalismo e esquizofrenia.* Vol. 4. Tradução: Suely Rolnik. São Paulo: Ed. 34, 2005.

DERRIDA, J. *Séminaire. La bête et le souverain, 2001-2002.* Vol. I. Paris: Galilée, 2008.

DI LEMBO, L. *Guerra di classe e lotta umana.* L'anarchismo in Italia dal biennio rosso alla guerra di Spagna (1919-1939). Pisa: BFS, 2001.

DONZELOT, J. *L'Invention du social.* Essai sur le déclin des passions politiques. Paris: Éitions du Seuil, 1994.

DONZELOT, J. Michel Foucault et l'intelligence du libéralisme. *Sprit,* Paris, n. 319, p. 60-81, 2005.

DORSO, G. La rivoluzione in marcia: il fascismo. *In:* DE FELICE, R. *Il fascismo.* Le interpretazioni dei contemporanei e degli storici. Bari: Editori Laterza, 1998. p. 229-257.

ELIAS, N. *O processo civilizador*: uma história dos costumes. Vol. 1. Tradução: Ruy Jungman. Rio de Janeiro: Zahar, 1996.

ESPINOSA, B. de. *Tratado teológico-político.* Tradução: Diogo Pires Aurélio. São Paulo: Martins Fontes, 2003.

EVREN, S. Introduction: How New Anarchism Changed the World (of Opposition) after Seattle and Gave Birth to Post-Anarchism. *In:* ROUSELLE, D.; EVREN, S. *Post-Anarchism:* A reader. Londres: Pluto Press, 2011. p. 1-19.

FABBRI, L. Resoconto generale del Congresso Anarchico di Amsterdam, 24-31 Agosto 1907. *Il Pensiero*: rivista quindicinale di sociologia, arte e letteratura, Roma, ano V, n. 20-21, p. 326-344, 16 out./1 nov. 1907.

FABBRI, L. [Abertura]. *In:* MALATESTA, E. *Lo Sciopero.* Dramma in 3 atti. Genebra: Libreria del Risveglio, 1933. p. 1.

FABBRI, L. *Malatesta.* Tradução: Diego Abad de Santillán. Buenos Aires: Editorial Americalee, 1945.

FABBRI, L. *Dictadura y revolución.* Tradução: D. A. de Santillán. Buenos Aires: Editorial Proyección, 1967.

FABBRI, L. La contre-révolution préventive. *In:* MANFREDONIA, G. *Luigi Fabbri, le mouvement anarchiste italien et la lutte contre le fascisme.* Paris: Éditions du Monde Libertaire, 1994. p. 179-372.

FEDELE, S. *Una Breve ilusione.* Gli anarchici e la Russia sovietica (1917-1939). Milão: Franco Angeli,1996.

FEDELI, U. *Bibliografía malatestiana.* Nápoles: Edizioni RL, 1951.

FINNER, S. F. *A história do governo:* Monarquias e Impérios Antigos. Vol. 1. Tradução: José Martins. Mem Martins: Publicações Europa-América, 2003.

FINZI, P. *La nota persona.* Errico Malatesta in Italia (dicembre 1919/luglio 1920). Ragusa: La Fiaccola, 1990.

FOUCAULT, M. *La société punitive.* Cours au Collège de France (1972-1973). Paris: datilografado, Biblioteca Geral do Collège de France, 1973.

FOUCAULT, M. *Du gouvernement des vivants.* Cours au Collège de France (1979-1980). Paris: áudio, Biblioteca Geral do Collège de France, 1980.

FOUCAULT, M. *Subjectivité et verité*. Cours au Collège de France (1980-1981). Paris: áudio, Biblioteca Geral do Collège de France, 1981.

FOUCAULT, M. *História da Sexualidade*: A vontade de saber. Vol. 1. 11. ed. Tradução: Maria T. da C. Albuquerque e J. A. Guilhon Albuquerque. Rio de Janeiro: Graal, 1993.

FOUCAULT, M. O Sujeito e o Poder. *In:* DREYFUS, H. L .; RABINOW, P. *Michel Foucault, uma trajetória filosófica*. Para além do estruturalismo e da hermenêutica. Tradução: Vera Porto Carrero. Rio de Janeiro: Forense, 1995. p. 231-249.

FOUCAULT, M. *Em defesa da sociedade*. Curso no Collège de France (1975-1976). Tradução: Maria Ermantina Galvão. São Paulo: Martins Fontes, 1999a.

FOUCAULT, M. *História da loucura na idade clássica*. 6. ed. Tradução: José T. C. Netto. São Paulo: Perspectiva, 1999b.

FOUCAULT, M. *A ordem do discurso*. Aula inaugural no Collège de France, pronunciada em 2 de dezembro de 1970. 5. ed. Tradução: Laura F. de A. Sampaio. São Paulo: Loyola, 1999c.

FOUCAULT, M. *Vigiar e punir*. Nascimento da prisão. 22. ed. Tradução: Raquel Ramalhete. Petrópolis: Vozes, 2000a.

FOUCAULT, M. *As palavras e as coisas*. Uma arqueologia das ciências humanas. Tradução: Salma T. Muchail. São Paulo: Martins Fontes, 2000b.

FOUCAULT, M. Ariadne Enforcou-se. *In:* DA MOTTA, M. B (org.). *Ditos e escritos:* Arqueologia das Ciências e História dos Sistemas de Pensamento. Vol. II Tradução: Elisa Monteiro. Rio de Janeiro: Forense, 2000c. p. 141-144.

FOUCAULT, M. Teatrum Philosophicum. *In:* DA MOTTA, M. B (org.). *Ditos e escritos:* Arqueologia das Ciências e História dos Sistemas de Pensamento. Vol. II. Tradução: Elisa Monteiro. Rio de Janeiro: Forense, 2000d. p. 230-254.

FOUCAULT, M. Prefácio à Transgressão. *In:* MOTTA, M. B. (org.). *Ditos e Escritos:* Estética: Literatura e Pintura, Música e Cinema. Vol. III. Tradução: Inês A. D. Barbosa. Rio de Janeiro: Forense, 2001a. p. 28-46.

FOUCAULT, M. *Dits et écrits:* 1954-1975. Vol. I. Paris: Gallimard, 2001b.

FOUCAULT, M. *Dits et écrits:* 1976-1988. Vol. II. Paris: Gallimard, 2001c.

FOUCAULT, M. *A verdade e as formas jurídicas*. 3. ed. Tradução: Roberto Machado e Eduardo J. Moarias. Rio de Janeiro: Nau, 2002a.

FOUCAULT, M. *La hermenéutica del sujeto*. Curso en el Collège de France (1981-1982). México: Fondo de Cultura Económica, 2002b.

FOUCAULT, M. *Os anormais*. Curso no Collège de France (1974-1975). São Paulo: Martins Fontes, 2002c.

FOUCAULT, M. Precisões sobre o poder. Respostas a certas críticas. *In:* MOTTA, M. de B. (org.). *Ditos e Escritos:* Estratégia, Poder-Saber. Vol. IV. Tradução: Vera L. A. Ribeiro. Rio de Janeiro: Forense, 2003a. p. 270-280.

FOUCAULT, M. *Le pouvoir psychiatrique*. Cours au Collège de France, 1973-1974. Paris: Gallimanrd/Seuil, 2003b.

FOUCAULT, M. A 'Governamentalidade'. *In:* MOTTA, M. de B. (org.). *Ditos e Escritos:* Estratégia, Poder-Saber. Vol. IV. Tradução: Vera L. A. Ribeiro. Rio de Janeiro: Forense, 2003c. p. 281-305.

FOUCAULT, M. A sociedade disciplinar em crise. *In:* MOTTA, M. de B. (org.). *Ditos e Escritos:* Estratégia, Poder-Saber. Vol. IV. Tradução: Vera L. A. Ribeiro. Rio de Janeiro: Forense, 2003d. p. 267-269.

FOUCAULT, M. A vida dos homens infames. *In:* MOTTA, M. de B. (org.). *Ditos e Escritos:* Estratégia, Poder-Saber. Vol. IV. Tradução: Vera L. A. Ribeiro. Rio de Janeiro: Forense, 2003e. p. 201-222.

FOUCAULT, M. Poder e saber. *In:* MOTTA, M. de B. (org.). *Ditos e Escritos:* Estratégia, Poder-Saber. Vol. IV. Tradução: Vera L. A. Ribeiro. Rio de Janeiro: Forense, 2003f. p. 223-240.

FOUCAULT, M. É inútil revoltar-se? *In:* MOTTA, M. de B. (org.). *Ditos e Escritos*: Ética, sexualidade, política. Vol. V. Tradução: Elisa Monteiro e Inês A. D. Barbosa. Rio de Janeiro: Forense, 2004a. p. 77-81.

FOUCAULT, M. *Sécurité, territoire, population*. Cours au Collège de France, 1977-1978. Paris: Gallimard/Seuil, 2004b.

FOUCAULT, M. *Naissance de la biopolitique*. Cours au Collège de France, 1978-1979. Paris: Gallimard/Seuil, 2004c.

FOUCAULT, M. *A hermenêutica do sujeito*. Curso no Collège de France (1981-1982). Tradução: Márcio Fonseca e Salma Muchail. São Paulo: Martins Fontes, 2004d.

FOUCAULT, M. *Le gouvernement de soi et des autres*. Cours au Collège de France, 1982-1983. Paris: Gallimard/Sueil, 2008.

FOUCAULT, M. *Le courage de la vérité*. Le gouvernement de soi et des autres II. Cours au Collège de France, 1984. Paris: Gallimard/Sueil, 2009.

FOUCAULT, M. *Du gouvernement des vivants*. Cours au Collège de France, 1979-1980. Paris: Gallimard/Seuil, 2012.

FOUCAULT, M. Entretien inédit avec Michel Foucault (1979). *Rodéo*, n. 2, 2013. Disponível em: http://fares-sassine.blogspot.com.br. Acesso em: 15 nov. 2023.

FOUCAULT, M. Parresia. *Critical Inquiry*, v. 41, n. 2, p. 219-253, 2015.

FOUCAULT, M; FARGE, A. (org.). *Le désordre des familles*. Lettres de cachet des Archives de la Bastille. Paris: Gallimard, 1982.

GALLEANI, L. *La propaganda col fatto*. Vaillant, Henry, Sante Caserio: gli attentati alla Camera dei Deputati, al Caffè Terminus e al Presidente della Repubblica, Carnot (cronache giudiziarie dell'anarchismo militante, 1893-1894). Guasila: T. Serra, 1994.

GARCÍA, Victor. Presentación: Bakunin, hoy. *In:* BAKUNIN, M. *Obras Completas:* La revolución social en Francia. Vol. I. Madrid: Júcar, 1980. p. 5-55.

GARCIA, Vivien. *L'Anarchisme aujourd'hui*. Paris: L'Harmattan, 2007.

GOLDMAN, E. *Red Emma Speaks*. An Emma Goldman Reader. 3. ed. Nova Iorque: Open Road Integrated Media, 2011.

GRAMSCI, A. *Obras Escolhidas*. Vol. II. Tradução: Manuel B. da Cruz. Lisboa: Editorial Estampa, 1974.

GRIMAL, P. *Dicionário da mitologia grega e romana*. 3. ed. Tradução: Victor Jabouille. Rio de Janeiro: Bertrand Brasil, 1997.

GROUPE des anarchistes russes à l'étranger. Le problème organisationnel et l'idée de synthèse. *In:* MANFEDRONIA, G. *et al. L'organisation anarchiste*. Textes fondateurs. Paris: Les Éditions de L'Entr'aide, 2005a. p. 23-28.

GROUPE des anarchistes russes à l'étranger. Plate-forme organisationnelle de l'Union générale des anarchistes. *In:* MANFEDRONIA, G. *et al. L'organisation anarchiste*. Textes fondateurs. Paris: Les Éditions de L'Entr'aide, 2005b. p. 29-60.

GUATTARI, F. *Revolução molecular:* pulsações políticas do desejo. São Paulo: Brasiliense, 1985.

GUILLAUME, J. *L'Internationale. Documents et souvenirs (1864-1872).* Tomo I. Paris: éditions Gérard Lebovici, 1985a.

GUILLAUME, J. *L'Internationale. Documents et souvenirs (1864-1872).* Tomo II. Paris: éditions Gérard Lebovici, 1985b.

GUNNELL, J. *Teoria política.* Tradução: Maria I. C. de Moura. Brasília: Ed. UnB, 1981.

GURVITCH, G. *Proudhon e Marx.* 2. ed. Tradução: Luz Cary. Lisboa: Editorial Presença, 1980.

HAYEK, F. Socialismo e fascismo. *In:* DE FELICE, R. (org.). *Il fascismo.* Le interpretazioni dei contemporanei e degli storici. Bari: Editori Laterza, 1998. p. 715-71.

HEGEL, G.W.F. *Princípios da filosofia do direito.* Tradução: Orlando Vitorino. São Paulo: 1997.

HEINTZ, P. *Problemática de la autoridad en Proudhon.* Ensayo de uma crítica inmanente. Tradução: Pedro Scaron. Buenos Aires: editorial Proyección, 1963.

HINDESS, B. Liberalism, socialism and democracy: variations on a governmental theme. *Economy and Society* (Special issue: Liberalism, neo-liberalism and governmentality), Londres, v. 22, n. 3, p. 300-313, ago. 1993.

HINDESS, B. *Discourses of power:* from Hobbes to Foucault. Oxford: Blackwell Publishers, 1996.

HOBBES, Th. *Leviatã ou matéria, forma e poder de um Estado eclesiástico e civil.* Tradução: João Monteiro e Maria B. N. da Silva. São Paulo: Martins Fontes, 2003.

HUGHES, H. S. La natura del sistema fascista. *In:* DE FELICE, R. (org.). *Il fascismo.* Le interpretazioni dei contemporanei e degli storici. Bari: Editori Laterza, 1998. p. 680-688.

JENSEN, R. B. The International Anti-Anarchist Conference of 1898 and the Origins of Interpol. *Journal of Contemporary History,* Londres, v. 16, n. 2, p. 323-347, abr. 1981.

JENSEN, R. B. Daggers, rifles and dynamite: Anarchist Terrorism in nineteenth century Europe. *Terrorism and Political Violence,* Londres, v. 16, n. 1, p. 116-153, 2004.

KAMINSKI, A. J. *I campi di concentramento dal 1896 a oggi.* Storia, funzioni, tipologia. Turim: Bollati Boringhieri, 1998.

KANT, I. *Crítica da Razão Pura e outros textos filosóficos.* Tradução: Tania M. Bernkopf. São Paulo: Victor Civita, 1974. (Os pensadores. Vol. XXV).

KANT, I. *Projet de Paix Perpétuelle.* Esquisse Philosophique 1795. Tradução: J. Gibelin. Paris: J. Vrin, 1984.

KROPOTKIN, P. *et al.* Manifesto dei sedici. *Rivista Libertaria,* Milão, ano I, n. 1, p. 67-69, out./dez. 1999.

LAVAL, Ch. *L'Homme économique*: Essai sul lhes racines du néolibéralisme. Paris: Gallimard, 2007.

LEIBNIZ, G. W. *A Monadologia, Discursos de Metafísica e outras obras.* São Paulo: Victor Civita, 1974. (Os pensadores. Vol. XIX).

LEMKE, T. *A Zone of Indistinction – A Critique of Giorgio Agamben's Concept of Biopolitics*, 2005. Disponível em: www. thomaslemkeweb.de. Acesso em: 15 nov. 2023.

LEVY, C. Malatesta in London: the era of dynamite. *In:* SPONZA, L.; TOSI, A. *A century of italian emigration to Britain 1880-1980s, five essays.* Cambridge: Suplement to the italianist number thirtenn, 1993. p. 25-42.

LEVY, C. Charisma and social movements: Errico Malatesta and Italian anarchism. *Modern Italy,* Cambridge, v. 3, n. 2, p. 205-217, 1998.

LEVY, C. *Gramsci and the Anarchists.* Oxford: Berg, 1999.

LISSAGARAY, P. O. *História da Comuna de 1871.* 2. ed. Tradução: Sieni M. Santos. São Paulo: Ensaio, 1995.

LOMBROSO, C.; LASCHI, R. *Le crime politique et les révolutions par raport au droit, à l'anthropologie criminelle et à la science du gouvernement.* Tradução: A. Bouchard. Paris: Félix Alcan, 1892.

LOPES, E. Lucheni um terrorista anarquista. *Verve,* São Paulo, n. 12, p. 300-306, out. 2007.

LÖWY, M. Max Weber y el anarquismo. *Estudios sociológicos,* v. 42, p. 1-18, 2024.

LUBAC, H. de. *Proudhon e il cristianesimo.* Tradução: Carola Mattioli. Milão: Jaca Book, 1985.

LUKES, S. *Power:* A Radical View. 3. ed. Londres: Macmillan, 2021.

MAITRON, J. *Le mouvement anarchiste en France:* des origines à 1914. Vol. 1. Paris: Gallimard, 1975.

MAITRON, J. *Ravachol e os anarquistas.* Lisboa: Antígona, 1981.

MALABOU, C. *Au voleur!* Anarchisme et philosophie. Paris: PUF, 2022.

MALTHUS, T. R. *Ensaio sobre a população.* Tradução: Regis de Castro, Dinah de A. Azevedo e Antonio A. Cury. São Paulo: Victor Civita, 1983. (Coleção Os economistas).

MANFREDONIA, G. Le débat 'plate-forme' ou 'synthèse'. *In:* MANFREDONIA, G. *et al. L'organisation anarchiste.* Textes fondateurs. Paris: Les Éditions de L'Entr'aide, 2005. p. 5-22.

MANFREDONIA, G. Elisée Reclus, entre insurrectionnalisme et éducationnisme. *In:* CREAGH, R. *et al.* (org.). *Elisée Reclus – Paul Vidal de la Blanche.* Le Géographe, la Cité et le Monde hier et aujourd'hui (autor de 1905). Paris: L'Harmattan, 2009. p. 17-32.

MANTOVANI, A. *Errico Malatesta e la crise di fine secolo.* Dal processo di Ancona al regicidio. 1988. Tese (Doutorado em Filosofia) – Università degli Studi di Milano, Facoltà di Lettere e Filosofia, Milão,1988.

MAQUIAVEL, N. *Comentários sobre a Primeira Década de Tito Lívio.* Tradução: Sérgio Bath. 3. ed. Brasília: UNB, 1994.

MARX, K. *Miséria da Filosofia.* Tradução: José Carlos Morel. São Paulo: Ícone editora, 2004.

MASINI, P. C. *Storia degli anarchici italiani.* Da Bakunin a Malatesta (1862-1892). Milão: Rizzoli Editore, 1974.

MASINI, P. C. *Storia degli anarchici italiani nell'epoca degli attentati.* Milão: Rizzoli Editore, 1981.

MASINI, P. C. Gli Anarchici fra neutralità e intervento (1914-1915). *Rivista Storica dell'Anarchismo,* Pisa, v. 2, n 8, p. 9-22, jul./dez. 2001.

MAY, T. *The Political Philosophy of Poststructuralist Anarchism.* Pennsylvania: The Pennsylvania State University, 1994.

MAY, T. Pós-estruturalismo e anarquismo. *Margem,* São Paulo, n. 5, p. 171-185, 1996.

MEINECKE, F. *L'idée de la raison d'Etat dans l'histoire des Temps modernes*. Tradução: Maurice Chevallier. Genebra: Droz, 1973.

MERIC, V. *Les bandits tragiques*. Paris: Simon Kra Éditeur, 1926.

MEYET, S. Les trajectoires d'un texte: 'la gouvernementalité' de Michel Foucault. *In:* MEYET, S; NAVES, M. C.; RIBEMONT, T. (org.). *Travailler avec Foucault*. Retours sur le politique. Paris: L'Harmattan, 2005. p. 13-36.

MICHELS, R. *Sociologia dos partidos políticos*. Tradução: Arthur Chaudon. Brasília: UNB, 1982.

MOMMSEN, W. Robert Michels and Max Weber: Moral Conviction versus the Politics of Responsibility. *In:* MOMMSEN, W.; OSTERHAMMEL, J. (org.) *Max Weber and his Contemporaries*. Londres: Routledge, 2010. p. 121-138.

MOREL, J. C. O. Introdução. *In:* PROUDHON, P. J. *Sistemas das Contradições Econômicas ou Filosofia da Miséria*. Tradução: José Carlos Orsi Morel. São Paulo: Ícone editora, 2003. p. 7-32.

NETTLAU, M. *Errico Malatesta*. La vida de un anarquista. Tradução: Diego Abad de Santillán. Buenos Aires: Editorial La Protesta, 1923.

NETTLAU, M. Malatesta e la guerra. *In:* MALATESTA, E. *Scritti antimilitaristi dal 1912 al 1916*. Milão: Cooperativa Segno Libero, 1982. p. 73-91.

NEWMAN, S. *From Bakunin to Lacan*. Anti-Authoritarianism and the Dislocation of Power. Boston: Lexington Books, 2001.

NEWMAN, S. *Power and Politics in Poststructuralist Thought*. New theories of the political. Londres: Routledge, 2005.

NIEZTSCHE, F. *Assim falou Zaratustra*. Um livro para todos e para ninguém. 3. ed. Tradução: Mário da Silva. Rio de Janeiro: Civilização Brasileira, 1983.

NIEZTSCHE, F. *A gaia ciência*. Tradução: Paulo C. de Souza. São Paulo: Cia. das Letras, 2001.

NIEZTSCHE, F. *Além do bem e do mal*. Prelúdio a uma filosofia do futuro. 2. ed. Tradução: Paulo C. de Souza. São Paulo: Cia. das Letras, 2002.

NIEZTSCHE, F. *Cinco prefácios para cinco livros não escritos*. 4. ed. Tradução: Pedro Süssekind. Rio de Janeiro: 7 Letras, 2007.

OZOUF, M. Revolução. *In:* FURET, F.; OZOUF, M. *Dicionário crítico da Revolução Francesa.* Tradução: Henrique de A. Mesquita. Rio de Janeiro: Nova Fronteira, 1989. p. 840-851.

PAINE, T. *Os direitos do Homem.* Uma resposta ao ataque do sr. Burke à Revolução Francesa. Tradução: Jaime A. Clasen. Petrópolis: Vozes, 1989.

PASQUINO, P. Political theory of war and peace: Foucault and the history of modern political theory. *Economy and Society,* Londres, v. 22, n. 1, p. 77-88, fev. 1993.

PASSETTI, E. Éticas dos amigos: invenções libertárias da vida. São Paulo: Imaginário/CAPES, 2003a.

PASSETTI, E. *Anarquismos e sociedade de controle.* São Paulo: Cortez, 2003b.

PASSETTI, E. *Anarquismo urgente.* Rio de Janeiro: Achiamé, 2007.

PELLOUTIER, F. Textes choisis. *In:* JULLIARD, J. *Fernand Pelloutier et les origines du syndicalisme d'action directe.* Paris: Seuil, 1971. p. 265-518.

PORTER, B. *The Origins of the Vigilant State.* The London Metropolitan Police Special Branch before the First World War. Londres: The Boydell Press, 1987.

POUGET, É. *1906. Le Congrès syndicaliste d'Amiens.* Paris: Éditions CNT, 2006.

PLATÃO. *A República [ou sobre a justiça, diálogo político].* Tradução: Anna Prado. São Paulo: Martins Fontes, 2006.

PROCACCI, G. *Gouverner la misère.* La question sociale em France (1789-1848). Paris: Seuil, 1993.

PROUDHON, P. J. *Système des contradctions économiques ou philosophie de la misère.* Tomo I. Paris: Guillaumin et Cie, 1846.

PROUDHON, P. J. *Les confessions d'un révolutionnaire pour servir à l'histoire de la Révolution de Février.* 3. ed. Paris: Garnier, 1851.

PROUDHON, P. J. *Filosofía del Progreso.* Tradução: Francisco Pí y Margall. Madrid: Librería de Alfonso Duran, [1853] 1869.

PROUDHON, P. J. *Idée générale de la révolution au XIXe siècle.* Antony: édition de la Fédération Anarchiste, [1851] 1979.

PROUDHON, P. J. *De la justice dans la révolution et dans l'Église. Études de philosophie pratique.* Tomo I. Paris: Fayard, [1860] 1988a.

PROUDHON, P. J. *De la justice dans la révolution et dans l'Église. Études de philosophie pratique.* Tomo II. Paris: Fayard, [1860] 1988b.

PROUDHON, P. J. *De la justice dans la révolution et dans l'Église. Études de philosophie pratique.* Tomo III. Paris: Fayard, [1860] 1990.

PROUDHON, P. J. *Idées Révolutionnaires.* Antony: éditions Tops/H. Trinquier, [1848] 1996a.

PROUDHON, P. J. *Do Princípio Federativo e da necessidade de reconstruir o partido da revolução.* Tradução: Francisco Trindade. Lisboa: Colibri, [1863] 1996b.

PROUDHON, P. J. *O que é a propriedade?* 3. ed. Tradução: Marília Caeiro. Lisboa: Editorial Estampa, [1840] 1997.

PROUDHON, P. J. *La guerre et la paix.* Tomo I. Antony: éditions Tops/H. Trinquier, [1861] 1998a.

PROUDHON, P. J. *La guerre et la paix.* Tomo II. Antony: éditions Tops/H. Trinquier, [1861] 1998b.

PROUDHON, P. J. *De la création de l'ordre dans l'humanité.* Tomo I. Antony: éditions Tops/H. Trinquier, [1843] 2000a.

PROUDHON, P. J. *De la création de l'ordre dans l'humanité.* Tomo II. Antony: éditions Tops/H. Trinquier, [1843] 2000b.

PROUDHON, P. J. *Sistemas das Contradições Econômicas ou Filosofia da Miséria.* Tomo I. São Paulo: Ícone editora, 2003.

PROUDHON, P. J. *Carnets.* Dijon: Les presses du réel, 2004.

RAGO. M. *Foucault, história e anarquismo.* Rio de Janeiro: Achiamé, 2004.

RAY, J. La Révolution Française et la pensèe juridique: l'idée du règne de la loi. *Revue Philosophique de la France et de l'Étranger*, Paris, v. 128, n. 9-12, p. 364-393, 1939.

REDOR-FICHOT, M. J. *De l'état légal à l'état de droit.* L'évolution des conceptions de la doctrine publiciste française, 1879-1914. 1988. Tese (Doutorado em Direito) – Université Paris 2, Paris, 1988.

REALE, G. *Corpo, alma e saúde.* O conceito de homem de Homero a Platão. Tradução: Marcelo Perine. São Paulo: Paulus, 2002.

ROCKER, R. *En la borrasca (años de destierro)*. Tradução: Diego A. de Santillan. Buenos Aires: Editorial Tupac, 1949.

RÖPKE, W. Il nazionalsocialismo come totalitarismo. *In:* DE FELICE, R. (org.). *Il fascismo*. Le interpretazioni dei contemporanei e degli storici. Bari: Editori Laterza, 1998. p. 724-734.

ROSE, N.; BARRY, A.; OSBORNE, T. Liberalism, neo-liberalism and governmentality: introduction. *Economy and Society* (Special issue: Liberalism, neo-liberalism and governmentality), Londres, v. 22, n. 3, p. 265-266, ago. 1993.

ROSE, Nikolas. *Powers of freedom:* reframing political thought. Cambridge: Cambridge University Press, 1999.

ROUSSEAU, J. J. *Do contrato social ou princípios do direito político*. Tradução: Lourdes S. Machado. São Paulo:Victor Civita, 1973. (Os pensadores. Vol. XXIV).

RUSSELL, B. *História da Filosofia Ocidental:* a filosofia moderna. Vol. IV. 3. ed. Tradução: Brenno Silveira. São Paulo: Cia. Editora Nacional, 1968.

SANTARELLI, E. *Il socialismo anarchico in Italia*. Milão: Feltrinelli, 1973.

SARTI, R. *Giusepe Mazzini*. La politica come religione civile. Roma-Bari: Laterza, 2000.

SENNELART, M. La raison d'Etat antimachiavélienne. Essai de problématisation. *In:* LAZZERI, Ch.; REYNIÉ, D. *La raison d'Etat: politique et rationalité*. Paris: PUF, 1992. p. 15-42.

SENNELART, M. Situation des cours. *In:* FOUCAULT, Michel. *Sécurité, territoire, population*. Cours au Collège de France, 1977-1978. Paris: Gallimanrd/Seuil, 2004b. p. 379-411.

SENNELART, M. *As artes de governar*. Tradução: Paulo Neves. São Paulo: Ed. 34, 2006.

SCHÜRMANN, R. On Constituting Oneself an Anarchistic Subject. *Praxis International*, v. 6, n. 3, p. 294310, 1986.

SCHÜRMANN, R. *Le principe d'anarchie*. Heidegger et la question de l'agir. Bienna/ Paris: Diaphanes, 2013.

STANLEY, J. Is Totalitarianism a New Phenomenon? Reflections on Hannah Arendt's Origins of Totalitarianism. *In:* HINCHMAN, L.; HINCHMAN, S. *Hannah Arendt: Critical Essays*. Nova Iorque: SUNY, 1994. p. 7-40.

STIRNER, M. *O único e sua propriedade*. Tradução: João Barrento. Lisboa: Antígona, 2004.

THOMAZO, R. *Mort aux bourgeois!* Sur les traces de la bande à Bonnot. Paris: Larousse, 2007.

THUAU, E. *Raison d'Etat et pensée politique à l'époque de Richelieu*. Paris: Albin Michel, 2000.

TOCQUEVILLE, A. *Lembrancas de 1848:* as jornadas revolucionarias em Paris. São Paulo: Cia. das Letras, 1991.

TOCQUEVILLE, A. *Memoria sobre el pauperismo*. Tradução: Juan M. Ros. Madrid: Tecnos, 2003.

TODA, M. *Errico Malatesta:* da Mazzini a Bakunin. La sua formazione giovanile nell'ambiente napoletano (1868-1873). Nápoles: Guida editori, 1988.

TURCATO, D. *Making Sense of Anarchism:* Errico Malatesta's Experiments with Revolution, 1889-1900. Oakland: AK Press, 2015.

VACCARO, S. Foucault e o anarquismo. *Margem,* São Paulo, n. 5, p. 158-170, 1996.

VACCARO, S. Prefazione. *In:* MAY, T. *Anarchismo e post-struturalismo.* Da Bakunin a Foucault. Milão: Elèuthera, 1998. p. 7-17.

VACCARO, S. *Anarchismo e modernità.* Pisa: BFS, 2004.

VASCO, N. *Concepção anarquista do sindicalismo.* Porto: Afrontamento, 1984.

VEYNE, P. *Como se escreve a história.* 4. ed. Tradução: de Alda Baltar e Maria A. Kneip. Brasília: UNB, 1998.

VILLEY, M. *A formação do pensamento jurídico moderno.* Tradução: Claudia Berliner. São Paulo: Martins Fontes, 2005.

VOLINE et al. A propos du projet d'une 'Plate-forme d'organisation'. *In:* MANFE-DRONIA, G. *et al. L'organisation anarchiste.* Textes fondateurs. Paris: Les Éditions de L'Entr'aide, 2005. p. 77-121.

WEBER, M. *Economia e Sociedade.* Fundamentos da Sociologia Compreensiva. Vol. 2. Tradução: Regis Barbosa e Karen E. Barbosa. Brasília: UNB, 1999.

WEBER, M. Max Weber à Robert Michels, dêcembre 1910. *In:* MICHELS, R. *Sociologie du parti dans la démocratie moderne*. Tradução: Jean-Christophe Angaut. Paris: Gallimard [ebook], 2015.

WHIMSTER, S. Introduction to Weber, Ascona and Anarchism. *In:* WHIMSTER, S. (org.) *Max Weber and the Culture of Anarchy*. Londres: Palgrave, 1999. p. 1-40.

3. Periódicos consultados:

Revistas

Rivista Anarchica, Milão.

Rivista Libertaria, Milão.

Rivista Storica dell'Anarchismo, Pisa.

Quaderni della Rivista Storica dell'Anarchismo, Pisa.

Volontà, Nápoles.

Volontà, Genova-Nervi.

Volontà, Genova.

Volontà, Pistoia.

Volontà, Milão.

Jornais

Cause ed effetti, Londres.

Commemorando Errico Malatesta nel 18° anno della sua morte, Roma.

Guerra e pace, Ancona.

La Questione Sociale, Buenos Aires.

La Questione Sociale, Florença.

La Questione Sociale, Florença-Livorno.

La Questione Sociale, Pisa.

La Questione Sociale, Turim.

L'Adunata dei Refrattari, New York.

L'Agitazione, Ancona.

L'Agitatore, Ancona.

L'Agitiamoci, Ancona.

L'Agitatevi, Ancona.

L'Associazione, Nice Marítima.

L'Associazione, Londres.

Volontà, Ancona.

4. Outras fontes:

ACS/CPC. Schedario Politico di Errico Malatesta. Roma, b. 2949, fasc. 1, p. 176, 1883-1892.

ACS/CPC. Schedario Politico di Errico Malatesta. Roma, b. 2949, fasc. 2, p. 59, 1894-1909.

ACS/CPC. Schedario Politico di Errico Malatesta. Roma, b. 2950, fasc. 3, p. 64, 1911-1913.

ACS/CPC. Schedario Politico di Errico Malatesta. Roma, b. 2950, fasc. 4, p. 59, 1913-1914.

ACS/CPC. Schedario Politico di Errico Malatesta. Roma, b. 2950, fasc. 5, p. 21, 1914-1918.

ACS/CPC. Schedario Politico di Errico Malatesta. Roma, b. 2951, fasc. 6, p. 130, 1919-1920.

ACS/CPC. Schedario Politico di Errico Malatesta. Roma, b. 2951, fasc. 7, p. 20, 1921-1923.

ACS/CPC. Schedario Politico di Errico Malatesta. Roma, b. 2951, fasc. 8, p. 433, 1920-1924.

ACS/CPC. Schedario Politico di Errico Malatesta. Roma, b. 2952, fasc. 9, p. 61, 1924-1928.

ACS/CPC. Schedario Politico di Errico Malatesta. Roma, b. 2952, fasc. 10, p. 45, 1928-1930.

ACS/CPC. Schedario Politico di Errico Malatesta. Roma, b. 2952, fasc. 11, p. 99, 1930-1931.

ACS/CPC. Schedario Politico di Errico Malatesta. Roma, b. 2952, fasc. 12, p. 90, 1931-1932.

ACS/CPC. Schedario Politico di Errico Malatesta. Roma, b. 2953, fasc. 13, p. 36, 1896-1932.

ACS/CPC. Schedario Politico di Elena Melli. Roma, b. 3211, fasc. 1, p. 49, 1918-1932.

ACS/CPC. Schedario Politico di Elena Melli. Roma, b. 3211, fasc. 2, p. 29, 1918-1934.

ACS/CPC. Schedario Politico di Elena Melli. Roma, b. 3211, fasc. 3, p. 47, 1933-1934.

ACS/CPC. Schedario Politico di Elena Melli. Roma, b. 3212, fasc. 4, p. 54, 1935-1936.

ACS/CPC. Schedario Politico di Elena Melli. Roma, b. 3212, fasc. 5, p. 41, 1936-1938.

ACS/CPC. Schedario Politico di Elena Melli. Roma, b. 3212, fasc. 6, p. 63, 1918-1941.

ACS/CPC. Schedario Politico di Luigi Damiani. Roma, b. 1601, fasc. 1, p. 26, 1894-1931.

ACS/CPC. Schedario Politico di Luigi Damiani. Roma, b. 1601, fasc. 2, p. 9, 1931-1934.

ACS/CPC. Schedario Politico di Luigi Damiani. Roma, b. 1601, fasc. 3, p. 6, 1934-1943.